Ältere Texte wirken auf moderne Leser zunächst eher befremdlich: unverständlich in ihrer überlieferten Gestalt, sperrig in ihrer Logik, holzschnittartig in ihren Figuren. Bei näherem Zusehen verwandeln sich indes nicht wenige von ihnen in funkelnde Brillanten: vielfältig in den entworfenen Welten, tiefsinnig in der Variation von Strukturen, subtil im Spiel der Zeichen. Geprägt durch das Spannungsfeld von *Körper* und *Schrift*, lassen sie erkennen, wie sich herausbildet, was uns als ›Literatur‹ vertraut ist. Das Buch vermittelt in systematisch orientierten Fallstudien den Reiz der älteren Texte und zugleich den Reiz einer Wissenschaft, die in Berührung mit Ethnologie und Kulturanthropologie das Problem der Repräsentation fremder Kulturen neu entdeckt hat.

Christian Kiening, geboren 1962, ist Ordinarius für Deutsche Literaturwissenschaft (von den Anfängen bis 1700) an der Universität Zürich. Er war Fellow an der Maison des Sciences de l'Homme, Paris, sowie Gastprofessor an der University of California, Berkeley, und der Universidade de São Paulo. 1998 erhielt er den Preis der Philosophisch-historischen Klasse der Göttinger Akademie der Wissenschaften.
Veröffentlichungen u. a.: *Anthropologische Zugänge zur mittelalterlichen Literatur; Ordnung der Fremde. Brasilien und die theoretische Neugierde im 16. Jahrhundert; Das andere Selbst. Figuren des Todes an der Schwelle zur Neuzeit;* Mitherausgeber der *Altdeutschen Textbibliothek* und der Buchreihe *Historische Semantik.*

Christian Kiening

Zwischen Körper und Schrift

Texte vor dem Zeitalter der Literatur

Fischer Taschenbuch Verlag

Originalausgabe
Veröffentlicht im Fischer Taschenbuch Verlag,
einem Unternehmen der S. Fischer Verlag GmbH,
Frankfurt am Main, November 2003

Satz: Pinkuin Satz und Datentechnik, Berlin
Druck und Bindung: C. H. Beck, Nördlingen
Printed in Germany
ISBN 3-596-15951-2

Inhalt

Vorspiel: Zwischen Körper und Schrift

I

Die »schätzbaren Reste des [deutschen] Altertums hätten viel früher auf mancherlei Weise einen günstigen Einfluß auf mich ausgeübt, hätten sie mich nicht durch ihre rauhe Schale abgeschreckt, welche zu durchbrechen weder mein Naturell noch meine Lebensweise geeignet war [...], das Rohe und Ungeschlachte, was sich an ihnen findet, [ist] zwar dem Charakter jener Zeit angemessen, auch bei der historischen Würdigung wohl notwendig zu beachten, keineswegs aber zur wahren Schätzung nötig und dem Genuß durchaus hinderlich.«

So schreibt Johann Wolfgang von Goethe 1811 an Friedrich Heinrich von der Hagen, den Erneuerer des *Nibelungenlieds* und begeisterten Förderer der ›altdeutschen Poesie‹.[1] Zwiespältig ist Goethes Urteil und zwiespältig generell seine Haltung gegenüber den alten Texten. Er findet das, was die ›Mittelältler‹, also die Romantiker, zutage fördern, meist ungenießbar oder mittelmäßig. Auch das *Nibelungenlied*, das er den Damen der Mittwochsgesellschaft vorliest, bleibt in manchem fremd: »die Nibelungen so furchtbar, weil es eine Dichtung ohne Reflex ist; und die Helden wie eherne Wesen nur durch und für sich existieren.«[2] Und doch arbeitet er sich sukzessive in den Text ein. Er legt Verzeichnisse der Figuren an und skizziert »flüchtige Aufsätze über Lokalität und Geschichtliches, Sitten und Leidenschaften, Harmonie und Inkongruitäten«. Nach dem Vorbild der Voßischen Karten zu altgriechischen Dichtern entwirft er eine Karte zur Geographie des Textes, »die auf sehr hübsche Reflexionen führt«.[3] Das *Nibelungenlied* fasziniert Goethe, weil es ihm der antiken Dichtung näher zu stehen scheint als der mittelalterlichen, weil es die Einbildungskraft anregt – was noch besser zu Wirkung käme, wenn der Text, in Prosa übertragen, von unnötigem Reimgeklingel und »vielen Flick- und Füllversen« befreit wäre.[4] Anders als August Wilhelm Schlegel, der im *Nibelungenlied* ein Stück deutschen ›Nationalcharakters‹ wiederfindet, wird Goethe das alte Epos zu einem archäologischen Objekt, dessen Fremdheit unverkennbar, dessen Imaginationspotential aber wiedergewinnbar ist. Die Zeit, aus der es kommt, sieht er, anders als die Romantiker, nicht als die glorreiche Ära des starken Kaisertums und der ungeteilten Christenheit. Das Mittelalter ist für ihn eine Epoche des Unreifen und Unvollendeten, die alte Dichtung ›Bildungsstufe einer Nation‹, Durchgangsstadium zu ästhetisch wertvolleren, harmonischeren und komplexeren Formen. Der Blick auf die deutsche Vergangenheit führt nicht zu einer Aufhebung historischer Distanz. Er sucht nicht nach einem politischen oder religiösen Vorbild für die eigene Zeit. Er sucht nach dem, was die Bedingtheiten der Zeit übersteigt.[5]

Zwei Haltungen gegenüber den älteren Texten treffen im frühen 19. Jahrhundert, zur Zeit der Entstehung einer akademischen Germanistik, aufeinander. Einerseits das Bewußtsein historischer und ästhetischer Differenz, begleitet nicht selten von einer teleologischen Vorstellung vom Gang der Geschichte und der Entwicklung der Künste. Andererseits die Nivellierung des Zeitenabstands im Brückenschlag zwischen Einst und Jetzt, begleitet vom Ideal einer vergangenen goldenen Zeit und einer ursprünglichen, naturhaften Poesie. Die Haltungen sind nicht immer streng zu trennen. Die Sehnsucht nach Wieder-Holung des Vergangenen kann in dem Maße, in dem sich das Vergangene als nicht wiederholbar erweist, in ein Bewußtsein von Distanz umschlagen: Diese Tendenz ist schon der romantischen Mittelalterbegeisterung inhärent.[6] Umgekehrt kann die Betonung der Differenz zwischen Vergangenheit und Gegenwart in den Dienst einer Geschichtskonzeption treten, der ihrerseits daran gelegen ist, Vergangenheit und Gegenwart zu synthetisieren: Goethe setzt das Mittelalter ab von der allein vorbildhaften klassischen Antike. Einem Werk wie dem *Nibelungenlied*, das ihn durch seinen Reichtum in Bann zieht, nähert er sich mit den Methoden der Klassischen Philologie – wie Generationen von Germanisten nach ihm.[7]

Die Eigenheit des Vergangenen wird auf diese Weise gemildert oder instrumentalisiert. Das Vergangene wird entweder dem Gegenwärtigen anverwandelt oder bietet eine Negativfolie für die Erneuerung klassischer Bildungs- und überzeitlicher Literaturideale. Dieses Verfahren ist durchaus charakteristisch – nicht nur für die Gründungszeit des Faches. Zugespitzt ließe sich behaupten, die Geschichte der Altgermanistik sei über weite Strecken eine Geschichte der Aufhebung der Eigenheit ihres Gegenstandes. Aufhebung zum Beispiel durch Patriotismus, der in der Vergangenheit eine Identifikations- und Projektionsfläche für die Gegenwart suchte, oder durch Positivismus, der sich auf Fragen von Textkritik und Sprachanalyse, Quellenforschung und Motivgeschichte beschränkte. Ausnahmen bestätigen die Regel. Als Clemens Lugowski 1932 seine Abhandlung über *Die Form der Individualität im Roman* vorlegte, stand er fast allein. Kaum zufällig hielt er sich, um die Eigenheit mittelalterlichen Erzählens zu charakterisieren, an einen Philosophen, den Neukantianer Ernst Cassirer. Dessen Mythoskonzept sollte es ermöglichen, epische Welten nicht im Blick auf aktuelle Lebensverhältnisse zu beschreiben, sondern in ihrer Künstlichkeit, das heißt in der historischen Eigentümlichkeit nichtkausaler Motivationen, nicht-psychologischer Begründungen und nicht-individueller Verhaltensweisen.[8]

Lugowskis Buch brachte keinen Durchbruch. Es wurde zurückhaltend aufgenommen und geriet in Vergessenheit. Ein Paradigmawechsel war nötig, damit die in ihm enthaltene Frage dem Fach zum Anliegen werden konnte. Er ereignete sich in den sechziger und siebziger Jahren. Nicht nur traten neue Gebiete (vor allem das Spätmittelalter) ins Licht der Forschung. Im Gefolge von Rezeptionsästhetik, Strukturalismus und Textlinguistik machten auch neue Theoriekonstellationen und Methodenreflexionen die prekäre Beziehung sichtbar zwischen den Modellbildungen der Forschung und der Eigenart ihrer historischen Objekte.[9] Man begann darüber nachzudenken, welche Grenzen dem Verstehen mittelalterlicher Dichtung gesetzt sind.[10] Äußere Grenzen durch fragmentarische Überlieferung, isolierte Position, singuläre Sprachlichkeit eines Textes. Innere Grenzen aufgrund von Eigenarten der Komposition, der Logik und des Stils, die dem modernen Leser oder Interpreten unvertraut sind. Eine Möglichkeit, mit diesen Grenzen umzugehen, konnte heißen, sie zurückzudrängen: durch umfassende Rekonstruktion von Kontexten und Einfühlung in die mittelalterlichen Denkkategorien. Eine andere konnte darin bestehen, diese Grenzen als Herausforderung zu sehen für einen unabschließbaren, immer von Gegenwärtigkeit und Intuition gezeichneten Deutungsprozeß.[11]

Den prägnantesten Nenner für die methodologische Situation fand der Romanist Hans Robert Jauß. Unter dem programmatischen Titel *Alterität und Modernität der mittelalterlichen Literatur* formulierte er 1977 das Anliegen einer Generation, die nicht mehr auf die Selbstverständlichkeit setzte, mit der die Nationalphilologien lange ihren Gegenstand behandelt hatten: als Zeichen einer Kontinuität nämlich, deren sich die Philologie in der identitätsstiftenden Beschäftigung mit der Vergangenheit je neu versichert. Wo solche Identitätsstiftungen brüchig wurden, wo neue Gegenwartserfahrungen Diskontinuitäten und Inhomogenitäten hervortreten ließen, schärfte sich auch der Sinn für Differenzen zwischen älteren und neueren Texten wie für notwendige Differenzierungen des Beschreibungsinventars. Jauß skizziert ein je neues Wechselspiel von ästhetischem Vergnügen und befremdender Andersheit.[12] Ästhetisches Vergnügen im naiven Sinne kann sich an mittelalterlichen Texten entwickeln, die der modernen Imagination verwandt sind: Texte also, die abenteuerliche, wunderbare und geheimnisvolle Welten entwerfen, wie sie uns im Bereich der fantasy noch allenthalben begegnen. Ästhetisches Vergnügen im reflektierten Sinne kann sich an Texten entwickeln, die durch den Kontrast zu modernen ästhetischen Erfahrungen reizen: Texte also, die weniger durch Innovation als durch Variation glänzen, die mit allegorischen Sinnebenen arbeiten, die Innerlichkeit nur im Spiel äußerer Mächte zu erkennen geben. Eben solche Texte sind aber auch bereits Ausdruck dessen, was die Alterität der mittelalterlichen Literatur ausmacht.[13] Auf der Ebene der Handlung: Brüchigkeit der Logik, Typenhaftigkeit der Figuren, Schematik von Handlungsmustern; auf der Ebene des Textes: Unfestigkeit der Überlieferung, Fehlen eines klaren Werkbegriffs, Mangel an auktorialer Kontrolle.

Alterität und Modernität greifen ineinander. Das Befremdende kann zum Vertrauten, das Spannungslose zum Reizvollen, das Alte zum Modernen werden – wenn es zu einem Prozeß ästhetischer Erfahrungsbildung kommt. Aufbauend auf der Hermeneutik Hans-Georg Gadamers sieht Jauß den Bezug zwischen den Texten verschiedener Epochen und generell zwischen Vergangenheit und Gegenwart im Modell von Frage und Antwort. Es gilt, die Frage zu rekonstruieren, auf die ein Text antwortet, und mit ihr die ästhetische Erfahrung, die er ermöglicht. Den Sinn eines Textes zu erschließen heißt die Erwartungshorizonte des Textes, der Gattung und späterer Rezeptionssituationen zu erschließen, um so in einer sukzessiven Überbrückung des Zeitenabstands, einer ›Verschmelzung von Horizonten‹, Dimensionen eines zugleich historischen wie gegenwärtigen Verstehens zu eröffnen.

Dieser Weg, schrittweise Annäherung an die Eigenart älterer Literatur, war vielversprechend und erwies sich doch nicht ohne weiteres als gangbar. Mehrere Begriffe werfen Fragen auf. Ästhetische Erfahrung – ist damit nicht die ästhetische Subjektivität einer literarischen Moderne ins Spiel gebracht und ein einseitiger Bezugspunkt für den Umgang mit älteren Texten gesetzt? Horizontverschmelzung – ist damit nicht suggeriert, eine Rekonstruktion von Rezeptionssituationen könnte ursprüngliche Bedeutung und gegenwärtiges Verständnis eines Textes zur Deckung bringen, und ignoriert, daß Rezeptionsprozesse aus kontingenten Sinnstiftungen bestehen, die eine frühere Bedeutung manchmal offenlegen, nicht selten aber verdunkeln oder verschieben? Auch das Modell von Frage und Antwort, aus der Hermeneutik des Gesprächs stammend, ist nicht problemlos auf die Hermeneutik von Texten übertragbar. Texte sind nicht einfach dialogische Konstellationen, in denen um Problem und Lösung gerungen würde. Sie sind komplexe Zeichengefüge, in denen Codes abgewandelt und verändert werden, in denen bekannte Elemente durch neue Kontexte neue Bedeutung erhalten, in denen das Dialogische sich am ehesten in der Überlagerung der Stimmen, Traditionen und Materialien manifestiert.[14]

Viele Beobachtungen von Jauß bleiben richtig, die Kategorien Alterität und Modernität nützlich. Doch empfiehlt es sich, sie zu entlasten von der Emphase einer Hermeneutik, die sich an der Idealität des Gesprächs und der Vorbildhaftigkeit klassischer oder moderner Ästhetik orientiert. Klarer wird dann, daß die Begriffe relationalen Charakter haben. Sie überlagern sich und treten fallweise zu je neuen Kombinationen zusammen. Sie bezeichnen einerseits kulturspezifisch, andererseits historisch variable Momente von Differenz. Sie beschreiben geschichtliche Sachverhalte und beruhen zugleich auf Zuschreibungen moderner Betrachter. Alterität in diesem Sinne meint keine Exotisierung des Mittelalters, das plötzlich der Welt balinesischer Hahnenkämpfer näherstünde als der Welt unserer Vorfahren.[15] Sie zielt vielmehr auf das Moment des Nicht-Verfügbaren, die grundsätzliche Fremdheit und Künstlichkeit des sprachlich-literarischen Weltentwurfs, die vielfältig abgeschattete und abgestufte Distanz zwischen Vergangenheit und Gegenwart, der im einzelnen Werk ein komplexes Bündel von Gleichzeitigem und Ungleichzeitigem korrespondiert. Nicht also Unterstellung, historische Kontinuität sei nur Illusion des am Verläßlichkeitsmangel der Wirklichkeit leidenden Europäers, wohl aber Erinnerung daran, daß Verstehensprozesse immer auch zur Auslöschung des Unverständlichen, zur Marginalisierung von Diskontinuitäten neigen. Modernität wiederum meint keine spezifische Nähe zwischen mittelalterlichen und modernen ästhetischen Erfahrungen und keine definitive Errungenschaft einer Epoche. Sie verweist auf variable Differenzen, denen nicht mit einsinnigen Geschichtskonstruktionen beizukommen ist.[16]

Analytische Vorsicht angesichts der Gefahr, Differenzen einzuebnen, methodisch reflektierte Bemühung um die Angemessenheit der Modellbildung – das Zusammenspiel der beiden Aspekte macht deutlich, daß es hier zugleich um ein Zusammenspiel von Theorie und Praxis geht. So verbindet sich denn auch das feinere Sensorium, das die Literatur- und Kulturwissenschaften entwickelt haben für die vielfältigen Weisen, in denen Altes und Neues, Fremdes und Vertrautes interagieren, mit einem neuen Interesse für den Zusammenhang von textueller Eigenart und kultureller Vielheit. Immer deutlicher zeigen sich die älteren Texte als Produkte einer Kultur, in der Schriftlichkeit noch keine Selbstverständlichkeit war. Immer deutlicher zeigen sie sich aber auch als Produkte hoher Komplexität, vielfältig in den entworfenen Welten, tiefsinnig in der Variation von Strukturen, subtil im Spiel der Zeichen.[17]

Kaum besser läßt sich das Spannungsfeld, das sich hier abzeichnet, benennen als mit den Begriffen Körper und Schrift. *Körper*, das heißt für die Existenzweise der Texte: Bindung an Situationen der

Kommunikation unter Anwesenden, das heißt für die Rhetorik der Texte: Bedeutung performativer Sprechakte, das heißt für die in den Texten entworfenen Welten: Zurschaustellung von Gesten, Haltungen und körpergeprägten Aktionen. *Schrift* auf der anderen Seite heißt: Entstehung einer zunehmend auch die Volkssprachen umfassenden Manuskriptkultur, Entwicklung von Formen des leisen und einzelnen Lesens, Verbreitung schriftliterarischer Prinzipien bei Produktion, Distribution und Rezeption von Texten.[18] Die beiden Begriffe stellen keinen Gegensatz dar. Das ist ihr Vorteil gegenüber einem Begriffspaar wie Mündlichkeit und Schriftlichkeit, das immer wieder Dichotomien ins Spiel bringt, wo es tatsächlich um Verflechtungen und Übergänge geht.[19] Körper und Schrift kennzeichnen Aspekte semi-oraler Kulturen, in denen das Wort, auch wenn es schriftlich ist, an ein gemeinschaftliches Tun, eine soziale Praxis, einen habitualisierten Vollzug gekoppelt bleibt. Sie kennzeichnen das Ineinandergreifen von Repräsentation und Präsenz. Repräsentation, sichtbar an geistlichen und weltlichen Ritualen, an demonstrativen Akten und Inszenierungen, an Formen der Visualisierung, vollzieht sich in mittelalterlichen Gesellschaften gemäß einer Ästhetik des Erscheinens, der es zugleich auf Gegenwärtigkeit ankommt. Das Zeichen verweist nicht nur auf das Bezeichnete, es versucht auch, diesem eine Aura von Präsenz – Klanglichkeit, Körperlichkeit, Sinnlichkeit – zu verleihen.[20] Nicht nur für die Eucharistie gilt: Im materiellen Objekt ist dessen Bedeutung selbst schon *da*, dem sichtbaren oder fühlbaren Lautkörper wohnt eine ontologische Nennkraft inne, dem fürstlichen Siegel eignet der Charakter einer Spur, die das Abgebildete, obwohl abwesend, anwesend machen kann. Die mittelalterlichen Kulturen sind deshalb aber nicht Kulturen reiner Präsenz: Die reale Gegenwart des Körpers Christi in der Eucharistie war unter Theologen seit dem 9. Jahrhundert Gegenstand der Diskussion, die Identität von Wort und Sache geriet seit dem Universalienstreit des 11. Jahrhunderts ins Wanken, die adligen Siegel wurden schon im 12. Jahrhundert mehr als soziale Identitätskennzeichen denn als essentielle *imagines* begriffen.[21]

Körper und Schrift sind also doppelt aufeinander bezogen. Sie markieren ein kulturspezifisches Spannungsfeld. Gleichzeitig stellen sie Marksteine eines historischen Prozesses dar, der zwar keine klaren Anfänge und Enden kennt, aber eine (obschon uneinheitliche) Richtung – auf jene uns vertrautere Situation hin, in der Literatur Teil ist einer institutionell differenzierten Wissens- und Informationsgesellschaft und in ihr in erster Linie gedacht wird als schriftliche, die von einzelnen anonymen Lesern rezipiert wird.[22] Von dieser Situation aus gesehen existieren die mittelalterlichen Texte, zumal die volkssprachigen, in einem Zwischenraum: Sie entstehen als schriftliche, doch ihre Schriftlichkeit besitzt weder die Selbstverständlichkeit noch die Systemhaftigkeit der Neuzeit. Dies als Hybridität zu bezeichnen kann nicht die mit Hegemonien und Hierarchien brechende Un*ent*schiedenheit zwischen (im wesentlichen schon ausdifferenzierten) Sinnsystemen meinen.[23] Vielmehr zeugen die mittelalterlichen Texte von der (zumindest teilweisen) Un*ge*schiedenheit sich erst ausdifferenzierender Praktiken. Auch Text und Bild, im Mittelalter vielfältig aufeinander bezogen, sind nicht neuzeitlichem Verständnis gemäß unter dem Aspekt der Konkurrenz oder der ›wechselseitigen Erhellung‹ der Künste zu sehen. Sie können beide einer Vergegenwärtigung und Verkörperlichung des Sinns dienen. Mediale Pluralität und Experimentalität charakterisiert die Situation mittelalterlichen Text- und Bildgebrauchs nicht nur an ihren Rändern, sondern in ihrem Zentrum.

Drei Textbeispiele mögen dies anschaulich machen.

II

Das erste Beispiel ist die Geschichte des Heiligen Brandan. Verbreitet über ganz Europa, reicht sie in ihren Druckausgaben bis ins Entdeckungszeitalter hinein. Noch als sich das Bild der Welt entscheidend zu verändern begann, war man fasziniert vom Bericht über eine Reise an die Grenzen der Welt. Eine deutsche Version (die sog. ›Reisefassung‹), die wohl noch im 12. Jahrhundert entstand und seit dem 14. überliefert ist, situiert die Fahrt in einer Rahmenhandlung: Der irische Abt Brandan stößt im Kloster auf ein Buch. Es berichtet von Gottes Wundern in der Welt, von drei Himmeln, zwei Paradiesen und vier Fegefeuern, von fremden Ländern und wilden Menschen, von Riesenfischen, auf denen Wälder wachsen, und vom Riesensünder Judas, dessen Höllenqualen dank göttlichem Erbarmen in der Nacht zum Sonntag gemildert sind. Brandan kann nicht glauben, was er liest, und verbrennt das Buch, noch bevor er zum Ende gekommen ist. Ein Engel teilt ihm mit, er habe die Wahrheit verbrannt und müsse zur Strafe die Wunder auf einer neunjährigen Weltreise selbst erfahren und in einem neuen Buch festhalten. Die jüngere Prosaredaktion des Textes (15. Jh.) hat den letzten Punkt abgewandelt: Hier gibt es keinen expliziten göttlichen Schreibauftrag und damit auch keine Parallelität zwischen Reisen und Schreiben, die Abfassung vollzieht sich am Ende der Fahrt, und das Buch wird schließlich der Gottesmutter auf dem Altar dargeboten. Eine göttliche Stimme ruft Brandan zum himmlischen Reich: *wenn du wilt, so kum.*[24]

Sieht man von den Unterschieden der Redaktionen zunächst ab, so geht es in jedem Fall um die Gegenüberstellung von Buchwissen und Erfahrungswissen. Das im Buch niedergelegte Wissen um die *mirabilia*, obschon durch die Tradition beglaubigt, erweist im gegebenen Fall seine Gültigkeit erst in dem Maße, in dem es sich mit dem Erfahrungswissen zur Deckung bringt. Doch der Begriff der Erfahrung besitzt noch nicht den Status, den er in der frühen Neuzeit haben wird. Erfahrung ist nicht generell notwendig, um die Welt zu kennen. Sie ist notwendig nur für den, der der Schrift nicht glauben will. Klüger als die, die wie der Apostel Thomas eine sinnliche Bestätigung des Wunderbaren brauchen, seien die, »die da glauben, was sie nicht gesehen haben« – dieses Christuswort aus dem Johannes-Evangelium (20,29) muß Brandan auf seiner Reise erfahren, und zwar gerade von einem Volk, das der Welt des Vertrauten nicht ferner stehen könnte: Wesen, die nur an Händen und Bauch wie Menschen aussehen, ansonsten Köpfe wie Schweine, Hälse wie Kraniche und Unterleiber wie Fische haben. Von ihnen, die nach der Tradition der Wunder des Ostens mehr animalisch als menschlich scheinen, hier aber Verkörperungen der neutralen Engel darstellen, muß Brandan sich über Gott belehren lassen. Seine Welterfahrung ist denn auch weniger beglückend als schmerzlich: Er hat Situationen der Angst und Gefährdung durchzustehen, den Bruch mit vertrauten Ordnungen hinzunehmen.

Der Weg, auf dem dies geschieht, ist ein Weg in Form einer Spirale. Er führt mit dem Ende zugleich zum Anfang zurück, er führt vom Buch zum Buch, vom fremden Buch zum eigenen. Die jüngere Prosaredaktion hat diesen Bezug über das Moment des Sakralen verstärkt. Beide Bücher sind mehr als nur Sammlungen von Wissen. Sie sind materielle Objekte, an denen Handlungen, genauer: Opferhandlungen vollzogen werden. Das erste, das die Reise auslöst, legt Brandan nicht einfach beiseite, als er es allzu unglaublich findet. Er verbrennt es und verletzt damit die göttliche Schöpfung. Das zweite, das die auf der Reise erfahrenen Wunder festhält, wird nicht einfach in die Klosterbibliothek eingereiht. Es wird auf dem Altar präsentiert, und seine Annahme bezeugt: Brandans Frevel an der Schöpfung ist gesühnt. Der anfängliche Akt der Aggression wird also ausgelöscht durch einen Akt der Demut, die zunächst unfreiwillige Kommunikation mit dem Göttlichen abgelöst durch eine rituelle etablierte, das scheinbar ungeschriebene, beinahe himmlische Buch reproduziert durch ein in einem Schreibakt hergestelltes. Das neue Buch ist keine Abschrift, sondern eine Neuschrift. Ihre Übereinstimmung mit der Urschrift wird durch die Erfahrung der Reise garantiert. Das heißt aber auch: Das neue Buch hat einen Urheber, einen Entstehungsmoment und diverse Funktionen: Es ist ein Zeichen der individuellen Einsicht, ein sakrales Objekt in der Beziehung zum Göttlichen, ein Originalkodex, der – wie es in einer Handschrift der jüngeren Redaktion heißt – ›noch heute‹ in Brandans Kloster aufbewahrt würde.[25]

›Noch heute‹ – damit ist eine Ebene der Textproduktion anvisiert, die den Raum der Geschichte aufs Gegenwärtige hin öffnet. Der jeweilige Text, den der Hörer zu hören, der Leser zu lesen bekommt, dieser Text, der von Brandans Reise und den Wundern der Welt berichtet, erhält seine Nobilität durch das Wissen um den durch ein göttliches Zeichen bestätigten Urtext. Das Verhältnis zwischen dem ersten verbrannten und dem zweiten erneuerten Buch wiederholt sich also im Verhältnis zwischen dem erneuerten Buch und dem von ihm erzählenden Text. Es ist dies eine Form, die Authentizität eines Textes zu sichern in einer Kultur, in der Schriftlichkeit noch nicht automatisch Stabilität der Textgestalt bedeutete. Die Wahrheit liegt im Körper des Urtextes, der wiederum einen anderen verlorenen Urtext wiederholt. Ein doppelter Ursprung also. Er sichert die Geschichte des Unglaublichen und Wunderbaren ab, doch dies auf der Basis einer Leerstelle. Brandans Neuschrift ist im Verhältnis zur verbrannten Urschrift Restitution und Substitution zugleich. Sie ist mit jener identisch und doch nicht identisch, verbunden und gleichzeitig getrennt durch eine Erfahrung, die nicht ohne weiteres verallgemeinert werden soll. In den Spiegelverhältnissen zwischen den Texten manifestiert sich ein Vertrauen in die Schrift, aber auch ein Festhalten an Ursprüngen, die zwischen göttlicher Stimme und materiellem Codex oszillieren. Zugleich zeigen die unterschiedlichen Redaktionen des Textes, daß die Sakralisierung eines sowohl alten wie neuen Textes kein altertümliches Moment ist, das im Laufe der Überlieferung zurückgedrängt würde. Sie manifestiert sich pointierterweise eben zu jener Zeit, da die kommerzielle und schließlich auch mechanische Reproduktion von Texten an Bedeutung gewann.

Das zweite Beispiel ist ebenfalls die Geschichte eines ungewöhnlichen Heiligen. Gregorius, dessen Vita Hartmann von Aue um 1200 nach einer altfranzösischen Vorlage gestaltete, repräsentiert den Typus des sogenannten Sünderheiligen.[26] Er stammt aus einer inzestuösen Verbindung und begibt sich selbst in eine weitere. Er ist Sohn von Zwillingsgeschwistern, die in Aquitanien, jung an Jahren noch, nach dem Tod des Herrschers verwaist zurückgeblieben sind. Er wird unmittelbar nach der Geburt in einem Kahn auf dem Meer ausgesetzt und auf einer Insel an Land geschwemmt. Aufgezogen zunächst bei einer Fischerfamilie, nimmt ihn schließlich der Abt des Inselklosters als spiritueller Vater unter seine Fittiche. Herangewachsen, erwachen ritterliche Neigungen in ihm. Er verläßt das Kloster und kommt jenseits des Meeres genau dorthin, wo seine Mutter mühsam versucht, das Land gegen einen abgewiesenen Freier zu verteidigen. Er besiegt den Gegner und heiratet, ohne es zu wissen, die eigene Mutter. Als die Katastrophe entdeckt wird, zieht er weiter: Auf einer abgelegenen Felseninsel verbringt er, angekettet, halbnackt und nur von einigen Tropfen Wasser lebend, 17 Jahre der Buße. Nach dem Tod des Papstes in Rom wird er durch ein himmlisches Zeichen zum neuen Papst bestimmt.

Die Geschichte erzählt von der Spannung epischer und hagiographischer Logiken, weltlicher und geistlicher Lebensformen, feudaler und klerikaler Sinnmuster. Im Zentrum dieser Spannung steht – eine Schrifttafel, ein kostbares, aus Elfenbein gefertigtes, mit Gold und Edelsteinen verziertes Stück.[27] Die Mutter gibt sie zusammen mit einigem Geld dem Neugeborenen mit auf den Weg, versehen mit einem längeren Text, der erklärt, was es mit dem merkwürdigen Paket auf sich habe: Von hoher Geburt sei das Kind, doch ausgesetzt, um den Frevel seiner Genese zu verbergen; christlich solle es erzogen und klerikal ausgebildet werden; die Geschichte auf der Tafel solle es später einmal als beständige Aufforderung zu Demut und Bußfertigkeit begreifen. Genau dies geschieht: Gregorius nimmt die Tafel mit auf seinen Weg und benutzt sie noch, als er schon verheiratet ist, für rituelle Bußbezeugungen. Das führt schließlich zur Aufdeckung seiner Identität und zu seinem Bußweg, auf den ihn auch die Tafel begleitet. Auf die Felseninsel indes gelangt sie nicht. Gregorius läßt sie im Haus eines Fischers zurück, trennt sich also in jeder Hinsicht von seiner früheren Existenz. Erst als er, von Sünden rein, fast schon auf dem Weg nach Rom ist, fällt ihm die Tafel wieder ein. Sie wird in dem verfallenen Haus unter Unkraut und Mist gefunden und ist – ein göttliches Wunder – makellos wie am ersten Tag.

Auch in diesem Text ist die Schrift also mehr als Schrift. Sie ist Träger von Sinn und Verkörperung von Sinn in einem. Sie bietet Informationen, die autoreflexiven Charakter haben (nämlich die eigenen Leistungen und Ziele ansprechen). Doch sie bietet diese Informationen gekoppelt an einen spezifischen Beschreibstoff. Die Tafel in ihrer Materialität demonstriert zunächst einen sozialen Status und dient sodann als Memorialobjekt im Sinne eines tragbaren Reliquiars, vor dem und mit dem Gregorius in gottesdienstähnlichen Akten immer wieder den eigenen Makel vergegenwärtigt. Darüber hinaus markiert sie eine paradoxe Leerstelle, die Identität verhüllt und doch (dezidierter als Kleidung und Gebaren) Identifikation ermöglicht, und fungiert sie als mirakulöses Zeichen für die durch Gott bewirkte Reinigung von Sünde. Und vor allem: Sie begleitet die Handlung nicht nur, sie leitet sie auch. Sie enthält ein Programm für den Weg des Helden und bewirkt zugleich, daß dieses Programm sich realisiert – im Positiven wie im Negativen: Der Junge erhält eine Ausbildung, wiederholt aber auch eben, indem er sich nach der Lektüre der Tafel auf die Suche nach der eigenen Geschichte begibt, den Inzest, der wiederum jenes Unmaß an Sünde verkörpert, dessen Aufhebung die Geschichte vorführt.

Diese Aufhebung vollzieht sich in einem Prozeß der Ausgrenzung und Wiedergliederung des Protagonisten, der seinerseits an der Tafel sichtbar wird. Die Tafel trennt zwischen *illiterati* und *litterati*. Die Dienerin am Hof sieht in ihr ein rätselhaftes *dinc*, die Fischer lassen sie trotz ihres Wertes im Haus verbrennen. Gregorius hingegen benutzt sie als Gegenstand ritueller Memoria, die Mutter und der Abt als Informationsträger. Die Tafel trennt aber auch zwischen dem potentiellen Heiligen und seinen Vertrauten. Die Mutter und der Abt, sie repräsentieren die Lebensordnungen, zwischen denen der Protagonist sich bewegt und die ihm doch nicht zubestimmt sind – wie der Umgang mit der Tafel zeigt. Die Mutter will mit ihrer Hilfe zwar die Zukunft des Kindes sichern, nicht aber dessen Herkunft offenlegen. Der Abt gibt Gregorius die Tafel erst, als alle anderen Mittel, ihn auf der Insel zu halten, fehlschlagen. Tafel und Schrift werden zu Instrumenten einer menschlichen Steuerung, die nach der Logik des Textes der göttlichen Steuerung unterworfen bleiben muß.

Auch dies manifestiert sich in der Tafel, nämlich ihrer Auffindung. Makellos ist sie, das heißt, die 17 Jahre, die den Körper des Gregorius zu einem mageren, schmutzigen, verfilzten Etwas gemacht haben, sind an ihr spurlos vorübergegangen. Die Tafel zeigt, was der Körper nicht zeigt. Gregorius wird, von den Eisenfesseln befreit, mit Priestergewändern bekleidet. Von einer Wiederherstellung seines Körpers erfährt man nichts. Die Tafel substituiert den Körper und mutiert vom Sinnobjekt des Helden zum Wahrzeichen seiner Heiligkeit. Jüngere Prosafassungen des *Gregorius* haben diese Mutation übergangen: Ihnen genügt das Mirakel der Wiederauffindung, die Unversehrtheit der Tafel bleibt unerwähnt.[28] Bei Hartmann kennzeichnet die Engführung von Körper und Schrift genau die Einfallstelle der göttlichen Gnade im weltlichen System des Sichtbaren. Die Tafel verkörperte den sündhaften Ursprung und verkörpert nun dessen Aufhebung. Sie interessiert nicht mehr als Schriftzeugnis, sondern nur mehr als materielle Manifestation des Göttlichen. Zugleich verschwindet sie aus der Geschichte, denn sie repräsentiert diese nicht wie in der Brandan-Legende in ihrer Gesamtheit, sondern nur in ihrem schließlich aufzuhebenden Ausgangspunkt. Beständig und kostbar ist das Material, aus dem die Tafel gemacht ist, vorläufig und ergänzungsbedürftig aber der Text, der sich auf ihr befindet. Statt auf ihn richtet sich der Blick am Ende auf das Werk, das die Geschichte vollständig enthält: das vorliegende Buch, das Hartmann seinen Hörern und Lesern anempfiehlt mit der Bitte, auch für das Seelenheil des Autors zu beten.

Das dritte Beispiel stammt aus dem *Parzival* Wolframs von Eschenbach (um 1200/1210). Gawan, der zweite Hauptheld des Romans, hat das große Abenteuer auf der verzauberten Burg (Schastelmarveille) siegreich hinter sich gebracht. Es steht ihm aber noch ein großer Kampf gegen Gramoflanz bevor, für den er die Unterstützung des Artushofes braucht. Er läßt sich Tinte und Pergament bringen und schreibt einen Brief, in dem er die Situation darlegt und den ganzen Hof bittet, nach Joflanze zu kommen, wo der Kampf stattfinden soll (625,12–626,8). Der Brief trägt kein Siegel, ist aber durch *wârzeichen* eindeutig als von Gawans Hand geschrieben kenntlich. Warum dies wichtig ist, begreift man erst eine Weile später: Der Brief soll unverwechselbar sein und doch mehrere Adressaten haben können. Das Ganze ist Teil einer komplizierten Geheimdiplomatie (644,12–652,14). Gawan bedient sich eines sorgsam ausgesuchten Boten, der zur Geheimhaltung verpflichtet wird. Er übergibt ihm den Brief zusammen mit Instruktionen, wie damit umzugehen: Er solle sich erst an die Königin wenden, nicht aber mündlich mehr verraten, als im Brief gesagt wird. Der Bote trifft die Königin morgens in der Kapelle. Sie erkennt die Schrift und ist bereit zur Unterstützung, gibt aber ihrerseits dem Boten vor, wie er sich weiter zu verhalten habe. Er solle am späten Vormittag bei Hof erscheinen, sich durch die nach Neuigkeiten dürstende Versammlung bis zu Artus vordrängen und diesem den Brief in die Hand legen. Auch dies vollzieht sich wie geplant. Das Ergebnis: Der König schickt den Boten wiederum zur Königin, diese liest den Brief erneut, nunmehr aber offiziell und laut und mit unverkennbarem Effekt: Angesichts der dramatischen Mitteilung treten manchem die Tränen in die Augen.[29]

Schrift erscheint hier gebunden an Situationen, in denen die Kommunikation unter Anwesenden dominiert. Der Brief, den Wolfram nur referiert, nicht aber zitiert, wendet sich von vornherein an mehrere Ansprechpartner: zuvorderst Artus und Ginover, dann aber auch alle anderen am Hof, deren Hilfe gebraucht wird. Er ist für die Öffentlichkeit gedacht und soll doch bestimmte Kanäle nehmen, um zur Wirkung zu kommen. Da dafür eine Lenkung nötig ist, bedarf es des Boten, der nicht einfach nur Überbringer ist, sondern auch Teil der Inszenierung. Bote und Brief funktionieren gemeinsam.[30] Der Brief ist notwendig, um eine festgelegte Menge an Information zu übermitteln, der Bote, um die richtige Kenntnisnahme der Information zu bewerkstelligen. Das geschieht in mehreren Schritten. Erste Empfängerin ist die Königin. Sie kennt die Situation am Hof und damit auch den richtigen Moment, in dem Gawans Mitteilung publik werden soll. Sie muß aber selbst erst auf das Unternehmen eingeschworen werden – durch eine mündliche Mitteilung, die über die Schrift hinausgeht: Der Bote behauptet, Gawan habe gesagt, all seine Hoffnung läge bei der Königin. Diese mündliche Verstärkung unterstützt die affektive Verbindung zwischen Absender und Empfänger und damit die wirksame Inszenierung der Schrift. Auch der dramatische offizielle Auftritt des Boten am Hof nutzt die sozialen Gegebenheiten: Die Ritter sind begierig nach Neuigkeiten, denn am Artushof herrscht die Sitte, solange nicht zum Mahl schreiten zu können, als keine bedeutende *aventiure* mitgeteilt wurde. Die Aufnahme von Nahrung und die Aufnahme von Geschichten sind aneinander gekoppelt, und eben dies sichert dem Anliegen des Boten höchste Aufmerksamkeit.

Das zeigt, wie wenig es mit der Schrift allein getan ist. Zwar können die adligen Protagonisten der Szene alle lesen – für den zeitgenössischen Adel keine Selbstverständlichkeit. Doch wichtig bleibt die Ebene des Mündlichen und Körperlichen, des Gemeinschaftlichen und Demonstrativen. Die Schrift muß zum Leben gebracht werden, zumindest in einer Gesellschaft, in der Sichtbarkeit und Hörbarkeit zentral sind, dem Erzählen von Geschichten eine geradezu nährende Bedeutung zukommt. Die Schrift stiftet eine besondere Form von Geltung und ermöglicht ein Agieren aus der Distanz, doch dies nur dann, wenn es Helfer im Raum der Nähe gibt, die sie dem sozialen Handeln und interaktiven Vollzug anverwandeln. Aber auch der umgekehrte Schluß dürfte zutreffen: Indem die Anverwandlung sich in einer umständlichen Inszenierung vollzieht, deutet sich an, daß die kommunikativen Regeln der dargestellten Gesellschaft für Verhältnisse der Nähe wie der Distanz zu gelten haben. Mit der Schrift allein ist es zwar nicht getan, mit ihr ist aber doch zu rechnen: nicht nur auf der Ebene der Handlung, sondern auch auf der des Textes. An einer Stelle heißt es, der Parzival-Roman sei nicht als *buoch* zu begreifen (115,29 f.). An einer anderen aber wird eine komplizierte Quellenkette skizziert, die zwar letztlich die Gestirne zum göttlichen Ursprung des Erzählens macht, daneben aber eine sukzessive Weitergabe im Medium der Schrift impliziert (453,11–454,30). Die Kette reicht von der Entziffeerung über die Aufzeichnung und Übersetzung hin zur Interpretation und Kompilation. Erst diese schriftliterarischen Prinzipien machen wie in der Brandan-Geschichte eine kosmische Wahrheit verfügbar, von der sie sich andererseits unwiderruflich entfernen. Auch hier vollzieht sich also ein Balanceakt zwischen dem, was die Schrift leistet, und dem, in dem sie gründet.

Drei Beispiele, drei Überlieferungstypen. Codex, Schrifttafel, Pergamentblatt – sie repräsentieren Erscheinungsformen zeitgenössischer Schriftlichkeit von unterschiedlicher Funktionalität und Stabilität. Doch sie bezeugen – wie schon der Blick auf Variationen der Überlieferung erweist – nicht schlichtweg die Ausbreitung der Selbstverständlichkeit von Schriftlichkeit. Die Texte greifen soziale Praktiken auf, stellen sie aber in den Kontext imaginärer Welten und damit komplexer Sinnstiftungen. Sie arbeiten zum einen mit Doppelungen, Spiegelungen und Wiederholungen, die erst in der Schrift in dieser Weise möglich sind. Und sie benutzen zum andern die Schrift als Element der epischen Welt, um eben diese Doppelungen, Spiegelungen und Wiederholungen in prägnanten Inszenierungen vorzuführen. Die Inszenierungen kreisen um die Beziehung von Körper und Schrift, um ihr wechselseitiges Implikationsverhältnis.[31] So wie Körper nicht einfach krude Materialität sind, sondern auch Einschreibefläche für Zeichenordnungen, ist Schrift auf der anderen Seite nicht einfach Informationsmedium, sondern auch magisches Objekt. Sie besitzt eine Aura, und die in ihr aufbewahrte Botschaft erscheint gekoppelt an Situationen des Heimlichen und Mysteriösen, Situationen oszillierend zwischen Nähe und Ferne, Sichtbarem und Unsichtbarem, körperlichem und medialem Kontakt. Eben in dieser Oszillation erweist sich das Auratische aber auch als Moment einer textuellen Konstruktion, welche die archaische Ungeschiedenheit von Sinn und Sinnträger nicht schlichtweg beschwört, vielmehr raffiniert in Dienst nimmt. Unübertreffliches Beispiel dafür: der Prolog des Wolfdietrich-Epos (Version D) aus der zweiten Hälfte des 13. Jahrhunderts. Die Herkunft der zu erzählenden Geschichte wird hier geknüpft an ein Buch. Es sei nach langer Zeit in einem Kloster entdeckt, zunächst innerhalb der klerikalen Schriftkultur (Bischof, Kaplan, Frauenkloster) verbreitet und verändert, sodann von zwei Spielleuten – in einem Akt sekundärer Mündlichkeit – auswendig gelernt und durch ›Singen und Sagen‹ einem größeren Publikum bekanntgemacht worden. Der gattungstypisch anonyme Autor konstruiert ein Spannungsverhältnis zwischen verschiedenen medialen Situationen. Er mythisiert den Text in seinen Ursprüngen und nobilitiert ihn durch seine Verankerung im Klerus und in der Schrift. An der Notwendigkeit einer Überschreitung des nur Schriftlichen hält er fest.[32]

Als inszenierte besitzt die Schrift hier und anderswo eine doppelte Funktion. Im sozialen Vollzug gezeigt und im Kontext kommunikativer Handlungen ›ausgestellt‹, macht sie auf die performative Dimension der entworfenen Sinnstiftungen aufmerksam. Zugleich stiftet sie selbst Beziehungen, die verschiedene Handlungsmomente verbinden und im Spiel mit dem erzählten Text den Text der Erzählung profilieren. Die Schrift in ihrer Reflexivität zu thematisieren ermöglicht es, an epischen Welten die Spannung von Gegenwärtigkeit und Dauer des Sinns zu verhandeln. Schrift kommt in den Blick als Medium der Fixierung und Speicherung, als Grundlage von Archiven und Diskursen, als Voraussetzung von Situationsabstraktheit und Verstetigung, aber auch als eine Technologie, die, indem sie soziales Handeln von der je neu im Moment herzustellenden Geltung entlastet, einen neuen Typus von Komplexität hervorbringt. Sie vervielfacht die Welt, der sie angehört und auf die sie sich bezieht, indem sie selbst imaginäre Welten erzeugt. Sie etabliert aber damit auch jene schillernde, für Mißverständnisse und Interpretationen offene Beziehung zwischen Zeichen und Bedeutung, mit der es alle historischen Text- und Kulturwissenschaften zu tun haben.

III

Von hier aus läßt sich das Problemfeld schärfer umreißen, das den Umgang mit mittelalterlichen Texten bestimmt. Mittelalterliche Texte sind, um eine Wendung des Kunsthistorikers Hans Belting abzuwandeln, *Texte vor dem Zeitalter der Literatur*.[33] Belting richtete den Blick auf sakrale Bildtypen des Mittelalters und der frühen Neuzeit, für die Präsenz wichtiger war als Repräsentation, Authentizität wichtiger als Artifizialität, Evidenz und Materialität wichtiger als Ingenium und Perspektive. Im ganzen ist die Trennung zwischen Bild und Kunst wohl zu teleologisch und zu rigide gedacht. Vieles fällt aus dem Schema heraus oder ist ihm nur gewaltsam einzufügen.[34] Doch wichtig ist das Grundsätzliche: die Erinnerung daran, daß ein in der Moderne ausgebildeter Begriff von Kunst bestimmte Dimensionen älterer Bilder nicht erfassen kann. Genau dies ist auch für die schriftliche Überlieferung zu bedenken. Mittelalterliche Texte lassen sich als ›Literatur‹ bezeichnen, wenn man damit sagen will, daß sie an der etablierten Schriftlichkeit des lateinschreibenden Klerus partizipieren oder daß sie Formen des Imaginären entwickeln, die in pragmatischer Schriftlichkeit (Urkunden, Formelsammlungen, Annalen) fehlen. Sie dringen mit ihren Formen des Schriftbezugs nicht nur ins kulturelle, sondern auch ins kommunikative Gedächtnis ein,[35] sind aber noch nicht Teil eines skriptographischen, dann typographischen Netzes, wie es der Wissensgesellschaft der Neuzeit zugrunde liegen wird, und sind insofern nicht ›Literatur‹ im Sinne jenes Systems Literatur, das wir seit der Goethezeit kennen.

Auch der Begriff des Textes ist indes nicht ohne weiteres deskriptiv neutral. Er besitzt seine eigene Bedeutungsgeschichte. Sie zeigt, daß Aspekte wie Abgeschlossenheit, Strukturiertheit und Zeichenhaftigkeit (die wir mit dem Begriff verbinden) ihrerseits erst in Neuzeit und Moderne dominant geworden sind. Eben dies kann aber auch zum Vorteil gereichen: Die im Mittelalter lange vorherrschende Bindung des Begriffs an einerseits kultische und rituelle Zusammenhänge, andererseits materielle Träger der Überlieferung (*textus bibliae* oder *textus evangelii*) kann an eben jene Eigenheit älterer Textverhältnisse erinnern, die sich in den Bewegungen *zwischen Körper und Schrift* immer wieder manifestiert.[36]

Sachlich läßt sich der Unterschied zu einem neueren Typus von ›Literatur‹ vor allem an drei Momenten ablesen: Wiederholung, Performativität und Unfestigkeit. Wiederholung meint: Die Texte konstituieren sich nicht als Ausdruck dichterischer Originalität, sondern als Teilhabe an einem ›Überlieferungsgeschehen‹, als Aufnahme, Abwandlung und Anverwandlung anderer Texte. Performativität meint: Sie existieren nicht in einer von Raum und Zeit abgelösten Gestalt, sondern bleiben – zumindest grundsätzlich – gebunden an Situationen gemeinschaftlichen Vollzugs (Kult, Ritual, pararituelle Formen), an Formen repräsentativer Öffentlichkeit, an Dimensionen synästhetischer Wahrnehmung, an die Präsenz von Körpern. Unfestigkeit meint: Sie behalten im Prozeß der Überlieferung keine unveränderliche Gestalt, erfahren vielmehr Variationen auf der Ebene der Morphologie, der Syntax, der Textfolge und des Textbestands – Variationen indes, die nicht wie in der Literatur der Neuzeit einem einzigen auktorialen Subjekt zuzuschreiben sind.[37]

All dies gilt gewiß nicht absolut. Mittelalterliche Texte kennen *auch* die Artikulation von dichterischem Selbstbewußtsein, *auch* die Abstraktion vom Gegenwärtigen, *auch* die Sicherung von Kohärenz und Konstanz. Moderne Kriterien eines Textes lassen sich in Vorformen *auch* schon im 12. Jahrhundert beobachten.[38] Doch weiterhin und noch für längere Zeit bleibt der Text zugleich Gegenstand und Geschehen, zugleich abstrakt und konkret.[39] Zwar kommt es zu Standardisierungen und Institutionalisierungen von Schriftlichkeit, aber dies in einem keineswegs einheitlichen und geradlinigen Prozeß – einem Prozeß, in dem der Buchdruck eine wichtige, doch nicht allein verantwortliche Rolle spielt.[40] Die ersten Phasen der Buchdruckzeit blieben, wie man heute weiß, noch stark den Bedingungen der Manuskriptkultur verpflichtet. Das gilt nicht nur für die Gestaltungen des Layouts, sondern auch für den Status des Produkts: Wie die Handschrift war auch die Inkunabel offen für verschiedene Optionen des Benutzers – Ausschmückung der Initialen, Hinzufügung von Rubrizierung und Interpunktion, Wahl des Einbands. Erst im Gefolge der Reformation wurde das Gedruckte, schmale Heftchen, in hoher Auflage und ohne besondere buchkünstlerische Ambition hergestellt, zu einer Massenware, die der Tagespolemik und generell der (sich von der Materialität der Überlieferung lösenden) Übermittlung von Information diente.

Ebendiese Verschiebung des abendländischen Kommunikationshaushalts (der in jüngerer Zeit eine weitere Verschiebung gefolgt ist) läßt aber erst genauer erkennen, daß in früherer Zeit Handschriften und Drucke nicht als verzerrende Filter zu begreifen sind, die den Blick auf die Originale verstellen. Sie sind nicht Schutt, den der Archäologe wegzuräumen hätte. Sie sind die historisch-materialen Gegebenheiten der Texte, und an ihnen ist zu verfolgen, wie sich jene Aussageformen und Praktiken herausbilden, die uns als charakteristisch für ›Literatur‹ erscheinen.[41] Die Beschäftigung mit älteren Texten hat also ihre sowohl performative wie skripturale Dimension zu berücksichtigen und das Verhältnis von pragmatischem Rahmen und poetischer Textur zu analysieren. Versteht man Texte als kommunikative Handlungen, die sich in Zeichengefügen materialisieren, welche ihrerseits in Wechselwirkung stehen mit anderen Zeichengefügen, so gilt es, die Bedingungen zu rekonstruieren, die eine solche Handlung zu einem bestimmten Zeitpunkt möglich machten.

In dem Begriff Bedingungen steckt die Frage nach dem Verhältnis von Texten und Kontexten. Stellt man fest, mittelalterlichen Texten fehle die Einmaligkeit, Situationsabstraktheit und Stabilität neuerer Texte, so liegt es nahe, sie auch in stärkerem Maße determiniert zu sehen durch Gruppen, Institutionen und Lebenszusammenhänge. Die Sozialgeschichte hat herausgearbeitet, wie Höfe und Klöster, Mäzene und Führungsschichten die Entstehung und Überlieferung von Texten ermöglicht haben.[42] Sie hat aber auch erkennen lassen, daß sich die spezifische Gestalt eines Textes nicht einfach aus seinen Bedingungskontexten ableiten läßt. Der *New historicism* verschiebt deshalb den Blick von den Kontexten zu den Interferenzen: Texte erscheinen nun als Produkt von Austauschprozessen – zwischen anderen Texten, aber auch zwischen verschiedenen Wissensformationen und Diskursen. Das gibt den Texten ihre Komplexität zurück, reduziert aber historische Konstellationen ihrerseits auf Beziehungen zwischen Texten.[43]

Beide Ansätze reagieren auf ein bekanntes Problem: Texte spiegeln nicht einfach Wirklichkeit, sie bilden eigene Formen symbolischer Ordnungen, sind selbst schon soziale Tatsachen und erheben als solche einen nicht nur literarischen Geltungsanspruch. Aber sie können dies nur, weil sie zugleich in Kontexte eingebettet sind und diese überschreiten. Daraus ergibt sich ein ebenso bekanntes Dilemma: Die wissenschaftliche Erschließung muß immer eine von Texten *wie* Kontexten sein. Sie kann aber nie Gewißheit erlangen, welcher Art die Beziehung der beiden zueinander ist: komplementär oder kontrastiv, affirmativ oder subversiv, inhaltlich oder formal. Nur modellhaft lassen sich die Beziehungen zwischen Texten und Kontexten fassen, Modelle aber sind durch eine Dialektik von Entwurf und Revision geprägt. Eine hermeneutische Konstellation also, die indes ihre Pointe darin hat, daß der Gegenstand, der hier im Mittelpunkt steht, sich nicht ohne weiteres in eine gegenwärtige Erfahrung überführen läßt. Die Diskussion der jüngeren Zeit hat deutlich gemacht, wo die klassisch geisteswissenschaftliche Hermeneutik an Grenzen stößt: dort, wo sie Universalität beansprucht und auch Fremdes oder Unverständliches, zeitlich oder räumlich Entferntes den im Gegenwartsbewußtsein verankerten abendländischen Modellen der Repräsentation unterwirft.[44]

So ergibt sich auch für mittelalterliche Texte, daß zwei einstmals zentrale Begriffe der Hermeneutik nicht mehr fraglose Gültigkeit besitzen: Verstehen und Interpretation. Verstehen als Ziel der Erfassung von Textstrukturen und Kontextbedingungen tendiert dazu, unter dem Mantel des Dialogischen Unverständliches und Diskontinuierliches zu marginalisieren. Interpretation als privilegiertes Verfahren, um in der Dynamik von Vorverständnis und Einholung Verstehen zu ermöglichen, setzt eine Sinneinheit des Gegenstands voraus, die als solche gerade in Frage steht. Beide suggerieren, ›wahre‹ Bedeutung läge in einer Tiefenschicht, zu welcher der Interpret vordringen muß, um den Text – und mit ihm das Autorsubjekt – zu verstehen. Nicht zuletzt Erfahrungen mit neuerer Literatur und Kunst haben den Zweifel genährt, ob die Opposition von Oberfläche und Tiefe und die Privilegierung von Autorintentionen zu historisch angemessenen Ergebnissen führen. Deshalb sind Begriffe wie Interpretation und Verstehen noch nicht unbrauchbar geworden. Nur sollte man sich ihrer Implikationen ebenso bewußt sein wie der Alternativen, die in den letzten Jahrzehnten entwickelt wurden.[45] Sie lassen sich mit den Begriffen Analyse, Lektüre und Beschreibung bezeichnen. Und sie lassen sich, will man sie programmatisch gebrauchen, drei Theorieformationen zuordnen.[46] *Analyse* kann ein auf Objektivierbarkeit setzendes Verfahren meinen, das den Text als von Regularitäten bestimmtes Zeichengefüge begreift: Das wäre die Position des Strukturalismus.[47] *Lektüre* kann sich auf eine Durchquerung des Textes beziehen, die, bestimmte Momente herausgreifend, seine rhetorische Komplexität und semantische Unerschöpflichkeit hervorhebt: Das wäre die Position des Poststrukturalismus.[48] *Beschreibung* kann sich manifestieren in einer möglichst genauen Nachzeichnung von Bedeutungsstrukturen, Logiken und Regeln, Kohärenzen und Inkohärenzen eines kulturellen Textes: Das wäre die Position einer neueren ethnologisch inspirierten Kulturwissenschaft.[49]

Die drei Positionen sind nicht strikt voneinander zu trennen. Sie repräsentieren »Einstellungen auf den Text«, die sich je neu am Gegenstand zu bewähren haben.[50] Analyse, strenge Erfassung der Textdaten auf phonetischer, lexikalischer und semantischer Ebene, in syntagmatischer und paradigmatischer Hinsicht, ist für jeden wissenschaftlich verantwortbaren und verallgemeinerbaren Umgang mit Texten nötig. Sie bedarf aber der Ergänzung durch die spezifische Perspektivierung einer Lektüre, die aus den Daten auswählen, sie in argumentativen wie narrativen Zusammenhang bringen muß. Beschreibung wiederum kann, wenn nicht im Sinne einer bloßen Bestandsaufnahme (Handschriftenbeschreibung) aufgefaßt, Aspekte von Analyse wie Lektüre in sich aufnehmen. Festhaltend an Genauigkeit, Stimmigkeit und Adäquatheit als Kriterien von Wissenschaftlichkeit, kann sie ein starres Schema von Oppositionen und Substitutionen vermeiden und gleichzeitig bewußt machen, daß auch der wissenschaftliche Zugriff auf Texte eine Form der Neukonfiguration darstellt, unvermeidlich standpunktgebunden, nie anders als vorläufig und jeweilig, offen für die ihrerseits offenen Prozesse der Bedeutungskonstitution. Eine Historische Semantik, die nach den sich wandelnden Bedingungen von Sinnsystemen fragt, wird sich immer in einem Spannungsfeld bewegen: auf der einen Seite die Hoffnung, die Eigenart vergangener Kulturen und Texte lasse sich dank genauer Rekonstruktion in Grenzen wiedergewinnen, auf der anderen Seite die Gewißheit, der Sinn von Kulturen wie Texten werde im Umgang mit ihnen immer zugleich aufgedeckt und verhüllt.[51]

IV

Die folgenden Kapitel haben so eine doppelte Blickrichtung. Sie versuchen, Texte aus den Jahrhunderten vor dem Buchdruck in jener Eigenart zu beleuchten, die sich durch die Spannung zwischen Körper und Schrift ergibt. Und sie verbinden diesen Versuch mit der Frage nach den Beschreibungskategorien, die dieser Eigenart gerecht werden können. Daraus resultiert ein multiperspektivisches Vorgehen. Da die Beziehung von Körper und Schrift sich nicht entlang *einer* dominanten historischen Linie entwickeln läßt, ist an verschiedenen Stellen anzusetzen und das Terrain in je neuen Anläufen zu durchqueren, um seine Dimensionen erkennbar zu machen. Herausgegriffen sind besonders prägnante und faszinierende Beispiele: Auf den ersten Blick befremdlich oder merkwürdig wirkend, erweisen sie sich bei aufmerksamer Lektüre und geduldiger Entzifferung als funkelnde Brillanten, in denen momenthaft ein vergangenes Sinngefüge lebendig wird. Die Kapitel setzen also auf das signifikante Einzelne, an dem zugleich ein Allgemeines zu erfahren, Grundsätzliches im Umgang mit vormodernen Texten zu lernen ist. Sie gliedern sich in vier Sektionen.

Erste Sektion: Anthropologische Perspektiven. Vorgestellt, zunächst systematisch, sodann analytisch, werden Blickwinkel, die alte Texte in neues Licht rücken. Die Legende des inzestuösen Heiligen (Albanus), situiert im Feld von Gewalt und Heiligkeit, zeigt sich als Text, an dem das feudale System der Genealogie von seinen Exzessen her zur Diskussion gestellt ist (*Kapitel 1*). Die Geschichte des den Orient durchquerenden, Frauen akkumulierenden und Monster besiegenden Apollonius enthüllt sich als pointierte Konfiguration des Spannungsverhältnisses von Kultur und Natur, das, anthropologisch zentral, im mittelalterlichen höfischen Roman in einer Fülle von Gegenordnungen entfaltet wird (*Kapitel 2*). Das hochdifferenzierte Epos vom Heidenkrieg (Wolfram von Eschenbach, *Willehalm*) erweist sich als literarischer Verhandlungsort für eine Form von politischer Anthropologie, die die Spannung von Person und Institution, Affekt und Rationalität, Symbol und Zeichen durchspielt (*Kapitel 3*).

Zweite Sektion: Experimente der Reflexivität. Im Zentrum stehen frühe Ansätze, die Literarizität eines Textes aufscheinen zu lassen, und zwar dort, wo man sie nicht unbedingt erwartet: in geistlicher Dichtung, im Brautwerbungsepos und im höfischen Liebeslied. An frühmittelhochdeutschen Texten zur Heilsgeschichte ist abzulesen, wie das Problem der Sicherung des Sinns (nicht nur des Stoffes, sondern auch der Erzählung) und damit auch der literarische Status eines Textes in den Blick gerät (*Kapitel 4*). An einem raffinierten Brautwerbungsepos (*König Rother*) läßt sich verfolgen, wie ein Autor das Spiel mit Erzählmustern entdeckt und zugleich das Prinzip literarischer Sinnkonstitution in den Blick rückt (*Kapitel 5*). Am hochmittelalterlichen Tagelied, hier in der Zuspitzung Wolframs von Eschenbach, ist zu beobachten, wie die Etablierung einer triadischen Konstellation (Dame/Ritter/Wächter) mit der literarisch reflektierten Engführung von Sprache und Sprachlosigkeit einhergeht (*Kapitel 6*).

Dritte Sektion: Subjekte des Körpers. Es geht um Versuche, die Diskurse des Körpers in bezug auf das handelnde oder schreibende, seinem Körper unterworfene Ich zu subjektivieren. Einer der eigenwilligsten autobiographischen Texte des hohen Mittelalters, Guiberts de Nogent *Monodiae*, wird betrachtet im Blick auf das Ich, das seinen fragilen Körper ins Zentrum zentrifugaler und zentripetaler Kräfte stellt und den Schreibakt zu einem ebenso chancen- wie gefahrenreichen Tun macht (*Kapitel 7*). Ein ambitionierter Minneroman, der *Frauendienst* Ulrichs von Liechtenstein, wird befragt auf die Eigentümlichkeit, mit der sich die Erzählung drastischer Körpereinsätze und die Aufbewahrung lyrischer und prosaischer Minnedichtung verbinden (*Kapitel 8*). Das schillernde Kartenwerk des Opicinus de Canistris wird analysiert hinsichtlich der Weise, in der ein Ich, sich geographisch, historisch und biographisch im System der Entsprechungen von Mikrokosmos und Makrokosmos verortend, eben dieses System aus den Angeln zu heben droht (*Kapitel 9*).

Vierte Sektion: Figuren der Präsenz. Der Fokus gilt den vielgesichtigen Beziehungen zwischen Körper, Sprache und Schrift. Wolframs rätselhafte Titurel-Stücke erscheinen als fragmentierter Text, der, die Leerstelle von Liebe und Tod umkreisend, Metapher und Erzählwelt paradox verknüpft und in der Gestalt eines geheimisvollen Hundes die unbewegte Schrift in Bewegung versetzt (*Kapitel 10*). Literarische und philosophische Werke zwischen Boethius und Chaucer erweisen sich in ihren Ansätzen, menschliche und nicht-menschliche Figuren einander spiegelbildlich begegnen zu lassen, als poetologische Paradigmen des im Mittelalter zentralen Phänomenkomplexes der Personifikation (*Kapitel 11*). Rhetorisch aufgeladene Totenklagen zeigen sich als Texte, die in der Überblendung von dokumentarischem Bericht und autoreferentieller Poesie die Absenz des toten Körpers beschwören und sich zugleich selbst als Rituale der Bewältigung anbieten (*Kapitel 12*).

Die einzelnen Kapitel stehen untereinander in inneren Zusammenhängen. Doch sind sie argumentativ eigenständig und unabhängig von ihrer Reihenfolge lesbar. Alle bleiben sie auf das skizzierte Spannungsfeld bezogen. Sie entfalten das Verhältnis von Körper und Schrift im Blick auf verschiedene Texte, Gattungen und historische Situationen und bieten ein repräsentatives Spektrum dessen, was auch heute noch, jenseits bloß antiquarischen Interesses, an dem Fremden und doch nicht ganz Fremden einer vergangenen und doch nicht verschwundenen Kultur zu faszinieren vermag.

ANTHROPOLOGISCHE PERSPEKTIVEN

1 Gewalt und Heiligkeit

I

Zu den wichtigsten Impulsen, die in den letzten Jahren die Literaturwissenschaft auf neue Wege geführt haben, gehören die, die aus dem Kontakt mit einer ethnologisch orientierten Kultur- oder Sozialanthropologie herrühren.[1] Was in ihr an Bedeutung gewonnen hat, das Interesse am Zusammenhang von Text und Kultur sowie die Reflexion über die Bedingungen kultureller Sinnkonstitution, wird zunehmend wichtig auch für eine Literaturwissenschaft, die sich bemüht, über die Dichotomie von Text und Geschichte hinauszukommen. Die Technik dichter Beschreibung, die Rekonstruktion symbolischer Sinnsysteme, die Sensibilität für die Alterität des Untersuchungsgegenstands, die Einsicht in die semiotische Komplexität von Repräsentationsformen – all dies trifft ebenso dort auf Interesse, wo (fremde) Kulturen im Medium von Texten, wie dort, wo (fremde) Texte im Kontext kultureller Formationen erschlossen werden sollen.[2]

In keinem Fall handelt es sich schlicht um die Etablierung eines neuen Paradigmas, sofern man mit diesem ein verbindliches Inventar von Methoden und Kategorien verbindet. Die ›anthropologische Wende‹ der Literaturwissenschaft bedingt sowenig wie andere in den letzten Jahrzehnten beschworene Paradigmawechsel (›turns‹) eine Ablösung vorhandener Methoden. Als Form wissenschaftlicher Ausdifferenzierung erweitert sie das Spektrum von Zugangsweisen zu Kulturen und Texten und steht zugleich in Wechselwirkung mit wissenschaftspolitischen Entwicklungen und sozialen Veränderungen. Sie verbindet die Sehnsucht, die Vergangenheit in ihrer sinnstiftenden Kraft aus dem Staub der Archive zum Leben zu erwecken, mit der Notwendigkeit, das wissenschaftliche Tun aus dem Elfenbeinturm zu befreien. Und sie nährt die Illusion, eine nur in Überresten oder Denkmälern, in entweder kruder Materie oder opaken Zeichen erhaltene Vergangenheit lasse sich in Kategorien menschlichen Handelns ›rückübersetzen‹.[3] Ob diese Illusion nur Effekt einer wissenschaftlichen Selbstbehauptungsstrategie ist, mag dahingestellt bleiben, sie ist jedenfalls eine fruchtbare. Der Umgang mit literarischen Texten behält so auch nach dem Verblassen der Nationalphilologien gesellschaftliche Relevanz, erweist er sich doch nicht zuletzt als Auseinandersetzung mit Fragen der Lebenswelt, zum Beispiel mit der wachsenden Bedeutung, die Fremdheit im Rahmen postmoderner Gesellschaften spielt. In Texten findet man Experimentierfelder für soziale Konstellationen und anthropologische Dispositionen, Felder, auf denen Heterogenes im Spannungsfeld ästhetischer und außerästhetischer Bedingungen zusammentreffen und zur Verhandlung gestellt werden kann. Dementsprechend ist anders als bei den älteren anthropologischen Ansätzen bei den neueren nicht so sehr die entdifferenzierende Suche nach menschlichen Universalien dominant als vielmehr die differenzierende Suche nach Kategorien, die zwischen Einzelnem und Allgemeinem vermitteln können. Die Untersuchungen gehen deshalb häufig einher mit einer Infragestellung scheinbarer interpretatorischer Sicherheiten, einer Problematisierung der dem Gegenstand traditionell unterstellten Sinneinheit und einem Insistieren auf Brüchen, Gegenläufigkeiten und Widerstimmigkeiten. Eine zentrale Rolle spielt die Frage nach dem Zusammenwirken von Kontinuitäten und Diskontinuitäten, das die historische und situative Spezifik von Kulturen wie Texten charakterisiert.

Damit ist keine Verabschiedung des in Generationen ausgebildeten Instrumentariums hermeneutischer Wissenschaften verbunden. Weder werden in der Kultur- und Sozialanthropologie funktions- oder strukturanalytische Verfahren noch in der Literaturwissenschaft sozial- oder geistesgeschichtliche Methoden obsolet. Doch richtet sich der Blick in stärkerem Maße auf die Prämissen, die jene Ansätze oft stillschweigend voraussetzen, auf die Punkte, die sie ausblenden, und auf die Grenzen, die sie dem Verständnis des Gegenstandes auferlegen. Resultat ist im Falle des literarischen Textes eine doppelte Verschiebung: eine Einschränkung ästhetischer Autonomie und gleichzeitige Erhöhung kultureller Signifikanz. Der literarische Text erscheint als ein heterogenes Gebilde, zusammengesetzt aus Stücken der Tradition, die in ihm zugleich eine neue Dynamik gewinnen kann, teilhabend an Diskursen, die durch ihn zugleich eine neue Richtung erhalten können, bezogen auf ›Wirklichkeiten‹, die er nicht einfach abbildet oder spiegelt, in die er aber auf spezifische Weise eingelassen ist – als Produkt situativ unterschiedlicher Praktiken, in denen gesellschaftliche Gruppen Bedeutung herstellen im Medium geformter Rede.

Wie in der neueren anthropologisch geprägten Kulturwissenschaft Kulturen, so zeigen sich in der jüngeren Literaturwissenschaft Texte, und nicht zuletzt kanonische, vielschichtiger in ihren Profilen, ihren inter- und kontextuellen Beziehungen, als bislang wahrgenommen. Die Analyse versucht, diese Komplexität nicht zu verringern, sondern zu entfalten. Sie begreift sie als eine auf der multiplen Verknüpfung und Überlagerung von Zeichensystemen beruhende und unternimmt es mit Hilfe einer kontrollierten Distanznahme zum Untersuchungsgegenstand, die diesen nicht von vornherein an das Eigene, Vertraute und Gegenwärtige anschließt, das in jeder analytischen Erschließung virulente Problem der Übersetzung (von einer Kultur in eine andere, einem Text in einen anderen) im Sinne einer produktiven Verunsicherung zu nutzen – einer Verunsicherung, die nicht in postmoderne Beliebigkeit münden, vielmehr einen Gewinn an Tiefenschärfe, Differenzqualität und Historizität ermöglichen soll.[4]

Auch die literaturwissenschaftliche Mediävistik ist von diesen Tendenzen nicht unbeeinflußt geblieben.[5] Sie hat die Alterität ihres Gegenstandes entdeckt, nämlich die Eigenart mittelalterlicher symbolischer Ordnungen, die sich in modernen Repräsentationssystemen nicht angemessen erfassen lassen. Und sie ist in diesem Zusammenhang aufmerksam geworden auf Entwicklungen in der Ethnologie, die ebendieses Repräsentationsproblem anhand von räumlich entfernten Kulturen zum Thema machten. Eine Reihe von Arbeiten hat sich in den letzten Jahren auf ethnologische Untersuchungen bezogen. Claude Lévi-Strauss wurde aufgerufen, wenn Verwandtschaftssysteme und Genealogiemuster zu beschreiben waren, Marcel Mauss, wenn die Logiken der Gabe, Mary Douglas, wenn die Symboliken des Körpers zur Diskussion standen, Arnold van Gennep, wenn Übergangsriten, Victor Turner, wenn rituelle Prozesse aufgeschlüsselt werden sollten. Clifford Geertz wird überall genannt, wo die Bedeutungshaftigkeit fremder kultureller Formationen und der Rekonstruktionsanspruch der Wissenschaft auf dem Spiel steht.[6] In den meisten Fällen geht es um die faszinierende (obschon häufig punktuelle) Erschließungskraft scheinbar universaler Beschreibungskategorien, in den wenigsten um eine methodologische Klärung des Bezugs zwischen zwei Disziplinen, die sich zwar in ihrem Selbstverständnis aneinander angenähert haben mögen, in ihren Untersuchungsverfahren aber doch unterschiedlichen Traditionen verpflichtet sind. Entscheidende Fragen sind dementsprechend noch offen. Welchen Status haben literarische Texte hinsichtlich anthropologischer Konstellationen? Sind sie Material, aus dem überindividuelle Muster und Logiken herauspräpariert werden können? Oder sind sie reflexive Gefüge, die solche Muster und Logiken im Modus des Spiels neu konfigurieren? Und umgekehrt: Welchen Status haben ethnologische Beschreibungsmuster hinsichtlich literarischer Texte? Dienen sie der Erklärung von Textphänomenen? Oder dienen sie einer Modellbildung, die eine systematischere Erfassung von Texten ermöglicht?

Antworten auf diese Fragen hängen vom jeweiligen Erkenntnisinteresse ab. Wer Belege sucht für menschliche Elementarerfahrungen, für Körpertechniken und Ernährungsweisen, für Geburts-, Heirats- und Sterberiten wird auch in mittelalterlichen Texten fündig werden. Deren Strukturen und Subtilitäten können dabei unbeachtet bleiben.[7] Wer den Blick auf anthropologische Dispositionen richtet, soweit diese in spezifischen historischen Kontexten, medialen Ausprägungen und symbolischen Ordnungen zur Verhandlung stehen, wird die historische Eigenart und Logik des Materials genauer zu beachten haben. Er wird die Verallgemeinerung, um ihr Gültigkeit zu verschaffen, an das Einzelne zurückbinden müssen. Schon ein Begriff wie jener der Literarischen Anthropologie kann dann zum Problem werden.[8] Zum einen ist das Literarische mittelalterlicher Texte in kritischer Reflexion dessen zu bestimmen, was seit dem 18. Jahrhundert als Literatur verstanden wird (s. Einleitung). Zum anderen suggeriert der Begriff Anthropologie das Vorhandensein eines Diskurses, der für mittelalterliche Kulturen nicht ohne weiteres als gegeben und für die sie beschreibenden Wissenschaftsformationen kaum als einheitlich angenommen werden kann.[9] Das mag erklären, warum ich umständlich von ›anthropologischen Perspektiven‹ spreche, und rechtfertigen, warum ich versuche, das, was diese Perspektiven ausmacht, überhaupt erst zu definieren. Diese Definition erfolgt weniger in Form eines Resümees denn eines Prospekts. In starker Verkürzung skizziere ich, wie anthropologische Perspektiven auf mittelalterliche Texte in systematischer Hinsicht umrissen (II), an einem bestimmten Untersuchungsfeld präzisiert (III) und an einem konkreten Text erprobt werden können (IV).

II

Ausgangspunkt seien sechs Sätze, verbunden mit kurzen Erläuterungen, Sätze, die zunächst wissenschaftssystematische, sodann methodische und hermeneutische, schließlich gegenstandsbezogene Aspekte herausgreifen. Es handelt sich nicht um apodiktische Setzungen, sondern um pragmatische Vorschläge. Sie mögen dazu dienen, das Feld klarer abzustecken, auf dem sich vorhandene und künftige Ansätze begegnen können.

1. ***Anthropologische Perspektiven beziehen sich wissenschaftssystematisch auf Ansätze einer interpretativen Kultur- und Sozialanthropologie (oder berühren sich mit solchen).*** Der Begriff des Anthropologischen hat vielfältige Bedeutungen gemäß den verschiedenen Bereichen der Geistes-, Sozial- und Humanwissenschaften, die sich mit dem Menschen beschäftigen.[10] Auch die Biologische, die Philosophische oder die Soziologische Anthropologie können für die Beschreibung von Texten eine Rolle spielen. Dennoch liegt die Orientierung an einer interpretativen Kultur- und Sozialanthropologie zumindest in zweifacher Hinsicht nahe. Diese hat Methoden ausgebildet, die Vernetzung von Einzelelementen in der Totalität einer kultureller Formation zu erfassen. Und sie hat sich in jüngerer Zeit mit der Frage beschäftigt, wie das Sinnsystem einer fremden Kultur im Spannungsfeld von Beobachter und Beobachtetem zu ›le-

sen‹ und zu repräsentieren ist.[11] Das eine ist mediävistisch relevant, wenn Überlagerungen zwischen sozialen Feldern beschrieben werden sollen, die nur ansatzweise funktionale Ausdifferenzierungen kennen. Das andere ist mediävistisch relevant, wenn neben Kontinuitäten auch Diskontinuitäten zwischen mittelalterlichen und neuzeitlichen Sinnsystemen in den Blick treten sollen.

2. Anthropologische Perspektiven verwenden Verfahrensweisen einer Historischen Semantik. Das Instrumentarium für die Untersuchung mittelalterlicher Texte läßt sich nicht einfach an Verfahren der Kultur- und Sozialanthropologie – Feldforschung, teilnehmende Beobachtung, Kombination von Aufzeichnungstechniken – ausrichten. Insofern diese aber interpretativen Charakter haben, sind sie mit den gleichen Problemen konfrontiert wie die Textwissenschaften.[12] Sie versuchen, möglichst exakt die Eigenlogik einer Kultur oder eines Textes zu erfassen – ohne dabei von ahistorischen oder anachronistischen, implikationsreichen oder teleologischen Voranahmen auszugehen. Nichts anderes meint, zumindest idealiter, der Begriff ›dichte Beschreibung‹: Gegebenes in einem möglichst dichten Netz textueller und historisch relevanter Bezüge zu verorten. Das berührt sich mit dem weiter angelegten Projekt einer Historischen Semantik. Vorannahmen über zum Beispiel Originalität, Individualität oder psychologische Stimmigkeit mittelalterlicher Texte auszuschalten heißt nicht, erneut der Illusion des Historismus zu verfallen, man könne vergangene Zeiten aus ihrem eigenen System heraus verstehen. Doch es heißt, Bedeutungsstrukturen zu rekonstruieren und mit ihnen nicht nur die innere Logik und den geschichtlichen Wandel von symbolischen Ordnungen, sondern auch die Bedingungen der Möglichkeit, bestimmte Sachverhalte in bestimmten Kontexten zu bestimmten Zeitpunkten zu artikulieren.

3. Anthropologische Perspektiven operieren nach den Modalitäten einer Fremd-Hermeneutik. Vorausgesetzt, es gehe darum, Texte nicht als bloßen Ausdruck, sondern als semiotischen Entwurf anthropologischer Konstellationen zu verstehen, sind anthropologische Perspektiven mit den üblichen Dimensionen interpretativer Vorgehensweisen konfrontiert. Sie müssen Modelle bilden, die Revisionen zulassen. Und sie müssen reflexiv angelegt sein, um das prekäre Verhältnis zwischen Gegenstand und Beschreibung nicht aus dem Blick zu verlieren. Prekär ist dieses Verhältnis, weil die Eigenart des Gegenstands eben jenes Traditionskontinuum in Frage stellt, auf dem der Verstehensprozeß im Sinne der klassischen Hermeneutik aufbaut. Statt im Zuge von Horizontverschmelzungen die Distanz zwischen Gegenwart und Vergangenheit zu verringern, gilt es, die Fremdheit des Objekts einerseits zu entfalten, andererseits für eine Präzisierung des Beschreibungsinventars zu nutzen. Diese Art von Hermeneutik hat prozessualen und infiniten Charakter nicht nur aufgrund der Unendlichkeit von Auslegungsmöglichkeiten, sondern aufgrund der prinzipiellen Nicht-Verfügbarkeit des Gegenstands.

4. Anthropologische Perspektiven richten sich auf Texte als menschliche Hervorbringungen und Teil von Handlungsvollzügen und Kommunikationssituationen. Gegenstand oder zumindest Ausgangspunkt der Beschreibung sind konkrete Objekte: Texte, vorliegend in Handschriften und Drucken. Als solche sind sie Produkt von Herstellungsvorgängen und tragen sie die Spuren von Handlungsweisen an sich. Zugleich sind sie Basis von Sinnsystemen und dies in doppelter Weise: Sie transportieren Sinn, sind aber in einer Kultur wie der mittelalterlichen auch selbst sinnhaft. Das Buch ist sowohl Träger von Wissen wie Gegenstand von Handlungen. Es vereint in sich, was später in den Informationsträger einerseits, das bibliophile Kunstwerk andererseits auseinandertreten wird. Eine materielle Philologie kann die spezifischen Praktiken herausarbeiten, die in einer noch nicht selbstverständlich auf Schriftlichkeit gegründeten Kultur den Umgang mit der Materialität der Überlieferung prägten: Praktiken, die einerseits der Öffnung, andererseits der Stabilisierung von Sinn dienen sollten. Sie kann aber auch einzelne Überlieferungsträger mikrohistorisch im Schnittpunkt verschiedener Herstellungs- und Verwendungszusammenhänge situieren und aus der Detailanalyse Modelle für die kommunikative Funktion der Texte gewinnen: Modelle, die nicht einfach ästhetischen Genuß und kritische Reflexion berücksichtigen, sondern auch Momente memorialen Gemeinschaftshandelns, didaktischer Wissensvermittlung und geistlicher Lebensorientierung.

5. Anthropologische Perspektiven richten sich auf Texte als Repräsentationen imaginärer Welten. Als sekundäre modellbildende Systeme, Entwürfe symbolischer Ordnungen stellen Texte komplexe Zeichensysteme dar, deren syntagmatische Anordnung wie paradigmatische Selektion zeitspezifischen, aber auch zeitüberdauernden Prinzipien folgt. Diese Prinzipien sind sowohl auf der Ebene des Dargestellten wie jener der Darstellung und sowohl in ihrer inneren Verfaßtheit wie ihrer Beziehung zu dem (phänomenologisch geordneten) Ensemble vergleichbarer Überlieferungen zu analysieren. Einerseits geht es also um die Dimensionen und Regeln der dargestellten Welten: Raum- und Zeitverhältnisse, Handlungs- und Affektmuster, Personenbeziehungen im Spannungsfeld von genealogischen und feudalen Bindungen, von geistlichen und weltlichen Verpflichtungen. Andererseits geht es um die Formen der Darstellung: sprachliche, rhetorische und stilistische Konventionen, Typen von Kohärenz oder Inkohärenz, narrative Schemata, Sinngefüge, die Kontinuität stiften zum Beispiel durch die Dialektik von Ursprung und Wiederholung.

6. Anthropologische Perspektiven richten sich auf Position und Interaktion von Texten im Rahmen von Wissensformationen. Zielt die mentalitätsgeschichtliche Perspektive darauf, unbewußte oder halbbewußte Einstellungen von einzelnen oder Gruppen zu rekonstruieren,[13] so die anthropologische darauf, imaginäre Welten und ihre Sinnbildungsleistungen in bezug auf kontextuelle Wissensformationen zu beleuchten. Solche Wissensformationen können sein: Gattungen und Serien, Diskurse und Archive. Jeweils gilt die Aufmerksamkeit nicht so sehr den Strukturen einer abstrakten epistème oder den Paradigmen von Problem-Lösungs-Konstellationen. Sie gilt dem Sinnobjekt in seiner gleichzeitigen Allgemeinheit und Singularität, seinen Funktionen und Vernetzungen in der offenen Totalität sozialer Sinnsysteme.

III

Im folgenden will ich diesen allgemeinen Prospekt an einem spezifischen Feld konkretisieren, auch wenn dabei nur einige der skizzierten Aspekte zum Tragen kommen können. Gewalt und Heiligkeit – sie sollen verstanden werden nicht nur als zwei für viele Kulturen zentrale Komplexe symbolischer Ordnungen, sondern als anthropologische Matrix, die spezifische Konstellationen des Gesellschaftlich-Imaginären aufzuschlüsseln erlaubt. Aus dem Konnex der beiden Kategorien hat René Girard 1972 in seinem Buch *La violence et le sacré* eine universale Theorie der Entstehung und Entwicklung von Kultur abgeleitet. Ausgehend von ethnologischen Untersuchungen und orientiert an antiken Tragödien, suchte er nachzuweisen, daß eine im Laufe der Geschichte verschleierte Gründungsgewalt in Krisenmomenten immer wieder aufbrechen könne und immer wieder durch rituelle Wiederholung von Gewaltakten bewältigt werde.[14] Man hat verschiedentlich auf die Probleme dieser Theorie hingewiesen.[15] Girard konstruiert Urszenen und fokussiert die Geschichte nach Art einer negativen Theologie. Er unterscheidet nicht zwischen ereignisgeschichtlichen Konstellationen und symbolischen Ordnungen. Er behandelt Literatur als Dokument einer archaischen Verborgenheit, nicht als Monument eines spannungsvollen Weltentwurfs. Gleichwohl besitzen die Kategorien der Gewalt und des Heiligen, wie Girard sie verwendet, Erschließungswert für bestimmte kulturelle Situationen, und im Hinblick darauf will ich sie betrachten.

Gewalt zeigt sich bei Girard in doppelter Form: als unreine und als reine. Die unreine Gewalt ist eine, die sich wie eine ansteckende Krankheit ausbreitet, einen Kreislauf von Rache und Vergeltung hervorbringt. Sie beruht auf einer mimetischen Rivalität in und zwischen Gemeinschaften und wird bewältigt in traditionellen Gesellschaften, in denen die ausdifferenzierte Institution des Gerichtswesens nicht existiert, durch Rituale. Opferrituale lenken die Gewalt von der Allgemeinheit auf einzelne, überführen die unreine, unfaßbare Gewalt in eine reine, sauber abgegrenzte Gewalt und bringen damit den Kreislauf der Gewalt zum Stehen. Diese überwundene, gleichwohl nach wie vor gefährdende Gewalt sieht Girard aufbewahrt in literarischen Texten: in solchen, die eine gewaltsame Gründungsszene verschleiern, aber auch in solchen, die sie offensichtlich machen. Zu dieser zweiten Gruppe zählt er die Passionsgeschichten der Evangelien, zu denken wäre aber auch an die Märtyrerlegenden, die den Ursprungsakt der Gewalt wiederholen, den Mythos des notwendigen Opfers vergegenwärtigen.

Das *Heilige* steht in diesen Texten mit der Gewalt in direkter Verbindung. Der Akt des Opfers trägt sowohl verbrecherische wie rettende Züge. Er erzeugt die Differenz zwischen den Tätern und dem Opfer, doch ein Opfer, das zugleich als Stellvertreter der Gemeinschaft fungiert. Es zieht die Gewalt auf sich und erweist gerade durch die Bereitschaft zur Stellvertretung seine Besonderheit. Es wird ausgestoßen von einer Gemeinschaft, die des Sündenbockes bedarf, und stellt sich selbst außerhalb, indem es das Leid der Gemeinschaft hinwegnimmt. Das, was die Gemeinschaft absondert, ist zugleich das, was sie heilt. Ausgrenzung und Auszeichnung sind dialektisch verbunden. Legendarisches Erzählen greift auf diese Dialektik immer wieder zurück.

Und zwar tut es das nicht selten im Bezug auf Muster der *Genealogie*.[16] Dieser Bezug ist kein zufälliger. An Konstellationen von Familie und Verwandtschaft kann die innere Verfaßtheit der Gesellschaft im Kern sichtbar werden. Die antiken Tragödien, auf die Girard sich stützt, operieren hier nicht selten ex negativo: Sie imaginieren, was passiert, wenn die Umlenkung der unreinen Gewalt nicht funktioniert, wenn Unterschiede zwischen dem kontrollierten Opfer und der unkontrollierten Aggression sich verwischen. Girard spricht von einer Krise des Opferkults und gleichzeitigen Krise der Unterschiede. Das spielt auch in mittelalterlichen Texten eine Rolle, doch in anderer Funktion. Aus Konfliktsituationen, krisenhaften Instabilitäten kann hier eine neue Begründung von Gemeinschaft und neue Geltung von Normen erwachsen. Dementsprechend geht es nicht allein um das Heilige als Kristallisationsform des Numinosen.[17] Es geht um Heiligkeit als Institution religiöser Sinnfülle oder auch als Gegen-Institution zu profanen Institutionen der Sinnstiftung.[18]

Der Anknüpfungspunkt an Girards Theorie ist also ein weniger historischer als systematischer. Er gilt der Tatsache, daß in traditionellen Gesellschaften andere Mittel als staatliche gefordert sind, Gewaltausübung zu legitimieren und zu regulieren. Heiligkeit mit ihren Komponenten des freiwilligen Opfers und des sozialen Bruchs kann nach der Logik bestimmter mittelalterlicher Texte als Einrichtung dienen, mit der sich die in der Gewaltdynamik der ritterlich-feudalen Kultur liegenden Risiken auffangen lassen.[19] Sie kann dies aber wohl deshalb, weil sie zur Gewalt in einem Verhältnis gleichzeitiger Äquivalenz und Differenz steht. Gewalt ist eine Kategorie der Nähe und der Immanenz, Heiligkeit eine Kategorie der Distanz und der Transzendenz. Im mittelalterlichen feudalen System bleiben beide insofern aufeinander bezogen, als die eine weltliche Bindungen konstituiert und gefährdet, die andere weltliche Bindungen negiert und überschreitet. Begreift man Gewalt und Heiligkeit im Sinne Girards als strukturale Kategorien, so wird klar, warum ihr Verhältnis zueinander gerade in den Modalitäten des Genealogischen verhandelt wird. Genealogie als Basis für die Aufrechterhaltung von Macht und Herrschaft ist in doppelter Weise gefährdet: von innen durch Gewalt, die das System der Sukzession in Frage stellen kann, von außen durch Heiligkeit, die einen negativ auf die irdische Welt bezogenen Lebensentwurf legitimieren und nobilitieren kann.

»Wenn jemand Vater und Mutter mehr liebt als mich, ist er meiner nicht wert«, so lautet das bekannte Christuswort im Matthäus-Evangelium (10,37), autoritatives Zeugnis einer Hierarchie von Bindungen, die das ganze Mittelalter hindurch immer wieder Gegenstand der Diskussion war. Nicht zufällig wird der Satz im Zuge der klerikalen und monastischen Reformbestrebungen des 11. und 12. Jahrhunderts immer wieder zitiert. Im Versuch, sich von weltlichem Sippendenken zu emanzipieren, wird Verwandtschaft »als Hindernis der Erneuerung empfunden«, Verwandtschaftspatronage als Krankheits- und Krisensymptom.[20] Guibert de Nogent beklagt in seinen *Monodiae* (1122) inzestuöse Heiratspraktiken (s. Kapitel 7). Der Autor der *Kaiserchronik* (vor 1150) führt in seiner Faustinian-Geschichte eine Familie vor, die, zersplittert zunächst, am Ende zwar wieder zusammenfindet, aber sich, zu Christen geworden, aus der Herrschaft im Reich zurückzieht; ein Streitgespräch zwischen Petrus und Simon Magus begründet diskursiv, zurückgehend auf die Matthäusstelle, warum die christliche Bindung über der Familienbindung steht: sie erlaube es, den christlichen Glauben, unabhängig von der sozialen und familiären Stellung des einzelnen, in der ganzen Welt zu verbreiten.[21] Jacques de Vitry sieht in seiner *Historia occidentalis* (1219–26) die Abwendung von der Familie und Hinwendung zu den neuen Orden als Zeichen für die religiöse Erneuerung des Abendlands.[22] Durch Aufwertung der spirituellen Verwandtschaft, Aufstellung von Verfahrensnormen und Einflußnahme auf die laikalen Heiratspraktiken suchte die Kirche Macht zu gewinnen in einem Bereich, der für die gesellschaftlichen Verhältnisse zentrale Bedeutung besaß.[23] In diesen Kontext gehört auch das folgende Textbeispiel.

IV

Die lateinische Legende des Heiligen Albanus entstand gegen Ende des 12. Jahrhunderts und wurde im folgenden mehrfach in Vers und Prosa bearbeitet und ins Deutsche übersetzt.[24] Es handelt sich also um keine Geschichte, die bereits dem frühchristlichen Ensemble von Märtyrer- und Bekennerlegenden angehört hätte, auf das auch das hohe und späte Mittelalter immer wieder zurückgriff. Sie wurde neugebildet wohl in Anlehnung an bereits vorhandene Heilige gleichen Namens, und es gibt Hinweise, wo sich diese Neubildung vollzog: im Umkreis der römischen Kurie, die an der Geschichte nicht zuletzt aus Gründen antikaiserlicher Polemik interessiert gewesen sein dürfte. Zwei der zahlreichen Handschriften überliefern die älteste Fassung im Kontext einer Briefsammlung, die in der päpstlichen Kanzlei zusammengestellt wurde – von dem Protonotar Transmundus, der auch ein Lehrbuch (*Introductiones de arte dictandi*) verfaßte, das theoretisch behandelt, was die Briefe praktisch demonstrieren: die Kunst, im Satzbau und vor allem im Satzschluß rhythmische Regelmäßigkeiten zu verwenden.[25] Diese sogenannte Cursus-Lehre kommt auch in der Albanus-Legende zum Tragen, hier allerdings verbunden mit erzählerischer Subtilität und bezogen auf eine ebenso faszinierende wie skandalöse Konstellation.

Die Geschichte beginnt in der Elterngeneration. Ein namenloses Herrscherpaar regiert in einem ungenannten Land im Norden. Es hat als Nachkommen nur eine Tochter. Nach dem Tod der Herrscherin weist der Vater die Fürsten, die um die Tochter werben, allesamt ab. Er will sich selbst heimlich mit ihr verbinden. Aus dem Inzest entsteht ein Sohn, den die junge Mutter im Königreich Ungarn aussetzen läßt. Das Kind wird gefunden und vom kinderlosen ungarischen König als Adoptivsohn angenommen. Es erhält den Namen Albanus. Jahre später, Albanus ist inzwischen herangewachsen, kommt der Ruf seiner Vortrefflichkeit auch dem leiblichen Vater zu Ohren. Ohne zu wissen, um wen es sich wirklich handelt, arrangiert er die Heirat zwischen Albanus und der eigenen Tochter, also Albans Mutter. Erst als der König von Ungarn, Albans Adoptivvater, stirbt, wird die schreckliche Wahrheit schrittweise offenbar. Auch Albans leiblicher Vater wird aufgeklärt und bekennt seine Schuld. Ein Einsiedler legt die Bußzeit fest: Sieben Jahre ziehen die Drei durch die Fremde, pilgernd, fastend, betend, gute Werke tuend, während ein Bischof die Reiche verwaltet. Als die Zeit abgelaufen ist, machen sie sich auf den Rückweg zum Einsiedler. Doch sie verirren sich im Wald, verbringen eine Nacht im Freien – und hier überkommt Vater und Tochter erneut die inzestuöse Begierde. Albanus sieht es und erträgt es nicht. Er erschlägt beide. Die Konsequenz: sieben weitere Jahre der Buße. Am Ende dieser Zeit ist er sündenfrei, weltliche Herrschaft aber will er nicht mehr übernehmen. Sein Streben gilt dem himmlischen Reich. Doch läßt er immerhin die eigene Lebensgeschichte aufzeichnen, um das Ausmaß seiner Sünderexistenz festzuhalten. Wenig später wird er – anscheinend grundlos – in der Wildnis ermordet, sein Leichnam ins Wasser geworfen, wo er Zeichen der Heiligkeit vollbringt: Aussätzige, die mit dem Wasser in Berührung kommen, werden geheilt. Der Bischof entdeckt schließlich den Leichnam und läßt den neuen Märtyrer würdevoll im Dom bestatten.

Die Geschichte erzählt von einem sündigen Heiligen – wie jene des Gregorius, die in der gleichen Zeit populär wurde.[26] Der Humanist Albrecht von Eyb stellte die Albanus-Legende, mit der er sein 1472 gedrucktes *Ehebüchlein* ausklingen läßt, explizit unter die Überschrift, *das kein sunder verzweyfeln solle*.[27] Auch der Schlimmste kann, so das Fazit, dank göttlicher Gnade gerettet werden. Doch damit ist nur ein Moment des Textes und seiner Wirkung benannt. Seine anthropologische Relevanz reicht weiter. Der Text bietet eine auf wenige Figuren konzentrierte, von allen situativen Ausschmückungen freie Konstellation, die nicht auf das psychologisch Stimmige zielt, sondern auf das anthropologisch Grundsätzliche: die Position des einzelnen im Spannungsfeld von weltlichem und geistlichem System. Die Konstellation variiert jene der Ödipusgeschichte, die im 12. Jahrhundert nicht zuletzt durch den Thebenroman bekannt war und modifiziert auch in der Geschichte des Erzverräters Judas fortlebte.[28] Wie dort kommt es zur Aussetzung des Kindes, zum Vatermord, zur unwissentlichen Verbindung mit der eigenen Mutter. Doch die Reihenfolge ist eine umgekehrte, überdies sind die Vergehen verdoppelt: Albanus *begeht* nicht nur einen Inzest, sondern *ist* selbst schon Produkt eines solchen, er erschlägt nicht nur unbekannterweise seinen Vater, sondern tötet in vollem Bewußtsein beide Eltern. Das Ödipusmuster wird also mehrfach durchgespielt, zugleich aber entschärft. Nicht um die tragische Situation des am Schicksal Verzweifelnden geht es, sondern um die glorreiche Überwindung des Schicksals durch die Mithilfe Gottes. Im Mittelpunkt steht eine Verkettung von Krisenmomenten, ausgehend von einer problematischen familiären Konstellation. Der Tod der Mutter, die Existenz einer einzigen Tochter – das sind die Bedingungen dafür, daß es zu einer Übertretung genealogischer Grenzen kommen kann.

Diese Übertretung besitzt sowohl eine theologische Dimension wie eine strukturelle Funktion. Der Inzest gehört zu den Katastrophen, an denen die mittelalterlichen Exempel und Marienmirakel häufig demonstrieren, welch extreme Verstrickungen in unwissentliche oder unwillentliche Schuld die göttliche Gnade aufheben kann.[29] Er gehört aber auch zu den besonders pointierten Fällen, an denen in kirchenrechtlichem Kontext immer wieder die Frage diskutiert wurde, welche Hindernisse einer Eheschließung entgegenstehen können, vor allem Hindernisse aufgrund zu großer verwandtschaftlicher Nähe.[30] Etwa zur gleichen Zeit, als in Rom der Protonotar Transmundus seine Brieflehre und vielleicht auch die Albanus-Legende komponierte, verfaßte in Nordfrankreich der Magister Honorius (der später auch nach Rom kam) eine Ehelehre, in der wie in anderen matrimonialen Summen der Zeit den Ehehindernissen eine zentrale Bedeutung zufällt.[31] Unter anderem geht es um die Frage, weshalb eine unwissentlich geschlossene Verbindung zwischen Blutsverwandten ersten oder zweiten Grades kirchenrechtlich nicht ebenso entschuldigt werden könne wie eine Verbindung dritten oder vierten Grades, bei der die Kinder der Verbindung für legitim erklärt werden konnten. Die Antwort ist: in beiden Fällen seien zwar die (unwissenden) Ehepartner ohne subjektive Schuld, im ersten Fall aber müßte die Kirche auch eine objektive Eheunfähigkeit aufheben, was sie nicht kann.[32]

Die Stelle zeigt, ungeachtet der für Ehelehren typischen Spitzfindigkeit, daß der Inzest in bestimmten diskursiven Zusammenhängen im Mittelalter kein biologisches oder psychologisches Problem darstellte, sondern den Extrempunkt sozialer Fragilität, die Stelle, an der die Gefährdung eines auf Ehe, Familie und Verwandtschaft gegründeten Systems in besonderer Weise sichtbar werden konnte.[33] Er stellt also nicht irgendeine Form der Überschreitung dar, sondern eine ganz spezifische, eine, die überdies – und darin liegt ihre strukturelle Funktion – in der Heiligenlegende genau auf den Helden der Geschichte zugeschnitten ist. Der Schatten, der auf Albans Herkunft und Abstammung fällt, ist kein beliebiger. Er ist gekennzeichnet durch ein Fehlen von Differenzen, eine Verwirrung verwandtschaftlicher Kategorien: Das aus der Verbindung zwischen Vater und Tochter entstandene Kind ist nicht nur *filius*, sondern auch *frater* und *nepos*, es ist Sohn, Bruder und zugleich Neffe (Bruder nämlich der Schwester und Neffe des Vaters). Diese eigentümlichen Identitäten faszinierten einen Schreiber der Legende so, daß er sich ausmalte, welche Beziehungen entstanden wären, hätte Albanus mit seiner Frau oder Schwester oder Mutter auch noch Kinder gezeugt und hätten sich diese Kinder wiederum untereinander verheiratet: Dann könnte der Sohn des Albanus seine Ehefrau zugleich Schwester, Nichte, Kusine und Tante nennen.[34]

Diese Spekulation trifft in absurd zugespitzter Form genau den Punkt, um den die Geschichte kreist: den Mangel von Unterschieden. Von ihm geht die Albanus-Geschichte aus, seine Konsequenzen führt sie vor, auf seine Aufhebung zielt sie hin – wobei Aufhebung meint: die Einführung neuer Unterschiede. Sukzessive wird die Hauptfigur von den anderen Figuren abgehoben, erfährt sie wie andere Heilige eine Ausgrenzung, die zugleich Auszeichnung ist. Ganz Ähnliches läßt sich an der Gregorius-Legende beobachten. Auch hier entstehen Krisenmomente – und das heißt inzestuöse Konstellationen – aus Problemen der feudalen Herrschaftssicherung, des Generationenübergangs, der genealogischen Sukzession, und auch hier ist es der Held, der als Heilsbringer diese Krisen zu bewältigen hilft: zunächst systemimmanent durch Übernahme der Herrschaft, was die Probleme aber auf die Spitze treibt, sodann systemtranszendent durch Einschwenken auf den Weg der Buße. Im Falle des Albanus betrifft die Ausgrenzung nun allerdings keinen bloß objektiv Schuldigen, der als Produkt der Krise, Zeichen ihres Fortdauerns und Mittel ihrer Behebung fungiert. Albanus kann zwar nichts für den Inzest, aus dem er herstammt, und weiß nichts von dem, den er selbst begeht, er macht sich aber schließlich durch die Tötung der Eltern auch (im Sinne der mittelalterlichen Theologie) subjektiv schuldig.

Man kann in diesem Akt der Gewalt den Umschlagspunkt der Geschichte sehen. Ort des Geschehens ist der Wald, und das heißt eigentlich ein Raum, der in der Geschichte positiv besetzt ist. Die Welt des Waldes, in der der Eremit zu Hause ist und Fragen von Seelenheil und Buße dominieren, erscheint ansonsten höherrangig als die Welt des Hofes, in der die Mächtigen leben und Fragen von Herrschaft und Genealogie dominieren. Hier nun aber wird der Wald zu einem Ort der Gefahr. Die Familie hat die Bußzeit absolviert und befindet sich auf der Rückkehr zum Einsiedler. Sie befindet sich also in einem Zwischenraum, und in eben diesem Zwischenraum begegnet sie einem Ritter, bei dem sie einkehrt. Am folgenden Tag verirren sie sich, in der folgenden Nacht bricht die unheilige Begierde bei Vater und Tochter wieder durch. Die neuerliche Überschreitung ereignet sich also genau dort, wo momenthaft die Räume des Geistlichen und des Weltlichen ihre Trennschärfe verlieren, wo noch einmal die Figuren von der Welt infiziert werden. Albanus treibt den Infekt kompromißlos aus – durch eine Gewalt, die zwar illegitim ist, aber auch reinigend: Sie überwindet die unreine Gewalt, die ihr vorangeht, vertilgt die weltliche Begierde, von der sie ausgeht, verhindert die Wiederholung verhängnisvoller Überschreitungen und neuerliche Aufhebung von Unterschieden. Ja, sie erzeugt Unterschiede: Es kommt zur definitiven Trennung zwischen Albanus und seiner Familie, zur Scheidung des wahren Büßers von den anderen, die Buße tun gemeinsam mit ihm und damit scheinbar auf gleicher Stufe stehen mit ihm. Nun, nach der Verwandtentötung, bleibt nur noch einer, und ihm steht der alleinige Weg zur Heiligkeit offen.

Dieser Weg führt zunächst noch einmal zurück – zurück zum Eremiten. Er verkörpert Autorität und Gottesnähe. Er weiß um die geschehenen Katastrophen. Er versteht die kirchenrechtlich adäquaten Bußen festzusetzen.[35] Albanus kehrt zu ihm zurück und ist ihm selbst schon gleich geworden. Der Eremit hat seine Funktion erfüllt. Kaum ist unter seiner Mithilfe Albans Lebensgeschichte aufgezeichnet, verschwindet er aus dem Text. Albanus selbst übernimmt nun seine Rolle, und er überbietet sie durch die Heiligkeit, die er erreicht. Doch setzt Heiligkeit den Tod voraus und zugleich die Reintegration in die Gemeinschaft. Der Weg führt deshalb zunächst erneut durch die Gewalt, eine wieder ambivalente Gewalt: die Ermordung des Albanus. Sie ist ein Verbrechen, ein Akt der Unreinheit, namenlos, ortlos und grundlos, und zugleich eine Verheißung, ein Akt der Freisetzung reinigender, heilender Kraft.

Diese Kraft auf die Gemeinschaft zurückzulenken ist das Werk des Bischofs. Er vermittelt zwischen den Welten des Hofes und des Waldes, ist die geistliche Instanz, an die sich die reuigen Sünder wenden, doch nicht die Instanz, die das Problem lösen kann. Er führt die vom Inzest Befleckten zum Eremiten und übernimmt seinerseits die Herrschaft im Reich. Er bleibt also dem Weltlichen verhaftet. Das zeigt sich deutlich, als Albanus von seiner zweiten Bußzeit zurückkehrt. Der Eremit sucht eine Bestätigung von Albans Sündenfreiheit mit Hilfe eines göttlichen Zeichens. Wer einen Stecken aus dem Grab der erschlagenen Verwandten herausziehen kann, ist frei von Sünden. Vor Albanus zieht der Bischof – und scheitert. Er ist der, der im Kontrast Albans Status sichtbar macht. Er ist aber auch der, der immerhin soweit am Heiligen teilhat, daß er dieses einschätzen kann. Er identifiziert am Ende den wundertätigen Leichnam, erkennt die Albans Leben beschreibende Schrift und verschafft dem Toten jenen Platz *in* der Gemeinschaft, von dem seine Heiligkeit *auf* die Gemeinschaft ausstrahlen kann.

Nach der Logik des Textes kann Albanus erst als Toter in die Welt zurückkehren, aus der er herstammt. Erst als Toter kann er jene Ansteckung von den Lebenden nehmen, die Ausdruck der Sündenexistenz ist. Erst als Toter kann er zum Gegenstand der Sündengeschichte werden, die schon zu Lebzeiten aufgezeichnet wurde. Diese Aufzeichnung ist für Heiligenlegenden nicht ungewöhnlich. Schon in der *Vita Adae et Evae* läßt Eva kurz vor ihrem Tod die Geschichte des Urmenschenpaars auf Stein- und Lehmtafeln festhalten, um sie über kommende Wasser- und Feuerkatastrophen hinwegzuretten.[36] In der Alexius-Vita läßt der Sterbende, der lange unentdeckt im Haus des eigenen Vaters gelebt hat, seine Geschichte festhalten, um überhaupt identifiziert werden zu können.[37] Wie hier hat auch in der Albanus-Legende die Produktion schriftlicher Evidenz mit der Anonymität des toten Körpers zu tun. Sie sichert dem Körper die Geschichte, die an ihm allein nie abzulesen wäre, und der Schrift die Wahrheit, die sie allein nie vermitteln könnte.[38] Der durch die Spuren des Mordes gezeichnete Körper und die die Sünden dieses Körpers verzeichnende Schrift sind am Ende untrennbar miteinander verbunden, und diese Verbindung garantiert, daß die Gewalt am Körper und in der Schrift für die Zukunft bewahrt bleibt: als Gewalt des Heiligen.

Die Albanus-Geschichte erzählt also von einer Transformation. Sie erzählt davon, wie Familienkrisen bewältigt werden, indem alle Macht auf geistliche Autoritäten übergeht. Sie erzählt aber auch davon, wie Gewalt Heiligkeit hervorbringt: indem sie einerseits die nicht wirklich Heilsfähigen vernichtet, andererseits den wirklich Heilsfähigen von der Last des Irdischen befreit, die die Erfüllung seiner Heiligkeit verhindert. In der Matrix von Gewalt und Heiligkeit vollzieht sich eine Umbesetzung des Systems der Genealogie. Ausgangspunkt ist eine Dreier-Konstellation, an der das Problem der Familie, die Krise der Unterschiede paradigmatisch sichtbar wird. Endpunkt ist eine Konstellation, in der familiäre Bindungen aufgehoben, genealogische Linien abgeschnitten sind. Auch in der Gregorius-Legende gerät mit der Papstwerdung des Helden die feudale Welt aus dem Blick. Doch läßt Hartmann von Aue in seiner Version den zum Heiligen gewordenen Sünder am Ende mit der Mutter (Tante/Ehefrau) zusammentreffen und die Familie in einem spirituellen Raum jenseits des Herkunftsraums vereint sein. Die genealogische Situation wird damit zwar aufgehoben, aber eben auch präsent gehalten. In der Albanus-Legende hat eine solche Form der ›Rettung‹ keinen Platz. Hier geht es um eine kompromißlose Umbesetzung, und sie zu ermöglichen spielt Gewalt eine entscheidende Rolle. Sie ist Ursache wie Effekt der genealogischen Krise. Sie ist zugleich Ausdruck des Systems und Bedingung seiner Veränderung. Selbst unrein, bewirkt sie eine reinigende Kraft, die die unreine Gewalt hinwegnimmt, zugleich aber die Welt sprengt, in der jene existiert. Ist Gewalt ein ›Abführmittel‹, so ist Heiligkeit ein Heilmittel für die Gefahren der feudalen Welt. Der Heilige kommt aus dieser Welt und geht doch nicht in ihr auf. In der Spannung von Ausgrenzung und Wieder-Eingrenzung gewinnt er selbst moralische Überlegenheit und der Text die Möglichkeit, die Hierarchie der Werte zu verändern.

Die Stoßrichtung der Geschichte ist klar. Sie gilt den hochadligen Heiratspraktiken im besonderen, dem feudalen genealogischen Denken im allgemeinen. Die Namenlosigkeit der Figuren macht das Szenario transparent für zeitgeschichtliche Konstellationen, etwa jene Situation des Jahres 1186, als durch Heirat von Kaiser Heinrich VI. und Konstanze von Sizilien (wie in der Legende) zwei Reiche vereint wurden. Doch die Geschichte geht nicht in schlichter Polemik auf. Dank der geschickten Verwandlung bekannter Erzählmuster gelingt es ihr, beispielhaft anthropologische, genealogische und theologische Momente zu verknüpfen – in einer ebenfalls beispielhaften sprachlich-rhetorischen Gestalt. So faszinierend das Ergebnis war, so anstößig scheint die Kombination von radikalen Inhalten und gefälliger Form gewesen zu sein. Ein Bearbeiter fand, das Legendarische drohe im Rhetorischen unterzugehen, und schrieb die Geschichte in eine schlichtere Sprache um. Ein anderer konzentrierte sich auf das Märtyrerleben und ließ die Inzestvorgeschichte weg. Ein dritter, der den Text in die Sammlung der *Gesta Romanorum* eingliedern wollte, verzichtete auf den mit dem Martyrium verbundenen Schlußteil und fügte statt dessen, dem Modell der *Gesta* entsprechend, eine Moralisation an.[39] Der erwähnte Albrecht von Eyb schließlich entdeckte die anthropologische Relevanz der Legende wieder: Er stellte sie an den Schluß seines *Ehebüchleins* und markierte mit ihr die Grenze jenes Ehediskurses, den er vorher in ausführlichem Für und Wider ausgeschritten hatte. Die Geschichte bezeichnet den Punkt, an dem sich das im Schnittfeld von Natur, Tugend und Gnade situierte menschliche Heil nicht mehr in einer diesseitigen Lebensform realisieren läßt. Sie entwirft Bedingungen, unter denen die Realisierung des Ehemodells und mit ihm das Modell innerweltlicher Selbstbehauptung scheitern muß, gleichwohl die göttliche Gnade Rettung bringen kann.[40]

V

Eine anthropologisch ausgerichtete Lektüre braucht also nicht allgemein oder spekulativ zu bleiben. Sie kann Perspektiven auf Texte eröffnen, die diese überhaupt erst in ihrer Bedeutung einzuschätzen ermöglichen. Der Ertrag ist dabei ein mehrfacher. Ich formuliere ihn knapp unter Rückgriff auf die oben prospektierten Punkte.

1. Die Bezugnahme auf die ethnologisch orientierte Theorie Girards erlaubt es, einen Strukturzusammenhang von Kategorien (Gewalt/Heiligkeit) wahrzunehmen, die ansonsten nur als extrem pointierte Momente legendarischer Schematiken erscheinen würden. Sichtbar wird ein anthropologisches Diskussionspotential, das in der theologischen Frage nach Schuld und Gnade nicht aufgeht.

2. Die Legende läßt eigentümliche, aber zumindest tiefenstrukturell kohärente Logiken und Regeln erkennen, die den Weg zur Heiligkeit bestimmen. An ihnen zeigen sich zugleich Bedingungen eines Sprechens über Genealogie, das auf laikale Diskurse bezogen bleibt, diese aber zu unterminieren versucht. An der Semantik von Figuren, Räumen und Zeiten wird eine symbolische Ordnung ablesbar, die von den Grenzen des Exzesses her Bedeutung konstituiert.

3. Der Text ist ein Musterbeispiel für Produkte, die im modernen (wissenschaftlichen) Kanon keinen Ort haben. War den Legendenforschern der *Acta Sanctorum* und der *Analecta Bollandiana* der Heilige in seiner Authentizität suspekt, stießen die Philologen sich an der Drastik der Geschichte. Eher kompositorisch und final als kausal motiviert, um psychologische Stimmigkeit wenig bemüht, liegt ihre Historizität in der exemplarischen Konstruktion konfligierender Ordnungen.

4. Die Erstfassung der Legende war Teil einer Kommunikationssituation, in der es nicht zuletzt darum ging, mit rhetorischen Mitteln die Macht innerhalb eines Diskurses zu erlangen. Sie benutzt deshalb Praktiken, die der Herstellung von Authentizität dienen – etwa die Verlagerung des Ursprungs der Schrift in die Handlungswelt und damit die Lebenszeit des Heiligen. Schrift zeigt sich in Handlungsvollzüge eingebettet, zugleich aber auf einen (toten) Körper bezogen.

5. Die dargestellte Welt bietet eine aufs notwendigste reduzierte Konstellation, die es erlaubt, an einem singulären Fall ein grundsätzliches Phänomen zu verhandeln: das System von Herrschaft und Genealogie, von Weltheil und Seelenheil. Die Welt ist als imaginäre kenntlich, behält gleichwohl die Möglichkeit, als Anschlußwelt, transparent für historische Situationen, zu fungieren. Die Wirkungsgeschichte verweist indes darauf, daß die Formen des Dargestellten und die der Darstellung als inkongruent empfunden werden konnten.

6. Die symbolischen Ordnungen des Textes profilieren die Diskontinuität gegenüber der Kontinuität, und sie stehen damit nicht allein. Versuchte man das spannungsvolle Aufeinandertreffen der beiden Prinzipien in den Texten und Diskursen der Zeit zu verfolgen, so könnte das Ergebnis auf einen Strukturzusammenhang führen, der, wie es scheint, eher in literarischen Texten als in philosophischen oder theologischen Traktaten artikulierbar war. Er ließe sich im wahrsten Sinne des Wortes als Teil einer ›Poetik der Kultur‹ begreifen.[41]

2 KULTUR UND NATUR

I

Kultur und Natur stehen seit jeher im Zentrum der ethnologisch-anthropologischen Diskussion. Mit ihnen verbinden sich Fragen nach Evolution und Determination, nach anthropologischen Universalien und zivilisatorischen Prozessen.[1] Claude Lévi-Strauss, der Begründer der strukturalen Anthropologie, situierte das Inzestverbot nicht nur an der Basis von Verwandtschaftssystemen, sondern auch im Schnittpunkt von Natur und Kultur. Es sei universal in seiner Verbreitung und elementar in seinem Bezug auf geschlechtliche Beziehungen, zugleich aber als menschliche Regel (und nicht Naturgesetz) ein Phänomen der Kultur: »Als eine Regel, die das umfaßt, was ihr in der Gesellschaft am fremdesten ist, doch zugleich als eine gesellschaftliche Regel, die von der Natur das zurückhält, was geeignet ist, über sie hinauszugehen, ist das Inzestverbot gleichzeitig an der Schwelle der Kultur, in der Kultur und, in gewissem Sinne [...], die Kultur selbst.«[2] Sind Natur- und Kulturzustand hier zumindest als systematisches Gegensatzpaar noch vorausgesetzt, so zeigen sich später Zweifel an dieser Gegenüberstellung. Aus menschheitsgeschichtlicher Perspektive, so Lévi-Strauss bei der Neuausgabe von *Die elementaren Strukturen der Verwandtschaft*, wäre »der Gegensatz zwischen Kultur und Natur weder eine ursprüngliche Gegebenheit noch ein objektiver Aspekt der Weltordnung. Wir müßten in ihm eine künstliche Schöpfung der Kultur sehen, ein Bollwerk, das diese um sich herum errichtet hätte, da sie sich nicht in der Lage sah, ihre Existenz und Originalität anders zu behaupten als dadurch, daß sie alle Verbindungen abschnitt, die geeignet waren, ihre ursprüngliche Verbindung mit den übrigen Manifestationen des Lebens zu bezeugen.«[3]

Auch hier ist Natur als Kategorie des Realen nicht gänzlich verabschiedet. So wie Lévi-Strauss mythische Strukturen mal als artifizielle Experimente, mal als ontologische Basisformen des menschlichen Geistes präsentiert, läßt er auch das Paar Kultur/Natur mal als obsolet, mal als heuristisch nützlich erscheinen.[4] Zugleich aber macht er deutlich, daß die beiden Kategorien asymmetrischen Charakter haben. Kennzeichnend für solche asymmetrischen Begriffspaare, wie Reinhart Koselleck sie am Beispiel von Hellenen und Barbaren, Christen und Heiden, Menschen und Unmenschen untersuchte, ist, daß sie mit Antinomien operieren, die jeweils von einer Seite her gedacht sind und der anderen Seite Aspekte des Mangels oder der Normabweichung zuordnen. Identitäten von einzelnen und Gruppen werden auf diese Weise durch Ab- oder Ausgrenzung artikuliert und generiert, wobei charakteristisch ist, daß eine einmal geschaffene asymmetrische Struktur auch durch andere als die ursprünglichen Begriffe besetzt werden kann.[5] Im Falle von Kultur und Natur handelt es sich um ein Begriffspaar, das noch universaleren Charakter hat als die von Koselleck untersuchten Paare. Es kann wie diese der Selbst- und der Fremdbeschreibung dienen. Jeweils aber stellt es der Ordnung des Menschlichen eine andere Ordnung gegenüber, die wiederum in jener als deren Möglichkeitsbedingung impliziert ist.

Dies allerdings kann in verschiedenen Gesellschaften und zu verschiedenen Zeiten verschiedene Züge annehmen. Natur ist nicht als solche gegeben, sondern immer im Rahmen symbolischer Ordnungen, die Natur dem Ensemble interessenspezifischer Konstruktionen des Anderen einfügen und dem Entwurf zivilisatorischer Gegebenheiten dienlich machen: in der Vorstellung des polygamen, sozial unorganisierten, Rohfleisch essenden Naturmenschen, die mittelalterliche und frühneuzeitliche Reiseberichte zeichneten, nicht weniger als in jener des ›edlen Wilden‹, die seit der Aufklärung Verbreitung fand.[6] Der Blick auf die Geschichte zeigt aber zugleich: Das Paar Kultur/Natur ist nicht nur offen für wechselnde Besetzungen und Anlagerungen, es ist selbst Ergebnis eines kulturspezifischen historischen Prozesses.

Die Selbstbeschreibungen traditioneller Gesellschaften besitzen zwar meist Begriffe, um die Differenz zwischen ›Menschen‹ und ›Nicht-Menschen‹ sowie zwischen ›uns‹ und ›ihnen‹ auszudrükken. Sie besitzen aber meist kein Pendant zu dem, was das Abendland mit dem Begriff Natur und seinen verschiedenen Wortformen benennt. Auch im Abendland war der Begriff indes semantischen Verschiebungen unterworfen. Griechisch *physis* konnte das Wesen (einer Sache) ebenso wie das Werden bezeichnen, lateinisch *natura* überdies (zumal seit dem 12. Jahrhundert) das Gesamte der Schöpfung und des Seienden. Innere und äußere Natur ließen sich so begrifflich aufeinander beziehen. Erst in der Neuzeit aber wurde Natur zu Umwelt, zu jener mehr oder weniger archaischen Gegebenheit, der der Mensch gegenübertritt und die er zu gestalten und beherrschen trachtet. Erst hier begegnet auch jener Gegensatz zwischen Natur- und Kulturzustand, der seinerseits einen Begriff von Kultur impliziert, welcher nicht mehr nur die ›Pflege‹ (*cultura*) einer Sache meinte, sondern das Ganze zivilisatorischer ›Errungenschaften‹, den Zusammenhang des Wissens und Glaubens, der Künste, Gesetze, Haltungen und Traditionen einer Gesellschaft oder Gruppe, systemtheoretisch gesprochen: »das Gedächtnis sozialer Systeme«.[7]

Das Begriffspaar Kultur/Natur impliziert also nicht nur eine generelle Asymmetrie, sondern auch, auf andere Gesellschaften und ältere Epochen angewandt, einen tendenziellen Anachronismus. Gleichwohl kann das Paar nützlich sein: um sichtbar zu machen, daß auch dort zivilisatorische Gegensatzmodelle eine Rolle spielen, wo sie nicht begrifflich-abstrakt – im uns geläufigen Sinne – fixiert sind. Zahlreiche Gesellschaften definieren sich in bezug auf einen Ursprung, ein undifferenziertes Davor, einen ersten Bruch, der das abschneidet, von dem die Kultur sich absetzt, und doch (mythisch) aufbewahrt, was für ihre Begründung notwendig ist. Häufig, und so auch im abendländischen Mittelalter, benutzen solche Begründungsmodelle Beziehungen von Mensch und Tier, Abgrenzungen, die heilsgeschichtliche oder moralische Züge annehmen können: Der vom Sündenfall gezeichnete und als Mängelwesen begriffene Mensch, in der Skala des Seienden zwischen Tier und Engel plaziert, ist immer davon bedroht, auf die Stufe des Tierischen, auf einen früheren kulturellen Zustand zurückzufallen.[8] Davor warnt der mittelalterliche theologische Diskurs, und davon zeigt er sich gleichzeitig fasziniert: Immer neue Szenarien phantasieren den Rückfall und die Grenzüberschreitung aus. Eine besondere Bedeutung kommt dabei dem Körper zu: An ihm lassen sich das Animalische und das Naturhafte eindringlich sichtbar machen und lassen sich zugleich – im Blick auf die Zweieinheit von Körper und Seele – anthropologische und heilsgeschichtliche Konzepte verbinden. Für den politischen und den feudalen Diskurs ist daneben ein anderes Modell wichtig: die Legitimation von Herrschaft, die sich als Zähmung des Tierisch-Wilden ausweist, das in der Repräsentation (z.B. in Wappen) präsent bleibt und bei der gewaltförmigen Durchsetzung von Ansprüchen aktualisiert werden kann.

Die weltliche Literatur, die im französischen und deutschen Raum seit dem 12. Jahrhundert vor allem an den Höfen gepflegt wurde, bewegt sich zwischen den Diskursen. Sie knüpft an theologische, medizinische oder feudale Muster an, verwandelt sie aber ihren eigenen Regelsystemen an. Sie schafft Szenarien, in denen anhand von Kontrasten zwischen verschiedenen Lebens- und Sprachformen Aspekte eines Zivilisationsprozesses entworfen sind.[9] Eine höfische Kultur, verpflichtet der Verfeinerung der Sitten, der öffentlichen Repräsentation, dem zeremoniellen Handeln, der Entfaltung von Verwandtschafts-, Freundschafts- und Liebesbindungen, eine solche Kultur wird profiliert im Blick auf Gegenwelten, die zu überwinden, zu zähmen, anzueignen sind, auf Nicht-Orte, die einer imaginären Geographie einzubeschreiben sind, auf Außenseiter, die sich den Normen und Erwartungshaltungen nicht fügen.[10] Der höfische Roman entwirft einen vielschichtigen Komplex des Wunderbaren, der es nicht nur dem Protagonisten ermöglicht, sich am Unerwarteteten und Kontingenten zu behaupten, sondern auch dem Text, die Position des Individuums wie der Gemeinschaft von den Grenzen der höfischen Kultur her zu konturieren[11] – so wie auch der Minnesang in der Ausgestaltung eines gegenhöfischen Sprechens die Grenzen des eigenen Aussagesystems reflektiert.[12]

Die Gegenbegriffe können räumlich strukturiert sein: Die Welt des Hofes steht dann der des Waldes oder der Wildnis gegenüber.[13] Sie können aber auch Herkunftsspezifik und Verhaltensspezifik verknüpfen: als *vilain/gebûre* werden auch Waldmenschen, Riesen und andere Wesen bezeichnet, die eine der höfischen Welt fremde Existenzform vertreten. Das der kulturellen Norm Entgegenstehende variiert dementsprechend in seiner Globalität: Einmal betrifft es das Nicht-Menschliche, ein andermal das Nicht-Zivilisierte, ein drittes Mal das Nicht-Höfische. In jedem Fall geht es darum, einen Kulturzustand im Blick auf dessen Negation zu profilieren und in seiner Überwindung des Mangelzustands an diesen zurückzubinden. Das kann im Sinne einer mythischen Vorgeschichte geschehen: Der junge Hagen wird im Kudrun-Epos (Mitte 13. Jh.) von einem Greifen entführt und wächst zusammen mit drei Königstöchtern in einer Höhle auf, bevor er sich befreien kann. Die unheimliche Anderwelt, die eingangs entworfen ist, trägt bereits die Zeichen ihrer Überwindung: Sie dient der Erzeugung einer Negativfolie, von der sich der christliche Weltentwurf des Epos abzuheben vermag.[14]

Die Phantasie gegenkultureller Zustände kann aber auch, wie im frühen Artusroman, als Einbruch eines ›Anderen‹ geschehen, das die Fragilität des Höfischen sichtbar macht. Im *Yvain* des Chrétien de Troyes (um 1170) flüchtet sich der Titelheld, nach Terminversäumnis und öffentlicher Verfluchung wahnsinnig geworden vor Schmerz und Scham, in den Wald, um ein Jägerdasein zu führen, aus dem er schließlich durch magische Heilung erlöst wird. Das Fremdwerden des Helden ist ein schon aus frühchristlichen Heiligenviten bekanntes Muster: Auch Albanus zieht sich, nachdem er die weltlichen Bürden abgeschüttelt hat, als Anachoret in die Wüste zurück, wo er das Martyrium erleidet (s. Kapitel 1). Im *Yvain* wird dieses Muster differenziert – schon dadurch, daß der Ritter auf einen Eremiten trifft und damit seine eigene temporäre Randexistenz zu einer anderen Randexistenz in Beziehung tritt. Gezeigt wird ein spiegelbildlicher Prozeß der Ausgliederung und Wiedereingliederung, in dem der Held nicht einfach aus der höfischen Welt in einen Zustand absoluter Wildheit fällt. Er gerät in eine Situation, die mittels Handel und Tausch eine Art von elementarer ›Kultürlichkeit‹ vorführt, welche wiederum paradigmatisch mit ähnlichen Situationen des Romans verknüpft ist: Die Begegnung mit einem wilden Mann, Herrscher über die Tiere, dient dazu, die Eigenart ritterlich-höfischer Existenz anhand des Zentralbegriffs der *avanture* (v. 368) zu definieren; die Verbindung zwischen Yvain und einem Löwen erlaubt es, das Verhältnis von Naturwesen und sozialem Individuum zu diskutieren und das Animalische in schließlich heraldisch verknappter Form präsent zu halten.[15] Verschiedene Oppositionen (Mensch/Tier, Hof/Wald, Gemeinschaft/Einzelner, Normalität/Wahnsinn) überkreuzen sich, und ebendiese Überkreuzung ermöglichte es späteren Bearbeitern, weitere Themenkomplexe anzulagern.

Hartmann von Aue erweitert in seiner Bearbeitung des französischen Textes (*Iwein*, um 1200) das Szenario im Blick auf das Problem von Identität: Als der Held aus seinem Wahnsinn erwacht, fragt er sich, wer er sei. Er erkennt sich als Nicht-Ritter (*gebûre*) und hält das eigene frühere Ritterdasein für einen Traum. Inneres und Äußeres müssen erst wieder in Übereinstimmung gebracht werden: durch Reintegration in die Gesellschaft.[16] Wirnt von Grafenberg fügt dem in seinem *Wigalois* (um 1210/20) eine neue Nuance hinzu: Auch hier erscheint dem Protagonisten, als er, nach einem Drachenkampf seiner Kleidung beraubt, aus der Ohnmacht erwacht, das frühere Leben als Traum. Er vergegenwärtigt zwar ausführlich seine Abstammung, sieht sich aber doch als unfreien Bauern, der wie der Vater im Walde leben müsse: *rehte als ich wilde sî.* Aus Scham verkriecht sich der Nackte vor der hilfsbereiten Dame in einer Höhle. Erst als sie ihn an seinen Kampf erinnert, erkennt er sich, und erst als sie seine höfisch-ritterliche Existenz anspricht, wagt er sich hervor: Ein Pelz dient als vorübergehende Bekleidung.[17] Heinrich von dem Türlin läßt in seinem monumentalen Artusroman *Die Krone* (um 1230) den Helden Gawein aufgrund eines Zaubertranks Verstand und Namen verlieren. Als er mit der eigenen in einer Schale dargestellten Geschichte konfrontiert wird, regen sich Erinnerung und Identitätsbewußtsein. Eine Selbstverletzung an der Hand beendet schließlich den Selbstverlust und bringt den Helden wieder auf den ritterlichen Weg. In der Erzählung vom *Bûsant* wird der Held wahnsinnig, nachdem er seine Geliebte im Wald verloren hat; er regrediert auf die Stufe des Tiers, und auch nach seiner Wiedereingliederung in die Gesellschaft schlägt das Animalische momenthaft noch einmal durch.[18]

Identität und Entfremdung, Nacktheit und Scham, Liebe und Wahnsinn – die wechselnden Anlagerungen an das Spannungsfeld höfischer und nicht-höfischer Existenzformen verweisen darauf, daß die Entwürfe von Zivilisation im höfischen Roman experimentelle Züge tragen. Sie gehen nicht in der Inszenierung eines strikten Gegensatzes von Kultur und Natur auf, erproben vielmehr Verhältnisse, in denen Übergänge, aber auch Diskontinuitäten hervortreten können. Im *Bisclavret* der Marie de France vertritt der Ritter, der sich drei Tage der Woche in einen Werwolf verwandeln muß, in seiner Ehrlichkeit und Scham die Seite der Kultur: Während er schließlich in die Gesellschaft zurückkehren kann, wird seine eigennützige Frau bis in spätere Geschlechter hinein durch Entstellung des menschlichen Antlitzes bestraft.[19] Im *Parzival* Wolframs von Eschenbach werden komplexe Spannungsbeziehungen zwischen Welten und Gegenwelten entfaltet.[20] Der Orient erscheint fremd und vertraut zugleich. Der umherziehende Ritter (Gahmuret) kann seinen Reizen erliegen. Die kulturelle Integration des Wunderbaren ins Höfisch-Arthurische geht nicht bruchlos vonstatten. Auch kann die herkömmliche Besetzung der Begriffe und Gegenbegriffe ins Wanken geraten oder sich verkehren. Die häßliche und scheinbar dem Animalischen nahe Gralsbotin Cundrîe enthüllt sich als gelehrt und weise, ja geradezu als Verkörperung höfischen Kulturbewußtseins. Rennewart, der heidnische Königssohn in Wolframs *Willehalm*, ist als Umkehrung des ansonsten meist propagierten Heidenbildes (Teufel unter glanzvoller Schale) verstehbar: In seiner Erniedrigung am französischen Königshof dem Heidentum entfremdet, ist er zugleich in höfische Kultur noch nicht integriert; die schrittweise Enthüllung seines Wesens (*art*) erlaubt, den Weg zur Kultur nicht nur in Gesten der Unterwerfung nachzuzeichnen. Tristan und Isolde wiederum erleben im Roman Gottfrieds von Straßburg den Naturzustand fern des Hofes nicht als Problem des Überlebens, sondern als Höhepunkt von ›Kultur‹: Der absolute Anspruch der Liebe läßt die Kategorien des Höfischen und des Nicht-Höfischen instabil werden.

Die Texte visieren Räume des Kontakts und der Konfrontation an, Räume, die verschiedene Lebensordnungen zugleich verbinden und trennen. Das Fremde kann dadurch inmitten der höfischen Welt erscheinen, das Verhältnis von Kultur und Natur sich als je neu zu bestimmendes erweisen. Die Suche nach einer Balance zwischen Eigenem und Fremdem korrespondiert mit der Etablierung imaginativer Freiräume, in denen soziale Normen und literarische Muster durchgespielt werden. Der folgende Text betreibt dieses Spiel in besonders exzessiver und drastischer Form. Er setzt weniger auf narrative Kohärenz und psychologische Stringenz als auf szenische Prägnanz und handlungsweltliche Faszination. Die Lektüre hat dementsprechend andere Kriterien zu entwickeln, um das breite Spektrum gegen-kultureller Zustände historisch angemessen zu situieren.

II

Der *Apollonius-Roman* Heinrichs von Neustadt, verfaßt um 1300, scheint ein Musterbeispiel abzugeben für das, was man die Verwilderung des Romans genannt hat.[21] Zugrunde liegt die *Historia Apollonii regis Tyri,* im dritten nachchristlichen Jahrhundert entstanden, im Mittelalter immer wieder abgeschrieben, bearbeitet und übersetzt.[22] Die Geschichte folgt einem Muster des antiken und hellenistischen Romans. Im Zentrum stehen Zustandekommen, Trennung und glückliche Wiedervereinigung einer Familie: Apollonius, aus Tyrus stammend, will in Antiochia die Tochter des Königs Antiochus heiraten, mit der dieser aber in einer inzestuösen Gemeinschaft lebt. Er löst das als Freierprobe dienende Rätsel, muß aber, da er damit zugleich den Inzest aufdeckt, fliehen. Schiffbrüchig kommt er nach Kyrene, wo er die Tochter des Königs Archistrates zur Frau erhält. Auf der Rückfahrt nach Antiochia, wo Apollonius nach dem Tod des Antiochus die Herrschaft übernehmen soll, stirbt seine junge Frau (scheinbar) bei der Geburt einer Tochter. Sie wird in einem Sarg dem Meer übergeben und in Ephesus an Land gespült. Ein Arzt erweckt die Scheintote zum Leben; sie wird Priesterin im Dianatempel. Die Tochter Tarsia übergibt Apollonius einem Pflegeelternpaar in Tarsus. Selbst begibt er sich in die Ferne. Als er nach vierzehn Jahren zurückkehrt, muß er erfahren, Tarsia sei gestorben (tatsächlich wurde sie von Piraten geraubt und in Mytilene an einen Bordellbesitzer verkauft). Verzweifelt verkriecht er sich auf seinem Schiff, das von einem Sturm in den Hafen von Mytilene verschlagen wird. Es kommt zur Wiederbegegnung mit der Tochter, die dank dem Mitgefühl des Stadtherrn, Athenagoras, im Bordell ihre Keuschheit bewahren konnte und nun Athenagoras zum Gemahl erhält. Ein im Traum erscheinender Engel schickt Apollonius nach Ephesus, wo er im Dianatempel die totgeglaubte Gattin wiederfindet.

Heinrich von Neustadt folgt dieser Handlungsvorgabe im ganzen recht genau, lockert aber die Bezüge. Wo die *Historia* die anfängliche Inzestkonstellation in späteren Situationen begrifflich und situativ spiegelte, finden sich im *Apollonius von Tyrland* nur die jeweils wichtigen narrativen Elemente. Zugleich wird die antike Geschichte zu einer Rahmenhandlung, die überdies am Ende in eine globalhistorische Konstellation übergeht. Die im lateinischen Text erwähnte, aber nicht ausgestaltete vierzehnjährige Abwesenheit des Apollonius nutzt Heinrich, den Helden durch den Orient reisen zu lassen und wuchernde Abenteuerketten einzuschieben. Apollonius befreit Länder und gewinnt Frauen, gerät in Gefangenschaft und kommt wieder frei, bezwingt monströse Gegner und besteht Tugendproben. Er zeugt in der Binnenhandlung fünf und in der Rahmengeschichte weitere zwölf Kinder. Er steigt auf zu einem Kulturheros der orientalischen Welt, zu einem historisch wie mythisch verankerten Universalherrscher: Am Ende erweist er sich als Zeitgenosse Christi, wird er zum Befreier Jerusalems und zum Gründer der Tafelrunde.[23]

Mit der räumlichen und zeitlichen Ausweitung der epischen Welt geht ein Verlust an Sinntotalität einher. Die Familiengeschichte wird dezentriert durch die allein zwölftausend Verse umfassende Binnengeschichte, mit der sie ebenso äußerlich verbunden ist wie mit der christlichen Schlußapotheose. Der Roman folgt der Bewegung des Helden vom mittelmeerisch-antiken in den orientalisch-alttestamentlichen Raum und zurück. Er zeigt den Orient traditionsgemäß als Welt der Wundervölker, als Randwelt, in der sich all das tummelt, was im Abendland keinen Ort hat, in der aber zivilisatorische Errungenschaften (z. B. Schriftlichkeit) nicht außer Kraft gesetzt sind. Die Randwelt als Raumblase: Apollonius verläßt die Fremde, wenn er in die vertraute Welt wiedereintritt, und verliert alle Spuren, die noch auf sie verweisen könnten. Nach der

Wiedervereinigung der Familie werden Haar und Bart geschoren, die 15 Jahre lang wachsen durften. Was ursprünglich ein Zeichen der Trauer (über den vermeintlichen Verlust der Seinen) und dann ein Zeichen der Differenz zwischen früherem und gegenwärtigem Zustand war, verschwindet nun und mit ihm die – ohnehin nur äußerliche – Affinität zur Wunderwelt des Ostens. Zwar werden manche der Freunde, die Apollonius im Orient gewinnt, am Ende Mitglieder der Tafelrunde. Er selbst aber bleibt von der Fremde unberührt. Die Impulse für die Kulturalisierung der Welt wirken nicht auf den Impulsgeber zurück. Die Kinder, die bedeutenden, die er im Orient zeugt, bleiben bloße Namen. Die Länder, die er gewinnt, werden am Schluß nicht mehr genannt.

Dementsprechend interessieren die einzelnen Episoden des Romans mehr in ihrer paradigmatischen Bedeutung als in ihrer syntagmatischen Verknüpfung. Der Held akkumuliert Frauen, Kinder und Positionen, der Text Sinnmuster – des antiken Romans, des höfischen Romans, des Alexanderromans.[24] Von der *Iwein*-Tradition inspiriert sind die Begegnungen mit Wildleuten, die Kämpfe zwischen edlen und unedlen Tieren, das Heraustreten des Protagonisten aus der normalen Gesellschaftlichkeit; von der Alexander-Tradition geprägt sind die je neuen Monster, mit denen es der Held zu tun bekommt. Doch sowenig die Ausgestaltung dieser Momente eine durchgängige Auseinandersetzung mit den literarischen Modellen impliziert, sowenig deckt irgendeines der Muster das Ganze des Romans ab. Zwar gibt es weitläufige Zusammenhänge zwischen einzelnen Elementen. Auch lassen sich Lektüren erproben, die das Disparate sinnfällig machen: als didaktische Demonstration des heilsgeschichtlichen Antagonismus von Gut und Böse[25] oder als tiefenpsychologische Abwehr der in der antiken *Historia* entworfenen ödipalen Konstellationen.[26] Mehr als Teilkohärenzen ergeben sich aber auch daraus nicht. Der Gesamteindruck bleibt: Sinn wird pluralisiert und gleichzeitig partialisiert. Was sich bei den Figuren als Aggregativität von Zuständen zeigt, manifestiert sich bei der Textorganisation als Additivität von Stationen und Bedeutungshorizonten. Hier wie dort dominiert die Quantität über die Qualität, die Wiederholung über die Vertiefung. Der Raum weitet sich, das Wunderbare vermehrt sich, das Abenteuer verselbständigt sich. Doch zwischen dem gesellschaftlichen Status des Helden und den Stationen seines Wegs stellt sich keine zwingende Korrespondenz ein.

Apollonius ist wie viele Protagonisten (spät)mittelalterlicher Romane eine Idealfigur ohne Komplexität, ohne Innenleben, ohne Veränderung. Er erlebt viel und erfährt wenig. Er kennt kein Staunen und keine Neugier, nur die Bereitschaft, sich auf jede Gefahr einzulassen und an ihr seine Klugheit, Stärke und Vortrefflichkeit zu beweisen. Was ihm begegnet, gefährdet gelegentlich sein Leben, nie seine Person. Zwar zweifelt er, als er, schiffbrüchig, nackt auf dem Meer treibt, an seiner (sozialen) Identität: ›*Pin ichs Appolonius? | Nain zwar, mir was nicht alsus*‹ (v. 1346 f.). Doch die ›Krise‹ hält nicht lange an. Das Problem ist eher ein technisches als eines des Bewußtseins. Nach einer Weile stellt sich heraus, daß er immerhin noch über das Nötigste an Kleidung verfügt (v. 1469–71). Die Möglichkeit, sich bei einem armen Fischer mit Fischfang durchzuschlagen, kann ungenutzt bleiben. Ein öffentliches Bad bietet Gelegenheit, nicht nur sich zu reinigen, sondern auch die Bekanntschaft mit dem König zu machen, der in dem Schiffbrüchigen den Edlen erkennt und ihn neu ausstaffiert.

Später wiederholt sich das Problem sozialer Identität, als Apollonius in die Gefangenschaft Nemrots gerät. Seinem Stand und seiner Herkunft entfremdet, muß er drei Jahre lang als Unfreier Dienste tun. Ein Namenwechsel zeigt die Veränderung und zugleich die Kontinuität an: Apollonius nennt sich nun Lonius mit dem Barte (v. 8056). So wie der neue Name im alten enthalten ist, so unterscheiden sich auch die fremdbestimmten Taten nicht wesentlich von den eigenbestimmten. Erneut kommt es zu Identitätsproblemen: Von einem wilden Weib im Schlaf beraubt, findet sich Apollonius nackt im Wald wieder und vergleicht den eigenen Zustand mit dem einer unberührten Frau (v. 8623 f.). Erneut geht es indes nicht um Bewußtseinsidentität, sondern um Statusdifferenz, verbunden mit einer jener zahllosen Formen der Transgression, die der Text in Szene setzt. Auch für diese aber gilt: Sowenig Heinrich von Neustadt auf die Innerlichkeit und Konsistenz der Identitätsthematik zielt, sowenig sucht er eine konsequente Verbindung zwischen der Dienstexistenz des Apollonius und den Horrorszenarien, die er zu durchqueren hat.

Kompensiert wird der Mangel an Tiefe durch das Übermaß an

Bedrohung, Gewalt und Perversion, das von den Gegnern des Helden ausgeht. Es sind nicht zum wenigsten Monster und Mischwesen, Tiere und Untiere, groß, gräßlich und mächtig. Sie sehen schrecklich aus und praktizieren schreckliche (z. B. kannibalische) Sitten. Sie dominieren ganze Regionen. Sie lauern überall. Sie werden in langen rhetorischen *descriptiones* vergegenwärtigt – aber auch immer wieder humanisiert.[27] Im Herzen Babylons trifft Apollonius ein liebliches Paar beim höfischen Schachspiel. Nur sind sie in ihrer unteren Hälfte *wilde als ain klaines rosselein* (v. 8270 f.) und kämpfen unritterlich mit Schlägen unter die Gürtellinie. Gleichwohl haben sie menschliche Eigenschaften: Erinnerungen, Gefühle und Nöte. Sie stehen in verwandtschaftlichen Bindungen, leben in organisierten Gefügen. Die Grenzen zwischen Normalität und Abweichung verschwimmen. Der Verwilderung der Romanstruktur entspricht eine der Handlungswelt, und zwar in doppelter Weise: Unterschiede werden gleichzeitig gesetzt und aufgehoben, das Fremdartige wird nicht ein für allemal domestiziert, sondern erlebt immer neue Wiedergeburten. Das geht so weit, daß Held und Text gelegentlich von einer schrecklichen Begegnung zur nächsten hasten. In weniger als fünfzehnhundert Versen hat Apollonius ein halbes Dutzend Situationen zu überstehen, in denen wilde Gegner ihn bedrohen: Kaum hat er dem Kentaurenpaar sein Schachspiel geraubt, muß er Angriffe von Drachen und Schlangen aushalten, sich von Gräsern ernähren, seine Ausrüstung dem wilden Weib wieder abgewinnen, gegen tierähnliche Brüder kämpfen, einen Drachen töten, einem zweiten wilden Weib entkommen usw.

Man kennt Ähnliches aus den spätmittelalterlichen Artus- und Alexanderromanen, ebenso aus der nicht-historischen Dietrichepik.[28] Wie dort bewegt sich auch hier ein statisch-idealer Held durch eine Welt, in der das Böse seinen Ort hat, in der die Kontingenz herrscht, in der das Phantastische eine Eigendynamik des für sich stehenden sensationellen Augenblicks hervorbringt. Gewaltig ist die Zahl und Größe der Gegner, ungeheuerlich das Ausmaß der Gefahr. Sie zu bewältigen und damit immerhin punktuell die Welt von der Unterdrückung oder Umklammerung durch die Mächte des Negativen zu befreien bedarf es technischer, magischer oder übernatürlicher Unterstützung. Apollonius vollbringt seine wesentlichen Taten mit Hilfe eines unsichtbar machenden Ringes und eines stärkenden und belebenden Krautes. Sie geben die Möglichkeit des punktuellen Schutzes oder der Wiederaufladung mit Energie. Eben diese Wiederaufladbarkeit bedingt aber zugleich eine prinzipielle Endlosigkeit der Abenteuerketten, die wiederum kompositorisch dazu führen kann, das, was syntagmatisch keine zwingende Logik besitzt, paradigmatisch in einer nicht narrativen Logik zu verankern: in der Historie oder der Heilsgeschichte.[29]

Die Hybridität des Romans, die sich aus dem Umgang mit Traditionen und Sinnmustern ergibt, macht es nicht nur unmöglich, einen Gesamtsinn zu eruieren, sondern schon schwer, den Sinn einzelner Sequenzen zu bestimmen. Die Abenteuerketten scheinen Gegenwelten zu profilieren, die der Held zu durchqueren hat, bevor er schließlich ins Vertraute zurückkehren kann. Doch eben das stimmt so nicht. Zwar versperren die Monster den Weg zu dem Goldenen Tal, das Apollonius und seinen Gefährten eine Art von Paradies verspricht. Aber dieses Paradies ist selbst nicht mehr als eine Episode. Apollonius findet dort eine Frau und zeugt einen Sohn, doch so wie er schon die erste in der Binnengeschichte erworbene Gattin wieder verläßt, so auch diese. Er wird wenig später nicht widerstehen können, sich mit einer Mohrenkönigin zu verbinden, und wird mit der Stadt des Lachens schließlich an die Grenze des wirklichen Paradieses gelangen. Insofern bereiten die Begegnungen mit dem Wunderbaren in den Abenteuerketten weder einfach kausallogisch das spätere Gelingen vor, noch sind sie finallogisch auf dieses hin orientiert.

Reine ›fantasy‹ also mit dem Ziel der Spannung und Unterhaltung? Sicher auch. Einmal hält sich Apollonius gerade noch an einem Stein fest, während das Wildweib in den Abgrund stürzt – klassischer ›Suspense‹, in populären Genres beliebt, in keinem Filmthriller fehlend. Ein andermal versetzt er einem Seeungetüm, das ihn ins Wasser ziehen will, einen Schwertstreich, so daß die Zange des Tiers nur noch an einer Sehne hängt, und umklammert dann einen Ast, bis die Sehne schließlich reißt – dramatische ›Action‹, mehr wegen des Spektakulären als wegen der tieferen Bedeutung faszinierend. Und doch führt auch der eklektische, effekthascherische Umgang mit Traditionen zu einer spezifischen

Sinnformation. Aber eben zu einer, die sich weniger syntagmatisch als paradigmatisch entfaltet. So wie Minne und Tugend Leitkategorien darstellen, die in verschiedenen Kontexten zum Tragen kommen, so auch Kultur und Natur. Der Text entwirft Zustände des Humanen und Zivilisatorischen und führt, ähnlich wie die Alexanderromane, einen »Dialog zwischen Kulturanspruch und Naturverhältnis, der in seinen verschiedensten, mitunter nicht kompatiblen Facetten entfaltet wird«.[30] Zwar fehlen im *Apollonius* die wiederkehrenden Momente der Erkenntnis (der Endlichkeit und der Grenzen des Verfügbaren), die im *Alexander* die heterogenen Episoden verbinden konnten, und doch scheint die Steigerung des Animalischen und Monströsen mehr als nur Teil einer Ästhetik des Sensationellen.

III

Das Animalische und Monströse ist, implizit oder explizit, ein konstruiertes.[31] So wie generell Natur nicht existiert ohne die Kultur, die sich in ihr imaginiert und objektiviert, so existiert das Abweichende nicht ohne Beziehung auf Formen des Normalen. Monster und Randvölker, in der Regel durch Deformationen des Körpers und der sozialen Praktiken gekennzeichnet, lassen immer auch die gesellschaftlichen Normen erkennen, die Abweichung erst zur Abweichung machen. Sie erscheinen oft als nur punktuell veränderte Abziehbilder okzidentaler Konfigurationen. Das heißt nicht, die Wesen, denen der Held begegnet, seien in ihrer Funktion genau festgelegt. Sie können, müssen aber nicht sein anderes Selbst verkörpern. Sie können, müssen aber nicht gesellschaftliche Ängste zum Ausdruck bringen. Ihre Funktionalität ist vielfältig, handelt es sich doch um je neue Mischungsverhältnisse von Identität und Differenz, von Eigenem und Fremden.

Im *Apollonius* hat das Animalische und Monströse, wie angedeutet, viele Facetten. Es gibt Untiere wie Drachen oder Riesenschlangen. Es gibt wunderbare und wilde Tiere, die zahm, ja fast human werden und zu Helfern des Helden werden können. Es gibt aus Tierischem und Menschlichem zusammengesetzte Mischwesen, solche monsterhaften Charakters wie das Kentaurengeschlecht Achirons, solche lieblichen Charakters wie das Volk der Sirenen. Es gibt die Wundervölker des Ostens, die eigentümliche Körpermerkmale oder absonderliche Sitten aufweisen, aber im Text eine eher marginale Rolle spielen (v. 10950-95).[32] Es gibt Wildleute, die jeweils mehr zum Animalischen oder zum Humanen tendieren. Und es gibt schließlich unklare menschliche Figuren, die aufgrund ihres Verhaltens in die Nähe des Tierischen rücken. Alle diese Erscheinungen begegnen dem Helden nicht in einem geordneten Nacheinander. Zwar existieren Verknüpfungen auf syntagmatischer Ebene. Apollonius bekommt von manchen der Wesen Hilfsmittel, die er wiederum gegen andere einsetzt. Er stößt auf Gestalten, die in Familienzusammenhängen stehen und sich für den Tod ihrer Artgenossen rächen wollen. Doch im ganzen ist die Logik der narrativen Folge keine kausale, sondern eine akzidentelle. In einer Welt, in der das Wilde und Fremde überall ist, stolpert der Held fast zwangsläufig von einer merkwürdigen Begegnung in die nächste. Und in einer solchen Welt existieren die exotischen Wesen in einer systematischen Gleichzeitigkeit. Deshalb trifft man Ähnliches oder Verwandtes an verschiedenen Punkten, ohne daß zeitliche Abstände eine große Rolle spielen würden.

Die Welt, die Heinrich von Neustadt entwirft, ähnelt jener, die 150 Jahre früher Hildegard von Bingen für die Zeit zwischen Sündenfall und Sintflut skizzierte. Gottvergessen wären die Menschen auf den Status der Tiere degradiert: »Das ganze Menschengeschlecht wurde in Wesen von Ungeheuern verwandelt und verbildet; etliche stellten sich um auf die Lebensweise der wilden Tiere und ahmten deren Stimmen nach; und so sah man sie herumrennen, aufheulen und dahinleben.« Die Aufhebung der Grenze zwischen Mensch und Tier erscheint als widernatürliche Vermischung, zugleich als Zeichen für einen Übergangszustand, der durch die Sintflut beendet wurde: Aufgrund des Anwachsens der Ströme und der Ausdehnung der Wälder sei es gekommen, »daß in der Folgezeit die Menschen vor den wilden Tieren wie auch das Tier vor dem Menschen Scheu und Schrecken hatte«.[33] Der Apolloniusroman entwickelt demgegenüber kein durchgreifendes Modell einer zivilisatorischen Entwicklung. Er scheint eher wie in einem Wunderzoo alle nur denkbaren Möglichkeiten zwischen dem rein

Menschlichen und dem eindeutig Nicht-Menschlichen versammeln zu wollen.

Doch geht es auch nicht einfach um ein Kuriositätenkabinett, wie es Herzog Ernst oder Alexander von ihren Orientreisen mitbringen.[34] Das Interesse gilt in besonderer Weise den Kombinations- und Übergangsformen. Verschiedene Positionen im Spektrum von Kultur und Natur, wie sie schon die antike Mythologie mit Kentauren, Kyklopen und semi-animalischen Helden durchzuspielen liebte, wechseln auch hier einander ab.[35] Tiere agieren wie Menschen, Menschen wie Tiere, und auch Untiere erscheinen oft nur wie krasse Überzeichnungen primitiven oder depravierten Menschentums. Immer wieder zeigt Heinrich von Neustadt, wie Wesen verschiedener Konstitution zusammentreffen oder aneinandergeraten: Wildleute tauchen gemeinsam mit Tieren und Monstern auf, edle Tiere haben sich gegen Untiere zu behaupten (der Panther gegen den Drachen), positiv konnotierte Mischwesen gegen negativ konnotierte (die Sirene gegen den Kentaur). Jeweils ist es Apollonius, der binnen kurzem zu beurteilen vermag, ob die einzelnen Wesen gut oder böse sind, ob sie auf seiner Seite sind oder ausgeschaltet werden müssen. Er wird zwar nicht innerlich von der Welt der Wildheit affiziert, aber durch die wechselnden Koalitionen und Oppositionen auf spezifische Weise im Rahmen dieser Welt profiliert.

Ich greife einige exemplarische Szenen heraus.[36] Die erste Begegnung ›der dritten Art‹ ereignet sich direkt am Beginn der Orientreise. Der Held wird von König Paldein um Unterstützung gebeten gegen die Völker Gock, Magock und Kolk, die nicht nur Felder und Wälder verheeren, sondern auch die Tochter Paldeins zur Königin begehren. Brautwerbung, kombiniert mit territorialer Aggression – ein aus der christlich-feudalen Welt vertrautes Muster. Auch Gog und Magog waren dem zeitgenössischen Leser keine Unbekannten: in Bibel, Alexandertradition und Weltkartographie stellten sie feindliche, am Weltrand eingeschlossene und im endzeitlichen Kampf hervorbrechende Völker dar.[37] Die Hinzufügung von Kolk kennzeichnet den Eigencharakter der im ›Apollonius‹ entworfenen Welt. Zugleich dient sie der Verknüpfung: Eine der Gestalten, denen der Held später begegnet, wird den Namen Kolkan tragen – Verkörperung einer immer neuen und doch auch immer gleichen Bedrohung. Sie eindringlich vor Augen zu stellen läßt der Text keine Mittel aus. König Paldein gibt vorneweg eine genaue Beschreibung von Gock, Magock und Kolk (v. 2956-3019). Es ist also klar, worauf Apollonius sich einläßt. Die Bewohner sind immens groß, haben Aspekte von Hund, Wolf und Löwe und verströmen schrecklichen Gestank. Sie sind *wild und unweyse,* doch nicht ganz inhuman. Sie tragen Namen, haben einen Kaiser und bewohnen eine Stadt. Sie können sprechen, sind fähig, Regeln einzuhalten, und geneigt, Menschenfrauen zu ehelichen. Ihre Ernährung – Pferdemilch, Hunde-, Wolfs- und Menschenfleisch – verbindet sie mit manchen der sagenhaften Wundervölker des Osten. Ihre Niederlage ereignet sich nicht im Kampf, sondern – im Rausch. Während eines Waffenstillstands macht Apollonius die, die noch nie Alkohol getrunken haben, mit Wein trunken und hat sodann leichtes Spiel. Auch daran zeigt sich: Das Fremde, das der Held zu überwinden hat, besitzt Anschlußstellen. Es ist der Logik des Vertrauten zugänglich, stellt aber in seiner exzessiven Körperlichkeit und expansiven Tendenz eine solche Bedrohung dar, daß es auszuschließen heißen kann, eine Gesellschaft vor der Entartung zu bewahren.

Noch deutlicher wird dies bei der nächsten Begegnung. Wieder ist es ein Hilfeansuchen, auf das hin Apollonius tätig wird. Wieder geht es um ein Monster, das es auf Menschenfrauen abgesehen hat. Wieder liefert Paldein eine ausführliche Beschreibung (v. 4376-4842). Im Zentrum stehen der erwähnte Kolkan und seine Mutter Flata. Auch bei ihnen sind Humanes und Inhumanes gemischt. Sie ist eine alte Vettel, katzenartig, mit Drachenfüßen und Negativcharakteristika gemäß mittelalterlicher Physiognomie: die Haut uneben, Brüste bis zum Bauch, lange schwarze Augenbrauen, tief liegende Augen, weite Nasenlöcher, von denen der Rotz in Wurstlänge herabhängt. Der Sohn ist nicht besser: horn- und schuppenbesetzt die Haut, Greifenklauen an Händen und Füßen, stechend der Blick, die Zähne scharf wie Metall. Auch in der Lebensform verbinden sich Natur- und Kulturzustand. Kolkan haust zwar in einer Höhle, kennt aber durchaus gesellschaftliche Gepflogenheiten. Er agiert als Richter und friedliebender Herrscher. In Urkunden läßt er festhalten, daß den Bewohnern des Landes kein Leid geschehe, wenn sie sich als gute Untertanen erweisen, wenn sie also zum Beispiel die schönsten jungen Mädchen des Landes auf eine Burg bringen, wo sie zwar gefangen sind, aber alle Annehmlichkeiten genießen können.

Dreierlei ist an der Gestalt Kolkans bemerkenswert. (1.) Er verfügt über eine Biographie. Er ist zum Zeitpunkt, da Apollonius ihn trifft, 30 Jahre alt, und die Erzählung seiner Geschichte führt zurück bis in die Kindertage, da er noch nicht sprechen konnte und seine Wünsche noch gestisch artikulieren mußte. (2.) Er hat wie auch seine Artgenossen Gefühle: Zorn und Trauer. Er ist nicht der wilde Naturmensch, der von den Regeln der Zivilisation nichts mitbekommen hat. Er wächst auf zusammen mit zwei Königstöchtern, lernt ihre Sprache, heiratet eine von ihnen und bringt sogar einen Sohn hervor. (3.) Er ist Teil eines Geschlechts, stammt väterlicherseits aus einer Kentaurensippe und ist mit dem Meeresgott Pluto verwandt. Auch in dieser Hinsicht also erweist sich das Negative nicht einfach als dämonisch oder teuflisch. Es ist in einer Weise individualisiert, die seine Auslöschung nicht auf Handlungs-, wohl aber auf Textebene zum Problem machen kann.

Hatte Paldein zunächst noch festgestellt, den gefangenen Mädchen würde kein Leid geschehen (v. 4532), so behauptet er am Ende seines Berichtes, sie würden von Kolkan vergewaltigt (v. 4824). Man mag in diesem Widerspruch eine subjektive Komponente der Figurenerzählung sehen: Kolkan, in der Erzählung zusehends vermenschlicht, muß am Ende wieder Züge jener Schreckensgestalt tragen, die er am Anfang verkörperte und die den Kampf des Helden als Kampf gegen das Böse kennzeichnet. Doch die Ambivalenzen kehren auch außerhalb der Figurenrede wieder: Als Apollonius Kolkan besiegt, fehlen diesem alle Züge des Monströsen. Nur der Vergleich mit dem wütenden Hund (v. 5394, 5515) markiert das Animalische. Kolkan selbst darf seine Niederlage wie ein höfischer Ritter beklagen: *›ich pin dot | Mit meins selbs swert erslagen‹* (v. 5492 f.). Sein kleiner Sohn, hier zum ersten Mal genannt, wird von Apollonius, um der Rachemöglichkeit vorzubeugen, gleich auch noch an der Wand zerschmettert. Die Monstrosität muß im nachhinein wenigstens als verkürzte Signatur ergänzt werden: *Terkiß was dem vatter geleich, | Sein antlitz was fraisleich* (v. 5543 f.).

Das Negative als fluktuierende Größe. Es wird gefährlich nahe gerückt, an die Ordnung der Normalität angeglichen, dann wieder mit einem Wort distanziert, mit einer Geste ausgelöscht. Als Phänomen bleibt es erhalten. In seinen mehr oder weniger anthropomorphen Erscheinungsformen verfolgt es den Helden wie ein monströses Zerrbild des vertrauten zivilisatorischen Zustands. Wenn er selbst die Schwester jener Königstochter heiratet, mit der Kolkan verbunden war, zeigt sich, wie sehr die Welten einander durchdringen. Wenn er im weiteren immer wieder auf Untiere aus dem Geschlecht Kolkans trifft, zeigt sich, wie das Böse als eine Art von Trauma wiederkehrt. So wie beim Riesenaal, den Apollonius in Stücke haut, die einzelnen Teile ihn immer noch umklammern, so lassen auch die verschiedenen Mitglieder der Kentaurensippe ihn über geraume Zeit nicht los.

Als er mit seiner Mannschaft zu einem Land mit paradiesischen Zügen kommt und selbstvergessen umherstreifend einem wunderbaren Vogel folgt, bis er sich im Wald verirrt, zieht plötzlich ein Unwetter auf. Später erfährt man: Es wurde von einem Bruder Kolkans verursacht, der damit den Tod des Vaters rächen wollte. Das Unwetter führt dazu, daß das Schiff ohne Apollonius ablegt und der Held aufs neue ein Abenteuer im Grenzraum von Natur und Kultur erlebt. Er begegnet einem wunderbaren Tier, dessen Fell in tausenderlei Farben schimmert, dessen Kopf eine Krone ziert, schöner als alle von Menschenhand hergestellten: Milgot, ein König der Tiere, der sich überdies als freundlich und zuvorkommend erweist. Er verkörpert Aspekte, die in den mittelalterlichen Tugend- und Laster-Traktaten nicht selten Tieren zugeschrieben wurden: Für Demut (*humilitas*) steht häufig der Panther, dessen süßer Atem alle anderen Tiere (bis auf den Drachen) anzieht;[38] für Milde (*largitas*) das Eale, ein schon im Altertum bekanntes mythisch-wildes Mischwesen, dem im Mittelalter wiederum der ebenfalls mythische Vogel Galadrius zugeordnet wurde – als Figur eines Menschen, der andere speist, aufnimmt und tröstet.[39] Das ist es, was auch das Prachtstück Milgot tut. Es versorgt den Helden mit einem wunderbaren Stärkungsmittel und schafft durch seine Autorität, daß auch die anderen Tiere dem Zurückgelassenen wohlgesonnen begegnen. Sie graben eine Höhle, in der Apollonius über ein Jahr lang wohnt. Ein Lager aus Laub, Gras und Blumen dient als *kunigleiches pette* (v. 6783). Traditionelle Techniken sichern das Überleben.

Der Held baut sich einen Reisigschutz gegen die Sonne, macht Feuer gegen die Kälte. Er stellt einen Bogen her und schnitzt Reusen. Er jagt Vögel und fängt Fische. Mit den Tieren lebt er in einem symbiotischen Austausch. Milgot schleppt allerlei Wild an. Die Reste überläßt Apollonius den Füchsen, Wölfen und Luchsen, die mit ihm leben. Als schließlich das Schiff zurückkehrt, kann er seinen Dank abstatten, indem er Milgot das Leben rettet. Der hellseherische Zwerg Albedacus will das Tier töten und sein Herz gewinnen: Wer es esse, bleibe lange jung, *starck und gesundt | Und wolgemut zu aller stundt* (v. 7017). Apollonius verhindert dies und überläßt seinerseits den Hellseher den Tieren.

Das ist nicht ohne Pointe. Der Held beweist seine grandiose Ehrbarkeit, indem er das human handelnde Tier über den zwielichtigen Propheten stellt. Er entscheidet sich aber auch, indem er die Möglichkeit der Lebensverlängerung abweist, für den Moment und gegen die Dauer. Er entscheidet sich für die Welt, in der er sich aufhält, und gegen jene, von der er herkommt. Albedacus hatte Apollonius geweissagt, er werde mit seiner für tot geglaubten Frau wieder zusammentreffen. Apollonius aber hatte daraufhin keinen Versuch unternommen, die Verlorene wiederzufinden oder in die Heimat zurückzukehren. Indem er nun das Tier rettet, bekommt er anstelle von dessen Herz ein Energie spendendes Wunderkraut – also genau das, was er braucht, um sich gegen die Monstrositäten der orientalischen Welt zu behaupten.

Der Aufenthalt unter den Tieren, diese Robinsonade avant la lettre, verkörpert kein Moment der Krise oder des Durchgangs zu einer höheren Lebensform. Er verkörpert einen der vielen protokulturellen Zustände, mit denen der Text spielt. Anders als im *Yvain* Chrétiens oder im *Iwein* Hartmanns ist es nicht die Aufkündigung von *triuwe,* der Verlust von Ehre, der Wahnsinn, der den Helden aus der Gesellschaft treibt. Es ist die Eigendynamik der Welt, in die er sich begeben hat. Apollonius regrediert nicht auf die unterste Stufe des Kulturzustands. Er agiert eher wie der Teilnehmer eines Überlebenstrainings. Er hat *fewr zeug* (v. 6754) und Messer bei sich und ist anders als Yvain/Iwein in der Lage, aktiv seine Subsistenz zu organisieren. Er nimmt das Fleisch gebraten zu sich, und der Austausch mit den Tieren trägt anders als Yvains/Iweins Austausch mit dem Eremiten Züge des Überflusses. Zwar ist Apollonius zu einer inadäquaten Lebensweise gezwungen. Doch er findet immerhin adäquate Gespielen: ansehnliche Tiere, beherrscht vom zauberhaften Milgot, der fast den Status eines Freundes gewinnt. Das Paradiesische der Situation wird vollends sichtbar, nachdem Apollonius aus seinem Exil erlöst ist, tritt doch der Kampf gegen das Böse wieder ganz in den Vordergrund. Der Held wird in neue Abenteuer gestürzt mit Kentauren, Drachen und Schlangen, Tiermenschen und Wildleuten. Manche nehmen das Thema der Kämpfe gegen Monstervölker, andere das des Aufenthalts unter den Tieren auf. Ein Panther, dem Apollonius gegen einen Drachen beisteht, rettet ihn aus Gefahren und übernimmt die Rolle Milgots.

IV

Die Begegnungen des Helden mit Tieren und Untieren, Tiermenschen und Unmenschen eröffnen einen Raum, der sich vom Normalen unterscheidet und doch auf dieses bezogen bleibt. Sie messen ein Terrain aus, in dem verschiedenste Spielarten des Animalischen und Monströsen koexistieren, dem Helden ermöglichend, sich in der Konfrontation mit dem Fremden auszuzeichnen und zugleich dieses an die Schwelle einer neuen Ordnung zu führen. Wo Apollonius hinkommt, teilt sich die Welt in Gut und Böse, wird das System des Negativen beseitigt oder geschwächt, Loyalität geschaffen und Herrschaft durch Hochzeiten auf Dauer gestellt, wird das bunte Durcheinander menschlicher und nichtmenschlicher Lebensformen gelichtet, dem auf der Tugendskala Höherstehenden zu seinem Recht verholfen, die okzidentale Welt nach Osten hin erweitert.

In diesem Rahmen läßt sich denn auch bewältigen, was im Rahmen der Normalität unbewältigt bleibt. Die Monster, die Apollonius auslöscht, zeichnen sich durchgängig durch ihre ›artübergreifende‹ sexuelle Begierde aus. Der Kaiser von Gock und Magock will eine menschliche Königstochter heiraten. Kolkan hält sich einen ganzen Harem. Sein Vater Achiron attackiert die Sirenenkönigin. Ins Monströse verlagert, kehrt hier jenes Triebmoment wieder, das zu Beginn der Geschichte die Bewegungsdynamik des Helden begründete: Nach der Entdeckung, daß die Königstochter, um die er wirbt, mit ihrem Vater in einer inzestuösen Beziehung lebt, hatte Apollonius sich auf die Flucht begeben. Mit den Triebwesen des Orients vernichtet er also etwas, was in anderer Ausprägung durchaus in seine eigene Welt hineinreicht. Das zeigt sich schon in der Rahmenhandlung an einer Parallele, die in der lateinischen *Historia* vorgegeben war: Apollonius muß anfangs ein Rätsel lösen, um die Tochter des Antiochus bekommen zu können, und er muß am Ende seiner langen Fahrt erneut Rätsel lösen, bevor es zum Wiedererkennen der eigenen Tochter kommen kann. Der Inhalt der Rätsel und die Vorzeichen haben sich geändert, doch die szenische Rückerinnerung an jene Situation, die zur Aufdeckung des Vater-Tochter-Inzests führte, ist nicht ohne Pikantheit.[40]

Auch in der Binnengeschichte bleibt Apollonius von dem Triebmoment nicht ganz frei, das ihm im Orient immer wieder begegnet. Er kann den Reizen der Mohrenkönigin Palmina nicht widerstehen und bringt sich damit in gehörigen Begründungsnotstand gegenüber Diomena, mit der er zu diesem Zeitpunkt (vom Überleben seiner ersten Gattin nicht wissend) verheiratet ist.[41] Die Welt der Fremde birgt also doch Gefahren für die Integrität des Helden, Gefahren der Vereinnahmung. Verschleppt vom Wildweib in eine Höhle, eingesperrt vom Meeresungetüm in seiner Schere – immer wieder gibt es Momente, in denen Apollonius der Fremde ganz anheimgegeben scheint. Aber eben nur Momente und nur äußerliche. In ihnen kommt punktuell die Bewegung des Helden zum Stillstand, erweist sich aber zugleich, daß Bewegung Charakteristikum ist der Figur wie des Feldes, auf dem sie agiert.

Der Begriff Feld verweist darauf, daß der geographisch situierte Raum des Monströsen systematisch gesehen eine Einschreibefläche darstellt für epochale kulturelle Konstruktionen.[42] Das Feld des Animalischen und Pseudo-Animalischen erlaubt es zum einen, die Demonstration moralischer Qualitäten mit einer Präsentation kultureller Differenzen zu verbinden und so das Handeln des Protagonisten als ein Kultur erzeugendes auszuweisen. Das Feld erlaubt es zum anderen, Handlungsweisen und Lebensformen durchzuspielen, die im Szenario der hellenistischen Familiengeschichte nicht möglich wären: zum Beispiel die mehrfache Verheiratung des Helden oder auch die exzessive Gewalt gegenüber den Gegnern. Die Möglichkeit, Brutalität und Sexualität auszuagieren, macht den Orient zum Ort von Wunschphantasmata. Moralische Bedenken klingen zwar an, werden aber rasch beseitigt: Im Goldenen Tal muß Apollonius sich bei Tugendproben vor der Göttin Venus rechtfertigen für sein unlauteres Kampfverhalten gegenüber manchen der Monster. Seine Entschuldigung: Es habe sich um Tiere gehandelt, und Tiere seien nun einmal nicht anders denn mit List zu besiegen (v. 12153-80).

Der Text selbst folgt nur teilweise dieser Maxime. Er zeigt zwar die Notwendigkeit listigen Handelns, nicht aber die klare Abgrenzung von Tierischem und Menschlichem. Statt dessen spielt er mit Nähe und Ferne, und eben dieses Spiel korrespondiert mit den Gesten verbaler oder physischer Gewalt, die den Text durchziehen. Wo Grenzen beständig überspielt werden, müssen sie um so drastischer bestätigt werden. Den Gegner durch zynische Rede oder sadistische Gewalt nicht einfach nur zu besiegen, sondern abzuqualifizieren gehört zu den Möglichkeiten, das Instabile zu stabilisieren. Vorgeführt wird in der Handlung die Beherrschbarkeit des scheinbar übermächtigen Negativen und im Text das Verfügenkönnen über eine scheinbar alle Grenzen sprengende Imaginationswelt. Eben diese Vorführung macht aber auch das ambivalente Prinzip der Sinnkonstitution sichtbar, das den *Apollonius* kennzeichnet. Uneindeutigkeiten der Existenzformen und Eindeutigkeiten der Wertungen stehen nebeneinander. Die Vielfalt, die sich auf der Ebene des Faktischen entfaltet, wird auf der des Moralischen aufgehoben zugunsten einer Rigidität, die sich aber nicht diskursiv begründen, sondern nur in der narrativen Abblendung der orientalischen Welt durchsetzen läßt.

Es geht hier also nicht einfach um die Internalisierung des den Menschen Bedrohenden, das, als Kehrseite des zivilisatorischen Prozesses, aus der Kultur verstoßen, die kollektive Psyche bedränge.[43] Indem der Text Probleme an die Peripherie verlagert und gleichzeitig kulturalisiert, bietet er auch die Folie für einen Übergang epochaler Art: den Übergang zur christlichen Ära, der sich zur Zeit und unter Mithilfe des Apollonius vollzieht. Der Protagonist erweist sich nicht nur als Zeitgenosse des Messias, sondern als dessen Pendant. Nach einem Drachenkampf heißt es, er sei bis an den dritten Tag wie tot dargelegen (v. 9525 f.). Am Ende seiner Reisen kann er den alttestamentlichen Propheten Elias und Enoch, die er trifft, mitteilen, vor zehn Jahren sei ein großer Zauberer der Juden gekreuzigt worden und am dritten Tage vom Tode auferstanden.[44] Explizite Bezüge und konnotative Ausbeutungen machen Apollonius zu einem Weltherrscher besonderer Art. Und dies wiederum wirft rückblickend auch Licht auf den ausgedehnten Aufenthalt in der Fremde: Vom Ende her gesehen scheint in ihm jene Universalisierung erlösenden Handelns vorbereitet, die schließlich in der Apotheose des christlichen Herrschers und Gründers der Tafelrunde sich erfüllt. Am Rande der Kultur, unter den Tieren und Untieren, offenbart sich das Charisma dessen, der nach der narrativen Konstruktion Heinrichs von Neustadt zur Rettung der Kultur und zur Humanisierung der Welt berufen ist. Wenn unter den Söhnen des Helden Ptolemäus, der berühmte Meister der Astronomie und Geographie, genannt wird, verweist auch dies auf Phantasien der Verfügbarkeit von Welt, wie sie sich schon in den ausgedehnten räumlichen Bewegungen des Apollonius andeuten.

Die Größe des Helden, die Universalisierung seines Einflusses – in ihnen manifestiert sich nicht zuletzt auch das Ausmaß des Sinnproblems, mit dem der Roman kämpft. Nur in der Anhäufung von Superlativen und der Verbindung von allem mit allem läßt sich Sinn sichern gegen das Monströse, das benötigt wird, um den Familienroman mit dem Abenteuerroman zu verbinden, und das zugleich die Balance zwischen beiden gefährdet. Sinn ergibt sich nicht aus der Struktur, sondern aus der Kombinatorik. Dementsprechend sind die Monster auch textlogisch, als was sie handlungslogisch immer wieder erscheinen: fragile Gestalten. Sie bevölkern eine Welt, die als solche zurückgelassen werden kann, deren Prinzipien aber, Ambivalenz und Hybridität, die Konstitution des Textes bestimmen. Es ist dies nicht zu verwechseln mit einem eigenen Diskurs des Phantastischen, wie er sich in Literatur und Kunst seit der Romantik etabliert.[45] Doch wird die Möglichkeit einer Verselbständigung sichtbar, die zu diesem Zeitpunkt noch gegenläufiger Sicherungsbewegungen bedarf. Hob der höfische Roman um 1200 das Fremde und Wilde so im Eigenen und Höfischen auf, daß es als dessen Implikation gelten konnte, so unterwirft der Roman um 1300 Kultur und Natur einer Spannung von Hingabe und Ausgrenzung, die nur im Raum des Imaginären bestehen kann. Nur in ihm lassen sich das Wuchern der Phantasie und die Vermehrung der Geltungsansprüche vermitteln.

3 Politische Anthropologie in literarischem Gewand

I

Zu den bekanntesten Helden der hochmittelalterlichen französischen Epik gehört Guillaume d'Orange, eine Figur, zurückgehend auf den historischen Grafen Wilhelm von Toulouse, der für Karl den Großen und Ludwig den Frommen die Spanische Mark gegen Basken und Sarazenen verteidigt hatte; 812 war er in dem von ihm gegründeten Kloster Gellone (bei Montpellier) im Ruch der Heiligkeit gestorben, 1066 kanonisiert worden. Seine Geschichte, ausgemalt und umgeschrieben, wurde Teil der in den Chansons de geste betriebenen nationalen Mythologie. Kurz nach 1200 gelangte sie auch in den deutschsprachigen Raum. Hermann, Landgraf von Thüringen († 1217), selbst vielleicht an der Figur des mächtigen und zugleich heiligen Reichsfürsten interessiert, vermittelte Wolfram von Eschenbach, dem berühmten *Parzival*-Autor, eine Version der *Bataille d'Aliscans*, die von zwei zentralen Schlachten Guillaumes erzählt.

Die Geschichte setzt ein mit der Landung eines gewaltigen heidnischen Heeres an der provenzalischen Küste. Die Heiden kommen, sich dafür zu rächen, daß vor sieben Jahren ihre Königin Arabel mit Willehalm in die Provence ging und (unter dem neuen Namen Gyburc) zum Christentum übertrat. Die Christen werden auf dem Feld Alischanz vernichtend geschlagen, nur wenige überleben. Willehalm entkommt zur heimischen Burg Oransche, bricht aber rasch wieder auf, um die Unterstützung des Königs und des Reiches zu gewinnen. Während Gyburc mit den Frauen die Stellung hält, gelingt es Willehalm, auf dem Reichstag in Munleun (Laon) – nach Beilegung von Differenzen und mit Hilfe der eigenen Familie – den König auf seine Seite zu bringen. Die verschiedenen Truppenverbände erreichen rechtzeitig das belagerte Oransche. Es kommt zur Entscheidungsschlacht. Die Christen siegen – nicht zuletzt dank der Tatkraft eines jungen heidnischen Küchenjungen, den Willehalm in Munleun dem König abgeworben hat. Doch dieser Rennewart ist nach dem Ende der Schlacht unauffindbar. In einer großherzigen Geste entläßt Willehalm eine Reihe heidnischer Könige in die Freiheit. Mit deren Abzug aus der Provence bricht der Text ab, ohne daß wichtige Erzählfäden zu Ende geführt wären. Auch die Reflexionsdimensionen, die Wolfram in sprachlicher und erzählerischer Ausgestaltung des Handlungsgerüst der *Bataille* entwickelte, bleiben ohne abschließende Bündelung.

Wie auch immer aber das Ende hätte aussehen sollen, klar auf der Hand liegt die politische Dimension des *Willehalm*. Der Konflikt zwischen Christen und Heiden ist situiert im Raum karolingischer Geschichte und geschildert als einer, der das Reich im ganzen tangiert: nach außen durch die Gefährdung, die der heidnische Angriff auf die Provence mit sich bringt, nach innen durch die Spannung zwischen König und Markgraf, die divergierende Interessen sichtbar macht. Wie im *Parzival* ist es die Regelung der Erbfolge, die das Geschehen in Gang bringt: Heimrich von Narbonne setzt als Erben des Landes einen Patensohn ein und schickt zugleich die eigenen Söhne in die Ferne, um dort Frau und Land zu erwerben. Doch der Akt der Enterbung steht nicht am Beginn einer narrativen Entfaltung des ritterlichen Weges.[1] Er fixiert nur den Zusammenhang zwischen dem Auszug in die fremde Welt und deren Einbruch in die eigene. Er markiert eine feudalpolitische Aktion, die geeignet ist, die Macht der Familie zu mehren (indem die Söhne durch Vasallen- und Minnedienst neue Herrschaftsgebiete gewinnen), die aber auch zu weiteren feudalpolitischen Aktionen führt, welche wiederum auf die Familie zurückschlagen.

Willehalm, einer der sieben in die Fremde geschickten Heimrichsöhne, gewinnt die Länder des Heiden Tybalt für das christliche Imperium und später dessen Gemahlin Arabel für den christlichen Glauben. Die Länder werden ihm als Reichslehen überantwortet, Arabel/Gyburc wird seine Frau. Eben dies eröffnet aber auch dem Konflikt zwischen christlicher und heidnischer Welt, der seit der Zeit Karls des Großen schwelt, neue Entfaltungsmöglichkeiten.

Von ihnen her erweist sich wiederum die anfängliche Enterbung der Söhne als kontingenter Ursprungsmoment einer fatalen Konstellation, in der es nicht wie im Artusroman darum geht, den Helden zu Minne und Herrschaft zu führen, ihn seinen Ort im genealogischen System finden zu lassen. Fokussiert wird die Situation, da Frau und Territorium bereits erworben sind, erworben jedoch durch einen einseitigen Rechtsakt, der weitreichende Konsequenzen nach sich zieht. Von diesen Konsequenzen erzählt der Text.

Blickt man auf die Ausgangssituation des *Willehalm*, wird deutlich, daß das Politische nicht identisch ist mit dem Historischen: Es erschöpft sich nicht in der narrativen Anknüpfung der Ereignisse an die Regierungszeit Karls des Großen und Ludwigs des Frommen, die dem Text die Aufnahme ins Spektrum der Geschichtsdichtung sicherte.[2] Es liegt begründet in der Dimension des Konflikts selbst. Die Spannung zwischen dem mächtigen Fürstengeschlecht und dem schwachen König, von zahlreichen Chansons de geste ausgestaltet, berührt die Fundamente von Macht und Herrschaft. Die Verteidigung von *la douce France* gegen den Angriff des heidnischen Großreichs stellt das Gegeneinander von Sippenmacht und Königsmacht, das Problem von Bindungen, Loyalitäten und Verpflichtungen vor den Hintergrund der Herausbildung von Nation und Staat. Auch wenn Wolfram nicht unmittelbar an den nationalgeschichtlichen Charakter der Chansons anschloß, hat er doch die politischen Aspekte der Gattung nicht getilgt, vielmehr in ihrer Grundsätzlichkeit akzentuiert und reflektiert.

Der Konflikt, der einzelne ebenso betrifft wie Territorien, der Mechanismen von Zweikampf und Diplomatie einrückt in den Horizont der militärischen Auseinandersetzung, dieser Konflikt erscheint nun als einer, der das Verhältnis zwischen den Notwendigkeiten des Faktischen und den Spielräumen des Symbolischen als prekär erweist. Politisch zu nennen wäre das nicht nur im Sinne jener elementaren Unterscheidung von Freund und Feind, die den besonderen Intensitätsgrad einer Assoziation oder Dissoziation von Menschen markiert.[3] Politisch ist das vor allem auch deshalb, weil der Text Machtverhältnisse als agonale Konstellationen im Rahmen feudaler Institutionen und historisch transparenter Territorien verhandelt, und dies so, daß mit dem Handeln einzelner zugleich das Gemeinwohl auf dem Spiel steht.[4]

Politische Anthropologie wiederum meint in diesem Kontext zweierlei. Zum einen bezeichnet sie ein methodisches »Instrument der Entdeckung und Erforschung der verschiedenen Institutionen und Praktiken, durch welche die Menschen regiert werden, sowie der ihnen zugrunde liegenden Denksysteme und Symbole«.[5] Sie richtet sich damit nicht mehr nur auf exotische, fremde Formen des Politischen in außereuropäischen Gesellschaften, in denen weder ein Staat im modernen Sinne noch ein Gewaltmonopol existiert. Sie fragt auch – ethnologisch, soziologisch, philosophisch oder historisch – nach den Spielarten und Denkmodellen des Politischen in europäischen Gesellschaften, nach Praktiken und Codes, Verkörperungen und Inszenierungen, Ritualen, Zeremonien und Symbolen sowie deren Institutionalisierung und Ausdifferenzierung.[6] In den Blick rücken vielschichtige Verschränkungen von Kontinuitäten und Diskontinuitäten, die sich teleologischen Vorstellungen von der Entstehung moderner Staatlichkeit widersetzen und ein komplexeres Bild zum Beispiel jener Prozesse zu erkennen geben, welche in der (frühen) Neuzeit dazu führten, daß die Sektoren der Macht und des Sakralen auseinandertraten, das Verhältnis von Öffentlichem und Privatem neu definiert wurde.[7] Das Interesse gilt hier also nicht dem ›Wesen‹ des Politischen, sondern der Prozessualität von Konstellationen im Spannungsfeld von Stabilisierung und Destabilisierung, in der Dynamik historischen und lokalen Wandels.

Zum anderen aber bezeichnet politische Anthropologie auch ein Feld der untersuchten Gesellschaften selbst: ein Feld, in dem sich Theorie und Praxis, Norm und Abweichung, Lebenswelt und Imagination berühren, nicht selten durchdringen. So wie die interpretative Kulturanthropologie neue Verfahren entwickelt hat, um den autochthonen Prozessen kultureller Bedeutungskonstitution nahezukommen (›dichte Beschreibung‹), so haben die historischen Kultur- und Textwissenschaften neue Analyse- und Lektüreformen etabliert, um die Regeln vergangener Sinngefüge, die Logiken kultureller Zeichenkomplexe zu rekonstruieren (Mikrogeschichte, Historische Semantik).[8] Gerade die Literatur ist dabei von besonderer Bedeutung, nimmt sie doch eine Zwischenposition ein zwischen dem Bereich abstrakter politischer Theoriebildung (greifbar zum Beispiel in der Wirkungsgeschichte der aristotelischen Lehre vom Menschen als *zoon politikon*) und dem Bereich konkreten politischen Verhaltens. Sie kann Handlungsoptionen an den Figuren durchspielen und zugleich diskursiv zum Thema machen. Sie kann in imaginären Welten je neue Beziehungen von Anthropologischem und Politischem erproben, ohne einem Zwang zur Systematik und einer Verpflichtung auf historische Tatsächlichkeit zu unterliegen. »Der einem Text eingeschriebene anthropologische Entwurf darf nicht als unmittelbarer ›Ausdruck‹ einer historischen Mentalität verstanden werden, sondern als ein Entwurf, der durch situationsabhängige, pragmatische, sprachliche, stilistische, gattungsspezifische Bedingungen mitkonstituiert ist, die sich mehr oder minder weit von denen des Alltags entfernen können.«[9]

Dementsprechend liegt in der politischen Anthropologie des *Willehalm* weder eine (versteckt) systematische Abhandlung zum Status des Menschen vor noch eine unmittelbare Repräsentation außerliterarischer Handlungsmodelle und Geltungsansprüche. Auch die explizit anthropologischen Aussagen des Textes bleiben geknüpft an den epischen Ablauf, an Figuren mit eingeschränktem Blickwinkel und gruppenspezifischer Bindung. Sie interferieren überdies mit theologischen Aussagen, die ritterliches Handeln auf den Horizont der Heilsgeschichte beziehen und im irdischen Leid eine überirdische Seligkeit aufscheinen lassen. Die politische Anthropologie hat insofern, und das kann angesichts der Dominanz klerikaler Diskurse kaum überraschen, auch Züge einer politischen Theologie.[10] Sie fragt nach dem Verhältnis von menschlichem Handeln und göttlichem Willen, aber dies spezifisch zugespitzt auf das Problem der Legitimierbarkeit wie der Einsehbarkeit des Agierens in einer Welt, in der das Ausmaß der Gefahren und Verluste das Vertrauen in höhere Gewißheiten auf die Probe stellt.[11] Die Auseinandersetzung mit der Differenz der Religionen, die in zahlreichen Passagen stattfindet, steht vor dem Hintergrund der politischen Auseinandersetzung und geht immer wieder in diese über. Das Theologische verselbständigt sich nicht. Es behält den Bezug zu den Figuren und damit zur Anthropologie der dargestellten Welt wie auch den Bezug zur Frage nach den Darstellungsmöglichkeiten des literarischen Mediums. Insofern hat, wie auch immer man die Relation von Weltlichem und Überweltlichem beurteilt, die Frage nach anthropologischen Dimensionen zugleich den je eigenen Mitteln und je eigenen Logiken des Literarischen zu gelten.

II

Ungeachtet der Eigenart literarischer Sinnkonstitution kann der Blick auf die Literatur vom Blick auf übergreifende politisch-anthropologische Sinnmuster profitieren, wie Historiker sie herausgearbeitet haben. Er kann von der mediävistischen Konfliktforschung lernen, welche (ungeschriebenen) Regeln die Konfliktführung und generell die Kommunikation früh- und hochmittelalterlicher Führungsschichten steuerten.[12] Er kann von der französischen ›anthropologie politique historique‹ lernen, wie das Politische in mittelalterlichen Gesellschaften sich in den Modalitäten der Herrschaftsrepräsentation und des Ritualhandelns, den Praktiken und Strategien der Machtkonstitution manifestiert.[13] Jeweils wird deutlich, daß es Strukturen oder Regelhaftigkeiten gibt, die jenseits des singulären historischen Ereignisses liegen, gleichwohl politisches Handeln im Spannungsfeld von Macht und Herrschaft prägen: zum Beispiel in Form des Gestischen und Körperlichen, das seine bindende Kraft in öffentlichen Ritualen oder Inszenierungen entfaltet,[14] oder generell in Form eines Systems symbolischer Kommunikation, das außer Texten und Bildern auch Namen und Wappen, Bauten und Objekte einbezieht.[15]

Texte haben als kommunikative Handlungen am System symbolischer Kommunikation teil. Zugleich bilden sie als sprachliche Zeichengefüge Systeme zweiter Ordnung, in denen jenes erste gesellschaftliche System repräsentiert und modifiziert werden kann. Das gilt auch für historiographische Texte. Zwar halten sie sich anders als literarische meist an einen zeitlich und räumlich transparenten Rahmen, doch gehorchen sie ebenso wie jene den Modalitäten textueller Welterzeugung. Wenn sie politisches Handeln in seiner rituellen Verlaufsdimension hervortreten lassen, bezeugen sie mehr ein Interesse am herausgehobenen Moment als am gesellschaftlich Konventionellen. Insofern sind die ungeschriebenen ›Spielregeln der Politik‹, die Gerd Althoff ermittelt hat, nicht zum wenigsten Spielregeln für die narrative Konstruktion des Politischen, und eben diese Konstruktion bringt sich in literarischen Texten besonders zum Vorschein: durch die Ausnützung der Polyvalenz des sprachlichen Zeichens, durch die Erzeugung imaginärer Welten, durch die Profilierung der Handlungsereignisse als ›Wirklichkeitseffekte‹, d.h. als Phänomene, in denen neben dem Geltungsanspruch der politischen Aktion auch jener der literarischen Rede aufgerufen ist.[16]

Die Dichter benutzen die Spielregeln der Gesellschaft und verändern sie zugleich.[17] Zahllose Szenen der volkssprachigen Epik führen Rechtshandlungen vor, stellen symbolische Aktionen vor Augen, in denen – übereinstimmend mit historiographischen Berichten – Körper, Bewegungen und Gesten von zentraler Bedeutung sind. Doch das, was ›sich zeigt‹, zeigt sich – anders als in der politischen Praxis – eher selten als abgesprochen, inszeniert, um Rechtsförmigkeit herzustellen. Es verkörpert komplexe Sachverhalte, zu deren Darstellung die verbalen Mittel nicht genügen, die non-verbalen wiederum, auf einer Wahrheit der Ostentation basierend, von den historisch etablierten Mustern abweichen können. So gewinnen die Texte aus der Deformierung und Ironisierung, aus dem Aufschub oder dem Scheitern des Rituals spezifische Pointen. Selbst dort, wo die Nähe zur gesellschaftlichen Praxis groß scheint, tun sich Differenzen auf: Die vermittelnde Rolle von König Artus im *Parzival* entspricht der Rolle jener Mediatoren, die in der Historiographie häufig begegnen; doch sowohl das Lösungsmodell des ritterlichen Zweikampfs wie der Darstellungsmodus multipler Perspektivierung läßt auch hier die Eigendynamik des Literarischen erkennen.[18] In ihm kommt es zu einer Anverwandlung des Symbolischen durch das Imaginäre, und dabei kann der Rechtsgestus zur Pathosformel werden, die eine bestimmte Erzählhaltung indiziert, und können politische Rituale ambivalent werden, wenn Minnedienst und Ritterschaft sich verschränken, Antagonismen zum Austrag kommen, Probleme von Gewalt und Kommunikation diskursiv entfaltet werden.

Das ist, wie es scheint, im *Willehalm* der Fall. Vor allem die Szenen am Hof, im Zwischenraum der beiden großen Schlachten, sind reich an symbolischen Akten und Gesten. Wenn Irmenschart von Paveie und Heimrich von Narbon, die Eltern Willehalms, in den mit Teppichen ausgelegten und duftenden Rosen bestreuten Palas kommen, vollzieht sich ein spektakulärer zeremonieller Auftritt: Irmenschart, gefolgt von zahllosen Edelleuten, wird vom König zur Begrüßung geküßt und an ihren Platz geleitet, Heimrich läßt sich durch einen Baron das Schwert vorantragen und wird vom

König eigenhändig zur Königin geführt. Küsse und Umarmungen bringen Verbundenheit zum Ausdruck, Fußfälle bereiten Bitten vor, Tränen bezeugen öffentliche Anteilnahme, Mahle dienen der Herausstellung von Gemeinschaft. Immer wieder werden Verhaltensmuster und Beziehungsformen vorgeführt, die, nach der Historiographie zu schließen, den politischen Trägerschichten wichtig waren, um Empörung und Unterwerfung, Rat und Hilfe, Huld und wechselseitige Verpflichtung öffentlich, sinnfällig und rechtsförmig zu machen.

Doch die Szenen, in denen die Etikette (*zuht*) dominiert, sind durchsetzt mit Momenten, in denen die symbolische Kommunikation Störungen aufweist, Störungen so massiver Art, daß tatsächliche politische Rituale wohl an ihnen gescheitert wären.[19] Der *Willehalm* erzählt nicht vom Scheitern, aber von den Krisen und ihrer Unvermeidlichkeit angesichts der Dynamik einer außergewöhnlichen Situation. Die Regelverletzungen, welche die höfischen Codes auf die Probe stellen, ermöglichen es, politisches Handeln von seinen Grenzen und Infragestellungen her zu entwerfen. Was sich im Umkreis des Hofes abspielt, ist nicht einfach eine Problematisierung des Modells höfischer Festlichkeit. Es entsteht ein ›soziales Drama‹, in dem es gilt, einen neuen (allerdings fragilen) Konsens herzustellen und die Handlungsfähigkeit der Gemeinschaft über die Divergenz der Interessen hinweg (momenthaft) zu sichern:

> »ein soziales Drama beginnt zunächst mit dem öffentlichen Bruch einer sozialen Norm, der Verletzung einer moralischen Regel, dem Verstoß gegen ein Gesetz, einen Brauch oder eine Etikette. Dieser Bruch kann von einem Einzelnen oder einer Gruppe bewußt, ja kalkuliert herbeigeführt werden, um [...] Autorität zu demonstrieren oder in Frage zu stellen. [...] Hierauf folgt eine sich zuspitzende Krise, ein bedeutsamer Wendepunkt in den Beziehungen zwischen den Bestandteilen eines sozialen Feldes, an dem aus scheinbarem Frieden offener Konflikt wird und unterschwellige Antagonismen zum Vorschein kommen. Man ergreift Partei, bildet Splittergruppen, und falls der Konflikt nicht schnell auf einen kleinen Bereich sozialer Interaktion begrenzt werden kann, besteht die Tendenz, daß sich

der Bruch solange ausweitet, bis er zur Spaltung im umfassendsten System relevanter sozialer Beziehungen, dem die konfligierenden Parteien angehören, führt.«[20]

Im Konflikt werden vorhandene Antagonismen virulent, wird die Verwundbarkeit der dargestellten Gesellschaft offensichtlich – und dies gerade an ihrem Umgang mit dem Fremden.[21] Es beschränkt sich im *Willehalm* nicht auf das Fremdländische, die Heiden, die die Provence und darüber hinaus das ganze christliche Imperium bedrohen. Es ist auch eines, das in der provenzalisch-französischen Welt seinen Ort hat: durch Figuren, die aus der heidnischen Welt stammen und ihr weiterhin, auf unterschiedliche Weise, verbunden sind. Gyburc und Rennewart, die Geschwister, tragen die Spannung der Religionen und Kulturen in die christliche Gesellschaft hinein, und auch Willehalm, durch den die Geschwister wieder zusammentreffen, hat an der Fremde teil: Er ist durch jahrelange Aufenthalte mit dem Orient vertraut, spricht östliche Sprachen und bringt schließlich auch dem heidnischen Totenkult Verständnis entgegen. Der ersten Schlacht entkommen, kehrt er zwar ins Vertraute zurück, doch das Vertraute wird zum Fremden angesichts des Leids, das die Verluste der Schlacht verursachten. Der Weg wird zum Weg eines Einsamen und Vereinzelten, der seine Identität dadurch gewinnt, daß er sich in keine Kollektive integriert und seine Verlorenheit innerhalb der Gemeinschaft behält.[22]

So ist die differenzierte Konzeption des Helden von der differenzierten Betrachtung des Funktionierens politischer Institutionen nicht zu trennen.[23] Die Entfremdung des Protagonisten ermöglicht den verfremdenden Blick auf das Politische, der dessen (ungeschriebene) Regeln erst eigentlich aufdeckt. Dem dient auch die Umakzentuierung der Rolle des Königs: Indem Loys bei Wolfram anders als in der *Bataille d'Aliscans* besonnen, auf Konsens bedacht reagiert, entsteht eine ›balance of power‹, welche die Dynamik der Situation und die Aporien des Handelns verschärft. Doch eben dies, das Interesse an der Verflechtung der Parteien, an der Verstrickung der Protagonisten ins Netz der Bindungen, an der Engführung von fatalem Geschehen und höherer Notwendigkeit, macht die Konstellation auch zu einer dezidiert literarischen. Zeitgeschichtliche Anschlußkonstellationen gab es zweifellos: Schon Friedrich Barbarossa hatte sich in höherem Maße als frühere Könige gezwungen gesehen, den Ausgleich mit den Fürsten zu suchen; Hermann von Thüringen gehörte im frühen 13. Jahrhundert zu denen, die am aktivsten den Anspruch der Fürsten auf Beteiligung an der Reichspolitik verfochten. Gleichwohl, eine ungebrochene Spiegelung solcher Tendenzen bietet der *Willehalm* nicht.[24] Schon deshalb nicht, weil das Augenmerk hier weniger dem Aktuellen gilt als dem Grundsätzlichen: der Logik einer ›politischen Welt‹, deren Konflikte es erlauben, Fragen in den Blick zu nehmen, die über das ritterliche Handeln hinaus- und doch nicht einfach im Horizont der Heilsgeschichte aufgehen.

III

Im Rahmen der symmetrischen Anlage der Handlungsorte, beginnend auf dem Schlachtfeld und zu diesem wieder hinführend, ist auch Willehalms Weg vom Auszug aus Oransche bis zur Rückkehr auf die heimatliche Burg in räumlicher und zeitlicher Symmetrie konstruiert.[25] Fünf Stationen (Orlens, Kloster, Munleun, Kloster, Orlens) teilen den Weg in einen Hin- und einen Rückweg und schreiben dem Hof den Platz in der Mitte zu. Doch das, was von der Handlungsfolge her das Zentrum bildet, ist von der Perspektive des Textes her zugleich Peripherie. Das Entscheidende spielt sich in der Provence ab. Dort ist der Ort des Krieges: das Schlachtfeld Alischanz, und der Ort der Zuflucht: die Stadt Oransche, auf der Gyburc dem Angriff ihrer Verwandten trotzt und die als Ausgangs- wie Zielpunkt von Willehalms Weg präsent bleibt. Willehalm läßt in Oransche sein Herz zurück und nimmt dasjenige Gyburcs mit sich (109,8-10). Das ist als charakteristisches Bild einer körpergeprägten Kultur nicht nur Ausdruck innerer Verbundenheit. Es fixiert auch das Moment der Entfremdung, das Willehalms Aufenthalt in Frankreich bestimmt.[26]

Das Land, in das er aufbricht, ist, affektiv gesehen, Ausland, Fremdland, in das er sich seit Jahren erstmals wieder begibt. Er überschreitet auf seinem Weg dorthin zwar keine Grenzlinie, aber eine semantische Schwelle: Klar bestimmt sind die zeitlichen Abläufe in der Provence (am Beginn: zwei Tage, am Ende: vier Tage) und in Frankreich (insgesamt vierzehn Tage), unbestimmt dagegen die Übergänge vom einen ins andere Land.[27] So wird die Welt des Nicht-Krieges zur Gegenwelt – schon deshalb, weil sie nur mit der Intention betreten wird, die Mittel zu erlangen, den Krieg in der Heimat weiterzuführen. Mit der Rückkehr in die Welt des Krieges verbindet sich ein Rückgriff auf die Situation des Aufbruchs: Wieder sieht man Gyburc im Gespräch mit ihrem Vater Terramer über Fragen des Glaubens, der Liebe und der Politik. Die beiden Gespräche stellen eine Kontinuität her, die zugleich den Aufenthalt in Frankreich als Moment des Diskontinuierlichen erweist.

Die von diesem Rahmen eingeschlossenen, in dynamischer Symmetrie angeordneten Stationen führen vor, welche Fortschritte der Held auf seinem eigenzeitlichen Weg erzielt: In Orlens wird er von seinem Bruder Ernalt auf den Hoftag in Munleun hingewiesen, in Munleun gewinnt er nach Überwindung von Widerständen die Unterstützung der eigenen Familie und des Königs, wieder in Orlens erhält er auf der Heeresversammlung vom König den Oberbefehl über die Truppen. Der Weg des Helden führt also von der Bewältigung des inneren Konflikts zu der des äußeren. Doch entscheidend für den Zusammenhang des einen mit dem anderen bleiben die spezifischen Umstände der Hilfegewinnung: die schrittweise Wiederbegegnung mit der eigenen Sippe, die sukzessive Wiedereingliederung in die Welt höfischer Normalität, der langsame Abbau von Fremdheit.

Willehalms Fremdheit ist schon von Anfang an eine innere und äußere, eine affektive und habituelle. Im Zorn erschlägt er den Heidenkönig Arofel und beraubt ihn seiner Rüstung, des Schildes und des Pferdes. Er schlüpft in die Rolle des Getöteten und kann auf diese Weise zweimal die heidnischen Linien durchbrechen. Doch die Verkleidung bleibt nicht folgenlos. Willehalm mutiert selbst zum Fremden. Vor Oransche wird er von der eigenen Frau nicht erkannt und muß erst Beweise für seine Identität erbringen, bevor er eingelassen wird – ein Zeichen dafür, daß die Rückkehr ins Vertraute Probleme aufwirft. In Orlens und in Munleun bleibt er zunächst ebenfalls unerkannt und enthüllt sich eine Korrespondenz zwischen fremdartigem Äußeren und aggressivem Verhalten: Der Ritter, der in die Situation nicht paßt, aber auch nicht passen will, wird zum Prüfstein für die gesellschaftlichen Mechanismen der Konfliktregelung.

Mit dem Eintreffen in Orlens, wo der Protagonist zum ersten Mal als Markgraf der Provence bezeichnet wird (117,23), vollzieht sich ein Übergang: Willehalm betritt das Herrschaftsgebiet des Königs und damit einen Raum, in dem nicht die Regeln der militärischen Auseinandersetzung, sondern die des Landrechts gelten. Doch er betritt diesen Raum inkognito und wird prompt in seinem Status von der Obrigkeit mißachtet – der Konflikt ist da. Als der Held, der als Unterkunft ein niedriges *hiuselin* (112,9) in einer winzigen Gasse der Vorstadt gewählt und nur Wasser und Brot zu sich genommen hat, frühmorgens weiterreiten will, wird er von einem städtischen *rihtaer* (113,10), dem das Zoll- und Geleitrecht obliegt, zur Abgabe aufgefordert. Ein Wortwechsel entspinnt sich, es kommt zu Handgreiflichkeiten. Willehalm erschlägt den Zollvorsteher und reitet davon. Die Verfolger fliehen, als er sich mit Kriegsgeheul zu ihnen umwendet. Schließlich sticht er auch noch den Vertreter des Königs vom Pferd, den Grafen Ernalt, der sich als sein Bruder entpuppt.

Das Geschehen um Orlens zeigt in mehreren Schritten, wie eng politisches Handeln und gewalttätige Aktion verknüpft sind. Die Geleitgeldforderung ist im Sinne des geltenden Rechts unangemessen, ja unsinnig: Willehalm ist ein Ritter, bewegt sich korrekt auf den Straßen des Reichs und führt keine Waren mit sich.[28] Doch kennzeichnet sie nicht zuletzt den Sachverhalt, daß der vom belagerten Oransche kommende Krieger, der die Spuren der Schlacht an sich trägt und gleichwohl als Lichtgestalt erscheint, in der normalen Welt keinen Ort hat. Ihn wie einen Kaufmann zu behandeln stellt einen Versuch dar, den Fremden zu domestizieren, seine irritierende Erscheinung in die Ordnung des Vertrauten hineinzuholen. Willehalm macht Ansätze, sich dieser Ordnung anzupassen, und bleibt doch von den Malen des Krieges, den Praktiken des Kampfes gezeichnet. Als die verbale Verteidigung nicht durchschlägt und man ihm zu nahe treten will, bricht die kriegerische Gewalt wieder durch: Er enthauptet den Zollvorsteher wie zuvor den Heidenkönig Arofel, dessen Rüstung er trägt. Scheinbar fortreitend, dann sich plötzlich umwendend, praktiziert er die gleiche Taktik wie im Kampf gegen die Heiden; auch der Kriegsruf kommt zum Einsatz (114,22; 116,10).

Gänzlich verwischt werden die Grenzen zwischen Kriegs- und Friedenssituation nicht. Willehalm bewegt sich zwar in seiner eigenen Ordnung. Er schüttelt, wie später auch in Munleun, die aufgezwungene Nähe in der Gemeinschaft ab, indem er sich Raum verschafft, *daz sin straze wart al wit* (114,5). Er verkörpert eine Exteriorität, die eine andere Erfahrungswelt mittransportiert, welche in der Haltung des *zorn* deutlichsten Ausdruck findet. Doch er verfällt nicht der Raserei. Er bremst die eigene Aggression. Wissend, daß die Wiesen vor Orlens kein Ort des Krieges sind, nimmt er nur einem der Verfolger die Lanze weg und steckt das Schwert in die Scheide zurück (114,27-115,2). Eine Bändigung des Heros zeichnet sich ab. Der Kriegsruf scheint zum taktischen Mittel geworden, um die Gegner zu erschrecken. Ernalt hält seine Verwendung außerhalb der Situation der Grenzverteidigung für eine List. Zugleich ist eben dieser Ernalt, der Graf im Fürstenrang, der einzige, der den Kriegsruf kennt, der ihn als von Karl den Großen eingesetzten und von Ludwig dem Frommen bestätigten identifiziert.[29] Er ist also derjenige, der Willehalms Handeln in reichspolitischen Rahmen stellt. Er ist aber auch derjenige, der das Spannungsfeld von königlicher Macht und verwandtschaftlicher Bindung sichtbar macht, das im weiteren eine große Rolle spielt. Indem Willehalm sich dem einen widersetzt, gefährdet er die andere. Ernalt verfolgt den Bruder als einen, der königliches Recht verletzt hat, und stürzt sich damit fast selbst ins Verderben. Gerade noch rechtzeitig wird der Kampf mit dem Alter ego, dessen prekäre Dimension im *Parzival* immer wieder hervortrat, gestoppt, wird Willehalms *zorn* besänftigt, wird das Erkennen möglich.[30]

Das ist ein erster Schritt, unter dem Druck des Faktischen die Zersplitterung der Sippe zu überwinden,[31] zugleich eine Gelegenheit, die unklare Rechtssituation zu bereinigen. Ernalt sorgt dafür, daß Willehalms Tötung des Zollvorstehers, die mit einem *gerüefte* öffentlich gemacht worden war (114,11) und deren Bestrafung die Witwe durch einen Fußfall zu erzwingen versucht hatte (115,15), nicht zum Gegenstand einer Sühnemaßnahme wird. Er hält den Bürgern vor, wie dumm es gewesen sei, Ritter wie Kaufleute zu behandeln, und stimmt die Gemeinde öffentlich auf einen Ausgleich ein. Die Tränen, die er angesichts des Ausgangs der Schlacht und Willehalms Leid vergießt, werden zum Rechtsmittel. Sie verleihen dem Schmerz politische Dimension: *nu erloubet daz ich müeze klagen* (124,18). Der Bruder sei zu entschuldigen, weil er auch ohne die Konfrontation mit den Orlenser Bürgern schon genug Leid zu tragen hätte (124,22 f.). Später, bei der Rückkehr nach Orlens, wird es explizit heißen, Willehalm und die Bürger seien einander für die jeweiligen Taten nichts mehr schuldig (209,21-25).

Der Aufenthalt in Orlens führt vor, welche Schwierigkeiten der auf Aufrechterhaltung der lokalen Ordnung bedachten Gesellschaft entstehen können, wenn sie mit einer Kriegerwelt konfrontiert wird, die ihrer eigenen Ordnung folgt und in einem eigenen Netz von Bindungen sich bewegt. Er führt auch vor, wie familiäre und verwandtschaftliche Bande sich als Verbindlichkeiten höherer Art erweisen gegenüber denjenigen des königlichen Rechts.[32] Sie sind geeignet, situative Interessenkonflikte angesichts eines größeren, die Sippe in Frage stellenden Konflikts zu überwinden. Sobald Ernalt mit dem Bruder die Einsicht in die leidvolle Wirklichkeit des Krieges teilt, weiß er ihn auch zu rechtfertigen. Er ist nicht nur erschüttert, als er hört, wie viele Verwandte in der Schlacht das Leben gelassen haben. Er sieht auch in der Drohung, Gyburc, seine *swester* und *frouwe*, an die Heiden zu verlieren, eine Schande für das eigene Geschlecht. In seiner Verteidigungsrede verweist er die Bürger schließlich darauf, daß Gelingen oder Mißlingen von Willehalms Tun allein in der Hand Gottes stünde: *ez stet gar an der hoehsten hant* (124,29).

IV

Vieles von dem, was in der Orlensepisode sich andeutet, findet in der Munleunepisode Entfaltung. Die einzelnen Szenen realisieren weitgehend den hoffnungsvollen Plan der Hilfegewinnung, den Willehalm schon bei seinem Abschied von Ernalt skizziert hat (122,14-29). Doch wieder hat die Realisierung Widerstände zu überwinden, die wieder damit zu tun haben, daß der Markgraf als

Fremdling erscheint. Sein Auftreten am Hof, geschildert aus dessen eigener Perspektive, als gruppenspezifische Wahrnehmung, nicht als objektives Faktum, ist erneut von den Zeichen der Alterität geprägt. Äußerlich wirkt Willehalm fremd durch die heidnische Rüstung, die glanzvoll und rostig zugleich ist und nicht zum Hoftag passen will. Habituell durch die Art, wie er den Gruß verweigert, wie er sich im Hof des Palas niederläßt, wie er den Helm neben sich ins Gras setzt, wie er seinen ungewaschenen und zerzausten Kopf den Blicken darbietet. Die topische Idealität des Schauplatzes (Ölbaum, Linde) unterstreicht den Erwartungsbruch. Mehrfach wird deutlich, daß es sich um eine Situation wechselseitigen Befremdens handelt. Beide Parteien folgen ihrer eigenen Räson. Der Hof ist mit sich selbst beschäftigt und reagiert zwar neugierig, aber auch feindselig auf das Fremde. Das zeremonielle Geleit (Führen des Pferdes), das der Ritter erwarten kann, bleibt aus. Man beläßt den Fremden in seinem eigenen Raumkörper. Als die Königin ihren Bruder erkennt und ahnt, was sein Kommen bedeutet, befiehlt sie, die Tore zu verschließen. Doch auch Willehalm reagiert reserviert. Er sorgt seinerseits inmitten des Gedränges für *rum*, setzt sich ab von den anderen, macht keine Anstalten, Freundlichkeiten auf sich zu ziehen. Sein Gebaren gleiche, so der Erzähler, dem des Wolfs in der Schafherde (129,14-17).

Dem Wechselspiel von Beachtung und Mißachtung seitens des Hofes korrespondiert die Ambivalenz von Sich-Zeigen und Sich-Verweigern seitens Willehalms. Das Resultat ist eine im ganzen negative Kontaktaufnahme, die den Markgrafen vom Zentrum des Hofes ausschließt. Er verbringt die Nacht bei dem Kaufmann Wimar, allerdings nicht, dem Angebot entsprechend, bei prächtigen Speisen und auf angenehmem Ruhelager. Wie in Orlens nimmt er nur Wasser und Brot zu sich, schläft auf Gras und Klee – *als ein rint*, sagt er selbst (132,23). Die Distanz zu höfischen Lebensformen markiert eine Absenz. Die eher politische denn religiöse ›Askese‹ steht für eine Nicht-Teilhabe an dem, was ein standesgemäßes Leben auszeichnen würde. Der Markgraf etabliert sich als Leerstelle mitten im Vertrauten, und diese Leerstelle verweist beständig auf das, was in der Situation nicht selbst gegenwärtig sein kann, aber im Mittelpunkt zu stehen hätte: Gyburc. Zugleich erhebt er eben, indem er in seiner Person, mit seinem Körper, mit seinem *zorn* das

Abwesende gegenwärtig macht, die Forderung, sich auf dieses einzulassen.

Der Körper des Helden fungiert als Träger der Erinnerung. Das muß nicht heißen, Memoria und Reflexion seien in der Zeit um 1200 nicht anders denn in der Bindung ans Physische denkbar gewesen.[33] Willehalm erscheint nicht als einer, der aufgrund seiner kulturellen Codierung ›nicht anders kann‹. Er wird nicht als zur Reflexion unfähig dargestellt, ist keiner, den ein namenloser Schmerz überwältigt, dem der Wahnsinn ins Hirn schießt. Der *zorn* ist weder blindwütiger Affekt noch heldenepisches Stereotyp. Er macht als Kategorie des Verhaltens die Komplexität sozialer Beziehungen im Spannungsfeld verschiedener Geltungsansprüche deutlich.[34] Er kennzeichnet »den Habitus des Kämpfenden im Hinblick auf seinen inneren Einsatz für die Sache, um die es geht. Solange es den Krieg gibt, solange hat der *zorn* darin seinen ebenso unvermeidlichen wie schmerzvollen Wirkungsraum.«[35]

Willehalms Aggressivität und gleichzeitige Verweigerung besitzen politische Dimension. Sie machen am Körper jenes Andere des Krieges sichtbar, das gerade dadurch ein Anderes ist, daß es zunächst erklärungslos im Raum steht. In Willehalm zieht sich der Krieg als personifizierter Riß durch die Welt des Hofes, wird er als erratisches Moment im friedlichen Beisammensein gegenwärtig (128,18 f.: *strite* vs. *tanz*).[36] Doch die Oppositionen von Kultur und Natur, von Eigenem und Fremdem, Höfischem und Unhöfischem, die sich andeuten, erweisen sich schon im nächsten Schritt als kurzschlüssig. Willehalm erscheint fremd und glanzvoll zugleich, man kann ihm die Tore verschließen, nicht aber seine Aura absprechen. Er handelt dem Hof gegenüber wider der Norm und zeigt dem Kaufmann gegenüber, daß er über perfekte höfische *zuht* verfügt.

Es gilt die Logik des Sowohl-als-auch, die auf subtile Weise Kategorien der Welteinteilung destabilisiert. So wie der Markgraf die Rüstung des Heiden trägt, den er erschlagen hat, so kommt er bei einem Kaufmann unter, mit dem ihn zu ›verwechseln‹ zuvor einen Zollvorsteher das Leben kostete. Der Kaufmann wiederum ist von *ritters art*, und so werden auch hier Standesgrenzen nicht einfach negiert, wohl aber in ihren Konsequenzen zur Diskussion gestellt. Der Gegensatz, hier die freigebige Haltung des Kaufmanns gegenüber dem zunächst Unbekannten, dort die abweisende, auf Selbstschutz bedachte Haltung des Hofes, enthüllt, daß die Realisierung von *art* eine dem Tugendadel entsprechende Wesensart fordert, die unter bestimmten Voraussetzungen Gleichrangigkeit herstellen und sich ›auszahlen‹ kann.[37] Als Dank für die erwiesene Freundlichkeit wird Wimar von Willehalm nicht nur reich beschenkt, sondern auch beim Hoffest als Tischnachbar in die Reihe der Verwandten aufgenommen. Das ist erneut ein Eingriff in die eigentlich anderen obliegende Szenenregie, zeigt aber, daß die Regeln des feudalen Systems nach wie vor Gültigkeit haben: Anerkennung manifestiert sich bei Hof durch symbolische Gesten.

Das System symbolischer Kommunikation wird also durch das Fremde, das am Hof Einzug hält, nicht außer Kraft gesetzt.[38] Es gerät aber ins Zwielicht dadurch, daß verschiedene Kräfte interagieren: Der Solidarität der provenzalischen Fürsten steht der Egoismus der französischen Fürsten gegenüber, die den Markgrafen mitsamt seinen Forderungen ans Ende der Welt oder zumindest mit einem anderen Lehen bedacht wünschen, um von der Last, die er, der Grenzlandverteidiger, für das Königreich darstellt, befreit zu sein. Dem zurückhaltenden, feudalrechtlich bestimmten Agieren des Königs steht das affektgeleitete Handeln der Königin gegenüber, die mit dem spontanen öffentlichen Kommentar zur Freigebigkeit ihres Gemahls (›*ouwe, wie wenic uns denne belibe*‹; 147,7) Willehalms Aus-der-Rolle-Fallen heraufbeschwört. Im Zusammenspiel führt dies zu einer aporetischen Situation, in der einerseits Willehalms Hinwegsetzung über die höfische Etikette legitimiert, andererseits die Abstoßungsreaktion des seinen eigenen ungeschriebenen Regeln verpflichteten Hofes plausibel erscheint.

Die Aporie manifestiert sich in einer Verunsicherung der symbolischen Ordnung. Willehalm tut nicht einfach, was man am Hof nicht sollte, er verletzt nicht einfach den höfischen Anstand. Er benutzt seinerseits symbolische Akte, die die Ordnung des Hofes teilweise negieren, teilweise verletzen. Während des Aufzugs zur Hofversammlung sitzt er da, provokant, mit dem Schwert auf den Knien, in der Haltung des Kampfbereiten oder des Richters. Er bringt nicht, wie vom Lehnsrecht geboten und vom König angesprochen, seine Klage vor einem Gericht der Fürsten vor, sucht vielmehr als einzelner sein Anliegen durch machtvolle Gesten durchzusetzen.[39] Bei der Hofversammlung reißt er der Königin, seiner Schwester, die Krone vom Haupt und ist nahe daran, sie zu erschlagen; später nennt er sie eine Hure und unterstellt ihr ein Verhältnis mit Gyburcs erstem Mann Tybalt. Beim Mahl im Rahmen des Hoffestes springt er über den Tisch und droht, sein Lehen zurückzugeben.[40] Generell verweigert er, auch den Verwandten gegenüber, den Einverständnis und Gemeinsamkeit demonstrierenden Begrüßungskuß.[41]

Es sind dies Akte, die die höfische Gesellschaft in ihrem Selbstverständnis treffen und dazu zwingen, das Fremde des Krieges in die eigene Realität hineinzunehmen. Willehalm handelt im Sinne einer *lex privata*, eines Gesetzes des Gewissens, das nach der Formulierung des *Decretum Gratiani* von 1140 »durch die Inspiration des Heiligen Geistes ins Herz geschrieben ist« (*instictu S. Spiritus in corde scribitur*).[42] Er folgt einem Prinzip der *aequitas*, das in der politischen Theorie des 12. Jahrhunderts zum entscheidenden Kriterium wurde, fürstliche Machtausübung hinsichtlich ihrer Übereinstimmung mit dem Gemeinwohl und dem göttlichen Recht zu beurteilen – wobei in der Handhabung dieses Prinzips »Flexibilität, Augenmaß und Rücksicht auf die jeweiligen Umstände« gefordert waren.[43] Rücksicht auf die Umstände manifestiert sich im *Willehalm* darin, daß die Akte des Protagonisten Züge eines Kalküls tragen, das dem moralisch Überlegenen zur Durchsetzung verhelfen soll, und daß auch die Eskalation nicht einfach ein Umschlagen ins Spontane darstellt, sondern ein Moment des Ostentativen behält. Die Schwertgeste ist intendierte Provokation, dem Hervortreten auf der Hofversammlung geht eine innere Reflexion voran, und auch der nochmalige Anlauf während des Mahls ist vorbedacht. Die theologischen Bezüge in Willehalms Reden verweisen auf die Bedeutung, die der Autorität des Arguments zukommt.[44] Erst der Widerstand führt zur Gewalt, doch diese Gewalt ist immer wieder mit einer Geste stillzustellen, in einer Geste aufzuheben. Iremschart tritt zwischen Tochter und Sohn, Alyze fällt vor ihrem Onkel auf die Knie, die Brüder springen auf und halten Willehalm zurück – jeweils charakterisieren Schaubilder, was allein ein Gegengewicht zum heiligen Zorn bilden kann: bedingungslose Solidarität.

Zu finden ist sie innerhalb der eigenen Sippe, wo der Angriff auf den einen zugleich auch einen Angriff auf alle anderen bedeutet. Willehalms Eltern und Brüder sind es, die im Konflikt mit der Königsfamilie intervenieren, gleichzeitig aber auch dasjenige, was mit Willehalm in die Hofgesellschaft einbricht, als solches annehmen. Als der Markgraf sich auf der Hofversammlung zu erkennen gibt, springen die Brüder auf, um ihn – ungeachtet der Verletzung des Zeremoniells – zu umarmen.[45] Als die Schwester von den Verlusten der Schlacht erfährt, ist der rüde Angriff des Bruders sogleich entschuldigt, macht sie sich sofort zum Anwalt seiner Sache. Bewegte Reden bekunden die Bereitschaft, Willehalm zu unterstützen. Bertrams Tränen tropfen hörbar auf die Rüstung.[46] Für die Sippe erweist sich das, was zunächst unerklärter Affront war, nunmehr als gerechtfertigter Ausdruck des Leids angesichts der dem Sippenkörper beigebrachten Verluste. Doch die *compassio* allein löst nach der Logik des *Willehalm* noch nicht den politischen Konflikt. Sie muß vermittelt werden mit den unterschiedlichen Geltungsansprüchen und bedarf insofern eines Zusammenspiels von Geste und Argument.

In die Rolle der Mediatoren schlüpfen, hier wie anderswo, vor allem jene Figuren, die aufgrund ihrer verwandtschaftlichen und familiären Position beiden Seiten verbunden sind. Heimrich und Iremschart, die Eltern Willehalms, sind zugleich Schwiegereltern des (selbst elternlosen) Königs. Sie verfügen über das Privileg des Alters, Irmenschart appelliert an die Königin als *frouwe* und *kint* (168,22), Heimrich, dem Nestor unter den Fürsten, obliegt die Aufsicht über die Festgestaltung, die Sitzordnung, die höfische *zuht*. Die jüngeren Frauen wiederum, die Königin, Willehalms Schwester, und ihre Tochter Alyze, Willehalms Nichte, tragen wesentlich zur Reintegration des Markgrafen bei. Alyze vermittelt zwischen dem Onkel und der Mutter, diese wiederum zwischen dem Bruder und dem Gemahl. Jeweils stehen Akte symbolischer Kommunikation im Zentrum.[47]

Alyze betritt den Palas just in dem Moment, da Willehalm sich, vom *zorn* getrieben, in absurden Schmähungen seiner Schwester ergeht. Ihr Auftritt, spektakulärer noch als der ihrer Großeltern, ersetzt jeden Kommentar zu diesen Schmähungen. Sie erscheint lange, nachdem der zeremonielle Einzug der Gäste abgeschlossen ist.

Sie erscheint allein, ein junges Mädchen, ohne jede Begleitung, offensichtlich schnell aufgebrochen und deshalb ohne Überwurf, was ihre strahlende Schönheit noch begehrenswerter macht. Die Bewegung gefriert in der Beschreibung der Kleidung und des Körpers, und es wird klar, daß der davon ausgehende Glanz niemanden ungerührt lassen kann. Willehalms Bruder Buove und andere Fürsten bahnen ihr den Weg *(rum)* durch die Menge. Willehalm selbst empfängt sie – anders als die Mutter – der höfischen Sitte entsprechend *(mit zuht)*. Als sie vor ihm auf die Knie fällt, um ihre Bitte vorzubringen, hebt er sie erschüttert auf und stellt sich seinerseits ganz in ihren Dienst. Hatte schon ihr Auftritt seinen *zorn* zum Stillstand gebracht, so dient ihre Geste symbolischer Huldigung und Unterwerfung restlos dazu, ihn wieder auf das Bezugssystem höfischen Anstands zu verpflichten.[48]

Der Fußfall bringt jene Anerkennung zum Ausdruck, die Willehalm zuvor von der Königin verweigert worden war.[49] Zugleich überträgt er das feudalrechtliche Muster in den Raum der Geschlechter- und Familienbeziehungen, wo Willehalm, seiner jungen Nichte, der makellosen, gegenüber, nun tatsächlich ›nicht anders kann‹ als seine Ritterlichkeit unter Beweis zu stellen: Die aufsteigenden Tränen, die sie wenig später ›erwidert‹, sprechen eine deutliche Sprache. Doch Alyze ist Mediatorin nicht nur kraft ihres Auftretens, sondern auch durch den verbalen Appell. Sie verwendet ein ganzes Arsenal verwandtschaftlicher und familiärer Kategorien, um die Einbindung des Onkels diskursiv herzustellen. Und sie hat Erfolg. Willehalm ist sofort zur Versöhnung bereit – nicht aber zum Vergessen. Das grundsätzliche Problem ist durch ihre Vermittlung noch nicht aus der Welt, wohl aber die Kluft zwischen Bruder und Schwester überbrückt. Nach eifrigem Hin und Her zwischen Palas und Kemenate, zwischen öffentlichem und nicht-öffentlichem Raum wird die Königin in die Versammlung zurückgeholt, und sie ist es, die ihrerseits Willehalm ein Stück weit ins Höfische zurückholt (auf ihr Drängen legt er für das Festmahl statt der Rüstung ein Seidenhemd über dem ungewaschenen Körper an). Sie ist es auch, die sich für sein Anliegen gegenüber dem König einsetzt. Auch hier soll durch einen Fußfall die Huld des Mächtigen gewonnen werden. Doch hier zeigt sich zugleich der Unterschied zu dem, was innerhalb der Sippe möglich ist: Der König bemerkt trocken, Willehalm sei ihr Bruder, aber sein Vasall (169,26). Er kündigt eine Beratung an, was zwar der rechtlichen Form, nicht aber der moralischen Dynamik der Situation Genüge tut. Unter lauten Klagen erhebt sich die Königin und bekennt ihre Solidarität mit dem eigenen Geschlecht: ›*ob halt ein swacher garzun | von mime geslehte waere erborn, | derne hete sippe niht verlorn*‹ (170,10-12). In emotionalen Reden schließen sich die vier Brüder der Haltung an.

Die Beratung des Königs wiederum findet erst statt, als Willehalm die Mahlgemeinschaft erneut durch sein Insistieren gestört hat. Für den König gilt die Logik von Schmerz und Rache eben nicht in gleichem Maße wie für die Sippe. Zwar erscheint er bei Wolfram als einer, der sich Willehalm gegenüber verpflichtet weiß. Doch der Angriff auf die Königin, die Brüskierung der eigenen Person, die Verletzung des Lehnsrechts, die Mißachtung der Krone, sie bleiben ein Problem für den, der nicht einfach eins werden kann mit dem Sippenkörper: Vivianz, zu dessen Rache Loys schließlich auffordert, sei ihm lieb gewesen *wie* sein eigenes Kind (184,7) – die Differenz ist auch hier nicht getilgt. Und so bleibt letztlich offen, was die Entscheidung, die Reichshilfe zu gewähren, eigentlich bewirkt. Dem direkten Druck will der König sich nicht beugen, zugleich aber dem drohenden Gesichtsverlust entkommen. Die förmliche Beratung, das *consilium*, in dem die Heimrich-Sippe – nun (ohne Willehalm) dem höfischen Code perfekt entsprechend – ihm gegenübertritt, stellt ein Argument ins Zentrum, das auch Willehalm schon vorgebracht hatte: Der Angriff der Heiden auf das Reich und die Krone verpflichte den Herrscher dazu, seine Aufgabe als Schirmherr wahrzunehmen.[50] Dieses politische Argument wird gestützt durch ein genealogisches: die Erinnerung an die Abstammung vom vortrefflichen Kaiser Karl. Doch, was hier ein Äquivalent bieten könnte zur Idee des Sippenkörpers, schlägt nicht durch. Karl ist tot, seine Taten sind Vorgeschichte, und die Herrschaftsübernahme verdankt Loys, worauf mehrfach hingewiesen wird, eben dem, der jetzt seinerseits den Zusammenschluß fordert: Willehalm. Zwar stellt der Erzähler am Ende der Szenenfolge fest, Karls Sohn würde nun auch wie Karl handeln (184,28 f.), doch dieser selbst bezieht sich weder explizit auf den Vater noch auf seine Schirmherrnfunktion.[51] Er begründet die Hilfezusage mit dem durch die militärische Aktion zu erwerbenden Ruhm (*durh min selbes pris*; 183,3). Er will zeigen, daß seine Hand es ist, die das Reich lenkt. Worauf diese Demonstration beruht, bleibt im dunkeln.

Man mag darin eine Schwäche des Königs als Person sehen. Doch mindestens ebensosehr geht es um die Schwäche einer Instanz, in der politische Interessen und Verpflichtungen auseinandertreten und feudal- und lehnsrechtliche Kategorien angesichts eines von affektiven Bindungen und partikularen Interessen geprägten Konflikts auf Schwierigkeiten stoßen. Der Verwandtschaft wird im *Willehalm* sakrale Dimension beigemessen – durch den Gedanken der Gotteskindschaft und die Analogie zwischen dem familiären und dem theologischen Aspekt des Vater-Sohn-Verhältnisses (149,19-26). Dem König wird eine solche Dimension vorenthalten. Kein Legitimationsmuster aus dem Ideen- und Metaphernspektrum der politischen Theologie unterstützt den, der überhaupt erst bei der Heeresversammlung als *roemischer vogt* (nicht aber als Kaiser) bezeichnet wird (210,1). Er bleibt beschränkt auf die Einhaltung der Form, die Beachtung des Rechts, die Herstellung des Konsens. Daß dies wichtig ist, gerät nicht grundsätzlich in Zweifel, doch erscheint das Verhalten des Herrschers als unzureichend angesichts der Bedrohung des Territoriums, als unflexibel angesichts der Macht des Krieges, als äußerlich angesichts des moralischen Gebots innerer Teilnahme: *triuwe* ist es, die Willehalm fordert und die sich in symbolischen Gesten darzustellen hätte, die der König vermissen läßt.[52]

So ist denn auch mit der Zusage der Reichshilfe das Problem, eben weil es sich um ein strukturelles handelt, noch nicht beseitigt: Der König nimmt nicht selbst am Heereszug teil – mit der Begründung, im Kampfe nicht mehr als ein einziger Mann zu sein (220,21 f.). Das Vertrauen in die Macht der königlichen Symbolisierungsleistungen ist also gering, und das bleibt nicht ohne Folgen: Das Kontingent, das der König aufbietet, versucht, sich vor Kampfbeginn in die Heimat abzusetzen. Daran ist ablesbar, daß die Spannung der unterschiedlichen Bindungen und Interessen fortwirkt, aber auch daß es, um der Wirklichkeit des Krieges standzuhalten, mehr braucht als eine Order aus der Ferne. Die Franzosen werden zwar schließlich in die Schlacht – wie in eine Situation des Heils –

zurückgeprügelt und erweisen sich als tapfere Kämpfer, doch sie entfremden sich dadurch auch, zumindest auf der Ebene des symbolischen Handelns, ihrer Herkunft: Als Schlachtruf erhalten sie den Namen ihres Bezwingers, des Heiden Rennewart.[53]

Die strukturelle Dimension des Konflikts zeigt sich auch daran, daß Hörer oder Leser nichts erfahren von Willehalms Reaktion auf die positive Entscheidung des Königs. Als man dem Markgrafen wiederbegegnet, ist die Szenerie eine entscheidend veränderte. Willehalm befindet sich im Kreis der königlichen Familie, wartet mit ihr zusammen die Zehn-Tages-Frist für die Heeresversammlung ab (186,21 ff). Es sind Tage der Ruhe, der Wiederherstellung. Am Ende ist er dank der Pflege durch die Schwester von seinen Verwundungen genesen. Man sieht ihn neben Alyze in den Fenstern des Palas sitzen. Der König und die Königin treten hinzu. Alle zusammen betrachten mit Vergnügen die Ertüchtigungen der jungen Ritter auf dem Burghof. Die Spuren des Krieges und die Spuren der Fremdheit sind von Willehalm abgefallen. Mit ihnen auch die Spuren des Heidnischen. Schon auf dem Weg nach Munleun hatte Willehalm Arofels kostbaren Schild in einem Kloster zurückzulassen. Auf dem Rückweg nun, von Munleun nach Orlens, findet er Kloster und Schild verbrannt. Es gibt kein Zurück zu jenem Zustand der Fremdheit, der ihn auf dem Hinweg auszeichnete. Nun ist auch Gelegenheit für Willehalm selbst, von der Rüstung zu erzählen, von Arofel, von der ersten Schlacht (203,19-207,30). Nun, da die Wunden verblaßt sind, erhält das Fremde seine Erklärung, werden die Ereignisse zu Geschichte – nun, da man kurz davor steht, sie zu wiederholen. Genau dann wird der Krieg zur Historie, da die Bedingungen erfüllt sind, ihn aufs neue zu führen.

Das manifestiert sich nicht zuletzt darin, daß eben in der Szene idyllischer Fensterschau Willehalm zum ersten Mal jenen Knappen bemerkt, der schließlich beim Sieg der Christen in der zweiten Schlacht eine entscheidende Rolle spielen wird: Rennewart. In ihm, dem heidnischen Königssohn am christlichen Hof, wird vieles von dem aufleben, was schon bei Willehalms Aktionen im Zentrum stand: das Moment affektiver und habitueller Fremdheit, die Spannung zwischen Fürst und König, der Zusammenhang von kriegerischer Aktion und verwandtschaftlicher Bindung.[54] Zugleich aber wird es verschoben – ins Unpolitische und Nichtsymbolische. Rennewarts *zorn* ist kein heiliger, kommt vielmehr aus jugendlicher Ungestümheit und reagiert auf soziale Erniedrigung, körperliche Mißhandlung und ungewohnten Alkoholgenuß. Seine Auseinandersetzung mit der Krone (in Form des französischen Heereshaufens) kennt keine symbolischen Gesten und diplomatischen Aktionen: Er erschlägt manche der Flüchtigen, prügelt die restlichen in die Schlacht zurück.

Mit Rennewart verschiebt sich der innere Konflikt, der in Orlens und Munleun dominierte, wieder in Richtung des äußeren, kehrt er zurück in jenen Raum christlich-heidnischer Beziehungen, aus dem er mit der Entführung Gyburcs erwuchs. Doch mit ihm, der Züge des Heilsbringers trägt und wie seine Schwester zum Mittler zwischen den Welten berufen scheint, bleiben auch zwei verschiedene Möglichkeiten der Konfliktlösung virulent: eine durch physische Kraft, durch Selbstbehauptung im Raum der Agonalität, und eine durch familiäre Bindung, durch Entwicklung von gruppen- und territorienübergreifenden Netzwerken (Beziehung zu Alyze und damit zum Königshaus). Insofern wiederholt sich in der Figur des jungen Heiden, egal ob und wie sein Wiederauftauchen im nicht erhaltenen Text hätte stattfinden sollen, die Grundspannung des Politischen, die im *Willehalm* allenthalben durchschlägt.

V

Das, was hier als politische Anthropologie bezeichnet wird, ist weniger ein Thema des Textes als ein Feld, auf dem sich zahlreiche Aussagen treffen und überkreuzen. Ein solches Feld hat notwendig den Status einer Abstraktion, die niemals in allen Nuancen erfassen kann, was in der Komplexität einzelner Szenen, einzelner Akte, einzelner Aussagen zur Verhandlung steht. Doch können in einem solchen Feld, experimentell zumindest, Beziehungen sichtbar werden, die die Analyse anschließbar machen an andere Analysen politischer Formationen in vormodernen Kulturen und Literaturen. Beobachtet man, daß im *Willehalm* das französische Territorium zu einem Experimentierfeld wird für politische Konstellationen, der Aufenthalt des Protagonisten am Hof zu einem

Lehrstück für die Durchsetzung von Geltungsansprüchen mit Hilfe von Symbolisierungen und an der Grenze zum Gewaltförmigen, beobachtet man dies, so eröffnen sich Möglichkeiten, das Politische nicht nur als solches, sondern auch in seinen dynamischen Beziehungen zum Anthropologischen und zum Theologischen zu beschreiben.[55] Zu beachten wären dabei *personenbezogen* das Verhältnis von einzelnem und Gemeinschaft, *performativ* das Verhältnis von Ostentation und Argumentation, *aktional* das Verhältnis von Agieren und Symbolisieren, *räumlich* das Verhältnis von Territorium und Überterritorialität und *zeitlich* das Verhältnis von Moment und Dauer (oder von Situationsbindung und Situationsabstraktheit). Jeder dieser Aspekte bedürfte der Entfaltung. Aufgreifen will ich abschließend, in starker Vereinfachung, nur drei Komplexe, die auf den vorangegangenen Seiten immer wieder hervortraten.

1. Person und Institution. Der Text folgt dem Weg eines einzelnen und erzeugt an ihm und mit ihm das Spannungsfeld von individueller und überindividueller Weltsicht. Willehalm ist zugleich heroischer Vertreter eines seine Position verteidigenden christlichen Kriegerstandes und Figur der Reflexion in einer an inneren und äußeren Dissonanzen leidenden Welt. Er handelt stellvertretend für eine Gruppe, ein Land, letztlich die Christenheit. Seine Normverletzungen tragen den Krieg in die Situation des Friedens hinein und mit ihm eine Krise der symbolischen Ordnung, die sich manifestiert in Formen der Abweisung und Ausgrenzung, aber auch der Abweichung, zum Beispiel von der herkömmlichen Geschlechterordnung: Männer, die in Tränen und Klagen ausbrechen, Frauen, die Rüstung tragen, zum Kampf bereit sind und in der Hofversammlung unaufgefordert das Wort nehmen[56] – sie alle kennzeichnen eine Situation extremer Betroffenheit, in der persönliches und allgemeines Schicksal, Einzelinteresse und Gemeinwohl zusammenfließen.

Doch eben am Moment der Betroffenheit scheiden sich auch die beiden politischen Sozialgefüge, in die Willehalms Weg hineinführt. Familie und Königtum können im *Willehalm* nicht gleichermaßen als Institutionen gelten, sofern man darunter »Vermittlungsinstanzen kultureller Sinnproduktion« versteht, die Machtausübung und -erhaltung regeln und Normensysteme kulturell verbindlich machen.[57] Nur die Familie garantiert Festigkeit und Stetigkeit sozialer

Beziehungen. Nur sie dient »als Instrument zur Verwirklichung von Sinnvorstellungen«, das kontinuierlich auf diese Verwirklichung hinführende »Interaktionen erwarten läßt«.[58] Das Königtum dagegen ist keine Institution, die von sich aus in der Lage wäre, Konflikte, welche die Gemeinschaft betreffen, zu bewältigen. Es ist seinerseits auf die Macht des Personenverbandes angewiesen, um sich Dauer und Handlungsfähigkeit zu sichern.[59] Der Text zeigt zwei asymmetrische Gefüge, die auseinanderdriften, ohne ihr im feudalen System begründetes Zusammenspiel aufgeben zu können. Was schon für die Vorgeschichte gilt – die erbelosen Heimrich-Söhne bedürfen für ihre Karriere des Königshofs, der König für seine Wahl der Unterstützung der Fürsten –, gilt auch noch für die Situation in Munleun: Erst der Konsens zwischen dem fragilen, aber lehnsrechtlich zur Führung ermächtigten Königtum und der mächtigen, aber auf rechtliche Legitimität angewiesenen Sippe ermöglicht die Lösung des Konflikts. Dieser Konsens aber hat kaum für mehr als den Moment Bestand.

So wie die Lösung nach innen hin nur dem Druck der Situation gehorcht und keine politische Klärung bringt, so läßt sie nach außen hin offen, welche politischen Aktionen den militärischen folgen könnten. Willehalms symbolische Geste gegenüber den gefangenen Fürsten setzt ein Signal, das nun seitens des Siegers, jenseits der Agonalität, möglich ist. Wie sich die Sippen mit ihren Gebiets- und Machtansprüchen auch im Raum einer nicht nur symbolischen Politik hätten neu begegnen können, ist dem erhaltenen Text nicht zu entnehmen. Eine Institutionalisierung von Modellen der Konfliktbewältigung zeichnet sich nicht ab. Der Verwandtschaftsverband erscheint zwar als Institution der Nähe, die sich in ihren Trägern leichter zu formieren und in ihren Symbolisierungen unmittelbarer zu manifestieren vermag als das Königtum, doch auch als eine Institution, die gefährdet ist durch Kontingenzen, welche, aus Erbschaftssituationen entstehend, Aufstiegschancen ebenso wie unkontrollierbare Risiken eröffnen. Wolframs sorgfältige Ausbalancierung von affektiven, rechtlichen und symbolischen Momenten zielt, wie es scheint, weniger auf die Lösung des politischen Problems als auf die Demonstration des aporetischen Verhältnisses von Problem und Lösung. Das pragmatische Sich-Abfinden mit den Gegebenheiten, das in der Handlungswelt manche Figuren fordern,[60] trifft weder für den Helden noch für den Text im Ganzen zu. Wo Freud und Leid sich verschränken, Gegensätze sich relativieren, Antagonisten sich ähneln können, wo das Schlimme ein unvermeidliches ist, bleibt nur mehr der Gestus der Klage.

2. Affekt und Rationalität. Der *Willehalm* ist ein Roman der Gefühle, aber diese Gefühle haben nichts von Sentimentalität und verkörpern keine Seelenzustände im modernen Sinne. Tränen und Zorn, die in der Szenenfolge um Munleun und Orlens eine große Rolle spielen, machen die Anspannung wahrnehmbar, unter der die Figuren agieren. Sie stellen aber auch eine Form der Auszeichnung dar. Die Königin, schwer beleidigt und attackiert von ihrem Bruder, zieht sich zwar fluchtartig in die Kemenate zurück. Doch Tränen fließen bei ihr ebensowenig wie beim König. Affekte sind in besonderem Maße Zeichen der Heimrich-Sippe und haben meist mit dem Verwandtschaftsverband zu tun. Sie entsprechen jener Logik des Schmerzes, die aus der Idee des Sippenkörpers kommt und zugleich einen Katalysator für die Kämpfe in der Provence darstellt. Sie sind dementsprechend nicht einfach Zeichen der Innerlichkeit, sondern zugleich Mittel der Kommunikation. Wenn einem die Tränen hervorbrechen, einer zornig über den Tisch springt – innerhalb der Sippe versteht man den Gestus und weiß ihn als Intensivierung des Zusammenhalts zu nehmen.

Das heißt nicht, Affekte hätten, wie es in historiographischen Texten scheinen mag, vor allem ritualisierten oder inszenierten Charakter, wären vor allem auf die Herstellung sozialer Effekte bedacht.[61] Die Totenklagen bezeugen ein extremes Maß an Erschütterung, die Aufforderungen zur Mäßigung die potentiell ordnungsgefährdende Kraft der Trauer. Willehalm läßt sich, als Rennewart nach der Schlacht verschwunden ist, zu einer verzweifelten Klage hinreißen, die gleichzeitig aber auch sehr klar die Verdienste des jungen Freundes um Land und Sippe charakterisiert (453,10–17).[62] Die Lamentation gehorcht einer sozialen Notwendigkeit, der sich zu entziehen die Problemposition des Königs markiert – in Willehalms Worten: ›*min triuwe het des schande, | ob niht min herze kunde klagen | und der munt nach dir von vlüste sagen*‹ (453,28-30). Affekte stehen so nicht in scharfem Gegensatz zur Rationalität politischen Verhaltens. Denn auch diese meint kein Abwägen von Argumenten und Interessen, wie es moderner Politik entspräche und wie es der *Parzival* im Streitgespräch zwischen Kingrimursel, Liddamus und Vergulaht ansatzweise vorgeführt hat. Sie meint vielmehr eine Form des klugen, richtigen Handelns, das sich durch seine Rücksichtnahme auf die Notwendigkeit des Faktischen auszeichnet. Von ihm her zeigen sich wiederum Affekte als Repräsentationen, die am Körper jene selbst abwesende Gewalt, jene Menschen und Territorien bedrohende Gewalt sichtbar machen, gegen die sich die Sippe zu solidarisieren hat. Sie sind die Außenseite dessen, was im politischen Prozeß zur Verhandlung steht.

3. Symbol und Zeichen. Die Akte symbolischer Kommunikation, die uns im *Willehalm* begegnen, vertreten zwar als Formen der Provokation oder Unterwerfung, der Hilfebitte oder Versöhnung Handlungsmuster, die im Gesellschaftlich-Imaginären verwurzelt sind. Sie werden aber im Text neukonfiguriert – zum Beispiel dadurch, daß der Abweichung von der Norm eine tiefere Wahrheit innewohnt. Und sie erhalten neue Funktionen – insofern, als sie nicht bloß der Her(aus)stellung politisch-rechtlicher Konstellationen, der Präsenz des Augenblicks dienen, sondern einen innertextuellen Diskurs begründen, der Gesten und Habitus zum Gegenstand der Diskussion macht. Die Handlungen der Körper repräsentieren zwar nicht in dem Sinne, daß sie ein Inneres nach außen bringen, Bedeutung herstellen würden, die sich ohne weiteres vom Körper ablösen ließe.[63] Doch sie sind auch nicht einfach, was sie sind. Sie erweisen sich als handlungsweltlich kontrovers, nämlich eingebunden in ein Geflecht von Intentionen, Aktionen und Reaktionen, und als erzähllogisch komplex, nämlich durch Isotopien und Rekurrenzen diskursiviert. Das ›Gezeigte‹ wird zu einem ›Besprochenen‹. Es wird kommentiert, in ein Beziehungsnetz gestellt, in seinem Funktionieren in den Blick genommen. Mit dem, was am Körper sichtbar wird, werden Sinngeschichten erzählt, in denen politische Symbole ihren Status verändern. In der sozialen Praxis fungieren sie als kulturell festgelegte, situationstranszendierende, affekt- und assoziationsreiche Zeichen.[64] Im literarischen Text werden sie zu poetischen Zeichen, d. h. zu Elementen einer imaginären Welt, die sich überdies dadurch auszeichnet, daß sie die Frage nach den Bedingungen der Möglichkeit des Erzählens mittransportiert.

Zwar sind im *Willehalm* traditionelle Dichotomien – zwischen

Heidnischem und Christlichem, Kreuzzugsidee und Schonungsgebot, heroischem und höfischem Ethos – nicht einfach verabschiedet.[65] Doch überall ergeben sich Differenzierungen: auf der Ebene der Figurenkonstellation, der des Handelns, der der Sprache.[66] Gegensätze werden, kaum scheinen sie etabliert, durch eine Wendung des Geschehens, eine Geste, eine Metapher problematisiert. Man könnte von einem Prinzip der destabilisierten Opposition sprechen. Kein Bruch erfolgt mit der Tradition. Und doch werden deren Kategorien durchweg verunsichert. Das ist auch ein Grundzug der politischen Anthropologie des Textes. Das Politische kann sich als solches erweisen nur an dem einzelnen, der es herausfordert. Eine Anthropologie ist unter den Bedingungen einer entzauberten Welt nur denkbar, wenn im Handeln des einzelnen die politische Dimension mitgedacht wird.

EXPERIMENTE DER REFLEXIVITÄT

4 Ansätze literarischer Theoriebildung

I

Literaturtheorie als systematische Diskursform hat sich schon in der Antike, mit Aristoteles und Horaz, herausgebildet.[1] Sie findet im lateinischen Mittelalter, dem die aristotelische *Poetik* unbekannt blieb, Fortsetzung im Bereich der rhetorischen Handbücher, der Formelsammlungen, der Predigt- und Verslehren. Einen selbständigen Ort im Wissenschaftssystem der Zeit hat sie nicht. In die Volkssprachen dringt sie systematisch erst in der frühen Neuzeit: im Italienischen mit Bembo und Della Fonte, im Französischen mit dem *Brigade*-Kreis (1547) und Sebillet, im Deutschen mit den Meistersingertabulaturen und Prosodien, dann den barocken Poetiklehren im Gefolge von Martin Opitz (*Buch von der Deutschen Poeterey*, 1624).[2] Neben dem explizit poetologischen Diskurs gibt es indes, und dies ebenfalls seit der Antike, seit Homer und Aristophanes, unsystematisch poetologische Aussageformen im Medium der Dichtung selbst – Ausdruck des ›Mittheoretischen‹, der ›immanenten Poetik‹ in Werken, »für welche die Sprache zugleich Substanz und Mittel ist«.[3]

Diese Form der *theoria*, die ich literarische Theoriebildung nenne, ist auch dem deutschsprachigen Mittelalter vertraut. Walter Haug hat ihr Bild für den höfischen Roman konsistent entworfen.[4] Es ist das Bild einer Theorie, die weder um ihren Namen weiß noch ihn, im modernen Sinne, verdient. Suchend nach adäquaten Begriffen geht die Reflexion vom jeweiligen Text, von allgemeinen Sachverhalten oder Bedingungen der Kommunikation aus. Sie zielt nicht auf das Phänomen Literatur an und für sich und kann dies auch nicht, weil Literatur in der Volkssprache noch weniger als im

Lateinischen einen ausdifferenzierten Sektor der Wissensordnungen besetzt. Der Ort, an dem sich die Reflexion artikuliert, sind Prologe, Epiloge und Digressionen. Die Form ist die der Auseinandersetzung mit den Modalitäten des Verstehens und den Einstellungen des Publikums: kein präzises theoretisches Programm, wohl aber eine komplexe, Begriffe und Metaphern ausspielende Metasprachlichkeit.

Es ist nicht leicht, sie adäquat zu beschreiben. Gefordert ist ein rekonstruierendes Verfahren, das das Unsystematische in seinen Aussageleistungen ernst nimmt und doch nicht in unzulässiger Weise systematisiert.[5] Gerade für das europäische Mittelalter ist zu berücksichtigen, wie konventionell auch theoretische Ansätze oft gestrickt sind, wie sehr aber andererseits die Idee eines weitgehend invarianten Ensembles rhetorischer Topoi die spannungsvolle Entstehung und vielfältige Funktionalität der Reflexionselemente auszublenden droht.[6] Es bedarf also eines methodisch wie analytisch verfeinerten Instrumentariums. Diachron sind die Determinanten und Brüche der Tradition in den Blick zu nehmen, synchron die semiotischen Gesamtheiten und immanenten Logiken des Werks, in das sich die Reflexion integriert.

In das Zentrum volkssprachiger Literaturtheorie gehören zweifellos die Entwürfe des klassisch-höfischen Romans: Texte, in denen »Konventionalität und Reflexion« nicht »bloß einen warmen Aufguß des Überkommenen abgeben«, sondern eher »wie Wasser und Feuer zischend aufeinandertreffen«.[7] Mit der Übernahme des Artusstoffes und der Bezugnahme auf Chrétien de Troyes eröffnet sich im Deutschen eine neue literarische Reihe und ein neues Erzählkonzept, basierend auf strukturell-symbolisch entfalteten Sinnprozessen und einer Reflexion der Bedingungen des Erzählens, ja der Möglichkeiten und Ansprüche von Literatur. So unbestreitbar die epochale Bedeutung dieser neuen Konzeption ist, so bedenklich ist es aber auch, sie zu verabsolutieren. Vorausliegende noch uneinheitlichere Ansätze geraten damit vollends unter das Zeichen des Vorläufigen. Ihre Eigenart bleibt unterbelichtet.[8]

Eben auf solche Ansätze wollen die folgenden Seiten den Blick lenken. Es geht um programmatische Äußerungen in erzählenden Texten des 12. Jahrhunderts – vor dem Zeitalter des höfischen Romans. Es geht um Texte, die keine Serie bilden. Zwar hängen viele von ihnen insofern zusammen, als sie Heilswissen volkssprachig an ein laikales Publikum vermitteln wollen. Stofflich-thematisch wie historisch-kontextuell aber bleiben die meisten unverbunden. Schon ihre absolute und relative Chronologie ist oft genug zweifelhaft. Literarische Zentren werden kaum greifbar; Verfasserprofile und Publikumsgemeinschaften, Bildungsvoraussetzungen und Verständnisbedingungen lassen sich häufig nur aus Implikationen erschließen.[9] Selten treten sie so prägnant hervor wie im Falle des *Ezzoliedes*, von dem zwei Versionen, eine ältere und eine jüngere, überliefert sind und historische Kontexte sich plausibel machen lassen.[10] Die Urfassung des Textes entstand wohl 1065 im Kontext eines Pilgerzuges ins Heilige Land, unternommen, weil man glaubte, in dem Jahr, in dem der bewegliche Ostersonntag mit dem festen Tag der Auferstehung (27. März) zusammenfiele, würde es zu einer Wiederkehr Christi kommen. Eine dieser Urfassung vielleicht noch relativ nahe Version ist fragmentarisch in einer überwiegend lateinischen Handschrift (um 1130) erhalten: In ihr scheinen »die Welt des Laienadels mit ihrer heroischen Tradition und ihrer aktuellen Herrschafts- und Gefolgsschaftsethik und die christlich-gelehrte Erklärung von Welt und Geschichte« verbunden gewesen zu sein.[11] Die jüngere Version, überliefert in einer Handschrift aus dem letzten Viertel des 12. Jahrhunderts, die sich bereits auf die Zusammenstellung volkssprachiger Dichtungen konzentriert, erweitert die ältere Version und verändert sie konsequent im katechetisch-moralisierenden Sinne – vor allem durch Betonung der Sonntagsheiligung. Vorangestellt ist nun auch eine Strophe, die paratextuellen Charakter hat, nämlich auf Entstehung und Wirkung des Liedes zurückblickt. Der Verfasser nennt Gunther von Bamberg, den Bischof, der auch an germanischer Heldensage interessiert war, als Urheber oder Auftraggeber des Liedes, den Scholasticus Ezzo, der auch anderweitig bezeugt ist, als Autor des Textes, einen gewissen Wille als Komponisten der Melodie.[12] Situiert wird ihre Tätigkeit in einer Zeit, da viele bestrebt gewesen seien, eine geistliche Lebensweise zu ergreifen (*duo ilten si sich alle munechen*). Das Lied ist also authentisches Produkt einer vorbildhaften sozialen Konstellation, an die es – nunmehr im Kontext monastischer Reformansätze – erinnert.

So singulär der Fall des *Ezzoliedes* auch in manchem ist, er bezeugt doch zumindest eine allgemeine Tendenz: das Anwachsen der Literarizität im Laufe des 12. Jahrhunderts. Die deutschsprachigen Texte emanzipieren sich, was Stoffe und Themen, Stil und Deskriptionstechnik angeht, von reflexionsloser heilsgeschichtlicher Basisunterweisung. Sie schaffen sich Freiräume gegenüber der lateinisch-klerikalen Tradition, erwerben sich wachsende Souveränität. Neben Bibelparaphrase und -kommentar tritt das Erzählen bibelfernerer, legendarischer, weltlich-historischer Stoffe. Gleichzeitig nehmen Detailgenauigkeit, Intensität und lebensweltliche Bezüge zu, werden Reimtechnik und Metrik verfeinert. Es handelt sich um keine einheitliche Entwicklung, aber auf längere Sicht um einen historischen Prozeß, der ebenso zu Normierungen wie zu formaler und thematischer Vielfalt führt und nicht zuletzt mit einer verstärkten Nutzung der Möglichkeiten der Schrift einhergeht.

Auch die Ansätze zu literarischer Reflexion bleiben von diesem Prozeß nicht unbeeinflußt. Zwar erscheinen die Theoriemomente, blickt man vom höfischen Roman her, häufig stereotyp, blaß und unbedarft, geprägt von den Konstanten der geistlichen Tradition und dem Bestreben, die richtige Vermittlung und Aufnahme der Heilswahrheit zu sichern.[13] Beklagt werden Neider und Kritiker, abgewiesen schlechte Zuhörerschaft und heilsgeschichtlich nicht werthaftes Erzählen. Über Schöpfungspreis, Bitte um Inspiration und Erflehen rechter Sprachfähigkeit konstituiert sich der Bezug zwischen dem meist anonymen demütigen Subjekt und Gott. Gespeist aus dem göttlichen Initiations- und Gnadenakt weist die Rede wieder auf das absolute göttliche Sein zurück – einmal im Lobe verharrend, ein andermal mehr die Differenz zu allem Irdischen und damit dessen Nichtigkeit betonend.[14] Doch innerhalb dieser Grenzen vollziehen die Texte individuelle Formungen. Sie loten die Balance zwischen heilsgeschichtlichem Gehalt und literarischer Akzentuierung aus. Sie benutzen topische, traditionelle oder predigthafte Wendungen, bezogen nun aber auf einen sich ausdehnenden Bereich des Imaginären, eine sich differenzierende ›gesellschaftliche Einbildungskraft‹.[15] Greifbar werden »Leitfossilien einer archaischen Schicht des Prozesses der theoretischen Neugierde«[16] – greifbar indes nur, wenn man die Semantik der Aussageformen unter die Lupe nimmt und ihre Leistung im Rahmen des Formelhaften und Konventionellen, im Rahmen der Spannung von Implizitem und Explizitem eruiert.[17] Ich konzentriere mich im folgenden auf exemplarische Fälle aus dem Bereich der Geschichtsdichtung, der Bibelauslegung und der allegorischen Erzählung.

II

Im zweiten Drittel des 12. Jahrhunderts entsteht, vielleicht im Umkreis Regensburgs, eine große Geschichtskompilation, die deutsche *Kaiserchronik*, die in ihrem Prolog die Relation zwischen Vergangenheit, Gegenwart und Zukunft sowie die Rolle der Dichtung im Rahmen von Geschichte und Heilsgeschichte thematisiert.[18] Die allumfassende göttliche Liebe erscheint als Voraussetzung des Dichtens, doch keineswegs als Garantie einer richtigen Aufnahme der Worte seitens des Publikums. Der Sprecher wendet sich gegen die *tumben*, die sich, die Mühe der Einsicht und Vervollkommnung scheuend, auch den Möglichkeiten literarischer Vermittlung verschließen; und er wendet sich gegen die zeitgenössische Mode, Geschichten zu ersinnen und zusammenzustellen, die der Legitimation aus göttlicher Gnade heraus entbehren und dadurch ins Verderben führen würden. Die Stoßrichtung ist anscheinend eine doppelte: Sie gilt dem Fingieren (*erdencken*) von Stoffen, die keine Wahrheit besitzen, und sie gilt dem Kombinieren (*vuogen*) von Bausteinen nach spielmännischer Art – also wohl im relativ freien Umgang mit Mustern.[19]

Worum handelt es sich bei diesen Geschichten, die zu hören oder vorzutragen andernorts sogar als sündhafte Handlung eingestuft und in den Beichtkatalog eingefügt wurde?[20] Zu denken ist an Heldenepen, wie sie auch höhere Geistliche in ihren Bann zogen, vielleicht auch an Brautwerbungsepen, wie sie in der gleichen Zeit mit dem *König Rother* erstmals aufs Pergament gelangten (s. nächstes Kapitel). Nicht alle Kleriker standen ihnen gleichermaßen reserviert gegenüber. Der Autor des *Annoliedes* (um 1080), das der *Kaiserchronik*-Autor teilweise in sein Geschichtswerk integrierte, nahm zu Beginn seiner Welt-, Heils- und Heiligengeschichte weniger polemisch auf heldenepisches Wissen Bezug: »Oft schon haben wir singen gehört von alten Begebenheiten: wie starke Helden kämpften, wie sie mächtige Burgen zerstörten, wie enge Freundschaften zerbrachen, wie große Könige untergingen. Jetzt ist es an der Zeit, daß wir an unser eigenes Ende denken.«[21] Profane Dichtung und Sinnorientierung werden überführt in eine auf die Zukunft gerichtete Besinnung der christlichen Gemeinschaft – programmatisch am Beginn, narrativ im Ablauf des Textes: Ein weltgeschichtlicher Teil erzählt zunächst vom Aufstieg und Fall der Imperien, vom Kampf *guoter helide*, von Aufbau und Zerstörung von Burgen und Städten, bevor der Text schließlich in den individuell-exemplarischen Heilsweg einmündet.[22] Einheimische Heldendichtung zeigt sich hier integriert in ein heilsgeschichtliches Programm, das die Vergangenheit als Vorbedingung eines durch die Gegenwart hindurchgreifenden Prozesses der Transzendierung und typologischen Erfüllung begreift.

In der *Kaiserchronik* ist dies anders. Hier profiliert sich das Werk gerade in der Ablehnung mündlicher Dichtung.[23] Zwar wird das Gebotene auch als *liet* bezeichnet, doch die Begriffe *buoch* und *crônicâ* lassen keinen Zweifel an einer schriftliterarischen Autorität.[24] Sie allein kann eine Tradition begründen, welche die Wahrheit über die Generationen hinweg sichert. Die ›spielmännischen‹ Geschichten hingegen sind gefährlich, weil man ihre Fingiertheit zwar in der Gegenwart noch zu erkennen vermag, in der Zukunft aber für Wahrheit nehmen wird: »Den Kindern, die nach uns kommen, bringt man auf diese Weise Lügen bei; die werden sie bewahren und jeweils neu als Wahrheit weitergeben.«[25] Damit ist das Problem der Weitergabe von Wissen berührt – zentral in einer Gesellschaft, in der Mündlichkeit und Körperlichkeit die Kommunikation prägen. Hundert Jahre später wird Konrad von Würzburg in seiner Bearbeitung des Schwanrittermythos das Problem auf den Punkt bringen: indem er zwei Rechtsordnungen gegenüberstellt, von denen sich die eine auf den Brauch und die körperliche Stärke, die andere aber auf die Schrift bezieht und indem er die Ehefrau des Schwanritters darüber klagen läßt, daß die Nichtpreisgabe der Herkunft die Kinder in Schwierigkeiten stürzen werde.[26]

Die *Kaiserchronik* löst das Problem im Vertrauen auf die sinnsichernde Leistung der Schrift und auf die Differenzierungsfähigkeit der Rezipienten. Die *wîsen* werden anders als die eingangs angesprochenen *tumben* sich von falschen Erzählungen abzuwenden wissen.[27] Sie werden Dichtung als Akt geistiger Arbeit verstehen und sich von müßiggängerischer Kurzsicht und spielmännischer Beliebigkeit distanzieren. Soweit das Programm. In der erzählerischen Praxis sieht manches anders aus. Schon die Opposition zwischen guten und schlechten Kaisern scheint nicht immer so deutlich, wie die taxierenden Bemerkungen am Ende der jeweiligen Geschichten suggerieren wollen. Auch das mündliche Erzählgut wird keineswegs durchgängig ausgegrenzt. Das volkssprachige Erzählen mit geistlichem Anspruch auszustatten heißt nicht, den Kenntnis- und Erwartungshorizont des Publikums zu ignorieren. Es führt aber dazu, immer wieder die Wahrheit des *buoches* herauszustellen oder sogar kursierende andere Versionen als lügenhaft abzuweisen – nicht zufällig bei der heldenepisch zentralen Geschichte Dietrichs von Bern.[28]

Auch im Antikenroman, der mit der Geschichtsdichtung eng verwandt ist und etwa zur gleichen Zeit wie diese Fuß faßt, spielt der Konflikt zwischen der Normativität christlich-heilsgeschichtlicher Modelle und der Eigengesetzlichkeit neuer Erzählwelten eine Rolle: Angesprochen werden die Wahrheit des Stoffes oder des Erzählaktes, die Plausibilität verschiedener Fassungen. Der Pfaffe Lambrecht stellt im Prolog zu seinem *Alexanderroman* mehrere Quellenberufungen und Formen literarischer Begründung nebeneinander: hier der Hinweis auf die (heils-)geschichtliche Verankerung des Dargebotenen in der Bibel, dort die Erwähnung eines *Alberîch von Bisinzo* als Autor der französischen Vorlage.[29] Ihm wird die Verantwortung für die Wahrheit der Geschichte zugeschrieben, zugleich die Schuld für möglicherweise Nicht-Authentisches aufgebürdet: *nîman enschulde sîn mich: | louc er, sô liuge ich* (V 17 f.).[30] Ebenfalls mit Rückbezug auf Alberich und den vom ihm zitierten biblischen Salomon formuliert Lambrecht den Topos von Dichtung als Mittel gegen Trübsinn und Müßigkeit: »Als Alberich das Lied in Angriff nahm, hatte er ein Buch Salomons vor sich, in dem er die Worte stehen sah: *vanitas vanitatum* – alles ist eitel, was die Sonne umkreist. Das hatte Salomon wohl erfahren. Das beschwerte ihm das Herz, er wollte nicht länger untätig sein. Überaus klug, macht er sich ans Schreiben, denn Müßiggang tut weder dem Leib noch der Seele gut. Das bedachte Alberich, und so denke auch ich.«[31] Während Alberich aber von der eigenen Schwäche (*enfirmitas*) gesprochen und die Rückwendung zur Antike als Demonstration verstanden hatte, daß doch nicht alles unter der Sonne eitel sei,[32] zielt Lambrecht auf eine ungebrochene Autoritätenkette, die das eigene Unternehmen mehrfach absichert: in seiner Materie durch das biblische Makkabäerbuch, in seiner literarischen Intention und Funktion durch das Vorbild Salomons, in der Wahrheit der geformten Bearbeitung durch Alberich.

Entsprechend folgt er auch Alberich, wenn es darum geht, am Beginn der Erzählung Alexanders Abstammung vom Einfluß des Zauberischen freizuhalten. Soll sich an Alexander Weltgeschichte entfalten, wie *Annolied* und *Kaiserchronik* demonstrierten, muß er aus kaiserlichem oder königlichem Geschlecht sein; der Gang des Gottesreiches aber kann an ihm nur ex negativo erfahren werden – was die Straßburger Fassung durch die Einfügung der kontrastierenden Parallele zu Salomon, dem Repräsentanten des Gottesreiches, verdeutlicht (s 65-82). Gegenteilige Meinungen werden wie in der *Kaiserchronik* als Produkte von Lügnern abgetan, die kein ehrbarer Mensch glauben solle (v 71/78). Das Schema der Polarisierung bleibt einfach. Doch es benutzt nicht den Gegensatz von geistlicher und weltlicher Literatur oder von autoritativer Schriftlichkeit und spielmännischer Mündlichkeit. Es bezieht sich auf die Historie, in der eben jene Dignität verankert werden kann, die den Rahmen abgibt für narrative, nicht schon selbst in der Historie vorgegebene Imaginationsleistungen.[33]

Integrations- und Distanzierungsbewegungen kennzeichnen gleichermaßen den Literarisierungsprozeß. Sie finden sich auch dort, wo die Vermittlung kirchlich-religiöser und didaktischer Normen im Zentrum steht. Bei zwei in einer Wiener Sammelhandschrift überlieferten Werken (›Heinrich von Melk‹) ist die Konkretisierung literarisch-lebensweltlicher Bezüge schon weit gediehen.[34] In der *Mahnrede über den Tod* geißelt ein pointierter Erzähler und begnadeter Satiriker die sehr weltlichen Gelüste der Priester nach Frauen und Wohlleben und operiert dabei auch mit einer Ausstellung fingierter Elemente und ironischer Brechungen. Er betreibt ein Spiel mit Uneigentlichem und Unmöglichem, mit dem Erwartungshorizont des Publikums, dem hypothetischen Charakter einer Jenseitsvision, dem Konstitutionsakt der Erzählung, schließlich sogar dem Problem erzählerischer Digressionen. Im *Priesterleben* will er sich für den Fall, daß er die Wahrheit verfehlt haben sollte, hinter das schützende Kreuz und Banner Christi zurückziehen.[35] Der Erzählakt wird zum Abenteuer, schillernd zwischen Heilsdidaxe und Lebenswelt, durchbrochen von Momenten, in denen Fragen literarischer Vermittlung in den Vordergrund treten. Der Text profiliert sich als Medium, das nicht mehr im Dienst am göttlichen Wort und Heilsakt aufgeht.

In die gleiche Richtung deutet eine in der gleichen Handschrift überlieferte anspruchsvolle heilsgeschichtliche Basisunterweisung, die ein unbekannter Geistlicher wohl ebenfalls im letzten Viertel des 12. Jahrhunderts verfaßte. Der als *Anegenge* überschriebene Text umkreist, oszillierend zwischen Erzählung und theologischer Explikation, das Verhältnis von Mensch und Gott, die Themen von Schöpfung und Erlösung.[36] Er zielt auf die Vermittlung zentraler christlicher Dogmen, benutzt dabei aber zugleich Verfahren des Mythos. Die innertrinitarischen Schöpfungsvorgänge vollziehen sich in mythischer Umständlichkeit und erhalten immer wieder narrative Anschaulichkeit: Der Geist Gottes sitzt auf den ›Federn der Lüfte‹ (v. 305), der göttliche Logos dringt vom Vater her ›hinunter ins Tal‹ (v. 643), der Sohn, obwohl gleichursprünglich mit dem Vater, liegt eine Zeitlang im ›Bauche der Mutter‹ (v. 690 f.). Das Heilsdrama spielt Freiheit und Notwendigkeit je neu gegeneinander aus. Der Teufel erweist sich als Gegenspieler, dessen Anrecht auf den Menschen durch das mit List betriebene Opfer des Gottessohnes abzugelten ist. Die unanschauliche Transzendenz des Dogmas wird aufgebrochen – wobei der Autor unbefangen auf jene Logik der Äquivalenz im Handel zwischen Gott und Teufel zurückgreift, die Anselm von Canterbury ein knappes Jahrhundert früher in luzider Rationalität durch die Vorstellung »der unendlichen Genugtuung des Sohns gegenüber dem Vater« ersetzt hatte.[37] Der volkssprachige Text steht dem scholastischen Ringen um die Wahrheit der Auslegung fern oder zumindest so fern, daß er die Zentren der theologischen Diskussionen kaum tangiert, die Wachsamkeiten der die Auslegung kontrollierenden klerikalen Institutionen kaum auf sich zieht.

Betroffen ist er von der Frage, in welches Verhältnis Mythos und

Dogma zueinander zu setzen seien, durchaus. Das zeigt sich an der durchgehenden Thematisierung des argumentatorischen und explanatorischen Vorgehens. Der Prolog beginnt traditionell mit der Bitte um Sinnerfüllung und Inspiration, parallelisiert zu dem häufig herangezogenen Wunder, das Jahwe an Bileams (Barlaams) Eselin wirkte, indem er diese zum Sprechen brachte (*Numeri* 22,22-35). Von den Wundern des Schöpfers will auch der Autor erzählen, und er erinnert zugleich an die Gefahren, die damit verbunden sind: sich zu weit vorzuwagen, Hindernisse zu errichten, über die blind Umhertappende stolpern, einen Brunnen zu graben, in den andere fallen.[38] Die Evokation dieser Gefahren ermöglicht es, den Autor/Erzähler als Führer durch die Materie zu präsentieren, als Autorität, der sich die Hörer anzuschließen haben, wenn sie den Weg des Heils gehen wollen. Wer hingegen weiter als erlaubt in die Tiefe göttlicher Geheimnisse vordringen will, fällt aus der Verantwortung des Erzählers heraus, fällt bildlich in den selbst gegrabenen Brunnen (v. 56/88).[39] Wieder sind es die *tumben*, die Niezufriedenen, Leichtfertigen, für Zweifelhaftes Anfälligen, die als Negativfolie herhalten – nun nicht für die Hinwendung zum Spielmännischen, sondern für die Überschreitung von Grenzen des Wißbaren. Das göttliche Sein vor der Schöpfung, das Wesen der Trinität, das Böse, sein Wirken und seine Folgen – all diese zutiefst verborgenen Dinge sind nur einem anmaßenden Denken, einem der *curiositas* und nicht der *veritas* verpflichteten *ervorschen* zugänglich, und auch ihm nur scheinbar. Die Hinweise auf das Grundlose und Unergründbare schlagen einen Ton an, der im weiteren Text immer wieder erklingen wird, zugleich aber geben sie ex negativo genau die Themen an, die im weiteren im Vordergrund stehen werden. Abgewiesen wird zwar ein Denken, das sich über letzte Grenzen hinwegsetzt, eben diese Grenzen sind es aber, die der Erzähler seinem Publikum als Faszinationsmomente der christlichen Heilsgeschichte präsentiert.

Ein erster Exkurs versucht diese Spannung zu mildern durch die Unterscheidung zwischen Denken und Glauben. Eines ist es, was dem begrenzten menschlichen Vermögen (*sin*) aus sich heraus faßbar ist, ein anderes, was – man denke an die Geschichte Bileams – mit Hilfe der göttlichen Inspiration möglich wird. Ein Phänomen wie der trinitarische Gnadenakt, durch den die Menschheit sich der Gottheit auch nach dem Sündenfall verbunden erweist, ist so verborgen, unzugänglich und unergründlich, daß menschliches Begreifen davor immer kapitulieren müßte: »läßt Er mir aber seine Hilfe zukommen, kann die Sache gelingen. Gott selbst sagte ja: wer von ihm sprechen wolle, solle dies nicht aus eigenem Nachdenken tun, sondern darauf vertrauen, daß Er seinem Mund die Fähigkeit des Sprechens eingebe.«[40] So wie die Geschichte Prozeß und Gegenstand, Weg und Hindernis, Akt des Grabens und Loch in einem ist, so vereint der Sprecher in sich die Haltung radikaler Demut mit einem Auftreten als lenkende Autorität. Der Blick bleibt tastend, das Subjekt schließlich doch Sprachrohr dogmatischen Wissens. Daß aber auch heilsgeschichtliches Kernland nur auf dem beschwerlichen Wege einer Dialektik von Diktum, Erklärung und Erzählung zugänglich ist, war eine Erkenntnis mit unmittelbaren Konsequenzen für die Anlage des Textes.

Die Erzählung verschiedener Passagen aus der biblischen *Genesis* wird immer wieder unterbrochen von der Auseinandersetzung mit abweichenden Meinungen und Irrlehren, bezogen häufig auf das Problem, die Heilsereignisse zu literarisieren. Die ketzerische Frage nach dem Schmerz und der Furcht Christi am Kreuz mündet in einen ausführlichen Unsagbarkeitstopos, den Erzähler präsentierend im Gefolge Salomons und als Jenseitsreisenden (v. 822-832). Die Frage, woher Eva, die Spätergeschaffene, von dem Verbot Gottes wissen konnte, führt dazu, Vorwürfe des Publikums hinsichtlich der Wahrheit des Erzählens zu fingieren (v. 1276: *ir wænet gar, ich habe gelogen*). Das schwierige Problem der *visio Dei* wird gelöst im Rückgriff auf die Tradition, in deren Vermittlung sich der Erzähler zugleich verstrickt.[41] Der Text reagiert auf Leerstellen der biblischen Heilsgeschichte und auf Fragen, die traditionell Mythos und Dogma besetzt hielten, die zu beantworten also gerade nicht nötig war: Wie Noah in kurzer Zeit die Tiere einfing, wo die Taube bei ihrem dritten Ausflug nach Rückgang der Flut verblieb, warum Maria überhaupt einen Ehemann brauchte – Fragen wie diese werden aufgeworfen, nicht immer aber beantwortet.[42] Das ist charakteristisch für das gleichzeitig mythisierende und entmythisierende Vorgehen des Autors. Auch Dialogisierungen und Personifizierungen bewegen sich in einem Zwischenraum: Sie vergegenwärtigen Heilsgeschichte und etablieren im gleichen Atemzug eine literarische Dimension, die wiederum die Vermittlung der einen Wahrheit nicht in Frage stellen soll. Das *Anegenge* erhält dadurch im ganzen ein unebenes Profil, das die Grenzen des zu dieser Zeit und in dieser Form Artikulierbaren deutlich macht.

Reflexionen der Literarizität heilsgeschichtlich-didaktischer Erzählung manifestieren sich auch dort, wo allegorische Verfahren reflexiv werden.[43] Um 1160 verfaßte ein unbekannter Geistlicher ein mehr als tausend Verse umfassendes Gedicht (*Die Hochzeit*), in dem die christliche Heilsgeschichte in eine Erzählung gekleidet ist, deren Elemente in einem ersten Schritt auf die Heimholung der Seele durch Christus, in einem zweiten auf die Heilsgeschichte ausgedeutet werden.[44] Vorangestellt ist ein Prolog, der dichterische Produktion, Sinnverhüllung und -enthüllung im Medium der Allegorie thematisiert. Er kündigt eine erhabene Erzählung an, ein *heres spelle* (v. 2), das zugleich konkreter und zeichenhafter Art ist, von einem mächtigen König wie von mannigfachen wunderbaren *signa* berichten wird. Zunächst aber geht es um die Frage, wie sich tiefere Bedeutung überhaupt im Medium des Textes schaffen und verstehen läßt. Wer zeichenhaften Sinn ins Werk setzen will, braucht technische Fertigkeit (*list*). Sein Tun erscheint in Parallele zu dem schwierigen, voraussetzungsreichen Handwerk des Goldschmieds, der geläutertes Feingold mit gröberem verbindet und durch Prägung oder Aufsatz (z.B. von Email oder Edelstein) das Schmuckstück formt.[45] Eine Umschreibung des literarischen Prozesses? Wohl nur eine Andeutung, die nicht weiter ausgeführt wird. Sowenig es ein auktoriales Subjekt gibt, das sich selbst als ›Schmied des Werkes‹ profilieren würde, sowenig gibt es eine explizite Auseinandersetzung mit literarischen Verfahren. Diese sind primär durch Konnotationen oder durch Spannungen zwischen Begriff, Bild und Auslegung präsent. Im Falle des Schmuckstücks springt das Bild von der Herstellung zur Handhabung, von der Produktion zur Rezeption: Frauen, denen der kunstvolle Goldschmuck zur Zierde gereicht, könne es passieren, daß sie ihn in den Unrat fallen lassen und, wenn sie ihn nicht wiederfinden, verloren geben und unwissentlich zur Tür hinauskehren (v. 15–39).

Die heilsgeschichtliche Interpretation dieses Exempels scheint traditionell. Die Frau wird mit dem Gleichnis der verlorenen

Drachme (*Lukas* 15,8-10) assoziiert. Doch bleibt die Parallele im Ansatz stecken: Nicht der Wert des verlorenen Stückes und die Schuld des Fallenlassen stehen im Vordergrund, das Vor-die-Tür-Kehren versinnbildlicht schließlich sogar die Verurteilung des ›falschen Weisen‹ durch das Gotteswort (v. 54-56). Das Gold wiederum wird als Weisheit (*sapientia*) verstanden, die verborgen unter dem Häßlichen, Unbrauchbaren, Äußerlichen schlummere. Doch geht es nicht um den prinzipiellen Dualismus von Schein und Sein, von Oberfläche und Kern, vielmehr um Unterdrückung oder Entfaltung des göttlich Angelegten und um die christlich-immanente Realisation von Wahrheit: Das Gold, die Weisheit muß zum Vorschein gebracht werden von denen, die von Gott mit Weisheit begabt sind und diese den weniger Privilegierten zu vermitteln haben. Das läßt sich auf die anfänglich angedeutete Rolle des Dichters als Vermittler und Deuter des von ihm selbst kunstvoll Hergestellten beziehen. Auch in dieser Hinsicht aber bleibt das Verhältnis der Bilder und Aussagen schillernd. Folgt man der Analogie zwischen Dichter und Goldschmied, zeigt sich das Goldstück als Metapher für die Dichtung, sein Verlust als mögliche Mißachtung oder Verkennung des *heren spelles*. Thematisiert wäre also das problematische Verhältnis zwischen (künstlerischer) Produktion und (eventuell mißlingender) Rezeption. Die Perspektive verschiebt sich aber, indem die Ausdeutung des Bildes die Frage nach verborgener und offener *sapientia* ins Spiel bringt. Die verborgene Weisheit kann zwar die wahre sein, doch nur wenn sie zum Vorschein gebracht wird, während sie ansonsten verfällt, verrottet, heilsgeschichtlich nichtig wird. Das Bild vom Dichter als Goldschmied hat seine Gültigkeit verloren. Anders als dieser darf er sein Werk nicht aus der Hand, damit dem möglichen Verlust anheimgeben: Der Dichter ist als Offenbarender und Erklärender nicht nur Produzent, sondern auch Vermittler mit Verantwortung für das Kommende. Fokussiert ist also in der Allegorisierung des literarischen Aktes und der Explikation der Allegorie zweierlei: einerseits die Konstitution von Zeichenhaftigkeit im Sinnlichen, andererseits die Möglichkeit, die komplexe Signifikanz nicht untergehen zu lassen, sondern im Angesicht des Heilswerks zu entfalten. Zugleich aber werden Leerstellen gesetzt, die erst durch die Erzählung selbst aufgefüllt werden.

Sie nun liest sich anfangs wie ein Urzeitmythos, ein Stück archaische Heldenepik. Von Kämpfern (*wigant*), Helden (*degene*) und Heerfahrten (*hertuome*) ist die Rede, von alten Zeiten und treuer wie untreuer Gefolgschaft. Im Zentrum steht ein mächtiger König. Er hat sich in einem Gebirge niedergelassen, neben einem gewaltigen Abgrund. Einige seiner Dienstmannen, die sich gegen ihn erheben, bestraft er, indem er sie in den Abgrund hinunterstößt, wo sie von feurigen Schlangen gequält werden. Die Untreuen verführen andere, die ebenfalls in die Tiefe verbannt werden, bis dem Willen des Herrschers nichts mehr entgegensteht. Er faßt den Plan, eine reine Jungfrau aus edlem Geschlecht, geboren in einem tiefen Tal, zur Gemahlin zu nehmen. Ein Bote wird geschickt, durch Ringübergabe die Verlobung vollzogen, schließlich die Braut zur Hochzeit geleitet – der besten, die jemals stattfand. Im Hintergrund der Schilderung stehen Muster von Brautwerbungserzählungen, die im 12. Jahrhundert mündlich und schriftlich verbreitet waren (s. nächstes Kapitel). Doch werden sie in eine andere Sinndimension überführt, wobei zunächst weniger die Kernelemente der Heilsgeschichte (Engelsturz, Gottesmutter, Menschwerdung) als die vielfältigen Möglichkeiten der Allegorese interessieren: Das Festmahl bedeutet die wunderbare Kraft Gottes, das Entgegenreiten des Bräutigams das Kommen des Heiligen Geistes, der Ring das Taufkleid usw. In zwei Reihen werden schließlich die Ereignisse auf Tod und Leben bzw. Maria und die Heilsgeschichte hin ausgelegt.[46]

Die allegorischen Deutungen, gespeist aus der die Zeit dominierenden Hoheliedexegese, überwuchern zwar die mythische Erzählung, heben diese aber nicht restlos in der Heilsgeschichte auf. Gerade die Rekurrenzen machen die Inkongruenzen sichtbar – Inkongruenzen zwischen Prolog, Erzählung und Auslegung. Das Mädchen aus dem *tiefen tal*, eingeführt als Goldstück inmitten des Volks (*undir der diete*, v. 196), empfängt ihren Gemahl vom Gebirge, mit einer goldenen Brosche geschmückt. Das genügt, um die Beziehung zum Prolog herzustellen. Daß das reine Mädchen ihren Goldschmuck fallen lassen könnte, ist jenseits des Möglichen und macht sichtbar, wie wenig der Gegensatz von Gold und Unrat im Prolog als *thematische* Vorgabe zu begreifen ist, wie wenig aber auch das Verhältnis zwischen Erzählung und Allegorie eindeutig transparent werden soll für jenes zwischen Verborgenheit und Offenbarkeit. Bei der späteren Ausdeutung wiederum werden zwar auch Gold und Brosche erfaßt, nicht aber Bezüge auf das Prologprogramm hergestellt: Das Gold bezeichnet nun die Beichte, die Brosche die wahre Gottesliebe (v. 696-700).

Die *Hochzeit* schillert zwischen weltlichen und geistlichen Mustern, zwischen rhetorischen und allegorischen, mythisierenden und didaktisierenden Strategien. Präsentiert wird im Wechsel von Exempel und Auslegung ein komplexes Prologprogramm, das Momente der Heilsgeschichte im Hinblick auf Produktions- und Rezeptionsvorgänge betrachtet. Und präsentiert wird im Wechsel von Erzählung und Auslegung ein Ensemble heilsgeschichtlicher Bedeutungen, das weder die Überdeterminiertheit der Narration verleugnen kann noch die Schwierigkeit, den Auslegungsprozeß zu kontrollieren und zu kanalisieren. Man mag wie im Falle des *Anegenge* den Text für unsystematisch und unausgereift halten. Jeweils aber zeigt sich eine Pluralisierung von Sprechhaltungen, Sinnmustern und Verstehensangeboten, weit entfernt von dem entweder polemisch ausgrenzenden oder versteckt integrierenden Umgang geistlicher Texte mit weltlichen Stoffen und Erzählformen: eine wachsende Literarizität geistlichen Erzählens, die auf die Notwendigkeit verweist, auch christliches Basiswissen so zu vermitteln, daß poetische und ästhetische Momente ihr Eigenrecht behalten.

III

Die beschriebenen Ansätze repräsentieren nur einen kleinen Ausschnitt aus der am Ende des 11. Jahrhunderts neu einsetzenden deutschsprachigen Literatur. Auch andere Texte, die *Jüngere Judith*, die *Deutung der Meßgebräuche*, die Gedichte des Wilden Mannes, enthalten reflektierende Momente. Wieder andere sind nur fragmentarisch überliefert und lassen deshalb nicht erkennen, inwieweit ein Prolog oder Epilog Metasprachliches geboten hätte. Daneben gab es andere Formen der Reflexivität, strukturelle oder rhetorische: Veränderung von Vorlagen, Selektion und Arrangement von Textelementen, Zitat, Anspielung und Intertextualität.

Auch sie sind der Auseinandersetzung mit der Literarizität eines Textes verpflichtet. Die Unterschiede liegen in der Explizitheit der jeweiligen Verfahren und in der Rolle des Begrifflichen. Die vorgestellten Beispiele bezeugen, auf je andere Weise, die Suche nach expliziten Kategorien, die in der Darbietung von (Heils-)Wissen die Dimension der (literarischen) Vermittlung aufscheinen lassen können. Metaphern kommt dabei eine besondere Bedeutung zu – nicht als Formen des Unbegrifflichen, sondern als Prototypen von Reflexivität, an denen eine Historische Semantik die Modalitäten eines noch nicht diskursiv verfestigten Redens verfolgen kann.

Die diskursive Verfestigung nachzuzeichnen bedürfte eines weiteren Ausgreifens. Literarische Reflexion bildet sich nicht ohne Bezug auf die materiellen Bedingungen einer den Lebensstandard und die Subsistenzbedingungen verbessernden Gesellschaft: Nicht wenige Autoren nehmen neben Fragen der Sinnvermittlung auch Aspekte von Alltagsweltlichkeit, kritisch oder affirmativ, in ihre Texte auf – Ansätze höfischer Kultur, adliger Prachtentfaltung, profaner Interessen.[47] Vermittelt werden differenzierter erfahrene und im Medium des Ich gebrochene Lebenswelten, erweitert geistliche Sprach- und Erzählparadigmen gemäß den Bedürfnissen sich erst konstituierender literarischer Gemeinschaften und den pragmatischen Situationen der Heilsvermittlung. Literarische Reflexion entwickelt sich in engem Zusammenhang mit Bedingungen der Edukation und Wissensvermittlung. Sie hat teil an einer sich ausbreitenden Schriftlichkeit und ist gekoppelt an lateinische Traditionen und pragmatische Intentionen.[48] Sie schafft sich aber auch Freiräume, indem die religiöse Sprache durch Bezugnahme auf andere Erfahrungsbereiche aufgebrochen, der theologische Diskurs durch Interferenzen mit dem literarischen geöffnet wird. Das Interesse für Stoffe abseits biblischer, heilsgeschichtlicher oder paränetischer Grundlagen geht einher mit neuen Erzählansprüchen und Ausdrucksmöglichkeiten. Eben dort, wo Unvertrautes und Unselbstverständliches zu legitimieren und zu etablieren war, erscheinen auch Fragen nach der spezifischen Sinnkonstitution im Medium der Literatur am Horizont.

Die Entwicklung läßt sich an vielen Details ablesen – zum Beispiel daran, daß es im Laufe des 12. Jahrhunderts für epische Texte selbstverständlich wird, Autor und Gönner zu nennen sowie auf die Vorlage zu verweisen.[49] Auch gibt es Parallelen in anderen Bereichen: Theoriemomente in lateinischer Chronistik, Betonungen der Selbsterkenntnis in philosophischer und theologischer Meditation, Darstellungen des künstlerischen Aktes und Künstlersignaturen in Buchmalerei und Plastik – sie alle partizipieren an der wachsenden Bedeutung von Reflexivität, verbunden mit der Tendenz zur Individualisierung auf der einen Seite, der Ausgestaltung des Gesellschaftlich-Imaginären auf der anderen.[50] Doch die ›allgemeine Geschichte‹, die hier in den Blick kommt, kann nicht selbst schon als Erklärung der beobachteten Phänomene dienen. Sie entbehrt kausaler Verknüpfungen und ist gekennzeichnet durch Asynchronitäten und Diskontinuitäten. Sie bildet einen modellhaften Rahmen für Literarisierungsprozesse, die komplexerer Natur sind, als es der Blick auf den epochalen Charakter der ›mittelhochdeutschen Blütezeit‹ oder der ›höfischen Klassik‹ oft wahrhaben will.

5 Arbeit am Muster

I

Bi deme westeren mere
saz ein kuninc der heiz Rŏther.
in der stat zu Bare
da lebete er zv ware
mit vil grozen erin. (v. 1–5)[1]

So beginnen Märchen. Ohne Prolog, ohne einleitende Worte, ohne metanarrative Elemente. So beginnt aber auch in älterer Zeit Heldenepik oder Brautwerbungsepik. Nur einige Basisangaben markieren im *König Rother* (um 1150/70) die Ausgangslage: ein König, sein Name und seine Dignität, der Herrschaftsort und die semantische Schwelle (Meer), die im Text eine Rolle spielen wird. Keine Vorgeschichte wird präsentiert, sondern eine Problemkonstellation, die das Bewegungsprinzip der folgenden Erzählung in sich trägt.[2] Rother, der im süditalienischen Bari residiert, herrscht über 72 Könige, ist aber selbst ohne Gemahlin. Er soll sich verheiraten, um mit einem Erben die Zukunft des Reichs zu sichern. Die Fürsten am Hof nennen als in Frage kommende Braut die Tochter des Königs Konstantin, der in Konstantinopel residiert, im Osten jenseits des Meeres: »Sie leuchtet aus dem Gefolge hervor, wie es der Morgenstern vom Himmel herab tut. Sie leuchtet vor anderen Frauen wie das Gold vom seidenen Gewand. Sie ist um die Taille herum so schmal, daß sie einem Herrscher gut anstehen würde, ja sie könnte aufgrund ihres Adels einem König gut anstehen« (v. 71–78).

Die Braut ist qualifiziert durch Schönheit und Adel. Doch sie ist schwer zu bekommen. Ihr Vater ließ bis zu diesem Zeitpunkt alle Bewerber töten. Damit ist der Problemknoten geschürzt: Der Westherrscher wird um die Tochter des Ostherrschers werben, aber dabei mit Schwierigkeiten zu kämpfen haben. Daß dies so sein muß und keine andere Braut in Erwägung gezogen wird, ergibt sich aus der Prämisse des Textes im Hinblick auf die Gleichrangigkeit der

Braut und damit letztlich aus dem narrativen Muster, dem der Text folgt: dem aus internationalem (mündlichen und schriftlichen) Erzählen bekannten Muster der ›gefährlichen Brautwerbung‹.[3] Es besteht im wesentlichen aus drei Komponenten: (1.) Der Beste und die Schönste gehören zusammen; (2.) ihre Verbindung gehorcht der Regel mehr oder weniger radikaler Exogamie[4] und ist (3.) nicht problemlos zu verwirklichen.

Der Bezug auf das Muster stellt den *König Rother* in eine Reihe mit zahlreichen anderen Brautwerbungserzählungen, die häufig, ohne direkt voneinander abhängig zu sein, aus dem gleichen Schatz an Motiven und Handlungssequenzen schöpfen. Beispielsweise verläuft die Geschichte des Tâdsch el-Mulûk aus *Tausendundeine Nacht* in manchem ähnlich der des Rother-Epos: Auch dort ziehen zunächst Boten aus, bevor sich der Brautwerber selbst auf den weiten Weg in die Fremde macht; auch dort etabliert sich der Werber inkognito am Hof der Braut und erhält unter Mithilfe einer Dienerin Zugang zur Prinzessin; auch dort kann er sich am Ende nur dank des Beistands seiner Getreuen vor dem Tode retten.[5] Während in der orientalischen Erzählung die ›Umpolung‹ der zunächst männer- und ehefeindlichen Braut die Hauptschwierigkeit für den potentiellen Brautnehmer darstellt, gehört andernorts zu den Hindernissen, die überwunden werden müssen, bevor der Beste und die Schönste zueinander finden können und damit ihre Zusammengehörigkeit sich manifestieren kann, meist die Konfrontation mit dem Brautgeber. Der Vater will seine Tochter nicht hergeben und provoziert damit den Werber zu Aktionen der List, Verstellung oder Entführung, bei denen erfahrene Ratgeber und Helfer eine wichtige Rolle spielen können. Diese Aktionen bestimmen in der Regel den Ablauf der Geschichte.

So auch im *König Rother*. Zunächst werden Boten übers Meer geschickt nach Konstantinopel. Sie treten prachtvoll auf und ziehen, als Repräsentanten eines mächtigen Herrschers identifiziert, alle Aufmerksamkeit auf sich. Doch sie bekommen keine Zusage auf ihre Werbung. Nicht deshalb, weil Rother sein Ansehen und seine Ebenbürtigkeit noch nicht ausreichend unter Beweis gestellt hätte.[6] Der Brautvater selbst deutet an, er könne, wenn er wolle, seine Tochter ehrenvoll Rother zur Frau geben (v. 328–331). Doch er will es nicht, oder anders gesagt: Er darf es nicht wollen. In Kraft tritt hier das Prinzip der ›Selbsterhaltung‹ der Erzählung.[7] Die unbegründete Verweigerung dient nicht dazu, verborgene Absichten zu kaschieren, sondern die Erzählung in Gang zu bringen.[8] So müssen die Boten abgewiesen werden. Gleichzeitig aber dürfen sie, so prachtvoll, wie sie eingeführt wurden, nicht wie alle anderen vor ihnen getötet werden. Das wird handlungslogisch als Rechtsakt in Szene gesetzt. Lupold, der stellvertretende Brautwerber, lobt Rother, ohne ihn zu nennen, in höchsten Tönen und erreicht damit von Konstantin eine Vorab-Einwilligung, seine Botschaft auszurichten. Kaum ist die Werbung vorgebracht und hat der Vater begriffen, daß es um die eigene Tochter geht, wird er zornig. An seine Einwilligung jedoch fühlt er sich gebunden: Er läßt die Boten nicht enthaupten, sondern nur in den Kerker werfen.[9] Das hat Konsequenzen in doppelter Hinsicht: Zum einen werden sich in Rothers Aktionen Brautwerbung und Botenbefreiung verflechten, zum anderen wird sich Konstantins Mißachtung der eigenen Regeln schließlich als erster Schritt erweisen darauf hin, daß dem Brautwerber irgendwann die Braut nicht mehr zu verweigern sein wird.

Was hier, mit dem Beginn der Werbungsaktion, anklingt, das Spannungsverhältnis verschiedener Logiken, hat Bedeutung für jeden Versuch einer Lektüre des Textes. Wie in anderen Brautwerbungserzählungen ist auch im *König Rother* die Logik des narrativen Ablaufs keine, die auf der Textoberfläche unmittelbar einsichtig würde.[10] Von den vielen prägnanten Szenen erweist sich nur selten die eine als direkte Konsequenz der anderen, von den teils durchaus profilierten Figuren erfährt der Hörer/Leser nur selten, woher sie wissen, was sie wissen, warum sie sich verhalten, wie sie sich verhalten.[11] Weder ist die Folge der Szenen ereignislogisch noch das Handeln der Figuren psychologisch zu jener plausiblen Entfaltung gebracht, die die Weltentwürfe der höfischen Romane immerhin teilweise erstrebten.[12] Damit allerdings repräsentieren die Brautwerbungserzählungen nicht ohne weiteres Dokumente ›literarischer Frühzeit‹. Die erzählerischen Formen, die sie verwenden, wurden auch in der Folgezeit weder einfach verabschiedet noch nur als archaische Relikte bewahrt. Sie konnten vielmehr über Jahrhunderte hin immer wieder zum Einsatz kommen: überall dort, wo die Prägekraft elementarer Strukturmuster in der narrativen Organisation eines Textes dominant blieb.[13]

Diese Prägekraft speist sich nicht nur aus dem Interesse an der Verfestigung und Verfügbarkeit literarischer Strukturschemata. Sie ergibt sich auch aus der mit dem Muster aufgerufenen kulturellen Konstellation. Im Falle der Brautwerbungsepik gehorcht das Geschehen der Dynamik von Aufgabe und Lösung. Das Problem ist meist die Erhaltung und Fortsetzung des Geschlechts. Die Brautwerber sind nicht wie im Artusroman nachgeborene oder an der Herrschaftsübernahme gehinderte Fürstensöhne, sondern mächtige Herren, denen nur der Erbe zu ihrem Glück fehlt. Es geht also um das Politikum des Generationenwechsels. Mit dem Gewinn der Braut wird in erster Linie ein Defizit behoben, nicht so sehr eine Liebesgeschichte zum Abschluß gebracht. Zwar verwirklicht der Handlungsablauf meist eine von Beginn an als Bestimmung begriffene Brautwahl, doch Dimensionen personaler Liebe interessieren kaum: Rothers Braut trägt nicht einmal einen Namen. Wo dennoch Affekte erwähnt werden, bestätigen sie vor allem, daß das Muster stimmt, daß also der Beste und die Schönste wirklich zusammengehören und ihre Verbindung Herrschaft sichert.

Für Brautwerbungsgeschichten scheint so (noch) in bevorzugter Weise zu gelten, was sich Clemens Lugowski zufolge (spätestens) im Prosaroman des 16. Jahrhunderts in Auflösung befindet: das Vorherrschen einer literarischen Totalität, in der das einzelne, analog zu genuin mythischem Erzählen, immer eine zeitlose Gesamtheit voraussetzt.[14] Signifikant im Sinne dieses formal bestimmten ›mythischen Analogons‹ sind unter anderem: die Begrenzung der epischen Welt (und mit ihr die Begrenzung der Hindernisse, die der epische Held zu überwinden hat), die keine wirkliche Gleichzeitigkeit kennende Linearität der Handlung, die kausale Unverbundenheit einzelner Aktionen und isolierter Momente, die (bis in formal-syntaktische Übereinstimmungen hineinreichende) Wiederholung von Sequenzen und, wie erwähnt, die funktionale, nicht psychologische Gestaltung von Figuren(beziehungen). Signifikant ist vor allem auch eine Dominanz der ›Motivation von hinten‹ gegenüber der ›Motivation von vorn‹: Das Ergebnismoment ist wichtiger als das Entwicklungsmoment, die erzähllogische Funktion von Einzelelementen für den Gesamttext wichtiger als ihre handlungslogische Plausibilität im jeweiligen Kontext.

Die beiden Formen der Motivation existieren in narrativen Texten immer gemeinsam. Die kompositorische (›von hinten‹) ergibt sich aus dem grundsätzlichen Totalitätscharakter der Erzählung als einem Ensemble ästhetisch funktionalisierter Elemente. Die kausale (›von vorn‹) resultiert aus der grundsätzlichen Notwendigkeit, die erzählerische Totalität syntagmatisch so zu organisieren, daß zumindest rudimentäre Ursache-Wirkungs-Zusammenhänge greifbar werden.[15] Die Frage ist jeweils, wie deutlich die eine oder die andere Motivation in einem Text hervortritt, wie stark also zum Beispiel sichtbar wird, daß die Ereignisse erst vom Ende her ihren Sinn gewinnen. In mittelalterlichen Texten ist dies häufig der Fall – zumal in der Variante, daß es eine der erzählten Welt angehörende (aber sie transzendierende) Instanz gibt, die das Geschehen steuert und Ereignisse als Ausdruck der Providenz zeigt. Man kann bei dieser Variante von einer ›finalen Motivation‹ sprechen: »Mit der kausalen Motivation hat sie gemeinsam, daß sie ontologische Aussagen macht über Ursache-Wirkungs-Zusammenhänge der erzählten Welt. Mit der kompositorischen Motivation hat sie gemeinsam, daß sie die logische Struktur narrativer Sätze hat, nämlich eine epistemische Position voraussetzt, die dem Geschehen gegenüber zukünftig ist.«[16] Die das Geschehen auf sein Ziel hin lenkende Instanz – in legenden- oder mirakelhaftem Erzählen: Gott – ermöglicht es, die kompositorische Bedingtheit eines Handlungsablaufs als metaphysische Notwendigkeit erscheinen zu lassen. Sie ermöglicht es aber auch, den Doppelcharakter der erzählten Welt in dialektischer Vermittlung zwischen Immanenz und Transzendenz zum Vorschein zu bringen. Das ist nicht erst in einem speziellen Typus des modernen Romans der Fall, in dem Unentscheidbarkeiten den Leser in die paradoxe Natur des Textes hineinziehen. Bereits in älterem Erzählen kann das ›mythische Analogon‹ so funktionalisiert sein, daß neue Dimensionen schriftlich-narrativer Sinnkonstitution denkbar werden.

Eben dies gilt für den *König Rother*. Der Text rechnet zwar historisch gesehen zu den ersten literarischen Fixierungen des Erzählmusters der gefährlichen Brautwerbung im Deutschen. Doch schon die einzig vollständig erhaltene Heidelberger Handschrift repräsentiert nicht einfach die Aufzeichnung eines mündlichen Epos.[17] So wie in ihr Bindung an die Mündlichkeit und Distanz zu ihr Hand in Hand gehen, so stehen auch im Text Wirksamkeit und Transformation mündlicher Erzähltraditionen nebeneinander.[18] Der Autor verwendet zwar einerseits symbolische Markierungen von Räumen und Zeiten, operiert andererseits aber auch mit einer durchaus homogenen west-östlichen Raumkonzeption und einem relativ exakten (durch die christlichen Feste strukturierten) Zeitkontinuum.[19] Vor allem entfaltet er das narrative Muster der Brautwerbung in einem doppelten Durchgang, in Relation und Kontrast zweier Fahrten. Rother ist, nachdem er in der Rolle des vertriebenen Dietrich die Braut zunächst mit List gewonnen hat, noch nicht am Ziel. Er muß, da es einem von Konstantin beauftragten Spielmann gelingt, die Braut seinerseits zu entführen, ein zweites Mal nach Konstantinopel ziehen (diesmal mit Heeresmacht) und kann gerade noch verhindern, daß der Heidenherrscher Ymelot die griechische Königstochter seinem Sohn vermählt. Mit Hilfe früher gewonnener Freunde vernichtet er das heidnische Heer und bekommt nunmehr vom Vater freiwillig die (bereits auf der ersten Überfahrt schwanger gewordene) Tochter.

Diese Doppelung des Werbungszuges durch eine Brautrückgewinnungsfahrt ist keine äußerliche, vielmehr bis in Details hinein konsequent.[20] Sie basiert nicht auf einer inneren Krise des Protagonisten wie im klassischen Artusroman, zielt vielmehr auf eine Steigerung von Legitimität – der Brautwerbung wie des Erzählens von Brautwerbung: »Das in der Wiederholung Erreichte ist [...] dem beim ersten Male Gewonnenen durch seine Endgültigkeit überlegen.«[21] Zugleich scheint die Doppelung den literarhistorischen Ort des Textes zu bezeichnen: Die Osantrixgeschichte in der altnordischen *Thidrekssaga* läuft in ihrem ersten Teil mit dem *König Rother* weitgehend parallel, und es ist verführerisch, aus dem Vergleich der Texte ein älteres, einteiliges, vielleicht mündliches Epos zu erschließen, das dem erhaltenen deutschen Text als Folie der Diskussion und der Steigerung von Komplexität gedient hätte.[22] Nun bleibt allerdings dieses ältere Epos nicht nur an und für sich eine problematische Größe.[23] Es legt auch nahe, Intertextualität primär genetisch zu denken und die Frage nach der Sinnkonstitution auf das Prinzip der Doppelung zu verengen. Im schriftlichen Text kann aber die Selektion und Konfiguration von Motiv- und Handlungsvarianten nicht nur in der Grobstruktur, sondern schon in punktuellen Erzählmomenten virulent sein. Traditionelle Brautwerbungsmotive können mehrdeutig werden, indem sie den erzählten Ablauf nicht mehr allein voranbringen, sondern als erzählten, also in seiner ›Künstlichkeit‹, kenntlich machen.

Bei der Rückentführung der Braut beispielsweise lockt der mit der Aufgabe betraute Spielmann Konstantins Tochter mit der Aussicht, magisch-wunderwirkende Kieselsteine zu bekommen, auf sein Schiff. Daß dies gelingt, ist zahlreichen ›Zufällen‹ zu verdanken, angefangen damit, daß Rother und Lupold abwesend sind, und endend damit, daß die Königin allein das Schiff der Griechen betritt und man kampflos mit ihr davonsegeln kann (v. 3061–3237). ›Zufälle‹ wie diese kennzeichnen das oben zitierte Prinzip der ›Selbsterhaltung‹ der Erzählung. Doch ist ihr Charakter so unterschiedlich wie die Texte und Kontexte, in denen sie auftauchen. Im *König Rother* hat der Zufall Methode und findet die Methode Reflexe im Text: Als Rother von der Rückentführung erfährt, bemerkt er, es gäbe ja noch genug Frauen auf der Welt (v. 3335). Das überrascht. War er es nicht, der keine andere zur Frau nehmen wollte als diese eine? War er es nicht, der sich bei der Schuhanprobe in der Kemenate rechtssymbolisch mit ihr verband und auf der Überfahrt die Ehe vollzog?[24] Ist er nun der Schönsten schon überdrüssig geworden? Keineswegs. Was wie ein ›Männerwitz‹[25] klingt, ist kaum psychologisch zu verstehen. Rother fügt selbst hinzu, daß, sollte ein Sinn im Gewinn dieser einen Frau liegen, sich alles zum Guten fügen werde. Er erweist sich damit als idealer Herrscher, der die lastende Schuld an der Krisensituation von den Schultern seiner Getreuen nimmt, und erweist sich zugleich als Verkörperung auktorialen Urvertrauens. In seinen Worten manifestiert sich die Gewißheit, daß alle Unbilden, die die Heroen erleben, sich schließlich lohnen werden. In ihnen kommt die narrative Finalität des ›mythischen Analogons‹ zum Ausdruck.

Die punktuelle Beobachtung läßt sich verallgemeinern. Durch den ganzen Text hindurch bestätigt sich mehr als nur die allgemeine Tatsache, daß bei schemagebundenem Erzählen, zumal im Medium der Schriftlichkeit, die narrativen Einheiten sowohl Elemente der Handlung wie Bausteine des Schemas sind, daß also auch jedes Erzählen von Brautwerbung als Neu-Erzählen, als Variation zugleich mit dem Muster und an dem Muster arbeitet. Vielmehr hat im *König Rother* die Distanz zum Schema einen neuen Grad, der Einsatz der einzelnen Elemente des ›mythischen Analogons‹ eine neue Komplexität erreicht. In dem Maße, in dem kompositorische und finale Motivationen in ihrem Verhältnis in den Blick kommen, erzählerische Alternativen auftauchen und einzelne Figuren die Schemalogik in Dienst nehmen, tritt auch der Bausteincharakter der narrativen Einheiten an die Oberfläche. Die Konstruiertheit des Erzählens wird sichtbar.[26] Eine Bezugnahme auf ältere oder einfach andere Erzählmodelle findet nicht explizit statt. Doch bestimmte Formen mehr der ›Ansage‹ als der ›Aussage‹[27] kennzeichnen den Doppelstatus schemagebundenen Erzählens. Ich will das verdeutlichen an Textbeobachtungen zum Verhältnis von Präsenz und Absenz (II), Gewalt und Gewaltvermeidung (III), Geschichte und Gegenwart (IV).

II

Die erzählte Welt des *König Rother* ist eine Welt der Präsenz der Körper. Kontakte, Botschaften und Mitteilungen erfolgen in der Regel verbal, gestisch oder körperlich unter unmittelbar Anwesenden.[28] Handlung vollzieht sich in aggregathaften Räumen, die auf die Handelnden und ihre Körper bezogen bleiben. Bewegung existiert nicht als kontinuierliche im Ablauf, sondern als sprunghafte in der Folge von Momenten. Die ›Schaubildtechnik‹, die für das *Nibelungenlied* beschrieben worden ist, gilt auch für den *König Rother*.[29] Auch hier können Lachen oder Weinen komplexe Sachverhalte anzeigen, prägnante Gesten oder Haltungen ganze Handlungsfolgen ersetzen.[30] So ist eingangs der Aufbruch der Boten in einem eindrucksvollen Bild eingefangen: dem des Königs, der am Meeresstrand drei Leiche auf der Harfe spielt. Auch die affektiv-reflexive Bewegtheit angesichts des Ausbleibens der Boten kommt in wohlbekannten Bildern zum Ausdruck: dem des die Hände ringenden (v. 438) und dem des sich schweigend auf einen Felsen zurückziehenden Herrschers (*Rother vf eime steine saz | we trvrich ime sin herze was*; v. 448 f.).[31]

Die Bilder des trauernd-nachdenklichen Königs vermitteln nicht individuelle Affekte, sondern zeitlos gültige Gesten. Sie beziehen sich nicht auf ein konkretes Ereignis, sondern auf den Ablauf einer rechtssymbolisch fixierten Frist des Wartens (*iar vnde dag*; v. 430, 724)[32] – wobei hier wie bei der Botenwerbung in Konstantinopel der Rechtscharakter der Szene die psychologische Motivation (›von vorn‹) ersetzt. Die Bilder, kompositorisch an zentralen Stellen eingeblendet, fungieren als ›Sprachgebärden‹ oder ›Pathosformeln‹. Doch sie dienen nicht nur der Emphase des Augenblicks. Sie gewinnen diskursive Bedeutung, indem sie Rothers Rolle im Text als diejenige des Denkers und Planers zeigen, und indexikalische Funktion, indem sie (Bild-)Bezüge begründen. Die erwähnten Leiche spielt Rother nicht um eines gefühlvollen Abschieds willen, sondern mit Blick auf eine künftige Notlage: Sollten die Boten in Gefahr kommen, könnten sie, sobald sie die Leiche hören, auf Rothers Gegenwart zählen (v. 175–177).

Das ist im Sinne der kompositorischen Motivierung zugleich eine Vorausdeutung auf Kommendes. Rother verheißt den Boten seine eigene Präsenz in der Not und der Text dem Publikum, daß eben diese Not sich ziemlich sicher einstellen wird.[33] Das geschieht in Konstantinopel, wo die Boten im Kerker landen und wohin, wie ausdrücklich vermerkt ist, Rother seine Harfe mitführt (v. 804). Hier findet die Vorausdeutung ihre Einlösung – in einem aspektreichen Identifizierungsspiel im Spannungsfeld von akustischer und visueller Wahrnehmung.[34] Vorgezeichnet ist durch die Szene am Meeresstrand, daß die Boten Rothers Gegenwart hörend wahrnehmen werden. Also dürfen sie den Retter in Konstantinopel nicht schon im Raum der Sichtbarkeit erkannt haben. Das führt zu einer eigentümlichen Situation: Als es Rother alias Dietrich gelungen ist, mit Hilfe der Königstochter den Boten für drei Tage die Freiheit zu verschaffen, und diese dreckig, abgemagert und geschwächt aus dem Kerker herauswanken, findet kein Wiedererkennen statt. Lupold und Erwin bemerken zwar unter den Befreiern einen älteren Mann, der ihr Vater Berhter sein könnte, doch sie stürzen nicht auf ihn zu. Sie interpretieren vielmehr das Wahrgenommene als göttliches *zeichin*: Zeichen für eine mögliche Rettung.[35]

Die Interpretation ist handlungslogisch ebenso überraschend wie erzähllogisch richtig. Die Wiedervereinigung von Befreiern und Befreiten wird aufgeschoben, damit sie sich an anderer Stelle, um so wirksamer, vollziehen kann. Beim Mahl, nunmehr in eingeschränkter Öffentlichkeit, verschwindet Rother mit der Harfe hinter einem Vorhang und beginnt, die Melodien zu spielen.[36] Wieder gerinnt die Bewegung zur Momentaufnahme: Der eine läßt den Becher auslaufen, dem anderen gleitet das Messer aus der Hand, Lupold und Erwin springen über den Tisch und fallen dem Harfespieler um den Hals. Auch das Wiedererkennen vollzieht sich erzählerisch mit einer ›Pathosformel‹, doch auch sie gilt nicht nur dem erfüllten Moment. Rothers Präsenz wird nicht einfach effektvoll hergestellt, sondern zugleich in einem immanenten Schauraum vorgestellt: Die Szene besitzt ihre besondere textimmanente Betrachterin, die Königstochter nämlich, die ihrerseits in einem mit Rother abgesprochenen Spiel erreicht hatte, daß ihr Vater den Boten vorübergehend die Freiheit schenkte. So ist die Befreiungsaktion für Rother alias Dietrich sowohl Dienst an den eigenen Leuten wie Beweis der eigenen Identität, also der Rother-Identität, gegenüber der Königstochter. Deren Einsicht beschließt die Szene: Sie erkannte, *daz er der kuninc Rother was* (v. 2530).

Hier wie an anderen Stellen wird nicht nur ein Held vorgeführt, der mit List das Ziel seiner Werbung erreicht.[37] Im Auskosten von Aktionen der Täuschung und Verstellung artikuliert sich zugleich eine neue Dimension des narrativen Spiels. So wie formelhafte Elemente zu komplexen textuellen Zeichen werden, so werden Bausteine des Schemas zu Bestandteilen subtiler szenischer Inszenierungen. Dem dient im ersten Teil des Textes vor allem der Trick, Rother als angeblich von Rother Vertriebenen auftreten zu lassen. In der Dietrich-Identität ist die Rother-Identität gleichermaßen verdeckt und aufgehoben. Durch den Kunstgriff der (Selbst-)Verdoppelung bleibt das Problem des abgewiesenen Brautwerbers präsent, der Konflikt aber zugleich in der Schwebe. Durch ihn scheidet sich die Erzählwelt paradoxerweise gerade dort, wo Ost und West zusammentreffen, in zwei Wahrnehmungsgruppen: die, die um den wahren Sachverhalt wissen, und die, die unwissend ist. Beide haben teil an einem Spiel, dessen Regeln nicht exakt feststehen.

Während aber die Vertreter des Westens zumindest das Ziel kennen und den Ablauf in Anpassung an die Gegebenheiten gestalten, bleiben die Griechen bis zu Rothers erster Rückreise über Regeln, Ablauf und Ziel im unklaren. Für sie ist nur die Macht- und Prachtentfaltung der Fremden als solche wahrnehmbar, nicht ihre Funktion.

Diese Funktion wiederum ist eine doppelte: Sie betrifft die Profilierung sowohl des anwesenden Dietrich wie des abwesenden Rother. Dietrich gewinnt durch seine Freigebigkeit in kurzer Zeit Tausende von Anhängern und die Sympathie der Bürger Konstantinopels. Gleichzeitig aber verweist seine wachsende Macht unablässig auf Rother, der aus Sicht der Griechen als Dietrich überlegen gelten muß. Die ›übermäßige‹ Präsenz der (angeblich) Vertriebenen macht also nicht nur die latente Präsenz Rothers – in den eingekerkerten Boten – immer wieder deutlich, sondern auch die tatsächliche Präsenz Rothers zur beständigen Drohung.[38] Auf diese Weise wird Konstantin zunehmend in die Isolation getrieben und seine Verweigerung der Braut als unhaltbar erwiesen. Zugleich vollzieht sich parallel zur Kräfteverschiebung zwischen Brautwerber und Brautvater ein Seitenwechsel der Braut. Dietrich unternimmt am Hof keinen Versuch der Annäherung an die Boten oder an die Königstochter, und doch kommt er beiden ›von selbst‹ nahe: Sein steigendes Ansehen weckt die Begierde der Königstochter, den außerordentlichen Fremden zu sehen, und ebendiese Begierde läßt sich im weiteren mit der Botenbefreiung verkoppeln.

Der Ablauf basiert auf jener Logik, der die Beziehung zwischen dem Besten und der Schönsten im Brautwerbungsmuster generell folgt, und benutzt sie doch in eigenwilliger Weise. Betrieben wird nämlich – zunächst durch die auktoriale Instanz, sodann durch den zentralen Protagonisten – eine mehrfache Verzögerung, die die Begierde steigert. Auf dem Hoffest, das der Prinzessin dazu dienen soll, den Fremden zu sehen, wird ihr der Blick auf ihn durch die Menge der Schaulustigen verstellt. Nach dem Ende des Festes eilen die Dabeigewesenen scharenweise zu ihr, um Bericht von seiner Pracht und Milde zu erstatten, zugleich aber mit dem Bericht den Liebesfunken definitiv zu entzünden. Die Prinzessin läßt Dietrich durch ihre Dienerin Herlint in die Kemenate bitten.[39]

Der angeblich Vertriebene ziert sich zunächst und bereitet doch seinen Auftritt wirkungsvoll vor. Er gibt Herlint zwei kostbare Schuhe mit, die die Königstochter für sich reklamiert – zwei gleiche. Herlint muß sich erneut aufmachen, und diesmal erscheint Dietrich persönlich. In der Intimität der Kemenate kommt es zur ersten Begegnung von Brautwerber und Braut, bei der die Prinzessin Dietrich zwar preist, aber im gleichen Atemzug bekennt, nur Rother zum Gemahl nehmen zu wollen. Sie formuliert damit kein Gesetz der Figurenwelt, wohl aber eine Regel der Erzähllogik: Die Schönste soll den absolut, nicht nur den relativ Besten erhalten bzw. muß – im gegebenen Fall – von deren Identität überzeugt werden.

Jede der Inszenierungen, die sich im Vor- und Nachfeld der Kemenatenszene abspielen, besitzt ihren genauen Ort im Stufenweg, der auf die Freilassung der Boten und die Gewinnung der Braut zuführt. Jede von ihnen ist mit dem Handeln Rothers verbunden, der sich damit in der Erzählung als Figur der Präsenz schlechthin erweist: Seine Anwesenheit sichert außenpolitisch das Gelingen der Werbung und innenpolitisch den Frieden im Reich; in seiner Abwesenheit werden die Boten eingekerkert, stürzen die Länder in Unfrieden, kann der Heidenkönig entkommen und die Braut rückentführt werden. Doch geht es um mehr als nur den Entwurf eines vorbildlichen Herrschers, der Macht und Ehre im Gleichgewicht hält.[40] Rother ist derjenige, der seine eigene Präsenz, wie angedeutet, zum Einsatz bringt, sie aufschiebt, inszeniert und steigert, bis im Verhältnis von Brautwerber und Brautvater eine ›Symmetrie des Defizits‹ hergestellt ist: Dem anfänglichen Defizit des einen (in Form der verweigerten Braut und der eingekerkerten Boten) tritt ein Defizit des andern gegenüber, das paradoxerweise in der scheinbaren Abwesenheit des zunächst Abgewiesenen selbst liegt. Das Spiel mit Präsenz und Absenz schafft ungleiche Wissensverhältnisse und mit diesen die Möglichkeit, die Machtverhältnisse sukzessive zu verändern. Zugleich erlaubt es, den Text in der Spannung seiner teils sichtbaren, teils unsichtbaren Logiken als Zeichengefüge zu profilieren.

Rother ist mehr als nur der wichtigste Aktant des Textes: Er ist zugleich Repräsentant des Bewegungsgesetzes der Erzählung. Immer überlegt handelnd, verkörpert er kompositorisch gesehen die narrative Finalität, die sich durchsetzt gegen das, was ihr entgegensteht, was sie aber auch erst zur Entfaltung bringt, also gegen das kontrapunktische Prinzip, das der Brautvater verkörpert. Rother und Konstantin sind als Gegentypen angelegt: Wo der eine die gerechte Sache vertritt, handelt der andere tyrannisch gegenüber den Schwächeren und opportunistisch gegenüber den Stärkeren; wo der eine mit offener Hand gibt und mit offenen Armen aufnimmt, weist der andere ab; wo der eine souverän die Fassung behält, wird der andere ohnmächtig.[41] Um den aufgebrachten Riesen Asprian zu besänftigen, bezichtigt sich Konstantin sogar selbst der Trunkenheit (v. 1020 f.). Was als Karikatur eines Herrschers erscheinen mag, repräsentiert schemabezogen den Widerstand, den das Erzählen von Brautwerbung braucht. Konstantins schwache Präsenz (trotz seiner Anwesenheit) läßt Rothers starke Präsenz (trotz seiner ›Abwesenheit‹) um so deutlicher hervortreten. Er reagiert, während Rother agiert. Er ist Marionette in den Händen seiner Tochter, Rother dagegen der Spieler, der selbst die Prinzessin für seine ›Ziele‹ zu benutzen weiß. Er ist Objekt der Schemakonstruktion, Rother dagegen Sprachrohr und Handlungsorgan des Konstruktionsprinzips.

Dieses Prinzip dient dazu, Präsenzeffekte zu erzeugen, die sich ihrerseits an die symbolische Funktion von Gaben knüpfen. Herausragende Momente der Brautwerbungsgeschichte sind auf diese Weise paradigmatisch verbunden: Die nicht-öffentliche Schuhübergabe und -anprobe in der Kemenate findet ein Pendant in der heimlichen Ringübergabe beim Festmahl der Heiden und Griechen, wo Rother, zunächst mit Berhter unter einem Tisch verborgen, erneut seine Präsenz effektvoll zum Einsatz bringt und die Gegner den eigenen Regeln unterwirft.[42] So wie hier symbolische Momente zu Inszenierungen werden, in denen sich eine spielerische Verfügbarkeit über sozial Verbindliches andeutet, so wird umgekehrt auch die (angebliche) Magie der Kieselsteine bei der listigen Rückentführung zu einer inszenierten, welche die Koppelung von Verfügbarkeit und Präsenz unterstreicht. Bezugspunkt bleibt jedes Mal Rother – und dies bis zum Ende des Textes. Auf dem Reichstag zu Aachen, wo er die Anerkennung seines Sohnes Pippin als künftigen Königs/Kaisers durchsetzt, wird er vom alten Berhter aufgefordert, sich aus der Welt zurückzuziehen – er gibt keine Antwort (*Rother swigete do*; v. 5148). Erst auf nochmaliges Zureden ist er zum Einsiedlerleben im Wald bereit. Erzähllogisch wird damit das Ende der Geschichte angezeigt – gerade dadurch, daß es um einige Verse aufgeschoben ist. Rother selbst, der die Kontinuität der Herrschaft gesichert und den Übergang vorbereitet hat, kommt im folgenden nicht mehr direkt zu Wort, nur eine Geste markiert, ein letztes Mal, seine Rolle: »Rother ergriff die Hand der wunderschönen Herrin und sagte ihr, was er vorhabe« (v. 5180-5182). Das ›Verstummen‹ der Hauptfigur und das Ausklingen der Erzählung laufen parallel. Mit dem, dessen Präsenz sich in der erzählten Welt verflüchtigt, verflüchtigt sich zugleich diese Welt selbst. Ohne die Figur, in der sich die erzählerische Logik artikulierte, hat auch diese selbst keinen Ort mehr.

III

Nun agiert der Protagonist der Brautwerbungserzählung aber nicht allein. Er erreicht sein Ziel nicht nur durch listiges Spiel, sondern auch durch taktisch kluges, konsensorientiertes Verhalten. Rother unternimmt (im Gegensatz zu Konstantin) nichts ohne Beratung, läßt sich in allen entscheidenden Situationen von der Weisheit Berhters, des alten Ratgebers, leiten.[43] Er verteilt und beschenkt aus dem unerschöpflichen Reservoir seines Reichtums, wirkt besänftigend und vermittelnd, vermeidet Aggressivität und verzeiht, gewinnt Freunde, die am Ende das Gelingen ermöglichen. Er handelt durchgängig gewaltlos, liefert sich kampflos den Feinden aus, obwohl er weiß, daß diese seinen Tod im Sinn haben, und greift selbst in den Kämpfen gegen die Heiden nicht zur Waffe: Die entscheidende Tat bei der Gefangennahme Ymelots vollbringt der Riese Asprian, das Hornzeichen bei der bedrohlichen Lage am Ende gibt Luppold, Rother taucht nur einmal im Kampfgeschehen auf, um Asprians blindes Wüten zu verhindern.

Der Held als Friedensherrscher, als *rex iustus*, der die Ausübung von Gewalt anderen überläßt: zum Beispiel Asprian, Grimme und Witold, den Riesen, die zu seinem Gefolge gehören. Sie tragen nicht wenig zur physischen Präsenz der Fremden in der griechischen Welt bei. Sie verbreiten von vornherein Angst und Schrecken unter den Einwohnern, zumal ihre ohnehin schon gewaltige Stärke noch gebändigt erscheint: Witold wird wie ein wildes Tier in Ketten mitgeführt und nur gelegentlich (wie bei der Gefangennahme Ymelots) ›von der Leine gelassen‹. Konstantin versucht, auf die archaische und anarchische Gewalt mit deren eigenen Mitteln zu reagieren, scheitert jedoch schnell. Den Löwen, den er beim Festmahl umherspazieren läßt, schleudert Asprian, als er ihm von seinem Brot stibitzt, an die Wand, *daz er alzebrach* (v. 1153). Einem Kämmerer wiederum, der beim Pfingstfest den Vorrang für seinen eigenen Herrn bei der Sitzverteilung reklamiert, zertrümmert der Riese den Schädel. Andere Höflinge wirft Witold wie Strohhalme hin und her.

Die Riesen repräsentieren das Moment des Unhöfischen. Sie tragen unhöfische Waffen (Stangen) und vertreten archaische Verhaltensweisen: Auf Dissonanzen und Konflikte verbaler Art reagieren sie mit unmittelbarer körperlicher Gewalt. Dementsprechend haben sie Schwierigkeiten, Rothers Auftreten als Dietrich, diese verbal begründete Verstellung also, immer mitzuvollziehen. Bietet Rother sich Konstantin als Dienstmann an, stampft Asprian vor Zorn sein Bein halb in die Erde. Spricht Konstantin von den eingekerkerten Boten, wird Asprian, aus der Rolle fallend, zum vehementen Verteidiger Rothers. Die Riesen erscheinen als Vertreter einer heroischen Vorzeit.[44] Sie kommen aus dem Grenzbereich von Rothers Imperium, einem *vnkundigin lande* (v. 631), und genießen in ihm schon insofern eine Sonderstellung, als sie nicht zu Heertagen erscheinen müssen. Sie fungieren aber auch erzähllogisch als Grenzphänomen. An ihnen wird eine rudimentäre Form hierarchischer Ordnung und eine untere Schwelle ›höfischer‹ Sozialisation sichtbar. Zugleich markiert die Fixierung auf das Physische die Grenze einer höfischen Gewaltreglementierung, die ihrerseits bestimmte Formen der Gewalt zuläßt: Als eingangs ein alter Herzog im Beraterstab in Bari dem Vorschlag, *in reckewis* nach Konstantinopel zu fahren, zu widersprechen gewagt hatte, war er von Berhter brutal mit der Faust niedergeschlagen worden (v. 570 f.) – unter Zustimmung der Anwesenden. Das zeigt: Der Konsens am Hof, den Rother selbst immer wieder sucht, kann »notfalls gewaltsam hergestellt werden«.[45] So wie andere als diplomatische Formen der ›Konfliktbewältigung‹ nicht völlig ausgeschlossen sind, so ist auch das Verhalten der Riesen kein völlig fremdes. Es steht ein für die noch kaum überwundene Vorgeschichte höfischen Verhaltens und erweist sich am Ende des Textes selbst modellierbar auf jenes hin. Es ist überdies in doppelter Hinsicht funktional: Auf Handlungsebene sichern die Riesen Dietrich/Rother, komplementär zu der Freigebigkeit, mit der er sich *ere* verschafft, Respekt, drängen sie Konstantin in die Defensive und schaffen sie Freiräume für ›diplomatische‹ Aktionen wie den Kemenatenbesuch.[46] Auf kompositorischer Ebene profilieren sie Rother als denjenigen, der die Gewalt von sich selbst fernhält und doch über sie verfügt, der das Archaische zu bändigen und zu kontrollieren vermag.

Das hat Bedeutung für den Text als ganzen, erweist sich doch in ihm die Vermeidung oder Umlenkung von Gewalt als steuerndes Element der Handlung. An zahlreichen Stellen wird die schemagemäß erwartbare militärische Auseinandersetzung zwischen Rother und Konstantin vermieden, aber zugleich als Möglichkeit bewußt gehalten. Schon zu Beginn, bei Abweisung der Werbung, läßt Konstantin die Boten, wie erwähnt, gegen den Brauch am Leben, ja befiehlt sogar, ihr mitgebrachtes Gut bis ins Letzte zu bewahren, jedes sterbende Pferd durch ein neues zu ersetzen (v. 417–425). Kompositorisch stellt dieser Befehl eine Vorsichtsmaßnahme dar, die sichert, daß die Situation reversibel bleibt, und anzeigt, daß in der Konfrontation zwischen Brautgeber und Brautnehmer andere Lösungen möglich sind als die herkömmlichen. Das setzt sich fort in Bari bei der Beratung, was angesichts des Ausbleibens der Boten zu tun sei. Der alte Berhter, der sieben Söhne unter den Boten hat, rät zu einem Zug mit Heeresmacht. Rother aber gibt zu bedenken, daß man damit die Boten, wenn sie noch am Leben wären, in Gefahr bringen könnte. Der Fürstenrat beschließt daraufhin, allein ein Zug *in reckewis* (v. 560) sei aussichtsreich. Auch dies ist handlungslogisch kaum zwingend, erzähllogisch jedoch funktional. Die Ausfahrt des gesammelten Heeres, die die Osantrixgeschichte der *Thidrekssaga* bietet, wird im *König Rother* als Möglichkeit erwogen, aber verworfen, als Erzählvariante eingespielt und zugleich abgewiesen.[47]

Hier wie an anderen Stellen optieren die Figuren bei der Entscheidung zwischen zwei Alternativen für die zunächst gewaltvermeidende. Jeweils bleibt dabei die erzählerische Variante präsent, wird also der Text gerade vor dem Hintergrund unrealisierter Alternativen profiliert.[48] Überdeutlich zeigt sich das beim Ausgang der Boten aus dem Kerker. In den drei Tagen, in denen sie sich frei bewegen dürfen, graben Rothers Leute einen unterirdischen Gang zwischen der Herberge und dem Gefängnis. Damit schaffen sie scheinbar die Voraussetzung für eine heimliche Flucht.[49] Doch diese Flucht findet nicht statt. Rother kehrt nicht klammheimlich mit Braut und Boten nach Italien zurück. Er erwirbt vorher noch einen berechtigten Anspruch, indem er Konstantin gegen Ymelot beisteht und den Heiden in einem Handstreich gefangensetzt.[50] Für diese Aktion hat er erreicht, daß die Boten ein zweites Mal freigelassen werden, nun aber mitsamt ihrem sorgfältig bewahrten Besitz. Das Motiv des unterirdischen Ganges deutet also an, was möglich wäre, aber nicht geschehen soll. Rother verabschiedet sich von griechischer Erde nicht als Brauträuber, sondern als Triumphator. Er hat alles, was zu seiner Ehre und zu deren künftigen Wahrung nötig ist. Eindeutiges Zeichen dafür: Noch auf der Überfahrt wird der Erbe gezeugt, von dessen Fehlen die Geschichte ihren Ausgang nahm (v. 2944–2947). Das einzige Defizit bleibt die Zustimmung des Brautvaters. Daß diese wichtig ist – nicht zur Gültigkeit der Ehe, aber zur Erfüllung der Konzeption –, wird im Text wiederum nicht explizit formuliert, sondern durch die Handlungsfolge als Prämisse erwiesen: indem zum einen die Braut während Rothers Absenz rückentführt wird und zum anderen die Heiden als neue Gegner des Westherrschers in den Vordergrund treten.

Der Heide Ymelot, der Welteroberer, fungiert kompositorisch als Deus ex machina. Mit ihm wird es möglich, den zunächst vermiedenen gewaltsamen Konflikt zwischen Rother und Konstantin grundsätzlich anders zu lösen. Sowohl die Raumopposition wie die Figurenkonstellation lassen sich nun umstrukturieren. Die zweiteilig organisierte Welt mit dem Reich Rothers im Westen, in dem Männer und Politik dominieren,[51] und dem Reich Konstantins im Osten, in dem Frauen und Festlichkeiten dominieren, wird nun zu einer dreiteiligen, in der sich mehrere Oppositionen überlagern: West und Ost, Christen und Heiden, Diplomatie und Gewalt.[52] Die

Rolle des ›Widersachers‹ verdoppelt sich zunächst: Ymelot wird vorgestellt als der, dem – wie auch Rother – 72 Königreiche unterstehen, als der, der universale Herrschaft ausüben will, selbst Gott sein will (v. 2577). Damit wird er zum nicht nur relativen, sondern absoluten Gegenpart Rothers. Gleichzeitig fungiert er als katalysatorische Figur, die die Polarität zwischen Rother und Konstantin sukzessive aufbricht. Am Ende trennt Rother erst Ymelot und Konstantin, vernichtet dann mit Hilfe der Riesen und früher gewonnenen Freunde Ymelots Heer (mitsamt Brautwerberkonkurrenten) und erhält schließlich von einem reumütigen und kleinlauten Konstantin, nunmehr bereitwillig, die Braut zurück: *Inne rou sin tohter nicht, | Rotheres ere was ime lief* (v. 4758 f.).

Auch Ymelot und seine Heiden spielen also im Text eine doppelte Rolle. Sie dienen auf Handlungsebene als Objekte, an denen eine Auslöschung des Wider-Christlichen betrieben wird, auf Kompositionsebene aber als ›Prügelknaben‹, die das Aggressionsmoment, das jede gefährliche Brautwerbung enthält, auf sich ziehen. Konstantin kann dadurch aus der Rolle des Opponenten in die des Koalitionspartners wechseln. Am Ende revidiert er die frühere selbstherrliche Machtvollkommenheit und verteilt Lehen – ähnlich, wenn auch in kleinerem Ausmaß wie Rother. Das Oppositionsverhältnis zwischen West und Ost ist in ein Homologieverhältnis umgewandelt.

IV

Im Hinblick auf die mehrfache Umpolung der Machtverhältnisse mag der *König Rother* als narrative Entfaltung der Frage erscheinen, wie eine im Modus der Brautwerbung organisierte Verbindung zwischen westlichem und östlichem Reich stattfinden kann, die zwei Bedingungen gehorchen soll: (1.) Der Bewerber muß sich nicht bewähren, dennoch seine Auszeichnung, der Beste zu sein, unter Beweis stellen; (2.) der Brautvater muß nicht von vornherein zustimmen, dennoch nicht nur mit List oder Gewalt um die begehrte Tochter gebracht werden. Doch die Sinndimensionen des Textes erschöpfen sich nicht in dieser Pointierung der Brautwerbungsschematik. Sie ergeben sich vielmehr aus einer Umstrukturierung, welche die Schematik selbst im Kern betrifft. Zentral sind dabei Phänomene der Konkretisierung und der Historisierung.

Als Rother mit der Braut zum ersten Mal aus Konstantinopel zurückkehrt, kommt er in ein Reich, in dem – nach dem Tod des als Statthalter eingesetzten Amelger von Tengelingen – die Länder in Unfrieden sind und Hadamar von Dießen auf dem Sprung zum Königtum steht. Rother muß die Ordnung wiederherstellen: Er bricht zur Gerichtsfahrt auf und verliert eben dadurch die gerade erst gewonnene Frau wieder. Doch im Zuge der politischen Aktionen enthüllt sich auch in zunehmendem Ausmaß die verwandtschaftliche Verflechtung seiner Getreuen. Luppold, eingangs nur als Rothers *man vnde mac* (v. 53) bezeichnet, erscheint nun als *neue* Rothers (v. 3333), aber auch als *neue* Wolfrats, des Sohnes Amelgers (v. 3432). Von Berhter erfährt man, er habe in früheren Zeiten sowohl Amelger sein Land wiedergewonnen wie bei Rother die Vaterstelle vertreten. Verwandtschaft zeigt sich nun, in den Momenten der Krise, als zentrale verbindende und verpflichtende Größe.

Zugleich gewinnt der historische Moment der Brautgewinnung an Deutlichkeit. Das Kind, das die Königstochter auf der ersten Reise nach Bari empfing, wird nun, da die Königstochter rückentführt ist, beim Namen genannt: Pippin, Vater Karls des Großen (v. 3484). Es wird geboren und getauft direkt nach der endgültigen Rückkehr nach Bari. Doch das mit dem Ursprung der karolingischen Dynastie gesetzte Datum ist kein exakt zeitliches. Wenn Asprian auf Helena Bezug nimmt, die in Konstantinopel das Heilige Kreuz wiedergefunden habe (4398–4404), rückt der Brautvater Konstantin in die Nähe Konstantins des Großen.[53] Wenn der Riese feststellt, in Konstantinopel hätten sich sieben der ›Boten‹ niedergelassen (v. 4400 f.), vermischen sich die biblisch-apostolischen Missionen (*Apostelgeschichte* 6,2 f.) mit der gegenwärtigen Brautwerbungsmission, bei der sieben der (ursprünglich) zwölf Söhne Berchters in Konstantinopel gefangenlagen. Reichsgeschichte und Heilsgeschichte werden überblendet. Der Kampf gegen die Heiden, der bei Rothers erstem Aufenthalt nicht stattfand, hat nun kreuzzugsähnlichen Charakter, nach seinem Gelingen werfen die Riesen ihre Stangen von sich. Auch sie zeigen sich nun als fromme

Christen. Gottesfürchtig geworden, verzichten sie darauf, Konstantinopel dem Erdboden gleichzumachen. Selbst der zuvor nur mühsam zu bändigende Witold betet zu Gott um Vergebung seiner Sünden. Zwar dominiert ein mythisch-heroisches Bild der christlichen Heilsgeschichte, auch bleibt die archaische Gewalt noch präsent, doch schlägt sie nicht mehr durch.[54] Bei Rothers großer Länderverteilung erhält Asprian Reims und Lothringen, den übrigen Riesen wird Irland zu Lehen gegeben. Auch sie beziehen damit einen konkreten Ort im neuen imperialen Gefüge. Wenn Rother sich am Ende ins Mönchsleben zurückzieht, nachdem er vorher noch die Anerkennung seines Sohnes als Herrscher durchgesetzt hat, ist deutlich, daß dem Ablauf der Reichsgeschichte nichts mehr im Wege steht.

Doch geht es im Text nicht in erster Linie um diesen Ablauf, vielmehr um die Vergegenwärtigung von geschichtlich Verbindlichem. Schon mit dem Erscheinen Ymelots öffnet sich die erzählte Handlung auf die Zukunft hin, ist suggeriert, der erzählte Konflikt habe in späteren Kämpfen zwischen Christen und Heiden im Heiligen Land seine Fortsetzung gefunden (v. 2579). Andere Stellen schlagen direkte Brücken zur Gegenwart. Der Erzähler betont, die Erinnerung an die gewaltigen Kampfestaten von Rothers Leuten werde nicht abreißen (v. 4265), und läßt mit Wolfrat, dem wichtigen Helfer Rothers beim zweiten Aufenthalt in Konstantinopel, das bayerische Adelsgeschlecht der Tengelinger in den Vordergrund treten:[55] Wolfrat erhält Österreich, Böhmen und Polen zu Lehen. Die Tengelinger werden dafür gepriesen, daß sie allesamt gottgefällig und gerecht ihr Leben zubrachten: »Ihr Ende war würdig und lobenswert« (v. 4884).

Das Lob des Geschlechts ist wohl nicht ohne Doppelsinn. Vom würdigen Ende zu sprechen dürfte nicht nur auf das Ende der einzelnen Familienmitglieder zielen, die Weltheil und Seelenheil zu verbinden wußten, sondern auch auf das Ende der *gens* selbst. Die Tengelinger, die im 11. Jahrhundert zu den bedeutendsten bayerischen Adelsgeschlechtern gehört hatten, teilten sich im 12. Jahrhundert in die Linien Peilstein-Hall und Burghausen-Schala, die beide den alten Geschlechtsnamen in der zweiten Hälfte des Jahrhunderts nicht mehr führten.[56] Daß der Autor des Epos gerade denjenigen, denen er wesentliche Funktion bei der Konstitution des abendländisch-mittelalterlichen Reiches zuschrieb, einen erloschenen Geschlechtsnamen beilegte, ist am ehesten damit zu erklären, daß er auf eine Vergangenheit zurückgreifen wollte, die noch aktuell, aber auch schon abgeschlossen war. Bereits der Name der Hauptfigur assoziiert die langobardischen Könige des 6./7. Jahrhunderts, Authari und Rothari, mit dem Normannenkönig des 12. Jahrhunderts, Roger II. von Sizilien, und versieht damit den königlichen Brautwerber mit einer Aura von zugleich zeitbezogener wie -enthobener Geschichtlichkeit.[57] Auch die Figur des Herzogs von Meran (Berhter) verknüpft eine halb sagenhafte Gestalt, die textimmanent die Kontinuität zwischen Vergangenheit und Gegenwart sichert, mit einem Besitztitel, der textextern Anschluß an ein Gegenwartsbewußtsein signalisierte.[58]

Generell bleibt die zeitgeschichtliche Dimension des Epos schillernd: Neben der regionalpolitischen Bezugnahme auf bayerische Adelsgeschlechter wie niederrheinische Heilige (Gertrud, Aegidius) kommen mit der Heiden- und Kreuzzugsthematik, dem reichspolitischen Ost-West-Konflikt und der Anknüpfung an die karolingische Dynastie Aspekte allgemeineren, aber kaum weniger aktuellen Charakters ins Spiel.[59] Jeweils wird historische Wirklichkeit nicht einfach abgebildet, sondern als Relationsgröße im Raum des Imaginären verwendet.[60] Das Epos operiert mit obskuren und multiplen Referenzen, um eine Ursprungssage zu begründen, die im Spannungsfeld von Kontinuität und Diskontinuität die erzählte Welt und eine zeitgenössisch erfahrene überblendet. Es entfaltet narrativ den Ursprung eines Ursprungs und bezieht ihn zugleich auf den Fluchtpunkt der Gegenwart des 12. Jahrhunderts. Es erzählt von einer glorreichen Vergangenheit, in der die *alde zucht* herrschte (v. 3363, 3655, 4620), einer Vergangenheit, die im Hinblick auf die Gegenwart vor allem zwei Ursprungsmomente enthält: das menschheitsgeschichtliche, für das Adam als Urvater,[61] und das reichsgeschichtliche, für das Karl als Neubegründer des abendländischen Kaisertums einsteht.[62] Die eigentümliche Gründungsgeschichte des Karolingergeschlechts stützt sich darauf, daß von Karls Vorfahren über die Elterngeneration (Pippin, Berchta) hinaus nichts bekannt war. Andere Autoren setzen an der gleichen Stelle an: Bei Gottfried von Viterbo (*Speculum regum*, 1186) ist Berchta Enkelin des griechisch-römischen Herrschers Eraclius, bei Konrad Fleck (*Flore und Blanscheflur*, um 1220) ist sie Tochter des Titelpaares.[63] Steht im einen Fall das Problem von Herrschaftskontinuität im Zentrum, so im anderen der Versuch, im Modus genealogischer Verknüpfung die volkssprachige Erzählung an die Tradition verbürgter *historia* anzuschließen.

Im *Rother*-Epos treffen beide Aspekte zusammen, doch ist hier der Protagonist nicht nur Großvater, sondern tatsächlich Vorläufer Karls des Großen. Das anfangs eher »unverbindlich gezeichnete Königtum Rothers« erweist sich im Fortgang des Textes als »Ausgangspunkt eines romunabhängigen deutschen Kaisertums von europäischem Ausmaß, das sich als Vorgänger des realhistorischen Kaiserreiches begreift«.[64] Rother wird einmal, nach der ersten Rückkehr aus Konstantinopel, *keyser* genannt (v. 3107; ebenso Pippin v. 5067) – nicht zufällig im Kontext eines Zuges ins Rheinland, wo er als Richter über *widewin unde weisin* (v. 3108) agiert.[65] Gegen Ende erscheint er als eigentlicher Ahnherr des westlichen Abendlandes: Er hält bereits Reichstag in Aachen, verteilt Länder, die teils gar nicht dem hochmittelalterlichen (römisch-deutschen) Imperium zugehörten (Irland, Polen), teils erst von Karl diesem eingegliedert wurden (Sachsen, Spanien), und begünstigt dabei Geschlechter, die wiederum im 12. Jahrhundert Bezugsgrößen für das Publikum darstellten.

So wie hier in der Figur Rothers die Rollen des Vorfahren und des Vorgängers in eins fallen, so konvergieren im erzählten Geschehen die Funktionen von ›Vorgeschichte‹ und ›Frühgeschichte‹. Der Text verlagert die Anfänge der karolingischen Dynastie in eine genealogisch präzise, aber historisch unpräzise Vorzeit und führt wiederum diese Verlagerung als Fluchtpunkt einer mythisierenden narrativen Vergegenwärtigung vor. Dadurch, daß sich im zweiten Teil des Epos genealogische, territoriale und heilsgeschichtliche Aspekte konkretisieren, erhält auch die Doppelung der Handlung eine spezifische Perspektive: Sichtbar wird eine Welt im Übergang zur ›Geschichte‹, eine Welt, in der sich politische Rationalität, diplomatische Raffinesse und inszenatorisches Kalkül durchsetzen, zugleich aber mit der Indienstnahme des Archaischen auch die Bedingungen von dessen narrativer Inszenierung zum Vorschein bringen. ›Geschichte‹ ist hier im doppelten

Sinne zu verstehen, geht es doch explizit um den Zusammenhang von Geschehen und Erzählung. Als Rother zum zweiten Mal nach Konstantinopel kommt, verkleidet er sich als Pilger und befragt einen ihm begegnenden Ritter nach dem Stand der Dinge – vorgeblich, um selbst bei Hof Neuigkeiten bieten zu können. Das wiederaufgenommene listige Spiel gilt dem neuerlichen Umschlag von Erzählung in Handlung: Die Ereignisse sind zu einer Geschichte geworden, die nun ihrerseits zum Ereignis wird, nämlich nicht auf das Wiedererzählen des Gehörten am Hof zielt, sondern auf das Wissen, wie die eigenen Aktionen zu planen sind. Die Geschichte, erzählt von einem ungenannten *recken*, der scheinbar zufällig des Wegs kommt, selbst aber bei Rothers erstem Aufenthalt in Konstantinopel von der Fürsorglichkeit des Westherrschers profitiert hat, sie besteht aus drei durch kurze Unterbrechungen markierten Teilen: Der erste unterstreicht Rothers Größe im allgemeinen, der zweite betont seine Milde und Hilfsbereitschaft sowie seinen heroischen Status als Heidenbezwinger, der dritte liefert die Katastrophen nach, die sich seit Rothers Abschied ereignet haben. Die Rollenverteilung – der einheimische Ritter als Erzähler, Rother als Zuhörer – nimmt vorweg, was im folgenden von Bedeutung sein wird: die Überwindung der für Rother bedrohlichen Situation mit Hilfe der neu gewonnenen Vertrauten. Zugleich erlaubt sie es, die Ereignisse des ersten Teils aus anderer Sicht zu rekapitulieren, aus der der Rother-freundlichen griechischen Partei, für die der Westherrscher kein Brautwerber ist, sondern ein angesehener Fürst, der aufgrund seiner Taten mit Recht die Königstochter mit sich fortgeführt habe.

Der Perspektivenwechsel markiert erzählerisch, was handlungsweltlich im zweiten Teil im Zentrum steht: eine veränderte Konstellation, die andere Formen des Agierens und Taktierens erfordert. Das heißt aber auch: Die literarische Sage, die im König Rother entworfen wird, beruht auf Überblendungen, welche wiederum als Grundlage des narrativen Sinnmusters bedürfen, das sie transformieren und transzendieren. So ist denn auch die Behauptung, die Geschichte sei deshalb wahr, weil in ihr die Ursprünge der karolingischen Dynastie erzählt werden (v. 4791–97), nicht einfach zirkulär. Sie dient, indem sie sich von einem nicht historisch verankerten Erzählen absetzt, dem Versuch, der Ubiquität des narrativen Musters spezifische Gültigkeit zu verleihen – wobei jene weiterhin präsente Mündlichkeit im Hintergrund stehen mag, von der sich in der gleichen Zeit auch der Autor der *Kaiserchronik* distanzierte.

V

Die Bewegungen der Transzendierung und der Distanzierung im Umgang mit dem Brautwerbungsmuster machen deutlich: Die Sinndimensionen des *König Rother* sind weder allein auf der Ebene der Handlungslogik noch ausschließlich auf der der Erzähllogik zu erschließen. Weder durch Reduktion auf die Schemabestandteile noch durch Absehen von ihnen ist ein Weg zum historisch angemessenen Verständnis des Epos zu gewinnen. Der Text besitzt raffiniert gestaltete Szenen, in denen das Verhalten der Figuren zumindest ansatzweise psychologisch stimmig scheint, doch fungieren auch diese in der Regel als Elemente eines von seinem Ziel her konzipierten Ablaufs. Der Text propagiert ein politisches Harmoniemodell, in dem der christliche Herrscher des westlichen Abendlandes, auf der Basis wechselseitiger Loyalität im Verhältnis zu Grafen und Herzögen, friedensstiftend und -sichernd agiert, doch bleibt eben diese ›Propaganda‹ an die Spannungsbeziehung von narrativem Schema und politischem Gehalt gebunden. Analytisch sind die beiden Typen der Motivation, die sich im erzählten Geschehen manifestieren, nicht in ein Nacheinander zu zerlegen, sondern in ihrem Spannungsverhältnis zu erfassen – zumal dann, wenn einerseits Szenen politisch-rechtlichen Charakters die Dominanz der ›Motivation von hinten‹ abmildern, ohne aber eine tatsächliche ›Motivation von vorn‹ an deren Stelle zu setzen, und andererseits eine subtile Form der ›finalen Motivation‹ inauguriert ist, die in steuernden und kommentierenden Handlungen einzelner Akteure zum Ausdruck kommt.

Eben dies unterscheidet das *Rother*-Epos von anderen Brautwerbungserzählungen, die seit dem ausgehenden 12. Jahrhundert aufs Pergament oder Papier gelangten. Auch sie benutzen zwar überwiegend das Muster als Folie, die jeweilige Geschichte zu profilieren. Es kann zum Kurzschluß zwischen dem eigentlichen und dem stellvertretenden (aber in gewisser Hinsicht superioren) Werber kommen und die erzählte Welt in Tod und Verderben münden (*Nibelungenlied, Tristan*). Es kann der Brautwerber, Produkt einer dubiosen Verbindung, zwar ans Ziel gelangen, dann aber, scheiternd an der Rache des Brautvaters, Platz machen für eine im narrativen Zyklus höherrangige Figur (*Ortnit/Wolfdietrich*). Es kann in einer Kette von Werbungen der (letzten) Braut die Rolle zufallen, den im Schema implizierten Generationen- und Konkurrenzkonflikt in die Harmonie synchroner Beziehungen zu transformieren (*Kudrun*). Es kann das Verhältnis von Braut und Bräutigam heilsgeschichtlich allegorisiert werden (*Die Hochzeit*). Es kann die genealogische Konstellation in eine hagiographische überführt werden, bei der die Heidenbekehrung das Ziel bildet und die Ehe nicht mehr dazu dient, einen Erben hervorzubringen (*Oswald, Orendel*). Es kann schließlich darum gehen, in einer Inversion des Modells die Braut nicht zu gewinnen, sondern (gegen Konkurrenten) zu verteidigen und am Ende zugunsten ihrer Schwester abzustoßen (*Salman und Morolf*).

Auch hier vollzieht sich jeweils eine Arbeit am Muster, die dieses vor allem braucht, um in Form des Spiels oder der Abweichung die kulturelle Konstellation des Übergangs und die mit ihr verbundenen Fragilitäten narrativ zu fassen. Kaum irgendwo aber erstreckt sich diese Arbeit so sehr über den gesamten Text wie im *König Rother*. In ihm ist eine Welt entworfen, die durch ihre markierte Schemabezogenheit als literarisch ausgewiesen und zugleich durch ihre historische Anbindung als nicht nur literarisch behauptet wird. In ihm werden Formen der Inszenierung, Markierung und Funktionalisierung von Schemabestandteilen so verwendet, daß im Erzählen *von* Brautwerbung als Bedingung der Möglichkeit abendländischer Reichsgeschichte das Erzählen *über* Brautwerbung als Möglichkeit literarischer Sinnkonstitution mit aufscheint. Die Brautwerbung, die im Irgendwann beginnt und in einem Ursprung endet, begründet Geschichte als genealogische, begründet aber zugleich das Erzählen von ihr als literarisches, in dem der Ursprung zwar aufbewahrt, aber auch in seiner eindeutigen Gegenwärtigkeit aufgehoben ist.

Zentrale Figur des Textes ist die des Aufschubs. Aufgeschoben wird zunächst die Tötung, sodann die Befreiung der Boten, schließlich die Hinrichtung Rothers. Aufgeschoben wird die Präsenz des Westherrschers und die Gewaltanwendung gegenüber dem Ostherrscher, aber auch gegenüber dem Heidenkönig. Aufgeschoben wird die Brautwerbung und die Gewinnung des Erben, der die Genealogie fortsetzt. Und aufgeschoben wird letztendlich die Erfüllung jener ›Vorgeschichte‹, von der der Text erzählt, in einer Gegenwart, die im Gewirr ›historischer‹ Referenzen zugleich angekündigt und verhüllt ist. Diese Formen des Aufschubs, bis ins Detail reichend, verkörpern nicht nur das eingangs zitierte Prinzip der ›Selbsterhaltung‹ der Erzählung, sondern auch den Versuch, das Muster mittels der Aufschiebung des Vollzugs und der Abweisung der Alternative zu einem transitorischen Sinnmuster zu machen. Die narrativen Elemente erzeugen zwar den Eindruck einer unmittelbaren Präsenz des Dargestellten im sinnerfüllten Augenblick, in der Geste, dem Wort oder dem Schweigen. Sie fungieren aber auch als Repräsentationen, die eine Kette von Verweisen hervorbringen, als Zeichen, die die Gegenwärtigkeit des Bezeichneten in einem Spiel von Differenzen, Verzögerungen und Vervielfachungen aufsparen.

Es deutet sich hier an, was Derrida mit dem Begriff der ›différance‹ beschrieb, ein Aufmerksamwerden auf den Prozeß, in dem sich der Unterschied von Zeichen und Bezeichnetem einstellt: »Die différance bewirkt, daß die Bewegung des Bedeutens nur möglich ist, wenn jedes sogenannte ›gegenwärtige‹ Element, das auf der Szene der Anwesenheit erscheint, sich auf etwas anderes als sich selbst bezieht, während es das Merkmal des vergangenen Elementes an sich behält und sich bereits durch das Merkmal seiner Beziehung zu einem zukünftigen Element aushöhlen läßt.«[66] Die Unentschiedenheit des Zeichens, das auf anderes referiert und von anderem markiert ist, manifestiert sich im *König Rother* in einem Alternieren zwischen Struktur und Ereignis sowie zwischen Finalität und Kausalität. Und sie kennzeichnet zugleich den historischen Moment der Konstitution des Textes: Unregelmäßigkeiten seiner Textur rühren aus einer semi-oralen Situation her, die aber nicht einfach die Bedingungen der Textproduktion determiniert, vielmehr im Akt des Erzählens modelliert und präsentiert wird. Der Gewinn an Distanz vom Muster und an Reflexion des

Musters führt zu keinem Metatext, aber zu einem Transtext. Die Figur des Aufschubs führt nicht zur ›Entdeckung‹ von Fiktionalität, doch zu Darstellungseffekten, Doppelungen und Verweisen, Spielen mit der Logik des Erzählens, die man als genuin literarisch ansehen darf.

6 Poetik des Dritten

I

Kaum ein literarisches Genre ist weltweit so verbreitet wie das Tagelied. Man kennt Beispiele aus dem Chinesischen und dem Persischen, dem Arabischen und dem Hebräischen, dem Indonesischen und dem Ketchua sowie aus beinah allen europäischen Literaturen: schlichte Texte neben hochkomplexen, Feierstunden des Irdischen neben Parodierungen und Transzendierungen, epische Entfaltungen neben knappen Anzitierungen.[1] Die Situation, zwei Liebende treffen sich am Abend oder in der Nacht und müssen sich bei Tagesanbruch wieder trennen, diese Situation scheint eine elementare und je neu faszinierende anthropologische Erfahrung darzustellen, die überdies schon per se poetische Qualität besitzt: Betroffen ist, wie immer, wenn von Liebe die Rede ist, nicht nur der Affekt, sondern auch die Sprache. Die liminale Situation des Tagesanbruchs und der Trennung ist zugleich Entfaltungsmöglichkeit einer liminalen Situation der Rede, nämlich eines literarischen Sprechens, das sich an der Schwelle von Einheit und Zweiheit, Glück und Schmerz, Emphase und Verstummen bewegt. Das narrative Moment des Tagelieds, das sich aus der Zeitlichkeit der Schwellensituation ergibt, verleiht den Texten ihre besondere Dynamik: Klagen, Hoffen, Wünschen, Reflektieren – alle diese Haltungen, die das Liebeslied prägen, können auch im Tagelied präsent sein, doch sie treten dort in Beziehung zu einem äußeren Geschehen, und eben diese Beziehung, in der die Temporalität der menschlichen Erfahrung und die Temporalität eines konkreten Textes konvergieren, dürfte ein wesentliches Faszinationsmoment des Genres ausmachen.[2]

Nur selten haben die Autoren der Lieder es für nötig befunden, den Grund für die Notwendigkeit der Trennung zu thematisieren. Diese interessiert, anders als in der Epik, wo häufig Situationen des Tagesanbruchs in Anklang an Tageliedmotive gestaltet sind, in ihrer puren Faktizität, nicht in ihren Hintergründen und Umständen. Meist ist es der Mann, der gehen muß – nicht weil die Gegebenheiten dies zwingend erfordern würden, sondern weil die Sprechsituation einer bestimmten Logik gehorcht: Auch wenn die Frau spricht, die Perspektive des Textes bleibt in der Regel eine männliche, geprägt durch die (im Minnesang immer und immer wieder durchgespielte) Einheit von Liebendem und Sprechendem.[3] Die Beweglichkeit des männlichen Protagonisten, der kommt und wieder geht, korrespondiert der Beweglichkeit eines impliziten Autors, der die Macht hat, nicht nur Mauern zu durchdringen, sondern auch Figuren eine Stimme zu geben und ihre Reden in einem Handlungsrahmen zu situieren.

Wichtiger als die narrative Plausibilität dieses Rahmens ist seine schlichte Existenz. Sie erlaubt es, mit Hilfe fingierter epischer Situationalität den Blick auf das Grundsätzliche zu lenken: das Sprechen über Liebe im Angesicht von Angst und Gefahr, in Anbetracht der Unmöglichkeit der Dauer. Die Schwelle ist dementsprechend auch Einbruchsstelle einer Veränderung, die wiederum selbst zum Gegenstand der Rede wird. Sie kann verschieden besetzt sein: mit natürlichen Phänomenen (Dämmerung, Licht, Tag, Wind, Vögel etc.) wie mit menschlichen Figuren (Magd, Diener, Wächter, Aufpasser, Konkurrent etc.). In jedem Fall wird die duale Konstellation durch ein Drittes ergänzt, das in eigentümlicher Weise der Zweiheit äußerlich ist und doch in diese hineinreicht: Das faktische Ereignis des Tagesanbruchs, das Handlungsbedarf erzeugt, ist gleichzeitig ein Ereignis der Rede, das den Text in seiner Eigenart ermöglicht. In nicht wenigen Gedichten steht das Spiel mit dieser sowohl situativ wie poetologisch reizvollen Konstellation im Zentrum der Textbewegung – und das bereits in der Frühgeschichte der Gattung.

Von spärlichen älteren Vorläufern abgesehen, hielt im deutschsprachigen Raum das Tagelied um 1200 Einzug ins Œuvre der bekannten Lieddichter. Eine prominentere Rolle spielte es zunächst allerdings nicht. Heinrich von Morungen, Reinmar der Alte und

Walther von der Vogelweide versuchten sich in jeweils einem Lied an der neuen Gattung, gaben aber ansonsten anderen Typen des Minnelieds den Vorzug. Immerhin zeigen auch diese Versuche das breite Spektrum an Variationsmöglichkeiten und die entwickelte Reflexivität im Umgang mit den literarischen Formen. Heinrich konzentriert sich, indem er die Liebenden getrennt und aus dem Rückblick sprechen läßt, auf die Darstellung eines inneren Geschehens und vereint auf diese Weise das Tagelied mit dem Wechsel. Reinmar integriert den Tageliedtypus in sein Minnesangkonzept: Ein klagendes Ich bezieht sich zwar auf Momente der Tageliedsituation, benutzt diese aber, um den eigenen Schmerz ex negativo, fern jeder Liebeserfüllung, zu profilieren. Walther bewegt sich durch Häufung von Konventionalitäten schon an der Grenze zur Ironisierung.[4]

Wie kein anderer hat Wolfram von Eschenbach den Reiz der Gattung ausgekostet. Fünf der neun unter seinem Namen überlieferten Lieder können als Tagelieder gelten.[5] Sie zeichnen sich aus durch Freude am situativen Experiment, und dazu gehört ganz besonders die Etablierung einer Figur, die in der Folgezeit aus der Gattung nicht mehr wegzudenken sein wird: der Wächter.[6] Mit ihm nimmt sich der Epiker Wolfram, Autor von *Parzival*, *Titurel* und *Willehalm*, in besonderer Weise der Episierung lyrischer Rede an. Mit ihm ist ein Sprecher eingeführt, der die häufig situationsentbundene Minnereflexion auf einen sozialen Raum zu beziehen scheint, einen Raum, in dem Allianzen und Konkurrenzen bestehen, Momente zeitgenössischer höfischer Lebenswelten aufblitzen. Doch Vorsicht ist angebracht. Die wenig ergiebigen Anstrengungen der Forschung, den sozialen Status des Wächters genauer festzulegen, zeigen, daß es wohl nur um einen Schein von Realität, ein Spiel mit den Partikeln der Erfahrung geht.[7] Sowenig die Lieder generell an neuzeitlichen Vorstellungen von realistischer Literatur meßbar sind, sowenig ist es auch die Figur des Wächters. Daß sie in den spätmittelalterlichen Texten zum Standard gehört, mag es so aussehen lassen, als sei die Gattung mit ihr gewissermaßen zu sich selbst gekommen. Doch wenn dies so wäre, so nicht aufgrund der soziologischen Evidenz der Figur, sondern aufgrund der poetologischen Möglichkeiten, die sich mit ihr eröffneten. Am Beginn oder zumindest an einem entscheidenden Punkt der Gattungsentwicklung steht nicht einfach der Versuch, höfische Liebesdichtung mit neuen Wirklichkeitseffekten zu versehen, sondern der Versuch, in Figuren der Reflexivität Literatur als solche in den Blick zu bekommen, und dies anhand eines Feldes des Dritten, das im weiteren immer wieder neu besetzt werden wird.[8]

Das Feld des Dritten, es manifestiert sich nicht nur dort, wo trianguläre Konstellationen wie das berühmte erotische Dreieck entworfen werden.[9] Es deutet sich auch dort an, wo Texte, wie in vorangegangenen Kapiteln gesehen, Oppositionen unterwandern, wo sie mit komplexen Verfahren ihren Ort zwischen Körper und Schrift zu finden versuchen. Während dort aber das Dritte keinen Namen hat, sich primär im Oszillieren zwischen Phänomenen, Haltungen und Ansprüchen zu erkennen gibt, wird es im Falle des Tagelieds zur expliziten Kategorie – zu einer der beschriebenen Welt, aber auch zu einer, die historisch spezifische mediale Dimensionen aufscheinen läßt. In einer Kultur, in der Kommunikation nicht das (unsichtbare) Fließen von Informationsströmen implizierte, waren Materialität und Visualität der Übermittlung untrennbar von der Botschaft selbst. Dementsprechend spielen in vielen der volkssprachigen Texten, lyrischen wie epischen und didaktischen, Boten für das Überbringen von Nachrichten eine wichtige Rolle: »Lange Zeit wird trotz der Vorzüge der Schrift die mündliche Botschaft für die Fernkommunikation hochgestellter Funktionsträger vorgezogen, wird in der medialen Repräsentation des Herrn durch einen Boten die Vergegenwärtigung des Wortes noch nicht ausschließlich auf den Schriftkanal verkürzt; die Interaktion bewahrt den Reichtum der Beziehungsaspekte, das ganze Spektrum nonverbaler Kommunikation, die das Gespräch auszeichnet.«[10]

Der Wächter ist dem Boten, der in einer Reihe von Minneliedern vorkommt, nicht unverwandt.[11] Beide sind sie Dritte, Vermittler, Verbindende, Bedingungen der Möglichkeit, sich im Modus der (literarischen) Rede dem andern zuzuwenden. Während aber im Boten, soweit er als Materialisierung von Kommunikation gedacht ist, die nicht von Angesicht zu Angesicht mögliche Begegnung zwischen den Kommunikationspartnern stellvertretend stattfindet, geht es beim Wächter um eine Kommunikation prekärer Art: Sein Auftritt markiert den Punkt, an dem die *communicatio* mit der Außenwelt die sich selbst genügende (*comm*)*unio* der Liebenden abzulösen droht. Mit ihm werden nicht Körper von Abwesenden präsent gemacht, sondern Körper von Anwesenden in der Fragilität ihrer (gemeinsamen) Präsenz gekennzeichnet. Genau dies aber prädestinierte den Wächter stärker als den Boten dazu, als Denkfigur oder poetologische Figur zu dienen – so zumindest bei Wolfram von Eschenbach.

II

Ausgangspunkt sei das Lied, das dank seiner Wiederentdeckung durch die Philologie des 19. Jahrhunderts eines der bekanntesten mittelalterlichen Liebesgedichte überhaupt geworden ist. In sechs Jahrhunderten zuvor scheint es wenig Resonanz gefunden zu haben. Es ist überliefert nicht in den großen Liederhandschriften, sondern allein in einer um 1230 entstandenen Handschrift von *Parzival* und *Titurel*, eingetragen dort als Ergänzung auf einem am Ende freigebliebenen Pergamentblatt (München, Bayerische Staatsbibl., Cgm 19). Hier eine Transkription des Liedes, die den in der Handschrift unabgesetzt geschriebenen Text nach seiner Strophenform gliedert:[12]

1 *[S]in chlawen*
durh di wolchen sint geslagen
er stiget uf mit grozer chraft
ich sih in grawen
tægelich als er wil tagen
den tach der im gesell[esch]aft
erwenden wil dem werden man
den ih mit sorgen in bi naht virliez
ih bringe in hinnen ob ih kan
sin vil manigiv tugent mih daz leisten hiez.

»Seine Klauen
haben die Wolken durchschlagen,
er steigt auf, unwiderstehlich mächtig.
Ich seh ihn kommen, grau,

tagartig, willens zu tagen:
– den Tag, der Zweisamkeit ihm
nehmen will, dem noblen Manne,
den ich des Nachts herein- und sorgenvoll zurückließ.
Ich bring ihn fort, wenn ich kann,
seine Vortrefflichkeit war mir immer schon
Verpflichtung.«

2 *Wahtær du singesst*
daz mir manige fravde nimt
vnd mert min klage
mær dv bringest
der mih leider niht gezimt
immer morgens gegen dem tage
div solt dv mir verswigen gar
daz gebivt ih den triwen din
des lon ih dir als ih getar
so belibet hie der geselle min.

»Wächter, was du singst,
raubt mir mein Glück
und vermehrt mein Leid.
Botschaft bringst du,
traurige, nach der mich nicht verlangt,
jeden Morgen an der Schwelle zum Tag.
Die kannst du ganz für dich behalten,
das trag ich dir auf, so wahr du Verantwortung
empfindest.
Belohnen will ich dich dafür, wenn es möglich ist –
mein Freund aber bleibt hier.«

3 *Er můz et hinnen*
balde vnd an sumen sich
nu gip im urloup sv̊zzez wib
lazze in minnen
hernach so verholn dih
daz er behalte ere vnd den lip
er gab sih miner triwen also

daz ih in bræhte ŏch wider dan
ez ist nu tach naht was ez do
mit truchen an di bruste din kus mir in an gewan.

»Und doch muß er fort,
schnell und ohne Verzug.
Gib ihm frei jetzt, Verführerin,
laß ihn seine Liebe
später dir schenken, heimlich,
daß er Leben und Ehre bewahre.
Er vertraute sich mir an im Blick darauf,
daß ich ihn wieder fortbrächte.
Jetzt ist es Tag: Nacht war es,
als in leidenschaftlicher Umarmung dein Kuß ihn mir
entführte.«

4 *Swaz dir givalle*
wahtær sinch vnd la den hie
der minne brach vnd minne enpfiench
von dinem schalle
ist er vnd ih ershrocken (h)ie
so ninder der morgenstern uf giench
vf in der her nach minne ist chomen
noh ninder luhtet tages lieht
du hast in dicke mir benomen
von blanchen armen vnd vz hertzen niht.

»Was du singen magst,
Wächter, sing, aber laß den hier,
der Liebe brachte und Liebe empfing.
Von deinem Gesang
sind wir beide aufgeschreckt worden, immer wieder,
auch wenn noch kein Morgenstern
über dem Sehnsüchtigen aufging,
geschweige denn ein Tageslicht leuchtete.
Oft hast du ihn entwunden
meinen nackten Armen – nicht meinem Herzen.«

5 *Von den blicken*
die der tach tet durh div glas
vnd do wahtære warnen sanch
si mvͦse erschrischen
durh den der da bi ir was
ir brustlin an brust sie dwanch
der ritter ellens niht vergaz
des wold in wenden wahtærs don
vrloup nah vnd naher baz
mit kusse vnd anders gab in minne lon.

Von den Blicken,
die der Tag durch die Fenster warf,
und vom Warngesang des Wächters
schrak sie auf, mußte sie aufschrecken,
besorgt um den, der bei ihr war.
Ihre Brüste drückte sie an seine Brust,
und auch der Ritter vergaß nicht, was den Ritter
ausmacht
(der Wächter wollte ihn mit seinem Lied davon
abbringen).
Der Abschied, näher und näher kommend,
mit Küssen und anderem schenkte er ihnen
Erfüllung der Liebe.

Drei Sprecherpositionen lassen sich unterscheiden. Die erste und dritte Strophe stammen vom Wächter, der an die Notwendigkeit erinnert, daß das Liebespaar sich bei Tagesanbruch trenne. Die zweite und vierte Strophe stammen von der Dame, die die Aufforderung zur Trennung abzuweisen sucht. Die letzte Strophe fügt den subjektiven Stimmen die objektive eines Erzählers hinzu, der durch das epische Präteritum das Geschehen als vergangen markiert. Eine epische Entfaltung indes bleibt aus. Von den Figuren erfährt man wenig: Der Mann, der selbst keine Stimme hat, wird am Ende einmal als *riter* bezeichnet, die Dame vor allem durch Affekte (Liebe, Freude, Leid, Klage, Erschrecken) charakterisiert, der Wächter zwar als Vertrauensperson gezeigt, ständisch-sozial aber im Unbestimmten gelassen. Auch das räumliche Szenario ist nur knapp angedeutet: Es gibt ein Hier und ein Dort, ein Innen und ein Außen, Räume, getrennt und verbunden durch die Fenster, durch die das Tageslicht hereindringt. Das Geschehen selbst beschränkt sich auf das Tagwerden, die Dialoge, die Andeutungen körperlicher Nähe, mündend in die in der letzten Strophe geschilderte Liebesvereinigung.

Diese Liebesvereinigung ist fraglos der Fluchtpunkt des Liedes. Statt zur Beendigung kommt es zur Intensivierung des Zusammenseins. Der Abschied, vier Strophen lang Gegenstand der Verhandlung, wird aufgeschoben, der Schmerz des *urloup* enggeführt mit der Erfüllung durch *der minne lon*.[13] Auch die meisten anderen Wolframschen Tagelieder betreiben eine solche Engführung von Liebesglück und Trennungsschmerz. Im Zentrum stehen eindringliche Bilder der Zweisamkeit: Im Lied *Den morgenblic* spricht die Dame von zwei Seelen und einem Körper als Ausdruck inniger Verbundenheit (L. 3,18 f.); der Erzähler kennzeichnet die Verflechtung der Körper als eine, die selbst in einem simultanen Medium wie der Malerei kaum darzustellen wäre (*Swelch schiltaer entwurfe daz, | gesellecliche als si lâgen, des waere ouch dem genuoc*; »Jeder Maler, der darstellen wollte, wie sie zärtlich beieinander lagen, wäre damit überfordert«; L. 3,29 f.).[14] Im Lied *Ez ist nu tac* heißt es, die Strahlen dreier Sonnen hätten nicht vermocht, zwischen den Köpern der Liebenden hindurchzudringen (L. 8,28 f.). Jeweils entfaltet sich die Intensität der Einheit gerade in dem Moment, da sie nicht bewahrbar scheint – liegt darin die zentrale Pointe der Lieder im Hinblick auf den minnesängerischen Diskurs? Konfrontiert Wolfram die dem Minnesang eigene Konzentration auf den mehr sehnsüchtigen als erfüllten Aspekt der Liebe mit einer anderen Konzeption? Führt er den Wächter ein, um mit ihm die Hinderungsgründe für die Erfüllung der Liebe auf den Punkt zu bringen und zugleich zu überwinden? Macht er mit ihm jenes Außen sichtbar, das in das Innen des Liebesglücks eindringt und die Einheit immer wieder zur Zweiheit auseinandertreten läßt, um es im gleichen Atemzug wieder abzublenden? Man wird genauer das Verhältnis des Wächters zu den Figuren bestimmen müssen, um die Fragen beantworten zu können.

Im Lied *Sin chlawen* erscheint der Wächter als Vertrauter der Liebenden. Er ist Handlungsgehilfe des Mannes und Gesprächspartner der Frau – beides in gewisser Regelmäßigkeit. Nicht zum ersten Mal hat er den Mann zur Dame geführt. Nicht zum ersten Mal will er ihn aus der Situation der Zweisamkeit wieder fortbringen. Er spricht von seiner Verpflichtung (*triuwe*), über Ehre und Leben des Ritters zu wachen, sie dagegen von einer wie auch immer gearteten Belohnung (*lon*), sollte er die Liebenden ungestört lassen. Argumente stehen gegeneinander, verweisend auf die rhetorische Dimension nicht nur der Diskussion, sondern auch des Textes im ganzen. Das spricht dagegen, Ritter, Dame und Wächter im Sinne der Freudschen Triade von Ich, Es und Über-Ich zu deuten.[15] Nicht nur bleibt es generell problematisch, ein in komplexer Sprachlichkeit gestaltetes Lied als unmittelbare Manifestation des Bewußtseinsinhalts seines Autors (oder konkret: als Ausdruck von Männerphantasien) aufzufassen. Im speziellen Falle würde damit auch die formale Spezifik des Textes, der Ablauf der Reden, ihre Konvergenzen und Divergenzen, ihre rhetorischen Strategien, um entscheidende Dimensionen verkürzt.

Das Gedicht beginnt mit einem dramatischen Gestus, dem Blick auf den anbrechenden Tag, metaphorisch beschrieben als Aufsteigen eines unheimlichen, klauenbewehrten Wesens, rhetorisch inszeniert durch kunstvoll verzögerte, mit etymologischen Figuren (*tægelich, tagen, tach*) spielende Nennung des entscheidenden Sachverhalts. Man kann das Bild als Abwandlung des im frühen Minnesang beliebten Natureingangs auffassen, der hier durch Anlehnung an geistliche Tagessymbolik transformiert wäre: »Christus als *sol invictus*, der sieghaft wie ein Löwe oder Adler die Wolken der Finsternis zerreißt«.[16] Doch geht es weniger um eine Spiritualisierung der erotischen Situation als eine konnotative Ausbeutung, die die Wirkungsmacht des poetischen Entwurfs erhöht. Schnell erweist sich der dramatische Eingang als subjektives Bild, verwendet im Sinne einer instrumentellen rhetorischen Veranschaulichung und einer argumentatorischen Ermächtigung. Den Tagesanbruch zum Moment der Gefährdung stilisierend, untermauert der Wächter die Autorität der eigenen Rede und tritt der anders gegründeten Autorität der Dame entgegen.[17]

Der Dialog, der sich entwickelt, gilt dementsprechend nicht einfach dem Darlegen verschiedener Positionen, sondern auch dem Ringen um diskursive Macht. Die Dame will einerseits vom Tagwerden überhaupt nichts wissen, beklagt andererseits, daß der Wächter dieses immer wieder zu früh ankündige. Die Reden stehen nicht einfach in einem strikten Sukzessionsverhältnis, sie machen auch, in systematischer Gleichzeitigkeit, Argumentationsstrategien als solche sichtbar. Spielerisch greifen die Gesprächspartner die Worte des jeweils anderen auf.[18] Treusorgende Verpflichtung (*triuwe*) verstehen sie gemäß ihren unterschiedlichen Interessen. Einzelne Wortfelder benutzen sie in divergierender Akzentuierung: Spricht der Wächter vom Herein- und wieder Fort*bringen* des Ritters, so sie davon, welches Liebesglück der Ritter *gebracht* habe und welches Leid es *bringe*, sollte er wieder aufbrechen. Der Wächter operiert mit einer Zeitlichkeit, die den charakteristischen Ablauf der Tageliedsituation festschreibt: Die klar umgrenzte, auf die Nacht beschränkte Vergangenheit wird durch eine dramatisch beschleunigte Gegenwart abgelöst (*es ist nu tach naht waz es …*) und auf eine ungewisse Zukunft (*hernach*) bezogen. Die Dame hingegen betont das Moment des Repetitiven: Immer und immer wieder (*ie, dicke*) würden sie und der Geliebte morgens vom Wächter mit unangenehmer Botschaft konfrontiert, durch seinen Gesang erschreckt, aus der Innigkeit der Umarmung gerissen. Damit ist einerseits die Beziehung auf Dauer gestellt, andererseits die Trennung als Wiederholungsereignis gezeigt. Die Situation, die das Lied schildert, ist keine singuläre – und doch eine singuläre: Indem statt der Trennung die neuerliche Liebesvereinigung erfolgt, werden Hörer und Leser Zeugen eines Augenblicks, der die scheinbar faktische Logik der Repetition durchbricht, den Gegensatz von äußerer Geschiedenheit (*benomen von blanchen armen*) und innerer Ungeschiedenheit (*vz hertzen niht*) auflöst.

Das für das Genre notwendige Übel der Trennung ist damit nicht aufgehoben. Die Dame setzt es in ihren Bitten und Verhandlungsversuchen voraus. Und auch der Erzähler hält in seiner Schlußstrophe den Aspekt des Erschreckens (angesichts des Tagesanbruchs) und den Begriff des Abschieds fest. Doch eben dieser Begriff (*vrloup*) erweist sich nun als umcodiert. So wie Gottfried von Straßburg in seinem *Tristan* die Begriffe *minne* und *ere* in einer Weise aufeinander bezieht, daß *minne* plötzlich die Maßstäbe setzt für das, was als *ere* zu gelten hat,[19] so nimmt auch Wolfram eine semantische Verschiebung vor, die den Moment des Auseinandertretens zu dem größtmöglicher Intensität macht. Zugleich vollzieht sich in der Schlußstrophe, parallel zur Perspektivierung der Liebeserfüllung, eine konsequentenreiche Umbesetzung von Positionen. Die Rede des Erzählers schiebt sich an die systematisch zu erwartende Stelle der Rede des Wächters. Wie im Streitgedicht wird die aus sich heraus zu keiner Entscheidung gelangende Wechselrede abgelöst durch die Rede einer höherrangigen Instanz – höherrangig hier allein dadurch, daß diese (personal nicht markierte) Instanz der gebundenen Innenschau der beteiligten Subjekte eine Außenschau entgegenzustellen vermag, die Rede in Handlung umschlagen läßt und neben der Figur des Wächters eine weitere Figur der die Zweisamkeit störenden Differenz etabliert: den Tag, personifiziert aufgerufen und metonymisch vergegenwärtigt durch die ›Blicke‹, die ›Strahlen‹, die er durch die Fenster (*div glas*) ›wirft‹.

Mit dieser konkretisierten Metapher ist der Beginn des Textes wiederaufgenommen und zugleich in eine neue Konstellation überführt. Der dramatische ist einem konstatierenden Gestus gewichen, das Präsentische dem Epischen, die subjektive Inszenierung der objektiven Beschreibung. Der Wächter, dieser Katalysator der Liebesvereinigung, wird scheinbar depotenziert, genau dadurch aber auch profiliert. Als personale Figur steht er nun neben der personifizierten des Tages, und das macht sichtbar, worum es im Ganzen geht: eine ›gläserne Differenz‹, die trennt und zugleich verbindet, ein Drittes, das zwischen innen und außen vermittelt und doch weder dem einen noch dem anderen ganz angehört. Was auf der Ebene der Beteiligten als Störung erscheint, erscheint auf der des Erzählers und des Textes als Moment einer poetischen Konstruktion, die das der Liebe Fremde und zugleich Eigene als Bedingung der Möglichkeit literarischer Rede entwirft.

Diese Interpretation gewinnt an Plausibilität, wenn man einen Aspekt berücksichtigt, der bislang ausgespart blieb: die poetologische Dimension der Figur des Wächters. Was dieser vorbringt, ist ja nicht einfach eine prosaische Warnung vor dem Tagesanbruch, es ist eine Warnung in Form des Gesangs. Als *singen* bezeichnet die Dame zweimal seine Reden, und sie wird bestätigt durch den Erzähler: *wahtære warnen sanch*. Damit kommt ins Spiel, was für den Minnesang generell eine zentrale Rolle spielt: die Sanglichkeit einer an der mündlichen Aufführung orientierten Liedkunst.[20] Mittelalterliche Lyrik ist, wie nicht zuletzt Variationen eines Texts und seiner Strophenfolge in den Handschriften sichtbar machen, mit den Kategorien neuerer Erlebnis- und Kunstlyrik nicht angemessen zu erfassen. Zwar hat sie als Sprachspiel, als Auseinandersetzung mit Liebe im Medium des Wortes Kunstcharakter und erreicht sie ein hohes Maß an (Auto-)Reflexivität, das auf schriftliterarische Praktiken der Sinnsicherung angewiesen ist. Doch lebt sie ganz wesentlich auch als Klangkunstwerk, bezogen auf die Möglichkeiten des Vortrags und die Gegebenheiten einer Situation des Hier und Jetzt. Beides, Klanglichkeit wie Situativität, lassen sich aus den überlieferten Liederhandschriften nicht mehr wiedergewinnen. Versuche, einzelne Lieder hinsichtlich ihrer spezifischen Aufführungsrealität zu konkretisieren, müssen spekulativ bleiben.[21] Deutlich wird aber: Den überlieferten Texten sind, als Teil ihres medial-pragmatischen Rahmens, Momente von Performativität eingeschrieben, die nicht Relikte archaischer (primärer) Mündlichkeit, wohl aber Anzeichen eines im sozialen Vollzug gegründeten Geltungsanspruchs von ›Literatur‹ darstellen. Dieser Anspruch kann sich bereits als reflektierte Inszenierung von sekundär mündlichen Sprachphänomenen artikulieren: in Form des Mit- und Gegeneinanders einer Sprache der Nähe und einer Sprache der Distanz,[22] in Form des Spiels mit Sprechhaltungen und Subjektpositionen vor dem Hintergrund der (Nicht-)Identität von Liebendem, Singendem und Vortragendem, in Form der Thematisierung des Singens als des Liebe erst diskursiv zugänglich machenden Tuns.

Eben dieser letzte Aspekt dürfte auch für Wolframs Tagelied(er) zentral sein. Die Aktivität des Wächters wird verknüpft mit der Produktion des Sanges, eines Sanges, der zwar nicht explizit als Minnesang oder überhaupt als ›Literatur‹ hingestellt wird, aber doch in deren Nähe rückt: Das dem Wächter Zugeschriebene und das ihm in zwei Strophen als Rede Zugeordnete scheinen zu konvergieren. Das heißt aber auch: Mit der Figur des Wächters ist nicht nur ein Fixpunkt gesetzt für die das Liebesglück durchziehende Differenz, sondern auch ein Ursprungspunkt für die von dieser Differenz ihren Ausgang nehmende literarische Produktion. Die Pointe dieser Überblendung zeigt sich im Hinblick auf das System des Minnesangs: Anders als dort ist das ›Sänger‹-Ich nicht zugleich das des Liebenden und spricht es nicht von den Leistungen und Schwierigkeiten, Möglichkeiten und Unmöglichkeiten des Singens. Das Ich des singenden Wächters markiert vielmehr die Genese eines Textes, der im vorliegenden fünfstrophigen Text durch Einführung anderer Sprecher und Episierung der Sprechsituation transformiert und absorbiert wurde.

Der Wächter ist als eine Figur des Dritten also zugleich eine Figur, in der sich die Genese eines literarischen Sprechens über Liebe selbst reflektieren kann – eines Sprechens, das die Einheit selbst dort, wo sie gegeben ist, immer wieder in Frage stellen muß, um sie literarisch begründen zu können. Der Wächter verkörpert die liminale Situation und prekäre Gemeinsamkeit der Liebenden, indem er zwischen innen und außen oszilliert, und er gewinnt eben daraus seine poetologische Fragilität. In ihm kommt auf den Punkt, was das Tagelied von anderen Typen des Minnelieds unterscheidet, wird aber auch sichtbar, wie schnell diese Differenz immer wieder zu schwinden droht. Nur wo die Erfülltheit der Liebe selbst keine zeitliche Grenze mehr kennt, läßt sich die Differenz zu einer auf Klage und Sehnsucht, auf Illusion (*wân*) und Imagination (*denken*) fundierten Minne fixieren – kommt sie sich aber dort nicht selbst abhanden?

Ein anderes Lied Wolframs erprobt diese radikale Konsequenz. Es ist weitgehend übereinstimmend in der Weingartner Liederhandschrift (um 1275) und der Großen Heidelberger Liederhandschrift (um 1310) überliefert. Hier der Text nach der ersteren:[23]

1 *Der helden minne ir klage*
du sunge ie gen dem tage
daz sure nach dem süezen
swer minne vnd wiplich grüezen
also enpfienc
daz si sich muosen scheiden
swaz du do riete in beiden
do vf gienc
der morgenstern wahtaere swic
da von niht langer sinc.

Der heimlichen Liebe Klage,
die sangst du immer, wenns auf den Tag zuging,
das Saure dem Süßen folgen lassend.
Wer Liebe und weibliche Zärtlichkeit
in der Weise erfuhr,
daß zwei sich wieder trennen mußten –
was auch immer du diesen nahelegtest,
wenn der Morgenstern aufging,
Wächter, sei still,
davon sing nicht länger.

2 *Swer pfliget oder ie gepflac*
daz er bi lieben wiben lac
den merkaeren vnverborgen
der darf niht durh den morgen
dannen streben
er mac des tages erbeiten
man darf in niht uz leiten
uf sin leben
ein offeniu süeze wirtes wip
kan sölhe minne geben.

Wer es so hält oder immer schon so hielt,
daß er das Bett mit liebenden Frauen teilte,
ohne es den Aufmerksamen zu verbergen,
der braucht nicht des Morgens wegen
von dannen zu ziehen.
Er kann den Tagesanbruch erwarten,
man braucht ihn nicht hinauszuführen
unter Lebensgefahr.
Eine Ehefrau, reizend und nicht zur Verstellung gezwungen,
kann so eine Liebe schenken.

Man hat das Lied als Absage an die Tradition des Tagelieds verstanden. Zwar sind dessen Elemente aufgerufen: die Heimlichkeit der Liebe, der Tagesanbruch, der Gesang des Wächters, der schmerzliche Zwang der Trennung. Aber sie sind nicht in actu situiert. Kein Tagesanbruch findet statt und kein Stelldichein der Liebenden. Keine Stimme von ›Beteiligten‹ ist zu hören, nur die eines Erzählers, der die Notwendigkeit der Trennung und damit die Situation des Tagelieds für hinfällig erklärt – wenn es sich bei der Geliebten um die eigene Ehefrau handelt. Diese Pointe steht am Ende des Lieds, sie steht dort, wo in anderen Fällen *urloup* und *minne lon* sich verschränken, und sie steht in Parellele zu der Pointe am Ende der ersten Strophe, in der sich der Angesprochene als der Wächter erweist. Auch hier geht es also um das Spiel mit der Verzögerung, dem Aufschub. Doch gilt es nun nicht dem Ereignis des Tagesanbruchs, sondern der Instanz der Vermittlung, die nun ebenso ›aufgehoben‹ wird wie jenes.

Keine eigene Rede hat er mehr, der Wächter, nicht mehr ist er Ansprechpartner der Liebenden, es ist der Erzähler, der sich eine ganze Strophe lang im vertrauten Du an ihn wendet, bis er ihn schließlich zum Schweigen auffordert. Immer wieder also operiert Wolfram mit der Abblendung jener Figur, die der Differenz überhaupt erst eine Stimme zu verleihen schien. Im Lied *Sin chlawen* wird der Wächter von der Dame um Schweigen gebeten und am Ende vom epischen Duktus absorbiert. Im Lied *Von der zinnen* darf er sich selbst aus der Trennungssituation verabschieden – mit einem Tagelied, das anderen Sang ablöst (*Von der zinnen | wil ich gên, in tagewîse | sanc verbern*; L. 6,10–12) und gleichzeitig die Funktion des Wächters als Artikulator von Differenz darlegt: Durch ihn werde der Liebende von der Notwendigkeit, sich selbst um den Tagesanbruch zu kümmern, entlastet (L. 6,31–34).[24]

Im vorliegenden Lied ist der Wächter ganz deutlich nicht nur als Warnender gedacht, sondern auch als Sänger. Klagelieder heimlicher Liebe (*Der helden minne ir klage*) bringt er vor – oder hat er vielmehr vorgebracht. So wie in *Sin chlawen*, wo die eherne Regel des Abschiednehmens zumindest für gewisse Zeit suspendiert scheint, das Geschehen zu einem besonderen und damit das Lied zum poetischen Ereignis wird, so auch in *Der helden minne*: Was der Wächter immer (*ie*) morgens vorbrachte, was also durch Dauer habitualisiert war, soll nun entbehrlich sein. Das heißt, den Wächter der Stimme zu berauben, aber auch den Text zu einem Metatext zu machen, der nicht mehr eine Situation im Wechselspiel subjektiver und objektiver Perspektiven entwirft, sondern die Bedingungen ihrer Möglichkeit reflektiert. Während die erste Strophe den Wächter verabschiedet, hebt die zweite das Konstituens der Gattung, die Trennungssituation, auf, allerdings im Modus einer implizit konditionalen Konstruktion (*swer … der*). Die komplexe Syntax der beiden Strophen, ihr mäandernder Charakter, ihre Inkongruenzen und Perspektivenwechsel, sie machen die Aussage schillernd. Sie binden das, was man als Erkenntnis über die Eigenart des Wächters und der Gattung festhalten zu können meint, an eine Sprache, die sich nun selbst in den Vordergrund schiebt. Wieder wird also die Figur des Dritten zum Entfaltungsort für die Eigendynamik der literarischen Rede. Wolfram singt nicht, wie die ältere biographisierende und psychologisierende Forschung wollte, das Hohelied ehelicher Liebe. Er lenkt den Blick auf die Funktionsweisen einer Gattung, die dort am deutlichsten werden, wo sie außer Kraft gesetzt scheinen, auf die Textur eines Liedes, die dort am unübersehbarsten wird, wo der Gegenstand abhanden zu kommen scheint.

III

Der Wächter – eine Paradoxie des Figürlichen und Manifestation des reflexiven Potentials der Liebesdichtung? Das wäre, blickt man auf die Entwicklung der Folgezeit, so überraschend nicht. Seit dem frühen 13. Jahrhundert, von Neidhart über Ulrich von Liechtenstein, Steinmar und Hadlaub bis hin zu Oswald von Wolkenstein, unternimmt die volkssprachige Lyrik es, Personal und Situationen der Lieder zu konkretisieren, mit lebensweltlichen Bezügen auszustatten – und gerade dadurch die spezifische Sprachlichkeit und Literaturhaftigkeit der Texte herauszustellen. Das gilt auch für die Tagelieder. Die Figuren erhalten genauere ständische Konturen, die Handlung vollzieht sich in klarer faßbaren Räumen (Kemenate, Scheune etc.) und episierten Kontexten. Gelegentlich verbindet sich damit sogar eine explizite Reflexion der Konstituenten der Gattung. Ulrich von Liechtenstein hat mehrere Tagelieder gedichtet, in denen eine Zofe die Stelle des Wächters einnimmt und der Liebhaber den ganzen Tag heimlich bei seiner Geliebten verbringt.

Als er seine Lieddichtung in den epischen Rahmen seines *Frauendienstes* (um 1255) integriert, begründet er in einer längeren Einleitung zu den Liedern die Umbesetzung: Wächter seien normalerweise nicht adlig, sondern von *gebûren art* (1623,5), sie könnten deshalb nicht gut als Vertraute des adligen Liebespaares dienen.[25] Die ältere Tradition, die Ulrich als vorbildhaft anerkennt, wird unter Maßgabe von Kriterien der Glaubwürdigkeit und der Schicklichkeit kritisiert – und damit eben jener imaginäre Aspekt der Wächterfigur zur Diskussion gestellt, den ich zu beschreiben versucht habe. Doch auch Ulrich von Liechtenstein ist nicht auf einen schlichten Realismus (sollte es diesen je gegeben haben) festzulegen. Schon die Bemerkung, es komme nun mal vor, daß ein Ritter gelegentlich den Tag verborgen bei seiner Geliebten verbringe, erfolgt mit einem Augenzwinkern. Generell ist der spielerische Charakter des *Frauendienstes* im Umgang mit literarischen Traditionen und feudal-adligen Mustern unverkennbar (s. Kapitel 8). Auch die Auseinandersetzung mit dem Tagelied zielt nicht zuletzt, ähnlich wie in Dantes *Vita nova*, auf die Profilierung des eigenen dichterischen Werks. Sie gilt einem Typus, dessen Elemente man beständig variiert und erweitert, einer Tradition, der man immer wieder neue Aspekte abzugewinnen sucht, einer Gattung, die für Umbesetzungen, Verlagerungen und Verinnerlichungen prädestiniert ist. Das Konkrete dient der Inszenierung des je neuen Verfügen-Könnens über literarische Modelle und damit auch der Steigerung der Literarizität des je vorliegenden Textes.

Wolfram steht am Beginn dieser Entwicklung, zugleich an einem Punkt, an dem Differenzierungen zwischen verschiedenen Formen des Minnelieds erprobt werden. Alle Minnelyrik gebraucht eine Sprache der Differenz. Sie spricht von Absenz und Distanz, von Brüchen, Enttäuschungen und neuen Hoffnungen, von Imagination und Wirklichkeit. Sie entwirft eine Spannung von Sehnsucht und Aussichtslosigkeit, von Selbsterniedrigung durch Auslieferung an die Dame und Selbsterhöhung durch Profilierung des Sanges. Sie spricht also nicht zuletzt auch von der Macht des Textes, vorzuführen, was sich als Akt immer wieder ins Ungreifbare verschiebt. Das Tagelied setzt andere Akzente, doch dies keineswegs primär aufgrund des Beisammenseins der Liebenden. Vielmehr ergibt sich eine neue Spannung von Konkretem und Abstraktem, von

Handlungswelt und Sprechhandlung. Und sie ergibt sich dadurch, daß Differenz nicht mehr nur als jeweilige interessiert, die – aller Abstraktheit der Lieder, aller Spitzfindkeit der begrifflichen Nuancierungen zum Trotz – je neu das Verhältnis zwischen dem Ich und der Dame, zwischen seiner Rede und der Rede der Konkurrenten und Neider durchzieht. Was zumindest Wolfram anvisiert, ist Differenz als poetologisches Prinzip. Das Spiel mit der Figur des Wächters, aufgebaut und wieder zurückgenommen, konstruiert und dekonstruiert, ermöglicht es, den Blick auf das Fluktuierende und Sichentziehende zu richten, aus der sprachlichen Differenz das Kapital für literarische Differenzierungen zu gewinnen. Die Konzentration auf die Punkte, an denen Einheit und Zweiheit ineinander übergehen, macht Phänomene sichtbar, die sich mit Hilfe eines Sprachrohrs artikulieren und doch nicht fixieren, zeigen und doch nicht aussagen lassen.

Eben in jener Zeit, da Visionstexte das Fegfeuer als dritten Jenseitsort etablieren, da Epen wie der *Straßburger Alexander* oder der *König Rother* narrative Welten von zweiteiligen auf komplexere dreiteilige Strukturen umstellen, da Romane wie Wolframs *Willehalm* und Gottfrieds *Tristan* semantische Oppositionen (Christen/ Heiden, Liebe/Gesellschaft) skizzieren und im gleichen Atemzug rhetorisch destabilisieren, eben in dieser Zeit deutet sich in der Lyrik eine ›Poetik des Dritten‹ an, die darauf zielt, außen und innen, Welt und Sprache in der Doppelung gleichzeitiger Untrennbarkeit und Unvereinbarkeit zu begreifen: als zwei Seiten einer Münze, einer poetischen Währung, die nur zu haben ist um den Preis ihrer Vereindeutigung. Auch im Verstummen des Wächters bleibt die Frage präsent, wie Liebe ohne Welt oder Zweiheit ohne Differenz zu denken wäre. Die Antwort, die Wolfram nahelegt, lautet: nur im Paradox. Aus dessen Kraft speist sich nicht unwesentlich der Reflexionsgewinn der volkssprachigen Literatur um 1200.

SUBJEKTE DES KÖRPERS

7 Körper und Zeichen

I

Phänomene der Körperlichkeit sind in den letzten Jahren in den historischen Text- und Kulturwissenschaften zunehmend in den Blick gerückt. Beschrieben wurden Praktiken des Umgangs mit dem Körper, domestizierende und entgrenzende, inszenierende und ritualisierende, die nicht einfach biologische Gegebenheiten, sondern komplexe kulturelle Symbolisierungen erkennen ließen.[1] Körper sind, wo sie in schriftlicher und bildlicher Überlieferung begegnen, von Zeichen umgeben und fungieren selbst als Zeichen, als Markierungen situativer, ständischer, alters- und geschlechterspezifischer Zuordnungen. Sie stehen im Schnittpunkt verschiedener lebensweltlicher Sinnsysteme (Bewegung, Gestik, Kleidung, Ernährung, Sexualität), die wiederum in Text und Bild auf verschiedene Weise konfiguriert werden können. Statt einer globalen Geschichte ›des‹ Körpers ergibt sich damit eine Vielzahl partikularer Geschichten: »Zu behaupten, mittelalterliche Ärzte, Rabbiner, Alchemisten, Prostituierte, Ammen, Laienprediger und Theologen hätten ›eine einheitliche‹ Vorstellung von ›dem Körper‹ gehabt, ist ungefähr so richtig wie die Behauptung, Charles Darwin, Beatrix Potter, ein Wilderer und ein Dorfmetzger hätten ›einen‹ Begriff von ›dem Kaninchen‹ gehabt.«[2]

Doch dieses Nebeneinander partikularer Körperbilder tritt erst für das hohe und vor allem das späte Mittelalter deutlich in Erscheinung. Erst hier lassen sich verschiedene Diskurse klarer voneinander abheben: ein höfischer, der in der Literatur nicht selten das Spiel mit Abweichungen und Grenzüberschreitungen erprobt,[3] ein theologischer, der die patristische Diskussion um die Form der leiblichen Auferstehung neu aufnimmt,[4] ein spiritueller, der den Körper speziell als weibliches Erfahrungsmedium profiliert,[5] ein medizinisch-chirurgischer, der Konkretheit und Symbolbedeutung des Körpers verbindet und sich im Wissenschaftssystem zwischen Arithmetik und Grammatik situiert.[6] Für die Zeit vor dem 12. Jahrhundert deuten sich solche diskursiven Differenzierungen nur an. Vieles bleibt blaß, entbehrt der historischen Dichte, die es erlauben könnte, Formen der Eigen- und Fremdwahrnehmung des Körpers zu unterscheiden, Relationen von Körper und Geschlecht zu rekonstruieren. Aus den (heidnischen) Stammesrechten kennt man Vorstellungen von Übergriffen gegen den menschlichen Körper, aus den (christlichen) Mirakelberichten Typen von Krankheit und Heilung, aus den Bußbüchern, negativ gebrochen, eine bunte Palette von Exzessen und Transgressionen im Spannungsfeld von Gewalt und Sexualität. Doch der Körper, von dem hier die Rede ist, hat überwiegend allgemeinen, theoretischen und normativen Charakter. Weder seine individuelle Konstitution noch seine – in traditionellen Gesellschaften durchaus zentrale – symbolische oder rituelle Aufladung in spezifischen Situationen und Kontexten[7] werden mehr als punktuell sichtbar. Als gefallener oder zerstückelter, beschädigter oder fragmentierter, zu heilender, zu kontrollierender oder zu neutralisierender ist der Körper primär Zeichen von Defizienz, nicht Quelle von Erfahrung.

Auch dort, wo sich, wie in den früh- und hochmittelalterlichen Autobiographien, Ansätze zur Subjektivierung zeigen, bleibt der individuelle Körper dem allgemeinen untergeordnet, seine Wahrnehmung an die dominante Codifizierung und Normierung des klerikalen Diskurses gebunden. Prägend wirkt nach wie vor die Dichotomie von Körper und Geist/Seele,[8] wirkt die heilsgeschichtliche Konzeption, dergemäß sich die Erhabenheit des Körpers – als Ebenbild Gottes und als mikrokosmischer Spiegel der makrokosmischen Ordnung – erst jenseitig und zukünftig entfalte, seine Bedeutung für menschliche Personalität erst in seiner Aufhebung realisiere: Erst als toter kann der Körper, integral bewahrt oder wiederhergestellt, in der leiblichen Auferstehung optimiert und spiritualisiert werden. Als lebendiger Körper hingegen ist er vor allem Moment der Gefährdung: Von ihm »gehen natürliche und unkontrollierbare Triebe aus«, in ihm manifestieren sich »Bosheit und Verderbtheit – Krankheit und Ansteckung«, ihn unterwirft man »läuternden Strafen, um Sünde und Schande von ihm zu nehmen«, um aber auch die Beschaffenheit der Seele und die Optionen von Heil oder Verderben zum Vorschein zu bringen.[9]

Und doch bietet gerade der Modus von Ich-Aussagen spezifische Möglichkeiten, das Reden über den Körper zu verändern. In ihm bekommt die generell ambivalente Indikatorfunktion des Körpers – dem äußerlich Häßlichen kann sowohl eine innerliche Verdorbenheit wie eine heilsgeschichtliche Auserwähltheit und dem äußerlich Schönen sowohl eine sittliche Vorbildlichkeit wie eine soteriologische Verworfenheit entsprechen[10] – eine neue Dynamik. Der Körper, der als der Körper dessen erscheint, der spricht, ist nicht einfach ein Objekt, das in korrespondierendem oder kontrastivem Verhältnis zur Seele steht. Er vertritt eine Grenze, die dem auktorialen Ich seinen Anhaltspunkt und seine Authentizität verleiht. Er fungiert als textuelles Phänomen, dessen Bedeutung sich in hermeneutischen Operationen entschlüsseln läßt, zugleich aber als ein nicht-textuelles Etwas, dessen Existenz Bedingung der Möglichkeit des Textes und damit der Konstitution des Autors ist. Das ändert nichts daran, daß auch dieser Körper in der Regel als zeichenhafter interessiert und nicht als konkret physischer, an dem die Mißlichkeiten des Alltags ihre Spuren hinterlassen. Doch es lenkt den Blick auf jene Zeichen, deren Semantik sich der Eindeutigkeit entzieht, deren Ort im Diskurs des Textes sich der klerikalen Diskursivierung des Körpers nicht restlos einfügt.

Genau solche Punkte des Textes, Momente des Widerständigen und Widerstimmigen, haben in den letzten Jahren zunehmend die Aufmerksamkeit der Literaturwissenschaft auf sich gezogen. In dem Maße, in dem Asymmetrien, Brüche und Verschiebungen nicht mehr als interpretatorische Nebensächlichkeiten ausgeblendet wurden, traten komplexere Textprofile ans Licht, wurden Grenzen der Versprachlichung sichtbar, die wiederum die Historizität literarischer Überlieferungen kennzeichnen. Das folgende Fallbeispiel erweist sich in dieser Hinsicht als besonders ergiebig. An ihm wird – vielleicht zum ersten Mal im abendländischen Mittelalter auf so prägnante Weise – deutlich, wie Körper in Texten, jenseits einer bloß motivischen Funktion, in spezifischer Weise die Schreibbewegung durch lebensweltliche Bezüge profilieren können.

II

Guibert de Nogent, geboren vermutlich 1055 in Clermont-en-Beauvaisis, seit etwa 1068 Benediktinermönch im Kloster Saint-Germer-de-Fly (Diözese Beauvais) und seit 1104 Abt des Konvents Nogent-sous-Coucy (Diözese Laon), verfaßte aller Wahrscheinlichkeit nach im Jahre 1115 ein dreiteiliges Werk, das er selbst in einem späteren Trakat (zum Reliquienkult) als *libri monodiarum* bezeichnete.[11] Das erste dieser ›Bücher der Einzelgesänge‹ behandelt Guiberts Leben vor der Abtwahl, das zweite berichtet von den früheren Äbten von Nogent, das dritte erzählt die Ereignisse im Umfeld des Aufstands der Kommune von Laon im Jahre 1112. Die *libri monodiarum* hatten, wie es scheint, nur begrenzte Wirkung in den folgenden Jahrhunderten, galten aber der modernen Forschung als »erste umfassende Autobiographie [...] der mittellateinischen Literatur«.[12] Sie galten auch, vor allem in ihrem Eingangsteil, als psychohistorisches Dokument: Thematisierung einer problematischen Mutterbindung, die Schuldgefühle, ja sogar einen Kastrationskomplex verursacht habe, Rationalisierung frühkindlicher Konflikte, die im Medium der Schrift therapeutisch bewältigt seien.[13]

Das Problem einer solchen psychohistorischen Lektüre liegt darin, daß sie selbst dann, wenn sie das übrige ausgedehnte (historiographische und theologische) Werk Guiberts hinzuzieht, über kein Material verfügt, das zum Entwurf eines geschlossenen Psychogramms und zur Applikation moderner analytischer Kategorien geeignet wäre. Sie steht damit in der Gefahr, einzelne Textelemente auf vermeintlich universale psychologische Kategorien zu reduzieren und zugleich ihre literarische Funktionalität zu verkennen.[14] Methodisch sicherer scheint es, von einer Analyse der im Text entworfenen Spannungen von Innen- und Außenwelt und ihrer kontextuellen Beziehungen auszugehen. Schon die zunächst heterogen wirkende Dreiteiligkeit der ›Autobiographie‹ gehorcht ja durchaus einem immanenten Formprinzip. Zwei etwa gleich lange Teile sind gruppiert um einen schmalen Mittelteil, der sie zugleich auktoriell verknüpft: Die autobiographisch-diachrone und die zeithistorisch-synchrone Perspektive besitzen ihren Drehpunkt eben in jener Einsetzung Guiberts zum Abt von Nogent, von der sich auf einen abgeschlossenen früheren Lebensabschnitt zurückschauen, aber auch eine neue Form der Teilhabe an der (zum Zeitpunkt der Niederschrift noch unentwirrten) ›Gemengelage‹ der Gegenwart entwikkeln ließ. Jeder der drei Teile endet mit Visionen oder Mirakeln, die das irdische Geschehen immerhin punktuell als Zeichen göttlicher Gerechtigkeit erweisen.

Auch das, was in den *Monodiae* scheinbar autobiographisch-intimen Charakter hat, ist also in seiner Funktion für die Konstruktion einer spezifischen Wirklichkeit zu erfassen. Die Ich-Perspektive arbeitet mit dem Spannungsfeld von Einst und Jetzt und unterwirft zugleich das Frühere dem Gegenwärtigen, ohne beides klar zu scheiden. Guibert zielt nicht auf eine möglichst vollständige, psychoanalytisch verwertbare biographische Anamnese, sondern benutzt die augustinisch geprägte Unmittelbarkeit des Ich zu Gott,[15] um die Sündhaftigkeit individueller Existenz in einer als amoralisch, korrupt und gewalttätig gekennzeichneten Zeit zu profilieren, gleichzeitig aber aus der Gefährdung die spezifische Dynamik des literarischen Unternehmens zu gewinnen. Das Leben nicht einfach Schritt für Schritt erzählend, sondern im Wechsel von Bericht und Deutung, von Vorgriff, Rückgriff und Digression entfaltend, versucht er, »die eigene narrative Autorität zugleich zu bestätigen und zu unterminieren«.[16] Dabei entdeckt er den Körper als die sowohl hindernde wie nötige Lebensbedingung, in der Ich und Welt sich berühren, als den Widerpart einer *conversio*, der diese erst eigentlich ans Licht bringt, als das Element des Textes, das verschiedene Berichtsperspektiven, ungeachtet ihrer historiographischen Differenz, zu verbinden vermag.[17]

Bereits der Eingang des Textes nimmt auf die körperliche Verfassung Bezug: »Ich bekenne die Schlechtigkeit meiner Kindheit und Jugend, die selbst im reifen Alter noch glüht, und den nicht erloschenen Drang zum Verdorbenen, der selbst aus der Stumpfheit des ermüdeten Körpers noch nicht gewichen ist.«[18] Das *confiteor* des reuigen Sünders, adressiert wie bei Augustinus direkt an Gott, folgt dem erwähnten dualistischen Grundgedanken, demzufolge sich im Körper als einem Ort der Sündhaftigkeit und Hort des Bösen die ein Leben lang andauernde Gefährdung des Menschen manifestiert. Der Geist hat den Begierden des Körper zu widerstehen, damit nicht die Seele selbst zugrunde gerichtet wird (I,1, S. 6) und damit eben dieser Körper, von seinen irdischen Mängeln befreit und dem Körper Christi angeglichen, Träger des menschlichen Heils werden kann.[19] Schon die Tatsache aber, daß Guibert hier von den Auferstehungsleibern als *nostra electorum corpora* spricht, macht deutlich, daß nicht nur generell die christliche Dichotomie von Diesseits und Jenseits im Blick ist. Im Reden über den Körper bleibt die Subjektposition präsent, auch wo sie zurückgenommen scheint. Die Autobiographie verknüpft Individual- und Heilsgeschichte und versteht die Selbsterkenntnis als Basis der Gotteserkenntnis: »Wie könnte ich auch nur einen schwachen Schimmer Deiner Größe erhaschen, wenn ich mir selbst gegenüber blind wäre?« (*Quomodo enim ad tui notitiam scintillarem, si ad me videndum caecutirem?*; I,1, S. 6). Sich selbst zu verkennen hieße aber in diesem Kontext auch, sich der Einsicht in die körperliche Gebundenheit des irdischen Daseins zu verschließen. In diesem Sinne kennzeichnet die bereits am Beginn der *Monodiae* akzentuierte Schwäche des Körpers das Programm eines Individuums, das die eigene Lebensspannung zum Paradigma eines grundsätzlicheren Antagonismus erhebt, ohne sie völlig zu entindividualisieren. Sichtbar wird das Problem der Sündenexistenz nämlich gerade an alltagsweltlichen Gegebenheiten – zuvorderst am Kontrast von Mutter und Sohn.

Die zitierte Aussage über die Auferstehungsleiber (*nostra electorum corpora*) findet sich im Kontext einer Diskussion von Schönheit und Häßlichkeit, entwickelt aus einer emphatischen Huldigung der Mutter heraus. Im Kern geht es um den Doppelcharakter des äußerlich Schönen, das trügerisch und doch ein *bonum* (I,2, S. 12) sein kann. Es droht im Irdischen das Verworfene zu verdecken und vermag dieses doch, *sub specie aeternitatis*, zu erhellen – so wie sich der äußeren Erscheinung von Engeln und Teufeln verschiedene heilsgeschichtliche Zustände ablesen lassen. Das Schöne ist also, wie schon Augustinus entwickelt hatte, zu akzeptieren nur im Falle der Korrespondenz von innerem und äußerem Menschen.[20] Genau dies versucht Guibert im Falle der Mutter plausibel zu machen: Deren *pulchritudo* sei eine uneingeschränkt positive, weil sie mit Tugendhaftigkeit, Keuschheit und Gottesfurcht zusammentreffe, der inneren *modestia* korrespondiere. Das Bild der Mutter – die Augen gesenkt, die Zunge beherrscht, mit Gesten sparsam, frivolen Reizen und skandalösen Geschichten abgeneigt – vermittelt eine Idealvorstellung beherrschter Körperlichkeit, die auch der höfische Diskurs der Folgezeit kultivieren wird.

Von dieser Idealgestalt her konturiert der Abt von Nogent die eigene Kindheit, und auf sie bezieht er zentrale Szenen der eigenen ›Körpergeschichte‹. Am Beginn steht die Schilderung der Geburt des Autors. Unter der Prämisse, daß die Beste den Schlechtesten hervorgebracht und dieser wiederum jene in Lebensgefahr gebracht habe, beschreibt Guibert ein dramatisches Ereignis: schmerzhafte und lange Wehen, Verzögerungen, Sorgen und Gebete. Am Ende erblickt ein schwaches, mageres Etwas das Licht der Welt, das einer Frühgeburt gleicht: die Finger dünner als Schilfrohre, der Körper so leicht, daß es bei der sogleich veranstalteten Taufe wie ein Ball von Hand zu Hand geht.[21]

Die Szene, deren Authentizität Guibert mit dem Hinweis zu sichern versucht, die zur Anekdote gewordene Geschichte sei ihm als Junge immer wieder erzählt worden (I,3, S. 18), mag wie andere Szenen des ersten Teils der Autobiographie als Zeugnis gelten für die Härten und Schwierigkeiten, denen eine Kindheit im Mittelalter ausgesetzt war.[22] Doch besitzt sie unabhängig von ihrer weder beweisbaren noch widerlegbaren Historizität symbolische Dimension: Die Zeit der Wehen fällt mit der Fastenzeit zusammen, die Geburt findet in der Nacht von Karsamstag auf Ostersonntag statt, also im Vorfeld jenes Tages, der als heiligster und ersehntester der Christenheit gilt (I,3, S. 18), und sie erfolgt in unmittelbarem Anschluß an das magisch funktionalisierte Gelübde des Vaters (Evrard), das Neugeborene später einem geistlich-spirituellen Dasein zuzuführen. Die Geburt ist Imitation und Initiation in einem: Sie steht, wie Guibert mit verschiedenen Wortspielen (*nasci/renasci*, *exitium/exitus/exilitas*) und mit der Betonung der Rolle Marias andeutet, in Parallelität zur christlichen Heilsgeschichte und bildet zugleich die Basis für den eigenen Weg zum Heil.[23]

Der Ursprungsmoment des autobiographischen Ich hat also zeichenhaften Charakter. Jenseits von dessen Selbstbeobachtung liegend, repräsentiert er auf paradoxe Weise ein Ereignis, das sich aus dem Rückblick als Vorausdeutung auf einen späteren – und noch gegenwärtigen – Lebenszustand erweist (I,3, S. 20). Mit der Überblendung der Zeitebenen gewinnt aber auch die Schwäche des Körpers eine doppelte Funktion: im Hinblick auf die Fragilität des menschlichen Daseins im allgemeinen und auf die Unsicherheit des kindlichen im besonderen. Sie ist damit Hypothek und Chance zugleich: Der neugeborene *cadaverulus* (I,3, S. 18) kennzeichnet die Sterblichkeit des Menschen und eröffnet zugleich die Möglichkeit, diese in den Lebensentwurf reflektierend aufzunehmen. Denn Einsicht, so Guibert, ergibt sich nicht aus dem Glanz und der Stärke, sondern aus dem Verfall und der Schwäche.[24]

Die Widrigkeiten der Physis bleiben in den folgenden Schilderungen der Kindheit und Jugend schon dadurch gegenwärtig, daß Guibert den eigenen Körper durchgängig als *corpusculum* bezeichnet. Das ›Körperlein‹ ist nicht nur ein physisch fragiles, sondern eines, das seiner eigenen Dynamik zu folgen droht, deshalb mit aller Anstrengung zu domestizieren und zu kontrollieren ist. In einem einige Jahre früher entstandenen antijüdischen Traktat hatte Guibert in einem Exkurs festgehalten, die intimen Partien des Körpers seien deshalb von Kleidern bedeckt, weil sie anders als Finger, Augen oder Lippen nicht dem Gesetz des Willens gehorchen: »Da jene Teile, um die es uns hier geht, durch eine ungezügelte Freiheit, die den Regeln des Verstandes entgegenläuft, bewegt werden, ist es, als ob, wie Paulus sagt, in unseren Gliedern ein anderes Gesetz regierte, das dem Gesetz unseres Geistes widerstreitet und uns im Gesetz der Sünde, das in unseren Gliedern ist, gefangenhält [*Römerbrief* 7,23].«[25]

Das Körpermodell, das sich hier abzeichnet, ist ein reduziertes: Es kennt kein Innen und Außen, kein Oben und Unten, nur Kontrolliertes und Unkontrolliertes, Sichtbares und Unsichtbares, wobei von letzterem wiederum nur das (ungenannte) männliche Glied Bedeutung besitzt. Diese reduktionistische Polarisierung setzt aber zugleich im Blick auf das durch sexuelle Begierde Bewegte schemenhaft das Bild eines anarchischen Körpers frei, der im Verborgenen zu halten ist, weil er sich der normalen Gesetzlichkeit nicht fügt und auch dem geläufigen Prinzip des Beherrschens durch Benennen nicht gehorcht. Die Kontrolle über diesen Körper ist, wie sich zeigen wird, von der Kontrolle des Redens (über ihn) nicht zu trennen.

Als das Vorbild, das ihm nahegebracht habe, den inneren Menschen zu entwickeln und mittels der Fähigkeiten des Verstandes den Körper zu beherrschen (*regimen corpusculi*), nennt Guibert in den *Monodiae* den berühmten Anselm von Canterbury, zu diesem Zeitpunkt noch Abt von Bec und häufiger Gast im Kloster von Fly.[26] Die Umsetzung der Lehre jedoch erscheint in der Praxis als schmerzhafte Erfahrung: Guiberts Erzieher, von der Mutter ausgesucht, ein Mann, der selbst erst spät literate Bildung genoß, fordert strengste Selbstkontrolle in Worten, Blicken und Taten. Er macht aus dem Jungen, der, in klerikales Gewand gesteckt, den Altersgenossen beim Spielen nur zusehen kann, ein ›gelehrtes Tier‹ (*peritum animal*; I,5, S. 30).[27] Er behilft sich mit Schlägen, um die eigene Unsicherheit zu verdecken (I,5, S. 34/36), und verursacht, was Guibert retrospektiv zum biographischen Krisenmoment stilisiert: Als die Mutter eines Tages die Striemen entdeckt, welche die Rute des Erziehers auf dem Rücken des Jungen hinterlassen hat, verspricht sie ihm, er müsse niemals *clericus* werden und in Zukunft keine Qualen mehr leiden, um Latein zu lernen (I,6, S. 40). Doch der Junge selbst widerspricht energisch, hält an seiner klerikalen Bestimmung fest und findet schließlich Zustimmung.

Die zum Teil in direkter Rede vergegenwärtigte, scheinbar rührend innige Szene, in der die Mutter ihrem Sohn das Hemd hochstreift und mit Entsetzen darunter seine Blessuren entdeckt, folgt dem konstruktiven Kalkül eines die Autobiographie durchziehenden Leitmotivs: der Abweichung vom rechten Weg. Nicht nur ist das sündige Ich generell auf seinem Weg zu Gott von der beständigen Gefahr des Abirrens bedroht, bedroht ist es auch in konkreter Weise davon, den Weg religiöser Existenz zu verfehlen, der ihm bei der Geburt vorgegeben wurde. Schon zuvor hatte Guibert den frühen Tod des Vaters nicht zuletzt deshalb begrüßt, weil dieser sich mit ziemlicher Sicherheit der Einlösung des Gelübdes widersetzt hätte (I,4, S. 24). Hier nun ist es die wohlmeinende Mutter selbst, die die spirituelle Entwicklung gefährdet, die aber genau damit auch den bedingten Widerstand repräsentiert, der die innere Bestimmung des Sohnes mit um so größerer Deutlichkeit hervortreten läßt.

Die Mutter, gezeichnet in Anlehnung an Augustins Mutter Monica, ist für Guibert zwar die primäre Bezugsperson, aber auch die primäre Quelle von Differenz. Sie fungiert als die visionäre Instanz, die seinen Lebensweg prägt, aber nicht vollständig bestimmt.[28] Ihre *conversio* erscheint zwar als exemplarisch, aber auch in so dezidierter Weise als geschlechtsspezifisch, daß sich eine unmittelbare Nachfolge verbietet. Guibert entwirft einen Konversionsweg in drei Etappen, manifest jeweils in körperlichen Aspekten. Zunächst bleibt die Mutter nach der Eheschließung (aufgrund einer angeblich durch Verzauberung bewirkten Impotenz des Mannes) sieben Jahre lang Jungfrau, ohne damit wirklich Tugendhaftigkeit zu demonstrieren: Der Widerstand gegen die Versuchungen des Fleisches erwächst aus weltlichem Ehrgefühl, nicht aus dem Konflikt zwischen Körper und Geist (*nulla spiritus carnisque discretio*; I,12, S. 40).[29] Sodann bewahrt sie nach dem Tod Evrards die körperliche Einheit der Ehegatten und verbleibt mehr als zehn Jahre in der Witwenschaft, ohne doch ihre Position in der adligen Welt aufzugeben: Unter dem reichen Obergewand trägt sie ein härenes Untergewand (*cilicium hispidissimum*); die Herrschaft über Haus und Familie behält sie (I,14, S. 98). Erst spät vertauscht sie in einem von Guibert als *revolutio* bezeichneten Entschluß diese Lebensform durch eine dezidiert asketisch-spirituelle, ein semi-monastisches Dasein im Umkreis des Klosters von Fly. Erst jetzt wird der Körper, drastisch verändert, dem Feld geschlechterspezifischer Spannungen endgültig entzogen: »Obwohl sie noch auffallende Schönheit besaß und kein Zeichen des Alters an sich trug, gab sie sich Mühe […] zu erscheinen, als habe sie das Greisenalter schon erreicht. Ihre fließenden Locken, hier wie anderswo ein wichtiges Element weiblicher Attraktivität, fielen unter den Schnitten der Schere. Ihr Kleid, schwarz, unansehnlich aufgrund seiner ungewöhnlichen Weite und überdies aus unzähligen Flicken zusammengesetzt, zeigte […] zur Genüge, daß der in ihrem Inneren wohnte, dem sie in diesem unrühmlichen Aufzug zu gefallen wünschte.«[30]

Die Charakterisierung bleibt ambivalent. Sie soll die Wahl der Lebensform nicht in Frage stellen und doch Bedauern artikulieren angesichts der Zerstörung einer körperlichen Schönheit, die zuvor mühsam als gottgegeben begründet worden war.[31] In der Anerkennung des neuen Lebens scheint dessen lebensfeindliche Radikalität mit auf. Die spirituelle ›Rettung‹ fordert Opfer, unter ihnen der zwölfjährige Guibert. Von seinen engsten Vertrauten (Mutter und Erzieher) verlassen, stürzt er in eine neuerliche Krise und nutzt die neu gewonnene Freiheit, alle semi-klerikalen Zwänge abzuschütteln: Er verschmäht die Schule, liebäugelt mit den ritterlichen Übungen seiner Cousins und gibt einem zuvor unterdrückten Schlafbedürfnis nach – in solchem Übermaß, daß sein Körper zu degenerieren droht (*ut ex insolita nimietate tabescerem*; I,15, S. 108).

Wieder zeigt sich die innere Gefährdung unmittelbar in der äußeren Erscheinung. Wieder aber tritt die Ambivalenz einer Semiotik in Kraft, die das Äußere zugleich zum Anzeichen und zum Trug machen kann. Die kostbaren klerikalen Gewänder, gedacht für kirchliche Prozessionen, werden von dem Jungen zu laszivem Tun mißbraucht. Der schwache Körper, Wohnstätte der Begierde nach Ansehen, Macht und Schönheit, welche dem Streben nach Innerlichkeit, Reinheit und Spiritualität entgegensteht, erweist sich, indem er von täuschendem Glanz verhüllt wird, als Ort der Verwechslung von Schein und Wesen. Und doch ist er zugleich dasjenige, das sich bemerkbar macht und eben damit die ›Rettung‹ vor der sich ankündigenden Weltlichkeit bewirkt. Die Mutter, erschreckt über die Mitteilungen, die sie erreichen, setzt durch, daß der Junge im Kloster wohnen darf, um seine Ausbildung fortzusetzen. In dieser Umgebung aber braucht es nicht lange, bis der Wunsch des Eintritts in den Orden wach und auch erfüllt wird.

Damit allerdings ist die Gefährdung des spirituellen Weges noch nicht beendet. Mit dem Wachstum des Körpers wachsen auch weltliche Begierden nach Macht und Ansehen – nicht zuletzt durch literarische Tätigkeit.[32] Der junge Mönch verfaßt Verse und kurze Prosastücke. Noch nachts ist er, während der Körper unter der Bettdecke zu ruhen scheint, mit Lesen oder Dichten beschäftigt.[33] Vor allem Ovid hat es ihm angetan. Er bemüht sich um höfische Sprache (*quod curialiter dicebatur*) und findet einen solchen Reiz in der Süße der fremden und eigenen Worte, daß sein Körper in Aufregung gerät.[34] Ein Traum, den Guibert seinem Erzieher zuschreibt, verlangt Rechenschaft über die erotischen Verse und verheißt Hoffnung auf Besserung, denn der geheimnisvolle Traumsatz *manus quae literas ipsas scripsit non est sua ipsius quae scripsit* (I,17, S. 136) wird von dem Betroffenen dahingehend interpretiert, daß die Hand, die die verwerflichen Buchstaben geschrieben hat, keine weiteren der gleichen Art hervorbringen werde.

Die sündige Hand des Schreibenden – ein schillerndes *membrum*: gleichermaßen ausführendes Organ und selbständiges Subjekt, körperliche Manifestation des vom Wege abweichenden Geistes und Beispiel jener Glieder, vor deren Eigenbewegtheit Guibert an anderer Stelle gewarnt hatte.[35] In ihr konkretisiert sich das Spannungsfeld von Materialität und Sinnhaftigkeit des Körpers, das die *Monodiae* generell prägt. In ihr, zugleich eine Metapher der Produktion und eine Metonymie des Autors, wird das Körperliche zum Zeichen, ohne sich zu verflüchtigen. Die geträumte Hand, erstmals einige Jahre früher im antijüdischen Traktat erwähnt,[36] behält ein Moment der Irritation. Der Wandel zum Besseren nämlich, den Guibert andeutet, vollzieht sich nicht in Konsequenz des Traumes. Er wird vielmehr als Folge einer *infirmitas corporis* angesetzt, in der sich das strafende Eingreifen Gottes unmittelbar artikuliert habe (I,17, S. 138). Die *poena peccati* bringt den jungen Mönch auf den spirituellen Weg zurück, läßt aber nicht seinen literarischen Eifer erlahmen. Statt bedenklichen Versen produziert er nun einen ehrgeizigen Genesis-Kommentar (Migne, *Patrologia Latina* 156, Sp. 19–340). Auf die Konformität des monastischen Daseins jedoch schwenkt er deshalb nicht ohne weiteres ein. Die Bibelexegese hat, da der Abt vor dem Unternehmen warnt, im Geheimen und Stillen vor sich zu gehen und auf die üblichen Vorstufen zu verzichten – Guibert schreibt den Text direkt aufs Pergament, ohne Wachstafeln zur Konzeption zu benutzen.[37] Der vormals sündige Körper steht nun zwar im Dienste der Spiritualität, ist aber immer noch das Medium, in dem Widerständigkeit sich behauptet, in dem monastische Praktiken eigenwillige Züge annehmen.[38] Er ist gezähmt und auf den Akt theologisch-literarischer Produktion reduziert und trägt doch sogar in diese einen Gestus von Anarchie hinein, den Guibert als Lebens- oder Schreibprinzip (*haec et alia opera*) fixiert.

Kaum zufällig hält der autobiographische Rückblick an diesem Punkt inne und läßt dreißig Jahre Mönchsdasein auf die Nennung produzierter Texte zusammenschnurren. An diesem Punkt hat sich die Perspektive auf eine Konstitution des Autors verengt, die ihrerseits als Fluchtpunkt der Konstitution des autobiographischen Ich erscheint. Von hier aus erweisen sich die Szenen exponierter Körperlichkeit – die Schwierigkeiten der Geburt, die Qualen der Erziehung, die Exzesse nach dem Weggang der Mutter und die literarischen Abwege im Kloster – als zentrale Stationen eines Weges, der, an Krisenmomenten entlang, Sündhaftigkeit in Einsicht aufhebt. Er geht aus von einem religiös bestimmten Ursprung, der zunächst bewahrt und sodann äußerlich wie innerlich realisiert wird. Und er benutzt das ›Körperlein‹ als Zeichen, an dem Befindlichkeiten ablesbar sind und mit dem sich eine (retrospektiv konstruierte) Teleologie inszenieren läßt, die, vereinfacht gesagt, vom Körper zur Schrift führt.

Der Körper, weder detailliert beschrieben noch durchgängig Medium der Selbstwahrnehmung, ›kontinuierlich‹ weder in seiner physiologischen Gesamtheit noch in seiner physischen Entwicklung, gewinnt keine in Raum und Zeit klar abgegrenzten Konturen. Und doch markiert er die Grenze zwischen dem Inneren, das sich im biographischen Prozeß realisiert, und dem Äußeren, das die Realisierung einerseits hindert, andererseits ermöglicht. Ist für Guibert die Selbsterkenntnis Bedingung der Möglichkeit der Gotteserkenntnis, so ist der Körper wiederum Bedingung der Möglichkeit von Selbsterkenntnis (*caput ignorat, quod non censeatur in corpore*; I,19, S. 162) – wenn auch vielleicht nur im Sinne der für das Geistig-Seelische unerläßlichen materiellen Grundlage. Eben diese Materialität aber verleiht dem Körper im Text jene Widerständigkeit, die Guiberts Autobiographie insgesamt durchzieht: Die Erwähnung der zur Anekdote gewordenen Taufgroteske hält das Faktische (oder als faktisch Angenommene) im Symbolischen präsent, die Betonung der ungerechtfertigt harschen Erziehung gewährleistet eine authentische ›Mißlichkeit‹ der körperlichen Male, die Andeutung des erzwungenen Schlafdefizits verleiht dem folgenden Schlafexzeß immerhin einen Anschein von innerer Berechtigung, und der Hinweis auf die Erregung durch erotische Verse macht die lebensweltliche Dimension des Literarischen punktuell greifbar.

Unabhängig davon, ob sich die einzelnen Ereignisse eben so abgespielt haben, wie Guibert sie beschreibt, zeigt sich an ihnen, daß für den biographischen Ablauf der Körper, augustinisch gesprochen, *res* und *signum* zugleich darstellt. Der Körper im Text verweist auf jenen Körper jenseits des Textes, der nicht wirklich zu repräsentieren, aber als das Subjektivität ermöglichende Objekt markiert werden kann. Noch in jenen Partien, in denen sich der Blick von der eigenen Biographie abgewandt hat, kann diese unvermittelt wieder ins Spiel kommen: Am Ende des Textes (III,20) greift Guibert noch einmal ein Kindheitserlebnis auf, eine gefährliche fieberhafte Erkrankung, von der er nicht durch medizinische, sondern durch mirakulöse Hilfe (man verlegt sein Bett in die Kirche der Märtyrer St. Léger und Maclou) geheilt worden sei. Auch hier ist der Körper zugleich ein Objekt wunderwirkender Kräfte, die seine Schwäche kompensieren, und ein Zeichen, das die heilsgeschichtliche Imprägnierung des Subjekts im Text verankert.

Aufmerksam geworden auf das Spannungsfeld von Subjekt und Körper, liegt der Gedanke nahe, auch die bislang ausgesparten Exempel, Mirakel und Visionen, die jedes der drei Bücher der *Monodiae* beschließen und die Guibert überwiegend auf die eigene Lebenswelt bezieht, würden mehr als nur einen äußerlichen Annex bilden.[39] Sie drehen sich um die Manifestation des Übersinnlichen in der alltäglichen, vorwiegend monastischen Welt, um Dämonen- oder Geistererscheinungen, absonderliche Krankheiten oder mirakulöse Heilungen, wobei die Wirkungen der göttlichen oder teuflischen Mächte nicht selten am Körper sichtbar werden. Eine Vision der Mutter etwa führt die Seele auf einer Jenseitsreise zur Begegnung mit dem verstorbenen Vater, dessen Oberkörper schwere Blessuren aufweist (III,20, S. 150): von Guibert interpretiert als Strafe für den Ehebruch, den Evrard begangen hatte und aus dem ein Kind hervorgegangen war (es erscheint im Zustand der Verdammnis neben dem Vater in der Vision).[40]

In anderen Geschichten tragen die Träumer oder Visionäre von den Begegnungen mit Dämonen Spuren davon, die in die Realität hineinwirken. Eine Nonne erwacht aus einer Traumvision durch ein plötzliches Schmerzgefühl: Ein Funke springt von den Hämmern zweier Dämonen, die im Traum eine verstorbene und verdammte Mitschwester traktieren, in ihr Auge, und der Schmerz kann geradezu als Beweis für die Richtigkeit des in der Vision Gesehenen gelten.[41] Ein Mönch wiederum hat im Gefolge einer Vision, in der ihn ein Stein an der Brust trifft, vierzig Tage lang schmerzhafte Beklemmungsgefühle (II,5) und verletzt sich ein andermal beim Verlassen der Latrine, als er vor einem mit Kapuze verkleideten Teufel zu fliehen versucht: Auch hier, so Guibert, habe das Böse nur dem Körper, nicht dem Geist zu schaden vermocht (*spiritui inops, corpori insistebat*).

In den genannten Beispielen sind Versehrungen nicht als Folgen direkter physischer Gewaltausübung der Dämonen, sondern als körperliche Konsequenzen spiritueller Erscheinungen gedacht. Kommt in ihnen die grundsätzliche Bedrohung des Menschen durch das Übel zum Ausdruck, so zeigen sich andernorts Krankheits- und Sterbefälle als Strafen für schlechten Lebenswandel oder schwerwiegende Transgressionen: Ein Mönch, schrecklichen, aber ungenannten Lastern ergeben, erleidet grausame Schmerzen, bevor er stirbt (I,24); ein anderer, neugierig, ob sich der abgetrennte Kopf eines Märtyrers im Grab wieder mit dem Körper verbunden hat, trägt von der schändlichen Berührung des Heiligen eine Unbrauchbarkeit seiner Hände davon (III,20).

Dieses Beispiel mittelalterlichen Entsprechungsdenkens im Verhältnis von Vergehen und Strafe stammt ebenso aus einer älteren Mirakelsammlung wie das Beispiel des jungen Mannes, der, als Pilger unterwegs nach Santiago de Compostela, seine persönliche Höllenfahrt erlebt: von einem als Hl. Jakob verkleideten Teufel dazu verführt, sich zu entmannen und zu enthaupten, erhält er dank der Fürsprache Marias das Leben zurück (III,19, S. 442–448).[42] Guibert behauptet, die Geschichte wörtlich nach der Erzählung eines alten Mönchs wiederzugeben, und entledigt sich damit zugleich der Verantwortung für die gegenüber der Vorlage vorgenommene Pointierung: Die Einführung der (in der Vorlage fehlenden) Kastration erlaubt es nämlich, die Phänomene von Verstümmelung und Wiederherstellung, in denen die zwei Funktionen des Körpers (als Objekt von Heil und Unheil) exemplarisch repräsentiert sind, auf jenes Spannungsfeld von Körperlichkeit und Sexualität zu beziehen, das auch an anderen Stellen der *Monodiae* eine Rolle spielt. Die Verstümmelung trifft eben jenes Glied, an dem der Pilger, einer Frau in unehelicher Liebe zugetan, gesündigt hat und das von der Wiederherstellung ausgeschlossen ist. An der Stelle des abgetrennten Penis bleibt nur eine schmale Öffnung für das Wasserlassen – (implizite) Konsequenz der Tatsache, daß der junge Mann auf die sühnende Pilgerfahrt einen Gürtel seiner Geliebten mitnimmt, der ihn an sie erinnert und der wiederum dem Teufel, vertraut mit der Sprache der Bußbücher, entscheidende (argumentative) Macht verleiht.[43]

Der getrübten Intention entspricht also eine nur teilweise Rekonstitution. Der gewaltsam fragmentierte Körper verwandelt sich, mirakulös begnadigt, in keinen vollständigen zurück. Nur das lebenswichtige Teil, der Kopf, wird wieder angesetzt, seinerseits aber mit einer Markierung, einer an der Kehle deutlich sichtbaren Narbe, versehen, die das Mirakel präsent hält (*miraculum circumferret*; S. 448) und zugleich auf das (unsichtbare) Fortbestehen der Fragmentierung verweist. Damit ist das Problem der Kontrollierbarkeit des sexuellen Organs, das Guibert schon in seinen Überlegungen zur Bedeckung der Schamteile umkreiste, definitiv gelöst. Der Körper, seiner geschlechtlichen Spezifik beraubt, wird zu einem asexuellen Auferstehungsleib, an dem die Unmöglichkeit, daß der Erdenleib im Normalzustand Heilsmedium werde, in Verweisbeziehungen veranschaulicht ist. Die Spur am Hals, die das Mirakel ›verbreitet‹ (*circumferret*), sichert die Zeichenhaftigkeit sowohl des Körpers wie des Erzählens von ihm. Sie indiziert in Form einer markierten Leerstelle, daß der Körper nunmehr um jene libidinöse Dynamik gebracht ist, die ein wesentliches Moment seiner Eigenbewegung ausmacht, und daß diese zugleich erst in der Ausschließung sprachlich repräsentierbar ist.

Im Changieren zwischen Eingrenzung und Ausgrenzung, zwischen Benennen und Verschweigen läßt der Text den ambivalenten Modus seiner Bedeutungskonstitution erkennen: den Modus eines Sprechens, in dem das Ich gleichzeitig als ›énonciateur‹ und als ›sujet de l'énoncé‹ fungiert, in dem jede Aussage von der Präsenz des Aussagenden gezeichnet ist. Das sündige Glied, um das sich das Exempel des Santiago-Pilgers dreht, besitzt ähnlich wie die sündige Hand als Metonymie des männlichen Körpers und als Metapher des menschlichen (= männlichen) Zustands ›Bedeutung‹. Ähnlich wie jene erzeugt es aber auch – als Hinzufügung des Autors – erst jenes phallische Objekt, das die semiotischen Operationen wiederum ausgrenzen können.[44] Vergleichbares wäre auch an anderen Stellen der *Monodiae* zu beobachten. Wenn Guibert berichtet, bei einem Unwetter seien durch Blitze, die das Kruzifix der Klosterkirche in tausend Stücke springen ließen, manchen Mönchen Scham- und Achselhaar versengt worden, zielt dies nicht nur auf das spektakuläre Ereignis. Die explizite Deutung, auf die Gerechtigkeit der *disciplina coelestis* hinweisend (I,23, S. 180), bringt, allgemein wie sie ist, die implizite Funktion der Szene für den Körperdiskurs des Textes zum Vorschein. Daß an verborgenen Stellen des Körpers übersinnliche Kräfte wirksam werden, mag auf die in ihnen schlummernde und von Gott selbst gebändigte Anarchie verweisen. Es wird sichtbar aber erst durch den Blick des autobiographischen Erzählers, der das Verborgene erfaßt und sich beschreibend auch jene Körper aneignet, die nicht die eigenen sind.

Dementsprechend blendet Guibert in seinen Schilderungen der Unruhen im Umkreis von Laon immer wieder Szenen der Mißhandlung und Verstümmelung von Körpern ein.[45] Er spricht von Augen, die herausgerissen, Zungen, die abgeschnitten, und Gliedern, die abgetrennt werden (v. a. III,3.7.10.14) – Ausdruck einer Zeit, deren Perversion Guibert auch durch Berichte von inzestuösen Heiraten (III,10), anormalen sexuellen Praktiken (IIII,17) und aus der Not geborenen Transvestismen (III,9) herauszustellen versucht. Die einzelnen Momente haben zeichenhaften Charakter im Hinblick auf die Verdorbenheit der Welt im allgemeinen. Sie dienen zugleich aber dazu, den Text mit gesteigerten ›Wirklichkeitseffekten‹ anzureichern – Effekte, die ihrerseits den Körper nicht primär als Hindernis auf dem Weg zum Seelenheil, sondern als Bedingung für menschliche Personalität einsetzen. Psychohistorisch mag man aus der auktorialen Unwilligkeit, das Materielle völlig zu spiritualisieren und zu moralisieren, eine ›Verstümmelungsangst‹ erschließen.[46] Textanalytisch wird man sich damit bescheiden müssen festzustellen, daß die *Monodiae* mit einem Begriff körperlicher Integrität operieren, der sich nicht einfach daraus erklärt, daß im Blick auf einen zukünftigen idealen Körper die Bewahrung von dessen unvollkommenem irdischem Pendant erstrebenswert scheinen konnte.[47] Wenn Guibert im Rahmen der Mirakelberichte, soweit er sich nicht ohnehin auf nicht-körperliche Reliquien beschränkt (II,1; III,12 f.), Zweifel äußert, ob die Mönche von St. Medardus in Soissons tatsächlich einen Zahn Christi besitzen oder der in Guiberts Heimatstadt aufbewahrte und der Feuerprobe unterzogene Arm tatsächlich der des Hl. Arnulf ist (III,20), scheint anderes auf dem Spiel zu stehen als das Problem der spirituellen Restitution des Materiellen: die Frage nach der Identität und der Authentizität von Subjekten. Darauf jedenfalls zielt einige Jahre später die in schonungsloser Rationalität gehaltene Schrift zum Reliquienkult: Die systematische Fragmentierung von Körperreliquien, heißt es in ihr, widerspreche jeglicher Pietät. Sie mache die Unterscheidung von ›echten‹ und ›falschen‹ Reliquien zum Problem. Und sie beruhe auf einem falschen Verständnis der Synekdoche (des *pars pro toto*).[48]

III

In den verschiedenen zwischen Distanzierung und Exponierung, Semantisierung und Konkretisierung oszillierenden Bewegungen, die Guibert im Reden über den Körper vollzieht, zeichnet sich der Versuch ab, eine Wahrnehmungsdimension zu etablieren, die quer zu diskursiven Vereinnahmungen des Körpers dessen ›Eigenrecht‹ festhält. Man mag von ›Erfahrung‹ sprechen, ohne daß der Begriff eine psychohistorisch rekonstruierbare Bewußtseinskohärenz implizieren könnte. Eine *dilectio corporis*, vor der zum Beispiel Guiberts Zeitgenosse Guigo, der Kartäuserprior, gewarnt hatte,[49] bleibt auch in den *Monodiae* primär in der Negation faßbar. Gleichwohl bildet hier die Bezugnahme auf den Körper mehr als nur das würzende Element einer Konversionsgeschichte. Der irdische Körper zieht eine Aufmerksamkeit auf sich, die der Kartäuser kritisch beurteilt hätte.[50] Guibert entwickelt zwar selbst kritische Perspektiven auf das *corpusculum*, unternimmt es aber auch, geschult an Augustinus, die als sündhaft eingestufte eigene Vergangenheit in der Gegenwärtigkeit der Schrift zugleich zu überwinden und zu bewahren, zugleich zu beschreiben und zu erzeugen. Er steht damit nicht allein. Auch die zeitgenössische romanische Kunst gibt dem Körper und dem Selbst neues Gewicht. Expressive Figuren in Stein drängen sich in ihrer Materialität ins Bewußtsein des Betrachters. Obszön in Gebärde oder Haltung machen sie auf die im Körperlichen, Sinnlichen und Sexuellen liegende Gefährdung aufmerksam und schüren doch gleichzeitig den davon ausgehenden Reiz. Auf einem Tympanon wie jenem in Autun (vor 1132) wird an den nackten, dürren Gestalten der Verdammten deren verzweifeltes ›Zähneklappern‹ fühlbar – zwischen ihnen und den frohlockenden Geretteten, unterhalb der Füße des Weltenrichters, im Spannungsfeld der Optionen von Heil oder Verdammung die selbstbewußte Signatur des Bildhauers: *Gislebertus hoc fecit*.[51]

Auch Guibert schwankt zwischen Sündenbewußtsein und Selbstbewußtsein. Doch wird bei ihm die Opposition zwischen einem irdischen, sterblichen und einem himmlischen, unsterblichen Körper von einer Differenz durchzogen, die sich nicht in der Zeit (der Heilsgeschichte) schließt, sondern in der Sprache (der Autobiographie) erst eigentlich öffnet. Der gelehrte Abt von Nogent macht seinen Körper zum Text und eben damit jene Grenze sichtbar, die der Text selbst nicht überschreiten, aber im Festhalten an einer nicht-semantisierbaren Materialität als Spur markieren kann. Die hermeneutischen Akte der Produktion, Verrätselung und Verweigerung von Sinn umspielen die Unmöglichkeit, den Körper sowohl als Zeichen wie als Sache gegenwärtig zu machen. So wie im Speziellen die poenitentiale Interpretation von körperlicher Versehrung an ihre Grenzen kommt, wenn ein Unheil Schuldige und Unschuldige gleichermaßen erfaßt (I,23), so kommt im Allgemeinen die Moralisierung des Körpers an ihre Grenzen, wenn sie diesen zugleich zu beherrschen und aufzuheben trachtet. Guiberts ›Einzelgesänge‹ erhalten genau dadurch ihr spezifisches Profil: Sie erproben das Verhältnis von Bedeutungen und Bedingungen, von Textwelten und Lebenswelten, indem sie einerseits die Welt auf das autobiographische Ich hin verengen, andererseits dieses Ich in der es umgebenden Welt fast zum Verschwinden bringen. Sie versuchen also die grundsätzliche Differenz zwischen dem schreibenden und dem beschriebenen Ich gerade dadurch zu bewältigen, daß sie dieses im Spannungsfeld zentrifugaler und zentripetaler Bewegungen etablieren.

In diesem Sinne wären die historiographischen Brüche zwischen den verschiedenen Teilen der *Monodiae* nicht Ausdruck einer mangelnden Kohärenz des Textes, sondern Bedingung einer paradoxen Repräsentation des Subjekts – als eines sowohl Geschichte bildenden wie von der Geschichte gebildeten. Die Phänomene der Körperlichkeit wiederum, die nicht wenig Raum im Text beanspruchen, wären Momente eines Versuchs, Verbindungen zu stiften, die die Brüche übergreifen, nicht aber selbst schon einen geschlossenen Redezusammenhang herstellen. Guibert übernimmt und überbietet im spannungsvollen Bezug zwischen Ich, Schrift und Körper das fragile augustinische Subjekt, konstituiert aber kein Modell einer Autobiographie ›am Leitfaden des Leibes‹ (Nietzsche). Er verdeutlicht am eigenen Körper die Gefahren, die dem Menschen in der Welt drohen, macht diesen Körper aber nicht zum durchgängigen Bezugspunkt von Selbsterfahrung. Nur der Ausführlichkeit mancher Schilderungen, der Veränderung von Vorlagen und der Fixierung auf Aggressionen und Transgressionen ist abzulesen, daß die Kategorien einer theologisch geprägten Semiotik das im Körper auf dem Spiel Stehende nicht völlig abdecken. Guiberts Körper fungieren als Zeichen und sind doch aufgeladen mit einer Präsenz, die ihr restloses Aufgehen im Zeichenhaften verhindert. Damit verschärfen die *Monodiae* die im 12. Jahrhundert sich manifestierende Individualisierungstendenz, indem sie deren innere Ambivalenzen ans Licht bringen.[52] Sie begründen keinen neuen Diskurs des Körpers, haben aber teil an einer Bewegung, die die Möglichkeiten der Körperwahrnehmung vermehrt.[53] Zugleich lassen sie erkennen, welche Grenzen die mittelalterlichen Diskurse dem Reden über den eigenen Körper setzten.

8 Körperteile und Autorinszenierungen

I

Wer roufet mich dâ nie kein hâr
gewuohs, inne an mîner hant?
der hât vil nâhe griffe erkant.
sprich ich gein den vorhten och,
daz glîchet mîner witze doch.

»Wer will mir dort ein Haar ausreißen, wo noch nie eines wuchs: innen an meiner Hand? Der kennt sich mit besonders guten Griffen aus. Schreie ich angesichts solcher Nöte ›au‹ – das sieht meiner Geisteshaltung ähnlich.«

(*Parzival* 1,26 – 30; ed. Lachmann)

Wer spricht hier? Wer wird aufs Korn genommen? Wolfram von Eschenbach spielt in seinem Prolog zum *Parzival* (um 1200/10) mit dem hartnäckigen Bedürfnis des Publikums, schon vorab zu wissen, worauf die Geschichte hinauslaufen wird.[1] Er führt ein auktoriales Ich ein, das sich abzusichern versucht gegen mögliche Kritik, indem es diese als unmöglich erweist, und das zugleich anhand der imaginierten Reaktion auf diese Kritik die eigenen Fähigkeiten herausstreicht. Man mag von einer Aggressions- und gleichzeitigen Potenzphantasie sprechen. Ihre Funktion ist die der Abgrenzung. Autorschaft bestimmt sich gegen einen Entwurf dessen, das ihr entgegensteht. Der Autor konstituiert sich in der Abweisung einer imaginierten Aggression gegen den eigenen Körper.[2]

Genau dies gibt der Stelle ihre historische Bedeutung. Der hier spricht in der Autorrolle, suggeriert die Präsenz eines scheinbar greifbaren Körpers. Aber eben nur scheinbar. So wie die Berührung, diese Berührung einer fehlgeleiteten Intimität, Imagination bleibt, so bleibt der Körper, dieser auf die Hand reduzierte Körper, Fragment. Die Innenseite der Hand repräsentiert die Außenseite eines Körpers, an dem es nichts zu greifen gibt. Die ›bloße‹ Innenseite wird zu einem Signifikanten ohne eindeutiges Signifikat, oszillierend zwischen Metapher (des Produktionsaktes) und Metonymie (des Autors), zwischen dem Text, der den Körper nur repräsentiert, und dem realen Körper, der sich aber in seiner Präsenz gerade durch den Text entzieht.

Ähnlich verhält es sich in den Versen, die zwischen Geburt und Kindheit des Titelhelden einen Einschnitt setzen. Das auktoriale Ich präsentiert sich als *habendiu zange* (114,14), als Greifinstrument, das den Zorn festhält gegenüber einer Dame, welche ihm, seinem Körper, eine ungenannte *missetât* angetan habe (114,16–18). Es folgt ein Spiel mit dem angeblich nicht-literaten Charakter der gerade ablaufenden Erzählung, mündend in die Behauptung: »Dieser Roman geht seinen Weg – auch ohne Bücher. Ehe man ihn für ein Buch hielte, bliebe ich, würde ich in der Wanne sitzen, lieber nackt und ohne Tuch, nur den Badewedel dürfte ich nicht vergessen.«[3]

Diesmal ist es der ganze entblößte Körper, der sich nicht zum Greifen, aber zum Betrachten darbietet. Wieder wird das Imaginierte durch probeweises Weiterdenken momenthaft zu Wirklichem, und wieder erweist sich gerade dadurch die Macht der poetischen Lizenz. Setzte sich im Prolog das Ich der imaginierten Begierde der anderen nach einer Berührung seines Körpers aus, so operiert es nun mit dem voyeuristischen Blick des Publikums auf den nackten Autor, der sich wenig zuvor als Wolfram von Eschenbach vorgestellt hat (114,12). Damit wird ein Sinnenreiz erzeugt, aus dessen Nicht-Befriedigung sich wiederum die poetische *auctoritas* speist. Der Autor führt den Badewedel ein, der eine gänzliche Entblößung verhindert, und macht gleichzeitig die Imagination der Entblößung als literarischen Akt kenntlich. Der scheinbar enthüllte Körper (*âne tuoch*) steht in Parallele zum scheinbar unliterarisch daherkommenden Text (*âne buoch*). Er antwortet auf die (unterstellte) Erwartung von Literarizität seitens der Leser/Hörer: So wie mit dem Blick auf das Buch Literarizität ebenso aufgerufen wie verweigert wird, so wird mit dem Blick auf den Badenden ein Körper evoziert, der sich in einer komplexen konditionalen Folge sogleich wieder verflüchtigt. Noch in der Verflüchtigung aber versieht er das auktoriale Ich mit einer irisierenden Aura von Lebensweltlichkeit.

Der Stellenwert dieser beiden narrativen Miniaturen ist kaum zu überschätzen. Sie gehören ins Zentrum eines poetologischen Spiels, das den Sinn des Textes und die Rolle des Autors verknüpft.

Gleichzeitig manifestiert sich in ihnen ein geschichtlicher Moment literarischer Komplexitätssteigerung, der nicht ohne Nachwirkung blieb.[4] Die spezifische Form, in der das Erzähler-Ich in der Autor-Rolle auftritt, operiert mit einer neuen Funktion von Autorschaft: Das Personalpronomen der ersten Person Singular verweist nicht einfach »auf den realen Sprecher und die räumlich-zeitlichen Koordinaten seines Diskurses«, sondern auf ein Alter ego, dessen Distanz zur historischen Person »verschieden groß sein und im selben Werk auch variieren kann«.[5] Es wird nicht mehr nur jene Vermittlungsinstanz des Erzählers ausgestaltet, die das literarische Sprechen als solches bewußt macht. Es geht um die Möglichkeit, diese Instanz als eine vom Autor geschiedene zu zeigen und gleichzeitig durch Nennung des Namens und Sprechen in der Autorrolle auf jenen zu beziehen. Dem Verweis auf den textexternen Körper wird die Eindeutigkeit verweigert und genau dadurch literarische Rede als fingierte etabliert. Einen Autor als Sprecher im Text auftreten zu lassen setzt die Dissoziation zwischen dem Urheber und dem Vortragenden voraus (die auch dort greifbar wird, wo die Namensnennung des Autors in der dritten Person erfolgt) und ist zugleich schon Beleg eines ansatzweise reflektierten Umgangs mit ihr. Möglich werden nun spielerische Überblendungen zwischen textinternem Ich und textexternem Autor, die sich auch in der Situation des mündlichen Vortrags nicht einfach vereindeutigen. Sie tragen dazu bei, die souveräne Meisterschaft des Autors zu Geltung zu bringen.[6]

Das Spiel der Überblendungen vollzieht sich in einem zunächst lateinischen, dann aber auch volkssprachigen Kontext, der Autorschaft eine neue Bedeutung zumaß.[7] Und es vollzieht sich in einer höfischen Lebenswelt, in der die Bezüglichkeiten der auktorialen Ich-Rede erst eigentlich ihre Dynamik entfalteten.[8] Nach wie vor gekoppelt an die zumindest mögliche körperliche Präsenz des Urhebers, unterscheidet es sich von modernen Formen, den Autor dem Text einzuschreiben.[9] Und doch erlaubt es, im Dreieck von Auktorialität, Korporalität und Textualität den literarischen Status des Textes zu erhöhen. Andere Autoren werden in die gleiche Richtung gehen. Ich beschränke mich auf das wohl extremste Beispiel: einen Text aus der Mitte des 13. Jahrhunderts, der das Spannungsfeld von Autorschaft und Körperlichkeit in singulärer Weise auslotet.

II

Der *Frauendienst* des steirischen Ministerialen, Truchsessen und Landrichters Ulrich von Liechtenstein gilt als erste Ich-Erzählung in deutscher Sprache.[10] Doch das Ich, das sich hier artikuliert, entspricht offensichtlich nicht dem aus neuzeitlichen Autobiographien geläufigen.[11] Zum einen bleibt die für autobiographisches Schreiben konstitutive Beziehung zwischen erinnerndem Autor-Ich der Schreibgegenwart und erinnertem Protagonisten-Ich der erzählten Vergangenheit unklar. Zwar gibt es eine Grundübereinstimmung der beiden grammatischen Subjekte im Punkte der Autorschaft: Der Protagonist des Textes tritt nicht nur als Ritter und Minnediener auf, sondern auch als (illiterater) Produzent von Liedern, Briefen und Büchlein.[12] Insgesamt aber ist die (explizite) Präsenz des Autor-Ich nur schwach ausgeprägt. Es erscheint als grammatisches Subjekt des Erzählens, nicht aber als Person, deren (im Moment des Schreibens) gegenwärtige Existenz zum eindeutigen Fluchtpunkt des vergegenwärtigten Prozesses vergangener Existenz(formen) würde.[13]

Zum anderen bleibt die für autobiographisches Schreiben ebenfalls konstitutive Nicht-Fiktionalität zweifelhaft. Das Protagonisten-Ich trägt zwar den Namen Ulrich von Liechtenstein, nennt sich aber nie selbst so und teilt mit dem steirischen Ministerialen Ulrich von Liechtenstein, den 94 Urkunden bezeugen, nur vereinzelte Elemente der historischen Konstellation.[14] Es steht zwar offensichtlich in Beziehung zur Person außerhalb des Textes, und diese Beziehung dürfte ihren Reiz aus einer Spannung von Übereinstimmungen und Differenzen bezogen haben. Doch wie die Beziehung und die Spannung genau zu denken sind, muß offenbleiben: Die literarische und die außerliterarische Biographie weisen eben nur punktuelle Berührungen auf. Ob an dem historischen Körper des Autors, der von sich selbst zu erzählen vorgibt, tatsächlich die Wegoperation einer Hasenscharte oder das Fehlen eines Fingers zu bemerken waren, wissen wir nicht. Klar ist nur: Das Verweisen auf einen solchen Körper und die ihn umgebende Lebenswelt gehört zur Spezifik des *Frauendienstes*. Es eröffnet erst den historischen Existenzraum des Textes und mit ihm den hermeneutischen Rahmen für die ›Operationen‹, die der Text vornimmt.

Das Problem wiederholt sich für die im Text geschilderte Lebenswelt. Ihre Figuren und Örtlichkeiten stehen mit denen der (aus anderen Quellen erschließbaren) südostdeutschen Adelswelt in Verbindung.[15] Doch auch hier wird die historische Wirklichkeit nicht einfach abgebildet. Die dargestellte Welt repräsentiert eine eigentümliche Mischung aus literarischen Mustern, ritualisierten adligen Kunstformen und politisch-sozialen Praktiken. Minnedienst und Turnierfahrt erscheinen inszeniert, und das Auseinandertreten von Inszenierung und Wirklichkeit wird immer wieder zum Gegenstand – nicht selten des Lachens.[16] Heimlichkeiten, Verstellungen und Verkleidungen werden ausgeheckt und begründen doch nicht mehr als ›offene Geheimnisse‹. Wird der Schleier unvermutet gelüftet, kommt es zu keiner Katastrophe. »Im Lachen über den ›Minnetoren‹, der doch andererseits unbedingt für das Ideal des Frauendienstes einsteht, kann aufeinander bezogen werden, was sich auszuschließen scheint: Ernst und Spiel, entkörpertes Leitbild und körperhafte Erfahrung.«[17]

Die Inszenierung als solche kenntlich zu machen bedeutet wiederum nicht, den sozialen Sinnanspruch des Textes preiszugeben. Da die Textwelt für ihre (lokalen) Rezipienten in vielfacher Hinsicht an die Lebenswelt anschloß, impliziert ihre Entlarvung als Spiel kein Bekenntnis zum bloß fingierten Charakter des Dargestellten. Die Entlarvung ist vielmehr Teil einer Autor und Publikum vereinenden Übereinkunft, im Medium des Fingierens Aspekte der Lebenswelt zu thematisieren und zu dynamisieren – was nur möglich ist in einer Gemeinschaft von Rezipienten, einer ›textual community‹, die als ›Mitspieler‹ den im Text entworfenen Horizont des steirischen Adligen zumindest teilweise als den ihren ansehen konnten.[18] Die schmale, auf die Zeit um 1300 und den bairisch-österreichischen Raum beschränkte Überlieferung zeigt denn auch, daß der *Frauendienst* kaum jenseits der Adelsgemeinschaft, aus der er erwuchs, zu Wirkung kam.

Ähnliches gilt von einem etwa gleichzeitigen Text, der sich – mehr noch als die Viten und Liedeinleitungen in der provenzalischen Liebeslyrik (*vidas* und *razos*) – dem *Frauendienst* zur Seite stellen läßt: die *Mémoires* des Philippe de Novare, das erste autobiographische Werk in französischer Sprache.[19] Philippe (geb. um 1195), der die meiste Zeit seines Lebens im Vorderen Orient verbracht und dort auf seiten der Ibelinen gegen Friedrich II. gekämpft hatte, unternahm es um 1252, seine bisherigen Werke zu einer Einheit zusammenzufügen. Dabei situierte er auch seine Lied- und Briefdichtung im jeweiligen historisch-autobiographischen Kontext. Spezifisch zeitgebunden, sind von den *Mémoires* nur die Bruchstücke erhalten, die in eine spätere Chronikkompilation (*Les gestes des Chiprois*) eingingen. Doch machen diese Bruchstücke deutlich, daß Philippe ähnlich wie Ulrich an einer Adelswelt teilhatte, in der festliche Inszenierungen und harte Kämpfe nebeneinander standen und die Literatur der (Selbst-)Inszenierung diente. Als Philippe ein Lied auf den gerade beendeten Zypernkrieg verfassen will, stellt sich sein Herr quer. Er schildert deshalb den Kampf in Form einer *branche de Renart*: Die historischen Personen erscheinen als Tiere unter den Namen der Figuren des *Roman de Renart*.

Auch hier wird eine Werkstiftung betrieben, die Wirklichkeit und literarische Muster überblendet. Doch herrscht aufs Ganze gesehen der Duktus des historischen Berichts vor. Es fehlt die Spannung zwischen verschiedenen Modi der (Wirklichkeits-)Referenz, die den *Frauendienst* charakterisiert.[20] Und es fehlt, schon weil das autobiographische Subjekt von sich selbst in der dritten Person spricht, die Aura des Ungewissen, die das Ich des *Frauendienstes* umgibt. Dieses Ich hat zwar nicht zuletzt durch seine Turnierfahrten an den zeitgenössischen Adelspraktiken teil.[21] Es zeigt sich aber schon durch die im Dienst der Dame vorgenommenen Entstellungen und Erniedrigungen als Figur, die kindlich angeeignete literarische Muster umzusetzen versucht, dabei fast notwendig scheiternd.[22] Seine Minnelieder wiederum sind nicht unmittelbarer Ausdruck des Überwallens der Gefühle. Teilweise gehören sie, wie die Briefe und minnedidaktischen Büchlein, als Botschaften in den narrativen Zusammenhang (nämlich den durch räumliche Distanz geprägten Minnedienst), teilweise werden sie als Rituale des ›Heraustretens aus der Alltagswelt‹ inszeniert.[23] Doch anders als die Briefe und Büchlein haben sie thematisch kaum mehr als lockere Bindung an die Situationen, in denen sie entstanden sein sollen. Tatsächlich geht es auch weniger um diese Bindung als um den Hinweis auf Produktion, Übermittlung und Rezeption der Lieder.[24] Der *Frauendienst* zeigt sich so als Krönung einer Jahrzehnte umfassenden literarischen Erfolgsgeschichte und zugleich als Ausdruck lebensweltlicher wie literarischer Authentizität. Gerade die Kombination verschiedener Aktivitäten (Turnieren, Lieben, Dichten) erlaubt es, die künstlerische Meisterschaft des Autors zum Vorschein zu bringen.[25]

Der Autor betreibt eine Auto(r)kanonisation, und dies nicht zuletzt durch Profilierung des Körpers. Das Ich läßt sich seinen Mund operieren und leidet geraume Zeit unter den Folgen der Operation: der geschwollenen Lippe, der stinkenden grünen Salbe, dem Ekel vor der Nahrungsaufnahme. Es hackt sich einen im Turnier verletzten Finger ab und schickt ihn der Dame als Beweis unbedingter Ergebenheit. Es hält sich unter Aussätzigen auf und nimmt ein (lepraähnliche Symptome hervorrufendes) Kraut zu sich, um der Dame nahezukommen. Die Szenen sind mehr als nur komisch-parodistische Elemente einer ›manieristisch-stilisierten Selbstdarstellung‹.[26] Sie sind komplexer Bestandteil der Inszenierungen eines Autor-Ich, das Präsenz erzeugt und sich gleichzeitig distanziert. Den eigenen Körper modellierend, gewinnt es seine Identität in der »Dynamik von Selbstentblößung und Selbsterniedrigung«.[27] Alle Extravaganzen des Körpers sind zugleich Strategien – nicht nur auf der Ebene der Handlung, sondern auch auf der des Textes: als Auseinandersetzung nämlich mit dem Phänomen ›Minnesang‹. Indem Frauendienst, im Hohen Minnesang vorwiegend als sprachliche Handlung entworfen, zur konkreten Handlung wird, erhält das allgemeine Ich des Minnesangs eine Bezugsmöglichkeit, die gerade durch ihren scheinbar ›autobiographischen‹ Aspekt an der im Laufe des 13. Jahrhunderts zu beobachtenden Literarisierung- und Fingierungsbewegung partizipiert.[28] Das Ich des *Frauendienstes* – und mit ihm sein Körper – ist nicht einfach Ausdruck wachsender Individualität oder Subjektivität. Es konstituiert sich in der »partiellen Regelverletzung des Minnesang-spezifischen Redesystems«.[29]

Im Hinblick auf dieses System bildet der Körper des Ich im *Frauendienst* mehr als nur jene ›konkrete Hülle des Abstrakten‹, als welche die Körper im höfischen Roman begegnen.[30] Er steht als ein unhöfischer und exaltierter in einem Spannungsverhältnis zu den höfischen, disziplinierten und verfeinerten Körpern, gewinnt seine spezifisch diskursive Gestalt also gerade im Kontrast und in der

Negation. Er wird im *Frauendienst* zum textuellen Prinzip und, vergleichbar den eingangs besprochenen *Parzival*-Miniaturen, zu einem privilegierten Medium, Authentizität zu erzeugen und gleichzeitig auf einen Raum jenseits des Textes zu verweisen. Mit Hilfe des Körpers entwirft das Autor-Ich sein (angebliches) Vergangenheits-Ich, hinter dem es sich zugleich verbirgt. So wie allgemein Differenzen bleiben zwischen Erzähler und Handelndem, so auch zwischen ihren Körpern. Der Körper, von dem die Rede ist, begegnet nur als vergangener, als der des Protagonisten, eingesetzt im Minnedienst an der Seite von Liedern, Briefen und Büchlein. Insofern er allerdings in Szene gesetzt wird vom Erzähler-Autor, der vorgibt, vom eigenen (vergangenen) Körper zu sprechen, ist in den Aktionen und Passionen des Körpers auf Handlungsebene der Inszenator mitpräsent. Es steht also mit den Konfigurationen des Körpers auf Handlungsebene auch die Logik dieser Konfigurationen auf Erzählerebene zur Diskussion.

III

Unter dem Aspekt der Körperlichkeit besitzt Ulrichs Minnegeschichte ihren Ausgangspunkt in einer Adoleszenzerfahrung gleichzeitiger Nähe und Unberührbarkeit.[31] Das Ich (namentlich ungenannt noch) verbringt die Zeit zwischen dem 12. und 17. Lebensjahr als *kneht* der *frowe*. Es ist der Angebeteten nahe und muß sich doch mit Formen mittelbarer Berührung begnügen. Es bringt ihr Blumen, die als imaginatives Relais zwischen den beiden Körpern dienen.[32] Es trinkt ihr Handwaschwasser und partizipiert damit mittelbar am begehrten Körper – ein Muster der Legende, wo das Handwaschwasser des Heiligen die Heilung von Krankheiten bewirken kann.[33] Im *Frauendienst* wird das Wasser zum Substitut, das inkorporierend das Ich momenthaft seine Liebessehnsucht zu stillen vermag.[34] Das ist der Kern der ambivalenten ersten Minnebeziehung: Sehnsucht nach dem anderen Körper und Notwendigkeit, diesen zu mediatisieren und zu substituieren. Als durch den Vater ein Ende des kindlichen Dienstes herbeigeführt wird, erscheint die räumliche Entfernung von der Dame als Dissoziation in der leibgebundenen Existenz des Subjekts. Ein topisches Bild charakterisiert die Trennung als eine zwischen *lip* und *herze* (27,1 f.) und verweist zugleich auf eine paradoxe Verschränkung: Der *lip* muß sich von der Dame trennen, die dem Ich, wie es immer wieder heißen wird, *lieber dann min selbes lip* ist (20,4 u. ö.).[35] Die Trennung bewirkt eine Entfremdung. Und der ganze erste Minnedienst zielt darauf, mit der Nähe der Körper auch die leibliche Identität des nunmehr erwachsenen Ritters (wieder)herzustellen.[36] Doch der Versuch, sich mit dem begehrten anderen Körper zu vereinen, scheitert immer wieder. Immer wieder wird der andere Körper nur in Substitutionen zugänglich und bleibt damit auch der eigene von seinem Sinnzentrum entfernt: Er wird zum Instrument der Beglaubigung, zum Medium der Preisgabe, zum Zeichen und Einsatz im manchmal ›blutigen‹ Spiel eines einseitigen Minnedienstes.

Im Sinne der philosophischen Anthropologie könnte man sagen: Ulrich *hat* zwar einen Körper, *ist* aber kein Leib.[37] Er hat einen Körper, der dem Blick und Zugriff anderer zugänglich ist, doch dieser Körper gründet, zumal der Bezug auf die gegenwärtige Existenz des Autor-Ich fehlt, in keinem affektiv selbsterfahrenen lebensweltlichen Eigenhorizont. Sein Körper ist ein fast durchgängig fremdbestimmter.[38] Das zeigt zunächst in aller Deutlichkeit die Mundoperation, die vorgenommen wird, weil die *vrowe* den *ungefüegen* Mund des Verehrers für inakzeptabel hält (80,5–8). Während ihre Schmähung des Körpers zumindest implizit auf die Rede des Minnedieners bezogen ist, konkretisiert und vereindeutigt dieser die Kritik im Sinne einer medizinischen Korrektur. Sich über die Aufforderung, den gottgegebenen Zustand anzuerkennen, hinwegsetzend, demonstriert er seine vollständige Ausrichtung auf die Minnedame. Er muß allerdings mit seiner Lust, sich *wunt* machen zu lassen (91,2), das Vergehen des Winters abwarten, da der Grazer Arzt die Entfernung der ›dritten Lippe‹ erst im Mai vornehmen will. Der topische Minnemonat wird damit zum Beginn der Minnefähigkeit, die an einem Montagmorgen vorgenommene Operation zur Initiation in ein mögliches Minneglück: *Mir was wol, mir was we, / we da von min lip was wunt, / so was min herze wol gesunt* (102,4–6).

Der Körper ist ein Objekt, das sich dem Willen und der Begierde fügen muß. Er dient als Ausweis der Unbedingtheit und Standhaftigheit des Ich, von denen man der Dame berichtet. Er besitzt Existenzberechtigung nur, insoweit er der Dame zusagt: Wenn ihr die rechte Hand (die Schwurhand!) nicht gefiele, würde das Ich sie bedenkenlos abhacken (101,3–6). Die Fremdbestimmung geht so weit, daß der Körper fast automatisch zu reagieren scheint: Auf die Mitteilung, die Dame kündige ihm ihre Huld auf, erleidet der Minnediener einen spontanen Blutsturz (1042,5–8), der als *minnewunder* »sogleich mit biblischen Seligpreisungen gefeiert« und als drastisches Zeichen der Erschütterung der Dame mitgeteilt wird (1093).[39]

Ulrichs Körper ist ein immer aufs neue blockierter oder deformierter. Zwar gelingt nach und dank der erfolgreichen Mundoperation eine erste reale Begegnung mit der Dame, doch vermag dabei auch in fünf Anläufen der nunmehr höfisch akzeptable Mund die Begierde des Körpers nicht zu artikulieren.[40] Zur Strafe für seine Verzagtheit reißt die Dame dem Minnenden heimlich eine Lokke aus. Der Körper ist also auch ein fragmentierter. Nicht nur werden Stücke von ihm abgetrennt, er besteht selbst vor allem aus Stücken. Sowenig das Ich in seinen Episoden als Frauendiener und Turnierritter eine feste personale Identität erhält, sowenig fügen sich die Eingriffe in den Körper zu einem Körperbild zusammen. Sie sind situativ bedingt, beruhen aber auf keiner Leib-Identität. Sie stellen ›Markierungen‹ dar, die, haben sie ihre Funktion erfüllt, wie in den Märtyrerlegenden vom Körper wieder ›abfallen‹.[41] So besteht auch unter den Aussätzigen offensichtlich keine Anstekkungsgefahr und spielt bei dem einzigen Kuß, den Ulrich schließlich von der Dame bekommt, die künstlich lepröse Gesichtsentstellung keine Rolle.[42] Ulrichs Körper fungiert als Text: Zeichen eines unbedingten Minnedienstes, übermittelt er Botschaften und Treuebeweise und steht damit auf einer Ebene mit anderen Texten, die ebenso primär auf die Dame hin orientiert sind, ihrerseits aber auch wiederum zu Körpern oder zu Körpersubstitutionen werden können.

Prägnantes Beispiel dafür ist das erste Büchlein, das Ulrich der Dame übersendet. In ihm kommt es parallel zum Wechsel der Stimmen von Ich und Büchlein zu einer Überlagerung von Körper und Text. Im Rahmen des Binnentextes wird das Büchlein vorgestellt einerseits als menschlicher Körper, der fürchtet, nach Art der Märtyrer auf dem Rost verbrannt, zerschnitten, viergeteilt zu werden, andererseits als Text, der fürchtet, in verschlossener Lade zu verkümmern, seiner Präsenz beraubt zu werden. Das im Büchlein sprechende Ich wiederum stellt sich vor, vom menschlichen Körper zum Buchkörper zu werden, um damit in die Nähe der Dame zu gelangen, von ihr berührt zu werden, ihr womöglich einen Kuß zu rauben.

Diese Kußphantasie, im Zentrum des ersten Büchleins, zeigt, daß das Ich nicht einfach Text werden, aber sich vorübergehend in den Körper des Textes verwandeln will, um eine Distanz zu überwinden, die für den ritterlichen Körper unüberwindbar ist. Die Inszenierung gilt der Dame nicht nur als Gesprächsgegenstand und Objekt der Begierde, sondern als direkte Ansprechpartnerin, und sie zielt nicht einfach auf eine Textualisierung des Körpers, sondern auf Austauschbeziehungen zwischen Text und Körper: Das Büchlein ist materielle Übermittlungsinstanz von nicht ›materialisierbaren‹ Begierden, es wird aufgeladen mit körperlicher Präsenz und zugleich mit einem auf den Körper, den anderen Körper, gerichteten Verlangen. Da dieses Verlangen aber nicht unmittelbar zu befriedigen ist, geht auch das Büchlein nicht in der medialen Funktion auf. Es verschwindet nicht einfach im Akt der Übermittlung der Botschaft, denn in gewissem Sinne ist es zugleich die Botschaft, die es präsentiert. Es substituiert den abwesenden Körper des Ich und soll doch mehr sein als nur Substitut, nämlich ein paradoxes mimetisches Subjekt/Objekt fast sakralen Charakters: Der Dame gegenüber wird es zunächst als Gebetbuch ausgegeben.[43]

Doch das nicht ganz christliche, mit Körperlichkeit aufgeladene ›Gebet‹, dessen Erfüllung dem Ich als *osterlicher tac* (v. 386) erschiene, wird nicht erhört. Die Dame sendet das Büchlein zurück, am Ende mit einem Zusatz versehen, den Ulrich zunächst nicht lesen kann, da sein Schreiber abwesend ist.[44] Zehn Tage und Nächte lang trägt er das Büchlein an seinem Körper, zehn Tage und Nächte hoffnungsvoller Erwartung. Er ›korporalisiert‹ aufs neue den eigenen Text, der zum fremden geworden ist und der nun verspricht, seinerseits unter den Händen und Blicken der Dame mit Minneenergie ›aufgeladen‹ zu sein. Doch die Verheißung wird zur Enttäuschung. Der Zusatz am Ende des Büchleins führt Ulrich nur in hohnlächterndem Echo die eigene Fremdbestimmtheit vor Augen. Das Resultat der Bemühung ist ein in jeder Hinsicht negatives: Trauer des Herzens, Qual des Körpers (172,4 f.).

Einen neuerlichen Versuch, Nähe herzustellen, unternimmt das zweite Büchlein, ein nicht direkt an die Dame gerichteter Dialog zwischen dem Ich und Frau Minne. Diesmal ist es nicht nur ein Text, der den Körper präsent machen soll, sondern ein Teil des Körpers selbst. Ausgangspunkt ist die Verletzung eines Fingers der rechten Hand im Brixener Turnier (343). Die Heilung gestaltet sich schwierig, und durch einen Boten läßt Ulrich der Dame mitteilen, er hätte in ihrem Dienst einen Finger verloren (389,1–8).[45] Als sie erfährt, daß der Finger nur verkrümmt und kaum zu gebrauchen ist, zeiht sie den Minnediener der Lüge. Ulrich läßt sich daraufhin den verletzten Finger abschlagen und übersendet ihn der Dame zusammen mit einem schnellgedichteten Büchlein, beide eingekleidet in kostbar grünem Samt und zu einem goldgewirkten Gesamtkunstwerk verbunden (444,2–445,7).

Ulrich beherzigt auf eigenwillige Weise das Wort Jesu: »Wenn dich nun deine Hand oder dein Fuß ärgert, so hau ihn ab und wirf ihn von dir« (*Matthäus* 18,8 und 5,30; *Markus* 9,43/45). Er wirft seine Hand nicht von sich, sondern benutzt sie für eine sowohl rituelle wie literarische Kommunikation. In seinem mitgesandten Büchlein verdeutlicht er einerseits die Zeichenhaftigkeit des Körperteils, das ein *staetez pfant* (v. 267) für die unbedingte Ergebenheit des Minnedieners sein soll. Andererseits versucht er, bei der Dame ein schmerzvolles Empfinden des Verlustes zu erzeugen – wobei das suggerierte Bedauern weniger die Deformation des adlig-ritterlichen Körpers betrifft als das Fehlen eines Stückes, das fortan für den unbedingten und ganzheitlichen Minnedienst nicht mehr zur Verfügung steht. Die Amputation dient der Wiedergutmachung.[46] Zugleich stellt sie ein Opfer dar. Sie ermöglicht eine ›Sakralisierung‹ des vom Körper (ab)getrennten Stückes. Die Dame verspricht, den Finger in einer Lade als beständiges Memorialzeichen aufzubewahren. Während das erste Büchlein zurückgeschickt worden war, erobert der Minnemärtyrer mit dem Finger tatsächlich einen Platz in der nächsten Umgebung der Angebeteten.

Im Schnittpunkt von Taktilität und Literarizität, von intendierter körperlicher Berührung und ersatzweiser Textproduktion wird der Finger zu einem Moment ständiger Präsenz, einer paradoxen Reliquie, einem ›synekdochischen Fragment‹.[47] Die Verstümmelung bezieht sich auf Muster der Heiligenlegende, invertiert diese aber zugleich in der Übertragung auf den Minnedienst.[48] Ulrich stellt die Reliquie aus eigenem Entschluß her, betreibt aber keine Automutilation im Sinne einer ekstatischen *unio*-Erfahrung, sondern eine Auto(r)sakralisierung. Der Finger fungiert metaphorisch als Text, nämlich als materieller nicht-schriftlicher ›Hyper-Text‹, der einem geschriebenen Text seine Wahrhaftigkeit verleiht, und metonymisch als Körper, der das Ich mit der imaginierten Energie eines Blickes ›auflädt‹, die seinem Körper tatsächlich ja versagt bleibt. Ulrich trennt sich also von einem Stück seines Körpers, um eben dadurch eine immerhin stellvertretende Zuwendung zum eigenen Körper zu erreichen. Eben bei dieser Stellvertretung bleibt es aber auch im folgenden.

Auch die Venusfahrt, die unmittelbar an die Fingerepisode anschließt, ist vom Prinzip der Fremdbestimmung geprägt. Die Idee, als Frau auf eine nach exaktem Zeitplan geordnete Turnierfahrt auszuziehen, zielt darauf, den Ruhm des Minnedieners zu erhöhen, und wird vorab durch die Dame abgesegnet. Wieder folgt der Minnedienst religiösen Mustern: Ulrich verkleidet sich zunächst als Rompilger, um das Land zu verlassen, und erscheint dann, nachdem er den Winter in Venedig verbracht hat, als vorgeblich dem Meer entstiegene Göttin. Das Spiel mit männlicher und weiblicher Identität dient ihm nun dazu, sich in die Rolle der eigenen Minneherrin zu versetzen und diese gleichzeitig zu überbieten. In seinen Regeln genau festgelegt, ist es wie jenes zwischen Ich und Dame ein Spiel ungleichen Austausches, aber unter anderen Vorzeichen. Der in das Gewand der Göttin Venus schlüpfende Ulrich verteilt an alle, die ihm im ritterlichen Zweikampf unterliegen, goldene Ringe, die an die Minneherrin des jeweiligen Ritters weiterzugeben sind. Selbst erhält er die rituelle Huldigung des Ritters gegenüber Venus. Die Venusrolle bringt also zweierlei: Sie unterstützt ritterliche Minnebeziehungen und erhöht den Ruhm der Göttin – oder des in ihrem Namen Auftretenden. Sosehr alle Aktionen der Travestie im Verborgenen stattfinden – daß es sich um ein

Spiel und kein Wunder, um eine Verkleidung und keine Göttererscheinung handelt, steht nicht in Frage. Als ›Venus‹ beim Friedenskuß nach der Messe ihre Gesichtsverhüllung lockern muß, wird die männliche Identität evident, ohne daß dies Überraschung hervorriefe. Als ›sie‹ dem ebenfalls in Frauenkleidern Ritterschaft ausübenden Otte von Buochowe begegnet, weiß dessen Bote sogleich, wen er vor sich hat; das Ich hingegen muß scheinbar erst über sein Gegenüber belehrt werden (685,1–698,1).[49]

Ulrich verändert seine Identität also nicht eigentlich, er verdoppelt sie im Rollenspiel. Andauernd wird er von unbekannt bleibenden Frauen mit kostbaren Geschenken bedacht, die als Huldigung von Frau Venus gelten, nicht zufällig aber in Situationen auftauchen, in denen er, im Bad oder in der Kemenate, die Verkleidung ablegt. Ulrich reagiert mit *zorn*, weil damit die Spielregeln des ungleichen Austauschs verletzt sind. Doch aufs Ganze gesehen ermöglicht das Auftreten als ›Über-Frau‹ eine Wertsteigerung der ritterlichen Existenz: Als Mann erhält das Ich den *süezen kus* von einer Gräfin und erfüllt es sich die im ersten Büchlein artikulierte Phantasie. Als Minnediener erhält es in einem gebetshaften Akt einen Ring von einem Boten seiner Minneherrin, den es anders als andere Ringe annehmen kann, weil er in das festgelegte Gabensystem paßt. Der Ring ist ihm mehr wert als alles andere, weil er, zehn Jahre lang von der Dame am Finger getragen, wieder einmal den abwesenden Körper repräsentiert und substituiert.

So bietet die Venusfahrt im Spiel mit der Verdoppelung eine Rekompensation vorangegangener Körpereinsätze, eine ›Neuaufladung‹ des Protagonisten-Ich mit Minneenergie. Doch bringt sie, genaugenommen, nicht nur eine Verdoppelung, sondern eine Verdreifachung situativer Identität. Ziemlich genau im Zentrum der Fahrt (707–709) stiehlt sich Ulrich vom Venusspiel davon und verbringt drei Tage mit der eigenen Gemahlin (*die herzenlieben chonen min*; 707,7), von der man erst an dieser Stelle erfährt. Hier wird also nicht nur die Venusverkleidung für kurze Zeit abgelegt, damit unter ihr das männliche Ich des Minnedieners zum Vorschein kommen kann. In dem *mit freuden* genossenen ehelichen Zusammensein kommt momenthaft eine Existenzform ans Licht, die auch die Identität des Minnedieners als Spielform erweist und die Fremdorientierung im Rahmen des Minnedienstes als solche deutlich macht.[50]

Eine nicht nur punktuelle Durchbrechung der Fremdbestimmtheit des Körpers vollzieht sich dann in jener Szene, in der die Minneherrin den libidinösen Körper des Minnedieners tatsächlich in ihre Nähe läßt und dann um so grausamer wieder von sich weist. Die seit langem erste direkte Begegnung mit der Minneherrin unterliegt komplexen Bedingungen, die nicht nur der Notwendigkeit gehorchen, im Verborgenen zu handeln, sondern zumindest teilweise als Ausdruck einer subtilen Szenenregie der *vrowe* erscheinen. Ulrich hat, als er die Botschaft erhält, er solle sich unter die Aussätzigen einreihen, die vor der Burg der Dame lagern (1124–1292), gerade etwas mehr als einen Tag, um 36 Meilen zurückzulegen und am Sonntagmorgen beim festgesetzten Stelldichein zu sein. Fest entschlossen nimmt er sechs Pferde mit, reitet zwei von ihnen tot und kommt restlos erschöpft an. Des Nachts läßt er sich in der Stadt *uzsetzen nepfe* und *swachiu cleit* machen (1126,3), um die vorgeschriebene Rolle spielen zu können. Doch wird er im folgenden zwei Tage lang vertröstet, bis es endlich zur Begegnung kommt. Diese Tage bringen eine Exponierung des Körpers, die alle bisherigen Körperepisoden an Drastik und Konkretheit überbietet.

Ulrich schlüpft in die von der Dame diktierte Verkleidung und setzt sich der Begegnung mit den Leprosen aus, deren Krankheit man sich durch unerlaubten Geschlechtsverkehr (zur Zeit der Menstruation) verursacht dachte.[51] Er paßt seinen Körper ihnen an, nimmt ein Kraut ein, von dem er ebenfalls entstellt wird, und färbt sein Haar grau. Doch er behält Distanz. Verborgen trägt er ein Langmesser, weil er um sein Leben fürchtet. Die Almosen nimmt er, weil sie von der Dame kommen, entledigt sich ihrer aber schnell wieder (1159,1–8). Ulrich bleibt unter den Leprosen ein Fremdkörper. Er vertreibt sich die Zeit durch Betteln, hält es aber unter den stinkenden und zu Gerippen abgemagerten Kranken vor Ekel nicht aus. Er verbringt eine erste Nacht in einem Kornfeld, wo er von Regen und Käfern geplagt, eine zweite unter Steinen verborgen an der Burgmauer, wo er vom *husschaffer* der Burg angepinkelt wird. Doch diese Plagen machen den Körper nicht mehr zum Text, denn die Dame erfährt von ihnen anscheinend nichts. Sie sind nicht mehr Zeichen der Ergebenheit, vielmehr Manifestation persönlicher Unbilden. Im Widerstand gegen die ›unter die Haut gehende‹ Anpassung des Körpers und in der größtmöglichen Annäherung an das Ziel seiner Begierde scheint das Ich für Momente seine Fremdbestimmung abzulegen: schwergewichtig kann es nur mit Mühe an der Mauer hochgezogen werden, lustvoll hat es, ins Zimmer der Dame gelangt, nur mehr die sexuelle Vereinigung im Auge, verzweifelt will es sich, von der Dame trickreich auf den Boden der Realität vor der Burg zurückbefördert, selbst ertränken.

Noch einmal tröstet mit dem Kopfkissen der *vrowe* ein Substitut, ein Fetisch über den neuerlichen Entzug des begehrten Körpers hinweg. Noch einmal läßt sich das Ich auf eine extreme Minneprobe ein: eine von der Dame auferlegte Pilgerfahrt. Noch einmal träumt es – in einem dritten Büchlein – von der Möglichkeit der direkten Begegnung: von den Händen, aus denen es das Kreuzzeichen empfangen wird, dem Mund, der den Segen sprechen, Kuß und Abschiedsgruß bieten wird. Doch nicht zu verdrängen ist auch die Aussichtslosigkeit der Werbung. Der Minnediener vergleicht sein Martyrium mit den Qualen des Tantalus, dem die Nahrung immer wieder vor den Augen entschwindet. Im narrativen Gesamtrahmen ist der Zenit des den Körper fremdbestimmenden Minnedienstes überschritten. Die Pilgerfahrt wird kurz darauf begründungslos erlassen, statt dessen ein Ausreiselied eingefügt. Wenig später folgt der definitive Bruch mit der Dame und mit ihm ein Bruch innerhalb des textinternen ›Körperdiskurses‹: Der in der Handlungswelt immer wieder zum Zeichen gewordene Körper des Minnedieners verschwindet.

IV

Zwar kommt es zu einem zweiten Minnedienst für eine andere Dame, doch ihm fehlt fast jede handlungsweltliche Konkretheit. Ulrichs Körper taucht auf nur als Körper des Turnierritters im Rahmen der Artusfahrt. Der Körper der Dame ist zwar zunächst noch Ziel der Begierde (1651,3) und wird ausführlich beschrieben, doch diese Beschreibung folgt minnesängerischer Topik. Wenn das Ich (im Präsens) vom weißen Körper, roten Mund und braunen Haar spricht (1693 f.), so nimmt es nur Elemente aus der idealtypischen *descriptio* des Minnelieds auf (Lied 43). Handlung und Körper erhalten keine physisch-räumliche Präsenz. Präsenz erhält die körperliche Vereinigung der Liebenden, die im ersten Minnedienst der Verehrer ersehnte – doch nicht im Sinne einer konkret-sexuellen über das Lied hinausreichenden Realisierung. Das Ich *imaginiert* das aus der Vereinigung resultierende Glück, und diese Imagination tritt auch in den zahlreichen Liedern zunehmend in den Vordergrund. Tagelieder besingen das Beisammensein von Mann und Frau, über einen ganzen Tag hinweg.[52] Ein Minnelied behandelt den Wunsch des Ich, mit seinem *hohen muot* ins Herz der Dame eingelassen zu werden, und stellt gleichzeitig diesen *muot* als figürliche Instanz dar, die sich im Herzen des Ich mit der Geliebten im Liebesspiel ergeht (Lied 41).

Mit der Vereinigung im Herzen des/der Liebenden ist die initiale Trennungserfahrung von *lip* und *herze*, die das Ende des kindlichen Dienstes kennzeichnete, aufgehoben. Passagenlang verschränken sich in Bericht und Lied die Leitbegriffe *lip*, *lieb*, *herze* – bis hin zur Vorstellung, der Körper der Geliebten sei im Herzen des Ich und damit wiederum ihr Herz in ihrem eigenen Körper (Lied 42,III.2 f.).[53] Auch hier erweist allerdings schon das Nebeneinander des Bildes von der Dame im Herzen und vom Eindringen ins Herz der Dame, daß das libidinöse Verlangen des Ich fortbesteht – nun aber verschoben. So wie sich die Körper in der Imagination verflechten, so werden Liederdiskurs und Erzähldiskurs füreinander durchlässig. In der Engführung von erfüllter Minne und liebesmächtigem Wort fallen sie schließlich fast zusammen. Vorgestellt wird – in Lied wie Bericht – die Übertragung der Liebesintensität von der Dame auf das Ich durch das *süeze wort*, das, selbst sprechend, nun seinerseits zum Körper, zum Partner des Kusses wird (1655,1–5; 1808,1–5).

Die Begierde des Körpers wird in eine Begierde des Wortes überführt. Parallel dazu aber, was bisher ausgespart wurde, gewinnt der Körper in der Welt außerhalb des Minnedienstes neue Bedeutung. Zunächst der Körper des Fürsten. Das Autor-Ich berichtet (hier wieder im Präteritum) vom Tode Herzog Friedrich II. von Österreich in der Schlacht an der Leitha (15. Juni 1246): Friedrich sei von seinem Schreiber Heinrich auf dem Schlachtfeld gefunden worden, Wange und Bein durch (Pferde-)Tritte deformiert und von schwärzlich-geronnenem Blut bedeckt, nichts am Leibe außer dem leinenen Untergewand, dem Schulterschutz und einem Schuh; er sei so heimlich abtransportiert worden, daß niemand den Körper des Fürsten erkannte. Das Geschehen, Auftakt zu allgemeiner Unordnung im Land, ist zugleich Vorstufe zu eigenem Leid. Ulrich erzählt, wie er von zwei Widersachern, Weinholt und Pilgrim, auf der eigenen Burg (Vrowenburc) gefangengenommen, seine Familie vertrieben wurde (1696–1731). Über ein Jahr lang siecht er, in Eisenfesseln gehalten, dahin, ständig von gewaltsamem Tod oder Verhungern bedroht. Weinend sucht er am Boden nach Brotkrümeln. Der Körper, obschon Objekt der Aggression, erscheint hier als Medium der schmerzvollen Selbsterfahrung des Subjekts: *vil jaemerlich lute ich schre: ›ouwe, ouwe, ouwe, ouwe‹* (1711,5 f.).

Spiel und Wirklichkeit, Imagination und Konkretheit scheinen an dieser Stelle, da sie sich im Textablauf verflechten, auf Handlungsebene nicht mehr vermittelbar. Die Wirklichkeit läßt sich hier nicht mehr als Spiel begreifen, und doch soll schließlich das schöne Spiel mit der Liebe über die krude Realität des adligen Daseins dominieren. Das ist nur möglich, wenn der Einbruch des historisch-faktischen in die imaginative Welt diese nicht in Frage stellt. Deshalb werden die beiden Episoden von der imaginativen Welt des Minnedienstes her entworfen und wieder in diese überführt.[54] Umgekehrt zum früheren Prinzip, Lieder in Situationen einzubetten, werden die Lieder nun zu Fixpunkten, an denen sich die Ereignisse orientieren.[55] Das literarische Minneglück kompensiert das lebensweltliche Unglück: Die Dame bewahrt mit ihrer *güete* den Minnediener vor *truren* (1688), ihr Lachen beglückt ihn, und sogar in der Gefangenschaft soll ein Lied (Lied 47) zu ihrem Lobpreis gedichtet worden sein – ein Lied indes, das die konkrete Situation im topischen Frauenpreis aufhebt.

Wenige Verse später wird die Schilderung der Gefangenschaft abrupt abgebrochen. Das Autor-Ich erwähnt die Befreiung durch Meinhart von Görz, verschweigt aber die Auslösung der als Geiseln zurückgelassenen Kinder und der Burg. Es folgt die Wende zu jener anderen Form der Wundheit, die den konkreten Schmerz absorbiert: der süßen Minnewundheit (1733,8).[56] Alles Weitere bewegt sich in einem Vorstellungsraum, in dem Wirklichkeit durch Minne kompensiert wird, Minne sich durch das Wort erfüllt und die Verschriftlichung des Wortes wiederum durch den Impuls der *vrowe*, die den Auftrag zur Abfassung des *Frauendienstes* gibt, erfolgt.[57] Bei dem Ich, das sich in diesem letzten Erzählteil artikuliert, ist zwischen dem Minnediener und dem Autor, zwischen Vergangenheit und Gegenwart nicht mehr zu unterscheiden. Die Reflexion der Tagelieder (1621–1632) beginnt im Präteritum, geht aber schnell ins Präsens über, die Minnevorstellung des Liedes und die des Autor-Ich bringen sich zur Deckung. Wenn das Subjekt schließlich seine Reflexion über das Glück der Liebe und des Küssens abbricht, um auf ›sich selbst‹ zurückzukommen (1813,2), meint dieses Selbst nun auch nichts anderes als den Minnediener, als dessen vorzüglichste Leistung die Verfassung des gerade zu Ende gehenden Werkes, des *Frauendienstes*, erscheint.

Mit diesen Schlußstrophen ist die Ebene gegenwärtiger Textproduktion erreicht und zukünftige Produktion projektiert. Zugleich scheint, zumal das Ich auf die seit dem Ritterschlag vergangenen 33 Jahre hinweist, der ›autobiographische‹ Ablauf an seinem Flucht- und Zielpunkt angekommen. Doch ist die Beziehung zwischen dem gegenwärtigen und dem vergangenen Ich auch hier keineswegs geklärt. Die deiktischen Gesten der abschließenden Ich-Rede suggerieren zwar eine Präsenz des Autors, mehr aber noch eine des *buoches*.[58] Dieses wird als potentiell offenes Werk hingestellt, dem die Hörer weitere Lieder, die der Autor zum Lobe der Frauen verfassen wird, anfügen sollen.[59] Vorausgesetzt ist also wieder die ›textual community‹, die den Verständnisrahmen des Textes bildet und überdies Zugang zum materiellen Produkt der Verschriftlichung, zum Codex hat. Der Autor präsentiert sich im Duktus des Understatements als mündlicher Dichter, entschuldigt sich für die Ungeheuerlichkeit, *daz min munt von mir selben hat | getihtet ritterliche tat* (1849,2 f.), daß er also sich selbst mit seiner Lieddichtung in eben jenen narrativen Rahmen gestellt hat, der unter dem Namen *vrowen dienst* (1850,7) bekannt werden soll. Er unterläßt aber die für einen Epilog charakteristische Namensnennung, und so steht auch hier die Frage im Raum, ob die Titelgebung, die ritterliches und literarisches Tun zusammenführt, in letzter Instanz auch die ›autobiographische‹ Authentizität des Protagonisten bestätigt. Bezieht sich der Mund, der am Ende als primäres Organ poetischer Produktion gilt, auf jenen Mund, der anfangs zu operieren war und erst nach zahlreichen Anläufen artikulationsfähig wurde? Hätten die Konfigurationen des Körpers im *Frauendienst* schließlich doch ihren Fluchtpunkt in einer ›autobiographisch‹ entworfenen Poetologie?

V

Die Szenen des *Frauendienstes*, in denen der Körper eine Rolle spielt, fügen sich zu keiner ›Körperbiographie‹ zusammen. Die Verstellungen, Verstümmelungen und Verwandlungen des Körpers im ersten Minnedienst stehen auf Handlungsebene nicht in kausaler Beziehung zueinander. Sie sind Manifestationen der verschiedenen Versuche des Ich, der Begehrten nahezukommen, und zugleich Formen der Substitution, in denen das real Unmögliche sich nur als Spur in die Existenz des Minnedieners einschreibt. Weder hat die Operation des Mundes direkte Verbindung zum Abschlagen des Fingers noch dieses zur folgenden Verkleidung in der Venusfahrt. Es handelt sich um verschiedene ›Register‹ von Leiblichkeit, verbunden dadurch, daß sie Körperzeichen produzieren, die medial übermitteln oder imaginieren, was in der Kommunikation unter Anwesenden nicht zu übermitteln oder nicht zu realisieren ist. Doch erweisen sie sich paradigmatisch verbunden dadurch, daß ihre Zeichenhaftigkeit gemeinsame Konnotationen besitzt. Der Minnedienst wird mit Aspekten des Gottesdienstes, das Minneleid mit Aspekten des Heiligenmartyriums versehen. Die Liebesbotschaft des Ich hat liturgische Züge, das Büchlein erscheint als Gebetbuch und der Finger als Reliquie, die Venusfahrt beginnt als Pilgerfahrt, der Minnekuß erfolgt als Friedenskuß bei der Messe, die Phantasie körperlicher Vereinigung verspricht ein österliches Ereignis.

Religiöse Muster werden den Spielregeln des Minnedienstes anverwandelt, ohne daß tatsächlich die Vita eines Minnedieners zustande käme. Gerade dort, wo sie denkbar wird, ist sie verhindert:

Die Pilgerfahrt, die das Ich für die *vrowe* als sein persönliches *summum bonum* unternehmen soll, wird abgebrochen, der erste Minnedienst abrupt beendet. Der Wechsel zum zweiten Teil vollzieht sich nicht als Übergang, sondern als Sprung. Der Körper erscheint nun unter den kruden Bedingungen feudaler Existenz, wird gleichzeitig aber in der liebesmächtigen Poiesis des Wortes aufgehoben. Der Bruch zwischen den verschiedenen ›Körperbildern‹ verweist wiederum auf die auktoriale Setzung. Die *untat* der Dame, die das Ende des ersten Dienstes bewirkt haben soll, ist als namenlose gekennzeichnet, das diskontinuierliche Moment, das die Vita des Minnedieners prägt, als solches ausgewiesen. Das Autor-Ich erzeugt in seiner Szenenregie Leerstellen und Kontinuitätsdefizite und beläßt damit dem Verhältnis zwischen der Textwelt des *Frauendienstes* und der mit ihr aufgerufenen Lebenswelt der Rezipienten sein Mysterium. Die ›autobiographische‹ Perspektive verhindert, daß der epische Ablauf ein prozessualer wird, und sorgt dafür, daß er sich durch aggregative Zustände und Brüche konstituiert. Das Autor-Ich inszeniert Momente einer Biographie als Autor, Turnierritter und Minnediener und mit ihnen Momente von Körperlichkeit, in denen es selbst präsent ist, aber dies im Modus des Als-ob: Es nennt sich als Protagonist nicht selbst beim Namen, damit darauf hindeutend, daß diese Identität primär durch andere konstituiert wird, und es nennt sich als Erzähler überhaupt nicht, damit wiederum die sichere Identifizierung mit dem Protagonisten-Ich verweigernd. Auch dort, wo die Identifizierung am greifbarsten scheint, bleibt sie ambivalent. In den beiden Episoden von Friedrichs Tod und Ulrichs Gefangenschaft rückt zwar die historische Person stärker in den Blick und die erzählte Vergangenheit näher an die Erzählgegenwart heran, doch wird auch hier ein ›autobiographisches‹ Kontinuum vermieden. Nicht von der konkreten Welt dieser Episoden, sondern von der unkonkreten Welt des (zweiten) Minnedienstes zieht sich ein Band zu jener präsentischen Sprechsituation, die am Ende dominiert und in der das Autor-Ich sich als Urheber des vorliegenden Textes und als Dichter der in ihn integrierten Lieder ausweist.[60]

So schließt der *Frauendienst* mit dem Kunststück, die erzählte Vergangenheit an die Gegenwart heranzuführen und doch nicht in diese übergehen zu lassen, den Minnediener mit dem Autor zu verschmelzen und doch das Verhältnis zum Protagonisten der Geschichte offen zu lassen. Der Charakter des Spiels bleibt damit gewahrt, ja wird sogar gesteigert – eben dadurch, daß der Text schließlich transparent wird für zeitgenössische Formen adliger Aggression. Die Inszenierung eines scheinbar plötzlich das lebensweltlich-literarische Spiel in Frage stellenden Realitätsaspekts dient dem Autor-Ich dazu, die Überlegenheit der Literatur (Minnesang) über die Wirklichkeit nicht nur zu postulieren, sondern an ›sich selbst‹ zu demonstrieren, damit seine Macht nicht nur über die Fiktion, sondern auch über die Lebenswelt herauszustellen. Diese Macht bedarf, was erst hier ganz deutlich wird, der Strategie des Sich-Entblößens und gleichzeitigen Verbergens. Sie bedarf der Suggestion von ›autobiographischer‹ Identität und deren gleichzeitiger Infragestellung. Sie bedarf eines Protagonisten-Ich, das als ›Maschine des Begehrens‹ fungiert im Auf und Ab des Minnespiels, aufgeladen immer wieder neu mit Minneenergie, die zugleich immer wieder auf die Leistung des Akkumulators verweist.

In diesem Sinne sind die Exzesse und Extravaganzen des Körpers nicht einfach drastische Bilder für scheiternde Kommunikation, konkretisierte Metaphern für ausbleibende körperliche Erfüllung oder kontrastive Zeichen für ein zunächst falsches Verständnis höfischen Minnedienstes.[61] Durch sie wird der Protagonist, scheiternd und an Erfüllung gehindert, in seiner Unbedingtheit qualifiziert und nobilitiert: als mit Minneerfahrung angereichertes Ich, das diese Erfahrung zugleich in Text zu überführen vermag – Text, den das Autor-Ich nunmehr präsentiert. Die Exzesse stellen also wie die Büchlein mimetische Formen der Produktion von Text dar. Zugleich dienen sie einer mimetischen Autoproduktion des Autors. Sie lassen den *Frauendienst* als Dokument eines mit Körperlichkeit angereicherten Prozesses der Textproduktion erscheinen und steigern damit seine Authentizität wie sein Profil im intertextuellen Diskurs höfischer Liebe und höfischen Sanges.

Genau dies dürfte die historische Position des *Frauendienstes* markieren. Die Überblendungen und Aufladungen zwischen Texten und Körpern, die in ihm vorgeführt werden, bezeugen einen transitorischen Moment im sich verschiebenden Spannungsfeld von Mündlichkeit und Schriftlichkeit. Das Ausmaß, in dem der

Körper, fragmentiert, mutiliert oder verwandelt, zum Gegenstand ›autobiographischer Konstruktion‹ wird, spricht für die Distanz zu Situationen, in denen der Körper ›Träger‹ und ›Quelle‹ des Sinns zugleich ist.[62] So wie Minnesang im *Frauendienst* auch als bereits verschriftlichter, als zu lesender erscheint, so ist der Körper bereits ein zeichenhafter, der repräsentiert, was seine unmittelbare Präsenz verloren hat: den Autor als Teil der höfischen Gemeinschaft, als Repräsentanten des gemeinschaftlichen Vollzugs von Minnesang. Der Körper, im Text als einer gedacht, der Authentizität herstellt und dies sogar in höherem Maße als die Schrift, wird letztlich doch – und mit diesem Wissen spielt der Text – von der Schrift hervorgebracht.[63] Er, der als Medium dient, um ein auktoriales Ich zu konstituieren, das sich eben dadurch von dem allgemeinen Ich unterscheidet, welches in Lied und Liedparaphrase vorherrscht, er ist Ausdruck einer Dissoziation innerhalb der Kommunikation unter Anwesenden. Auch wenn dieser Körper schließlich wieder in den Hintergrund tritt und als abstrakter mit dem Wort verschmilzt, das den kommunikativen Vollzug des Frauendienstes trägt, ist die Dissoziation nicht rückgängig gemacht: Was am Ende dominiert, ist der Körper des Buches, in dem sich Frauendienst materialisiert und Memoria realisiert. Zwei Jahrhunderte später wird sich auch diese durch den Körper des Buches garantierte Dauerhaftigkeit des Wortes im medialen Umbruch zu zersetzen beginnen.[64] Schon zuvor aber, in der autobiographischen Lyrik des späten Mittelalters, bei Francesco Petrarca, Guillaume de Machaut und Oswald von Wolkenstein, wird sichtbar, wie Identität und Literarizität sich neu verschränken: Das innertextuelle Ich beansprucht eine außertextuelle Wahrhaftigkeit und erzeugt einen Referenzrahmen, der wiederum der Stabilisierung eines sich verselbständigenden poetischen Prozesses dient.

Im *Frauendienst* deutet sich dies bereits an. Die in ihm gestiftete Memoria ist die eines Autors, der sich selbst als Protagonist einer lebensweltlich konkretisierten Minnesang- und Minnedienstwelt einem Text ›verschreibt‹, welcher seinerseits die Inszenierungen des Körpers nutzt, mehr zu sein als nur unverbindliche Schrift. Auch dies, Manifestation einer Situation, in der die fortschreitende Literarisierung noch nicht zu einem bloß antiquarischen Umgang mit dichterischer Rede geführt hat, mag kennzeichnend sein für die Übergangsposition des *Frauendienstes* und für die Gebundenheit an seinen ursprünglichen Existenzraum und Verständnishorizont. Der spezifische Körper, von dem das Autor-Ich erzählt, ›lebte‹ in der Schrift, aber dies nur so lange, wie der Körper jenseits der Schrift, auf den er verweist, präsent blieb.

9 Ich – Körper – Karten

I

Die Biblioteca Vaticana in Rom besitzt unter ihren zahlreichen Schätzen zwei Manuskripte, die zu den eigenartigsten des späten Mittelalters gehören. Das eine (Cod. Pal. Lat. 1993) umfaßt 27 riesige Pergamentblätter, die beidseitig mit Zeichnungen, Karten und verschiedenartigsten Aufzeichnungen bedeckt sind. Das andere (Cod. Vat. Lat. 6435) enthält 176 Papierblätter, die eine ähnliche Mischung bieten, wobei nun aber der Schwerpunkt bei den Texten liegt; in chronologischer Folge eingetragen, reichen sie von kurzen autobiographischen Notizen über historische und wissenschaftliche Ausführungen bis hin zu längeren spirituellen und theologischen Traktaten.[1] Beide Handschriften stellen Autographen dar. Sie stammen von der Hand des Opicinus de Canistris, eines Klerikers aus Pavia (1296 – ca. 1350), der sich zunächst als Buchmaler und Kaplan durchschlug, bis es ihm gelang, ein Studium der Kanonistik zu beginnen; 1329 suchte er sein Glück bei dem in Avignon exilierten Sitz der Kurie und wurde von Papst Johannes XXII. mit einem Posten als Schreiber bei der apostolischen ›Beichtbehörde‹ bedacht, den er mindestens bis 1348 ausfüllte; nach 1350 verlieren sich seine Spuren. Schriftstellerisch war Opicinus seit etwa 1320 tätig. Die ersten (nur aus Erwähnungen bekannten) Werke hatten offensichtlich erbaulichen Charakter. Ein Wechsel zum kirchenpolitischen Traktat erfolgte, wie es scheint, mit Blick auf die Existenzsicherung: Dem Papst gewidmet, verschaffte die Schrift *De preeminentia spiritualis imperii* Opicinus den Posten in Avignon, von wo aus er in einem von lebhaftem Lokalkolorit geprägten Städtelob (*Liber de laudibus civitatis Ticinensis*) auf die Heimatstadt Pavia zurückblickte.[2]

Am spektakulärsten sind zweifellos die beiden Vatikanischen Handschriften – beide Summen symbolischen Denkens, wirkungslos in ihrer Zeit, hochbedeutend aber in ihrer kulturhistorischen Position, beide Sammlungen und doch nicht gewöhnliche Sammelhandschriften. Opicinus schreibt nicht in erster Linie fremde, ältere Werke ab. Er hält eigene Beobachtungen und Überlegungen fest. Ausstreichungen und Verbesserungen, Ergänzungen und Marginalien lassen den Prozeß des Ringens um den Gedanken und die Formulierung erkennen. Sie lassen auch erkennen, wie ein spätmittelalterlicher Gelehrter am Zeitgeschehen teilnimmt und dieses zugleich transzendiert, wie er auf Autoritäten und Zitate baut, die sich unter seiner Hand eigenwillig verwandeln. Die Mehrzahl der Pergamentblätter stammt aus den Jahren 1335 und 1336, ohne daß sich aber eine stringente Abfolge der Einträge ermitteln ließe. Die Papierhandschrift entstand 1337/38 und wurde bis 1341 um vereinzelte Notizen ergänzt. Bei einer Durchsicht fügte Opicinus den einzelnen Blöcken am Rand Großbuchstaben und Zahlen bei, die zumindest ansatzweise auf eine Systematisierung des Materials zielen: Der Buchstabe I kennzeichnet Notizen, die mit Fragen des Kalenders zu tun haben, das N steht häufig bei lokalpolitischen Einträgen, bezogen auf die Lombardei oder Pavia, das T (und besonders T6) begegnet in Zusammenhängen mit der eigenen Person.[3] Auch Jahresangaben in verschlüsselter Form verweisen auf den Autor: 1335 bezeichnet er als sein ›Jahr der Hoffnung‹ (*annus expectationis*), 1337 als sein ›Jahr der Erneuerung‹ (*annus renovationis*).

Beide Codices sind, das zeigen einzelne Stellen, nicht ganz ohne Blick auf mögliche Leser geschrieben. Doch sie sind wie viele mittelalterliche Handschriften nicht zum kontinuierlichen Lesen gedacht. Sie vereinen Material, das sich in immer neue Richtungen auffächert, aber auch durch immergleiche Prinzipien der Verknüpfung zusammenschließt. Das macht die Textkonglomerate als ganze unüberschaubar, verleiht aber den einzelnen Bestandteilen zugleich Wiederholungscharakter. Opicinus entwirft eine geschlossene Welt, die aufgrund der Kombination und Permutation ihrer Elemente in sich unendlich vervielfältigt und gespiegelt erscheint, eine Welt, deren Bilder und Zeichen unablässig ausgedeutet und verknüpft werden. Das Verfahren beruht auf den klassischen Mitteln der Analogie- und Ähnlichkeitsbildung, der Allegorese und

Etymologie. Es ordnet, teilweise tabellarisch, verschiedene Gegenstandsgruppen einander zu. Zentral sind Vierer- und Siebenergruppen: Die Himmelsrichtungen werden mit den Elementen, den Erzengeln, den Paradiesflüssen, den Propheten, den Evangelisten, den Bettelorden oder den Seelenkräften in Verbindung gebracht, die Planeten auf die Metalle, die Wochentage oder die Gaben des Heiligen Geistes bezogen.[4] Dieses System der Entsprechungen, Entsprechungen auch zwischen Mikrokosmos und Makrokosmos, dient zugleich als Rahmen für die Verortung und Erklärung zeitgeschichtlicher Ereignisse: solche der Politik und Kirchenpolitik wie der eigenen Biographie.

Die Eigenwilligkeit und Selbstbezüglichkeit der Handschriften haben Opicinus den Ruf eines Individualisten eingetragen, wie er ansonsten im Mittelalter selten zu finden sei, eines Individualisten, der in seiner Neigung, alles mit allem zu kombinieren und auf sich selbst zu beziehen, die Grenze zum Pathologischen überschreite.[5] Keine Frage, das Werk des Opicinus ist komplex, oft dunkel in seinem sprachlichen und argumentativen Duktus, rätselhaft in seinen Verknüpfungen und Auslegungen. Doch bleibt wie im Falle Guiberts de Nogent und anderer Autobiographen die psychologische oder psychoanalytische Lesart unbefriedigend – schon deshalb, weil sie eine unmittelbare Relation von Bewußtsein und Ausdruck unterstellt und die historische Spezifik symbolischer Ordnungen, in der jener ›Ausdruck‹ sich allein manifestiert, übergeht. Das Auflösen von Grenzen zwischen Ich und Welt, Mann und Frau, Formen und Worten, das Betonen der eigenen Sündhaftigkeit und Verworfenheit, das Insistieren auf der Bedeutung des Körpers für das Verständnis des Kosmos – dies und vieles mehr mag charakteristisch sein für den psychotischen oder schizophrenen Bewußtseinszustand, erklärt ist es durch eine solche Parallele noch nicht.[6] Zu deutlich ist, daß die Assoziationschaotik, die man an Opicinus zu bemerken glaubt, ihre eigenen rationalen Prinzipien besitzt und zutiefst in mittelalterlicher exegetischer Tradition wurzelt, daß eben deshalb aber auch eine Kategorie wie die der Individualität nur mit Vorsicht zu verwenden ist. Wie Guibert zwei Jahrhunderte vor ihm macht Opicinus das Ich zu einem Relais zwischen lokaler und universaler Welt, zwischen Individualgeschichte und Heilsgeschichte. Er eröffnet dem System der Entsprechungen eine neue

Dimension, die indes nicht als befreiende Selbstentfaltung reflektiert, vielmehr durch Bezug auf die eigene Sünderexistenz relativiert wird. Auch damit steht er nicht allein. Um aber sein Vorgehen besser zu verstehen, empfiehlt es sich, bei den grundlegenden Prinzipien der Verknüpfung des Sinnlichen mit dem Übersinnlichen anzusetzen.

II

Zu den auffälligsten Aspekten der Handschriften gehört ihre Kombination von Text und Bild. Beide stammen von der gleichen Hand und sind eng aufeinander bezogen. Häufig ist der Text in die Federzeichnung hinein oder um sie herum geschrieben, und häufig nimmt er Aspekte des Dargestellten ergänzend, weiterführend oder auslegend auf. Die Bilder, die Opicinus zeichnet, sind vielfältigen ikonographischen Traditionen und stilistischen Einflüssen verpflichtet.[7] Die Kreisschemata scheinen von zeitgenössischen Glasgemälden geprägt. Die kleineren Figuren orientieren sich an der älteren lombardischen Buchmalerei, die größeren an der modernen sienesischen Tafel- und Wandmalerei, die seit 1334 auch in Avignon ihre Wirkung entfaltete. Die Art der Körperdarstellung wiederum berührt sich mit den Demonstrationsfiguren in medizinisch-anatomischen Handschriften, etwa solchen des ebenfalls aus Pavia stammenden Guido da Vigevano, der zur Zeit des Opicinus Leibarzt verschiedener europäischer Fürsten und Könige war. Überaus wichtig für die Zeichnungen sind sodann Kartenmodelle – auch hier solche durchaus aktuellen Charakters. Sie zeigen nicht das symbolische Weltbild der älteren Weltkarten, die die Erdteile schematisch nach dem Prinzip des einem Kreis (O = *Orbis*) einbeschriebenen T anordneten. Sie konzentrieren sich auf den mittelmeerischen Raum und auf die durch die Küsten bestimmten Umrißlinien. Es handelt sich um Portulankarten, wie sie, der Seefahrt dienend, im ausgehenden 13. Jahrhundert aufkamen. Auch die Verwendung von Rosettenlinien verbindet die Kartenfiguren der Handschriften mit den Portulanen, die die Linien als Kompaßlinien der Navigation nutzbar machten.[8]

Opicinus selbst verweist darauf, daß er durch die Begegnung mit zeitgenössischen Kartentypen entscheidende Anregungen für seine eigenen Entwürfe bekommen habe: »(der aus) Genua brachte (dem aus) Pavia die Kunst bei, die Welt zu beschreiben und zu erfassen« (*Ianua dedit viam scientie describendi mundum Papie*; Cod. Vat. Lat. 6435, f. 53^{r}). Gedacht ist hier wohl unter anderem an den Kartographen Petrus Vesconte, der sich auf seinen zwischen 1311 und 1327 hergestellten Portulankarten als *de Ianua* bezeichnete und seinen Atlas eben jenem Papst Johannes XXII. überreichte, dem auch Opicinus seine kirchenpolitische Schrift zueignete.[9] Während aber Vescontes Karten zweifellos der praktischen Orientierung von Seeleuten bei Fahrten im Mittelmeer und Schwarzen Meer dienten, schlägt Opicinus in seinen Bildern einen anderen Weg ein. Er ist sich der kartographischen Probleme, etwa des Problems der Festlegung von Entfernungen, bewußt, er bemüht sich um eine topographisch genaue Bestimmung von Binnenlandsorten, doch die Orientierung, die er sucht, betrifft weniger den Raum als den Kosmos und weniger seine Berechnung als seine Bedeutung. Opicinus richtet in Einklang mit der seit dem 12. Jahrhundert intensivierten symbolischen Weltdeutung den Blick auf das Sichtbare als Zeugnis, Sinnbild und Spiegel des Unsichtbaren.[10] Wie Hugo von St. Victor begreift er die Welt als ein Buch, geschrieben vom Finger Gottes, lesbar aber nur dem geistigen Menschen, der in der äußeren Schönheit die innere und wahre Schönheit zu erkennen vermag.[11] Wie Petrus Berchorius, der um 1330 in Avignon ein Geographie- und Mirabilienbuch (*Reductorium morale*, Buch XIV) verfaßte, überträgt er das Modell der biblischen Exegese auf außerbiblische Sachverhalte, hier solche der Geographie und der Zeitgeschichte.[12] Während Berchorius aber sich an Länderkatalogen orientierte, bezieht Opicinus sich auf Land- und Seekarten, die nun ihrerseits zum Gegenstand der Allegorese werden. Deshalb interessieren weniger die Küstenstädte als die Binnenstädte, die für die gegenwärtige Situation der Welt wichtig sind, und wird auch die Rosette gelegentlich durch andere Liniensysteme ersetzt, die Textfelder schaffen und Verbindungen herstellen. Generell ist die geographische Repräsentation meist zurückgelassen zugunsten von Überlagerungen einer Karte mit anderen Bildzeichen oder anderen Karten.

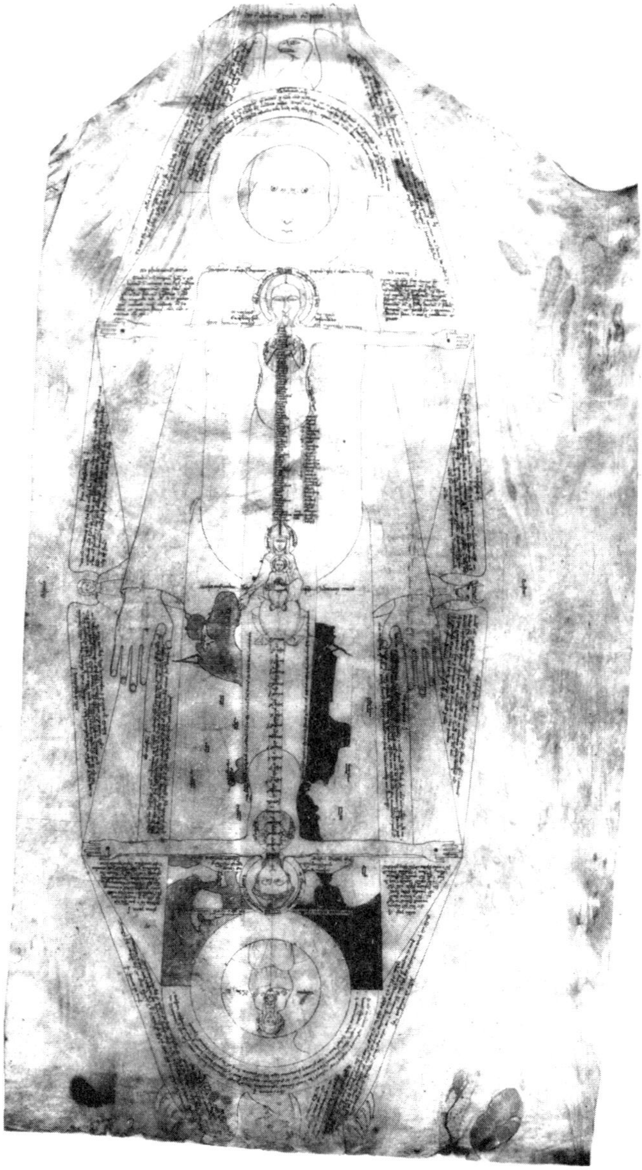

Abb. 1 Opicinus de Canistris, Symbolschema (Rom, Biblioteca Vaticana, Cod. Pal. Lat. 1993, T. 19)

Verschiedene Darstellungen zeigen die Figuren der Ecclesia und des Gekreuzigten. So wie auf der ein halbes Jahrhundert älteren *Ebstorfer Weltkarte* der Körper Christi – Kopf, Hände und Füße – Rahmen und Hintergrund des Weltmodells bildet, so dienen auch auf Opicinus' Karten Körperschemata dazu, die heilsgeschichtliche Grundierung der geographischen Wirklichkeit sichtbar zu machen. Doch auch sie haben sich, wie alles in den Handschriften des Pavianer Klerikers, vervielfacht. Sie können, weltumspannend, das ganze Blatt einnehmen. Sie können aber auch weitere, kleinere Figuren in sich enthalten, die jene des Rahmens wiederholen oder heilsgeschichtlich entfalten. Das sieht dann, von außen nach innen gelesen, so aus (Cod. Pal. Lat. 1993, T. 19; *Abb. 1*): Die Evangelistensymbole rahmen das Körperschema, das wiederum ein Modell des Gekreuzigten einbegreift, dem spiegelsymmetrisch ein Modell des gekreuzigten Petrus gegenübergestellt ist. Beide tragen auf ihrer Brust Medaillons mit zwei weiteren Figuren, die, durch Beischriften als *christus immortalis* und *ecclesia spiritualis* bzw. als *patronus ecclesie* und *ecclesia corporalis* gekennzeichnet, die Position einnehmen, die auf anderen Bildern Braut und Bräutigam, *sponsa* und *sponsus*, besetzen. Verbunden sind sie mit Medaillons der Gottesmutter mit Kind, die ihrerseits vor dem Hintergrund von Kartenausschnitten stehen.[13]

Die Anlagerung von Bedeutungselementen und Auslegungsdimensionen vollzieht sich nicht selten in der Kombination von Texterläuterungen und Verbindungslinien. Der Text benennt die Figuren und ihren heilsgeschichtlichen Status. Auf dem erwähnten Blatt bietet er sowohl die Ahnenreihe Christi wie einen summarischen Papstkatalog, beide verknüpft durch das in der Mitte stehende Bild der Gottesmutter/Ecclesia mit Kind. Die Linien, vom Modell der Rosettenlinien herrührend, machen aus einem eindimensionalen Netz von Orten ein mehrdimensionales System von Zeichen. Vom Bild des Gekreuzigten, im Zentrum an der Stelle Jerusalems plaziert, zieht sich häufig eine Linie durch das Blatt, die einmal explizit als Ausströmen des Bluts aus der Seitenwunde Christi erklärt und in Parallele zu dem sich in die Welt ausbreitenden Lebensstrom der christlichen Kirche gesetzt wird (T. 30).

Nicht so sehr geht es also darum, zwei kartographische Modelle miteinander zu verbinden: ein neueres, auf überschaubare Weltausschnitte, Entfernungen, Richtungen und Navigationsprobleme bezogen, und ein älteres, die Welt als ganzes in der Einheit von Raum und Zeit symbolisch darstellend und erklärend. Viel eher benutzt Opicinus die Portulankarten wie auch die anderen zu seiner Zeit aktuellen Medien (medizinische Handschriften, Wand- und Glasgemälde) als Möglichkeit, eine die traditionelle Kombinatorik überbietende Bedeutungsgeographie zu etablieren, die Vergangenheit, Gegenwart und Zukunft sowie Ich und Welt in ihren wechselseitigen Implikationsverhältnissen enthüllt. Vor allem die Konzentration auf den mittelmeerischen Raum ist dabei wichtig: Sie erlaubt es, allgemeinste Fragen des individuellen und menschheitsgeschichtlichen Heils auf Situationen der Nähe und auf Ereignisse der eigenen Gegenwart oder jüngsten Vergangenheit zu beziehen. Auf einem Bild (T. 12) deckt sich die Position der Seitenwunde Christi mit der Position Konstantinopels, »dessen Eroberung für den Islam 1261 als schwerer Schlag gegen die Weltherrschaft der katholischen Kirche« empfunden wurde »und ihr eine auch in den dreißiger Jahren des 14. Jahrhunderts noch aktuelle Wunde schlug«.[14] Auf anderen Bildern werden Portulankarten und Regionalkarten übereinanderprojiziert, wodurch sich neue Sinnbezüge ergeben. Über die Karte des Mittelmeergebiets ist eine der Poebene gelegt – die Deutung erweist dies als Bild der allgemeinen Sündhaftigkeit, die sich, von der Lombardei als dem Sitz der Ursünde ausgehend, über die ganze Welt ausgebreitet habe (T. 7).[15] Wenn sich das England der Portulankarte mit der Nordwestecke der Lombardei auf der Regionalkarte berührt (T. 14), gilt Opicinus diese Berührung nicht als zufällige oder konstruierte, sondern als wesenhafte, die er in der Sprache, der Klangähnlichkeit von *Anglia* und *angulus*, gespiegelt findet und als Verheißung für die Zukunft begreift: »*Anglia*, das durch die Missionstätigkeit Gregors des Großen der Verdammnis entrissen wurde, soll als *angulus Lombardie* die ganze Lombardei, besonders die Städte Venedig und Pavia, beeinflussen, es damit zur Rückkehr in den Schoß der Kirche aufrufen.«[16]

Wörter, Namen und Dinge, Länder und Zeiten, Ereignisse und Theologumena – sie gehen bei Opicinus immer neue Verbindungen ein. Sie verweisen aufeinander und entsprechen zugleich einander. Sie sind, so kategorial unterschiedlich sie scheinen mögen, von gleicher Art, nämlich Ausdruck eines dem oberflächlichen Blick unsichtbaren Zusammenhangs, Zeichen, in denen sich die göttliche Ordnung, aber auch tiefgehende Störungen dieser Ordnung offenbaren. Als Schaltstelle der Verbindungen und Entsprechungen dienen Körperfiguren und -elemente. Sie umgeben und überlagern nicht nur die Karten, sie sind auf gewisse Weise mit diesen identisch. Zu Opicinus' zentralen Entdeckungen gehört die Möglichkeit, in den die geographische Gestalt der Küsten berücksichtigenden Portulankarten eine Gestalthaftigkeit anderer Art wahrzunehmen (T. 39, *Abb. 2*). Europa erweist sich als buckliges Männchen mit Spanien als bärtigem Haupt, Italien und der Balkanhalbinsel als Stiefeln, ergänzt durch geographisch nicht verortete Elemente wie die zurückgeschlagene Kapuze und das umgegürtete Schwert. Afrika erscheint als eine Frau mit der Spitze Tangers als Nase und der tunesischen Halbinsel als Hand mit ausgestrecktem Finger. Auch das dazwischen liegende Mittelmeer kann figürliche Züge annehmen: ein szepterbewehrter Meerherrscher, dessen Bart von der Aegeis, dessen Herz von Sizilien gebildet werden.

Karten wie diese werden in der frühen Neuzeit geläufig werden: die flandrischen Provinzen im Bild eines Löwen, Europa im Bild einer Frauenfigur, deren gekröntes Haupt in Spanien liegt, ihr Herz in Böhmen, ihr Reichsapfel in Sizilien.[17] Sie dienen der Repräsentation politischer Macht im Zusammenspiel verschiedener Herrschaftsgebiete, Traditionen und Dynastien, in der Abgrenzung nach außen und gegenüber fremden Ansprüchen. Jeweils operiert die Repräsentation mit einer mimetischen Beziehung zwischen Territorium und Darstellung. Jeweils gibt sie sich aber auch als artifizielle zu erkennen, in der die Form in spielerischer Visualisierung das Argument unterstützt. Bei Opicinus zielt die mimetische Beziehung auf etwas anderes: die Einsicht in den wahren Zustand einer Welt, die immer schon anthropomorphe Züge hat, weil sie auf den Menschen hin geschaffen wurde – von dem sie nun aber verraten und verfehlt zu werden droht. Die Körperfiguren bringen individuelle und kollektive Seelenzustände zum Vorschein. Sie verstehen sich als Ausdruck einer geheimen und doch universalen Sündhaftigkeit. Der Körper ist äußerlich, schmutzig, verworfen, Hort von Völlerei und Unzucht, Anlaß zu immer neuen Freveln an der göttlichen Schöpfung. Vom Kopf her breitet sich in ihm die

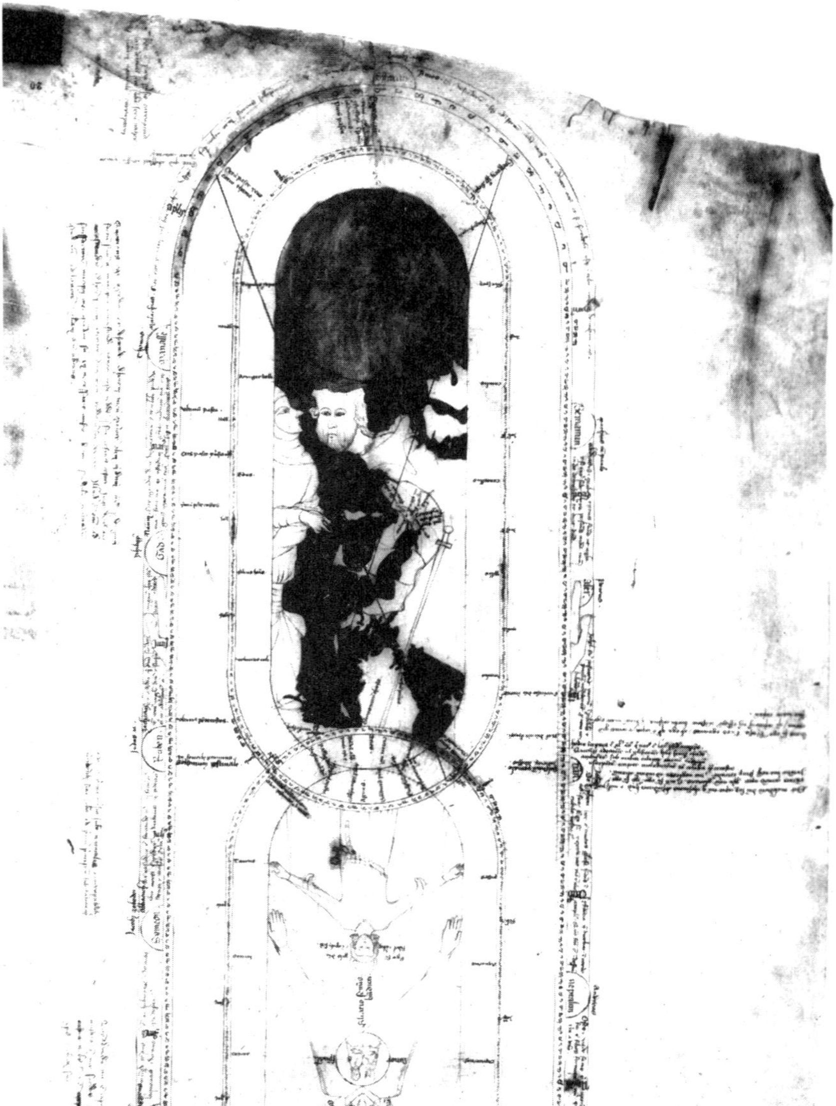

Abb. 2 Opicinus de Canistris, Figurenkarte (Rom, Biblioteca Vaticana, Cod. Pal. Lat. 1993, T. 39)

Krankheit (*causa peccati*) aus, die nur durch beständige Anstrengung und Entwicklung des geistigen Menschen zu bekämpfen ist. Zwar enthält der Mensch seinerseits die Welt in sich. Als Mikrokosmos spiegelt er den Makrokosmos, den er zugleich seinem Denken anverwandelt.[18] Doch eben deshalb spiegelt er auch das allgemeine Elend, das die Welt prägt. Sündenfall und Sündenexistenz hinterlassen ihre Spuren im Bild der Welt ebenso wie in dem des Menschen, und es sind diese Spuren, die Opicinus zu lesen versucht.

Im Zusammentreffen von Europa und Afrika sieht er eine Manifestation des alles umfassenden, sich überall verbündenden Unheils. Der Mann (Europa) hält sein Ohr an den Mund der Frau (Afrika), die ihn in einer Beischrift – mit den Worten der lüsternen Greise an Susanna im biblischen Buche *Daniel* (13,20) – zur Unzucht auffordert: *venite, commiscemini nobiscum* (T. 8). Doch, so oft Opicinus das Bild von Europa und Afrika wiederholt, so oft variiert er auch seine Implikationen: Er spielt mit der Möglichkeit, Europa nicht als männliche, sondern als weibliche Figur zu betrachten, und bezeichnet deshalb die Gegend um Venedig einmal als *vulva Europe* (T. 30), ein andermal spricht er von der *castratio genitalium* (T. 4) und versucht damit, die Perspektive mit dem ansonsten auf den Karten vorherrschenden männlichen Bild zu harmonisieren. Man muß darin keinen Widerspruch sehen. Seit der Antike war der Gedanke geläufig, die Relation zwischen männlichem und weiblichem Geschlecht beruhe, physiologisch betrachtet, weniger auf einer radikalen Differenz als auf einer Inversion[19] – und auf die Inversion zielt auch Opicinus, nun aber in globaler Hinsicht. Verkehrt habe sich die Ordnung der Welt, korrumpiert seien die Verhältnisse, zerrüttet die sozialen, politischen und religiösen Gefüge. Das entnimmt er unter anderem der Figur des Meerherrschers, die mehrmals explizit als dämonisch, ja teuflisch interpretiert wird, als *corpus peccati,* aber auch als *princeps Langobardorum,* »Fürst der Langbärte«, womit wieder eine Beziehung auf die unter dem Zeichen des Teuflischen agierende Lombardei hergestellt ist.

Die Lesbarkeit der Welt – darum kreist die opicinische Hermeneutik. Eine Hermeneutik des Aufdeckens und Enthüllens, die dem Autor den Status des privilegierten Sehers und Mittlers verleiht, aber auch eine Hermeneutik der Differenz, die beständig ihre eigene Fragilität mittransportiert. Die Lesbarkeit der Welt ist verdunkelt durch deren gegenwärtigen Zustand. Sie muß wiedergewonnen werden durch komplexe, mehrschichtige, sich unendlich verästelnde Operationen, die nicht einfach im Namen des mehrfachen Schriftsinns Bedeutungsoptionen systematisieren, vielmehr Bedeutung selbst zum Problem machen. Das unablässige Neukonfigurieren des Materials, Ausfindigmachen von Bezugsmöglichkeiten zeigt ein Bemühen um die Stabilisierung von Zeichenordnungen, das, indem es sich als unabschließbar oder gar unrealisierbar enthüllt, selbst zum Ausdruck einer gestörten Ordnung wird. Das System der Entsprechungen droht genau dort zu kollabieren, wo die Welt nicht nur in ihrer heilsgeschichtlichen Gesamtheit, sondern in ihrer zeitgeschichtlichen Gegenwärtigkeit sinnhaft werden soll. Opicinus benutzt die alte Ontologie von Mikrokosmos-Makrokomos-Beziehungen, um eine Diagnose der Jetztzeit zu geben und zugleich prophetische Ausblicke auf eine bessere Zukunft anzudeuten. Das macht die formalen Äquivalenzen, mit denen er operiert, ambivalent. Diese sind mehr als nur Veranschaulichungen, sie führen auf die Ordnung des Seins. Und doch sind sie nicht die Sache selbst, vielmehr deren Zeichen. Immer wieder benutzt Opicinus das Wort *testimonium*, um anzudeuten, daß ein Element der Welt (wie das kartographisch abgebildete Mittelmeer) zeichenhaften Charakter habe. Immer wieder beschwört er aber auch die nicht bloß konventionelle, sondern heilsgeschichtlich imprägnierte Bedeutung der Zeichen. Im Schwanken zwischen Nominalismus und Realismus manifestiert sich die Unsicherheit, ob die Lesbarkeit der Welt sich tatsächlich herstellen läßt. Im Wuchern der Deutungen schwingt das Problem ihrer Kontingenz mit.

III

Die Lage kompliziert sich noch dadurch, daß Opicinus in sein Netz der Deutungen beständig das eigene Ich einspeist. Er spricht von seinen Gedanken, seinen Träumen, den Hoffnungen auf ein höheres kirchliches Amt, die im gleichen Atemzug als anmaßend erscheinen. Er bezieht Ereignisse auf die eigene Biographie, spielt mit Bestandteilen des eigenen Namens und bringt auf Kalenderbildern mitten unter den kirchlichen Feiertagen persönliche Gedenktage unter.[20] Auch zeigen zahlreiche Blätter einen tonsurierten, meist bärtigen Kleriker, begleitet von Beischriften wie *ille sum ego*, *talis sum ego* oder *ego miser* (T. 43). Überall ergeben sich Korrespondenzen zwischen Ich und Welt, zwischen Eigennamen, Eigenschaften und kosmischen Prinzipien:

> »Wer bin ich? Antwort: Du bist ein Egoceros, ein Steinbockkind, vom Ego / Aígo, das unter dem Sternbild der Ziege steht, und dem Ceros, das dem lateinischen Horn (*cornu*) entspricht, bist also so etwas wie ein / der Steinbock (*capricornus*), dessen Bild einen Ziegenbart zeigt, weshalb das ägäische Meer auch Ziegenmeer genannt wird.«[21]

Opicinus ist sich wie Augustinus zur Frage geworden.[22] Was aber im Rahmen der *Confessiones* den in der *conversio* gipfelnden Umschlagsmoment vorbereitet, fügt sich hier nicht zu einer spirituellen Biographie. Im Spiel griechischer und lateinischer Wortteile, inspiriert von einem etymologischen Eintrag im *Catholicon* des Johannes Balbus de Ianua,[23] schlägt Opicinus den Bogen vom eigenen Ich zum Tierkreiszeichen des Steinbocks und zu jener bereits erwähnten teuflischen Figur der Karte des Mittelmeers. Er findet Spiegelungen zwischen dem Ego, der Karte und dem Kosmos – Spiegelungen, die indes nur wieder die allgemeine Schlechtigkeit bestätigen, welche sich als roter Faden durch die Handschriften zieht. Das Ich kann sich zwar zu Großem berufen fühlen, kann sich momenthaft sogar mit dem Propheten Ezechiel identifizieren. Im ganzen aber sieht es sich als Ausgeburt der Verworfenheit, Paradigma der Sünderexistenz. Es identifiziert sich ebenso mit dem ›Europamann‹ wie mit der ›Afrikafrau‹ und dem ›Meerteufel‹. Es liest – so wie der Arzt Herz und Lunge eines Kranken abhorcht – aus der Karte das eigene Schicksal und den eigenen Zustand heraus: *testimonium contra me* steht über einer der Schichtenkarten (T. 14), und als ein solches Zeichen der eigenen Gottesferne kann jedes Ereignis, jedes Ding, jeder Name, jedes Wort dienen.

Auch auf dem in der Forschung häufig behandelten Blatt der

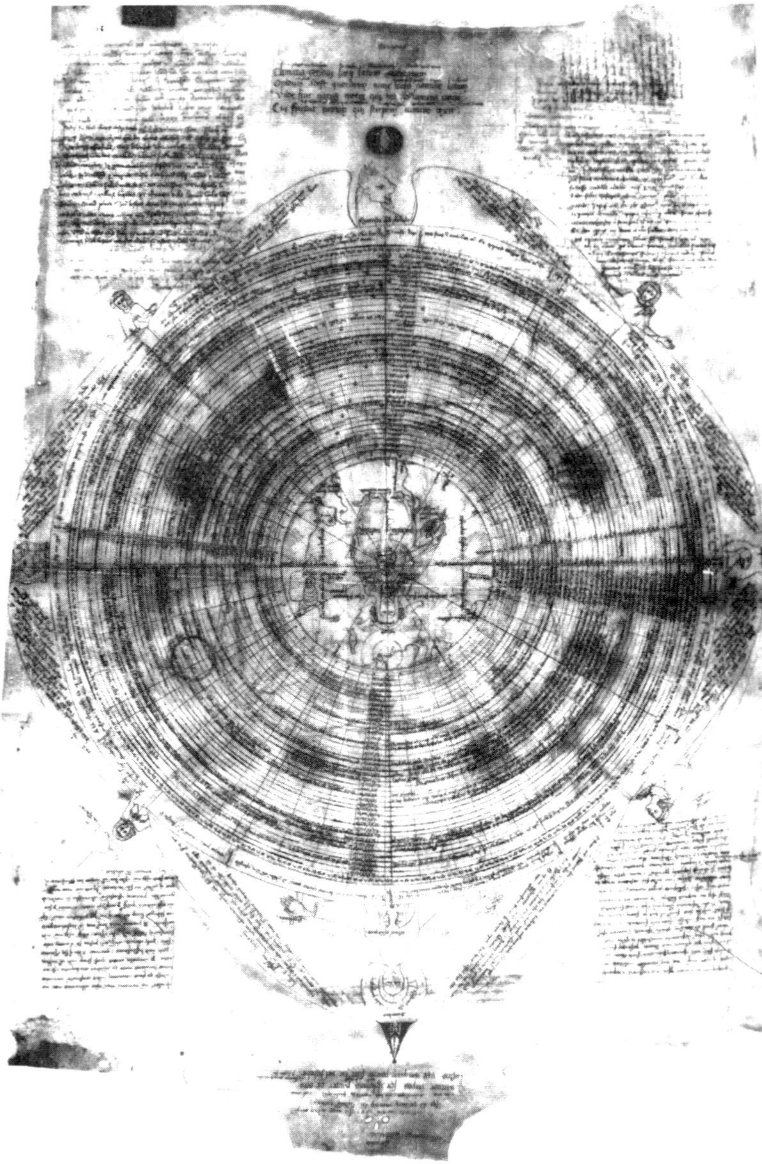

Abb. 3 Opicinus de Canistris, Autobiographie (Rom, Biblioteca Vaticana, Cod. Pal. Lat. 1993, T. 20)

Pergamenthandschrift, auf dem Opicinus rückblickend das eigene Leben zusammenfaßt (T. 20; *Abb. 3*), dominiert die Schwarzsicht.[24] Opicinus folgt wie Guibert dem konfessionalen Muster, das ihm nicht zuletzt von Augustinus vertraut war. Doch geht er auch hier eigene Wege, und dies schon in formaler Hinsicht. Er schreibt seine Darstellung in einen Kreiskalender ein, bestehend aus vierzig Ringen für die abgelaufenen Lebensjahre, die wiederum von zwölf Radien und etwa fünfzig Radiusstücken geschnitten werden, so daß sich Segmente für die einzelnen Monate, Wochen und Tage des Jahres ergeben. Kalender dieser Art waren schon in der Antike geläufig und blieben auch dem Mittelalter nicht unbekannt; der erwähnte Kartograph Petrus Vesconte hat auf einem seiner Atlanten einen Kreiskalender eingezeichnet.[25] Die Mechanisierung und Rationalisierung der Tages- und Stundeneinteilung, die sich im 14. Jahrhundert bemerkbar macht,[26] erfaßt also auch die Welt- und die Lebenszeit – die Opicinus in charakteristischer Weise aufeinander bezieht. Er überträgt das allgemeine Kalenderschema auf das eigene Leben und stellt dieses zugleich in einen allgemeinen Bezugsrahmen: Das Zentrum des Kreiskalenders bildet eine Darstellung der Gottesmutter mit Kind, über den Kreis hinaus reicht die Figur des als Richter erscheinenden Christus, an den Rändern des Kreises wechseln sich die Evangelistensymbole mit kleinen Brustbildern des Autors ab. Das Kreismodell mit seinen kleinen Segmenten zwingt dem autobiographischen Abriß annalistische Kürze auf (die durch Ergänzungen in den freien Ecken des Blattes ausbalanciert wird), erhebt aber auch das eigene Leben in den Rang der Zeitgeschichte:

> »*1313, Mai:* Wurde in die Singschule geschickt, nicht freiwillig, sondern gegen meinen Willen. [...] *1314, Juli:* Begann den Sohn eines Grafen von Deutschland, der hier mit seinem Vater gefangenliegt, zu unterrichten. [...] *1316, September 3*: Im Traum wurde mir eine Bestimmung (*diffinitio*) des Jüngsten Gerichts zuteil. [...] *1318, April 11*: Kehrte mit der Mutter, dem Vater und meinen Schwestern aus Genua nach Pavia zurück. [...] *1320, März 30:* Sang meine erste Messe in der Kirche von Pavia. [...] *1330, August 24:* Verfaßte ein kurzes Konfessionalbuch über meine Sünden. [...] *1330, September 13:* Hatte im Traum eine schreckliche Vision vom Eucharistiesakrament.«

Während das annalistische Schema auf die Fortführung von Einträgen angelegt ist, stellt Opicinus seine persönlichen Annalen in einem Zug zusammen, ohne sie aber zu einer autobiographischen Erzählung zu vereinen. Er wechselt hin und her zwischen äußeren und inneren Ereignissen, zwischen der klerikalen Karriere, der schriftstellerischen Produktion und der spirituellen Erfahrung und hebt eben dadurch die Wechselbeziehungen zwischen den verschiedenen Seinsebenen hervor. Ebenfalls immer wieder hervor hebt er aber auch, wie angedeutet, die Sündhaftigkeit der eigenen Existenz. Von kindlicher ›Befleckung‹ ist die Rede, von Niederlagen im Kampf gegen das Fleisch, von lästerlichem Tun und schändlichen Sitten. Zwar beschreibt Opicinus den sukzessiven Weg zum Geistlichen: von der anfänglichen Bestimmung durch die Eltern über das wachsende Interesse an den Büchern bis hin zur Aufgabe des weltlichen Standes. Doch er macht auch fortdauernde Gewissenskonflikte kenntlich, insistiert auf der eigenen Schwäche und sieht sich weit vom Ziel der geistlichen Existenz entfernt. Träume werden ihm ebenso zu göttlichen Warnungen wie Krankheiten. Beide können sich aber auch als Auszeichnungen erweisen:

»*1334, März 31:* An diesem Tag kam eine Krankheit. Ich erhielt die notwendigen Sakramente und lag ein Drittel des Monats April hindurch auf den Tod. Als ich wieder zu mir kam, fand ich mich an den Gliedern unbrauchbar. [...] *Juni 3:* An diesem Tag, nach der Vesper, sah ich, wie ein Diener, der dabei war, bezeugen kann, in den Wolken ein Gefäß (einen Korb). Von der Krankheit war ich stumm, an der rechten Hand gelähmt und habe in wunderbarer Weise einen großen Teil meines Schriftgedächtnisses (*memoria litteralis*) verloren. *August 15:* In dieser Nacht sah ich im Traum die Jungfrau Maria mit dem Kind im Schoß traurig auf der Erde sitzen. Sie hat mir an Stelle meiner von Jugend auf verschwendeten geistigen Mittel nach dieser Prüfung zwar nicht die Schriftkenntnis (*littera*), aber den Geist verdoppelt wiedergegeben. [...] *1335, Februar 1:* Von da an zog ich mich allmählich aus dem amtlichen Dienst zurück wegen der Schwäche meiner rechten Hand, die sich aber zu einem Werk des Geistes kräftiger erwies als früher. Seitdem hat eben diese Rechte alle diese Bilder ohne menschliche Hilfe gemacht. [...] *1336:* die literarische Fähigkeit (*scientia litteralis*) ist hin, die geistige ist verdoppelt. Meine Rechte ist für weltliche Arbeit schwach, für geistige stark. *Juni 3:* An diesem Tag wurde das Werk dieses Korbes (= Kreisringsystems) vollendet.[27]

Die Träume stehen mit dem literarisch-künstlerischen Werk in unmittelbarer Verbindung: Die Gottesmutter mit Kind, die in der Nacht vor Mariä Himmelfahrt erscheint, ist auf vielen Blättern dargestellt. Das Wolkengebilde nimmt vorweg, was auf den Tag genau zwei Jahre später in Form des abgeschlossenen Kreiskalenders vorliegt; beide, Traumbild wie Zeichnung, werden mit dem Wort *vas* bezeichnet. Auch die Krankheit hat Bedeutung für die literarisch-künstlerische Produktion. Opicinus deutet die Lähmungserscheinungen des Körpers und vor allem der rechten Hand als entscheidende Wendepunkte seiner Tätigkeit: hier Verlust von Kenntnissen und Abkehr vom offiziellen Schreibamt, dort Gewinn an Geistigkeit und Öffnung für eine menschliche Grenzen übersteigende Form der Inspiration.

Die Krankheit erlaubt es, eine neue Authentizität des eigenen Werks zu begründen. Nicht menschlicher Phantasie entstammt dieses, sondern einer höheren Eingabe. Der Autor wird zum Sprachrohr Gottes, zu einem, der gezwungen ist, in seinen ›ungemalten‹ Bildern und seinen ›ungeschriebenen‹ Texten der Umwelt unerhörte Einsichten zu eröffnen: *hec omnia sum ipse a Deo compulsus ceteris revelare* (T. 51). Das wirft Licht auch auf die beständige Betonung der Sündenexistenz. Prophetentum und Schlechtigkeitsvorstellung stehen in dialektischer Beziehung. Der größte aller Sünder ist zugleich das beste Instrument zur Erkenntnis der (Sünden der) Welt. Opicinus universalisiert das eigene Ich, indem er es als bewegliche Schaltstelle im Netz der Bedeutungen konzipiert, und begegnet der drohenden Hybris, indem er die immer wieder hervorbrechende *singularitas mea* (T. 11) als durch und durch gefährdet ausweist. Er zeigt ein Subjekt, schwankend zwischen der Bindung an den alten und der Hoffnung auf den neuen Adam, ein Subjekt, das die Gegensätze in sich vereint, ihre Spannung aber nur in semantischen und semiotischen Oszillationsbewegungen auffangen kann.

Das erinnert, so verschieden auch sonst die Haltungen sein mögen, an das Vorgehen des ebenfalls in Avignon weilenden Francesco Petrarca, der auf den 26. April 1336 – kurz bevor Opicinus sein autobiographisches Kalenderblatt abschloß – jenes Ereignis datierte, das aus dem Rückblick als Signum einer Epochenschwelle erscheinen konnte: den Aufstieg auf den Mont Ventoux. Das Ereignis, das er in einem Brief an den Augustinermönch und Frühhumanisten Francesco Dionigi von Borgo San Sepolcro schildert, es dabei im Wechselspiel von neugieriger Augenlust (Bergbesteigung, Landschaftsbetrachtung) und moralischer Rückwendung (Buch der *Confessiones*, Innerlichkeit) zu einer Allegorie des menschlichen Lebensweges ausgestaltend, dieses Ereignis wird ihm zu einer Möglichkeit, in exemplarischer Weise Strategien der Selbstermächtigung und der Selbstentmächtigung zu erproben.[28] Dem Ich Petrarcas gilt, nach Andreas Kablitz' Interpretation, das eigene sündhafte Tun als »Vergewisserung des Erfolgs aller geistigen Bemühungen um Gott«. Indem es »seine Verstrickung in Irrtum in Szene setzt, impliziert [es] zugleich eine Instanz, die um seine Fallibilität weiß und sie allein deshalb semiotisch zu modellieren vermag«. Weiterhin vorausgesetzt ist als Grundpfeiler des Weltverständnisses zwar »der Glaube an die Lesbarkeit der Welt in Gestalt ihrer allegorischen Auslegung«, doch die Textur des Briefes zeigt schon Spuren einer Erosion: »zwischen das Zeichen und seine Bedeutung ist nun derjenige gestellt, der das Zeichen liest; und zwischen den Text und seine Wahrheit ist derjenige plaziert, der die veritas des Textes erst zu ermitteln hat«.[29] Das trifft auch auf Opicinus zu. Obschon er nicht wie Petrarca die Rationalität eines Lebensentwurfs und die Relation von Ich und Nachwelt reflektiert, steht er doch vor dem gleichen Problem: Die Sinnhaftigkeit der Welt soll durch die Deutungsleistungen eines Ich garantiert werden, das auf der anderen Seite zurückschreckt vor der weltkonstituierenden Macht, die damit verbunden ist. Das herausgestellte Sündenbewußtsein löst das Problem nur scheinbar, verweist es doch gerade als herausgestelltes darauf, daß auch theologische Muster zu Argumenten eines Diskurses werden können, dem es nicht mehr allein um die Einsicht in die göttliche Schöpfung zu tun ist, sondern auch darum, dem eigenen Ich in ihr einen angemessenen Platz zu sichern.

IV

Die Bestandteile, aus denen sich die Handschriften des Pavianer Klerikers zusammensetzen, sind, das zeigt sich allenthalben, nicht an und für sich neu. Noch sind es die Methoden der Kombination. Gleichwohl entsteht der Eindruck, daß ein System hier an seine Grenzen gerät. Wo oben und unten, rechts und links vertauschbar sind, ein Blatt keine Hauptansicht besitzt, sondern in der Bewegung des Drehens von allen Seiten betrachtet und gelesen werden kann, wo alles mit allem in Verbindung steht, alles aus allem herausgelesen werden kann, da wächst die Verzweiflung nicht angesichts des Mangels, sondern angesichts der Überfülle von Bedeutsamem – zumal dann, wenn Zeichen nicht in erster Linie auf ihre Eigenschaften, ihre Qualitäten, ihre Funktionen im Ganzen der Schöpfung befragt werden. Opicinus folgt bei der Ausdeutung zwar bestimmten Leitkategorien – Sündhaftigkeit und Verworfenheit –, vor allem aber etabliert er ein Netz von Querbeziehungen, das auf Kosten eindeutiger vertikaler Beziehungen geht.[30] Die Ereignisse, Dinge und Worte verweisen wechselseitig aufeinander, nicht aber repräsentieren sie die göttlichen Ursprünge. Sie machen die universale Sinnhaftigkeit der Welt sichtbar, nicht aber tragen sie die Idee einer wohlgeordneten kosmischen Harmonie.

Zwei Probleme stellen sich damit: das der unendlichen Semiose und das der Zeitlichkeit der Welt. Das Problem der unendlichen Semiose ist der Signaturenlehre immanent und wird in der frühen Neuzeit deutlich zutage treten. Die Signaturen, alles Geschaffene kennzeichnende Spuren der Prägung durch den göttlichen Schöpfungsakt, welcher sich an Gestalten und Farben, Eigenschaften und Verhaltensweisen zu erkennen gibt, sie müssen entziffert werden, und dieser Akt der Entzifferung ist selbst integraler Teil einer Schöpfungsordnung, in der und durch die Gott erkannt werden will.[31] Die Signaturen sind also nicht konventionelle Zeichen, sie sind essentielle ›Marker‹, durch die ans Licht tritt, was nur in seinen Werken und Wirkungen begriffen werden kann. Sie beruhen auf Ähnlichkeitsbeziehungen, seien es solche des Buchstabens oder der Form, der Ursache oder der Wirkung, und eben diese Ähnlichkeitsbeziehungen stiften ein sich unendlich verzweigendes Netz des Seienden, in dem wiederum das einzelne niemals es selbst, vielmehr ein nur durch seine Relationen und Verweise konstituiertes sein kann.[32] Die gleichzeitige Sicherung der Universalität der Schöpfung *und* ihrer universalen Erkennbarkeit besitzt ihre Kehrseite im monotonen Wiederholen exegetischer Vorgänge, die immer wieder zu den gleichen Ergebnissen führen, und im ausufernden Spiel der Zeichen, das die Fixierung von Bedeutung immer neu aufschiebt.

Bei Opicinus verschärft sich das Problem dadurch, daß die exegetischen Operationen nicht einfach der Welt im allgemeinen gelten, sondern auch einem bestimmten – depravierten – Zustand. Positive und negative Aspekte stehen damit nebeneinander. Die Signaturen bezeugen die grundsätzliche Einrichtung des Seienden, aber auch dessen gegenwärtige Zerrüttung. Die Deutung enthüllt, was (seit jeher) ist, aber auch, was anders zu sein hätte. Daraus resultiert eine Doppelung der Perspektive, die bis in einzelne Darstellungsmomente durchschlägt. Die Karten zeigen nicht bloß Räume, sie moralisieren auch historische Konstellationen. Die Körperschemata repräsentieren nicht bloß Entsprechungen von Mikrokosmos und Makrokosmos, sie geben auch an, wo Krankheiten der Seele nisten. Die Profilierungen des auktorialen Ich subjektivieren nicht bloß die Perspektive auf Raum und Zeit, sie erzeugen auch eine autoritativ gestützte Instanz für die Enthüllung des Wahren. Damit einher geht ein Oszillieren zwischen literaler und nicht-literaler Bedeutung. Opicinus bezieht sich auf die konkrete Historizität der eigenen Biographie, der Situation in Pavia und der Lombardei, bewegt sich aber beständig in der Spannung von Entkonkretisierung und Rekonkretisierung. Einerseits führt er individuelle und kollektive Ereignisse unter dem Zeichen eines größeren Unheils zusammen, andererseits spielt er Momente der Zeitgenossenschaft immer wieder ein.

Nicht zufällig wurde verschiedentlich an die *Monodiae* Guiberts de Nogent erinnert. Die Parallele liegt nahe schon aufgrund der ähnlichen Bildungshintergründe, der Prägungen etwa durch das augustinische Modell der *confessio*. Sie ergibt sich aber auch aus ähnlichen Anliegen. Beide, Opicinus wie Guibert, verorten das eigene Ich im Spannungsfeld von lokaler Geschichte und Heilsgeschichte. Beide stellen nicht ohne Selbstbewußtsein ihre literarische Produktion heraus und suchen doch durch die gegenläufige Betonung des Sündenbewußtseins eine christliche Demut zu bewahren. Beide machen den Körper zu einer – positiven wie negativen – Einfallstelle des Göttlichen und zu einer Vermittlungsstelle zwischen Ich und Welt. Die Hand des Schreibenden, sie ist es, in der sich die literarische Tätigkeit und die klerikale Existenz konzentrieren: In Analogie stehend zur Hand des Schöpfergottes, repräsentiert sie ein symbolisch besonders aufgeladenes und zugleich besonders gefährliches Körperteil. Nur dort, wo der menschliche Eigenwille ausgeschaltet ist und der göttlich inspirierte Geist direkt die Feder führt, erhält die literarische Produktion ihre höchste Dignität. Die Idee des in der Nachahmung der Natur selbst zum Schöpfer werdenden Menschen hat in diesem Kontext noch keinen eigenen Platz. Sie wird aber insofern vorbereitet, als der Autor Opicinus sich selbst zu einem privilegierten Deuter der Welt und diese zu einem Universum unendlich vervielfachter Bedeutungen macht – einem Spiegel und Ausdruck jener *potentia absoluta* Gottes, die Wilhelm von Ockham in seinen *Quodlibeta* kurz vor der Ankunft des Opicinus in Avignon als Voraussetzung eines unendlichen Reichs der Möglichkeiten dachte.[33]

Mit einem Begriff wie dem der Individualität sind solche Tendenzen nicht zu erfassen. Wo er nur die Eigenwilligkeit des Werks meint, bleibt er nichtssagend, wo er von einem Burckhardtschen Verständnis des modernen Individuums geprägt ist, anachronistisch. Zu begreifen gilt es vielmehr, wie das Sprechen in der ersten Person in die Diskurse, in denen es sich vollzieht, quer zu aller Wiederholung von Bedeutungsgleichungen eine Instabilität des Sinns hineinträgt, welche die Fragilitäten und Aporien des Lesens im Buch der Schöpfung nicht verdeckt, sondern geradezu hervortreibt. Pathologisch zu nennen wäre dies weniger im Sinne eines (angeblichen) psychischen Defekts des Autors als im Sinne der Autoradikalisierung eines Systems, das von jedem Blickwinkel aus so transparent sein sollte, daß das Ganze nur zu einer Summe opaker Gebilde werden konnte – eine Summe, deren geistige Durchdringung Opicinus seinerseits dem mit höheren spirituellen Weihen versehenen Leser anheimstellen konnte: »Niemand vermag das hier Geschriebene zu begreifen als der, dessen Gewissen von jeder irdischen Verstrickung gereinigt ist.«[34]

FIGUREN DER PRÄSENZ

10 Metapher und Erzählwelt

I

Zu den mittelalterlichen deutschen Handschriften, die gezielt Werke eines einzigen Autors zusammenstellen, gehört ein aus der Mitte des 13. Jahrhunderts stammender Codex mit Texten Wolframs von Eschenbach (München, Bayerische Staatsbibl., Cgm 19). Die Hauptmasse des Bandes umfaßt den *Parzival*-Roman, am Ende wurde das in Kapitel 6 vorgestellte Tagelied *Sin chlawen* eingetragen. Dazwischen findet sich auf vier Blättern, von gleicher Hand wie der *Parzival* geschrieben, ein epischer Text, der ansonsten nur abweichend in zwei anderen Handschriften überliefert ist. Verfaßt nicht wie die sonstige höfische Epik in Reimpaaren, sondern in Strophen, besteht er aus zwei Erzählblöcken, die Ausschnitte einer Geschichte bieten, welche als ganze nicht existiert, vielleicht nicht einmal geplant war, in ihrem Ende aber im *Parzival* vorweggenommen ist. Viermal begegnet der Titelheld seiner Kusine Sigune, die um ihren toten Freund Schionatulander trauert und ihr Leben am Ende als Reklusin in gottesdienstähnlichem Totengedenken beschließt. Zu dieser in gestufter Bilderfolge entworfenen Weltabkehr liefern die beiden Erzählblöcke Elemente einer Vorgeschichte.

Das erste Stück (131 Strophen) beginnt mit einer Abdankungsrede des alternden Gralskönigs Titurel und einem Blick auf die Kindheit Sigunes. Im Zentrum steht sodann die jugendliche Liebe zwischen Sigune und Schionatulander. Sie entwickelt sich in Kanvoleiz, in den wenigen Monaten des Zusammenseins von Parzivals Eltern, Herzeloyde und Gahmuret. In tastendem Gespräch versuchen Sigune und Schionatulander das Phänomen Minne metaphorisch und begrifflich zu fassen. Im Dialog mit Gahmuret bzw. Herzeloyde erhalten sie – nachdem Schionatulander mit Gahmuret zur Orientfahrt aufgebrochen ist – Bestätigungen ihrer Sehnsucht. Das zweite Stück (39 Strophen) zeigt das junge Paar auf einer Waldeslichtung. Ein Bracke läuft ihnen zu, ein langes, kostbares Halsband hinter sich herschleifend. Auf dem Halsband findet Sigune eine Schrift, die den programmatischen Namen des Bracken (Gardeviaz) nennt, die Geschichte seiner Besitzer (Clauditte und Ehkunat) erzählt und ein Modell richtigen Lebens andeutet. Als sie die Leine von der Zeltstange löst, um weiterzulesen, entkommt ihr das Tier. Um alles in der Welt will sie die Fortsetzung des Textes kennen. Auch ihre Minne soll Schionatulander endgültig erst dann genießen, wenn es ihm gelingt, Hund und Leine wiederzubringen. Sein Weg wird, wie man aus dem *Parzival* weiß, in den Tod führen.

Der Text, nach der ersten in ihr vorkommenden Figur als *Titurel* bezeichnet, gehört zu den rätselhaftesten Produkten der mittelhochdeutschen Epik. Kaum angefochten ist sein literarischer Rang, höchst umstritten aber seine literarhistorische Position. Er stehe »in seiner Zeit gänzlich alleine« und entziehe »sich den üblichen Bewertungskategorien«;[1] er lasse »die Grenze dessen ahnen, was hochmittelalterlicher Dichtung möglich war«,[2] »die innere Grenze, an die Wolfram […] mit seinem Erzählen stößt« und »an der Erzählen überhaupt fragwürdig wird«;[3] er biete »kein fixiertes oder fixierbares Sinnangebot«,[4] sondern nur Spuren und Fährten, die »den Sinn zum begehrten, sich verflüchtigenden Objekt« machen.[5] Ein Grenzphänomen also im historischen Kontext, aber auch ein Prüfstein für die Grenzen literaturwissenschaftlicher Hermeneutik. Uneinheitlich überliefert und von ungewisser Autonomie, sprachlich und formal komplex, ja am Rande des Hermetischen, geben die beiden *Titurel*-Stücke jedem Versuch einer Interpretation den Zweifel an deren Möglichkeit mit auf den Weg. Zugleich setzen sie jeden solchen Versuch der Gefahr aus, als historisch innovativ auszuweisen, was überhaupt erst aus der Diskontinuitätserfahrung moderner Ästhetik als solches erscheinen kann. Dieser Gefahr ist zu begegnen nur durch klare Darlegung der Prämissen des Zugangs zum Text: vor allem hinsichtlich (1.) seiner intertextuellen Position, (2.) seines textuellen Status und

(3.) seiner sprachlich-rhetorischen Verfaßtheit. Intrikaterweise sind alle drei Aspekte eng miteinander verwoben. Im Sinne methodischer Klarheit empfiehlt es sich dennoch, sie zunächst zu scheiden.

(1.) Die *Titurel*-Stücke beziehen sich in ihrem Erzählpersonal und ihrer Handlungswelt fast durchgängig auf einen Prätext, zu dessen Geschichte sie Elemente einer Vorgeschichte liefern. Das ist an und für sich noch nicht erstaunlich: Ulrich von dem Türlin wird die Vorgeschichte zu Wolframs *Willehalm* aus dessen eigenen Andeutungen heraus entwickeln, die spätere französische Chanson-de-geste-Tradition sich nach rückwärts zu den genealogischen Ursprüngen hinbewegen. Bemerkenswert ist im Falle des *Titurel*, daß die ›Ergänzung‹ vom selben Autor stammt wie der Basistext und daß sie mehr bietet als nur eine stoffliche Vervollständigung. Aus dem *Parzival* weiß man vom tödlichen Ausgang der Liebe zwischen Schionatulander und Sigune, aber kaum von der Geschichte dieser Liebe. Im *Titurel* erfährt man nunmehr Aspekte der Geschichte, aber nicht deren kontinuierliche Bewegung auf das Ende hin. Die beiden Texte stehen zwar in komplementärem Verhältnis zueinander, aber das situativ Frühere im späteren Text fügt sich nicht bruchlos mit dem situativ Späteren im früheren Text zusammen.

Hinzu kommt, daß der *Titurel* im *Parzival* selbst bereits anvisiert scheint. Die vier Begegnungen des Titelhelden mit seiner Kusine Sigune bilden zentrale Momente von Parzivals ritterlichem Weg, sie vertreten aber auch Momente einer eigentümlichen Minnegeschichte *post mortem*, die als ganze Erwartung bleibt – eine Erwartung, die der Text selbst explizit nährt. Bei der ersten Begegnung verweist Sigune, um die Umstände ihrer Situation zu erklären, auf ein Brackenseil, dessen fatale Bedeutung ›erst‹ im *Titurel* zum Gegenstand werden wird.[6] Und auch der Erzähler setzt, wenn er auf Gawans Neffen Ilynot zu sprechen kommt, der im Dienst für Florie von Kanadic sein Leben ließ, eine Geschichte als bekannt voraus, die ›erst‹ im *Titurel* ausführlicher erzählt werden wird.[7] Man mag, um die Irritation wechselseitiger Rückbezüge aufzulösen, annehmen, es habe höfische Liebesgeschichten gegeben, in denen das hier nur knapp Anzitierte breiter entfaltet gewesen wäre.[8] Doch das Operieren mit Unbekannten bleibt methodisch bedenklich und liefert interpretatorisch keine tragfähige Basis. Die angenommenen Erzählungen haben keine Spuren hinterlassen, und so gibt es keinen Grund, ihnen die wirkungsgeschichtliche Präsenz zuzuschreiben, die die beiden Anspielungen implizieren. Viel eher ist damit zu rechnen, daß die Anspielungen tatsächlich den *Titurel* meinen und zu einem mit dem *Parzival* koexistierenden Seitenstück machen sollen. Das Verhältnis der beiden Texte wäre also nicht nur eines der Ergänzung, sondern eines der ungleichzeitigen Gleichzeitigkeit, verpflichtet einer doppelten, sowohl sukzessiven wie simultanen Logik.[9]

(2.) Die Spannung von zeitlicher Abfolge und systematischer Beziehung spielt auch für den textuellen Status der *Titurel*-Stücke eine Rolle. Daß es sich bei ihnen um (entstehungsgeschichtliche) Fragmente handle, ist weitgehender Konsens der Forschung.[10] Unabgeschlossen und unverbunden scheinen die beiden Handlungsausschnitte, unvollständig Anfang und Schluß des zweiten Stükkes, unfertig einzelne Strophen und Strophengruppen des ersten. Nicht allein um ein »nicht abschlußhaftes Ende« geht es also, »das den unabschließbaren Charakter der Thematik des ganzen Werkes« hervorheben kann,[11] sondern um einen generellen Mangel an Kohärenz und Totalität – zumindest im Bewußtsein der Zeit. Bald nach 1250 integrierte ein Kleriker namens Albrecht, mit der *auctoritas* Wolframs spielend, die älteren Erzählblöcke in eine gewaltige romanhafte Ausgestaltung der Taten Tschionatulanders (sog. *Jüngerer Titurel*). Indem er das eigene Werk als Ergänzung des von Wolfram bei seinem Tod unvollständig Hinterlassenen ausweist, bezeugt er, daß die älteren Stücke zu diesem Zeitpunkt als Fragmente gelten konnten – mehr allerdings nicht.[12] Man kennt andere Fälle von Fortsetzungen, bei denen weniger das Auffüllen von Lücken als das Anschließen an nobilierte Texte die Produktion stimulierte. Auch der *Jüngere Titurel* stellt eine mehrschichtige Aneignung dar. Die Möglichkeit, die älteren Stücke böten nicht Ausschnitte aus einem noch nicht existierenden Ganzen, sondern dieses selbst, wird durch seine Existenz allein noch nicht obsolet.

Den Fragmentstatus des *Titurel* plausibel zu machen bedürfte es textanalytischer Kriterien, aber auch einer Reflexion ihrer Prämissen. Die ›Lücke‹ zwischen erstem und zweitem Block ist zwar eine der Handlung, nicht notwendig aber eine des Erzählens.[13] Die

›Vorausdeutungen‹ und ›Fehlstellen‹ können im Kontext des Vorhandenen und im Hinblick auf das erzählerische Prinzip des vorausgesetzten Endes verstanden werden, müssen aber kaum zwingend ein größeres Ganzes implizieren.[14] Die ›Unfertigkeiten‹ mancher Passagen korrespondieren einem elliptischen Sprach- und Erzählduktus, bestehen aber nur dann, wenn man (unsichere) stilistische und tektonische Vorannahmen zum Maßstab nimmt, aus Brüchen und Mängeln.[15] Auf keiner Ebene ist der Befund so eindeutig, daß eine Interpretation vom Fragmentarismus des Textes ohne weiteres ausgehen könnte. Vielmehr zeigt sich, in welchem Ausmaß die Wahrnehmung von Inkohärenz (und fehlender Totalität) an eine Erwartung von Kohärenz (und Totalität) gebunden bleibt, die im gegebenen Fall sich an der ›Verlaufsgestalt‹ und nicht der ›Simultangestalt‹ des Textes orientiert.[16] Will man eine solche den Blick verengende Erwartung ausschalten, wird man sich sowohl der Dichotomie von Fragment und Totalität[17] verweigern müssen wie der produktionsästhetischen Vorstellung, das sprachlich-stilistisch Unabgeschlossene besitze eine auktorial intendierte Abgeschlossenheit. Objektivierbar ist die ›innere Folgerichtigkeit‹ des Fragmentarischen nicht als Ausdruck des ›Versagens‹ oder ›Scheiterns‹ eines erzählerischen ›Experiments‹,[18] sondern nur als Ergebnis einer den Text in seinen sprachlichen Rekurrenzen und poetologischen Dimensionen ernstnehmenden Lektüre.

(3.) Daß die Beobachtung von Inkongruenzen im Detail und der Gedanke einer mangelnden Totalität des Ganzen wechselseitig verknüpfbar scheinen, besitzt seinen Grund in der spezifischen sprachlich-rhetorischen Verfaßtheit der *Titurel*-Stücke. Mit der Wende vom höfischen Reimpaarvers zur sangbaren Strophenform geht in ihnen ein Wechsel von handlungsorientiertem zu dialog-, kommentar- und reflexionsdominiertem Erzählen einher, dem eine Komplexitätssteigerung auf sprachlicher Ebene entspricht. Ganze Passagen nähern sich dem Duktus lyrischer Rede,[19] und selbst dort, wo die *narratio* im Vordergrund steht, machen Neologismen und Wortspiele, komplizierte Metaphern und Umschreibungen, Anakoluthe, Ellipsen und freie Konstruktionen das Verstehen des Textes zur beständig geforderten Anstrengung. Die reflektiert gehandhabte Sprachlichkeit zeigt aber auch, daß der *Titurel* keine unfreiwillig dokumentarische Momentaufnahme des mit Sprachnot ringenden, mit dem Verstummen kämpfenden Autors bietet.[20] Er bietet eine textuelle Neukonfiguration in poetologisch hochkomplexen Zeichenanordnungen, deren Sinndimensionen auszuleuchten sind.

Das soll auf den folgenden Seiten versucht werden. Ausgehend vom Detail soll ein neuer Blick aufs Ganze entwickelt werden, der produktionsästhetische Aporien vermeidet, gleichzeitig die den Text durchziehenden stilistischen, kompositorischen und intertextuellen Spannungen präsent hält. Erprobt werden soll eine Lektüre, die das Überlieferte nicht als Spur einer Zersetzung begreift, sondern als Effekt einer Neubesetzung der textuellen Räume, in denen das Erzählen von höfischer Liebe sich abspielt. Die Lektüre orientiert sich am Ablauf des Textes. Sie setzt an im ersten Stück und dort auf der Ebene der Sprache: bei der Metaphorik der Natur und der Jagd, dem Bildfeld von Fangen und Entkommen, Binden und Lösen, also der Sprache der Minne (II). Sie nimmt sodann das um den Bracken zentrierte zweite Stück in den Blick, das vielfach auf den metaphorischen Hintergrund bezogen ist (III). Und sie mündet schließlich in eine Neubestimmung des (inter-)textuellen Status des *Titurel* (IV).[21]

II

Bereits im *Parzival* gebraucht Sigune, von Schionatulander und dem fatalen Brackenseil zu Parzival sprechend, eine Metapher der Jagd: *in unser zweier dienste den tôt | hât er bejagt, und jâmers nôt | mir nâch sîner minne* (141,17–19). Die semantische Koppelung von Minne, Jagd und Tod, auf den ersten Blick metaphorisch unauffällig, verwirrt sich bei näherem Hinsehen. Schionatulander ist, indem er den Tod ›erjagt‹, Handelnder und Erleidender, Täter und Opfer zugleich. Auch die doppelt verschränkte Ausrichtung der pronominalen Bezüge auf Schionatulander und Sigune – er ›erjagt‹ sich in ihrem Dienst den Tod und ihr zugleich Sehnsucht nach seiner Liebe – weist auf die Engführung zweier Perspektiven, die doch nicht zusammenfallen. Zur Vertauschung von grammatischem und logischem Subjekt tritt eine Verunsicherung der Sprachebenen. Die Aussage wirbelt Innen und Außen, eigentliche und übertragene Bedeutung, Ereignis und Konsequenz durcheinander und spielt zudem auf eine Geschichte an, die im *Titurel* erzählt und, wie oben angedeutet, zugleich nicht erzählt wird.

Die in ihrer Metaphorizität schwebend bleibende Wendung »den Tod *bejagen*« erweist sich im weiteren Kontext als bildliche Andeutung einer Paradoxie, die eben im *Titurel*, dessen Geschichte hier in den Blick kommt, eine Rolle spielen wird. In ihm gibt es Jäger und Gejagte mehrfach, auf der Ebene der Bilder ebenso wie auf der der Handlung. Vor allem im ersten Teil ist die metaphorische Vorstellung der Liebes-Jagd leitend. Mit ihrer Ausgestaltung steht Wolfram nicht allein, doch nimmt er Radikalisierungen vor, die singulären Charakter haben und nucleushaft zentrale Sinndimensionen des *Titurel*-Textes einschließen.[22] In ungewöhnlichen Bildungen und Verbindungen, überraschenden Bezügen und Spiegelungen öffnen sich Perspektiven, die das Metaphorische zu mehr machen als nur zu einem Aspekt des oft konstatierten manieristischen, verrätselten und hermetischen Charakters des *Titurel*.[23] Nicht einfach ist der epische Zusammenhang dem lyrischen Moment geopfert, sondern eine Ebene in den Text eingezogen, die für dessen Sinnkonstitution eine entscheidende Rolle spielt: weniger deshalb, weil sie dazu beitrüge, eine ›zerfallende‹ Welt zu präsentieren, als deshalb, weil sie die Konstruktion eines komplexen Zeichengefüges an besonders markierten Punkten aufscheinen läßt.[24]

Mehrere solcher Punkte finden sich in jenem Gespräch, in dem die zwischen Sigune und Schionatulander entstehende Liebe zuerst zum Thema wird (57–72), in dem die Liebenden sich sehr beredt geben und doch, trotz aller Klärungsanstrengung, die Liebe in gewisser Weise vergebens bereden. Nach einem hilflos-verklausulierten Liebesgeständnis ist es Schionatulander, der den *minne*-Begriff einführt. Sigune hingegen will die Qualen, die ihr Freund andeutet, nicht als Minne bezeichnet wissen. Eine Minne, die *gevaere* (63,1) sei, also ihren Opfern heimlich nachstelle, verfängliche Schlingen auslege, sei nicht wirklich Minne. Wenn die Konjektur *gevaere* zutrifft,[25] wäre bereits in diesem ersten Versuch, Minne zu definieren, ein Bildspender aus dem Bereich der Jagd greifbar. In jedem Fall geht es nicht nur um das Phänomen, sondern auch um *daz wort minne* (63,2). Seine Bestimmung erfolgt in fast zeremoniellem Rahmen, in zwei Monologen, die einander kaum zu berühren scheinen. Sigune gibt sich wissend und unwissend zugleich. Sie will begrifflich differenzieren, was ihr als Realität nicht bekannt ist, spielt mit Worten und überspielt damit ihre Ahnung. Sie stellt die »Frage des unwissenden Mädchens nach dem Wesen der Minne«[26] und erfaßt das Unbekannte probeweise, indem sie es zu Bekanntem ihrer Lebenswelt – den Puppen, der Falkenbeize – in Beziehung setzt:

Minne, ist daz ein ere [eer H]*? maht du minne mir tuoten?*
ist daz ein site [sy H]*? chumet mir minne, wie sol ih minne getruten?*
mŏz ich si behalten bi den tochen?
oder fliuget minne vngerne vf hant durh die wilde? ich chan minne wol lochen. (64,1–4)[27]

»Minne, ist das etwas Ehrenvolles [ein Er]? Kannst Du Minne mir erklären?
Ist es eine Gewohnheit [ein Sie]? Läuft mir Minne zu, was soll ich mit Minne treiben?
Darf ich sie bei den Puppen behalten?
Oder läßt sich Minne, wild, wie sie ist, ungern auf der Hand nieder? Zu locken verstehe ich Minne schon.«

Im Hintergrund des Bestimmungsansatzes steht eine doppelte Differenzierung. Sigune versucht grundsätzlich auszuschließen, was ihrer Vorstellung entgegensteht: Minne als gefährdendes, bedrohliches Phänomen. Sie versucht aber darüber hinaus, jenseits dieses radikal Unvertrauten, Minne in Kategorien des relativ (Un-)Vertrauten einzuordnen. Ihre Metaphorik ist erneut eine der Jagd. Sie stellt (sich) die Minne, die sie teils als Subjekt, teils als Objekt beredet, als Falke vor, weiß aber nicht zu entscheiden, ob dieser wild oder auf die Hand zu locken ist.[28] Die Unsicherheit, ob Minne sich zum Objekt, ja zum Spielzeug machen, ob ihre *wilde* sich in Dienst nehmen läßt, kommt in der Wahl der Syntax und vor allem der Metaphorik zum Ausdruck. Die Metaphern rücken entfernte

Aussagen des Textes zusammen. Daß Minne nichts gänzlich Fremdes bleiben muß, wurde zu Beginn des Textes, in der ersten Strophe, die das Minnethema anschlägt, angedeutet: Wenn der alte Titurel beklagt, Minne (die er zum Subjekt macht) sei ihm nunmehr in Sehnen und Jammer *verwildet* (3,4),[29] so setzt dies voraus, daß Menschen mit der Liebe vertraut sein können, daß deren *wilde* sich immerhin zeitweise aufheben läßt.[30] Davon sind Sigune und Schionatulander noch entfernt. Für sie ist Vertrautheit mit dem fremden Phänomen allererst herzustellen, ist zunächst noch ungeklärt, ob Minne nicht doch – aufgrund ihrer Wildheit – unzugänglich und unzähmbar bleibt.

Schionatulander sucht eine Antwort auf Sigunes Frage im vorgegebenen Bildfeld. Er beruft sich auf das, was er gehört hat: Minne könne alle, Junge wie Alte, »schußgerecht spannen« (65,2), sie wisse *mit gedanchen* kräftig zu schießen (65,3), sie erreiche alle Arten von Lebewesen: *si triffet ane wenken, daz fliuget, daz lŏffet, daz get, daz fliuzzet* (65,4). Nichts zu Zähmendes, zu Lockendes also ist Minne in dieser Perspektive, sondern selbst Jägerin, treffsichere Bogenschützin, die wiederum die Liebenden ›einspannt‹, sie als Bogen ihrer Jagd benutzt. Das scheint gerade jener Vorstellung von Minne nahezukommen, die Sigune zu Beginn des Gesprächs auszuschließen versucht hatte. Die Einschätzungen der beiden Liebenden, nicht aus eigener Erfahrung, sondern aus topischem oder sekundärem Wissen gespeist,[31] gehen auseinander. Beide verwenden, im Vorgriff auf ein nur provisorisch Verstandenes, Metaphern der Jagd, und beide verwenden sie ohne Sicherheit. Sigune will Minne als Objekt fixieren, schwankt aber, ob sie dieses für ein wildes oder zahmes halten soll. Schionatulander sieht Minne als Subjekt, als agierende Macht, läßt aber seinerseits offen, ob die von Minne Betroffenen, die Liebenden, eher als Mittel zum Zweck (Bogen) oder als Ziel der Aktion (Opfer der Minne-Pfeile, d. h. der in Liebe entzündeten Gedanken) zu begreifen sind.[32]

Die widersprüchlich vervielfältigten Metaphern geben keine eindeutige Antwort auf die Frage nach dem Wesen der Minne. Sie zeigen, daß Positionen im Gespräch zunächst nur relativ gelten, aber auch, daß Hoffnungen auf eine immerhin sprachliche Domestizierbarkeit der Minne trügen können. Im Folgenden nämlich ist es Schionatulanders metaphorische Beschreibung, die bestätigt wird. Auch Sigune spricht jetzt vom *slichen* der Minne (69,1) und kennzeichnet diese als heimliche Jägerin, die die Herzen beschleicht und niemanden entkommen läßt. Der Erzähler wiederum sieht die Minne dem jungen Liebespaar – als dieses voneinander getrennt ist – *vf die lage* (75,4) reiten, ihm, Fallen stellend, auflauern. Vor allem Schionatulander, von der Minnesehnsucht auf Sigune ›zugejagt‹ (120,4), wird metaphorisch zu einem Gehetzten, an dessen Gesicht Zeichen und Spur der Minne abzulesen, ›aufzuspüren‹ sind.[33] Der jedoch, der die Zeichen liest, ist kein anderer als Gahmuret, der seinerseits metaphorisch von der Minne in den Tod ›gejagt‹ wird.[34]

Damit kommt es zu einer doppelten Verknüpfung: Der junge Liebende, Schionatulander, erweist sich dem erfahrenen Minneritter, Gahmuret, verbunden nicht nur auf der Ebene der Handlungswelt, wo er als Minnebote in Kanvoleiz und als Knappe auf der Orientfahrt agiert, sondern auch auf der Ebene der Bilder, wo die Affizierung durch Minne als latent tödliche identifizierbar wird.[35] Das Verhältnis zwischen den beiden Ebenen rückt als spannungsvolles in den Blick, wird aber nicht zugunsten der einen oder anderen entschieden. Ob die Gefährdung durch die Liebe, die die Metaphorik nahelegt, primär aus der Koppelung an den ritterlichen Dienst erwächst, bleibt offen: unter anderem deshalb, weil Minne zwar einerseits als gewalttätige Macht erscheint, der die Liebenden ausgeliefert sind, der gegenüber sie Opfer darstellen, weil sie andererseits aber auch als Macht gilt, die gerade nichts Fremdes und Fremdbestimmendes repräsentiert, vielmehr aus dem Inneren der Betroffenen kommt. Als Schionatulander in der Ferne weilt, gesteht Sigune Herzeloyde die sie bedrängende Sehnsucht und benutzt dabei eine Metapher (*algernde*), die jagdterminologisch die Gier des ausgehungerten Falken nach Beute meint.[36] Eben noch von der Minne gejagt, ist sie nun selbst zur Jägerin, zum aktiv auf Raub ausgehenden Jagdvogel geworden – und bleibt es doch nicht lange. Schon im folgenden Vers erscheint sie nicht mehr als Jägerin des Geliebten, sondern als dessen Gefangene, er wiederum nicht mehr als Jagdopfer, sondern als Falkner, der die ungezähmte, ungebundene *wilde* des Falken hindert.[37]

Wieder ist es die Metaphorik, die unterschiedliche Perspektiven in beinahe unmerklicher Gleichberechtigung zur Geltung bringt.

Sigunes *wilde gedanche* stehen jetzt für die unbegrenzte, ungebundene Perspektive der Innerlichkeit, für eine Freiheit, die durch ›Bindung‹ verlorengeht.[38] Sie repräsentieren die ihr selbst entzogene ›Naturseite‹, die qualvoll, gegen ihren Willen in Fesseln gezwungen wird, die durch Minne gebunden wird und gerade damit – im metaphorischen Zusammenhang – die Auswirkungen einer ihrerseits nicht zu bändigenden Minne erweist. Die Minne, selbst *wilde*, beraubt ihre Opfer der *wilde*, schwächt, selbst ›stark‹, die von ihr Befallenen, drückt, selbst ›hoch‹, die unter ihr Leidenden nieder.[39] Eine chiastisch angelegte Wortwiederholungsfigur (*bant, bendech*) beschreibt im wechselseitigen Bezug der Metaphern die gleichzeitige Freiwilligkeit und Unfreiwilligkeit der Minnebindung.[40] Sie zielt nicht auf eine moralische, handlungsanweisende Bedeutung, wie sie, etwa als Genitivmetapher des Typs *bant der staete*, in den Minne-Allegorien der Folgezeit dominant werden wird.[41] Sie gibt vielmehr einer Simultaneität Raum, die die Grenzen zwischen Denotativem und Konnotativem verwischt.

Generell scheint zu gelten: Der *Titurel* etabliert keine genauen Entsprechungen zwischen Zeichen und Bezeichnetem, führt aber Eigengesetzlichkeiten eines sprachlichen Prozesses vor, der die teils benachbarten, teils über den Text verstreuten Metaphern in spannungsvolle Beziehung bringt. Bilder und Zeichen wuchern. Manche Wendungen nehmen aufeinander Bezug, andere stehen quer oder ohne Verbindung zueinander. Über den Komplex der *wilde* ist das Bildfeld des Jagens nicht nur mit dem des Bindens verknüpft, sondern auch mit dem der Natur, an dem die gleiche Vervielfältigung von Perspektiven und Verunsicherung von Subjekt-Objekt-Positionen zu beobachten ist. Sigune erscheint als Blume, aus deren Herz *saelde vnd ere* erblühen (32,2 f.). Doch mit einer Blume wird auch das Herz Schionatulanders verglichen, aus dem Sigune, nun selbst in der Rolle der Aktiven, wie eine Biene die Süße (das Glück) heraussaugt (83,4).[42] Schließlich werden beide Blickrichtungen in einem Satz verschränkt: Sigunes Glanz lasse Schionatulanders Blüte erglänzen (106,4). Auch hier verlieren die Rollenverteilungen ihre Festigkeit.

Man wird sich hüten müssen, die metaphorischen Aspekte, die den Minneprozeß in seiner Komplexität vorführen, zu vereindeutigen. Dennoch scheint es Prinzipien zu geben, die ihr Funktionieren steuern, Fäden, die sich aus ihrem weitmaschigen Netz abheben. Kaum zufällig fallen die meisten Wendungen (jagd-)metaphorischer Art im Gespräch der Liebenden untereinander und in den beiden Gesprächen mit nahen Vertrauten. Jeweils wird eine Verständigung über Minne in Gang gebracht und zugleich eine gesellschaftliche Integration von Minne betrieben, die am Ende des ersten Stücks ihren Abschluß in öffentlicher Akzeptanz findet: *daz ich den Graharzoys vor alder werlde nu mit vrlŏbe so minne* (131,4). Gezeigt werden Figuren in ihrem Bemühen um begriffliche Erfassung. Das anfängliche, noch reichlich allgemeine und nicht wenig pathetische Reden der *kint* über Minne prägt weniger Verhaltensmuster aus denn sprachlich-kommunikative Muster, auch diese eingesetzt noch ohne Sicherheit über den Begriff und Sachverhalt Minne. Beide, Sigune wie Schionatulander, greifen auf einen Grundvorrat bekannter Formeln zurück, und beide bemerken die Unabgeklärtheit ihres Sprachhandelns, die Vermittlung der Liebe durch Sprache.[43] Mit altbekannten Metaphern versuchen sie ein ihnen unbekanntes Phänomen zu beschreiben, tatsächlich aber repräsentieren die Metaphern, was sich ereignet. *Diz was der anevanch ir gesellescheſte* | *mit worten*, heißt es am Ende des ersten Dialogs (73,1 f.). Aus der Rede derer, die über Minne sprechen, spricht die Minne, die die metaphorische Bemühung erst hervorbringt. Aus dem fremdbestimmten, unsicheren Sprechen über Liebe tritt die Liebe selbst ans Licht, als Macht und zugleich Grenze der Sprache.

Gerade an den Metaphern wird die Bindung von Minne an Sprache, jene dilemmatische Bindung, um die es im ersten *Titurel*-Stück allenthalben geht, sichtbar. Die Metaphern, die – als identifizierende Rede – Simultaneität erzeugen und – als analogisierende, differenzsetzende Rede – Simultaneität zugleich verhindern,[44] sie tragen selbst den unauflöslichen Widerstreit zwischen der Notwendigkeit und der Unmöglichkeit einer vollständigen Mitteilung von Minne in sich. Ohne in ornamentierender Funktion aufzugehen, gewinnen sie dem Minnethema eine neue Spannung ab, indem sie zum einen die Ungewißheit in der Subjektposition derer kenntlich machen, die von der Liebe betroffen sind, zum andern Minne als Phänomen entwerfen, das in immer neuer Weise zwischen Natur und Kultur oszilliert. So wie die Liebenden durch die

Wirkung der Minne zu Objekten werden und gleichzeitig, insofern sie aus ihrem ›Wesen‹ (ihrem Innersten) heraus handeln, Subjekte bleiben, so erscheint Minne in ihrer Naturhaftigkeit gleichzeitig als absolute und numinose, die Gegensätze und Kategorien übersteigende Macht wie als aus dem Wesen der zur Liebe Prädestinierten kommendes Phänomen. Beide Aspekte konvergieren in jener Vorstellung des ›Wilden‹, in der sowohl die außermenschliche Natur (Falke) wie die innermenschliche (›wilde‹ Gedanken) auf einen vieldeutigen, nicht oder kaum gebändigten Naturzusammenhang bezogen werden.

Die Metaphern halten, indem sie die Spannung von Wildem und Zahmem zugleich verbergen und enthüllen, in der Schwebe, ob bzw. auf welche Dauer Minne den Spielregeln der Kultur unterworfen werden kann. Der Jagdfalke im ersten *Titurel*-Stück repräsentiert ebenso wie der Spürhund im zweiten den Zwischenstatus einer *wilde*, die nur reguliert und umgelenkt, nicht aber aufgehoben ist, die sich in der Sprache greifen, aber nicht festhalten läßt.[45] Diese ›Wildheit‹ steht andererseits nicht in Gegensatz zu den immer wieder beschworenen moralischen Qualitäten der Minne (*staete, triuwe, kiusche, schemeliche zuht*), sie fungiert als deren Bedingung. Das besitzt gerade für das im Zentrum stehende Liebespaar spezifische Bedeutung. An Sigune und Schionatulander ist abzulesen, daß auch die auf Erzählerebene durch die Begriffe *chintlich* und *magetlich* gekennzeichnete und zugleich ausgezeichnete Minne dem Totalitätsanspruch einer auf ungeklärte Weise ›wilden‹ Minne, der auf Figurenebene diskutiert wird, unterliegt, ja daß dieser Anspruch sich gerade in den Versuchen der Ab- und Ausgrenzung manifestiert.[46] Indem diese Manifestation jedoch eine überwiegend metaphorische ist, verbleibt der Bewertung sowohl von verschiedenen Schattierungen der Liebe wie von verschiedenen Verhaltensweisen in der Liebe eine grundlegende Ambivalenz. Keine ideale Minne wird präsentiert, an deren Realisierung Sigune und Schionatulander scheitern, sondern eine Minne, die in ihrer Bewahrung immer schon zugleich gefährdet und gefährdend ist, eine Minne, die als naturhaft begriffen werden soll und zugleich die Liebenden mit der Kontingenz einer äußeren wie inneren Natur konfrontiert, eine Minne, die das Bedürfnis nach Versprachlichung erzeugt und zugleich in der Sprache gefährliche Bedürfnisse freisetzt. Eben weil aber die Sprache der Minne, die durch Metaphern profiliert wird, das Gemeinte nicht nur benennt, sondern selbst verkörpert, kann sie eine Folie abgeben für die Darstellung jenes Ereigniszusammenhanges im zweiten Teil des Textes, in dem seinerseits ein sowohl konkreter wie zeichenhafter Körper im Mittelpunkt steht.

III

Im zweiten *Titurel*-Stück wird vieles von dem, was im ersten metaphorisch zur Sprache kam, konkret. Die Handlung spielt mitten in der Natur, und die Jagd begegnet uns als eine tatsächliche. Sigune und Schionatulander lagern am Waldesrand, in der Nähe eines Baches. Ein Bracke kommt auf sie zu, jagend auf der Spur eines verwundeten Wildes. Schionatulander fängt ihn und bringt ihn Sigune, die auf der langen kostbaren Hundeleine eine Schrift entdeckt. Während er angelt, liest sie – bis hin zu dem Knoten, mit dem die Leine an der Zeltstange befestigt ist. Beim Lösen des Knotens wird der Bracke unruhig. Sigune versucht ihn festzuhalten, schürft sich aber nur an der Leine die Hände auf. Schionatulander, der dem Hund barfuß hinterherläuft, kehrt zerschunden und blutig zurück. Erst jetzt erfährt er von der Schrift, die Sigune um alles in der Welt zu Ende lesen, an deren Wiedergewinnung sie den Lohn für den Minnedienst knüpfen will. Er fügt sich und ist bereit, nah und fern nach dem Hundeseil zu suchen.

Was in seinem Handlungsumriß relativ klar scheint, wirft sprachlich und erzählerisch mannigfache Probleme auf.[47] Mehr noch als im ersten Stück hat der Hörer oder Leser mit uneindeutigen syntaktischen Bezügen, überraschenden parataktischen und hypotaktischen Konstruktionen, verweisenden Einschüben und häufigen Perspektivenwechseln fertig zu werden. Er hat sich ein Bild der erzählten Situation aus verstreuten Angaben zusammenzusetzen. Waren im ersten Stück die raum-zeitlichen Koordinaten immerhin durch den Bezug auf die Gemeinschaft von Herzeloyde und Gahmuret in Kanvoleiz festgelegt, so bleiben sie im zweiten völlig im Ungewissen: Schionatulanders Rückkehr aus dem Orient wird nicht thematisiert, der ihr wohl vorausgehende Tod Gahmurets nicht erwähnt. Das Verfahren der nachträglichen Situierung, das im ersten Stück verschiedentlich zur Anwendung kam, dient im zweiten nurmehr der Einführung von ›Requisiten‹[48]: Daß Schionatulander und Sigune vor einem Zelt lagern, zeigt sich erst, als die Hundleine von der Zeltstange gelöst wird (155,1), daß sie von zwei Edelfräulein begleitet sind, erst, als der Hund gefüttert werden soll (156,1). Die Handlung konzentriert sich damit auf drei Bewegungssequenzen: die beiden spiegelbildlich angelegten des Jagens und die von diesen eingeschlossene des Lesens.

Zweimal jagt der Bracke das Wild, zweimal Schionatulander den Bracken. Doch die Jagden sind ungleiche sowohl hinsichtlich der beiden Jäger wie der beiden Szenarien. Während der Bracke die Spur des Wildes nicht verliert, vermag Schionatulander die des Bracken nicht zu fixieren. Jeweils nimmt er den jagenden Hund akustisch wahr, jeweils will er ihn rennend einfangen, jeweils führt seine Schnelligkeit nicht zum Erfolg:[49] Beim ersten Mal kauert er sich, zunächst aufgesprungen, um den Hund zu *erlöffen* (134), dann doch ins Gebüsch, wo ihm der Bracke, wie es scheint, einfach in die Arme läuft (136,3; 137,4); beim zweiten Mal rennt er, obwohl barfuß, *mit snelheit* (160,1) durchs dornige Unterholz und hat doch keine Chance, den Bracken einzufangen. Ungeübt im Spurenlesen, bleiben ihm die Fährten sowohl des Wildes wie seines Verfolgers verborgen (160,3). Auch das Bellen des Hundes, der, *offenliche* […] *vnd niht verholne* jagend (158,3), seine Natur zu erkennen gibt, wird schließlich vom Wind fortgetragen (160,4).[50]

Schionatulanders Jagden, die nur vorübergehend und eher unfreiwillig ans Ziel führen, machen deutlich, daß einerseits der junge Minnediener der falsche Jäger ist (seine Tätigkeit wird denn auch nicht als *jagen*, sondern als *[er]gahen* bezeichnet), andererseits der Hund menschlichem Haben-Wollen ein problematisches Objekt bietet (als man ihn zu füttern versucht, entkommt er). Die hektische Jagd nach dem Bracken im hindernden Dickicht steht nicht nur kontrastiv zum ruhigen Angeln im fließenden Wasser. Sie beschert diesem auch ein böses Ende: Mit bloßen Füßen dem Hund hinterherjagend, holt Schionatulander sich blutige Schrammen und wirkt bei der Rückkehr, wie der Erzähler vermerkt, selbst verwundeter als das zunächst durchs Unterholz gehetzte Wild

(161,3).[51] Der, der die Rolle des Jägers übernehmen wollte, wird am Ende als Gejagter gezeigt. An ihm wird im Raum der Sichtbarkeit wahrnehmbar, was das erste *Titurel*-Stück im Raum des Metaphorischen entwarf: die Unsicherheit im Status von Subjekten und Objekten, von Jägern und Gejagten. Schionatulander, im ersten Stück sprachlich als ein von der Minne Gejagter ausgewiesen, scheint im zweiten die Position zu wechseln und zum Subjekt der Jagd zu werden. Am Ende jedoch erscheint er erneut als Objekt – einer Aktion allerdings, deren Subjekt nun unbenannt bleibt. Minne als agierende Macht ist nunmehr nur konnotativ präsent, ist in jenem Bracken präsent, als dessen Ziel zunächst das Wild bezeichnet, als dessen (mögliches) anderes Ziel aber auch das am Waldesrand lagernde Paar angedeutet wurde: *uf rot varwer verte nach wundem tiere* sei der Hund *zŏ zin jagende* (132,2 f.) gekommen, von seinem vorherigen Besitzer bis hin zu Schionatulander ›gejagt‹ (136,4). Diese Überblendung von Jagdzielen und Verwischung von Zeichenreferenzen hat, wie sich schnell zeigt, Methode.

Der vorübergehend eingefangene Bracke ist ja kein gewöhnlicher Jagdhund. Er bringt mit sich eine rund 22 Meter lange, kunstvoll verarbeitete Leine, auf der, wenn man ihre übereinanderliegenden Bänder auffaltet, eine durchgängige, aus Edelsteinen gebildete Schrift lesbar wird.[52] Die Schrift enthält am Halsband eine Botschaft und auf der eigentlichen Leine eine Geschichte. Sie wird mitgeteilt im Blick auf Sigunes Akt des Lesens, dadurch aber auch an entscheidenden Stellen im unklaren belassen. Wörtlich scheint nur die Wiedergabe der Botschaft am Halsband, die sich an den Namen des Hundes knüpft: Gardeviaz, zu deutsch *Hüete der verte*, wird als Verkörperung eines Programmes präsentiert, als Aufforderung an *man und wip*, auf die eigenen Wege zu achten, ein lauteres Herz zu bewahren (143–145). Unsicher bleibt, was genau Sigune auf der Leine liest: nur die Geschichte der früheren Besitzerin des Hundes, Clauditte, oder auch die ihrer älteren Schwester Florie? Von Florie wird erzählt, daß sie ihren Freund Ilinot im Minnedienst verlor, bevor er ihre *bi ligende minne* genießen konnte, und daß sie dem von Kindesbeinen an Geliebten vor Gram nachstarb. Von Clauditte wird berichtet, daß sie nach dem Tod ihrer Schwester die Herrschaft in Kanadic übernahm und ihren Freund, den Herzog Ehkunat de Salvasch florien, zum Gemahl erwählte, obwohl er in der sozialen Hierarchie unter ihr steht; ihm schenkte sie *durh minne* eben jenen Hund mit Leine, der Ehkunat an dem Tag, an dem sich die Szenerie am Waldesrand abspielt, entkommen war. Die beiden Geschichten werden in komplexer Verkoppelung geboten: Die Rede ist zunächst von einer Königin und einem Fürsten (die man später als Clauditte und Ehkunat identifizieren kann), in raffiniertem syntaktischen Kurzschluß dann aber von der Schwester der Königin und ihrem Minnediener (was der Leser definitiv erst begreift, als diese tot sind).

Erzähltechnisch rückt damit zusammen, was in der erzählten Welt ein Nacheinander darstellt, was aber in der Gegenwart der erzählten Welt, die der Text in den Blick nimmt, vermutlich weder in seinem Ineinander noch in seinem Nacheinander wahrnehmbar ist. Während die Geschichte der Clauditte durch explizite Signale an Sigunes Lesen der Schrift gebunden bleibt, kann die der Florie als Einblendung des Erzählers verstanden werden, der der Binnengeschichte eine Vorgeschichte hinzufügt, die den prekären Status der Rahmenhandlung ans Licht bringt. Die beiden Minnegeschichten bieten im Hinblick auf die Rahmenhandlung um Sigune und Schionatulander sowohl handlungsweltliche Vorgeschichten wie erzähllogische Spiegelungen. Die von Florie und Ilinot gehorcht eben jenem verhängnisvollen Ablauf, dem, vom *Parzival* her gesehen, auch Sigune und Schionatulander erliegen werden. Die von Clauditte und Ehkunat überwindet eben jene Statusdifferenz zwischen den Liebenden, die für Sigune und Schionatulander im Hintergrund steht. Während aber die erste Geschichte eine für Sigune wohl nicht ahnbare ›mise en abyme‹ ihres eigenen Schicksals darstellt,[53] wirkt die zweite unmittelbar auf dieses ein. Ehkunat läßt (in der Erzählung) den Hund entlaufen, der so große Bedeutung gewinnen wird, und bringt (gemäß der Logik der Erzählung) eine Paradoxie von Vorgabe und Einlösung, von Sprachhandeln und Handlungswelt auf den Weg, die in den Tod führen wird. Am deutlichsten wird diese Paradoxie in seinem Namen, mit dem, zuerst französisch präsentiert, dann ins Deutsche übersetzt als *Ehcunaver von Blŏme div wilde* (152,4), die Thematik der *wilde* neu ins Spiel kommt:

Sit er von der wilde hiez, gegen der wilde
si sante im disen wiltlichen brief, den brachen, der walt vnd gevilde
phlach der verte, alser von arte solte.
ŏch iach des seiles schrift, daz si selbe wiplicher verte hȯten wolte
(153,1–4)

Da er nach der Wildheit hieß, schickte sie ihm zur Wildheit hin
diese wildartige Botschaft, den Bracken, der in Wald und Feld
seiner Fährte folgte, wie es seiner Natur entsprach.
Auch tat die Schrift der Leine kund,
daß sie selbst ihrem weiblichen Weg treu bleiben wollte.

Auch bei dieser Strophe, die eine Schlüsselrolle spielt für das Verständnis des zweiten *Titurel*-Stückes, bleibt unklar, welche Informationen auf der Leine enthalten sind und welche vom Erzähler stammen. Nur der Schlußsatz ist zweifelsfrei als Aussage der Clauditte markiert, das polyptotische Spiel mit dem *wilde*-Begriff hingegen scheint zwar auf die Stifterin der Leine zurückzugehen, nicht aber Teil der Schrift zu sein. Mit dieser Unschärfe verwischt die Strophe zugleich den Übergang von der Schrift zur Welt, vom Programm zu seiner Realisierung. Indem Clauditte dem, der *von der wilde* heißt, *gegen der wilde* eine Nachricht schickt, die selbst eine *wilde* ist, offenbart sie ein Denken in Zeichen, das Name und Sache in eins setzt und seinerseits dem Text erlaubt, nominelle und reelle Wirklichkeit zu überblenden. Der Name Ehkunats erscheint über die pure Markierung einer Herkunft hinaus als Indikator einer Existenz, der Ort seines Aufenthalts über die schlichte Naturumgebung hinaus als Manifestation des Namens. Zwischen Name und Ort vermittelt der Bracke. Er hat an beidem teil. Er bringt Name und Existenzform zur Konvergenz.

Das wiederum ist nur möglich, weil der Status des Hundes in der Schwebe bleibt. Gardeviaz scheint, indem er dem Wild nach- und auf Schionatulander zujagt, erzählweltlich Aspekte der sprachlich im ersten Teil als Jägerin bestimmten Minne zu vertreten. Er scheint sogar, indem er Schionatulander dazu bringt, den *lutersnellen* Bach (159,3) zu verlassen, für den Helden jene Spannung zwischen der Verpflichtung auf eine *luterliche* und der Bedrohung durch eine *gevaere* Minne zu aktualisieren, von der im ersten

Stück die Rede war.[54] Und doch behält der Hund schillernde Züge. Er ist einerseits konkreter Minnebote eines höfischen Paares, andererseits konkreter Jäger eines flüchtigen Wildes. Der Zeichenstatus der zum epischen Detail gewordenen Metapher bleibt uneindeutig, und so wiederholt sich auf der Handlungsebene das zuvor auf der Bildebene erprobte Prinzip, übertragene und literale Bedeutung einzelner Ausdrücke füreinander durchlässig werden zu lassen.

Trotz seines sprechenden Namens ist Gardeviaz kein Element einer allegorischen Inszenierung des Minneprozesses, wie die späteren Minne-Jagd-Allegorien sie gestalten werden.[55] Mit ihm wird nicht die Handlungswelt in konsequenter Weise und auf konsistenter Bildgrundlage für eine andere Bedeutungsebene transparent, vielmehr die Beziehung von Handlung und Bedeutung zur Frage. Klare Allegoriesignale fehlen.[56] Nur die Tatsache, daß der mehr akustisch als optisch präsente Bracke einem seinerseits nur in seiner Spur präsenten Wild folgt, zieht den Wirklichkeitsstatus des Jagdvorgangs in Zweifel. Auch sie dient aber nicht eigentlich der Bedeutungsübertragung, sondern der Radikalisierung von Sinnoptionen im Spiel mit der Doppelfunktion des Hundes. Als *wiltliche[r] brief* bezeichnet, ist er Träger eines Textes und zugleich selbst Text, Übermittler einer Botschaft und zugleich deren Manifestation. Er ist dasjenige, um das es auf dem Halsband geht, und zugleich derjenige, der – gerade indem er sich zweimal losreißt und auf der Spur des Wildes bleibt – das in der Schrift geforderte Achten auf den rechten Weg einlöst. Er ist aber auch die Systemstelle in der Erzählung, in der die metaphorisch gefaßte Lebensmaxime, die Clauditte und Ehkunat einzuhalten versprechen, handlungsweltliche Umsetzung erfährt: Ehkunat, so heißt es, *phlach siner verte vil schone* (151,4), Clauditte verspricht ihrerseits auf der Leine, *daz si selbe wiplicher verte hŏten wolte* (153,4).

Gardeviaz fungiert also als doppeltes Memorialzeichen einer sich auf Liebe gründenden und zugleich das Hierarchiegefälle überspielenden Partnerschaft: Durch die Schrift und durch seine Existenz erinnert er an das zu realisierende Programm, genau dadurch aber trägt er dieses, das urspünglich nur für zwei gedacht war, in die Welt hinaus. Daß er, auf *huntwildes verte* (156,4) ausgerichtet, Ehkunat entkommt, entspricht seinem *art*, daß er wiederum auf der Spur des Wildes Schionatulander zuläuft, scheint in der Erzählwelt purem Zufall geschuldet, ist aber in seiner erzähllogischen Steuerung immerhin punktuell auf der Textoberfläche (man denke an die Hinweise auf das ›Jagdziel‹ des Bracken) markiert. Die Signale erzeugen den Eindruck einer die Bahn des Hundes bestimmenden ungewissen Teleologie, die sich im Hinblick auf den Gesamttext als »perfekt konstruiertes Verhängnis«[57] erweist. Dem am Waldesrand lagernden Paar stößt nicht irgendein Unglück zu, sondern begegnet eine Glücksverheißung, die im höheren Sinne eben doch genau für beide bestimmt, auf ihre Situation zugeschnitten ist. Das zeigt sich schon daran, daß Gardeviaz sich auf jener Grenze zwischen Natur und Kultur, zwischen Fremdem und Vertrautem bewegt, die im ersten *Titurel*-Stück bei der Bestimmung des Phänomens Minne ausgelotet wurde. Anders als das Wild, das er jagt, verkörpert er eine Erscheinung, die immerhin teilweise vom Menschen in Dienst genommen, als Minnebote eingesetzt, mit Zeichen der Kultur ausgestattet werden kann.[58] Aber eben nur teilweise. Letztlich folgt er seinem eigenen Instinkt und damit einer *verte*, die ins Wilde führt. Der Versuch wiederum, den Instinkt des Hundes als Paradigma von Beständigkeit auf die Menschenwelt zu übertragen, bietet zwar eine Perspektive für Clauditte und Ehkunat, nicht aber für Sigune und Schionatulander.

Für diese werden Bracke, Seil und Schrift nicht in ihrer paradoxalen ›Dreieinheit‹ wirksam. Schionatulander bemüht sich nur um den Hund, Sigune nur um die Schrift. Im Gespräch werden ihre verschiedenen Interessen sichtbar. Während er, um die Bedeutung der Schrift herunterzuspielen, auf französische *brievebuoch* verweist, in denen er wenig Bleibendes fand (164), nennt sie das Zauberwort *aventiure* (*do stönt auenture an der strangen*; 165,1) und bekennt die Bereitschaft, für das Wissen ums Ende des Leinen-Textes ihren ganzen Besitz Katelangen aufzugeben. Dabei benutzt sie, um auszudrücken, daß nichts anderes die Schrift aufwiege, das gleiche Wort, das zuvor Schionatulander benutzt hatte, um anzudeuten, sie möge sich die Schrift aus dem Sinn schlagen: *unmaere*. Auch hier also geht es wie im Minnedialog des ersten Teils nicht nur um Haltungen, sondern auch um Begriffe. Differenzpunkt ist der Status der Schrift. Sieht er in ihr ein unnötiges

Akzidens, so sie ein existentielles Phänomen. Recht haben beide, aber aus unterschiedlicher Perspektive: Handlungslogisch ist die Schrift das Kontingente, das für die Ruhesituation am Waldesrand keine Bedeutung zu haben bräuchte, erzähllogisch aber genau jenes Kontingente, das als Ereignis in die Situation einbricht und sie irreversibel verändert. In Sigunes emphatischem Satz *Do stŏnt auenture an der strangen* sind beide Perspektiven als Doppelsinn vereint: *aventiure* ist in der Schrift festgehalten, *aventiure* ist aber auch die Schrift selbst.[59]

Gegenüber dem ersten *Titurel*-Stück scheint damit eine Verschiebung angezeigt: Ging es dort vor allem um Minne und Sprache, so nun um den Bracken und die Schrift, die beide wiederum Minne zum Ausdruck bringen. Die Sehnsucht nach dem Anderen weicht also nicht einfach der Sehnsucht nach dem Text, die Begierde nach Sprache nicht einfach der Begierde nach Schrift.[60] Wohl aber dringt die Schrift auf fatale Weise in den Minneprozeß ein, indem sie diesem ein Modell zu bieten scheint, dessen Anwendung sie selbst wiederum (ver)hindert. Warum ihr das gelingen kann, erfährt der Leser nicht. Kein Wort fällt, das erklären würde, weshalb für Sigune die Schrift zum Ereignis ihres Lebens wird und was sie vom Zuendelesen des Textes erwartet. Im Gegenteil weckt der Text den Eindruck, als ob eigentlich nicht viel mehr auf der Leine gestanden haben könnte. Das letzte, was Sigune lesen kann, ist das Bekenntnis der Clauditte, *wiplicher verte* zu *hüeten*, ein Lebensprogramm, das den Bogen schlägt zum Beginn der Schrift auf dem Halsband, zur Aussage über den Namen des Gardeviaz. Das könnte im Wesentlichen das Ende der Schrift sein und ist es doch nicht, weil der Leinen-Text eben nicht nur Text ist, sondern, an einen beweglichen Körper gebunden, auch Element einer Lebenswelt. So setzt sich die Schrift fort, indem sie eine Begierde nach mehr Schrift erzeugt, eine Begierde, die sich vor die Minneerfüllung legt und diese bis in den Tod hinein aufschiebt.

Dieser Aufschub ist selbst aber ein doppelt paradoxer, denn er gilt nicht nur der Minne, die unerfüllt und zugleich absolut bleibt, sondern auch dem Tod, der vorausgesetzt und zugleich aufgespart wird. Die klagenden Hinweise des Erzählers auf den tragischen Ausgang der Geschichte, Vorausdeutungen und Rückverweise in einem, halten das Ende bewußt, machen aber auch die Möglichkeit seiner Verhinderung denkbar. Gleiches geschieht mittels der Schrift auf der Leine. Sie scheint, indem sie eine Geschichte individuell realisierter und sozial akzeptierter Minne (Clauditte/Ehkunat) präsentiert, ein alternatives Minnemodell vorzuführen, das, adaptiert, den Gang von Sigunes Geschichte in andere Bahn hätte lenken können. Sie wird ihrerseits aber präsentiert in Verschränkung mit der Geschichte einer an der Dienstforderung zugrunde gehenden Minne (Florie/Ilinot), das die Alternativenlosigkeit von Sigunes Geschichte zementiert. Mit den beiden Spiegelpaaren, die jeweils nur einen Aspekt, aber nicht das Ganze der Beziehung von Sigune und Schionatulander reflektieren, ist deren Tragik erst eigentlich auf den Punkt gebracht. Das eine, von dem Sigune liest, bietet nur ein grundsätzliches Vorbild, das andere, das einen konkreten Hinweis böte auf die Gefährdung der Liebe, entzieht sich – vermutlich – ihrer Kenntnis.

Eben dies aber, daß der Leser an entscheidendem Punkt auf Mutmaßungen angewiesen ist, spielt für die Sinnkonstitution des *Titurel* eine wichtige Rolle. So wie ungewiß bleibt, was die beim Lesen beobachtete Heldin weiß und was nicht, bleibt ungeklärt, was Schionatulander dazu bringt, den Hund zu fangen, und was Sigune dazu, die Schrift um jeden Preis zu Ende lesen zu wollen. Jeweils handelt es sich um kompositorisch gesetzte Leerstellen, die dort, wo Weichen für das in seinem Ende bekannte Verhängnis gestellt werden, die Frage nach der Verantwortlichkeit und den Spielräumen individuellen Verhaltens in der Schwebe halten.[61] Zwar betont der Erzähler, er selbst hätte, bei einer (hypothetischen) Wahl zwischen Hund und Leine, die Leine zu nehmen gewußt, doch im gleichen Atembezug macht er im Spiel der Worte die Verflechtung der Dinge sichtbar: *nie seil baz gehundet | wart, ŏch was der hunt vil wol geseilet* (142,2 f.). Hund und Leine sind eben doch nicht auseinanderzudividieren. Paradox aufeinander bezogen, sind sie sowohl untrennbar wie als Einheit unbewahrbar. Schon das Lesen der Schrift ist Beginn des Verlustes. Es setzt am Hals des Hundes an und entfernt sich von dort bis zum Knoten. In dem Augenblick, in dem Sigune ihn löst, wird das Programm, das Gardeviaz verkörpert und das für ungewisse Momente stillgestellt war, sofort aktualisiert. Doch eben nur im Hund, nicht bei Sigune und nicht aus freien Stücken bei Schionatulander. Wenn er sie bittet, sein Herz nicht zu lange *in banden* zu halten (167,4), wird die Kehrseite des durch das Lösen der Leine und die Freisetzung der Begierde inaugurierten Prozesses ahnbar. Indem Sigune für die Erfüllung der Minne die Rückgewinnung des Seiles zur Bedingung macht, legt sie Schionatulanders Existenz auf die rastlose Suche fest, wobei diese Suche, wie von vornherein klar ist, es nicht in erster Linie mit Wald und Dickicht zu tun haben wird, sondern *mit strite* (167,2), mit Einsatz von Leben und Ehre.

Das in Banden gehaltene Herz ist hier nicht mehr allein das, das – gemäß Sigunes Aussage im ersten *Titurel*-Stück (*er quelt mine wilde gedanche an sin bant. al min sin ist im bendech*; 116,4) – in der Minnebindung eine Horizontverengung erfährt, sondern das, das als liebendes in unglücklicher Weise an eine Schrift gekoppelt ist, deren Verheißung unsicher bleibt. Während die Sprache der Dialoge Vertrautheit und soziale Akzeptanz herstellte, erzeugt die Schrift auf der Leine neue Distanz und soziale Differenz. Wenn Sigune ihre Begierde auf die (ungewisse) Nachschrift richtet, übergeht sie das Orientierungsangebot in der (bekannten) Vorschrift. Wenn sie Schionatulander dazu bringt, sich auf die *verte* des Hundes zu machen, bringt sie ihn im Sinne des Programms auf die falsche *verte*, führt sie ihn ins *vngeverte* (160,3). Er wird etwas jagen, das nicht im materiellen Sinne zu gewinnen und schon gar nicht als Gut zu behalten ist. Und beide werden jenen Weg verfehlen, der *der werlde gunst* und überirdische *saelde* zu vereinen versprach, indem sie sich auf einen anderen einlassen, der nur auf ein Haben der Geschichte zielt, nicht auf ein Sein oder Werden im Sinne der Botschaft.[62] Daß dies so sein muß, ist jedoch nicht Gesetz der erzählten Welt, auch wenn diese eingangs in der Genealogie des Verfalls präsentiert wird, sondern Bedingung eines Erzählens, welches das Ende, das es voraussetzt, nur im Modus der unmöglichen Möglichkeit abwehren kann, welches nur paradoxe Entscheidungsmomente entwerfen kann, in denen alles hätte anders kommen können und doch nicht anders kommen konnte.

IV

Blickt man von hier aus auf den Zusammenhang der beiden *Titurel*-Stücke, zeigen sich vielfältige Verknüpfungen: bildliche und begriffliche Responsionen, gesprächstaktische Parallelen, erzählweltliche Spiegelungen. Explizite Signale hingegen, die auf Erzähler- oder Handlungsebene den Zusammenhang der beiden Teile ausweisen würden, fehlen. Kontinuität stiftet allein das junge Protagonistenpaar, wobei aber auch seine Handlungen und Dialoge in keiner offensichtlichen Entwicklungslinie stehen. Erst bezogen auf das nicht erzählte Ende werden sie zu Etappen eines Weges. Daß die Folge der Sequenzen eine irreversible ist, läßt sich im vorhandenen Text nur den sprachlichen Rekurrenzen ablesen: Wenn der Erzähler das erste Gespräch zwischen Sigune und Schionatulander (an dessen Ende) als *anevanch ir geselleschefte mit worten* (73,1 f.), das zweite aber (ebenfalls an dessen Ende) als Vergütung *mit worten* und *ane vanch vil chumbers* (170,1 f.) kennzeichnet, wird der Bezug zwischen beiden als zeitlich unumkehrbare Dynamik kenntlich.

Hier wie auch sonst im *Titurel* ergeben sich sinnstiftende Zusammenhänge vor allem durch Markierungen. Korrespondenzen zwischen den beiden Stücken werden nicht ausgesagt oder besprochen, sondern hergestellt, Konsequenzen für die Deutung der dargestellten Welt nicht benannt, sondern suggeriert. So auch im Falle der oben analysierten Motivik von Jagd und Natur, Binden und Lösen. Sie bezieht beide Stücke in entscheidenden Punkten aufeinander, doch so, daß die Bezugspunkte auf verschiedenen Ebenen liegen. Wenn das metaphorische Netz, das im ersten Teil aufgespannt wird, im zweiten sein Pendant in einer erzählweltlichen Szenerie findet, so wird deutlich, daß die innere Logik im Verhältnis der beiden Teile nicht allein eine sukzessive ist, die zeitlich aufeinanderfolgende Momente einer Geschichte verbindet, sondern auch eine simultane, die systematisch aufeinander bezogene Momente einer Konfiguration vernetzt. Sukzessivlogisch verstanden, stellen die beiden Sequenzen zentrale Punkte einer fatalen Ereignisfolge dar: im einen wird der Problemknoten geknüpft, im anderen zugezogen, im einen ereignet sich die Initiation in das, was zur Geschichte werden wird, im anderen entscheidet sich der Lauf der Geschichte. Simultanlogisch hingegen zeigt das erste

Stück, wie die Liebenden versuchen, das Unverfügbare in der Sprache verfügbar zu machen, zugleich aber, wie jenes Unverfügbare, Minne, sich vollzieht; das zweite Stück, wie die Liebenden versuchen, ein ebenso Unverfügbares konkret-dinglich verfügbar zu machen, und zugleich, wie dieses Unverfügbare, die Kopräsenz von Zeichen und Bezeichnetem, die im Bracken manifest wird, sich entzieht und damit erfüllt.

Folgt man dieser abstrahierenden Zuspitzung, gerät das Verhältnis der *Titurel*-Stücke als ein semiotisches in den Blick: In jedem der beiden sind nicht nur bestimmte Zeichen durch ihre Position im sprachlichen Syntagma oder ihre Funktion im epischen Ablauf hervorgehoben, sondern die Handlungen des Liebespaares selbst an Sprach- oder Schriftzeichen gekoppelt. Ringend um Begriffe, sich mühend um die Schrift werden Sigune und Schionatulander gezeigt als ein Paar, das sich auf Zeichen einläßt, deren Bedeutung es nicht selbst zu bestimmen, ja nicht einmal völlig zu kontrollieren vermag; als ein Paar auf der Suche nach jenem Signifikat, das die Signifikanten verheißen, aber auch als unerreichbar kennzeichnen, das sie aufschieben, aber auch im Aufschub ersetzen. Gerade die Schrift, die den fluktuierenden Zeichen Stabilität verleihen könnte, ist es am Ende, die das Bezeichnete eher in weitere Ferne als in größere Nähe rückt: weil sie als Schrift allein nicht zu haben ist, sondern nur gebunden an einen Körper, der seiner eigenen Dynamik gehorcht und sie, die unbewegte, in Bewegung hält.

Medienhistorisch mag dies als Krisen- oder Reflexionsmoment in der Ausbreitung volkssprachiger Schriftlichkeit gelten. Wichtig für das Verständnis des Textes dürfte sein, daß die Schrift auf der Leine des Hundes, indem sie unvollständig bleibt, zwar metapoetische Bedeutung besitzt für einen Text, der seine Bewegung aufs vorgegebene Ziel hin selbst ins Ungewisse führt, daß sie aber in dieser Bedeutung nicht aufgeht. Die Darstellung eines Lesens, das an kein Ende kommt, eines Textes, der sich im Nirgendwo verliert, wird nicht einfach zur Allegorie der Unlesbarkeit. Sie behält ein Moment der Uneindeutigkeit des Bezeichnens, das den *Titurel*-Stücken insgesamt eigen ist. Die Metaphern, die eine schwer begreifbare Minne vergegenwärtigen, erweisen sich, obwohl Momente der Vervielfältigung von Sinn, als die eigentlichen Evidenzen des Textes. Sie repräsentieren – wie der Komplex von

Hund, Leine und Schrift – Phänomene der Simultaneität par excellence. An ihnen werden ebenso wie an jenem Sinnoptionen sichtbar, die den Text als ganzen betreffen, aber nicht zur eindeutigen Botschaft reduzieren. Konnotative Vervielfältigungen stellen das Handeln der Protagonisten in ein Spannungsfeld von Autonomie und Determination, das sich in dem Maße als unaufhebbar erweist, in dem sich Gang und Ziel der Handlung als untrennbar erweisen. Der Text markiert die Fatalität eines Tuns, dessen Konsequenzen die Figuren höchstens ahnen, und erzeugt in Zeichen, die, obwohl in sich uneindeutig, Analogien und Homologien stiften, Paradoxien, die wiederum den Sinn des Ganzen im Ungewissen halten.

Eine entscheidende Rolle spielen dabei, wie gesehen, Unschärfen und Leerstellen auf verschiedenen Ebenen des Textes: zunächst auf der metaphorischen, die Kontexte vermehrt, ohne sie eindeutig zu hierarchisieren, sodann auf der erzählweltlichen, die Zeichen in Bewegung bringt, ohne sie eindeutig zu semantisieren. Auch der Text im Ganzen konstituiert sich auf der Basis von Lükken: Der Sprung vom ersten zum zweiten Teil läßt die Zwangsläufigkeit des diskursiven Ablaufs offen und macht unentscheidbar, ob das Reden über Minne kausallogisch zur Auslieferung an die Schrift führen muß. Der blinde Fleck zwischen *Titurel* und *Parzival* schließt den Tod des Helden ein und macht unsicher, ob die Forderung, die Leine wiederzubringen, in direkter Konsequenz in das Resultat, statt ihrer den Tod zu ›erjagen‹, münden muß. Sigunes Schuldbewußtsein im einen Text (›*ich het cranke sinne, | daz ich im niht minne gap*‹; Pz. 141,20 f.) und Schionatulanders Verhinderungsversuch im anderen (›*la dir sin die schrift an dem seile gar vnmare*‹; Tit. 164,4) lassen sich nicht mosaiksteinartig zusammenfügen und bleiben doch unlösbar aufeinander bezogen. Sie gehorchen Blickwinkeln, die nicht gleichzeitig einzunehmen sind und die doch, werden sie vereinzelt, die Beschränktheit des jeweils gewonnenen Sinns zu erkennen geben. Sie verlangen eine oszillierende Wahrnehmung, die nicht einfach zwischen Nahaufnahme und Totale, zwischen Ereignis und Struktur wechselt, sondern jeweils im einen das andere gegenwärtig hält.

Der Kleriker Albrecht hat dem in seinem erwähnten *Jüngeren Titurel* ein anderes Oszillieren entgegengesetzt – das zwischen zwei verschiedenen Zielsetzungen der Fortsetzung: Operiert die eine mit erzählerischen Alternativen, konkret mit der doch möglichen (wenn auch immer wieder knapp scheiternden) Vereinigung des Liebespaares, gilt die andere einem Gegenentwurf, der weltliche Liebe in geistliche transformiert. Schionatulanders Tod gehorcht keinem verhängnisvollen Schicksal, sondern einer erzählerisch immer wieder aufgeschobenen Kontingenz. Er ist nicht gekoppelt an die Suche nach dem Brackenseil, und dessen Inschrift wiederum stellt kein Geheimnis dar. Mehrfach wird der Text öffentlich verlesen. Doch er bietet Sigune keine Aufklärung über die Geschichte jener Paare, die für sie im älteren Text eine so große Rolle spielten. Er enthält eine 53 Strophen umfassende Tugendlehre, die, wo auch immer sie verlesen wird, aufgrund der die Buchstaben formenden Edelsteine zu allgemeinem Wohlbefinden führt. Die Schrift erhält eine magische Dimension in der Präsenz des Augenblicks, zugleich aber eine marginale Rolle im narrativen Ablauf. Bedeutung wird identisch mit fixierbarer Lehre, genau damit aber auch der Anlagerung neuer Bedeutungsdimensionen bedürftig. Es kommt zu jener Monumentalisierung und Hybridisierung, die sich wenig später auch an Heinrichs Apolloniusroman beobachten läßt (s. Kapitel 2).

Anders bei Wolfram. Hier scheinen die *Titurel*-Stücke, bezogen auf ein Ende, das ihnen selbst nicht zugehört, das aber als Fluchtpunkt präsent ist, von zwei textuellen Bewegungen geprägt: einer der Dezentrierung und einer der Verdoppelung. Sie besitzen intratextuell kein festes Sinnzentrum und gewinnen intertextuell Sinn nur in Gemeinschaft mit dem Text, auf den sie sich beziehen, mit dem sie aber nicht verschmelzen. Vom *Parzival* her gesehen entfaltet der *Titurel* ein gegenläufig Angelegtes, indem er die ohnehin auf Momente konzentrierte Sigunegeschichte um Momente ergänzt, die, obschon chronologisch vorgängig, in der Rettung des Gralsgeschlechts dessen Verfallstendenz aufscheinen lassen. Gleichzeitig jedoch schiebt er sich in seiner Entfaltung in den *Parzival* hinein, indem er das erzählte Ende aufhält und die Engführung von Liebe ohne Ende und Leben zum Tode als Paradoxie erweist. Diese Gleichzeitigkeit von Entfaltung und Verzögerung, von Ergänzung und Verlagerung gibt den einzelnen Ereignissen ihren eigentümlichen Doppelcharakter: Sie konstituieren eine epische Abfolge und gehorchen zugleich einer narrativen Teleologie, die sich von einem Punkt speist, der dem gegenwärtigen Geschehen gegenüber sowohl vergangen wie zukünftig ist. Sie bilden, als Zeichen, das Gefüge des Textes und sind zugleich geprägt von einer Differenz, die den Bezug von Zeichen und Bezeichnetem der Eindeutigkeit entzieht. Gleichzeitig setzend und aussparend, transportieren sie in der Sprache die Grenze dessen mit, was der Text zur Sprache bringt.

Damit aber wäre die Frage nach dem textuellen Status der *Titurel*-Stücke anders zu stellen: weniger als Frage nach dem Fragmentarismus *des* Vorhandenen als nach der Art und Weise, wie Fragmentarisierungen *im* Vorhandenen der Komplexitätssteigerung des poetischen Prozesses dienen. Erst diese Perspektivenveränderung macht wahrnehmbar, daß der Text Ambiguitäten und Leerstellen poetisch funktionalisiert, daß er Beziehungen vorführt, die sich sowohl logisch ausschließen wie poetologisch bedingen, daß er ein Erzählen in Szene setzt, das, obschon klagend und reflektierend geworden, sich nicht selbst aufhebt, sondern die Bedingungen seiner Möglichkeit freilegt. Erst die Perspektivenveränderung gibt auch der intertextuellen Stellung des *Titurel* schärferes Profil: Bezogen auf den Hintergrund des höfischen Romans dürfte die Kühnheit des Textes nicht in erster Linie darin bestehen, daß in ihm Leid und Unglück an Dominanz gewinnen, Sprache und Regeln der höfischen Welt an Wirksamkeit verlieren, wohl aber darin, daß er als Prätext zu einem Prätext mit der Überschreitung einer Grenze spielt, die er selbst erzeugt und an der er eine neue Stufe literarischer Reflexivität erreicht.

Sinn vermittelt sich im *Titurel* nicht in der Prozessualität einer gestuften *aventiure*-Reihe, sondern in der Potentialität eines Zeichengefüges, das immer neue Verweisungen ermöglicht und eine unbegrenzte Semiose hervorbringt. Sie anzuhalten, wozu jede Lektüre gezwungen ist, muß nicht bedeuten, eben jenes Bedürfnis nach Vereindeutigung zu wiederholen, das der Text an seinen Figuren sichtbar macht. Es kann vielmehr heißen, in der Produktion vermeintlicher Gewißheiten innezuhalten. Wenn der Text seine Dynamik von einem Ende her gewinnt, das nicht nur Katastrophe ist, sondern auch eine neue Qualität birgt, dann wird auch die Lektüre weniger auf die Festschreibung narrativer Verhältnisse als auf die Eröffnung hermeneutischer Perspektiven gerichtet sein müssen. Die Problemfigur eines Verstehens, das sich im Netz der Zeichen ebenso zu orientieren versucht wie zu verfangen droht, wiederholt sich in der Lektüre. Sie muß deshalb aber nicht als Rückprojektion (post)moderner Ästhetik gelten. Sie ergibt sich vielmehr aus einem Experimentieren mit der Spannung von Körper und Schrift, Handlung und Sprache, Welt und Text, das historisch nicht ohne Wirkung, aber ohne direkte Nachfolge blieb.

11 Personifikation – Begegnungen mit dem Fremd-Vertrauten

I

Ich fühlte im Herzen drinnen mir erwachen
einen Geist der Liebe, der zuvor dort schlief:
und dann sah ich von ferne Amor kommen,
so frohgemut, daß ich ihn kaum erkannte,
und er sagte: ›Jetzt denk du nur daran, mir Ehre zu erweisen‹;
und ein Lachen war in jedem seiner Worte.[1]

Das Gedicht XXIV aus Dantes *Vita Nova* (um 1293), an Guido Cavalcanti gerichtet und diesem auch in einigen Manuskripten zugeschrieben, gehört mit seiner zwischen Innen- und Außenwelt schwebenden Schilderung des Liebeserwachens, mit seiner den Hauch einer ersten Begegnung einfangenden Szenerie zu den unbeschwertesten der Sammlung. Zugleich ist es eines der konsequenzenreichsten. Zum letzten Mal wird hier in der *Vita Nova*, angelehnt an provenzalische Trobadorpoesie, die Personifikation des leichtfüßigen Liebesgottes beschworen. Ihre Unschuld hat sie jedoch verloren. Die rahmenden Passagen der poetologischen Biographie nehmen ihre Eigenart unter die Lupe.[2] Schon in der Prosa-Einleitung zum Gedicht spricht Dante vorsichtig davon, es *sei* ihm gewesen, als *sähe* er Amor aus der Richtung kommen, wo sich seine Herrin aufhielt.[3] In der folgenden Prosa-Ausdeutung nimmt er dann direkt Bezug auf die Fragwürdigkeit einer Darstellung von Amor als gleichsam körperlicher Substanz anstelle des doch ontologisch vorliegenden Akzidens. Die Bewegung Amors, sein Lachen und Reden verweisen auf ein menschliches Wesen. Aber welchen Status hat dieses? Dante legitimiert den Versuch, unbelebte Dinge und Akzidentien sprechen zu lassen, »als ob sie Substanzen und Menschen wären«, durch vorbildliche Beispiele der klassischen lateinischen Literatur. Doch er schränkt die Legitimation gleichzeitig ein, indem er darauf insistiert, die künstliche Verlebendigung sei »nicht ohne eine bestimmte Bedeutung [anzuwenden], sondern mit einem Sinn, der sich nachher in der Prosa entschlüsseln läßt«. Wenn also die Poeten nicht ohne Überlegung Winde, Musen etc.

apostrophiert hätten, so »wäre es doch eine große Schande für den, der unter dem Gewand einer *Redefigur* oder eines *rhetorischen Schmucks* in Reimen dichtete, [...] wenn er [...] seine Worte von solchem Gewande nicht zu entblößen wüßte auf die Art und Weise, daß ihr wahrhaftiger Sinn erkenntlich würde«.[4]

Dieser oft behandelte literaturtheoretische Exkurs enthält wie in einem Nukleus die verschiedenen Probleme, die Personifikationen aufwerfen.[5] Dante faßt sie als *figura* und *colore rettorico*, was C. S. Lewis verallgemeinern ließ, die mittelalterlichen Dichter hätten allesamt ziemlich genau gewußt, daß die Figuren, die sie präsentieren, Fiktionen seien.[6] Ist dieser Schluß erlaubt? Formuliert Dante hier die allgemein mittelalterliche Einschätzung der Personifikation, ihrer Seinsart und sprachlichen Repräsentation? Man wird differenzieren müssen. Daß er auf die rhetorische Klassifikation zurückgreift, liegt nahe – sie war unter Begriffen wie *prosopopeia, fictio personae, confirmatio, deformatio, effiguratio* dem Mittelalter von Cicero und Quintilian her vertraut und erreichte weiteste Verbreitung.[7] In der Definition, die Isidor von Sevilla überliefert und die viele Vorgänger wie Nachfolger besitzt, heißt es, eine Personifikation liege dann vor, wenn einem Unbelebten Gestalt und Rede verliehen wird.[8]

Auch der spezielle Fall der Amor-Personifikation wurde bereits vor Dante mit Hilfe der Rhetorik und aristotelischer Kategorien zugunsten des Akzidenscharakters der Erscheinung geklärt.[9] Bemerkenswert bei Dante ist indes das Insistieren auf der Rationalität und der Auslegungsbedürftigkeit der rhetorischen Figur. Rationalität meint hier nicht nur eine Form des vernünftigen, einsehbaren Umganges mit sprachlicher Uneigentlichkeit, sie ist zugleich eine Form der Neubewertung des irrational-emotionalen Elements der Liebeslyrik. Der Gedanke, Personifikationen bedürften der Auslegung, eröffnet Dante – gerade weil die Differenz von Vers und Prosa dabei eine Rolle spielt – eine Möglichkeit, die eigene Synthese von Dichtung und Dichtungstheorie zu unterstreichen. Er bedient sich also einer Technik der christlichen Hermeneutik, die sich schon bei der Interpretation paganer Götter bewährt hatte, unterwirft sie aber einem spezifischen Erkenntnisinteresse. Insofern ist seine Dekonstruktion der Amortheologie nicht schlechthin charakteristisch für den mittelalterlichen Umgang mit Personifikationen.

Indem sie jedoch im Spannungsfeld von Rhetorik und Hermeneutik ein Spiel mit Figuration und Defiguration betreibt, verweist sie auf einen Zusammenhang der Personifikation mit dem Gefüge des *alieniloquium*, mit der Mehrdeutigkeit von *allegoria* und *figura*, der als Problemstellung bis in die moderne Diskussion hineinwirkt.[10]

Noch Lewis vollzog seine Aufwertung der Personifikationsdichtung als Aufwertung der Allegorie gegenüber dem Symbol und stand damit in der Linie eines von Goethe und Coleridge geprägten Gegensatzes.[11] Das Bild der Personifikation ist seither differenzierter geworden. Seinen schillernden Charakter eingebüßt hat es nicht. Zu entscheiden, »ob die Personifikation als eigene Art der Allegorie bestehen kann«, fällt nach wie vor schwer.[12] Und dies nicht nur deshalb, weil die Grenzen von Allegorie und Personifikation fließend sind, sondern auch, weil Figuren aus animistischen und magischen Welten oder realsymbolische Konzeptionen, wie sie sich ausprägen in den vielfältigen christlichen Metamorphosen des Teufels, ebenfalls mit den Mitteln des Personifizierens operieren.

Verbreitet ist die Vorstellung, die aus allegorischen Kontexten stammenden Personifikationen seien so etwas wie verblaßte Formen jener menschenähnlichen Wesen, die im Rahmen ritueller Gemeinschaften eine ›gelebte Realität‹ repräsentieren. Die Vorstellung liegt nahe, weil auch Personifikationen einen mentalen Habitus repräsentieren, den die Sprache spiegelt: Man denke an die in indoeuropäischen Kulturen überwiegend weiblichen Abstrakta und überwiegend weiblichen Personifikationen.[13] Zudem gilt: So wie im allgemeinen vielfältige Übergänge zwischen mythischer Symbolik und reflektierter Allegorese existieren, so kann auch die Personifikation zwischen sprachlichem Abstractum agens, myth(olog)ischer Erscheinung und allegorischer Figur oszillieren, kann sie, jenseits einer kultischen oder rituellen Funktion, mythosanalog fungieren und immer wieder zum Leben erweckt werden.[14] Beispiele finden sich schon im frühen Griechentum, bei Hesiod, Homer und Empedokles, mit Figuren wie der weitschauenden Sonnenblickfrau, der blutigen Zwietracht und der schwarzaugigen Verworrenheit.[15] Beispiele finden sich dann auch unter den mittelalterlichen ›Liebesgöttern‹.[16] Und doch läßt sich kein eindeutiger Zusammenhang herstellen zwischen dem Absterben der Götter und dem Aufblühen der Personifikationen: »The twilight of the gods is the mid-morning of the personifications«[17] – korrekt ist dieses von Lewis entworfene Bild nur, wenn es radikal wörtlich genommen wird, dann liegen Götterglaube und Personifizierungstendenz auf anderen Kontinenten.[18] Über ihre unterschwelligen Verbindungen nachzudenken setzt voraus, den phänomenologischen Status von Personifikationen im Rahmen literarischer Rede oder bildlicher Form zu bestimmen. Ich werde mich weitgehend auf die literarische Rede konzentrieren.

In ihr fungiert die Personifikation, stärker denn andere Formen, die Bildhaftes in den sprachlichen Diskurs einblenden, als ein Akt der Benennung, der eine Personalität als sprachlich-ontische Realität konstituiert, aber auch in der Differenz von Name und Person, in der Nicht-Identität von Wort und Gestalt die Künstlichkeit dieser Realität aufscheinen lassen kann. Zieht man Isidors bekannte Definition der Allegorie als einer Nicht-Identität von Gesagtem und Begriffenem heran (*Etymologiae* I 37,22: *Aliud enim sonat, et aliud intellegitur*), so gilt für die Personifikation: Die Differenz trennt nicht Lautgestalt und Bedeutung, sie zieht sich quer durch den Begriff hindurch. Die Personifikation situiert sich im Spannungsfeld von Kategorienpaaren wie abstrakt/konkret und unbelebt/belebt, und aus der Art der Beziehungen zwischen diesen Kategorien ergibt sich die Eigenart der jeweiligen Figur.[19] Dantes Gedicht, das eine empfundene Innenwelt (»ich fühlte im Herzen drinnen mir erwachen«) mit einer wahrgenommenen Außenwelt (»dann sah ich von ferne Amor kommen«) verbindet, zeigt, wie Wort und Bild, Sprache und Imagination interagieren. Und es macht deutlich, daß zunächst einmal die Autonomie oder Heteronomie einer Gestalt, ihre spezifische Funktion und Erkenntnisleistung zu bestimmen sind.[20] Das aber heißt, die Personifikation nie nur paradigmatisch, sondern immer auch syntagmatisch zu betrachten. Die vier Kardinaltugenden in Randmedaillons von Handschriftenillustrationen nehmen nicht nur Positionen ein, die sie zu den vier Evangelisten in Beziehung setzen, sie sind auch Elemente einer bestimmten Bildstruktur.[21] Die einzelnen Personifikationen des altfranzösischen *Rosenromans* sind nicht immer mit dem ersten Auftreten fest umrissen, sie gewinnen auch, teilweise zumindest, im Handlungsablauf an Kontur.[22]

Die Beschreibung hat also verschiedene Parameter zu berücksichtigen: Kohärenz und Präsenz einer Figur, Ausgestaltung und Personalität, Situation des Auftauchens, Verhältnis zu anderen Figuren, Einfluß auf den Handlungsablauf. Insofern Begriff, Bildcharakter und Bedeutung sich im jeweiligen Kontext je spezifisch verbinden, ermöglicht auch die Personifikation Erkenntnisleistungen, die sich, wie im Falle der Metapher, nicht ohne weiteres in ›reine‹ Begrifflichkeit rückübersetzen lassen. Sie kann Kontraste verdeutlichen, Einsichten prozessual im Text entwickeln, Identifikationsmöglichkeiten bereitstellen. Sie kann aber auch klare Trennungen verdecken, Probleme in einem gefälligen Ablauf überspielen, Unverbindlichkeit verbreiten. In jedem Fall tritt die personale Argumentation zur unpersonalen in ein Spannungsverhältnis, das über bloße Veranschaulichung hinausreicht.

Am aussagekräftigsten ist eine Personifikation dort, wo sie am profiliertesten ist: wo sie, aspektreich entfaltet, als Personalität des Imaginären agiert, wo sie mit anderen Figuren oder menschlichen Protagonisten in Beziehung tritt, wo sie für ihr Gegenüber das Fremde und zugleich Vertraute vorstellt, wo ihr Doppelcharakter als Begriff und zugleich Element einer entworfenen Welt deutlich wird.[23] Das ist selten der Fall. Überwiegend bleiben die als Verkörperung von Existenzialien und Eigenschaften, von Stimmungen und Moralaspekten auftretenden Gestalten blaß. Keine »sich (auf der Bildebene) selbstgenügsam tummelnden Wesen« treten auf, sondern fast körperlose Gestalten ohne großen Handlungsspielraum, »die ihre sie identifizierenden Attribute etwas verlegen in der Hand halten«.[24] Für die in allegorischen Szenarien vorkommenden menschlichen Figuren – meist den Ich-Erzähler der Geschichte – gilt allerdings nicht selten das gleiche.[25] Sie begegnen den personifizierten Gestalten im Traum oder in traumähnlicher Situation. Die Begegnung bleibt irreal, auch wenn ihre Intensität besonders hoch sein und dem Traum eine Wahrheit höherer Art zukommen kann.[26] Vor allem bleibt sie meist unkonkret: gebunden an einen manchmal durch Gedankenschwere oder Seelennot motivierten Weg (Spaziergang) und eine ästhetisch exponierte Umgebung. Felder oder Wiesen, Flußläufe oder Gewässer grenzen als topische Orte das Geschehen ab von der Normalität und erzeugen imaginäre Landschaften, deren Detaillosigkeit eine unkomplizierte Rückführung aus dem allegorischen Terrain erlaubt. Auf diesem Terrain sind es oft eher Schemen denn plastische Figuren, die dem Ich begegnen, und auch sie lösen sich nach den Anfangsszenen nicht selten im abgezirkelten Raum der Argumente auf, ohne im Dialog Profil zu gewinnen.

So entwirft der Autor der *Minneburg* (etwa 2. Viertel des 14. Jh.) durchaus anschaulich einen heißen Sommertag, an dem das Ich, einem reißenden Flußlauf folgend, in eine geheimnisvolle Burg gelangt, wo es die Geburt des Minnekindes aus einer Säule miterlebt.[27] Reisen durch ganz Europa schließen sich an auf der Suche nach einem Weisen, der diese Erscheinung auszudeuten wüßte – Reisen, die allerdings nur erwähnt, nicht erzählt werden. Kaum ist der Weise gefunden und der Minneprozeß voll in Gang gekommen, verblaßt die Handlungswelt. Das zu Beginn durch Hinweise auf Burgen der Artus- und Gralswelt aufgerufene Muster des Aventiurewegs verliert sich. Der Erzähler konzentriert sich auf die Frage: *Waz ditz bispel gewest were* (v. 346). Das zunächst ausdrücklich als männlich beschriebene Minnekind (Amor) geht bruchlos in Frau Minne über[28] – eine Gestalt ohne Konturen, weit entfernt von jener Figur des mystischen Einigungsprozesses, die bei Mechthild von Magdeburg der Seele *manigen kúlenschlag* versetzt.[29] Zwar stehen Passagen, in denen die persönliche Minneerfahrung des Ich-Erzählers behandelt, und solche, in denen das Allgemeine der Minne in den agierenden und redenden Personifikationen veranschaulicht wird, einander gegenüber. Doch die beiden Ebenen sind nur thematisch, nicht handlungsdynamisch verbunden. Person und Personifikation treffen nicht zusammen.

Die folgenden Beispiele bezeugen dementsprechend eher die Ausnahmen als den Standard. Sie schildern intensive Beziehungen zwischen einer meist sinnlich oder körperlich präsenten Erscheinung und einem als Autor, Liebender oder Suchender auftretenden Ich: Spiegelbeziehungen. Die Personifikationen repräsentieren zentrale Aspekte des jeweiligen auktorialen Subjekts. Das gibt ihnen ihre partielle Modernität, ermöglicht es aber auch, von den Extremen her das Phänomen personifizierender Gestaltung zu beleuchten.

II

Der Text, der das Modell intensiver, aspektreicher Begegnung des Menschen mit dem unmöglichen, abstrakten Gesprächspartner wirkungsvoll etabliert hat, ist die *Consolatio philosophiae* des Boethius (524).[30] Die dem Philosophen erscheinende personifizierte Gestalt, die anfangs die Musen vom Krankenlager vertreibt und erst sukzessive erkannt wird, vermittelt mehr den Eindruck von Personalität als die Heere von Figuren, die in zwei anderen spätantiken Texten gleichfalls einflußreiche Bildtypen begründeten: die Tugenden und Laster in der *Psychomachie* des Prudentius (um 405)[31] und die Künste in *De nuptiis Philologiae et Mercurii* des Martianus Capella (wahrscheinlich vor 439).[32] Bei Boethius ergibt sich die Präsenz der Philosophie wesentlich aus einer individuellen Situation der Begegnung und des Dialoges, nicht etwa aus der Eindeutigkeit der Figur. Die Begegnung ist die mit dem Vertrauten, mit der Nährerin und Erzieherin, Amme und Ersatzmutter, die zunächst dem sich selbst entfremdeten Ich fremd, in der Verschleierung des Blikkes unvertraut erscheint.[33] Die ersten Momente des Kontakts dienen dazu, Scheinhaftes und Verunklärendes zu entfernen, alte Vertrautheit wiederherzustellen.

Die Figur der Philosophie repräsentiert eine eigentümliche Mischung aus Konkretem und Abstraktem. Sie trocknet dem Verzweifelten mit ihrem Gewand die Augen, scheint aber sonst schwer greifbar: Jugend und Alter vermischen sich, die Größe wechselt, das Kleid ist unzerstörbar und zugleich zerfetzt.[34] Alle diese Elemente besitzen Bedeutung. Insofern geht die Personifikation von vornherein in die Allegorie über. Doch die Allegorie meint eben die Philosophie selbst in ihrem Wesen und ihrer Geschichte.[35] Das heißt, die Personifikation, die *facies, habitus* und *vultus* zugleich verkörpert, repräsentiert die faszinierende Identität der Philosophie gerade in der Kombination anthropomorpher und nicht-anthropomorpher Elemente. Boethius konnte für diese Präsentation auf Vorbilder zurückgreifen. Er benutzt sie, um mit Hilfe markanter personaler wie ikonographischer Signale eine Figur zu konstituieren, die im weiteren zur Therapeutin werden soll. Erster Schritt der Therapie ist, daß Philosophia mit souveräner Verfügungsgewalt ins Gewand der Fortuna schlüpft und für einige Zeit deren

Rolle einnimmt.[36] Es ist ein Spiel mit Funktionen und Wirkungskreisen, in dem Philosophia eine Konkurrenzfigur erzeugt, die ihrerseits als Erzieherin des Boethius auftreten kann. Das Spiel, das zugleich Spiegelung ist und andauert, bis eine vorläufige Linderung des Schmerzes erreicht ist, etabliert zusammen mit der Allmacht der Philosophie eine Präsenz, die im weiteren Text kaum mehr der sinnlich-konkreten Elemente bedarf, um lebendig zu bleiben. Im und durch den Dialog wirkt ihre Personalität fort, und in der Kombination von Außen- und Innenperspektive wird wiederum auch der Mensch anders profiliert, als es in einem diskursiv-philosophischen Traktat möglich wäre: als suchendes und fragendes Wesen, um ein Verhältnis zur Transzendenz, zu Kosmos und Fatum ringend.[37]

Das boethianische Modell der Begegnung wurde im Mittelalter immer wieder aufgegriffen oder zumindest als Hintergrund aufgerufen.[38] Das zweite gilt im Falle der Paupertas und ihrem Verhältnis zu Franz von Assisi, der seinerseits in der frühen franziskanischen Tradition mit Frau Armut identifiziert wurde.[39] Ein Gedicht, das Jacopone da Todi zugeschrieben wurde, schildert eindrucksvoll die Szenerie der Begegnung.[40] In einem Wald trifft der Poverello, ausgegangen, Armut zu suchen, auf eine Figur, vor der er zunächst zurückschreckt: In der ehrenhaften und ganz überirdischen Frau sieht er im ersten Moment ein verführerisch-reales Weib (*Donna disprezzata*, 7,2). Erst als sie sich in einem Zwiegespräch zu erkennen gibt und die Art ihrer Figürlichkeit erklärt, wird er wagemutiger.[41] Er übernimmt die Rolle des Gemahls, wobei hier wie anderswo der Komplex bräutlicher Verbindung schillernd bleibt: Die Überführung weltlicher Muster ins Geistliche hat zur Folge, daß dieses mit Sinnlichkeit aufgeladen wird und bestimmte Reizpotentiale virulent bleiben. Die innere Nähe von Person und Personifikation trägt ein vielschichtiges Spiel der Identifikation, das nicht zufällig die Literaten und Künstler gereizt hat: Dante und Giotto haben an der Ausgestaltung der Paupertas weitergearbeitet.[42]

Eindeutig ist der boethianische Einfluß im Falle der Natura, die im *Planctus naturae* des Alanus ab Insulis dem Ich in Umarmungen und Küssen gegenwärtig wird und die auch bei Johannes de Hauvilla, Brunetto Latini oder Heinrich von Neustadt begegnet.[43] Heinrich zeigt in seinem heilsgeschichtlichen Entwurf von *Gottes Zukunft* (um oder nach 1300) den Visionär Alanus, der aus seiner engen Kammer in die weite und glanzvolle Pracht eines paradiesischen Landes geführt wird.[44] Er begegnet in Natura der schönsten Frau der Welt, reich geschmückt, regenbogengleich ihr Kleid. Sie ist keine Fremde, auch wenn Alanus sie nicht gleich erkennt, sondern die, mit der er schon über die Jahre hin vertraut war: eine vollendet höfische Erscheinung, die bei der Einberufung des Rates der Tugenden genau die Etikette einhält, zu sprechen und zu schweigen, im rechten Moment sich zu setzen und aufzustehen weiß.[45] Nach dem Beschluß, einen neuen Menschen zu formen, organisiert sie eine Himmelsreise zur Einholung des göttlichen Ratschlusses. Fünfspännig ist der Wagen in Entsprechung zu den fünf Sinnen, von denen nur das Hören (der Glaube) bis zu den neun Chören, dann zu Gott vorzudringen vermag.

Was blaß bleibt inmitten des detailreichen Agierens der Personifikationen, ist die menschliche Person. Alanus, der Visionär, der die Ereignisse in einer Art Ekstase wahrnimmt (*Der geist von im verzukket wart*; v. 92), bekommt von Natura einen Schreibauftrag und – verstummt. Als beobachtender Statist liest er die Namen der Figuren von den Gewändern ab und hält das Gesehene fest. Kaum hat Gott seine Zustimmung zur Schaffung des neuen Menschen gegeben, verschwindet er gänzlich aus dem Geschehen, das sich im folgenden dem Christusleben und der Endzeit zuwendet.[46] Dem sich frei entfaltenden Wirken der personifizierten Kräfte fehlt damit das Pendant, und als Konsequenz daraus bleiben auch diese Kräfte, die wie Figuren höfischer Romane auftreten, letztlich ästhetische Veranschaulichungen in einem Spiel mit den Interferenzen literarischer Seinsweisen.

Weiter geht in dieser Hinsicht der wohl unter Einfluß des Johannes de Hauvilla entstandene *Tornoiemenz Antecrit* des Huon de Méry (um 1235/37).[47] Ein individueller Aventiureweg erhält hier universalgeschichtliche Dimension und dient zugleich der Kombination literarischer Muster. Der Einsatz geschieht in historisch-realem Kontext, mit einem Feldzug Ludwigs des Heiligen, König von Frankreich, gegen Mauclerc, den Herzog der Bretagne. Auf dem Weg zum Herzog gelangt man in die Nähe des berühmten *forest de Bercelïande*, und den Helden/Autor ergreift die Neugier, das Brunnenabenteuer, von dem Chrétien de Troyes im *Yvain* erzählt hat, auf seine Wahrheit zu überprüfen. Am Brunnen (*la perilleuse fonteine*) trifft er den Mauren Bras-de-fer, der sich als Kämmerer des Antichrist herausstellt und den Autor in die Stadt Désespérance, die Stadt der Laster, führt. Beim gewaltigen Turnier zwischen den Mächten des Antichrists und denen des Himmelskönigs siegt das Gute. Huon gelangt in die Stadt Espérance, wo er zwar nicht in den göttlichen Palast vordringen, sich aber der Dame Religion anvertrauen kann: Am Ende tritt er in den Konvent von Saint-Germain-des-Prés bei Paris ein.

Ungewöhnlich ist dieser Geschehensablauf aus mehreren Gründen. Der Übergang in die Zauberwelt geschieht an einem literarisch markierten Punkt, führt aber nicht gänzlich in die Irrealität: Huon fühlt sich zwar mit seinen Quellenerlebnissen in ein irdisches Paradies versetzt, doch sind die Ereignisse in interner und externer Chronologie verankert (insgesamt sieben Tage, das Turnier findet zwei Tage vor der Himmelfahrt Christi statt), die teuflische Gegenwelt trägt höfische Züge, und der Antichrist ist keine eschatologische Erscheinung, sondern repräsentiert das Böse in der Welt, vor dem sich der einzelne nur hüten kann, das aber vorerst nicht zu vernichten ist (nach der Niederlage zieht sich der Antichrist in die Hölle zurück).[48] Das Turnier selbst stellt im Rahmen der *Psychomachie*-Tradition die Mannschaften der Tugenden und Laster gegeneinander, beide aber sind nicht unbedeutend aufgefüllt: die Tugenden durch König Artus und die besten Ritter der Tafelrunde, die Laster durch die bedeutendsten antiken Götter und Helden, darunter Venus und Cupido. Nur Amor kämpft auf seiten der Tugenden, doch er wechselt, um der schon fast von Virginité besiegten Fornicacion (Unzucht) beizustehen, die Seiten.

Diese merkwürdige Situation markiert zugleich den Punkt, an dem der Autor ins Geschehen verstrickt wird. Der auf Virginité abgezielte Pfeil trifft, da diese sich rechtzeitig ins Kloster zurückziehen kann, ihn selbst. Sein Weg zur Stadt Espérance, zum Paradies, wird damit zum Weg der Wundenheilung und der Erlösung aus den Banden der Welt. Ingesamt ist der Held zwar Randfigur im heilsgeschichtlichen Spektakel: Er kann sich nur mühsam überhaupt zur Teilnahme entschließen und bleibt meist auf die traditionelle Beobachterrolle, die menschliche Personen in allegorischen Szenarien einnehmen, beschränkt. Und doch besitzt er ausreichend individuelle Züge, um ein Spannungsverhältnis zu den personifizierten Gestalten, Göttern und Teufeln aufzubauen. Die Welt des Imaginären, in der die Übergänge zwischen Normalität und Traum verschwimmen, christliche Heilsgeschichte, antike Mythologie und zeitgenössische Literatur zur Einheit werden, psychische Erfahrungen und moralische Zustände in Figurenhandeln sich manifestieren, diese Welt erlebt der Autor als Zuschauer und zugleich als Betroffener. Die Begegnung mit ihr wird zum Schlüsselerlebnis eines geänderten Lebensvollzuges.[49] Der Schuß der Venus verursacht kein zielgerichtetes Liebesbegehren, ist vielmehr Zeichen der (im Jenseits stattfindenden) Berührung durch das Diesseitige und zugleich Zeichen für die Unmöglichkeit, sich der Imagination nicht auszuliefern. In diesem Kontext verlieren die Personifikationen, teilhabend an einer narrativen Entfaltung, manches von der Sprödigkeit, die ihnen ansonsten oft anhaftet.

Ähnliches gilt für den *Tesoretto* des Brunetto Latini (zwischen 1261 und 1266).[50] Auch hier ist der Ausgangspunkt eine historisch fixierte Situation: Das Ich des Textes, Brunetto, erhält auf dem Rückweg von einer Gesandtschaftsreise zu König Alfons X. von Spanien die unangenehme Nachricht, in seiner Heimatstadt Florenz hätten die Ghibellinen die Guelfen vertrieben. Wieder ist es ein literarisch vorgeprägter Ort, von dem aus die andere Welt betreten wird: hier das aus dem Rolandsstoff bekannte Tal von Roncesvalles. Betrübt über die Nachricht kommt Brunetto vom Weg ab und gerät – wie viele Helden vor ihm und sein Schüler Dante (in der *Divina Commedia*) nach ihm – in einen sonderbaren Wald. Er macht die Begegnung mit der Fülle der Natur und mit deren Prinzip und Herrscherin, einer Dame, die ihm wie Boethius die Philosophia von wechselnder Größe zu sein scheint: »manchmal wie verkörpert und manchmal wiederum ganz gestaltlos«.[51] Natura bietet eine Unterweisung in Kosmologie und Ethik und schickt den Autor zu den Tugenden weiter. Aus deren Gesprächen mit einem namenlosen Ritter nimmt er weitere Belehrungen mit auf den Weg. Er gelangt in das Reich des Liebesgottes, aus dem er sich nur mühsam mit Hilfe Ovids befreien kann. Schließlich erreicht er den Berg Olymp, wo er einem Mann mit weißem Gesicht und dichtem Bart begegnet: dem Meister der Astronomie und Philosophie Ptolemäus. Noch vor Beginn von dessen Rede bricht der *Tesoretto* ab.

Wieder geht es um den Läuterungsweg als Kernpunkt einer individuellen Biographie sowie um Übergänge und Überführungen zwischen geschichtlicher und allegorischer Welt.[52] Was in puncto Stilistik und Motivation heterogen scheinen mag, wird zusammengehalten durch das wandernde Ich und durch das Motiv von Wissen und Erkenntnis, das diesen Weg begleitet.[53] Brunetto folgt einem Erkenntniswillen (*volere* | *Di più certo sapere* | *La natura del facto*, v. 1263–65), der zugleich implizit dem Bedürfnis nach Trost in schwieriger Lebenslage entspricht. Aus dem Doppelcharakter der Wegmotivation, der sich seinerseits verdoppelt in der Differenz zwischen schreibendem und erlebendem Ich, resultiert die zentrale Spannung des Textes: Distanz soll sich einstellen zwischen dem Ich und der Welt, zugleich wird der Wissenwollende in die Welt hineingezogen. Amors göttliche Erscheinung, stellt Brunetto fest, beruhe eigentlich nur auf der Angst der Leute und kaschiere nur ein recht konkretes Begehren (*diletto corporale*, v. 2333). Doch er kann nicht verschweigen, daß auch er selbst seiner Macht zum Opfer fiel. Die Personifikationen fungieren als steuerndes Element eines Lebensentwurfs, bleiben aber auf Teilbereiche beschränkt. Der antike Weise ist es, der, ebenfalls im Zwischenreich von historischer und allegorischer Welt, schließlich die Rolle des Lebens- und Seelenführers zu übernehmen hat.

Ein entfernt vergleichbares Beispiel aus dem deutschsprachigen Raum findet sich im *Wilhelm von Österreich* des Johann von Würzburg (1314).[54] In unglücklicher Lage, von seiner Geliebten getrennt und in gefährlicher Mission unterwegs, begegnet der Held in topisch-schöner Waldumgebung einer *ungehuoren gestalt* mit menschlichem Antlitz, Fischleib, Flügeln und Löwenfüßen.[55] Sie stellt sich, nach ihrer *nature* und ihren *complexiones* befragt, als männliche Figur der Aventiure vor und beginnt sofort, die verschiedenen körperlichen Merkmale auszudeuten. Der *aventuore man* erweist sich als Summe all dessen, was zu Luft, Land oder Wasser an Aufregendem und Ungeheuerlichem sich ereignet. Wie im Gespräch zwischen Erzähler und Frau Aventiure in Wolframs *Parzival* geht es um das Moment der Aufdeckung einer wesenhaften Determination des Helden und des Erzählaktes.[56] Die Figur personifiziert nicht einfach allgemein die Erzählung und das kontingente Prinzip der narrativen Konstellation. Sie ist sehr genau auf den Helden, Wildhelm, bezogen, steht dieser doch unter dem Zeichen des Unglaublichen, der Liebe und des Abenteuers, ist er als *der aventuore fruht* zum Bemerkenswerten geboren (v. 3188 f.). So wie Boethius, der Philosoph, der Philosophie begegnet, und Alanus, der ›Naturforscher‹, der Natura, so trifft Wildhelm, Kind der Aventiure im konkreten wie abstrakten Sinne, auf deren Verkörperung. Die Figur nimmt gleichermaßen Vater- und Mutterrolle ein und beeinflußt Wildhelms weiteren Weg auf entscheidende Weise. Sie überläßt ihrem Schützling den Bracken *Fuorst* und verlängert damit ihr Wirken in die Handlungsgegenwart hinein: als ›Aventiurehund‹ wird *Fuorst* Wildhelm von Abenteuer zu Abenteuer führen, bis er seine Funktion erfüllt hat.

Die seltene Gestalt der männlichen Aventiure ist, ausgedeutet und in einen Verweisungszusammenhang gestellt, Mischung zwischen Konstruktionsallegorie und Personifikation. Zugleich ist sie Zentrum und Movens der Erzählung, Erscheinung dessen, was dem Helden in die Wiege gelegt war, Steuermann des Ablaufs und Initiationsinstanz für eine wenig später stattfindende Höllen- und Jenseitsreise. Durchaus konkret gedacht, aber zusammengesetzt und mit sanguinischem, cholerischem, phlegmatischem und melancholischem Temperament versehen (v. 3307 ff.), repräsentiert sie eine Universalfigur, die Vorfahren hat sowohl in dem Waldmenschen des *Ivain/Iwein* wie in den sprechenden Wundern des Ostens und Nachfahren sowohl in der Gestalt der Fortuna, die dem Fortunatus im frühneuhochdeutschen Prosaroman erscheint und zu seinem folgenreichen Glückssäckel verhilft, wie in jener zusammengebastelten Allegorie, die als Titelkupfer des *Simplicissimus* bekannt geworden ist.[57]

Was die Präsenz einer Figur wie des *aventuore man* ausmacht, ist ihr Bezug auf die Handlung des Textes und den menschlichen Protagonisten, aber auch das Spannungsmoment des Identifikationsaktes, der das Wesen der Personifikation hervortreten läßt. Das kann im Einzelfall bedrohliche Züge annehmen. So in Konrads von Würzburg *Der Welt Lohn* (vielleicht 1266 oder 1275).[58] Auch hier ist der Übergang zum Imaginären literarisch markiert. Der Ritter

Wirnt von Gravenberg, der der Welt und der Liebe diente, sitzt in seiner Kemenate und liest Minnegeschichten, als ein wunderschönes Weib zu ihm tritt. Vortrefflichkeitstopoi überschlagen sich: Sie ist die schönste aller je existierenden Frauen, überragt Venus, Pallas Athene und alle anderen Liebesgötter, ist strahlend, vornehm, Erfüllung aller Wünsche. Auch diese Personifikation der Liebe (zur Welt) taucht nicht zufällig auf, sondern vor ihrem bevorzugten Diener. Sie ist eben jene Dame, um derentwillen der Ritter immer wieder *sêle unde lîp* aufs Spiel gesetzt hat (v. 119 ff.), gekommen jetzt, um höchsten Lohn zu gewähren. Der Ritter fragt traditionsgemäß nach ihrem Namen und ihrer Herkunft und erlebt eine überraschende Antwort und einen schockierenden Anblick: den von Gewürm zerfressenen, vereiterten und verfaulten Rücken der Frau Welt. Er verläßt daraufhin Frau und Kinder, nimmt das Kreuz und zieht *über daz wilde mer* (v. 251) – ein didaktischer Appell zur Weltflucht und Seelenrettung schließt sich an, der aber die wirkungsreiche Minimalerzählung nicht restlos auf die Didaxe zurückstutzt. Anders als in den meisten Fassungen des in Literatur und bildender Kunst beliebten Stoffes[59] geht es bei Konrad, der in Frau Welt möglicherweise als erster die weibliche Form des *mundus* auftreten ließ, weniger um die direkte Verbindung von Weltzugewandtheit und Vergänglichkeit als um den Zustand von Täuschung und Enthüllung, um die schockhafte Aufdeckung eines zuvor schon latent bewußten Irrtums. Auch hier soll die Begegnung mit der Personifikation zum Impuls veränderter Lebensgestaltung werden – eigentümlich gebrochen allerdings gegenüber dem eindeutigen Bezug der Helden zu den Figuren in den bisher besprochenen Beispielen. Bei Konrad wird die Begegnung mit dem, was als Vertrautestes erscheint, zur Begegnung mit dem Fremden, das sich schließlich als das wirklich und viel zu sehr Eigene zeigt. Frau Welt ist damit nicht nur Veranschaulichung der Dialektik von Schönheit und Verfall, von Schein und Wirklichkeit (im Lichte der Heilsgeschichte). Sie ist auch Figur einer sich prozessual– auf seiten des Helden wie des Publikums – einstellenden Erkenntnis.[60]

Eine Erkenntnis- und Spiegelfigur par excellence stellt im späten Mittelalter der Tod dar. Als Kadaver oder Skelett wird er immer wieder in Text und Bild eingesetzt, um den Lebenden einen

Vorgriff auf das Kommende zu präsentieren, um auf die Grenzen des Irdischen aufmerksam zu machen, um an die Notwendigkeit christlicher Besinnung zu erinnern. Zunehmend entwickelt sich dabei auch ein Spiel mit den Möglichkeiten und Unmöglichkeiten der Personifikation: so schon im *Ackermann* des Johannes von Tepl, in dem der Tod als Figur dekonstruiert wird, aber in der Sprache seine Macht entfalten kann, so dann auch auf Graphiken Albrecht Dürers und Hans Baldungs.[61] Ich beschränke mich auf ein frühes, aber vieldimensionales Beispiel aus den *Canterbury Tales* Geoffrey Chaucers (nach 1387).[62] In *The Pardoner's Tale* erzählt der Ablaßprediger von drei Trunkenbolden, die sich, als sie vom Tod eines Mannes hören, aufmachen, dem Tod selbst – von dem man sagt, daß er im Nachbardorf wohne – den Garaus zu machen. Sie begegnen einem alten Mann, den sie für einen Abgesandten des Todes halten und der sie auf ihr wütendes Drängen hin zu einem Baum weist, wo sie den Tod finden könnten. Sie finden dort allerdings anderes, einen Geldschatz, der ihnen als Geschenk der Fortuna erscheint und ihre Raffgier mächtig anstachelt. Einer der drei, in die Stadt geschickt, Nahrung zu holen, besorgt sich Gift, um sich der anderen zu entledigen. Diese wiederum beschließen, ihren Kompagnon bei der Rückkehr zu ermorden. Beides geschieht: Der Zurückkehrende wird erstochen, die anderen trinken aus den mitgebrachten Flaschen den vergifteten Wein und lassen ebenfalls ihr Leben. Der Aufruf des Predigers, sich Ablaß zu erkaufen, führt wieder zur Rahmenhandlung zurück.

Ein Exempel für verfehlten Lebenswandel und doch zugleich ein Exempel, das auf dramatische Weise mit der Differenz verschiedener Wirklichkeiten, mit dem Verhältnis von Abwesenheit und Anwesenheit eines figürlich gedachten Prinzips spielt. Das Fazit könnte lauten: Der Versuch, das Ungreifbare zu ergreifen, personifizierte Rede in die Tat umzusetzen, muß scheitern – nicht zuletzt an der Verwechslung von Faktum und Figur. Das Fremde kommt unerkannt als das Eigene, nämlich als die Kehrseite des Erträumten und Erwünschten. Die Drei, fixiert darauf, die Person des Todes zu finden, finden den Tod selbst, ihren Tod, der sich im Kampf um den Schatz ganz unfigürlich ereignet – ähnlich in der Geschichte von den Boten des Todes, die der Tod verspricht einem Mann zu schicken, die dieser aber in seinen verschiedenen Krankheiten nicht erkennt.[63] Während die Einsicht sich hier innerhalb der Geschichte vollzieht, liegt sie in *The Pardoner's Tale* außerhalb, auf seiten der (textimmanenten wie -externen) Hörerschaft der Predigterzählung. Die Unfaßbarkeit des Todes und die Launen der Fortuna greifen ineinander. Die Strafe betrifft – anders als in den späteren Bearbeitungen des Stoffes bei Hans Sachs – weniger die Gier nach Materiellem denn die Anmaßung, den Tod zu überwinden, der doch einerseits selbst Diener Gottes ist, andererseits durch Christi Kreuzestod längst überwunden wurde.[64] Die Strafe betrifft das eigenmächtige und unreflektierte Eingreifen in den göttlichen Heilsplan.

III

Man kann hier innehalten, auch wenn den bisher präsent gewordenen Figuren andere zur Seite zu stellen wären. Die vorgestellten Beispiele zeigen, inwieweit eine Individualisierung des Stereotypen möglich war. In ihnen sind die Figuren – Philosophia und Natura, Minne und Aventiure, Welt und Tod – herabgestiegen von Sockeln und Podesten und herausgetreten aus der Isolation. Sie haben sich zwischen die Agierenden begeben und rühren an die Grenzen der Personalität. Sie stehen in Beziehungen zu den menschlichen Hauptfiguren, sind Spiegelfiguren, zwischen Identität und Differenz oszillierend, Befindlichkeiten reflektierend und zugleich beeinflussend. Damit nähern sie sich nur scheinbar jenen alten Göttern, die sich munter unter die Menschen mischten und bald mehr Belustigung und Staunen hervorriefen, bald mehr einen Hauch des Geschicks und menschlicher Nichtigkeit spüren ließen. Anders als genuin mythische Gestalten haben sie sich weit davon entfernt, vor allem Hoffnungen und Ängsten angesichts des Verläßlichkeitsmangels der Wirklichkeit Ausdruck zu geben. Sie sind Figuren der Heilssehnsucht und der Lebenskonzeption, der Erkenntnis und der Reflexion.

Eben damit heben sie sich ab vom Bereich des Numinosen einerseits, von dem didaktischer oder mnemotechnischer Veranschaulichung andererseits.[65] Sie bleiben zwar in einem Zwischenreich, das affektiv oder topologisch ausgezeichnet ist und keine beliebigen Übergänge zuläßt, erschöpfen sich aber nicht im veranschaulichenden Verweis auf das Abstrakte. Selbst wenn sie ausgedeutet und auf die Allegorie hin transparent werden, verlieren sie nicht ihren Überschuß an Konkretheit, der sie ebenso reizvoll wie schwer faßbar macht. Als Figuren des Anderen können sie das Eigenste der Existenz betreffen. Als Formen des ›Fremdvertrauten‹ können sie, schwankend zwischen Begriff und Bild und zwischen Symbol und Allegorie, ästhetische wie argumentative Perspektiven eröffnen. Erasmus von Rotterdam wird eine solche Perspektive in seinem *Encomium moriae* (1509) entfalten – im Monolog der Torheit, die sich nicht an ein konkretes Gegenüber, vielmehr an die Menschheit im ganzen wendet und halb spielerisch, halb ernst ihren Lesern einen Spiegel vorhält, in dem sie selbst die Züge des Betrachters verfremdet. Die Perspektive der Personifikation fügt sich hier ein in das Phänomen des fremden Blickes auf das Eigene, des Blickes, der dieses erst zum Eigenen macht.

Gleichwohl bleiben die vorgestellten Figuren, wie eingangs angedeutet, Ausnahmen. Sie bilden nur eine kleine Minderheit im mittelalterlichen imaginären Kosmos und ragen mehr oder weniger deutlich heraus aus der »konfusen Population« von »existenz- und konturlosen Ad-hoc-Gestalten«,[66] die sich in Minnereden und mystischen Texten, in Streitgedichten und Spielen, in geistlicher und weltlicher Kunst breitmacht.[67] Sie ragen heraus aus einer Population, die sich seit dem 13. und 14. Jahrhundert exponential vermehrte und gerade im Moment ihrer größten Dichte oft am blassesten blieb. Johan Huizinga beschrieb diese Situation in mittlerweile klassisch gewordenen Worten über den ›Niedergang des Symbolismus‹:

> »Wie lebendig die Funktion des Personifizierens und Allegorisierens noch im ausgehenden Mittelalter war, erweist sich eben da, wo sie uns am meisten stört. Im tableau-vivant, wo konventionelle Gestalten mit einer unwirklichen Draperie behangen sind, die jedem anzeigt, daß alles nur eitles Spiel ist, können auch wir die Allegorie noch einigermaßen genießen. Das fünfzehnte Jahrhundert aber kann die allegorischen Figuren ebenso wie die Heiligen noch in den Alltagsgewändern

auftreten lassen. Und es kann jeden Augenblick noch neue Personifizierungen schaffen für jeglichen Gedanken, den es ausdrücken will.«[68]

Zu den Aufgaben einer historischen Kulturwissenschaft gehört es, auch das als geschichtlich Prägendes zu begreifen, was ästhetisch nicht ergreift. Die spätmittelalterlichen Allegorien zählen zweifelsohne zu dem, was sich der modernen ästhetischen Erfahrung am schwersten erschließt.[69] Doch sind sie nicht einfach, gemessen am ahistorischen Maßstab poetischer Originalität, als stagnierende Repetition des Immergleichen abzutun. Sie vertreten eine zum Habitus gewordene Mode, die auf Anschaulichkeit, Bildlichkeit und spielerische Konkretheit setzt.[70] Eine Mode, die gesellschaftlichen Tendenzen der Selbstverfeinerung entspricht: Man beweist höfischen Stil, indem man sich in einem Kosmos der Kunstfiguren zu bewegen weiß. Man sucht aber auch nach einer Repräsentation von Innerlichkeit, die sich zwischen scholastisch-begrifflicher Aufsplitterung und imaginativ-figürlicher Entfaltung bewegt. Bestätigt wird die Lesbarkeit der Welt und mit ihr die Möglichkeit, in abgegrenztem Rahmen Bedeutung immer wieder neu zu stabilisieren. Daß die Welt des Sinns auch als Welt des Scheins gesehen werden konnte, wurde spätestens dann klar, wenn es darum ging, theologischen Gehalt über seine sinnliche Repräsentation hinaus zu sichern.[71]

Die Figuren der spätmittelalterlichen Allegorien waren l'art pour l'art in jenem Verständnis, das im Mittelalter allein möglich war: nicht frei von sozialen, moralischen oder theologischen Sinnverpflichtungen, aber frei für die rhetorische Inszenierung von Wiederholung und Variation.[72] Neben der Veranschaulichungsleistung und der Erkenntnisfunktion transportieren sie die Lust am Spiel mit der reinen Form. Eben dies markiert die Differenz zur Neuzeit. Zwar leben die Figuren in verschiedenen Medien fort und überdauern die Fragwürdigkeiten, die ihnen Rationalismus, Symbolismus oder auch die sich etablierende Psychologie anheften.[73] Sie behaupten sich als Phänomen der Sprache, des Bildes und der Imagination. Doch sie verkörpern keinen Kosmos universal vernetzter Bedeutungen mehr, einen Kosmos, in dem Wort und Ding, Sprache und Bild je neu ineinander übergehen konnten. Sie sind, wo sie in der Literatur begegnen, auffällig geworden – und haben sich eben deshalb angeboten als bevorzugte Gegenstände einer poststrukturalistischen Literaturwissenschaft, welche, die rhetorischen Tropen wiederentdeckend, in ihnen einzigartige und eigentümlich machtvolle Formen des poetischen Prozesses sehen konnte.[74]

12 Inszenierte Tode, ritualisierte Texte

I

Im späten Mittelalter intensiviert sich die Aufmerksamkeit für mentale und soziale, psychische und physische Aspekte menschlicher Sterblichkeit. Der Tod beschäftigt nicht mehr nur als Phänomen der allgemeinen und individuellen Heilsgeschichte. Er wird zum Fluchtpunkt innerweltlicher Bemühungen des Denkens und Handelns. Philippe de Commynes beschreibt die Versuche Ludwigs XI. († 1483), dem Verfallsprozeß des eigenen Körpers durch medizinische, magische und religiöse Praktiken entgegenzuwirken, und er bezeugt neben der Angst des französischen Königs vor dem Tod, die sich in traditionell christlicher Hoffnung nicht mehr aufheben ließ, auch das eigene außergewöhnliche Interesse an jenem Prozeß.[1] In der gleichen Zeit gewinnen Berichte von Sterbeszenen und Begräbnissen an zunehmender Ausführlichkeit. Sterbekünste (*artes bene moriendi*) geben breitenwirksam detaillierte Normen für den Ablauf des Sterbeaktes vor. Trauer wird zum Element höfischer Zeremonie. An Grabmonumenten entfaltet sich eine prunkvolle Zelebration von Memoria.[2] Nicht erst das Barockzeitalter ist durch das große ›Schauspiel des Todes‹ gekennzeichnet.[3] Schon im 15. Jahrhundert entwickelt sich ein eigenes Formensystem für die Inszenierung des Todes, eine ausgefeilte Rhetorik der Trauer, die zwar den Tod noch im Rahmen des christlichen Spannungsfeldes von Schuld und Erlösung behandelt, die Elemente dieses Spannungsfeldes aber bereits zu verschieben beginnt.[4] Was hier inszeniert wird, ist ein privilegierter Tod mit klaren Konturen und Verlaufsformen, nicht jener ›undeutliche‹ und ›unordentliche‹ Tod, der den Alltag in den von Seuchen heimgesuchten

Städten prägte und der vielleicht gerade in seiner Nüchternheit die ästhetische Transformation herausforderte.[5] Die Inszenierung lebt aus der Spannung von Aktualität und Abstraktion, sie entwirft individuelle und soziale Dramen, in denen der Diskurs des Todes als Konfigurationspunkt anderer Diskurse – Welt, Körper, Individuum – dienen konnte.

Am Typus der Totenklage wird dies besonders deutlich. Als Form des Übergangs gehört sie in den Rahmen der *rites de passage*: Sie vollzieht die schrittweise Überführung des Toten in einen neuen Zustand und zugleich die schrittweise Milderung des Schmerzes der Hinterbliebenen.[6] In dem Maße jedoch, in dem sie sich von der primär-rituellen Vergegenwärtigung des Toten in intensiver Teilnahme (z. B. bei rhythmischen Rezitationen) löst und als ›Literatur‹ konstituiert, verändert sich ihr Charakter. Das Ereignis, von dem die Klage ausgeht, wird nicht unmittelbar verarbeitet, sondern in modellhafte Form verwandelt. Es wird mit Sinnüberschuß angereichert, wobei die zentralen Elemente *lamentatio, laudatio, commendatio* und *consolatio* den Akt der Trauerarbeit nachbilden können. Das grundsätzliche Wechselspiel von Trauer und Trost geht nun in ein inszeniertes Spannungsverhältnis von Allgemein-Topischem und Individuell-Singulärem ein: Der Typus wird zur Experimentalform, der ältere Text zur Folie eines literarischen Überbietungsaktes.[7]

An der französischen Literatur des 15. Jahrhunderts kann man verfolgen, wie Totenklagen, Grabreden und Epitaphien eine literarische Mode ausbilden, die in den zwei Generationen der *rhétoriqueurs* einen Höhepunkt erreicht.[8] Charakteristisch ist das Nebeneinander von historischem Authentizitätsanspruch und sprachlich-thematischer Raffinesse. In der detaillierten Erzählung von den Umständen des Sterbens nähern sich die Klagen, nicht selten von Augenzeugen verfaßt, manchmal dem chronikalischen Bericht. Zugleich verschreiben sie sich mit ihren Wort- und Reimspielen, allegorischen Effekten und narrativen Inszenierungen einem Prozeß intertextueller und autoreferentieller Poetizität.[9] Wenn Pierre de Hauteville in seiner *Complainte de l'amant trespassé de dueil* (zwischen 1441 und 1447) den Klagenden am Ende der verehrten Dame nachsterben läßt, folgt er dem Prinzip, den Trauerschmerz ins Extreme zu steigern, aber auch den Text als ›Liveaufnahme‹ eines sich noch selbst artikulierenden Sterbeprozesses mit größtmöglicher Unmittelbarkeit auszustatten. Wenn er an die *Complainte* noch ein Inventar der im Besitz der Dame befindlichen Güter anhängt, verliert er sich scheinbar in der Alltäglichkeit des Todes und überführt diese doch zugleich durch die Erwähnung wichtiger Referenztexte, die der Verstorbenen gehört hätten, in eine poetische Standortbestimmung.[10] Wenn Georges Chastellain ein Epitaph auf Pierre de Brezé († 1465) dem Tod selbst in den Mund legt, zielt er neben dem Überraschungseffekt auch auf die Möglichkeit, ein Phänomen ›zum Sprechen‹ zu bringen, das sich der Sprache genuin entzieht.[11]

Jeweils erhält das Zusammenspiel von Rhetorik und Affekt, konstitutiv für die Totenklage, neue Dimension. Das Grundmuster ist eines von Nähe und gleichzeitiger Distanz. Beklagt werden in der Regel hochgestellte Personen gesellschaftlichen Ansehens, rahmenbildend wirkt damit eine politisch-soziale Öffentlichkeit im Umkreis des Hofes, an der der Autor selbst teilnimmt, die die Möglichkeiten poetischer *inventio* aber auch in bestimmte Bahnen – formal-artifizieller Art – lenkt. Erzählt wird von der Inszenierung des Sterbens und zugleich – in einer Form poetischer Ritualisierung – vom Sieg der Erinnerung, damit des Textes, über den Tod. Weder für die historischen Fakten eines Sterbefalles noch für die durch ihn ausgelösten Emotionen bieten die Totenklagen also ungefilterte Dokumente. Doch geben sie mit der Transformation des Ereignisses in poetische Textur Einblick in ein subtil gestaltetes und historisch situierbares Wechselspiel von Konvention und Innovation, das sich am Extrempunkt des Todes je neu als existentielles ausweisen konnte.

Von besonderem Interesse sind Texte, die den gleichen historischen Fluchtpunkt besitzen. Sie erlauben es, das Spannungsfeld affektiver Rhetorik an kohärentem Material auszumessen. Der Umkreis des burgundischen Hofes, an dem seit Christine de Pizans *Ballade sur la mort du duc de Bourgogne* Totenklagen fest etabliert waren, liefert dazu mehrere Beispiele. Während die Klagen um Philipp den Guten und Karl den Kühnen fürstlichen Ruhm vor dem Hintergrund der politischen Konflikte der Zeit besingen,[12] legen diejenigen um Isabella von Bourbon und ihre Tochter Maria von Burgund mehr Gewicht auf nicht-öffentliche Situationen und affektive Konstellationen. Die poetische Phantasie entzündete sich hier an anderen Punkten und nahm dabei auch Neukonfigurationen historischer Sachverhalte vor, die die genauere Nachzeichnung lohnen.[13]

II

Als Isabella, Gräfin von Charolais, am 26. September 1465 in Anvers mit 31 Jahren an der Tuberkulose starb, war dies für ihre Umgebung wohl keine Überraschung (ein monatelanges Leiden scheint vorausgegangen zu sein) und für die Politik kein Ereignis von besonderer Tragweite. Zwar hatte sie bis dahin ihrem Mann, Karl dem Kühnen, nur eine Tochter (Maria), aber keinen männlichen Erben geschenkt, trotzdem registrierten die meisten Chronisten den Todesfall eher beiläufig.[14] Die schon 1467 vollzogene Heirat Karls mit Margarete von York überlagerte bald die Erinnerung.[15]

Immerhin gibt es einige Texte, die, in geringem Abstand von den Ereignissen geschrieben, Details der Sterbesituation liefern. Eine anonyme Chronik berichtet, Isabella sei von Gorkem nach Gent aufgebrochen, um ihre Tochter wiederzusehen, dann aber durch einen Krankheitsanfall in Anvers festgehalten worden, wo Mutter und Schwiegermutter ihr in den letzten Stunden zur Seite standen.[16] Mehrere Chronisten finden Worte ehrenden Angedenkens für das gütige und großherzige Wesen und die Beliebtheit Isabellas.[17] Über das zweifellos prunkvolle Begräbnis berichten sie dagegen, anders als die literarischen Totenklagen, wenig.[18] Statt dessen erwähnen sie den großen Schmerz des Herzogs (der mit einer Woche Verspätung die Todesnachricht erhielt) und die Liebe zwischen Karl und Isabella, die aufgrund der mysteriösen Umstände der Heirat als Überraschung gelten konnte.[19] Auch die Poeten im Umkreis des burgundischen Hofes waren an der Aura des Liebespaares interessiert. Pierre Michault betont die *disjuncture et divorce* der beiden Liebenden. Ein anonymes Gedicht hält Isabellas maßloses Leid fest, als sie vom geliebten, aber abwesenden Ehemann scheiden muß.

Dieses sechsstrophige Gedicht artikuliert die Klagesituation in drei Schritten.[20] Der Anfang vergegenwärtigt, die Zuhörer zur *compassio* auffordernd, den Schmerz der von Isabellas Tod Betroffenen. Der Mittelteil bietet eine *laudatio* der Verstorbenen im Blick auf ihre moralische Größe, ihre Frömmigkeit und Freigebigkeit, ihre Milde und friedenstiftende Tätigkeit. Der Schluß blendet die letzten Momente ein: Abschied von der Familie, Ratschläge für die Tochter. Die situativen Details (Abwesenheit des Ehemannes, Anwesenheit der Mutter) stimmen mit den chronikalischen Berichten überein, sind aber kaum konkretisiert. Unverkennbar ist das Bemühen, einen authentischen Eindruck zu vermitteln von der Sterbesituation und der Sterbenden und überdies der Trauer der Hinterbliebenen ein Pendant zu verleihen im Abschiedsschmerz der um ihr nahes Ende wissenden Gräfin von Charolais. Vorgeführt wird ein exemplarischer Tod gemäß dem Modell der *ars moriendi*: harmonisch im Familienkreis, sinnerfüllt als Abrundung eines der Verständigung und dem Frieden geltenden Lebens.[21]

Weit ausführlicher und eindringlicher ist die Schilderung, die Amé de Montgesoie in seiner *Complainte de treshaulte et vertueuse dame, madame Ysabel de Bourbon, contesse de Charrolois* gibt.[22] Amé, zwischen 1457 und 1465 als *valet de chambre* im unmittelbaren Umkreis Isabellas nachzuweisen, wohnte dem Tod seiner Herrin, wie er betont, selbst bei. Er weiß eine Menge von Details beizusteuern: zu der bereits Monate andauernden Krankheit, zu den bei Isabellas Tod Anwesenden, zu den verzweifelten Reaktionen von Verwandten und Bekannten, zur kostbaren Decke über dem Körper der Verstorbenen.[23] Seine Augenzeugenschaft hervorhebend, begründet er den Geltungsanspruch eines Textes, der, obschon streckenweise chronikalisch, zugleich auch Literatur sein will. In einem anderen Werk, dem *Pas de la mort*, zeigt Amé sich nicht nur mit der allegorischen Tradition, sondern auch mit der Sprache der Heraldik vertraut.[24]

In der *Complainte* ruft er mit der anfänglichen Wendung gegen den Tod als Feind der Natur, Prinzip der Destruktion und Ursache des Leides eine rhetorische Tradition auf, die seit Eustache Deschamps und Alain Chartier in keiner Totenklagen fehlen durfte. Der Tod ist der Gegner, auf den der Schmerz als Aggression umgelenkt und an dem er bewältigt werden kann. Er besitzt, von seinem obligatorischen Langpfeil (*dart*) abgesehen, kaum figürliche Präsenz, repräsentiert aber ein paradoxales Du, das das verlorene Du momenthaft ersetzt und zugleich die Ursache des Verlustes ›dingfest‹ macht – ein Du als Leerform, das im Prozeß der Trauer zurücktreten kann hinter die Einsicht in die konkreten Umstände des Sterbens und die allgemeinen Bedingungen der menschlichen Existenz.[25]

Das ist auch hier der Fall. Mit der sechsten Strophe führt die *Complainte* direkt in die *maison bourbonnoise* hinein. Analog zu dem anonymen Gedicht berichtet sie, wie die Comtesse Abschied nimmt von ihren nächsten Verwandten, wie sie ihrem abwesenden Ehemann aufträgt, für ihre Seele zu beten. Sie empfängt die Sakramente, läßt eine *ars moriendi* lesen, spricht Gebete und küßt das Kreuz. Als sie den Geist aufgibt, bricht allgemeine Klage aus. Einmütig und ohne Rücksicht auf höfische Etikette betrauern die Anwesenden den schmerzlichen Verlust eines Vorbildes an Tugendhaftigkeit. Das Paradigma vom Tod des Menschenvaters Adam oder des Sängers Orpheus klingt an. Die ganze Natur sei in Trauer verfallen, die Erde habe ihre Süße in Bitterkeit verwandelt, die Elemente hätten in leidvoller Solidarität jede freudige Verbindung, die Vögel ihren Gesang verweigert.[26] Der Blick auf die Natur entdeckt aber auch deren im Wechsel von Werden und Vergehen unabänderliche Eigengesetzlichkeit. Zu wissen, daß kein Schmerz einen toten Körper lebendig macht, kann tröstlich sein. Zu wissen, daß die Menschen Blumen ohne Dauer sind, Schatten, die vergehen, kann die Einsicht fördern, daß durch diesen einen Todesfall der Lauf der Welt sowenig zum Stehen kommt wie durch alle anderen.[27] Amé lenkt zwar noch einmal den Blick zurück zu den Ereignissen nach dem Tod Isabellas, beschränkt sich aber auf eine kurze Skizze der wesentlichen Fakten (Leichenzug, Obsequien, Begräbnisort). Im Zentrum steht der Kontrast von Glanz und Vernichtung: Die wunderbare goldverzierte Leichendecke aus schwarzem Velour bedeckt einen Körper, der den Würmern gehören wird. Die Schlußstrophe kehrt zur Bitte für das Seelenheil zurück – nun auch im Hinblick auf die Seele des Autors: *c'est mon bien, a m é de moult je soye* (v. 270).

Das Wortspiel mit den Bestandteilen des eigenen Namens erinnert daran, daß der Panegyrikos auch auf die Memoria des Autors zielt. Er diente im gegebenen Fall wohl nicht zuletzt der Empfehlung für weitere Hofdienste.[28] Die Totenklage hat ihre Funktion bei den Lebenden zu erfüllen, der Autor die Doppelrolle des Klagenden und des Trösters zu spielen. Die aspektreiche, Fakten wie Emotionen berücksichtigende Schilderung eines vorbildhaften Todes erhebt einerseits Anspruch auf Authentizität, bietet andererseits die Basis für eine Verallgemeinerung im Sinne jener *ars bene moriendi*, die auch im Text zitiert wird. Doch der Konflikt zwischen hier dem Bedürfnis nach gesteigerter Wahrhaftigkeit des Schmerzes, dort christlicher Notwendigkeit des (Selbst-)Trostes ist im Modell der Sterbekunst nicht einfach aufzuheben. Zwar bleibt das Ende des Textes der Wendung zu Gott vorbehalten, doch der wirksamste Trost bei diesem im *Parc de Dueil* situierten Verlustdrama scheint aus dem Blick auf die Natur zu erwachsen. Sie allein, Verkörperung des Prinzips von Leben und Tod, scheint letztlich die Eigendynamik der Rhetorik, die den schmalen Grat zwischen der Exaggerierung und der Eindämmung der Trauer ausmaß, auffangen zu können.

Die umfangreichere und literarisch anspruchsvollere *Complainte sur la mort d'Ysabeau de Bourbon* von Pierre Michault geht einen Schritt weiter.[29] Michault erlebte das Geschehen wohl nicht selbst mit. Nach eigener Angabe war er zum Zeitpunkt der Ereignisse weit entfernt und erfuhr vom Tod der Comtesse erst durch einen glaubwürdigen Bericht – vielleicht Amés Text, den er im Schlußteil benutzte.[30] Von vornherein ist damit die Erzählperspektive eine andere. Sie bleibt nach innen gerichtet und bezieht die Hoföffentlichkeit, die in den beiden anderen Texten wichtig war, um das Ausmaß der Trauer anzuzeigen, nur indirekt ein.

Der Beginn ist traditionell. Wieder wird der Tod verantwortlich gemacht für eine Ungeheuerlichkeit, die gegen die Prinzipien einer einsehbar geordneten Welt verstößt, die als inakzeptabler Bruch der göttlichen Schöpfung gilt: *Ou il convient loy estable interrompre | ou nouvelle creation reprendre* (v. 62 f.). Die vorgeschlagenen Alternativen sind rhetorisch, sie artikulieren aber deutlich den schmerzhaften Unwillen, sich mit dem Tod der Vorbildhaften abzufinden. Tief in Gedanken versunken, zieht sich der Autor in einen Garten zurück, ohne vergessen zu können. Plötzlich, in einem durch die Gedankenschwere veursachten Ausnahmezustand (*en estasie | par trop penser et par ymaginer*; v. 78 f.), erscheinen vor ihm zwei Damen, die den inneren Konflikt sichtbar machen: la Vertu und la Mort. In 28 Strophen, dem Hauptteil des Textes, disputieren sie über Recht und Unrecht des Todesfalles. Wie in den meisten mittelalterlichen Streitgesprächen geht es weniger um die figürliche Ausgestaltung der Personifikationen als um die Veranschaulichung von Argumenten und Positionen.

Vertu klagt den Tod in geläufigen Wendungen als hart, grausam und armselig an. Mort zeigt sich überrascht, sieht sich falsch dargestellt, fordert Präzisierungen. Vertu enthüllt daraufhin den Anlaß ihrer Klage, nennt ihren Namen und erklärt ihre Zuständigkeit. Es folgen immer neue Variationen der Verlustklage. Mort argumentiert nuancierter, gelegentlich sogar ironisch.[31] Sie betont den Lauf der Natur, besteht auf ihrem Recht, ihrem blinden Wirken, ihrer Indifferenz gegenüber Tugenden wie Lastern. Sie setzt den hilflosen Klagen und Anklagen souverän Allgemeinplätze stoischer Natur entgegen und bringt schließlich auch den Gedanken des Ruhms ins Spiel: Durch die Aktion des Todes schreibe Isabella sich in eine unauslöschliche Erinnerung ein und sei ihr der Weg zum Paradies bereitet.[32] Der Gedanke ist nicht ungewöhnlich.[33] Ungewöhnlich ist aber, daß der Tod selbst das perfekt christliche Sterben Isabellas herausstellt und dabei eine Form der Selbstaufhebung betreibt. Er fordert Vertu, die ununterbrochen am Sterbelager anwesend war, auf, sie möge von Isabellas Ende erzählen, was diese insofern leistet, als sie der betenden Isabella selbst das Wort gibt.

Damit sind die Prinzipien der beiden anderen Texte, einerseits unmittelbar, andererseits ausführlich von den Umständen des Sterbens zu erzählen, vereint. Zugleich gelingt es Michault, mit dem narrativen Trick der doppelten Binnenerzählung (Vision und Bericht in der Vision) trotz seiner eigenen Abwesenheit die Situation des Sterbens auch hier präsent zu machen – wieder in perfekter Umsetzung der Vorgaben der Sterbekünste.[34] Die letzte Phase stimmt in nahezu allen Einzelheiten – dem Vorlesen der *ars moriendi*, den Gebeten, dem Küssen des Kreuzes – mit der Beschreibung Amés überein. Schlußstrophen aus dem Munde der Tugend und des Autors unterstreichen die Vorbildlichkeit Isabellas und erneuern die Bitte um das Seelenheil.

Ungeachtet des traditionelles Endes bietet Michaults Text im ganzen eine mehrfach gebrochene visionäre Schau, die Amés Version als Subtext und Folie eines kontrastiven Entwurfs benutzt. Auf Subjektivität anstelle von Repräsentativität setzend, verlagert Michault das Geschehen in das eigene Ich, kennzeichnet sein Erlebnis aber ausdrücklich als *ymagination en estasie*, nicht als Traum.[35] Eine Erscheinung also, die, obschon Abirrung der Sinne, genau einem Seelenzustand entspricht. Da die Faktizität von Amés Bericht kaum zu überbieten war, wird eine Authentizität höherer Art präsentiert, die, an bekanntes Wissen anschließend, die Ereignisse als Erfahrungsprozeß ausweist. Das erklärt zugleich den scheinbaren Bruch zwischen dem Streitgespräch der Personifikationen und dem die Verstorbene vergegenwärtigenden Binnenexempel.[36] Das Streitgespräch löst nicht das zentrale Problem, den Tod Isabellas zu akzeptieren. Auch wenn Mort die besseren Argumente hat – Vertu bleibt hartnäckig, weil diese Argumente noch kein Begreifen, kein Annehmen des Unbegreiflichen ermöglichen. Nötig ist die miterlebende Teilnahme, die ihre konsolatorische Wirkung in dem Maße erfüllt, in dem sich der Tod von einem ebenso ungreifbaren wie vertrauten Gegner in eine ganz unfigürliche Realität am Sterbebett verwandelt. Gleichzeitig markiert das einzige auf der Ebene des Faktischen hinzugefügte Element, das letzte Wort der Sterbenden (*Credo*; v. 496), die nunmehr vollzogene Bereitschaft des auktorialen Subjekts, anzunehmen, was anfangs, nur vom Hörensagen bekannt, unglaublich und inakzeptabel schien. Erst am Ende der Vision, die von eben dieser Unglaublichkeit ihren Impuls empfing, kann es, sich allein in seinem Garten wiederfindend, sagen: *j'apperceux par ce que lors j'oÿ | que Mort avoit de la dame joÿ* (v. 507 f.).

Michault bleibt Amé verpflichtet, indem er die Authentizität der Schilderung zu gewährleisten, die Präsenz des Ereignisses herzustellen, den Schmerz greifbar zu machen sucht. Er geht aber über diesen hinaus, indem er ansatzweise einen dialektischen Erfahrungsprozeß entwickelt, dessen literarische Modelle er an zentraler Stelle selbst vermerkt: Genau in der Mitte des Streitgesprächs verweist der Tod die Tugend darauf, daß sie bereits von seinem Wesen aus Michaults *Dance aux aveugles* wissen müsse. Vertu argumentiert daraufhin mit der *Consolatio* des Boethius, in der von erstrebenswerten Toden die Rede gewesen war.[37] Mort wiederum insistiert scharfsinning darauf, daß Boethius sich, obwohl bereit, alles aufzugeben, über sein hartes Los beklagt hätte. Die intertextuellen Verweise verorten die *Complainte* in einem literarischen Bezugsfeld, machen aber auch auf die grundsätzliche Spannung zwischen Wissen und Verhalten aufmerksam. Zugleich stellen sie das beidseitige argumentative Geplänkel auf die gleiche Diskursebene und deuten eine unterschwellige Konvergenz der Figuren an. Der Tod ist nicht nur Kontrahent der Tugend, sondern auch ihr Komplement. Er wird nicht überwunden, sondern als Möglichkeitsbedingung des Exemplarischen aufgehoben. Die Tugend wiederum tritt als allegorische Figur zurück, indem sie Isabella in ihren letzten Momenten selbst sprechen, sich als tugend- und vorbildhaft erweisen läßt.

Michaults *Complainte* hat mehrere Stoßrichtungen. Sie akzentuiert den notwendigen Prozeß der Trauerarbeit, der von der initialen Schockreaktion über die Aggression gegen ein figürlich fixiertes Prinzip und die Identifikation mit der Verstorbenen hin zur Einsicht in das Unabänderliche, zur Überwindung der Trauer führt. Sie markiert durch die doppelte Brechung der Erzählung das problematische Verhältnis des Individuums zum historischen Ereignis, die Spannung zwischen dem unpersönlich Faktischen und dem persönlich Begreiflichen. Und sie macht das Problem sichtbar, auf das historische Ereignis mit Worten reagieren zu müssen, wo Gesten und Handlungen angebrachter sein könnten. Ihre experimentelle Lösung besteht darin, das Ereignis selbst in einem Nukleus unmittelbarer visionärer Intimität zu vergegenwärtigen und über die momentane (hypothetische) Aufhebung der Sprache diese in ihrer therapeutischen Funktion zu enthüllen. Hat dieses Experiment modellbildend gewirkt?

III

Der Tod Marias, seit 1477 Gemahlin Erzherzog Maximilians von Habsburg, ereignete sich unter anderen Vorzeichen als der ihrer Mutter 17 Jahre zuvor. Maria stand als Regentin der Niederlande, beliebt bei der Bevölkerung, im Mittelpunkt der zeitgenössischen

Aufmerksamkeit; entsprechend zahlreich sind die Notizen über sie in den chronikalischen Quellen.[38] Ihr Tod belastete die ohnehin instabile politische Situation der zwischen Reich und französischem König zerrissenen burgundisch-niederländischen Grafschaften und Herzogtümer. Und er gewann überdies durch seine Umstände dramatischen Charakter. In den wesentlichen Elementen stimmen die meisten Berichte überein:[39] Anfang März 1482 – die Eheleute hatten seit längerem gemeinsam in Brügge geweilt – unternahm Maria, von einer kleineren Hofgesellschaft begleitet, einen Ausflug zur Falkenjagd oder Reiherbeize und stürzte dabei vom Pferd. Sie erlitt mehrere Rippenbrüche und innere Verletzungen. Die Wunden entzündeten sich, das Fieber stieg an.[40] Bittprozessionen zogen durch die Stadt.[41] Am 24. März ließ Maria ein Testament errichten, am 27. März starb sie. Die am 3. April von angeblich 15 000 Menschen aus allen Ständen begleitete Grablegung in Notre Dame (Brügge) gehört zu den aufwendigsten in der Geschichte fürstlicher Begräbnisse (*Abb. 4*).[42] Das Herz der Verstorbenen wurde in St. Michael in Antwerpen im Grab der Mutter, Isabella von Bourbon, beigesetzt.

Viele Chronisten berichten von Maximilians großem und lang anhaltendem Schmerz.[43] Auch in seinen Selbstäußerungen, sogar solchen politischer Art, drückt sich eine zunächst scheinbar kaum überwindbare Trauer aus.[44] Weit verbreitet war im 16. Jahrhundert die Anekdote, Johannes Trithemius habe die Verstorbene vor dem Kaiser in so realer Präsenz erscheinen lassen, daß Maximilian die neuerliche Trennung kaum verwand und dem Sponsheimer Abt gebot, ›solche Possen künftig zu unterlassen‹.[45] Um 1490 ließ Maximilian durch den Brüsseler Bildhauer Jan Borman ein Grabdenkmal zum Gedächtnis von Maria für die Kirche Notre Dame in Brügge entwerfen, das 1502 fertiggestellt wurde.[46] Es zeigt wie auch das Gedächtnismonument für Isabella die Verstorbene mit offenen Augen auf dem Rücken liegend, die Hände betend gefaltet – eine Lebende-Nichtlebende, die in Ruhe die Auferstehung erwartet und zugleich in einem ausgedehnten genealogischen Baum Abschluß und Erfüllung ihres Geschlechtes verkörpert.[47] Auch ein für Maximilian und Maria gedachtes kleinformatiges Stundenbuch hielt wohl das Gedächtnis der geliebten Toten fest. Die Einleitung zum Totenofficium setzt eine Szene des Exempels der drei Leben-

Abb. 4 **Totenmesse für Maria von Burgund (Holzschnitt Leonhard Becks zum *Weißkunig* Maximilians I., um 1520)**

den und drei Toten ins Bild, das auch ansonsten in diesem Zusammenhang häufig begegnet.[48] Drei schwarze, von flatternden Leichentüchern umgebene Kadaver überfallen eine Jagdgesellschaft. Hier jedoch gelten ihre Attacken nicht den beiden verzweifelt gestikulierenden Höflingen, sondern ausschließlich der zentralen Person in Bildmitte, die ihr Gesicht dem Betrachter zugewandt hat: Maria von Burgund.[49] Das Blatt könnte dem in seinem Hauptteil vielleicht schon fertigen Stundenbuch nach Marias Tod hinzugefügt worden sein.[50]

Stärker noch als im Falle Isabellas und Karls war für die Zeitgenossen die Trauer um Maria mit der Liebe zwischen den Eheleuten verknüpft. Fast keiner der Chronisten vergaß es, darauf hinzuweisen, daß Maria zum Zeitpunkt ihres Todes zum vierten Mal schwanger war. Und früh schon setzte eine Ausgestaltung der Umstände von Marias Sterben ein, die in der Form, die sie in einer flandrischen Chronikkompilation erhielt, selbst geschichtsbildend wirkte. In den *Wonderlijcken Oorloghen*, einem anschaulichen, in lebhaftem Lokalkolorit und anti-französischer Perspektive gehaltenen Geschichtswerk, wurde der Haupttext um eine Fortsetzung ergänzt, die vor allem das Geschehen um Marias Tod behandelt.[51] Zugrunde liegt wohl älteres Material, doch sind die Angaben wesentlich detaillierter als in anderen Chroniken. Die Art der narrativen Ausschmückung, etwa durch zahlreiche Momentaufnahmen in direkter Rede, zeigt, daß der Autor Sinn für poetische Inszenierung besaß. Die auf den Unfall folgenden Ereignisse bietet er in geschicktem, spannungsteigerndem Wechsel zwischen flandrischer und französischer Seite. Zweimal unterbricht er die Schilderung der dramatischen Situation in Brügge, indem er Philippe von Crevecuer und Ludwig XI. einblendet, die versuchen, den Moment der Schwäche des Gegners für ihre Interessen auszunutzen. Das Sterben Marias selbst erscheint als Trennungsdrama des jungen Ehepaars. Die schwierige politische Situation nach ihrem Ableben voraussehend, hat Maria die Ritter des Ordens zum Goldenen Vlies zu sich bestellt und verpflichtet sie auf absolute Treue gegenüber Maximilian und den gemeinsamen Kindern. Maximilian wiederum ordnet Bittprozessionen an und folgt selbst barhäuptig dem Heiligtum. Versuche, den Erzherzog abzulenken, schlagen fehl, immer wieder bricht die Verzweiflung durch, Maria bittet ihn schließlich, den Raum zu verlassen.[52] Klagend, sinnenlos fast in seinem Schmerz, zieht er sich zurück.

Die Sterbeszene entspricht wieder dem Modell der *ars bene moriendi* (*Abb. 5*). Der Bischof von Doornijcke führt Maria wesentliche Stationen der Heilsgeschichte und des Leidens Christi vor Augen. Die Sterbende, ungebrochen in ihrem politischen Verantwortungsbewußtsein, nimmt Abschied von den verschiedenen Gruppen, bereut ihre Verfehlungen und bittet um Unterstützung gegen das Böse. Langsam verändern sich ihre Gesichtszüge. Als ihre Stimme

Abb. 5 **Tod Marias von Burgund (Holzschnitt in: *Wonderlijke Oorloghen*, Antwerpen um 1531)**

schon verstummt scheint, öffnet sie noch einmal die Augen und findet mit einer letzten Wendung zu Gott und zur Gottesmutter einen perfekt christlichen Sterbemoment (S. 155). Dem steht die abgrundtiefe Verzweiflung Maximilians gegenüber.[53] Mehrmals wird er zur Raison gerufen, wird er an die allgemeine Sterblichkeit und die eigene Vorbildfunktion erinnert. Die Argumente wirken, schlagen aber nicht durch. Beim Leichenschmaus bleibt Maximilian der Bissen im Halse stecken – ein Zeichen für die Größe des Verlusts, im Rahmen der Chronik vielleicht aber auch ein Hinweis auf politische Unfähigkeit. Verewigung der beliebten Herrscherin und

Steigerung des Verlustschmerzes bleiben von politischen Implikationen durchzogen.

Marias Tod war mehr als der übliche öffentliche Tod mittelalterlicher Regenten. Im Schnittfeld von individuellem Geschick und politischer Unsicherheit situiert, bot er sich an als Projektions- und Identifikationspunkt privater wie öffentlicher Emotionen, wurde er zum Paradigma für den Einbruch des Diskontinuierlichen in die historische Kontinuität und zum Element kollektiver Erinnerung. Die Affekte, die sich mit ihm verbanden, prädestinierten ihn als Thema poetischer Verdichtung noch Jahrzehnte nach dem Ereignis.[54] Wie unterschiedliche Wege die einzelnen Ausgestaltungen nahmen, wird deutlich an zwei anonymen flämischen Liedern. Der in das 1544 gedruckte *Antwerpener Liederbuch* aufgenommene Text bleibt relativ nahe an den in den Chroniken berichteten Ereignissen: Die Eingangsstrophe stellt kurz die Situation des Todesfalls vor, die weiteren Strophen gehören der Abschied nehmenden Maria, die letzte Strophe führt an das Verstummen heran.[55] Das andere Lied bietet, das erste als Ausgangspunkt benutzend, eine Reduktion der Ereignisse auf die sentimentalen Elemente einer Familienszene: Maria fleht die Gottesmutter um Beistand an für ihren (angeblich im französischen Feindesland weilenden) Ehemann und nimmt Abschied ausschließlich von den Eltern (die tatsächlich bereits tot waren) und Geschwistern (deren die historische Maria von Burgund keine hatte).[56]

Während hier ein popularisiertes Sterbelied vorliegt, zielen die ›höfischen‹ Totenklagen auf einen mit literarischen Traditionen vertrauten Kreis. Olivier de la Marche, seit 1477 *grant maître d'hôtel* am burgundischen Hof, seit 1481 kommissarischer Vertreter Maximilians in der Ständeversammlung von Hainaut, gehörte zum engeren Kreis um Maria und ihren Gemahl.[57] In zwei Texten hat er die Erinnerung an die Verstorbene bewahrt. Im *Chevalier délibéré* (abgeschlossen April 1483) erlebt das auktoriale Ich im Rahmen einer allegorischen Reise, die den unaufhaltsamen Weg ins Alter abbildet, wie Accident die *noble dame* Maria, gekommen, den Tod ihres Vaters zu rächen, durch Fieber niederstreckt. Es will daraufhin selbst gegen Accident oder Debile antreten, wird aber vom Kampfrichter Atropos zurückgepfiffen. Was bleibt, ist auf Handlungsebene die Einsicht in die allgemeine Vergänglichkeit und die Notwendigkeit einer vorbereiteten Begegnung mit dem eigenen Tod, auf Textebene die Einschreibung des Autornamens in die poetische Textur: La Marche, der Weg, erweist sich als Paradigma des Wegs zum himmlischen Ziel, Paradigma des zugleich beherzt und bedacht mit den Schicksalsfällen der Welt umgehenden Jedermanns.[58]

In einem anderen Text, einer expliziten *Complainte*, folgt La Marche den Mustern der Gattung. Wie Amé de Montgesoie hebt er seine Augenzeugenschaft hervor und läßt den bekannten Klage-, Anklage- und Lobvariationen freien Lauf.[59] Erst er als mit seiner Liste der Trauernden am Rande der Gesellschaft angekommen ist, lenkt er wieder zum eigenen Schmerz zurück. Körperliche Schwäche übermannt ihn. Im Halbschlaf scheint es ihm, als ob er zwei Freunde miteinander streiten hörte: *L'un fut mon oeil qui volt plorer, | Et l'autre fut, pour au voir dire, | L'âme qui ne vouloit que rire* (v. 206–208). Wie bei Michault soll die emotionale Krise des Ich in einem allegorischen Szenario anschaulich und zugleich gelöst werden. Traten dort Mort und Vertu auf, so sind es nun das Auge, das nicht glauben will, was es sieht, und die Seele, die das Gesehene auf einen höheren Sinn hin transparent macht und tröstet. Indem er nicht mehr Abstrakta, sondern Existentialia diskutieren läßt, ersetzt La Marche das problematische Verhältnis von Hören und Begreifen durch dasjenige von Sehen und Begreifen. Er nimmt Michaults Dialogform auf, problematisiert aber deren Konfliktlösung. Der Riß zwischen Wahrnehmung und Einsicht zieht sich nun durch das reflektierende Ich selbst. Zugleich machen die Gesprächspartner in ihrem Auseinandertreten die erst in der leib-seelischen Einheit realisierbare Identität des Subjekts deutlich: Die Seele ermöglicht – nach traditioneller Erkenntnistheorie – die Wahrnehmung und verarbeitet das Wahrgenommene.[60] Dementsprechend hält La Marche den Realitätscharakter des Streitgesprächs in der Schwebe. Er insistiert darauf, die beiden Kontrahenten nicht selbst gesehen, sondern nur gehört zu haben, und vermeidet damit die oft problematische Visualität allegorischer Szenarien.

Der Dialog der Kontrahenten folgt dem Schema des mittelalterlichen Streitgesprächs. Die Seele argumentiert überlegen mit Gedanken des Ruhms und himmlischer Seligkeit. Wo das Auge vor allem die Leiden der Sterbenden wahrnimmt, sieht sie den Beweis für ein gutes Ende. Erst das Ende des Gesprächs setzt neue Akzente. Hier erwähnt die Seele den *noble père* (Maximilian), der die Verantwortung für den noch minderjährigen Erben Philippe übernehmen werde, und läßt sich damit doch noch auf die Diskussionsebene des Kontrahenten ein. Dessen Zweifel angesichts der Kontinuität der Herrschaft lösen sich am Ende nicht restlos in Gottvertrauen auf. Der Dialog mündet in einen Appell zu bedingungsloser politischer Loyalität mit Vater und Sohn: *Le filz & le pere honnorer*.[61] Maria hatte, dem Testament und den Chronikberichten zufolge, eben diese Loyalität ihren Vertrauten und den Rittern vom Orden zum Goldenen Vlies ans Herz gelegt.

Das heißt aber auch: Der konsolatorische Prozeß, der im Streitgespräch zwischen Auge und Seele zum Ausdruck kam, gelangt nicht aus sich selbst heraus zu einer Lösung. Er schafft nur die Voraussetzung, zu den Erfordernissen des Tages, den Problemen von Gegenwart und Zukunft zurückzukehren. So verlieren die von La Marche verwendeten Trostargumente zwar nicht ihre Geltung, aber ihre Wirkungskraft: Für den Autor, der sich *Tant a souffert La Marche* als Devise erkor, ist das Erwachen nach dem Verschwinden der Figuren nicht wie bei Michault ein befreites. Die Verstimmung dauert zunächst fort, und erst das Schreiben selbst – auch dies ein geläufiger Topos – erscheint als therapeutischer Rettungsanker. Wenn in den Schlußworten der sich an die Leser wendende Autor (*l'acteur*) das zum Lesen ›freigibt‹, das zu vernehmen anfangs Zuhörer herbeigerufen wurden, wird der Ablauf der Klage zugleich durchsichtig für ihre Verschriftlichung, auch sie von den Spuren der Trauer gezeichnet.[62] Der Text wird zum Abbild, zur materiellen Verkörperung und Aufbewahrung der Emotion.

Die gleiche Richtung, aber einen anderen Weg schlägt die Totenklage von Jean Molinet ein.[63] Der burgundische Hofchronist gehörte ebenfalls nicht zu den Außenstehenden und vom Tod Marias nur am Rande Betroffenen. Doch nimmt er anders als La Marche nicht seine Anwesenheit zum Ausgangspunkt des Textes. Er zeigt sich eingangs auf dem Weg nach Brügge und auf der Herbergssuche, wobei die erwähnten *hostels* sukzessive transparent werden für eine imaginäre Folge hochgestellter Persönlichkeiten der Zeit, unter ihnen tatsächliche oder erwünschte Gönner Molinets.[64] Die Reihe gipfelt im *Escut de Bourgogne* (geführt von Philippe und seinem

Sohn, Charles) und im *Ostel d'Austrisse* (geführt von einem jungen vorbildhaften Paar: Maria und Maximilian). Die doppelte, räumliche wie biographische Bewegung ist damit an ihrem Zielpunkt angekommen. Zugleich muß sie, da eben dieser Zielpunkt sich aufgelöst hat, eine neue Bestimmung finden. Dame Noblesse nimmt als Sprecherin der Tugenden das Wort und artikuliert in klingenden Wort- und Reimspielen, sprachgewaltig, aber inhaltlich traditionell, die eigentliche Totenklage, die auch hier mit einem Ausblick auf die Unvergänglichkeit der überirdischen *gloire* schließt.

Damit scheint alles gesagt. Doch plötzlich wechselt Molinet das Register. Eine klare weibliche Stimme ist zu vernehmen, lateinisch sprechend, aus dem Nirgendwo kommend. Nur Maximilian versteht. Nur er weiß, daß die Worte von der Verstorbenen selbst stammen. Nur er kann antworten. Es entspinnt sich ein Dialog zwischen der *vox ducissa* und dem *dux*, ein Dialog, der alles Leid, das eigene, das der Kinder und das des Volkes, zur Sprache bringt. Die körperlose Stimme tröstet – mit praktischen Ratschlägen und geläufigen Argumenten. Und sie verfehlt ihre Wirkung nicht: Maximilians Verzweiflung ist gemildert, sein Schmerz besänftigt.

So wie Michault Tod und Tugend, La Marche Auge und Seele miteinander streiten ließ, so sucht auch Molinet den Dialog, der den Trost ermöglicht. Doch der Dialog setzt nun keine Personifikationen in Szene, sondern den ›Geist‹ der Verstorbenen selbst. Momenthaft schafft er eine die Grenzen des Normalen überschreitende Präsenz, belebt er das bereits verstummte Du wieder, ermöglicht er denjenigen eine letzte Begegnung, an denen die Größe des Schmerzes und das Gewicht der Trennung auch sonst bemessen wurden. Die Szene ist gleichermaßen öffentlich und intim: Die bei der Toten Wachenden vernehmen zwar die Stimme und begreifen das Wunderbare der Erscheinung, doch die Inhalte der Konversation, die noch einmal das Wesen eines gemeinsamen Glücks beschwören, bleiben ihnen vorenthalten. Der individuelle Trost, in den die augenblickshafte Zweisamkeit mündet, wird damit zur Ergänzung und Erfüllung der zuvor von Dame Noblesse ausgebreiteten Trostgründe. Er basiert auf der intensiven und zugleich eingeschränkten Gegenwärtigkeit des Dialoges, wohingegen die später mit Trithemius in Verbindung gebrachte Anekdote, die ebenfalls die Verstorbene wieder erscheinen läßt, eine greifbar-ungreifbare Körperlichkeit abbilden wird, die den Schmerz in der einseitig visuellen, quasi voyeuristischen Begegnung steigert, ohne ihn in einer wie auch immer punktuellen Gemeinsamkeit zu lindern.

Nach dem Ende des Dialogs erneuert das auktoriale Ich die schon von Noblesse artikulierte Bitte um das Seelenheil der Verstorbenen, verspinnt dabei aber auf subtile Weise den Namen Marias in ein Netz von Homophonien und etymologischen Figuren, das spielerische Bezüge herstellt zwischen der Verstorbenen und der Gottesmutter und teilweise offensichtlich, teilweise assoziativ auf eine Glorifizierung oder gar Sanctifizierung der Verstorbenen zielt.

Puisqu'il fault que mort desmarie
Marie qui bon mary a,
Prions a la Vierge Marie
Que a son enfant la remarie
Qui oncques ne se maria;
Se disons Ave Maria
Pour la belle Marionnette:
Dieu sera bon mary honneste. (v. 465–472)[65]

Die Bindung Marias an Maximilian soll in eine Bindung höherer Art überführt werden. Maria wird mit der Aura einer Braut Christi versehen, das von der (poetischen) Gemeinschaft zu sprechende Ave Maria auf die verstorbene Fürstin als Objekt wie Subjekt der Hilfe bezogen. Als Abbild der Gottesmutter (*belle Marionnette*) wird Maria zur auch religiös vorbildhaften Gestalt für die Gemeinschaft. In radikalem Nominalismus wird sie eingeschrieben in ein Heilssystem, dessen Funktion letztlich auch auf den überlebenden Ehemann, den ebenfalls homophonen *mary*, ausgerichtet ist.

Molinet geht über die traditionelle *laudatio* und *commendatio* hinaus, indem er die Verstorbene in ihrer Heilswirkung weiterleben läßt und zugleich die poetische Sprache als Spannungsfeld von Klang- und Schriftform in die Nähe des religiösen Rituals bringt. Die Wortspiele führen zu einer Aufladung des Textes mit Theologumena und riskieren gleichzeitig deren Umwertung oder Entladung. Sie erproben, gerade im Blick auf die im toten Körper manifeste Eindeutigkeit der Situation, die Freisetzung poetischer Sprache aus eindeutigen Relationen von Signifikanten und Signifikaten, die sich eben dort als Setzung gibt, wo sie scheinbar nur Abbildung zu sein hat. Das lautliche und graphische Spiel der Worte in der Rede von Noblesse bildet einerseits ab, wie diejenigen, die der Tod gleichmachen wird, auch in der Sprache nur mehr minimale Unterscheidungsmerkmale aufweisen. Sie entwickelt andererseits eine Eigendynamik, die in rasende Bewegung, in gesteigertes Leben versetzt, was inhaltlich in Erstarrung, in der Formalität des Klagegestus verharrt.[66]

Die letzten drei Strophen führen das Spiel um die Mehrdeutigkeit des Wortes/Namens auf poetologischer Ebene weiter. In einer Geste des Understatements vergleicht Molinet das eigene dichterische Werk mit einem etwas schnell und nicht ganz sauber betriebenen Mahlvorgang. Er schließt mit der aus anderen Texten bekannten Pointe der ›homonymischen Signatur‹: *Chascun n'a pas son molin net* (v. 496).[67] Das im Namen konzentrierte metaphorische Feld ist transparent für das literarische Verfahren. Es benutzt den Vorgang des Worfelns und Mahlens zeichenhaft für die Umsetzung historischer Gegebenheiten in literarische Form und sichert zum anderen, daß eben diese Umsetzung nicht als Verwandlung in Totes erscheint, sondern als Basis für ›Leben‹: Der literarische Text wird zum substantiellen Element der Lebenswelt. Mit der mirakulösen ›Realpräsenz‹, die die einfache Allegorisierung oder Dialogisierung des emotionalen Konfliktes ablöst, korrespondiert eine ›Realpräsenz‹ des Textes – Versuch, Memoria als sprachlich-literarische sowohl zu verinnerlichen als auch zu verewigen, Geste der schreibenden, lebensweltlichen Vergegenwärtigung, die Jean Lemaire de Belges auf den Punkt gebracht hat: *ilz veulent que tu vive | Inmortel homme, et que ton nom s'escripve | En lettres d'or: en quoy faisant en prive | Envie et Mort de leur sort inhumain.*[68]

Eben dieser Jean Lemaire, ein Schüler Molinets, führt aber zugleich vor, wie die Totenklage umschlagen kann: Sein dem Tod Philipps des Schönen (1505) gewidmeter Text ist zur Hauptsache Huldigung der Lebenden, nämlich der Witwe Margarete von Österreich (Tochter von Maria und Maximilian).[69] Der Tod des Fürsten erscheint als Komplott zwischen Atropos/Mort und Infortune: Der Anschlag gelingt, doch die geplante, auf den Tod folgende

Verzweiflung bleibt aus. Margarete überwindet mit Hilfe von Prudence und Fortitude die schwere Trauer und findet ihre Fassung wieder. Sie treibt damit Infortune selbst zur Verzweiflung und schließlich in die Hölle. Der Tod, dramatisch inszeniert, bleibt hier ein ästhetischer. Er schneidet ein glanzvolles Diesseits ab, negiert es aber nicht (der Leichnam bleibt auch im Tode schön). Er wird zur Möglichkeit, nach dem Hindurchgehen durch das Negative den Primat des Irdischen um so deutlicher herauszustellen. Er zeigt aber auch, daß in den allegorischen oder konkreten Verlaufsformen von Klage, Trauer und Trost eine komplexe Dialektik von Furcht und Hoffnung schlummert, die sich in dem Versuch, Tod in gesteigertes Leben zu überführen, nur mehr bedingt christlich begründet.

IV

Die literarische Eigentümlichkeit dieser und anderer Totenklagen, oszillierend zwischen allgemeinem Typus und singulärem Geschehen, widersetzt sich einer mentalitätsgeschichtlich-seriellen Perspektive ebenso wie einer ereignisgeschichtlich-individuellen. Die Texte, die um den Tod Isabellas von Bourbon oder Marias von Burgund kreisen, haben zwar nicht zuletzt pragmatischen Charakter. Erwachsen aus konkreten Situationen, suchen sie den Moment der individuellen und gemeinschaftlichen Selbstvergewisserung poetisch zu fassen, den Augenblick der Unsicherheit zu fixieren wie zu überwinden. Sie beziehen sich auf einen Tod, dessen inszenierter Status im Rahmen höfischer Wirklichkeitsgestaltung – nach allem, was man aus historischen Zeugnissen weiß – kaum zweifelhaft ist. Und sie finden nicht zufällig einen besonderen Entfaltungsraum in jener burgundisch-niederländischen Hofkultur, die eine Ritualisierung des Alltags betrieb, bei der Spiel, soziale Inszenierung und höfische Etikette ineinandergriffen. Doch geht es nicht nur darum, die lebensweltlichen Rituale abzubilden, die zur Herstellung von Memoria in der Organisation des Sterbens, des Begräbnisses und der Trauer wirksam wurden. Anvisiert ist ein spezifischer Prozeß, in dem sich Rituale durch Sprache konstituieren und durch Sprache zugleich dem unmittelbaren sozialen Handeln entziehen. Gemeinsam ist den Texten der *rhétoriqueurs* die Suche nach der Authentizität eines Ereignisses oder der dadurch ausgelösten Emotionen. Spannungen auslotend zwischen der Norm des Faktischen und dem Freiraum der Imagination, versuchen sie, mit literarischen Mitteln Präsenz zu erzeugen. Dem Immergleichen universaler Modelle des Trostes und der Bewältigung trotzen sie ein Besonderes ab: die Dynamik literarischer Immanenz. Was auszugehen scheint von der Frage nach der Präsenz und Absenz des Autors (beim Ereignis), dient schließlich, im Gestus beständiger Überbietung, einer Profilierung der Imaginationskraft und der Wirklichkeitseffekte des poetischen Textes.

So wie die Inszenierung des Sterbens – die bei Amé und Michault in der Einblendung der letzten Momente Isabellas greifbar war – bei La Marche und bei Molinet zurücktritt, so auch das Modell der *ars bene moriendi*. Nicht mehr der Tod wird inszeniert, sondern der Prozeß von Klage und Trost, der Spielraum zwischen Auskosten und Aufheben der Trauer. Mit der zunehmend konkreteren Subjektivität der Texte geht die Reflexion von deren Bedingungen einher. Die Klagen gewinnen an Fragilität, indem die ihnen eigene Notwendigkeit, zur Lebensrealität zurückzulenken, bewußt wird, aber auch an Autonomie, indem der poetische Prozeß im konsolatorischen mit aufscheint. Die Aufhebung der Klage, damit auch des Textanlasses, wird zum Spannungsmoment der Textentfaltung. Zugleich sind Trost und Huldigung an die Zeichenhaftigkeit der Sprache zurückgebunden. Das Verhältnis von Ereignis und Literarisierung, von Tod und Text entfernt sich vom Anspruch auf Abbildung. Die Totenklagen eines Michault oder Molinet suchen keine Repräsentation von Geschehenem, sondern – in der narrativen Prozessualität – die Möglichkeit der Erfahrungsbildung gerade an jener emotional besetzten Grenze, die die Gemeinschaft nach dem Verlust ihres Zentrums zur Neubestimmung zwingt. Der Tod ist damit nicht nur Ereignis, sondern auch experimentelle ›Figur‹, Prüfstein auf die Bedingungen der Existenz, auf den Umgang mit dem Diskontinuierlichen, das in neue Kontinuität zu überführen ist. Die Totenklagen kreisen um die Relation von Präsenz und Absenz, um das Problem der Substitution, um die Lücke der Lebenswelt, die sie – als Texte – nicht schließen können. Sie schwanken zwischen metaphorischer und metonymischer Rede und versuchen, jene Erfahrung abzubilden wie zu ermöglichen, die die Lücke in eine brüchige Totalität menschlicher Existenz integriert. Sie versuchen also sich selbst dem Ritual anzuverwandeln, das sich in der Bewältigung der Lücke ausbildet, und in eben jener Anverwandlung nicht nur absentes Leben in der Erinnerung aufzuheben, sondern in einer Schrift, die Semantik im graphisch-phonetischen Wechselspiel verflüssigt und wieder verfestigt, ›neues Leben‹ herzustellen.

Schon in Boccaccios *Decameron* waren die Erzählungen der vor der Pest geflohenen Zehnergruppe bestimmt durch ein Prinzip des ›Enttötens‹. Sie mündeten in eine neue, bewußtere, sprachtherapeutisch geförderte Lebensbejahung.[70] Die Totenklagen zielen darüber hinaus auf die Eigenmacht der Sprache angesichts einer Grenze, die erst durch das Insistieren zu einer solchen wird. Ihr Fluchtpunkt ist der unerreichbare Umschlag der Sprache in Geste, des Textes in den (verlorenen) Körper. Sie machen diesen Umschlag transparent und mit ihm die Sehnsucht nach einer Überschreitung der Grenze von Literatur und Leben. Daß sich ein lebensweltlich Verlorenes in der Schrift und doch über die Materialität des Papiers oder der Stimme hinaus kompensieren ließe – das könnte eine der Grundfiguren des modernen Zeitalters der Literatur sein.[71]

Anmerkungen

Vorspiel: Zwischen Körper und Schrift

Erweiterte Fassung der Antrittsvorlesung an der Universität Zürich vom 29. Oktober 2001.

[1] *Goethe über das Mittelalter,* hg. von Jens Haustein, Frankfurt/M. 1990 (insel taschenbuch 1200), S. 141 f.

[2] Ebd., S. 125; zum Kontext der romantischen Rezeption des *Nibelungenlieds* Josef Körner, *Nibelungenforschungen der deutschen Romantik,* Leipzig 1911, Nachdr. Darmstadt 1968.

[3] *Goethe über das Mittelalter,* S. 125.

[4] Ebd., S. 244–247 (Entwurf einer Rezension zu: *Das Nibelungenlied,* übersetzt von Carl Simrock, Berlin 1827); s. auch Shu Ching Ho, *Über die Einbildungskraft bei Goethe. System und Systemlosigkeit,* Freiburg/Br. 1998 (Rombach Wissenschaft. Litterae 53), S. 141–144.

[5] *Goethe über das Mittelalter,* S. 278 (Nachwort); s. auch Helmut Brackert, »Die ›Bildungsstufe der Nation‹ und der Begriff der Weltliteratur«, in: *Goethe und die Tradition,* hg. von Hans Reiss, Frankfurt/M. 1972, S. 84–101.

[6] *Mittelalterrezeption. Texte zur Aufnahme altdeutscher Literatur in der Romantik,* hg. von Gerard Koziełek, Tübingen 1977 (Deutsche Texte 47); *Mittelalter-Rezeption,* hg. von Peter Wapnewski, Stuttgart 1986 (Germanistische Symposien. Berichtsbd. 6).

[7] Harald Weigel, *»Nur was du nie gesehn wird ewig dauern«. Carl Lachmann und die Entstehung der wissenschaftlichen Edition,* Freiburg 1989 (Rombach Wissenschaft. Litterae).

[8] Clemens Lugowski, *Die Form der Individualität im Roman* [1932]. Mit einer Einleitung von Heinz Schlaffer, Frankfurt/M. 1976 u. ö. (suhrkamp taschenbuch wissenschaft 151); *Formaler Mythos. Beiträge zu einer Theorie ästhetischer Formen,* hg. von Matías Martínez, Paderborn u. a. 1996; modifizierende Anknüpfungen an Lugowski bei Jens Haustein, »Kausalität als Autorität in mittelhochdeutscher Erzählliteratur. Oder: Clemens Lugowski als mediävistische Autorität?«, in: *Autorität der/in Sprache, Literatur,*

Neuen Medien. Vorträge des Bonner Germanistentages 1997. Bd. 2, hg. von Jürgen Fohrmann, Ingrid Kasten und Eva Neuland, Bielefeld 1999, S. 553–572; Jan-Dirk Müller, »Der Prosaroman – eine Verfallsgeschichte? Zu Clemens Lugowskis Analyse des ›Formalen Mythos‹ (mit einem Vorspruch)«, in: *Mittelalter und frühe Neuzeit. Übergänge, Umbrüche und Neuansätze,* hg. von Walter Haug, Tübingen 1999 (Fortuna vitrea 16), S. 143–163; s. auch hier Kapitel 5.

[9] Eine Synthese bietet Jan-Dirk Müller, »Literaturgeschichte/Literaturgeschichtsschreibung«, in: *Erkenntnis der Literatur. Theorien, Konzepte, Methoden der Literaturwissenschaft,* hg. von Dietrich Harth und Peter Gebhardt, Stuttgart 1982, S. 195–227.

[10] Ingeborg Schröbler, »Von den Grenzen des Verstehens mittelalterlicher Dichtung«, in: *Germanisch-romanische Monatsschrift* 44, N. F. 13 (1961), S. 1–14.

[11] Eine Hermeneutik, die nicht bloße Technik ist, sondern dem Moment des Divinatorischen sein Recht beläßt, hatte auch Peter Ganz im Auge: »Vom Nichtverstehen mittelhochdeutscher Literatur. Ein Vortrag«, in: *Wolfram-Studien* 5 (1979), S. 136–153, hier S. 153: »Wir können eben nur versuchen zu lernen, uns über alles in unseren Texten immer wieder von neuem zu verwundern: über das Auffällige und Fremde wie über das Widersprüchliche, Anachronistische und Doppeldeutige, ebenso aber auch über das längst Vertraute, nur allzu Sinnfällige, [...] immer aus dem Glauben heraus, daß die Bemühung um den geschichtlichen Gehalt des Textes dazu beitragen kann, ›ihn als Kunstwerk transparenter zu machen‹ [Benjamin].«

[12] Hans Robert Jauß, *Alterität und Modernität der mittelalterlichen Literatur. Gesammelte Aufsätze 1956–1976,* München 1977, S. 9–47.

[13] Ebd., S. 21: »Was uns durch Unanschaulichkeit, katalogartige Exzesse und fehlende Spannung befremdet, ist nurmehr die Kehrseite einer Poesie des Unsichtbaren, die wohl den eigentümlichsten Zug der Alterität des Mittelalters bildet.«

[14] Michael M. Bachtin, *Die Ästhetik des Wortes,* hg. und eingeleitet von Rainer Grübel, Frankfurt/M. 1979 (edition suhrkamp 967).

[15] Clifford Geertz, »Deep Play: Notes on the Balinese Cockfight«, in: *Daedalus* 110 (1972), S. 1–37; dt.: »›Deep Play‹: Bemerkungen zum balinesischen Hahnenkampf«, in: ders., *Dichte Beschreibung. Beiträge zum Verstehen kultureller Systeme,* Frankfurt/M. 1983 u. ö. (suhrkamp taschenbuch wissenschaft 696), S. 202–260.

[16] Christian Kiening, *Schwierige Modernität. Der ›Ackermann‹ des Johannes von Tepl und die Ambiguität historischen Wandels,* Tübingen 1998 (Münchener Texte und Untersuchungen zur deutschen Literatur des Mittelalters 113).

[17] Erste Einblicke gewähren die Sammelbände *The New Medievalism,* ed. by Marina S. Brownlee, Kevin Brownlee, and Stephen Nichols, Baltimore

and London 1991; *Mittelalter. Neue Wege durch einen alten Kontinent*, hg. von Jan-Dirk Müller und Horst Wenzel, Stuttgart, Leipzig 1999.

[18] *Deutsche Handschriften 1100–1400*, hg. von Volker Honemann und Nigel F. Palmer, Tübingen 1988; *Mise en page et mise en texte du livre manuscrit*, sous la direction de Henri-Jean Martin et Jean Vezin, o.O. 1990; Paul Saenger, *Space Between Words. The Origins of Silent Reading*, Stanford 1997.

[19] Als einer der ersten hat der große französische Mediävist Paul Zumthor das Spannungsfeld von Text und Stimme, lettre und voix, systematisch analysiert: *La lettre et la voix. De la ›littérature‹ médiévale*, Paris 1987 (zum Werk von Zumthor: *Paul Zumthor ou l'invention permanente*, hg. von Jacqueline Cerquiglini-Toulet, Christopher Lucken, Genf 1998). Die Tendenz, Mündlichkeit als offen, variabel und lebendig, Schriftlichkeit aber als geschlossen, fixiert und erstarrt zu verstehen, wurde mittlerweile nuanciert; vgl. meine Rezension in: *Beiträge zur Geschichte der deutschen Sprache und Literatur* 113 (1991), S. 113–120; Ursula Schaefer, *Vokalität. Altenglische Dichtung zwischen Mündlichkeit und Schriftlichkeit*, Tübingen 1992 (ScriptOralia 39); dies., »Zum Problem der Mündlichkeit«, in: *Modernes Mittelalter. Neue Bilder einer populären Epoche*, hg. von Joachim Heinzle, Frankfurt/M. 1994, S. 357–375; Walter Haug, »Mündlichkeit, Schriftlichkeit und Fiktionalität«, in: ebd., S. 376–397; Horst Wenzel, *Hören und Sehen, Schrift und Bild. Kultur und Gedächtnis im Mittelalter*, München 1995; Haiko Wandhoff, *Der epische Blick. Eine mediengeschichtliche Studie zur höfischen Literatur*, Berlin 1996 (Philologische Studien und Quellen 141); *›Aufführung‹ und ›Schrift‹ in Mittelalter und Früher Neuzeit*, hg. von Jan-Dirk Müller, Stuttgart 1996 (Germanistische Symposien. Berichtsbd. 17); Mireille Schnyder, »Der unfeste Text. Mittelalterliche ›Audiovisualität‹«, in: *Der unfeste Text. Perspektiven auf einen literatur- und kulturwissenschaftlichen Leitbegriff*, hg. von Barbara Sabel und André Bucher, Würzburg 2001, S. 132–153; Hans Rudolf Velten, »Performativität – Ältere deutsche Literatur«, in: *Germanistik als Kulturwissenschaft. Eine Einführung in neue Theoriekonzepte*, hg. von Claudia Benthien und H. R. V., Reinbek 2002 (rowohlts enzyklopädie 55643), S. 217–242.

[20] *Höfische Repräsentation. Das Zeremoniell und die Zeichen*, hg. von Hedda Ragotzky und Horst Wenzel, Tübingen 1990; in einseitiger Perspektive auf die Präsenz des Zeichenhaften im Mittelalter: Peter Czerwinski, *Gegenwärtigkeit. Simultane Räume und zyklische Zeiten, Formen von Regeneration und Genealogie im Mittelalter*, München 1993; s. meine Rezension in *Arbitrium* 1997, S. 150–155, und ausführlich Peter Strohschneider, »Die Zeichen der Mediävistik. Ein Diskussionsbeitrag zum Mittelalter-Entwurf in Peter Czerwinskis ›Gegenwärtigkeit‹«, in: *Internationales Archiv für Sozialgeschichte der deutschen Literatur* 20 (1995), S. 173–191.

[21] Brigitte Miriam Bedos-Rezak, »Du sujet à l'objet. La formulation identitaire et ses enjeux culturels«, in: *Persönliche Identität und Identifikation*

vor der Moderne, hg. von Peter von Moos, Köln, Weimar, Wien 2004 (Norm und Struktur).

[22] Hans Ulrich Gumbrecht, »Beginn von ›Literatur‹/Abschied vom Körper?«, in: *Der Ursprung von Literatur. Medien, Rollen, Kommunikationssituationen zwischen 1450 und 1650*, hg. von Gisela Smoelka-Koerdt, Peter M. Spangenberg, Dagmar Tillmann-Bartylla, München 1988, S. 136–148.

[23] Der Begriff begegnet häufiger in dem Sammelband *The Postcolonial Middle Ages*, ed. by Jeffrey Jerome Cohen, London 2000; s. auch Stephan Fuchs, *Hybride Helden. Gwigalois und Willehalm. Beiträge zum Heldenbild und zur Poetik des Romans im frühen 13. Jahrhundert*, Heidelberg 1997 (Frankfurter Beiträge zur Germanistik 31); Armin Schulz, *Poetik des Hybriden. Variation und intertextuelle Kombination in der Minne- und Aventiureepik*, Berlin 2000 (Philologische Studien und Quellen 161).

[24] Ausgaben der ›Reisefassung‹: *Sanct Brandan. Ein lateinischer und drei deutsche Texte*, hg. von Carl Schröder, Erlangen 1871; *Sankt Brandan. Zwei frühneuhochdeutsche Prosafassungen. Der erste Druck von Anton Sorg (um 1474) und Die Brandan-Legende aus Gabriel Rollenhagens »Vier Büchern Indianischer Reisen«*, hg. von Rolf D. Fay, Stuttgart 1985 (Helfant Texte T4); *Brandan. Die mitteldeutsche ›Reise‹-Fassung*, hg. von Reinhard Hahn und Christoph Fasbender, Heidelberg 2002 (Jenaer Germanistische Forschungen N. F. 16). Zur Interpretation grundlegend (mit weiterer Literatur) Peter Strohschneider, »Der Abt, die Schrift und die Welt. Buchwissen, Erfahrungswissen und Erzählstrukturen in der Brandan-Legende«, in: *Scientia Poetica* 1 (1997), S. 1–34.

[25] *St. Brandans wundersame Seefahrt*. Nach der Heidelberger Handschrift Cod. Pal. Germ. 60 hg., übertragen und erläutert von Gerhard E. Sollbach, Frankfurt/M. 1987, S. 184/185.

[26] *La vie du pape saint Grégoire ou La légende du bon pécheur*. Text nach der Ausgabe von Hendrik Bastiaan Sol mit Übersetzung und Vorwort von Ingrid Kasten, München 1991 (Klassische Texte des romanischen Mittelalters in zweisprachigen Ausgaben 29); Hartmann von Aue, *Gregorius*, hg. von Hermann Paul, neu bearbeitet von Burghart Wachinger, Tübingen [14]1992 (Altdeutsche Textbibliothek 2).

[27] Edith Wenzel und Horst Wenzel, »Die Tafel des Gregorius. Memoria im Spannungsfeld von Mündlichkeit und Schriftlichkeit«, in: *Erzählungen in Erzählungen. Phänomene der Narration in Mittelalter und Früher Neuzeit*, hg. von Harald Haferland und Michael Mecklenburg, München 1996 (Forschungen zur Geschichte der Älteren Deutschen Literatur 19), S. 99–114.

[28] *Gregorius auf dem Stein. Frühneuhochdeutsche Prosa (15. Jh.) nach dem mittelhochdeutschen Versepos Hartmanns von Aue. Die Legende (Innsbruck UB Cod. 631), der Text aus dem ›Heiligen Leben‹ und die sogenannte Redaktion*, hg. und kommentiert von Bernward Plate, Darmstadt 1983 (Texte zur Forschung 39), S. 158 f. – Fassung M 441 f.: *Dy* [Tafel] *funden si an der stat, do er sy hin gelegt het. Dy was in der zeit von nymant lernet worden*; Fassung I 440–

442: *Vnd do suchten sy die taffeln vnd funden die vnter den nesseln vnd vnter dem grase neben des vischers hawsz. Der vischer sprach, das er die taffeln in sibenzehen iaren nie het gesehen noch gelesen*; Fassung F 440 f.: *Do suchten sy dy tafeln. Do funden sisz also schone vnter neszeln vnd krawt ligen, als er sy dar gelegt het.*

29 Wolfram von Eschenbach, *Parzival*. Studienausgabe. Mittelhochdeutscher Text nach der sechsten Ausgabe von Karl Lachmann. Übersetzung von Peter Knecht. Einführung zum Text von Bernd Schirok, Berlin, New York 1998; zum Szenenkomplex auch Elke Brüggen, »Inszenierte Körperlichkeit. Formen höfischer Interaktion am Beispiel der Joflanze-Handlung in Wolframs ›Parzival‹«, in: *›Aufführung‹ und ›Schrift‹* [Anm. 19], S. 205–221, hier S. 213, Anm. 30.

30 *Gespräche – Boten – Briefe. Körpergedächtnis und Schriftgedächtnis im Mittelalter*, hg. von Horst Wenzel, Berlin 1997 (Philologische Studien und Quellen 143).

31 Vgl. auch *The Book and the Body*, ed. by Dolores Warwick Frese, Katherine O'Brien O'Keeffe, Notre Dame and London 1997 (University of Notre Dame. Ward-Philipps Lectures in English Languages and Literatures 14).

32 *Ortnit und Wolfdietrich D*. Kritischer Text nach Ms. Carm 2 der Stadt- und Universitätsbibliothek Frankfurt am Main hg. von Walter Kofler, Stuttgart 2001, S. 117 f.; Beate Kellner, »Eigengeschichte und literarischer Kanon. Zu einigen Formen der Selbstbeschreibung in der volkssprachlich-deutschen Literatur des Mittelalters«, in: *Literarische Kommunikation und soziale Interaktion. Studien zur Institutionalität mittelalterlicher Literatur*, hg. von B. K., Ludger Lieb, Peter Strohschneider, Frankfurt/M. 2001 (Mikrokosmos 64), S. 153–182, hier S. 160–164.

33 Hans Belting, *Bild und Kult. Eine Geschichte des Bildes vor dem Zeitalter der Kunst*, München 1990 u. ö.; vgl. auch Peter Czerwinski, *»per visibilia ad invisibilia*. Texte und Bilder vor dem Zeitalter von Kunst und Literatur«, in: *Internationales Archiv für Sozialgeschichte der deutschen Literatur* 25 (2000), S. 1–94.

34 Übernommen ist Beltings Perspektive bei Niklas Luhmann, *Die Kunst der Gesellschaft*, Frankfurt/M. 1997; kritisch nuancierend hingegen Hans Robert Jauß, »Über religiöse und ästhetische Erfahrung – zur Debatte um Hans Belting und George Steiner«, in: ders., *Wege des Verstehens*, München 1994, S. 346–377; Jean-Claude Schmitt, »L'historien et les images«, in: *Der Blick auf die Bilder. Kunstgeschichte und Geschichte im Gespräch*, hg. von Otto Gerhard Oexle, Göttingen 1997 (Göttinger Gespräche zur Geschichtswissenschaft 4), S. 9–51, hier bes. S. 27–31.

35 Jan Assmann, »Kollektives Gedächtnis und kulturelle Identität«, in: *Kultur und Gedächtnis*, hg. von J. A. und Tonio Hölscher, Frankfurt/M. 1988, S. 9–19; s. auch Peter von Moos, »Über pragmatische Mündlichkeit und Schriftlichkeit«, in: *Gattungen mittelalterlicher Schriftlichkeit*, hg. von B. Frank, Tübingen 1997 (ScriptOralia 99), S. 313–321.

[36] *Textus. Situationen des Wortgebrauchs im Mittelalter*, hg. von Ludolf Kuchenbuch, Göttingen 2004 ; s. auch Hagen Keller, »Vom ›heiligen Buch‹ zur ›Buchführung‹. Lebensfunktionen der Schrift im Mittelalter«, in: *Frühmittelalterliche Studien* 26 (1992), S. 1–31; zur Genese des (post)strukturalistischen Textbegriffs Erika Greber, *Textile Texte. Poetologische Metaphorik und Literaturtheorie. Studien zur Tradition des Wortflechtens und der Kombinatorik*, Köln, Weimar, Wien 2002 (Pictura et Poesis 9).

[37] Vgl. Peter Strohschneider, »Situationen des Textes. Okkasionelle Bemerkungen zur ›New Philology‹«, in: *Zeitschrift für deutsche Philologie* 116 (1997), Sonderheft (*Philologie als Textwissenschaft. Alte und neue Horizonte*, hg. von Helmut Tervooren und Horst Wenzel), S. 62–86; ders., »Textualität der mittelalterlichen Literatur. Eine Problemskizze am Beispiel des ›Wartburgkrieges‹«, in: *Mittelalter. Neue Wege* [Anm. 19], S. 19–41; Franz Josef Worstbrock, »Wiedererzählen und Übersetzen«, in: *Mittelalter und frühe Neuzeit* [Anm. 8], S. 128–142. Methodische Überlegungen und Fallstudien zum Problem von Autor und Autorschaft im Band *Autor und Autorschaft im Mittelalter*, hg. von Elizabeth Andersen, Jens Haustein, Anne Simon, Peter Strohschneider, Tübingen 1998; außerdem *Autorentypen*, hg. von Walter Haug und Burghart Wachinger, Tübingen 1991 (Fortuna vitrea 6); Albrecht Hausmann, *Reinmar der Alte als Autor. Untersuchungen zur Überlieferung und zur programmatischen Identität*, Tübingen und Basel 1999 (Bibliotheca Germanica 40); zur Diskussion in der neueren Literaturwissenschaft vgl. *Rückkehr des Autors. Zur Erneuerung eines umstrittenen Begriffs*, hg. von Fotis Jannidis, Gerhard Lauer, Matias Martinez und Simone Winko, Tübingen 1999; *Texte zur Theorie der Autorschaft*, hg. von dens., Stuttgart 2000 (Reclam UB 18058); *Autorschaft. Positionen und Revisionen*, hg. von Heinrich Detering, Stuttgart, Weimar 2002 (DFG-Symposien. Berichtsbd. 24); zu Typen der Varianz in mittelalterlicher Literatur Joachim Bumke, *Die vier Fassungen der ›Nibelungenklage‹. Untersuchungen zur Überlieferungsgeschichte und Textkritik der höfischen Epik im 13. Jahrhundert*, Berlin, New York 1996 (Quellen und Forschungen zur Literatur- und Kulturgeschichte 8).

[38] Ivan Illich, *Im Weinberg des Textes. Als das Schriftbild der Moderne entstand*, Frankfurt/M. 1991, sieht einen Umbruchspunkt bei den Victorinern im 12. Jahrhundert und speziell im *Didascalion* des Hugo von St. Victor; das sich langsam herausbildende Ineinander oraler und literaler Rezeptionsmodi arbeitet heraus D[ennis] H. Green, *Medieval Listening and Reading. The primary reception of German literature 800–1300*, Cambridge 1994. Einen im theologischen Rahmen sich herausbildenden Sinn für eine auf das Auslegungsvermögen der Leser zielende poetische und rhetorische Textdimension deckt Peter von Moos an Abaelard und seinen Zeitgenossen auf: »Was galt im lateinischen Mittelalter als das Literarische an der Literatur? Eine theologisch-rhetorische Antwort des 12. Jahrhunderts«, in: *Literarische Interessenbildung* [Anm. 42], S. 431–451.

[39] Vgl. Bruno Quast, »Hand-Werk. Die Dinglichkeit des Textes bei Kon-

rad von Heimesfurt«, in: *Beiträge zur Geschichte der deutschen Sprache und Literatur* 123 (2001), S. 65–77.

[40] Michael Giesecke, *Der Buchdruck in der frühen Neuzeit. Eine historische Fallstudie über die Durchsetzung neuer Informations- und Kommunikationstechnologien*, Frankfurt/M. 1991; *Die Buchkultur im 15. und 16. Jahrhundert.* 2 Bde., Hamburg 1995/1999; Uwe Neddermeyer, *Von der Handschrift zum gedruckten Buch. Schriftlichkeit und Leseinteresse im Mittelalter und in der frühen Neuzeit. Quantitative und qualitative Aspekte.* 2 Bde., Wiesbaden 1998 (Buchwissenschaftliche Beiträge aus dem Deutschen Bucharchiv München 61).

[41] *Materialität der Kommunikation*, hg. von Hans Ulrich Gumbrecht und K. Ludwig Pfeiffer, Frankfurt/M. 1988 (suhrkamp taschenbuch wissenschaft 750); *The Whole Book. Cultural Perspectives on the Medieval Miscellany*, ed. by Stephen G. Nichols and Siegfried Wenzel, Ann Arbor 1996; *Schrift, Medien, Kognition. Über die Exteriorität des Geistes*, hg. von Peter Koch und Sybille Krämer, Tübingen 1997 (Probleme der Semiotik 19), bes. S. 9–26.

[42] Joachim Bumke, *Mäzene im Mittelalter Die Gönner und Auftraggeber der höfischen Literatur in Deutschland 1150–1300*, München 1979; ders., *Höfische Kultur. Literatur und Gesellschaft im hohen Mittelalter.* 2 Bde., München 1986 u. ö. (dtv 4442); *Literarische Interessenbildung im Mittelalter*, hg. von Joachim Heinzle, Stuttgart 1993 (DFG-Symposien. Berichtsbände 14). Die Probleme sind erfaßt bei Jan-Dirk Müller, »Aporien und Perspektiven einer Sozialgeschichte mittelalterlicher Literatur. Zu einigen neueren Forschungsansätzen«, in: *Historische und aktuelle Konzepte der Literaturgeschichtsschreibung – zwei Königskinder? Zum Verhältnis von Literatur und Literaturwissenschaft*, hg. von Wilhelm Voßkamp und Eberhard Lämmert, Tübingen 1986 (Akten des VII. IVG-Kongresses 11), S. 56–66; ders., »Zu einigen Problemen des Konzepts ›Literarische Interessenbildung‹«, in: *Literarische Interessenbildung*, S. 365–384. Differenzierte Fallstudien jetzt in: *Mittelalterliche Literatur im Lebenszusammenhang*, hg. von Eckart Conrad Lutz, Freiburg/Schweiz 1997 (Scrinium Friburgense 8).

[43] *The New Historicism*, ed. by H. Aram Veeser, New York, London 1989; *New Historicism. Literaturgeschichte als Poetik der Kultur*, hg. von Moritz Baßler, Frankfurt/M. 1995 u. ö. (Fischer 11589); Gabrielle M. Spiegel, *The Past as Text. The Theory and Practice of Medieval Historiography*, Baltimore and London 1997; Catherine Gallagher and Stephen Greenblatt, *Practicing New Historicism*, Chicago and London 2000. Eine kritisch abwägende Perspektive bei Elaine C. Tennant, »Old Philology, New Historicism, and the Study of German Literature«, in: *Lesarten. Méthodologies nouvelles et textes anciens*, hg. von Alexander Schwarz, Bern u. a. 1990 (Tausch 2), S. 153–177.

[44] Eine Zusammenfassung der Diskussion bieten die *Grundzüge der Literaturwissenschaft*, hg. von Heinz Ludwig Arnold und Heinrich Detering, München ²1997 (dtv 4704), Kap. II (S. 101–136: Peter Rusterholz, »Hermeneutische Modelle«, S. 137–156: Klaus-Michael Bogdal, »Problematisierun-

gen der Hermeneutik im Zeichen des Poststrukturalismus«, S. 157–177: Peter Rusterholz, »Zum Verhältnis von Hermeneutik und neueren antihermeneutischen Strömungen«).

[45] Eine Vermittlung sucht Peter J. Brenner, *Das Problem der Interpretation. Eine Einführung in die Grundlagen der Literaturwissenschaft*, Tübingen 1998 (Konzepte der Sprach- und Literaturwissenschaft 58).

[46] In Anlehnung an Rainer Warning, *Lektüren romanischer Lyrik. Von den Trobadors bis zum Surrealismus*, Freiburg 1997 (Rombach Wissenschaft. Litterae 51), der ›Interpretation‹, ›Analyse‹ und ›Lektüre‹ unterscheidet (S. 9–43).

[47] Jurij M. Lotman, *Die Struktur literarischer Texte*, München 1972 (Universitäts-Taschenbücher 103); Michael Titzmann, *Strukturale Textanalyse*, München 1977 (Universitäts-Taschenbücher 582); ders., Art. »Struktur, Strukturalismus«, in: *Reallexikon der deutschen Literaturgeschichte* 4 (1984), S. 256–278.

[48] Zum Beispiel *Texte und Lektüren. Perspektiven der Literaturwissenschaft*, hg. von Aleida Assmann, Frankfurt/M. 1996 (Fischer 12375); s. auch Jonathan Culler, *Dekonstruktion. Derrida und die poststrukturalistische Literaturtheorie* (amer. 1982), Reinbek bei Hamburg 1988 (rowohlts enzyklopädie 474); Hugh J. Silverman, *Textualitäten. Zwischen Hermeneutik und Dekonstruktion*, Wien 1997; Georg W. Bertram, *Hermeneutik und Dekonstruktion. Konturen einer Auseinandersetzung der Gegenwartsphilosophie*, München 2002.

[49] Zum Konzept der (dichten) kulturellen Beschreibung Clifford Geertz, *The Interpretation of Culture. Selected Essays*, New York 1973, S. 3–30 (dt.: *Dichte Beschreibung. Beiträge zum Verstehen kultureller Systeme*, Frankfurt/M. 1983 u. ö. [suhrkamp taschenbuch wissenschaft 696], S. 7–43); kritische Auseinandersetzung mit Geertz bei Volker Gottowik, *Konstruktionen des Anderen. Clifford Geertz und die Krise der ethnographischen Repräsentation*, Berlin 1997.

[50] Warning [Anm. 46], S. 17. Für eine Vermittlung zwischen ›Lektüre‹ und ›Analyse‹ plädiert auch Michael Waltenberger, »Hermeneutik des Verdacht-Seins. Über den interpretativen Zugang zu mittelalterlichen Erzählwelten«, in: *Mitteilungen des Deutschen Germanistenverbandes* 49, H. 2 (2002) [Interpretation], S. 156–170.

[51] Zum Projekt der historischen Semantik: Dietrich Busse, *Historische Semantik. Analyse eines Programms*, Stuttgart 1987 (Sprache und Geschichte 13); Ralf Konersmann, *Der Schleier des Timanthes. Perspektiven einer historischen Semantik*, Frankfurt/M. 1994 (Fischer 11923); ders., *Komödien des Geistes. Historische Semantik als philosophische Bedeutungsgeschichte*, Frankfurt/M. 1999 (Fischer 14431); jetzt auch die bei Vandenhoeck & Ruprecht erscheinende Buchreihe *Historische Semantik* (Göttingen 2002 ff.).

1 Gewalt und Heiligkeit

[1] *Kultur als Text. Die anthropologische Wende in der Literaturwissenschaft*, hg. von Doris Bachmann-Medick, Frankfurt/M. 1996 (Fischer 12781). Die Spannung zwischen älteren und neueren Positionen wird greifbar in der Diskussion zwischen Walter Haug und Gerhart von Graevenitz über »Literaturwissenschaft als Kulturwissenschaft«, in: *Deutsche Vierteljahrsschrift für Literaturwissenschaft und Geistesgeschichte* 73 (1999), S. 69–121.

[2] Zur ethnologischen/kulturanthropologischen Diskussion Clifford Geertz, *The Interpretation of Culture. Selected Essays*, New York 1973 u. ö. (dt. teilweise in: *Dichte Beschreibung. Beiträge zum Verstehen kultureller Systeme*, Frankfurt/M. 1983 u. ö.); *Writing Culture. The Poetics and Politics of Ethnography*, ed. by James Clifford and George E. Marcus, Berkeley 1986; *Kultur, soziale Praxis, Text. Die Krise der ethnographischen Repräsentation*, hg. von Eberhard Berg und Martin Fuchs, Frankfurt/M. 1993 (suhrkamp taschenbuch wissenschaft 1051); Volker Gottowik, *Konstruktionen des Anderen. Clifford Geertz und die Krise der ethnographischen Repräsentation*, Berlin 1997; Lutz Ellrich, *Verschriebene Fremdheit. Die Ethnographie kultureller Brüche bei Clifford Geertz und Stephen Greenblatt*, Frankfurt, New York 1999 (Campus Forschung 784).

[3] Vgl. Hans Ulrich Gumbrecht, »›Das in vergangenen Zeiten Gewesene so gut erzählen, als ob es in der eigenen Welt wäre.‹ Versuch zur Anthropologie der Geschichtsschreibung«, in: *Formen der Geschichtsschreibung*, hg. von Reinhart Koselleck, Heinrich Lutz und Jörn Rüsen, München 1982 (dtv wissenschaft 4389 = Beiträge zur Historik 4), S. 480–513; ders., »Ein Hauch von Ontik. Genealogische Spuren der New Philology«, in: *Zeitschrift für deutsche Philologie* 116 (1997), Sonderheft (*Philologie als Textwissenschaft. Alte und neue Horizonte*, hg. von Helmut Tervooren und Horst Wenzel), S. 31–45.

[4] Zum Problem der ›Übersetzung‹ zwischen Kulturen Talal Asad, »Übersetzen zwischen Kulturen. Ein Konzept der britischen Sozialanthropologie« (engl. 1986), in: *Kultur, soziale Praxis, Text* [Anm. 2], S. 300–334; *Die Sprache der Anderen. Übersetzungspolitik zwischen den Kulturen*, hg. von Anselm Haverkamp, Frankfurt/M. 1997 (Fischer 12783); Homi K. Bhabha, *The Location of Culture*, London and New York 1993; dt.: *Die Verortung der Kultur*, Tübingen 2000.

[5] Ursula Peters, »Historische Anthropologie und mittelalterliche Literatur. Schwerpunkte einer interdisziplinären Forschungsdiskussion«, in: *Festschrift Walter Haug und Burghart Wachinger*, Tübingen 1992, S. 63–86; dies., »Mittelalterliche Literatur am Hof und im Kloster. Ergebnisse und Perspektiven eines historisch-anthropologischen Verständnisses«, in: *Mittelalterliche Literatur und Kunst im Spannungsfeld von Hof und Kloster*, hg. von Nigel F. Palmer und Hans-Jochen Schiewer, Tübingen 1999, S. 167–192. Ein ausführlicher Problemaufriß findet sich bei Christian Kiening, »Anthropo-

logische Zugänge zur mittelalterlichen Literatur. Konzepte, Ansätze, Perspektiven«, in: *Forschungsberichte zur germanistischen Mediävistik*, hg. von Hans-Jochen Schiewer, Bern u. a. 1996 (Jahrbuch für Internationale Germanistik. Reihe C 5,1), S. 11–129. Die dort genannten Titel werden hier nicht wiederholt. Neuere altgermanistische Beiträge: Hans-Jürgen Scheuer, »Die Signifikanz des Rituals. Zwei ›Tristan‹-Studien«, in: *Beiträge zur Geschichte der deutschen Sprache und Literatur* 121 (1999), S. 406–439; Armin Schulz, »*Dem bûsant er daz houbt abe beiz*. Eine anthropologisch-poetologische Lektüre des ›Busant‹«, in: *Beiträge zur Geschichte der deutschen Sprache und Literatur* 122 (2000), S. 432–454.

6 Eine reflektierte und ertragreiche Form der ›dichten Beschreibung‹ praktiziert Jan-Dirk Müller, *Spielregeln für den Untergang. Die Welt des Nibelungenliedes*, Tübingen 1998.

7 Das gilt häufig für die Ansätze der ›Historischen Anthropologie‹; Gert Dressel, *Historische Anthropologie. Eine Einführung*, Wien, Köln, Weimar 1996; Richard van Dülmen, *Historische Anthropologie. Entwicklung – Probleme – Aufgaben*, Köln, Weimar, Wien 2000; aber auch für manche germanistisch-mediävistische Applikationen: Barbara Nitsche, »Die literarische Signifikanz des Essens und Trinkens im ›Parzival‹ Wolframs von Eschenbach. Historisch-anthropologische Zugänge zur mittelalterlichen Literatur«, in: *Euphorion* 94 (2000), S. 245–270. Ein differenzierter Ansatz aus dem Bereich der französischen ›anthropologie historique‹ wird jetzt in der Aufsatzsammlung von Jean-Claude Schmitt greifbar: *Le corps, les rites, les rêves, le temps. Essais d'anthropologie médiévale*, Paris 2001.

8 Wolfgang Iser, *Das Fiktive und das Imaginäre. Perspektiven literarischer Anthropologie*, Frankfurt/M. 1991 u. ö.

9 Zum Zusammenhang von Anthropologie und Literatur in und seit der Aufklärung: *Der ganze Mensch. Anthropologie und Literatur im 18. Jahrhundert*, hg. von Hans-Jürgen Schings, Stuttgart 1994 (Germanistische Symposien. Berichtsband 15); Wolfgang Riedel, »Anthropologie und Literatur in der deutschen Spätaufklärung. Skizze einer Forschungslandschaft«, in: *Internationales Archiv für Sozialgeschichte der deutschen Literatur*. 6. Sonderheft. Forschungsreferate 3 (1994), S. 92–157.

10 Überblick in den sieben Bänden der Reihe *Neue Anthropologie*, hg. von Hans-Georg Gadamer und Paul Vogler, Stuttgart und München 1972–75; Odo Marquard, »Zur Geschichte des philosophischen Begriffs ›Anthropologie‹ seit dem Ende des 18. Jahrhunderts«, in: *Collegium Philosophicum. Studien. Joachim Ritter zum 60. Geburtstag*, hg. von Ernst-Wolfgang Böckenförde u. a., Stuttgart 1965, S. 205–239; ders., Art. »Anthropologie«, in: *Historisches Wörterbuch der Philosophie* 1 (1971), Sp. 362–374; Wolf Lepenies, *Soziologische Anthropologie. Materialien*, Frankfurt/M., Berlin, Wien ^{2}1977 (Ullstein Buch 3385); Roland Girtler, *Kulturanthropologie. Entwicklungslinien, Paradigmata, Methoden*, München 1979 (dtv 4311); Karl-Heinz Kohl, *Ethnologie – Die Wissenschaft vom kulturell Fremden. Eine Einführung*, München 1993.

[11] Vgl. Anm. 2.

[12] Die Ethnologie hat sich deshalb in jüngerer Zeit stark mit ihrer Geschichte und der Textualität älterer ethnographischer Arbeiten beschäftigt: Karl-Heinz Kohl, *Exotik als Beruf. Zum Begriff der ethnographischen Erfahrung bei B. Malinowski, E. E. Evans-Pritchard und C. Lévi-Strauss*, Wiesbaden 1979 (Studien und Materialien der anthropologischen Forschung IV, 1); James Clifford, *The Predicament of Culture. Twentieth-Century Ethnography, Literature, and Art*, Cambridge/Mass. and London 1988 u. ö.; Clifford Geertz, *Die künstlichen Wilden. Anthropologen als Schriftsteller* (engl. 1988), München 1990; *Hauptwerke der Ethnologie*, hg. von Christian F. Feest und Karl-Heinz Kohl, Stuttgart 2001 (Kröners Taschenausgabe 380); *Ethno/Graphie. Reiseformen des Wissens*, hg. von Peter Braun und Manfred Weinberg, Tübingen 2002 (Literatur und Anthropologie 17).

[13] Eine ausführliche kritische Sichtung der Diskussion bietet Sabine Jökkel, *»Nouvelle histoire« und Literaturwissenschaft. Die Geschichte ihrer Begegnung in der französischen Forschung*, Rheinfelden 1984, Studienausgabe 1985 (Reihe Romanistik 44), einen sinnvollen Vorschlag für eine eingeschränkte Konzeption des mentalitätsgeschichtlichen Ansatzes Alain Boureau, »Propositions pour une histoire restreinte des mentalités«, in: *Annales E. S. C.* 44 (1989), S. 1491–1504.

[14] René Girard, *Das Heilige und die Gewalt*, Freiburg 1987, Frankfurt/M. 1992; Weiterführungen: ders., *Das Ende der Gewalt. Analyse eines Menschheitsverhängnisses*, Freiburg/Br., Basel, Wien 1983 u. ö.; ders., *Ausstoßung und Verfolgung. Eine historische Theorie des Sündenbocks*, Frankfurt/M. 1992 u. ö.; ders., *Ich sah den Satan vom Himmel fallen wie ein Blitz. Eine kritische Apologie des Christentums*, München 2002.

[15] Auseinandersetzung mit Girard: *Violent Origins. Walter Burkert, René Girard and Jonathan Z. Smith on Ritual Killing and Cultural Formation*, ed. by Robert G. Hamerton-Kelly, Stanford 1987; Markwart Herzog, »Religionstheorie und Theologie René Girards«, in: *Kerygma und Dogma* 38 (1992), S. 105–137; Richard J. Golsan, *René Girard and Myth. An Introduction*, New York, London 1993 (Theorists of Myth 7); François Lagarde, *René Girard ou la christianisation des sciences humaines*, New York u. a. 1994 (Sociocriticism: Literature, Society and History 7); Walter Burkert, *Homo necans. Interpretationen altgriechischer Opferriten und Mythen*, Berlin, New York ^{2}1997 (Religionsgeschichtliche Versuche und Vorarbeiten 32), S. 333–352 (Nachwort zur zweiten Auflage). Mediävistische Anknüpfungen bei Bruno Quast, »Anthropologie des Opfers. Beobachtungen zur Konstitution frühneuzeitlicher ›Verfolgungstexte‹ am Beispiel des ›Endinger Judenspiels‹«, in: *Zeitschrift für Germanistik* N. F. 1998, S. 349–360, und bei Strohschneider [Anm. 18].

[16] R. Howard Bloch, *Etymologies and Genealogies. A Literary Anthropology of the French Middle Ages*, Chicago 1983; daran anschließend Beate Kellner, »Kontinuität der Herrschaft. Zum mittelalterlichen Diskurs der Ge-

nealogie am Beispiel des ›Buches von Bern‹«, in: *Mittelalter. Neue Wege durch einen alten Kontinent*, hg. von Jan-Dirk Müller und Horst Wenzel, Stuttgart, Leipzig 1999, S. 43–62; dies., *Ursprung und Kontinuität. Studien zum genealogischen Wissen im Mittelalter*, im Druck.

17 *Das Heilige. Seine Spur in der Moderne*, hg. von Dietmar Kamper und Christoph Wulf, Frankfurt/M. 1987; die Beschränkung des Heiligen durch eine wissenschaftlich-rationale Theologie im Mittelalter betont Jean-Claude Schmitt, »La notion du sacré et son application à l'histoire du christianism médiéval«, in: ders., *Le corps, les rites, les rêves* [Anm. 7], S. 42–52.

18 Peter Strohschneider, »Inzest-Heiligkeit. Krise und Aufhebung der Unterschiede in Hartmanns ›Gregorius‹«, in: *Geistliches in weltlicher und Weltliches in geistlicher Literatur des Mittelalters*, hg. von Christoph Huber, Burghart Wachinger und Hans-Joachim Ziegeler, Tübingen 2000, S. 105–133; Christian Kiening, »Genealogie-Mirakel. Erzählungen vom ›Mädchen ohne Hände‹«, in: ebd., S. 237–273.

19 Zu verschiedenen Gewaltdiskursen Udo Friedrich, »Die Zähmung des Heros. Der Diskurs der Gewalt und Gewaltreglementierung im 12. Jahrhundert«, in: *Mittelalter* [Anm. 16], S. 149–179; zum Zusammenhang von Ritterschaft und Gewalt Richard W. Kaeuper, *Chivalry and Violence in Medieval Europe*, Oxford 1999. Unübersehbar sind daneben die Studien zu Krieg und Fehdewesen im Mittelalter, doch fehlt sowohl eine systematische Aufarbeitung der literarischen Texte wie eine methodisch reflektierte Rekonstruktion verschiedener historischer Paradigmen; eher spekulativ verfährt der Sammelband *Das »zivilisierte Tier«. Zur Historischen Anthropologie der Gewalt*, hg. von Michael Wimmer, Christoph Wulf und Bernhard Dieckmann, Frankfurt/M. 1996 (Fischer 12955).

20 Klaus Schreiner, »›Consanguinitas‹. ›Verwandtschaft‹ als Strukturprinzip religiöser Gemeinschafts- und Verfassungsbildung in Kirche und Mönchtum des Mittelalters«, in: *Beiträge zu Geschichte und Struktur der mittelalterlichen Germania sacra*, hg. von Irene Crusius, Göttingen 1989 (Veröffentlichungen des Max-Planck-Instituts für Geschichte 93), S. 176–305, hier S. 203.

21 *Die Kaiserchronik eines Regensburger Geistlichen*, hg. von Edward Schröder, Hannover 1892 (Monumenta Germaniae Historica. Deutsche Chroniken I, 1), v. 2246–2308.

22 John Frederick Hinnebusch, *The Historia occidentalis of Jacques de Vitry. A critical edition*, Freiburg/Schweiz 1972 (Spigilegium friburgense 17), S. 108, Z. 5 f.: *cognatis et amicis et terrenis possessionibus ualedicentes.*

23 Jack Goody, *Die Entwicklung von Ehe und Familie in Europa* (engl. 1983), Frankfurt/M. 1989 (suhrkamp taschenbuch wissenschaft 781), S. 147–177; s. auch Bernhard Jussen, Art. »Verwandtschaft«, in: *Lexikon des Mittelalters* 8 (1997), Sp. 1596–1599.

24 Karin Morvay, *Die Albanuslegende. Deutsche Fassungen und ihre Bezie-*

hung zur lateinischen Überlieferung, München 1977 (Medium aevum. Philologische Studien 32), mit Textausgaben.

[25] Franz Josef Worstbrock, Monika Klaes und Jutta Lütten, *Repertorium der Artes dictandi des Mittelalters. Tl. 1: Von den Anfängen bis um 1200*, München 1992 (Münstersche Mittelalter-Schriften 66), S. 99–111.

[26] Heinrich Günter, *Psychologie der Legende. Studien zu einer wissenschaftlichen Heiligen-Geschichte*, Freiburg 1949, S. 51 ff.; Erhard Dorn, *Der sündige Heilige in der Legende des Mittelalters*, München 1967 (Medium aevum. Philologische Studien 10); Günther Zuntz, »Ödipus und Gregorius. Tragödie und Legende« (zuerst 1954), in: *Hartmann von Aue*, hg. von Hugo Kuhn und Christoph Cormeau, Darmstadt 1973 (Wege der Forschung 359), S. 87–107.

[27] Albrecht von Eyb, *Ob einem manne sey zunemen ein eelichs weyb oder nicht*. Mit einer Einführung zum Neudruck von Helmut Weinacht, Darmstadt 1982 u. ö. (Texte zur Forschung 36), S. 108 (f. 52v).

[28] L[éopold] Constans, *La légende d'Œdipe. Etudiée dans l'antiquité, au moyen-âge et dans les temps modernes, en particulier dans le roman de Thèbes*, Paris 1881; Lowell Edmunds, *Oedipus. The ancient legend and its later analogues*, Baltimore and London 1984; Christoph Huber, »Mittelalterliche Ödipus-Varianten«, in: *Festschrift Walter Haug und Burghart Wachinger*, Tübingen 1992, S. 165–199.

[29] Peter-Michael Spangenberg, *Maria ist immer und überall. Die Alltagswelten des spätmittelalterlichen Mirakels*, Frankfurt/M. 1987, S. 248 f., 254.

[30] Rudolf Weigand, Art. »Ehe, II.«, in: *Lexikon des Mittelalters* 3 (1986), Sp. 1623–1625 mit weiterer Literatur; Michael Schröter, »*Wo zwei zusammenkommen in rechter Ehe …«. Sozio- und psychogenetische Studien über Eheschließungsvorgänge vom 12. bis 15. Jahrhundert*, Frankfurt/M. 1985, als Tb. 1990 (suhrkamp taschenbuch wissenschaft 860), S. 350–371. Die graphischen Schemata, die der Berechnung der Verwandtschaftsgrade dienten, sind in unzähligen mittelalterlichen juristischen Handschriften erhalten: Hermann Schadt, *Die Darstellungen der Arbores Consanguinitatis und der Arbores Affinitatis. Bildschemata in juristischen Handschriften*, Tübingen 1982.

[31] Benno Grimm, *Die Ehelehre des Magister Honorius. Ein Beitrag zur Ehelehre der anglonormannischen Schule*, Rom 1989 (Studia Gratiana 24).

[32] Ebd., S. 64 und 257: *In secundo uero casu* [ecclesia] *non potest dispensare, unde nec prolem legitimam reputare cum sic innueret se circa copulam potuisse dispensare quod non potuit.*

[33] Allgemein: Françoise Héritier, »Symbolique de l'inceste et de sa prohibition«, in: *La fonction symbolique. Essais d'anthropologie*, éd. par Michel Izard et Pierre Smith, Paris 1979, S. 209–243; dies. u. a., *De l'inceste*, Paris 1994.

[34] Paris, Bibliothèque Nationale de France, Ms. lat. 16735, f. 199va; Morvay [Anm. 24], S. 70 f.

[35] Friedrich Ohly, *Der Verfluchte und der Erwählte. Vom Leben mit der Schuld*, Opladen 1976 (Rheinisch-Westfälische Akademie der Wissenschaften. Vorträge G 207), S. 17–19.

[36] *Die Apokryphen und Pseudepigraphen des Alten Testaments*, hg. von Emil Kautzsch. Bd. 2: Die Pseudepigraphen des Alten Testaments, Tübingen 1900, Nachdr. Darmstadt 1975, S. 528.

[37] In der lateinischen Vita, überliefert in Handschriften des 11. und 12. Jahrhunderts, heißt es (6, 55): *Cum autem completum sibi tempus vitae suae cognovisset, postulavit a deputato sibi ministro tomum chartae et calamarem et scripsit per ordinem omnem vitam suam*; bei der Auffindung des Toten wird die Schrift verlesen und erkennt der Vater, wen er vor sich hat; *Sankt Alexius. Altfranzösische Legendendichtung des 11. Jahrhunderts*, hg. von Gerhard Rohlfs, Tübingen [4]1963 (Sammlung romanischer Übungstexte 15), S. 19–21.

[38] Die intrikate Verbindung von Wahrheit und Gewalt beobachtet Sarah Kay auch in besonderem Maße an den frühchristlichen Märtyrerlegenden und ihren altfranzösischen Bearbeitungen; S. K., »The Sublime Body of the Marytrer: Violence in Early Romance Saints' Lives«, in: *Violence in Medieval Society*, ed. by Richard W. Kaeuper, Woodbridge 2000, S. 3–20.

[39] Morvay [Anm. 24], S. 53 f., 62, 66.

[40] Christian Kiening, *Schwierige Modernität. Der ›Ackermann‹ des Johannes von Tepl und die Ambiguität historischen Wandels*, Tübingen 1998 (Münchener Texte und Untersuchungen zur deutschen Literatur des Mittelalters 113), S. 382.

[41] Stephen Greenblatt, *Schmutzige Riten. Betrachtungen zwischen Weltbildern*, Berlin 1991 (Kleine Kulturwissenschaftliche Bibliothek 33), S. 107–122; *New Historicism. Literaturgeschichte als Poetik der Kultur*, hg. von Moritz Baßler, Frankfurt/M. 1995 u. ö. (Fischer 11589).

2 Kultur und Natur

[1] Überblick über den älteren Diskussionsstand bei David Bidney, *Theoretical Anthropology*, New York 1953 u. ö., S. 125–155.

[2] Claude Lévi-Strauss, *Die elementaren Strukturen der Verwandtschaft* (frz. [2]1967), Frankfurt/M. 1981, als Tb. 1993 (stw 1044), S. 57.

[3] Ebd., S. 24 (Vorwort zur zweiten Ausgabe).

[4] In einem Gespräch mit Raymond Bellour unterstrich Lévi-Strauss den konstruierten Charakter der Beziehung von ›Kultur‹ und ›Natur‹, ohne aber alle Ambivalenzen auszuräumen: »Aujourd'hui l'opposition nature-culture me semble moins refléter un propriété du réel qu'une antinomie de l'esprit humain: l'opposition n'est pas objective, ce sont les hommes qui ont besoin de la formuler. Elle constitue peut-être une condition préalable pour la naissance de la culture« (*Le livre des autres. Entretiens avec M. Fou-*

cault, C. Lévi-Strauss, R. Barthes, P. Francastel, J. Laplanche et J. B. Pontalis, C. Ramnoux, M. Zéraffa, C. Metz, G. Rosolato, J. Le Goff et P. Nora, P. Clastres, hg. von Raymond Bellour, Paris 1978 [10/18 1267], S. 38). In einem anderen Gespräch stellte er fest: »Les ethnologues n'ont pu concevoir cette opposition que parce qu'ils l'ont empruntée à leur objet d'étude. Bien entendu, elle ne s'exprime pas toujours de façon directe; ce peut être aussi bien sous la forme d'une opposition entre le village habité et la brousse, la forêt et le terrain défriché, la cuisson et la crudité, etc., mais elle nous est toujours donnée par la matière de nos études« (ebd., S. 384 f.); vgl. auch Jacques Derrida, »Die Struktur, das Zeichen und das Spiel im Diskurs der Wissenschaften vom Menschen« (frz. 1967), in: ders., *Die Schrift und die Differenz*, Frankfurt/M. 1972; als Tb. 1976 u. ö. (suhrkamp taschenbuch wissenschaft 177), S. 422–442, hier S. 428–432; Yvan Simonis, *Claude Lévi-Strauss ou la ›passion de l'inceste‹. Introduction au structuralisme*, Paris 1980 (Champs 89), S. 107–114.

[5] Reinhart Koselleck, *Vergangene Zukunft. Zur Semantik geschichtlicher Zeiten*, Frankfurt/M. 1979, als Tb. [4]2000 (suhrkamp taschenbuch wissenschaft 757), S. 211–259.

[6] *Fremderfahrung in Texten des Spätmittelalters und der frühen Neuzeit*, hg. von Günter Berger und Stephan Kohl, Trier 1993 (Literatur – Imagination – Realität 7); Karl-Heinz Kohl, *Entzauberter Blick. Das Bild vom guten Wilden und die Erfahrung der Zivilisation*, Berlin 1981, Frankfurt/M. 1986 (suhrkamp taschenbuch 1272).

[7] Zur Begriffsgeschichte von ›Natur‹ vgl. den ausführlichen Art. im *Historischen Wörterbuch der Philosophie*, Bd. 6 (1984), Sp. 421–478, sowie den Art. im *Lexikon des Mittelalters* 6 (1993), Sp. 1040–1043. Zu ›Kultur‹ *Historisches Wörterbuch der Philosophie* 4 (1976), Sp. 1309 f., sowie den Art. in *Metzler Lexikon Literatur- und Kulturtheorie. Ansätze – Personen – Grundbegriffe*, hg. von Ansgar Nünning, Stuttgart, Weimar 1998, S. 290–292 (mit weiterer Literatur); außerdem Niklas Luhmann, »Kultur als historischer Begriff«, in: ders., *Gesellschaftsstruktur und Semantik. Studien zur Wissenssoziologie der modernen Gesellschaft*. Bd. 4, Frankfurt/M. 1995, S. 31–54, Zitat S. 47.

[8] *L'Uomo di Fronte al Mondo animale nell' alto Medioevo*, Spoleto 1985 (Settimane di studio del centro italiano di studi sull' alto medioevo 31); Joyce E. Salisbury, *The Beast Within. Animals in the Middle Ages*, New York, London 1994; David Salter, *Holy and Noble Beasts. Encounters with Animals in Medieval Literature*, Woodbridge 2001; Jacques Voisenet, *Bêtes et hommes dans le monde médiéval. Le bestiare des clercs du Ve au XIIe siècle*, Turnhout 2001; Udo Friedrich, *Menschentier und Tiermensch. Grenzziehungsdiskurse und Überschreitungsphantasmen im 12. und 13. Jahrhundert*, Göttingen 2003 (Historische Semantik).

[9] Bernhard Waldmann, *Natur und Kultur im höfischen Roman um 1200. Überlegungen zu politischen, ethischen und ästhetischen Fragen epischer Literatur des Hochmittelalters*, Erlangen 1983 (Erlanger Studien 38); *Natur und Kul-*

tur in der deutschen Literatur des Mittelalters, hg. von Alan Robertshaw und Gerhard Wolf, Tübingen 1999.

[10] Beispiele in den Beiträgen des Sammelbandes *An den Grenzen höfischer Kultur. Anfechtungen der Lebensordnung in der deutschen Erzähldichtung des hohen Mittelalters*, hg. von Gert Kaiser, München 1991 (Forschungen zur Geschichte der Älteren Deutschen Literatur 12), vor allem Helmut Brall, »Imaginationen des Fremden. Zu Formen und Dynamik kultureller Identitätsfindung in der höfischen Dichtung« (S. 115–165) und Petra Giloy-Hirtz, »Begegnung mit dem Ungeheuer« (S. 167–209).

[11] Forschungsbericht zum Wunderbaren bei Margherita Lecco, »La significazione del meraviglioso nel romanzo cortese«, in: *L'immagine riflessa* 4 (1980), S. 83–164; Fallstudien im Sammelband *De l'étranger à l'étrange ou la conjointure de la merveille*, Aix-en-Provence 1988 (Sénéfiance 25); zu Feen Laurence Harf-Lancner, *Les fées dans la littérature française du Moyen Age. Morgane et Mélusine*, Paris 1984 (Nouvelle Bibliothèque du Moyen Age 8).

[12] Jan-Dirk Müller, »Strukturen gegenhöfischer Welt: Höfisches und nicht-höfisches Sprechen bei Neidhart«, in: *Höfische Literatur, Hofgesellschaft, höfische Lebensformen um 1200*, hg. von Gert Kaiser und J.-D. M., Düsseldorf 1986 (Studia humaniora 6), S. 409–451, Diskussion: S. 452 f.

[13] Horst Wenzel, »*Ze hove* und *ze holze* – *offenlîch* und *tougen*. Zur Darstellung und Deutung des Unhöfischen in der höfischen Epik und im Nibelungenlied«, in: ebd., S. 277–299, Diskussion: S. 299 f.; zur Rolle des Waldes als Ort der Asozialität verschiedene Beiträge im Sammelband *Der Wald in Mittelalter und Renaissance*, hg. von Josef Semmler, Düsseldorf 1991 (Studia humaniora 17).

[14] Jan-Dirk Müller, »Verabschiedung des Mythos. Zur Hagenepisode der ›Kudrun‹«, in: *Präsenz des Mythos. Konfigurationen einer Denkform in Mittelalter und früher Neuzeit*, hg. von Udo Friedrich und Bruno Quast (erscheint 2004).

[15] Jacques Le Goff et Pierre Vidal-Naquet, »Lévi-Strauss en Brocéliande. Esquisse pour un analyse d'un roman courtois«, in: *Critique* 325 (1974), S. 543–571; erweitert in: Le Goff, *L'imaginaire médiéval. Essais*, Paris ^{2}1991, S. 151–187 [dt.: »Lévi-Strauss in Brocéliande: Skizze zur Analyse eines höfischen Romans«, in: Le Goff, *Phantasie und Realität des Mittelalters*, Stuttgart 1990, S. 171–200, 371–386], hier S. 163: »la rencontre entre Yvain et l'ermite est possible parce que le premier se situe à la limite supérieure de la ›nature‹ dont le degré inférieur est représenté par le monde animal et végétal de la forêt, tandis que le second se situe à la limite inférieure de la ›culture‹ dont le degré supérieur [...] est représenté par la cour et l'univers des chevaliers«; weiterführende Überlegungen (ohne Bezugnahme auf Le Goff/Vidal-Naquet) bei Eugene Vance, *From Topic to Tale. Logic and Narrativity in The Middle Ages*, Minneapolis 1987 (Theory and History of Literature 47), S. 53–79 und 80–108 (zu den Teilidentitäten und Spiegelbildlichkeiten zwischen Yvain und dem Löwen: Der Löwe verliere

in dem Maße an Realität und werde in dem Maße zum Zeichen, in dem Yvain wieder in die Gesellschaft integriert wird). Zur Adaptation von Mustern der Heiligenlegende Bruno Quast, »Das Höfische und das Wilde. Zur Repräsentation kultureller Differenz in Hartmanns ›Iwein‹«, in: *Literarische Kommunikation und soziale Interaktion*, hg. von Beate Kellner, Ludger Lieb, Peter Strohschneider, Frankfurt/M. 2001 (Mikrokosmos 64), S. 111–128. Zu den literarischen Diskursen des Wahnsinns besonders Jean-Marie Fritz, *Le discours du fou au Moyen Age. XIIe-XIIIe siècles. Etude comparée des discours littéraire, médical, juridique et théologique de la folie*, Paris 1992; Dirk Matejovski, *Das Motiv des Wahnsinns in der mittelalterlichen Dichtung*, Frankfurt/M. 1996 (suhrkamp taschenbuch wissenschaft 1213), S. 122–155.

[16] Zur Identitätsthematik und ihrem Weiterleben in der Literatur des 13. Jahrhunderts Klaus Speckenbach, »*Rîter – geselle – herre*. Überlegungen zu Iweins Identität«, in: *Erkennen und Erinnern in Kunst und Literatur*, hg. von Dietmar Peil, Michael Schilling und Peter Strohschneider, Tübingen 1998, S. 115–146.

[17] Waldmann [Anm. 9], S. 76–78; Brall [Anm. 10] und Giloy-Hirtz [Anm. 10], S. 169–189.

[18] Armin Schulz, »*Dem bûsant er daz houbt abe beiz*. Eine anthropologisch-poetologische Lektüre des ›Busant‹«, in: *Beiträge zur Geschichte der deutschen Sprache und Literatur* 122 (2000), S. 432–454.

[19] Zu diesem Lai die anthropologisch orientierten Arbeiten von Salvatore Battaglia, »Il mito del licantropo nel Bisclavret di Maria di Francia«, in: *Filologia romanza* 3 (1956), S. 229–253, und Manfred Bambeck, »Das Werwolfmotiv im Bisclavret«, in: *Zeitschrift für romanische Philologie* 89 (1973), S. 123–247, Dolores Warwick Frese, »The Marriage of Woman and Werewolf: Poetics of Estrangement in Marie de France's ›Bisclavret‹«, in: *Vox intexta. Orality and Textuality in the Middle Ages*, ed. by A. N. Doane and Carol Braun Pasternack, Madison/Wisc. 1991, S. 183–202.

[20] Ina Karg, »Bilder von Fremde in Wolframs von Eschenbach Parzival. Das Erzählen von Welt und Gegenwelt«, in: *Fremderfahrung* [Anm. 6], S. 23–43.

[21] Karlheinz Stierle, »Die Verwilderung des Romans als Ursprung seiner Möglichkeit«, in: *Die Literatur in der Gesellschaft des Mittelalters*, hg. von Hans Ulrich Gumbrecht, Heidelberg 1980 (Begleitreihe zum Grundriß der romanischen Literaturen des Mittelalters 1), S. 253–313; Werner Röcke, »Die Wahrheit der Wunder. Abenteuer der Erfahrung und des Erzählens im ›Brandan‹- und ›Apollonius‹-Roman«, in: *Wege in die Neuzeit*, hg. von Thomas Cramer, München 1988 (Forschungen zur Geschichte der Älteren Deutschen Literatur 8), S. 252–269, hier S. 262.

[22] Am leichtesten zugänglich ist die Ausgabe: *Historia Apollonii regis Tyri. Die Geschichte vom König Apollonius*, übersetzt und eingeleitet von Franz Peter Waiblinger, München 1994 (dtv zweisprachig 9324); zum Wei-

terwirken Elimar Klebs, *Die Erzählung von Apollonius aus Tyrus. Eine geschichtliche Untersuchung über ihre lateinische Urform und ihre späteren Bearbeitungen*, Berlin 1899; Elizabeth Archibald, *Apollonius of Tyre. Medieval and Renaissance Themes and Variations*, Cambridge 1991; Tomas Tomasek, »Über den Einfluß des Apolloniusromans auf die volkssprachliche Literatur des 12. und 13. Jahrhunderts«, in: *Mediävistische Komparatistik. Festschrift für Franz Josef Worstbrock zum 60. Geburtstag*, hg. von Wolfgang Harms und Jan-Dirk Müller, Stuttgart, Leipzig 1997, S. 221–239.

23 Heinrich von Neustadt, *›Apollonius von Tyrland‹ nach der Gothaer Handschrift, ›Gottes Zukunft‹ und ›Visio Philiberti‹ nach der Heidelberger Handschrift*, hg. von Samuel Singer, Berlin 1906 (Deutsche Texte des Mittelalters 7), Nachdr. 1967; Heinrich von Neustadt, *Apollonius von Tyrland. Farbmikrofiche-Edition der Handschrift Chart. A 689 der Forschungs- und Landesbibliothek Gotha.* Einführung in das Werk und Beschreibung der Handschrift von Wolfgang Achnitz, München 1998 (Codices illuminati medii aevi 49); Heinrich von Neustadt, *Leben und Abenteuer des großen Königs Apollonius von Tyrus zu Land und zur See.* Übertragen, mit allen Miniaturen der Wiener Handschrift C, mit Anmerkungen und einem Nachwort von Helmut Birkhan, Bern u. a. 2001; zur Interpretation Walter Schürenberg, *Apollonius von Tyrland. Fabulistik und Stilwille bei Heinrich von Neustadt*, Diss. Göttingen 1934; Alfred Ebenbauer, »Der ›Apollonius von Tyrland‹ des Heinrich von Neustadt und die bürgerliche Literatur im spätmittelalterlichen Wien«, in: *Die Österreichische Literatur. Ihr Profil von den Anfängen bis ins 18. Jahrhundert (1050–1750)*, hg. von Herbert Zeman, Tl. 1, Graz 1986, S. 311–347; Burghart Wachinger, »Heinrich von Neustadt, ›Apollonius von Tyrland‹«, in: *Positionen des Romans im späten Mittelalter*, hg. von Walter Haug und B. W., Tübingen 1991, S. 97–115.

24 Zu den Quellen Samuel Singer, Albrecht Bockhoff, *Heinrichs von Neustadt Apollonius von Tyrland und seine Quellen. Ein Beitrag zur mittelhochdeutschen und byzantinischen Literaturgeschichte*, Tübingen 1911 (Sprache und Dichtung 6); zur Kombinatorik Ebenbauer [Anm. 23].

25 Wolfgang Achnitz, *Babylon und Jerusalem. Sinnkonstituierung im ›Reinfried von Braunschweig‹ und im ›Apollonius von Tyrland‹ Heinrichs von Neustadt*, Tübingen 2002 (Hermaea 98).

26 Ulrike Junk, *Transformationen der Textstruktur. ›Historia Apollonii‹ und ›Apollonius von Tyrland‹*, Diss. München 1999 (erscheint in der Reihe Literatur – Imagination – Realität).

27 Vgl. Wachinger [Anm. 23], S. 109–111.

28 Ulrich Wyss, »Die Wunderketten in der Crône«, in: *Die mittelalterliche Literatur in Kärnten*, hg. von Peter Krämer, Wien 1981, S. 269–291; Walter Haug, »Das Fantastische in der späteren deutschen Artusliteratur«, in: *Spätmittelalterliche Artusliteratur*, hg. von Karl Heinz Göller, Paderborn u. a. 1984 (Beiträge zur englischen und amerikanischen Literatur 3), S. 133–150; Daniela Hempen, »Grenzüberschreitungen. Begegnungen mit der wilden

Frau in dem mittelhochdeutschen Wolfdietrich B«, in: *Monatshefte* 89 (1997), S. 18–30; Hartmut Bleumer, »Das *wilde wîp*. Überlegungen zum Krisenmotiv im Artusroman und im Wolfdietrich B«, in: *Natur und Kultur* [Anm. 9], S. 77–89; Kerstin Schmitt, »Minne, Monster, Mutationen. Geschlechterkonstruktionen im ›Alexanderroman‹ Ulrichs von Etzenbach«, in: *Natur und Kultur* [Anm. 9], S. 151–162; außerdem: Jean-Claude Kappler, *Monstres, démons et merveilles à la fin du Moyen Age*, Paris 1980; Claude Lecouteux, *Les Monstres dans la Litterature Allemande du Moyen Age. Contribution à l'étude du merveilleux médiéval.* 3 Bde., Göppingen 1982 (Göppinger Arbeiten zur Germanistik 330,I–III).

29 Alfred Ebenbauer, »Spekulieren über Geschichte im höfischen Roman um 1300«, in: *Philologische Untersuchungen. Festschrift für Elfriede Stutz*, Wien 1984 (Philologica Germanica 7), S. 151–166.

30 Udo Friedrich, »Überwindung der Natur. Zum Verhältnis von Natur und Kultur im *Straßburger Alexander*«, in: *Fremdes wahrnehmen – fremdes Wahrnehmen*, hg. von Wolfgang Harms und C. Stephen Jaeger, Stuttgart, Leipzig 1997, S. 119–136, hier S. 120; ders., *Menschentier und Tiermensch* [Anm. 8].

31 Zum Monströsen im allgemeinen s. *Der falsche Körper. Beiträge zu einer Geschichte der Monstrositäten*, hg. von Michael Hagner, Göttingen 1995.

32 Rudolf Wittkower, »Die Wunder des Ostens. Ein Beitrag zur Geschichte der Ungeheuer« [zuerst 1942], in: ders., *Allegorie und Wandel der Symbole in Antike und Renaissance*, Köln 1984 (DuMont Taschenbücher 142), S. 87–150; John Block Friedman, *The Monstrous Races in Medieval Art and Thought*, Cambridge/Mass. 1981; Marina Münkler, Werner Röcke, »Der ordo-Gedanke und die Hermeneutik der Fremde im Mittelalter: Die Auseinandersetzung mit den monströsen Völkern des Erdrandes«, in: *Die Herausforderung durch das Fremde*, hg. von Herfried Münkler, Berlin 1998, S. 701–766.

33 Hildegard von Bingen, *Causae et Curae*, hg. von Paulus Kaiser, Leipzig 1903, S. 47–49 (Neuausgabe durch Laurence Moulinier und Rainer Berndt, Berlin 2002); Hildegard von Bingen, *Heilkunde. Das Buch von dem Grund und Wesen und der Heilung der Krankheiten*. Nach den Quellen übersetzt und erläutert von Heinrich Schipperges, Salzburg ²1957, S. 104–106; Friedrich [Anm. 8], Kap. II,1.

34 Christoph Gerhardt, »Die Skiapoden in den ›Herzog Ernst‹-Dichtungen«, in: *Literaturwissenschaftliches Jahrbuch* N. F. 18 (1977), S. 13–87; David Blamires, *Herzog Ernst and the otherworld voyage*, Manchester 1979; zu Ulrichs *Alexander*, der das Motiv aus dem *Herzog Ernst* aufnimmt, Schmitt [Anm. 28].

35 Geoffrey Stephen Kirk, *Griechische Mythen. Ihre Bedeutung und Funktion* (engl. 1974), Reinbek 1987 (rowohlts enzyklopädie 444), S. 82 f., 197–200.

36 Erhellende Bemerkungen zu manchen der Szenen auch bei Junk [Anm. 26].

[37] Angelo Vivian, »Gog e Magog nella tradizione biblica, ebraica e cristiana«, in: *Rivista biblica* 25 (1977), S. 389–421.

[38] Nigel Harris, *The Latin and German ›Etymachia‹. Textual History, Edition, Commentary*, Tübingen 1994 (Münchener Texte und Untersuchungen zur deutschen Literatur des Mittelalters 102), S. 140–145, 355–359; ders., »*gar süezen smac daz pantir hât*. Der Panther und sein Atem in der deutschen Literatur des Mittelalters«, in: *Natur und Kultur* [Anm. 9], S. 65–76.

[39] Harris, *Latin and German ›Etymachia‹*, S. 148–155, 372–378.

[40] Tomas Tomasek, *Das deutsche Rätsel im Mittelalter*, Tübingen 1994 (Hermaea 69), S. 184–199; zum lateinischen Text Carl Werner Müller, »Der Romanheld als Rätsellöser in der *Historia Apollonii regis Tyri*«, in: *Würzburger Jahrbücher für die Altertumswissenschaft* 17 (1991), S. 267–279; zum ›latenten Inzest‹ in der *Historia* und seiner Abschwächung bei Heinrich von Neustadt (unter Bezugnahme auf die ältere Forschung) Junk [Anm. 26].

[41] Alfred Ebenbauer, »*Es gibt ain mörynne vil dicke susse mynne*. Belakanes Landsleute in der deutschen Literatur des Mittelalters«, in: *Zeitschrift für deutsches Altertum und deutsche Literatur* 113 (1984), S. 16–42; Andreas Mielke, *Nigra sum et formosa. Afrikanerinnen in der deutschen Literatur des Mittelalters. Texte und Kontexte zum Bild des Afrikaners in der literarischen Imagologie*, Stuttgart 1992 (Helfant Texte T 11).

[42] Vgl. Joseph Jurt, *Das literarische Feld. Das Konzept Pierre Bourdieus in Theorie und Praxis*, Darmstadt 1995.

[43] Giloy-Hirtz [Anm. 10], S. 207–209 in Anlehnung an Foucault.

[44] V. 14851–63: ›*wir haben gehort alsuß | Es sey ainer geporen, | Den habend di Juden verloren. | Si jahen das er wäre | Ain grosser zauberere. | Er ward von in gefangen | Und an ain creutz erhangen. | So get gemayne di sage | Er erstund an dem dritten tage. | Deß sind mer dann zehen jar. | Ich wayß nicht ob es sey war | Das er hailig sei. man will | Es gelaubet an in volkes vil.*‹; zu Elias und Enoch Maria Magdalena Witte, *Elias und Henoch als Exempel, typologische Figuren und apokalyptische Zeugen. Zu Verbindungen von Literatur und Theologie im Mittelalter*, Frankfurt/M. [u. a.] 1988 (Mikrokosmos 22).

[45] Hans Richard Brittnacher, *Ästhetik des Horrors. Gespenster, Vampire, Monster, Teufel und künstliche Menschen in der phantastischen Literatur*, Frankfurt/M. 1994 (suhrkamp taschenbuch wissenschaft 2397); Renate Lachmann, *Erzählte Phantastik. Geschichte und Semantik des Phantastischen in der Literatur*, Frankfurt/M. 2002 (suhrkamp taschenbuch wissenschaft 1578).

3 Politische Anthropologie in litererarischem Gewand

[1] Vgl. Elisabeth Schmid, »Enterbung, Ritterethos, Unrecht. Zu Wolframs *Willehalm*«, in: *Zeitschrift für deutsches Altertum und deutsche Literatur* 107 (1978), S. 259–275.

[2] Erich Kleinschmidt, »Literarische Rezeption und Geschichte. Zur Wirkungsgeschichte von Wolframs *Willehalm* im Spätmittelalter«, in: *Deutsche Vierteljahrsschrift für Literaturwissenschaft und Geistesgeschichte* 48 (1974), S. 585–649; Christian Kiening, »Der *Willehalm* Wolframs von Eschenbach in karolingischem Kontext. Formen narrativ-historischer Aneignung eines ›Klassikers‹«, in: *Studien zur ›Weltchronik‹ Heinrichs von München*, Bd. 1, hg. von Horst Brunner, Wiesbaden 1998 [1999] (Wissensliteratur im Mittelalter 29), S. 522–568.

[3] Carl Schmitt, *Der Begriff des Politischen. Text von 1932 mit einem Vorwort und drei Corollarien*, Berlin 1963, S. 27 und 39. Die Bedeutung der Schrift liegt, so umstritten sie ist, darin, den Blick auf die Spezifik des Politischen, nicht der Politik gerichtet zu haben; zur zeitgenössischen Diskussion Heinrich Meier, *Carl Schmitt, Leo Strauss und ›Der Begriff des Politischen‹. Zu einem Dialog unter Abwesenden*. Erweiterte Neuausgabe, Stuttgart, Weimar 1998; generell zu Schmitts Politikverständnis ders., *Die Lehre Carl Schmitts. Vier Kapitel zur Unterscheidung Politischer Theologie und Politischer Philosophie*, Stuttgart, Weimar 1994; Jacques Derrida, *Politik der Freundschaft*, Frankfurt/M. 2000, S. 123–230.

[4] Vgl. auch zur Agonalität im Kontext verschiedener Gewaltdiskurse Udo Friedrich, »Die Zähmung des Heros. Der Diskurs der Gewalt und Gewaltreglementierung im 12. Jahrhundert«, in: *Mittelalter. Neue Wege durch einen alten Kontinent*, hg. von Jan-Dirk Müller und Horst Wenzel, Stuttgart, Leipzig 1999, S. 149–179.

[5] Georges Balandier, *Politische Anthropologie* (frz. zuerst 1967), München 1976 (dtv WR 4191), S. 18; vgl. auch Marc Swartz, Victor Turner, Arthur Tuden, *Political Anthropology*, Chicago 1966.

[6] Marc Abélès, »Political anthropology: new challenges, new aims«, in: *International Social Science Journal* 153 (1997), S. 319–332; vgl. auch Zdzisław Mach, *Symbols, Conflict, and Identity. Essays in Political Anthropology*, Albany 1993, S. 22–92: »The Symbolic Construction of Identity«; J. Gledhill, *Power and Its Disguises. Anthropological Perspectives on Politics*, London 1994; aus philosophiegeschichtlicher Sicht: *Der Mensch – ein politisches Tier? Essays zur politischen Anthropologie*, hg. von Ottfried Höffe, Stuttgart 1992 (Reclam UB 8825).

[7] *Das Öffentliche und Private in der Vormoderne*, hg. von Gert Melville und Peter von Moos, Köln, Weimar, Wien 1998 (Norm und Struktur 10).

[8] Vgl. Einleitung und Kap. 1.

[9] Jan-Dirk Müller, *Spielregeln für den Untergang. Die Welt des Nibelungenliedes*, Tübingen 1998, S. 202.

[10] Ernst Kantorowicz, *Die zwei Körper des Königs. Eine Studie zur politischen Theologie des Mittelalters* (engl. 1957), München 1990 (dtv 4465).

[11] Von einer ›Problemlegende‹ spricht Franziska Wessel-Fleinghaus, »Gotes hantgetat. Zur Deutung von Wolframs *Willehalm* unter dem Aspekt der Gattungsfrage«, in: *Literaturwissenschaftliches Jahrbuch* 33 (1992), S. 29–

100; vgl. auch zuletzt Anette Gerok-Reiter, »Die Hölle auf Erden. Überlegungen zum Verhältnis von Weltlichem und Geistlichem in Wolframs *Willehalm*«, in: *Geistliches in weltlicher und Weltliches in geistlicher Literatur des Mittelalters*, hg. von Christoph Huber, Burghart Wachinger, Hans-Joachim Ziegeler, Tübingen 2000, S. 171–194.

[12] Gerd Althoff, *Spielregeln der Politik im Mittelalter. Kommunikation in Frieden und Fehde*, Darmstadt 1997; Forschungsüberblick bei Hans-Werner Goetz, *Moderne Mediävistik. Stand und Perspektiven der Mittelalterforschung*, Darmstadt 1999, S. 198–205, 214–218.

[13] Jacques Le Goff et Jean-Claude Schmitt, »L'histoire médiévale«, in: *Cahiers de Civilisation médiévale* 39 (1996), S. 9–25, hier S. 20.

[14] Jean-Claude Schmitt, *Die Logik der Gesten im abendländischen Mittelalter*, Stuttgart 1993; zur neueren Theoriebildung: *Gestik. Figuren des Körpers in Text und Bild*, hg. von Margret Egidi u. a., Tübingen 2000; zu Ritualen jetzt Corinna Dörrich, *Poetik des Rituals. Konstruktion und Funktion politischen Handelns in mittelalterlicher Literatur*, Darmstadt 2002.

[15] Gerd Althoff, »Zur Bedeutung symbolischer Kommunikation für das Verständnis des Mittelalters«, in: *Frühmittelalterliche Studien* 31 (1997), S. 370–389.

[16] Hartmut Bleumer, »Narrative Historizität und historische Narration. Überlegungen am Gattungsproblem der Dietrichepik. Mit einer Interpretation des *Eckenlieds*«, in: *Zeitschrift für deutsches Altertum und Literatur* 129 (2000), S. 125–153, hat vorgeschlagen, symbolisch aufgeladene Gesten als geschichtlich »vorfindliche Ausdrucksmöglichkeiten« zu verstehen, die durch den Anschluß an »historisch-reale Kommunikationsformen« die Erzählungen selbst historisieren (bes. S. 136–138). Da Gesten aber verschiedentlich in den Texten nicht einfach von den Akteuren vollzogen, sondern auch inszeniert werden und sich zu diskursiven Komplexen verbinden können, ziehe ich es zumindest im Blick auf den höfischen Roman vor, von ›Wirklichkeitseffekten‹ zu sprechen.

[17] Gerd Althoff, »Spielten die Dichter mit den Spielregeln der Gesellschaft?«, in: *Mittelalterliche Literatur im Spannungsfeld von Hof und Kloster*, hg. von Nigel F. Palmer und Hans-Jochen Schiewer, Tübingen 1999, S. 53–71; Otto Neudeck, »Das Spiel mit den Spielregeln. Zur literarischen Emanzipation von Formen körperhaft-ritualisierter Kommunikation im Mittelalter«, in: *Euphorion* 95 (2001), S. 287–303.

[18] Monika Unzeitig-Herzog, »*Artus Mediator*. Zur Konfliktlösung in Wolframs *Parzival* Buch XIV«, in: *Frühmittelalterliche Studien* 32 (1998), S. 196–217; zu den Mediatoren Hermann Kamp, *Friedensstifter und Vermittler im Mittelalter*, Darmstadt 2001; zur Multiperspektivität in literarischen Texten Dörrich [Anm. 14], S. 75–78.

[19] Gerd Althoff, »Wolfram von Eschenbach und die Spielregeln der mittelalterlichen Gesellschaft«, in: *Wolfram-Studien* 16 (2000), S. 102–120; zu den Begrüßungsritualen Dörrich [Anm. 14], S. 79–109.

[20] Victor Turner, *Vom Ritual zum Theater. Der Ernst des menschlichen Spiels* (amer. 1982), Frankfurt/M. 1982, S. 110 (Original: S. 70).

[21] Christoph Kleppel, *›vremder bluomen underscheit‹. Erzählen vom Fremden in Wolframs ›Willehalm‹*, Frankfurt/M. u. a. 1996 (Mikrokosmos 45).

[22] Stephan Fuchs, *Hybride Helden. Gwigalois und Willehalm. Beiträge zum Heldenbild und zur Poetik des Romans im frühen 13. Jahrhundert*, Heidelberg 1997 (Frankfurter Beiträge zur Germanistik 31), S. 347; vgl. auch *Der einsame Held*, hg. von Wilhelm G. Busse und Olaf Templin, Tübingen 2000 (Kultur und Erkenntnis 23).

[23] Am besten herausgearbeitet ist dies – auch wenn die Kategorie des Höfischen und der Bezug zur Zeitgeschichte der Präzision bedürften – von Jörn Reichel, »Willehalm und die höfische Welt«, in: *Euphorion* 69 (1975), S. 388–409; vgl. auch Barbara Haupt, *Das Fest in der Dichtung. Untersuchung zur historischen Semantik eines literarischen Motivs in der mittelhochdeutschen Dichtung*, Düsseldorf 1989 (Studia humaniora 14), S. 218–238; zuletzt Przybilski [Anm. 32], Kap. 6.2; und jetzt Kathryn Starkey, »Die Androhung der Unordnung. Inszenierung, Macht und Verhandlung in Wolframs ›Willehalm‹«, in: *Zeitschrift für deutsche Philologie* 121 (2002), S. 321–341.

[24] Kritisches Referat der diesbezüglichen Deutungsversuche bei Renate Decke-Cornill, *Stellenkommentar zum III. Buch des ›Willehalm‹ Wolframs von Eschenbach*, Marburg 1985 (Marburger Studien zur Germanistik 7), S. 234–239; von einem »Spiegel der politischen Wirklichkeit« spricht Joachim Bumke, *Wolfram von Eschenbach*, 7., völlig neu bearbeitete Aufl., Stuttgart, Weimar 1997 (Sammlung Metzler 36), S. 223.

[25] Joachim Bumke, *Wolframs Willehalm. Studien zur Epenstruktur und zum Heiligkeitsbegriff der ausgehenden Blütezeit*, Heidelberg 1959, S. 92–98.

[26] So auch, obschon mit problematischen geschichtsphilosophischen Implikationen, Peter Czerwinski, *Der Glanz der Abstraktion. Frühe Formen von Reflexivität im Mittelalter*, Frankfurt/M. 1989, S. 25, 54.

[27] Bumke [Anm. 25], S. 92 f., 97.

[28] 112,29–113,9: *er sprach ›ich bin wol zolles vri, | mir get hie last noch soume bi | Ich bin ein riter, als ir seht. | ob ir deheinen schaden speht, | den ich dem lande habe getan, | des sult ir mich engelten lan. | die sat ich bi den strazen meit, | al der diete sla ich reit: | diu solt der werlde gemeine sin. | mir selben und dem orse min | han ich vergolten unser nar‹*; zitiert hier und im folgenden nach der Ausgabe von Werner Schröder (New York, Berlin 1978) unter Vergleich mit derjenigen von Joachim Heinzle (Frankfurt/M. 1991). Die Frage von *zolle unde geleite* behandelt der *Sachsenspiegel*, Landrecht, II,27; zur Rechtssituation Peter Csendes, »Zur Orlensepisode in Wolframs *Willehalm*«, in: *Zeitschrift für deutsches Altertum und deutsche Literatur* 97 (1968), S. 196–206, bes. S. 199–201.

[29] 117,1–8: *Ernalt sprach ›herre, wer daz si, | dem wont des küneges krie bi, | da mit der keiser Karel vaht, | der si hat geerbt und braht | uf sinen sun, derz*

riche hat | und noch die krie niemen lat | wan den die siner marke war | nement gein anderr künege schar‹.

[30] Fuchs [Anm. 22], S. 319–321.

[31] Ernalt stellt fest: *man mac wol zeime teile | unser zweir libe zeln* (119,24 f.), und weist Willehalm an den Königshof, wo auch Brüder und Eltern, *diu zwei von den wir sin erborn* (121,21), sich zum Hoftag einfinden werden.

[32] Zum Verwandtschaftsgedanken Christian Kiening, *Reflexion – Narration. Wege zum ›Willehalm‹ Wolframs von Eschenbach*, Tübingen 1991 (Hermaea 63), S. 190–205; ausführlich jetzt Martin Przybilski, *›sippe‹ und ›geslehte‹. Verwandtschaft als Deutungsmuster im ›Willehalm‹ Wolframs von Eschenbach*, Wiesbaden 2000 (Imagines medii aevi 4), bes. S. 228–236 (»Willehalm und seine Familie«).

[33] Czerwinski [Anm. 26], S. 19–57: »Höfische Körper als Realabstraktion«.

[34] Vgl. auch Müller [Anm. 9], S. 203–208 mit Beispielen aus dem *Nibelungenlied*, in denen die Haltung der Figuren »die jeweils geltende rechtlich-soziale Konstellation« spiegelt.

[35] Walter Haug, »Parzivals *zwîvel* und Willehalms *zorn*. Zu Wolframs Wende vom höfischen Roman zur Chanson de geste«, in: *Wolfram-Studien* 3 (1975), S. 217–231; wieder in ders., *Strukturen als Schlüssel zur Welt. Kleine Schriften zur Erzählliteratur des Mittelalters*, Studienausgabe, Tübingen 1990, S. 529–540, hier S. 539; allgemein zum Zorn: *Anger's Past. The Social Uses of an Emotion in the Middle Ages*, ed. by Barbara H. Rosenwein, Ithaca 1998.

[36] Vgl. Reichel [Anm. 23], S. 391 f.; Czerwinski [Anm. 26], S. 53, deutet die Situation als eine, in der Formen symbolischer Kommunikation noch nicht greifen würden.

[37] Auch der Klosteraufenthalt signalisiert, daß es andere Möglichkeiten gibt, mit dem Fremden umzugehen: *er was den münchen unbekant, | doch pflagen si sin schone* (125,6 f.). Daß Willehalm seinen Schild bei den Mönchen zurückläßt, ist Zeichen der Anerkennung und Andeutung, unter welchen Umständen Fremdheit abzulegen wäre.

[38] Anders Przybilski [Anm. 32], S. 233, 237.

[39] 148,8–11 (König): *ditze laster ane schult ich nim | von dem marcraven. der ist min man: | swaz ich dem hete getan, | der möchtz von mir den vürsten klagen*; zur lehnsrechtlichen Situation Reichel [Anm. 23], S. 404.

[40] In dieser Drohung sieht Starkey [Anm. 23] das zentrale Motiv des ganzen Handlungszusammenhangs in Munleun.

[41] Klaus Schreiner, »›Er küsse mich mit dem Kuß seines Mundes‹ (*Osculetur me osculo oris sui*, Cant. 1,1). Metaphorik, kommunikative und herrschaftliche Funktionen einer symbolischen Handlung«, in: *Höfische Repräsentation. Das Zeremoniell und die Zeichen*, hg. von Hedda Ragotzky und Horst Wenzel, Tübingen 1990, S. 89–132.

[42] Peter von Moos, »Krise und Kritik der Institutionalität. Die mittelal-

terliche Kirche als ›Anstalt‹ und ›Himmelreich auf Erden‹«, in: *Institutionalität und Symbolisierung. Verstetigungen kultureller Ordnungsmuster in Vergangenheit und Gegenwart*, hg. von Gert Melville, Köln, Weimar, Wien 2001, S. 293–340, hier S. 326–336 (Zitat S. 327).

[43] Peter von Moos, »Die angesehene Meinung. Studien zum *endoxon* im Mittelalter IV[:] Johann von Salisbury«, in: *Mittellateinisches Jahrbuch* 34,2 (1999), S. 1–55, bes. S. 45–52 (Zitat S. 47).

[44] 149,19–26: Trinitätsgedanke als Hintergrund des Vater-Sohn-Verhältnisses; 166,1–30: Passion Christi, Erschaffung Adams, Gottesgeschöpflichkeit als Argumente für die *compassio;* 178,14–17: Noah in der Arche verglichen mit Gyburc in Oransche.

[45] Die Bewegung des ›Springens‹ charakterisiert das affektiv bestimmte Agieren der jüngeren Figuren (Rennewart: 276,19; 281,22; 429,6) und vor allem auch die affektive Dimension der Sippengemeinschaft, die Willehalm und seine Brüder verbindet (146,14; 155,18; 179,7; 179,17; 311,2). Der ›zweistufige‹ Scherz, mit dem Alyze ihre aus der Festversammlung davongelaufene Mutter empfängt (*du springst so daz dir die lamen* | *möhten niht gevolgen;* 148,24 f.), läßt sich vor diesem Hintergrund auch als Hinweis auf die Differenz zum sonstigen, Übereinstimmung ausdrückenden ›Springen‹ der Geschwister verstehen.

[46] Zum Weinen der Figuren Lydia Miklautsch, »*Waz touc helden sölh geschrei?* Tränen als Gesten der Trauer in Wolframs *Willehalm*«, in: *Zeitschrift für Germanistik*, H. 2 (2000), S. 243–257.

[47] Vgl. Przybilski [Anm. 32], S. 233 f.

[48] Czerwinski [Anm. 26], S. 39–48, sieht Alyze als ›Realabstraktion‹ und »Inbegriff der Behauptung einer Möglichkeit von Frieden und Verallgemeinerung«.

[49] Vgl. Reichel [Anm. 23], S. 399.

[50] Vgl. Bumke [Anm. 25], S. 131 f.

[51] Erst bei der Übergabe des Oberbefehls über das Heer erinnert Loys an den Schlachtruf Munschoye, *der minem vater Karel schuof* | *in strite manec koberen.* Christoph Cormeau, »*ist mich von Karlen uf erborn/daz ich sus vil han verlorn?* Sinnkonstitution aus dem innerliterarischen Dialog im *Willehalm* Wolframs von Eschenbach«, in: *Grundlagen des Verstehens mittelalterlicher Literatur. Literarische Texte und ihr historischer Erkenntniswert*, hg. von Gerhard Hahn und Hedda Ragotzky, Stuttgart 1992 (Kröners Studienbibliothek 662), S. 72–85.

[52] Zur Treueverpflichtung zwischen Herrscher und Untertanen und den Konsequenzen ihrer Verletzung Fritz Kern, *Gottesgnadentum und Widerstandsrecht im früheren Mittelalter. Zur Entwicklungsgeschichte der Monarchie*, Leipzig 1914 (Mittelalterliche Studien I,2), S. 177–184, 389–396.

[53] Vgl. Christian Kiening, »Umgang mit dem Fremden. Die Erfahrung des ›Französischen‹ in Wolframs *Willehalm*«, in: *Wolfram-Studien* 11 (1989), S. 65–85, hier S. 78–84.

[54] Haug [Anm. 35], S. 536 f.

[55] Wie sehr sich die thematischen Linien im *Willehalm* immer wieder verschränken, hat Fuchs [Anm. 22], S. 267, hervorgehoben.

[56] Vgl. u. a. Elke Ukena-Best, »Die Klugheit der Frauen in Wolframs von Eschenbach *Willehalm*«, in: *Zwischen Schrift und Bild. Entwürfe des Weiblichen in literarischer Verfahrensweise*, hg. von Christine Krause, Sylvia Mayer, Heidelberg 1994, S. 5–40.

[57] Karl-Siegbert Rehberg, »Eine Grundlagentheorie der Institutionen: Arnold Gehlen. Mit systematischen Schlußfolgerungen für eine kritische Institutionentheorie«, in: *Die Rationalität politischer Institutionen. Interdisziplinäre Perspektiven*, hg. von Gerhard Göhler, Kurt Lenk, Rainer Schmalz-Bruns, Baden-Baden 1990, S. 115–144, hier S. 136; ders., »Institutionen als symbolische Ordnungen. Leitfragen und Grundkategorien zur Theorie und Analyse institutioneller Mechanismen«, in: *Die Eigenart der Institutionen. Zum Profil politischer Institutionentheorie*, hg. von Gerhard Göhler, Baden-Baden 1994, S. 47–84.

[58] Gert Melville, »Institutionen als geschichtswissenschaftliches Thema. Eine Einführung«, in: *Institutionen und Geschichte*, hg. von dems., Köln, Weimar, Wien 1992 (Norm und Struktur 1), S. 1–24, hier S. 11; zur mediävistischen Diskussion auch: *Institutionen und Ereignis. Über historische Praktiken und Vorstellungen gesellschaftlichen Ordnens*, hg. von Reinhard Blänkner, Bernhard Jussen, Göttingen 1998 (Veröffentlichungen des Max-Planck-Instituts für Geschichte 138); *Institutionalität und Symbolisierung* [Anm. 42].

[59] Zum historischen Hintergrund Hagen Keller, »Zum Charakter der ›Staatlichkeit‹ zwischen karolinigischer Reichsreform und hochmittelalterlichem Herrschaftsausbau«, in: *Frühmittelalterliche Studien* 24 (1990), S. 248–264; Gerd Althoff, *Verwandte, Freunde und Getreue. Zum politischen Stellenwert der Gruppenbindungen im frühen Mittelalter*, Darmstadt 1990.

[60] Auf Willehalms Klage erwidert sein Bruder Bernart: *wer liez uns lant und lande hort | ane bluot und swertes ort? | Tybaldes lant und des wip | du hast; dar umbe manegen lip | noch gein uns wagen sol sin var* (457, 15–19).

[61] Beispiele bei Althoff [Anm. 12], S. 258–281, und bei dems., »Der König weint. Rituelle Tränen in öffentlicher Kommunikation«, in: *›Aufführung‹ und ›Schrift‹ in Mittelalter und früher Neuzeit*, hg. von Jan-Dirk Müller, Stuttgart, Weimar 1996 (DFG-Symposien. Berichtsbd. 17), S. 239–252.

[62] Urban Küsters, »Klagefiguren. Vom höfischen Umgang mit der Trauer«, in: *An den Grenzen höfischer Kultur. Anfechtungen der Lebensordnung in der deutschen Erzähldichtung des hohen Mittelalters*, hg. von Gert Kaiser, München 1991 (Forschungen zur Geschichte der älteren deutschen Literatur 12), S. 9–75, hier S. 23 f.

[63] Dies ist herausgestellt in anregender, aber radikaler, den Zeichenstatus von Texten ignorierender Weise von Silke Philipowski, »Geste und Inszenierung. Wahrheit und Lesbarkeit von Körpern im höfischen Epos«, in: *Beiträge zur Geschichte der deutschen Sprache und Literatur* 122 (2000), S. 455–477.

[64] Vgl. Mach [Anm. 6], bes. S. 28–44. Eine Auffächerung von Zeichen und Symbolen in ihren Leistungen für Institutionen findet sich bei János Bak, »Symbol – Zeichen – Institution. Versuch einer Systematisierung«, in: *Institutionen und Geschichte* [Anm. 59], S. 115–131.

[65] Burghart Wachinger, »Schichten der Ethik in Wolframs *Willehalm*«, in: *Alte Welten – neue Welten. Akten des IX. Kongresses der Internationalen Vereinigung für germanische Sprach- und Literaturwissenschaft (IVG). Bd. 1. Plenarvorträge*, hg. von Michael S. Batts, Tübingen 1996, S. 49–59.

[66] Vgl. Kiening [Anm. 32], Peter Strohschneider, »Kreuzzugslegitimität – Schonungsgebot – Selbstreflexivität. Über die Begegnung mit dem fremden Heiden im *Willehalm* Wolframs von Eschenbach«, in: *Die Begegnung mit dem islamischen Kulturraum in Geschichte und Gegenwart*, hg. von Stephan Krimm, Dieter Zerlin, München 1992 (Acta Hohenschwangau 1991), S. 23–42.

4 Ansätze literarischer Theoriebildung

Neuperspektivierung eines Materials, das ausführlicher behandelt wurde in dem Aufsatz »Freiräume literarischer Theoriebildung – Dimensionen und Grenzen programmatischer Aussagen in der deutschen Literatur des 12. Jahrhunderts«, in: *Deutsche Vierteljahrsschrift für Literaturwissenschaft und Geisteswissenschaft* 66 (1992), S. 405–449.

[1] Überblick mit Literatur bei H.-D. Blume, »Poetik (I. Antike)«, in: *Historisches Wörterbuch der Philosophie* 7 (1989), Sp. 1011–1017. Zum Weiterleben in der lateinischen Literatur Paul Klopsch, *Einführung in die Dichtungslehren des lateinischen Mittelalters*, Darmstadt 1980, S. 40 ff; Übersicht und Texte (in Übersetzung) zur lateinischen Literaturtheorie in: *Medieval Literary Theory and Criticism c. 1100 - c. 1300. The Commentary Tradition*, ed. by A. J. Minnis and A. B. Scott, Oxford 1988.

[2] *Dichtungslehren der Romania aus der Zeit der Renaissance und des Barock*, hg. von August Buck, Klaus Heitmann, Walter Mettmann, Frankfurt/M. 1972 (Dokumente zur europäischen Poetik 3); Karl Borinski, *Die Poetik der Renaissance und die Anfänge der litterarischen Kritik in Deutschland* [1886], Nachdr. Hildesheim 1967; neuere Literatur bei H. Wiegmann, »Poetik (II. Vom Mittelalter bis zur Aufklärung)«, in: *Historisches Wörterbuch* [Anm. 1], Sp. 1017–1021.

[3] Paul Valéry, »L'enseignement de la poétique au Collège de France«, in: ders., *Variété V*, Paris 1944, S. 291; G. Scholtz, »Poetik (III. Die Begriffsentwicklung bis zur Gegenwart)«, in: *Historisches Wörterbuch* [Anm. 1], Sp. 1021–1023, hier Sp. 1023.

[4] Walter Haug, *Literaturtheorie im deutschen Mittelalter. Von den Anfängen bis zum Ende des 13. Jahrhunderts*, Darmstadt 1985; kritische Auseinander-

setzung mit dem Buch bei Christoph Huber, in: *Anzeiger für deutsches Altertum* 99 (1988), S. 60–68; Weiterentwicklung bei Mark Chinca, Christopher Young, »Literary theory and the German romance in the literary field c. 1200«, in: *Text und Kultur. Mittelalterliche Literatur 1150–1450*, hg. von Ursula Peters, Stuttgart, Weimar 2001 (Germanistische Symposien. Berichtsbd. 23), S. 612–644. Eine Stellensammlung für die altfranzösische Literatur bietet der Band: *Französische Literarästhetik des 12. und 13. Jahrhunderts. Prologe – Exkurse – Epiloge*, hg. von Ulrich Mölk, Tübingen 1969 (Sammlung romanischer Übungstexte 54).

5 Hennig Brinkmann, *Zu Wesen und Form mittelalterlicher Dichtung*, Halle/S. 1928, Nachdr. Darmstadt 1979, situierte die »theoretischen Äußerungen der Dichter« zwischen scholastischer Kunsttheorie und lateinisch-poetischer Tradition; Bruno Boesch, *Die Kunstanschauung in der mittelhochdeutschen Dichtung von der Blütezeit bis zum Meistergesang*, Bern, Leipzig 1936, las aus ihnen schon ein System der Kunst heraus.

6 Zur Konventionalität Ernst Robert Curtius, *Europäische Literatur und lateinisches Mittelalter*, Bern 1948 u. ö.; Auseinandersetzung damit bei Haug [Anm. 4], S. 11 f. (mit weiterer Literatur); Peter Dronke, *Poetic Individuality in the Middle Ages. New Departures in Poetry 1050–1150*, Oxford 1970, bes. S. 1–22.

7 Haug [Anm. 4], S. 3.

8 Haug [Anm. 4], S. 46–74: »Allegorese und Entscheidung. Literaturtheoretische Positionen in frühmittelhochdeutscher Zeit«. Ein neuer Blick auf eine Gruppe frühhöfischer Romane und ihr poetologisches Verhältnis zum höfischen Roman bei dems., »Für eine Ästhetik des Widerspruchs. Neue Überlegungen zur Poetologie des höfischen Romans«, in: *Mittelalterliche Literatur und Kunst im Spannungsfeld von Hof und Kloster*, hg. von Nigel F. Palmer und Hans-Jochen Schiewer, Tübingen 1999, S. 211–227.

9 Textsammlungen: *Die religiösen Dichtungen des 11. und 12. Jahrhunderts*. Nach ihren Formen besprochen und hg. von Friedrich Maurer. 3 Bde., Tübingen 1964–70; *Kleinere deutsche Gedichte des 11. und 12. Jahrhunderts*. Nach der Auswahl von Albert Waag hg. von Werner Schröder. 2 Bde., Tübingen 1972 (Altdeutsche Textbibliothek 71/72); *Kleinere deutsche Gedichte des 11. und 12. Jahrhunderts*, hg. von Hans Joachim Gernentz, Halle [5]1987; *Frühe deutsche Literatur und lateinische Literatur in Deutschland 800–1150*, hg. von Walter Haug und Benedikt Konrad Vollmann, Frankfurt/M. 1991 (Bibliothek deutscher Klassiker 62 = Bibliothek des Mittelalters 1). Interpretationen bei Heinz Rupp, *Deutsche religiöse Dichtungen des 11. und 12. Jahrhunderts. Untersuchungen und Interpretationen*, Freiburg 1958. Bibliographie: Francis G. Gentry, *Bibliographie zur frühmittelhochdeutschen geistlichen Dichtung*, Berlin 1992 (Bibliographien zur deutschen Literatur des Mittelalters 11). Literarhistorischer Überblick bei Gisela Vollmann-Profe, *Von den Anfängen zum hohen Mittelalter. Wiederbeginn volkssprachiger Schriftlichkeit im hohen Mittelalter*, Frankfurt/M. 1986 (Geschichte der deutschen Literatur

von den Anfängen bis zum Beginn der Neuzeit I,2) und Dieter Kartschoke, *Geschichte der deutschen Literatur im frühen Mittelalter*, München 1990 (dtv 4551). Zur handschriftlichen Überlieferung Ernst Hellgardt, »Die deutschsprachigen Handschriften im 11. und 12. Jahrhundert. Bestand und Charakteristik im chronologischen Aufriß«, in: *Deutsche Handschriften 1100–1400*, hg. von Volker Honemann und Nigel F. Palmer, Tübingen 1988, S. 35–81; Christa Bertelsmeier-Kierst, »Aufbruch in die Schriftlichkeit. Zur volkssprachigen Überlieferung im 12. Jahrhundert«, in: *Wolfram-Studien* 16 (2000), S. 157–174. Zum Publikum Bernd Naumann, *Dichter und Publikum in deutscher und lateinischer Bibelepik des frühen 12. Jahrhunderts*, Erlangen 1968 (Erlanger Beiträge zur Sprach- und Kunstwissenschaft 30).

10 *Kleinere deutsche Gedichte*, hg. von Waag/Schröder [Anm. 9], Bd. 1, S. 1–26; *Kleinere deutsche Gedichte*, hg. von Waag/Gernentz [Anm. 9], S. 59–72; *Frühe deutsche Literatur* [Anm. 9], S. 566–595, 1411–1425 (Kommentar); Hartmut Freytag, »Ezzos Gesang. Text und Funktion«, in: *Geistliche Denkformen in der Literatur des Mittelalters*, hg. von Klaus Grubmüller u. a., München 1984 (Münstersche Mittelalter-Schriften 51), S. 154–170; das Folgende nach dem grundlegenden Aufsatz von Eckart Conrad Lutz, »Literaturgeschichte als Geschichte von Lebenszusammenhängen. Das Beispiel des Ezzo-Liedes«, in: *Mittelalterliche Literatur im Lebenszusammenhang*, hg. von dems., Freiburg/Schweiz 1997 (Scrinium Friburgense 8), S. 95–145.

11 Lutz, S. 129 f.; s. auch Ferdinand Urbanek, »Das Ezzolied in den Traditionen von *ars rhetorica* und germanisch-heimischer Redekunst«, in: *Zeitschrift für deutsche Philologie* 106 (1987), S. 321–340; 107 (1988), S. 26–48.

12 Über Gunther klagt Meinhard, der Rektor der Bamberger Domschule: *Semper ille Attilam, semper Amalungum et cetera id genus portare retractat*; Carl Erdmann, »Fabulae curiales. Neues zum Spielmannsgesang und zum Ezzo-Liede«, in: *Zeitschrift für deutsches Altertum und deutsche Literatur* 73 (1936), S. 87–98; Ergänzung: ebd. 74 (1937), S. 116. Zu Ezzo vgl. *Vita Altmanni*, hg. von Wilhelm Wattenbach, Hannover 1856 (Monumenta Germaniae Historica. Scriptores XII), S. 230, 11 f. (Kap. 3) anläßlich des großen Palästinazuges 1064/65: *Ezzo scolasticus [...] cantilenam de miraculis Christi patria lingua nobiliter composuit.*

13 Bernd Naumann, »Ein- und Ausgänge frühmittelhochdeutscher Gedichte und die Predigt des 12. Jahrhunderts«, in: *Studien zur frühmittelhochdeutschen Literatur*, hg. von Leslie Peter Johnson, Hans-Hugo Steinhoff und Roy A. Wisbey, Berlin 1974, S. 37–57; C. Stephen Jaeger, »Der Schöpfer der Welt und das Schöpfungswerk als Prologmotiv in der mittelhochdeutschen Dichtung«, in: *Zeitschrift für deutsches Altertum und deutsche Literatur* 107 (1978), S. 1–18.

14 Beispiele bei Haug [Anm. 4] S. 46 ff; umfassende Belegsammlung bei Julius Schwietering, *Die Demutsformel mittelhochdeutscher Dichter* [zuerst 1921], wieder in: ders., *Philologische Schriften*, hg. von Friedrich Ohly und Max Wehrli, München 1969, S. 140–215.

[15] Lothar Bornscheuer, *Topik. Zur Struktur der gesellschaftlichen Einbildungskraft*, Frankfurt/M. 1976. Zur Eigendynamik der volkssprachlichen Prologtradition James A. Schultz, »Classical Rhetoric, Medieval Poetics, and the Medieval Vernacular Prologue«, in: *Speculum* 59 (1984), S. 1–15.

[16] Hans Blumenberg, »Ausblick auf eine Theorie der Unbegrifflichkeit«, in: ders., *Schiffbruch mit Zuschauer. Paradigma einer Daseinsmetapher*, Frankfurt/M. 1979 (suhrkamp taschenbuch wissenschaft 289), S. 77–93, hier S. 77.

[17] Zur Historischen Semantik s. die Angaben in Anm. 50 zur Einleitung.

[18] *Die Kaiserchronik eines Regensburger Geistlichen*, hg. von Edward Schröder, Hannover 1892 (Monumenta Germaniae Historica. Deutsche Chroniken I,1); zum Prolog Friedrich Ohly, *Sage und Legende in der Kaiserchronik. Untersuchungen über Quellen und Aufbau der Dichtung*, Münster 1940 (Forschungen zur deutschen Sprache und Dichtung 10), S. 33 f.; Tibor Friedrich Pézsa, *Studien zu Erzähltechnik und Figurenzeichnung in der deutschen ›Kaiserchronik‹*, Frankfurt/M. u. a. 1993 (Europäische Hochschulschriften I, 1378), S. 16–19.

[19] V. 27–34: *Nu ist leider in disen zîten | ein gewonheit wîten: | manege erdechent in lugene | unt vuogent si zesamene | mit scophelîchen worten. | nû vurht ich vil harte | daz diu sêle dar sumbe brinne: | iz ist ân gotes minne.* Zur Diskussion um den Begriff *scophelîch* Wilhelm Wissmann, *Skop*, Berlin 1954 (Sitzungsberichte der Deutschen Akademie der Wissenschaften Berlin. Klasse für Sprache, Literatur und Kunst 1954/2). In anderen Texten scheint eher eine Integration volkssprachlicher Mündlichkeit intendiert gewesen zu sein; in der *Wiener Genesis* (hg. von Kathryn Smits, Berlin 1972 [Philologische Studien und Quellen 59]) tritt der Erzähler im Duktus des Sängers auf (v. 3418: *chunde wir [...] scophen*); im *Scopf von dem lône* wird Heilsgeschichte als spielmännisches Lied angekündigt (*Kleinere deutsche Gedichte*, hg. von Waag/Gernentz [Anm. 9], S. 116–125).

[20] *Bamberger Glaube und Beichte* (Text nach der Münchener Handschrift, 12. Jh., in: *Deutsche Sagversdichtungen des IX.–XI. Jahrhunderts*, hg. von Eduard Sievers, Halle/S. 1924 [Germanische Bibliothek II,16], Nr. 37), v. 210–212: *In lugiságilon, ín lugispéllen, | ín huorlieden, in állen scantsángen, | in hónreden mánigen.*

[21] *Annolied*, hg., übersetzt und kommentiert von Eberhard Nellmann, Stuttgart 1975 u. ö. (Reclam UB 1416), v. 1–8: *Wir horten ie dikke singen | Von alten dingen, | Wi snelle helide vuhten, | Wi si veste burge brechen, | Wi sich liebin vuiniscefte schieden, | Wi riche Künege al zegiengen. | Nu ist ciht daz wir dencken | Wi wir selve sülin enden*; *Frühe deutsche Literatur* [Anm. 9], S. 596 f., 1427 f.

[22] George Gillespie, »Spuren der Heldendichtung in Texten des 11. und 12. Jahrhunderts«, in: *Studien zur frühmittelhochdeutschen Literatur* [Anm. 13], S. 235–263, hier S. 237 f.

[23] Vergleichbar ist in diesem Sinne die Polemik Chrétiens in seinem *Erec*-Prolog (hg. von Albert Gier, Stuttgart 1987 [Reclam UB 8360]), v. 19–22:

d'Erec, le fil Lac, est li contes, | que devant rois et devant contes | depecier et corronpre suelent | cil qui de conter vivre vuelent.

[24] Zu den Begriffen Klaus Düwel, *Werkbezeichnungen der mittelhochdeutschen Erzählliteratur (1050–1250)*, Göttingen 1983 (Palaestra 277), S. 11.

[25] *Kaiserchronik*, v. 35–38: *sô lêret man die luge diu chint: | die nach uns chunftich sint, | die wellent si alsô behaben | unt wellent si iemer fur wâr sagen.*

[26] Konrad von Würzburg, *Kleinere Dichtungen II: Der Schwanritter. Das Turnier von Nantes*, hg. von Edward Schröder, Dublin/Zürich [4]1968, v. 1430–40; Peter Strohschneider, »Ur-sprünge. Körper, Gewalt und Schrift im ›Schwanritter‹ Konrads von Würzburg«, in: *Gespräche – Boten – Briefe. Körpergedächtnis und Schriftgedächtnis im Mittelalter*, hg. von Horst Wenzel, Berlin 1997 (Philologische Studien und Quellen 143), S. 127–153.

[27] Signifikant ist die Begriffswiederholung, die das jeweils in der Negation Definierte zusammenhält: *die tumben [...] ungerne hôrent sagen* (v. 6/11) – *die wîsen ungerne der von sagen* (v. 41).

[28] V. 14176–78: *Swer nû welle bewæren, | daz Dieterîch Ezzelen sæhe, | der haize daz buoch vur tragen.* Dietrich, immer wieder als *helt lussam* (v. 13932), *helt guot* (v. 14097) und *wîgant* (v. 14135) präsentiert, kann zur ritterlichen Identifikationsfigur werden (s. Joachim Knape, »Zur Typik historischer Personenerinnerung in der mittelhochdeutschen Weltchronistik des 12. und 13. Jahrhunderts«, in: *Geschichtsbewußtsein in der deutschen Literatur des Mittelalters*, hg. von Christoph Gerhardt, Nigel F. Palmer und Burghart Wachinger, Tübingen 1985, S. 17–36, hier S. 24), um schließlich in Übereinstimmung mit der klerikalen Tradition doch in die Hölle zu fahren (s. Ohly [Anm. 18], S. 222 f.). Zur Tradition Otto Gschwantler, »Zeugnisse zur Dietrichsage in der Historiographie von 1100 bis gegen 1350«, in: *Heldensage und Heldendichtung im Germanischen*, hg. von Heinrich Beck, Berlin, New York 1988 (Ergänzungsbände zum Reallexikon zur Germanischen Altertumskunde 2), S. 35–80. Zum Zusammenspiel von Mündlichem und Schriftlichem Ernst Hellgardt, »Dietrich von Bern in der deutschen Kaiserchronik«, in: *Deutsche Literatur und Sprache von 1050 bis 1200. Festschrift für Ursula Hennig zum 65. Geburtstag*, hg. von Annegret Fiebig und Hans-Jochen Schiewer, Berlin 1995, S. 93–110.

[29] Zu Quellenberufungen eine umfassende Sammlung bei Carl Lofmark, *The Authority of the Source in Middle High German Narrative Poetry*, London 1981 (Bithell Series of Dissertations 5).

[30] Lamprecht, *Alexander*, hg. von Karl Kinzel, Halle/S. 1884 (Germanistische Handbibliothek VI). In der Straßburger Fassung ist die Stelle abgeschwächt: *nieman ne schuldige mih: | alse daz bûch saget, sô sagen ouh ih* (S. 17 f.).

[31] V 19–32: *Dô Alberîch diz lît inslûc, | dô heter ein Salemones pûch, | dâ er ane sach | vanitatum vanitas: | daz ist allez ein îtelcheit, | daz diu sunne umbegeit. | daz hete Salemon wol virsûht. | dar umbe swar in sîn mût. | er ne wolte niht langer ledec sitzen, | er screip von grôzen witzen, | wande des mannes mû-*

zecheit | ze deme lîbe noh ze der sêle niht versteit. | dar ane gedâhte Alberich. | den selben gedanc hân ich. Zum Topos Curtius [Anm. 6], S. 98 f.; Haug [Anm. 4], S. 85.

32 *Alexandre* [Anm. 30], v. 1–8 *Dit Salomon al primier pas, | quant de son libre mot lo clas, | ›est vanitatum vanitas | et universa vanitas‹. | poyst l'oume fayni' enfirmitas, | toylle s'en otïositas, | solaz nos faz' antiquitas, | que tot non sie vanitas.* Zum Prolog zusammenfassend Wolfgang Fischer, *Die Alexanderliedkonzeption des Pfaffen Lambrecht*, München 1964 (Medium Aevum 2), S. 42–44, zu Lambrecht S. 45–49; Haug [Anm. 4], S. 84–88; Neuausgabe des altfranzösischen Textes: *Alberics Alexanderfragment*, hg. von Ulrich Mölk, Günter Holtus, in: *Zeitschrift für romanische Philologie* 115 (1999), S. 582–625; zum ganzen Komplex: Christoph Mackert, *Die Alexandergeschichte in der Version des ›Pfaffen‹ Lambrecht. Die frühmittelhochdeutsche Bearbeitung der Alexanderdichtung des Alberich von Bisinzo und die Anfänge weltlicher Schriftepik in deutscher Sprache*, München 1999 (Beiheft zu Poetica 23).

33 An späterer Stelle zieht Lambrecht zur Beschreibung von Alexanders Schlacht gegen die Perser am Granicus Figuren aus Heldensage und Trojageschichte gleichermaßen heran (V 1321–38, S 1830–48); s. Cola Minis, »Über die Hildestelle in Lambrechts ›Alexander‹«, in: *Amsterdamer Beiträge zur älteren Germanistik* 12 (1977), S. 47–70.

34 Texte: *Geistliche Dichtungen*, hg. von Maurer [Anm. 9], Bd. 3, S. 254–359 (zitiert); Heinrich von Melk, *Von des todes gehugde. Mahnrede über den Tod*. Mhd./Nhd. Übersetzt, kommentiert und mit einer Einführung in das Werk hg. von Thomas Bein u. a., Stuttgart 1994 (Reclam UB 8907); zu den Texten Vollmann-Profe [Anm. 9], S. 166–171; Kartschoke [Anm. 9], S. 382–387.

35 *Priesterleben*, v. 646–649: *han aber ich die* [warheit] *iender zebrochen, | daz choem mir ze einem verlorne, | unt behuot mich vor ir zorne | Christes chriuze unt sin van.*

36 *Anegenge*, hg. von Dietrich Neuschäfer, München 1969 (Altdeutsche Texte in kritischen Ausgaben 1); Handschrift: Wien, Österreichische Nationalbibliothek, cod. 2696 (um 1300), f. 165^{r}–178^{v}: *Von des todes gehugde*, f. 179^{r}–221^{v}: *Anegenge*, f. 303^{r}–307^{v}: *Priesterleben*. Zum Text Rupp [Anm. 9], S. 217–260; differenzierend Vollmann-Profe [Anm. 9], S. 188; Kartschoke [Anm. 9], S. 276–279. Ausführlich zum Kontext des Sündenfalls Brian Murdoch, *The Fall of Man in the Early Middle High German Biblical Epic. The ›Wiener Genesis‹, the ›Vorauer Genesis‹ and the ›Anegenge‹*, Göppingen 1972 (Göppinger Arbeiten zur Germanistik 58).

37 Anselm von Canterbury, *Cur deus homo. Warum Gott Mensch geworden. Lat. und dt.* [hg und übersetzt von Franciscus Salesius Schmitt], Darmstadt 1956 u. ö., S. 20–24; Hans Blumenberg, *Arbeit am Mythos*, Frankfurt/M. 1979, S. 280 (Zitat); s. auch Rainer Warning, *Funktion und Struktur. Die Ambivalenzen des geistlichen Spiels*, München 1974 (Theorie und Geschichte der Literatur und der schönen Künste 35), S. 146–161; Bru-

no Quast, »Vera Icon. Über das Verhältnis von Kulttext und Erzählkunst in der ›Veronika‹ des Wilden Mannes«, in: *Mittelalter. Neue Wege durch einen alten Kontinent*, hg. von Jan-Dirk Müller und Horst Wenzel, Stuttgart, Leipzig 1999, S. 197–216; ders., *Vom Kult zur Kunst. Öffnungen des rituellen Textes in Mittelalter und früher Neuzeit*, Tübingen 2003 (Bibliotheca Germanica), bes. Kap. 4.

[38] Die Wendungen stehen vor biblischem Hintergrund. Das Bild des Blinden geht zurück auf *Levithicus* 19,14 (*non maledices surdo/ nec coram caeco pones offendiculum),* das des Brunnens auf *Exodus* 21,33 *(si quis aperuerit cisternam et foderit et non operuerit eam/ cecideritque bos vel asinus in eam/ dominus cisternae reddet pretium iumentorum …*); s. Valentin Teuber, »Über die vom Dichter des Anegenge benutzten Quellen«, in: *Beiträge zur Geschichte der deutschen Sprache und Literatur* 24 (1899), S. 259–360, hier S. 250 f. Das Brunnenbild ist in der Bibelexegese immer wieder als Zeichen der Verhüllung göttlicher Geheimnisse gedeutet worden; zur Metaphorik Hans-Jörg Spitz, *Die Metaphorik des geistigen Schriftsinns. Ein Beitrag zur allegorischen Bibelauslegung des ersten christlichen Jahrtausends,* München 1972 (Münstersche Mittelalter-Schriften 12), S. 116 und 209 ff.

[39] Im Rahmen der Polemik gegen hurende Geistliche heißt es im *Priesterleben* [Anm. 35], v. 132–135: *so leitet der blinde den blinden in die gruobe. | diu gruobe ist diu helle, | des aber got niht enwelle, | daz iwer einer sich oder ander iemen dar in velle.* Die gleiche Metaphorik des Grabens begegnet noch bei Michel Beheim in Zugweise Nr. 2 *gotes wesen vor den geschephten* (*Gedichte*, hg. von Helmut Gille und Ingeborg Spriewald, Bd. 1, Berlin 1968 [Deutsche Texte des Mittelalters 60], S. 5 f.), v. 6: *ein tumer lay sol graben nicht so tieff.*

[40] V. 282–299: *nû ist ez sô tief und sô vremde | und sô gar grundelos | (mich enwelle der êwige trôst | bewîsen dar inne), | daz ich ez mit mînem sinne | niemer mac verenden; | wil aber er mir helfe senden, | sô wirt sîn guot rât. | got selbe gesprochen hât, | swer von im reden wolde, | daz er dar nâch niht denchen solde; | er gæbe im ze munde | daz er sprechen chunde, | sô ez im choeme an die nôt: | sam tuo er ouch mir durch sînen tôt! | mînem geist gebe er die lêre | und ouch den hoeræren die êre, | daz ez in ze staten chume.*

[41] V. 2044 ff.; v. 2142–48/2155 f.: *Er hât eine tiefe rede getân, | ze diu, daz er uns benennet den man, | der dâ tichtete daz liet. | er entæte sîn vürnamens niet, | er enwesse wol diu wârheit: | der elliu rehtiu buoch dâ schreip, | mit dem wil erz behaben | … in genuogen steten hat sît | Gregôrius der von geredet.*

[42] Die Schilderung der Höllenfahrt geschieht zunächst nach geläufigen Motiven aus dem *Descensus ad inferos* (v. 3157 ff), dann wird aber dennoch die Frage aufgeworfen, wo sich Christus in den drei Tagen vor der Auferstehung aufgehalten habe, gefolgt von einem Unsagbarkeitstopos, v. 3202 f.: *ich enchan noch enmac | iu der von niht gezellen*; s. Rupp [Anm. 9], S. 240.

[43] Hartmut Freytag, *Die Theorie der allegorischen Schriftdeutung und die*

Allegorie in deutschen Texten besonders des 11. und 12. Jahrhunderts, Bern und Tübingen 1982 (Bibliotheca Germanica 24), S. 43–50.

[44] Millstätter Sammelhandschrift (heute in Klagenfurt), um 1200; Ausgaben: *Kleinere deutsche Gedichte*, hg. von Waag/Schröder [Anm. 9], Bd. 2, S. 132–170 [zitiert]; *Kleinere deutsche Gedichte*, hg. von Waag/Gernentz [Anm. 9], S. 147–176; *Frühe deutsche Literatur*, hg. von Haug/Vollmann [Anm. 9], S. 784–849, 1514–1531 (Kommentar); zur poetologischen Dimension bes. Peter F. Ganz, »›Die Hochzeit‹. *fabula* und *significatio*«, in: *Studien zur frühmittelhochdeutschen Literatur* [Anm. 13], S. 58–73, hier S. 59–62; Ernst Hellgardt, »Zur Poetik frühmittelhochdeutscher Dichtung«, in: *Geistliche Denkformen* [Anm. 10], S. 131–138, hier S. 136–138; Kartschoke [Anm. 9], S. 377–380.

[45] V. 7–12: *Swer diu zeichene wil began, | der sol guoten list haben, | also der smit vil guot | die wiere in daz golt tuot. | daz insigele er fur blat, | als erz gelernt hat.*

[46] Strukturierung bei Hugo Kuhn, »Allegorie und Erzählstruktur«, in: ders., *Liebe und Gesellschaft*, hg. von Wolfgang Walliczek, Stuttgart 1980, S. 106–117, hier S. 113–117.

[47] Elke Brüggen, »Schwierige Nähe. Reflexe weltlicher Kultur und profaner Interessen in frühmittelhochdeutscher geistlicher Literatur«, in: *Geistliches in weltlicher und Weltliches in geistlicher Literatur*, hg. von Christoph Huber, Burghart Wachinger und Hans-Joachim Ziegeler, Tübingen 2000, S. 27–50.

[48] Walter Haug, »Schriftlichkeit und Reflexion. Zur Entstehung und Entwicklung eines deutschsprachigen Schrifttums im Mittelalter«, in: *Schrift und Gedächtnis. Beiträge zu einer Archäologie der literarischen Kommunikation I*, hg. von Aleida und Jan Assmann, Christof Hardmeier, München 1983, S. 141–157; Klaus Grubmüller, »Mündlichkeit, Schriftlichkeit und Unterricht. Zur Erforschung ihrer Interferenzen in der Literatur des Mittelalters«, in: *Der Deutschunterricht* 41/1 (1989), S. 41–54.

[49] L. Peter Johnson, »Die Blütezeit und der neue Status der Literatur«, in: *Literarische Interessenbildung im Mittelalter*, hg. von Joachim Heinzle, Stuttgart, Weimar 1993 (DFG-Symposien. Berichtsbd. 14), S. 235–256; Ernst Hellgardt, »Anonymität und Autornamen zwischen Mündlichkeit und Schriftlichkeit in der deutschen Literatur des 11. und 12. Jahrhunderts. Mit Vorbemerkungen zu einigen Autornamen in der altenglischen Dichtung«, in: *Autor und Autorschaft im Mittelalter*, hg. von Elizabeth Andersen u. a., Tübingen 1998, S. 46–72.

[50] Hans-Werner Goetz, »Die ›Geschichte‹ im Wissenschaftssystem des Mittelalters«, in: *Funktionen und Formen mittelalterlicher Geschichtsschreibung*, hg. von Franz-Josef Schmale, Darmstadt 1985, S. 165–213; Gert Melville, »System und Diachronie. Untersuchungen zur theoretischen Grundlegung geschichtsschreiberischer Praxis im Mittelalter«, in: *Historisches Jahrbuch* 95 (1975), S. 33–67 und S. 308–341; Georg Wieland, »Rationalisie-

rung und Verinnerlichung. Aspekte der geistigen Physiognomie des 12. Jahrhunderts«, in: *Philosophie im Mittelalter. Entwicklungslinien und Paradigmen*, hg. von Jan P. Beckmann u. a., Hamburg 1987, S. 61–79, hier S. 73 ff.; *Aufbruch, Wandel und Erneuerung. Beiträge zur ›Renaissance‹ des 12. Jahrhunderts*, hg. von Georg Wieland, Stuttgart-Bad Cannstatt 1995; Anton Legner, »Illustres manus«, in: *Ornamenta ecclesiae. Kunst und Künstler der Romanik*, hg. von dems., Bd. 1, Köln 1985, S. 187–230; Peter Cornelius Claussen, »Künstlerinschriften«, ebd., S. 263–276 (jeweils mit Literatur). Zur Individualisierung u. a. Charles H. Haskins, *The Renaissance of the Twelfth Century*, Cambridge/Mass. 1927; Richard W. Southern, *The Making of the Middle Ages*, London 1952; Colin Morris, *The Discovery of the Individual 1050–1200*, ²Toronto 1987; Robert W. Hanning, *The Individual in Twelfth Century Romance*, New Haven 1977; Jean-Claude Schmitt, »La ›decouverte de l'individu‹: une fiction historiographique?«, in: ders., *Le corps, les rites, les rêves, le temps. Essais d'anthropologie médiévale*, Paris 2001, S. 241–262.

5 Arbeit am Muster

Überarbeitete Fassung des Aufsatzes »Arbeit am Muster. Literarisierungsstrategien im ›König Rother‹«, in: *Wolfram-Studien* 15 (1998), S. 211–244.

[1] Zitiert (mit gelegentlich leicht veränderter Interpunktion) nach: *Rother*, hg. von Jan de Vries, Heidelberg 1922 (Germanische Bibliothek II,139); vergleichend herangezogen sind: *König Rother*, hg. von Theodor Frings und Joachim Kuhnt, Bonn und Leipzig 1922 (Rheinische Beiträge und Hülfsbücher zur germanischen Philologie und Volkskunde 3); *König Rother.* Mhd. Text und nhd. Übersetzung von Peter K. Stein, hg. von Ingrid Bennewitz, Stuttgart 2000 (Reclam UB 18047). Präsentation des neueren Forschungsstandes bei Hans Szklenar, Art. »König Rother«, in: *Die deutsche Literatur des Mittelalters. Verfasserlexikon*, 2. Aufl., Bd. 5 (1985), Sp. 82–94.

[2] Das wird eingangs gerade an der Fülle von Vorausdeutungen kenntlich; Christian Gellinek, *König Rother. Studien zur literarischen Deutung*, Bern und München 1968, S. 31–35; Ingo Reiffenstein, »Die Erzählervorausdeutung in der frühmittelhochdeutschen Dichtung. Zur Geschichte und Funktion einer poetischen Formel«, in: *Beiträge zur Geschichte der deutschen Sprache und Literatur* 94 (1972), Sonderheft (Festschrift Hans Eggers), S. 551–576.

[3] Ein typologische Übersicht über die weltweit verbreiteten Motive bei Friedmar Geissler, *Brautwerbung in der Weltliteratur*, Halle/S. 1955, wo allerdings unter Brautwerbung auch Werbungen seitens des Mädchens und Werbungen zum Zwecke der Liebesvereinigung, nicht der Ehe verstanden

sind. Für die mittelhochdeutschen Texte s. Jan de Vries, »Die Brautwerbungssagen«, in: *Germanisch-romanische Monatsschrift* 9 (1921), S. 330–341; 10 (1922), S. 31–44 (wieder in: *Spielmannsepik*, hg. von Walter Johannes Schröder, Darmstadt 1977 [Wege der Forschung 385], S. 92–125); Heinrich Siefken, *Überindividuelle Formen und der Aufbau des Kudrunepos*, München 1967 (Medium Aevum 11); Nikolaus Miller, »Brautwerbung und Heiligkeit. Die Kohärenz des *Münchner Oswald*«, in: *Deutsche Vierteljahrsschrift für Literaturwissenschaft und Geistesgeschichte* 52 (1978), S. 226–240; Manfred Caliebe, *Dukus Horant. Studien zu seiner literarischen Tradition*, Berlin 1973 (Philologische Studien und Quellen 70); Christian Schmid-Cadalbert, *Der Ortnit AW als Brautwerbungsdichtung. Ein Beitrag zum Verständnis mittelhochdeutscher Schemaliteratur*, Bern 1985 (Bibliotheca Germanica 28), S. 79–100 (gute Übersicht); Marianne E. Kalinke, *Bridal-Quest Romance in Medieval Iceland*, Ithaca and London 1990 (Islandica 46), wo auch der (in der mittelhochdeutschen Literatur seltene) Typus der misogamen *maiden kings* behandelt ist. Zu den mündlich überlieferten serbokroatischen Brautwerbungserzählungen und -liedern Theodor Frings und Max Braun, *Brautwerbung*. 1. Tl., Leipzig 1947 (Berichte über die Verhandlungen der Sächsischen Akademie der Wissenschaften zu Leipzig. Phil.-hist. Kl. 1944/48, 96/2); *Serbo-Croatian Heroic Poems. Epics from Bihac, Cazin and Kulen Vakuf*, translated by D. E. Bynum, collected by M. Parry, A. B. Lord and D. E. Bynum, with additional translations by M. P. Coote and J. F. Loud, New York and London 1993 (Milman Parry Studies in Oral Tradition [1]).

[4] Vgl. Viktor Schirmunski, *Vergleichende Epenforschung* I, Berlin 1961 (Deutsche Akademie der Wissenschaften. Veröffentlichungen des Instituts für deutsche Volkskunde 24), S. 41. Das Exogamiegebot, meist deutlich im trennenden Meer zwischen den Herrschaftsgebieten manifest, ist explizit formuliert im *Dukus Horant* (hg. von P. F. Ganz, F. Norman, W. Schwarz, Tübingen 1964 [Altdeutsche Textbibliothek Ergänzungsreihe 2]), wo Etene den Vorschlag, die Tochter des Königs von Frankreich zu heiraten, abweist, weil ihr Vater sein *dinestman* sei (F. 44 3,2), und im *Orendel* (hg. von Hans Steinger, Halle/S. 1935 [Altdeutsche Textbibliothek 36]), wo der Vater keine Braut für seinen Sohn weiß, weil im Umkreis von 13 Königreichen alle verwandt seien (v. 208–211).

[5] *Die Erzählungen aus den Tausendundein Nächten*, [...] nach dem arabischen Urtext der Calcuttaer Ausgabe (1830) übersetzt von E. Littmann, Bd. 2, Frankfurt/M. 1953, S. 79–133 (129.-136. Nacht); Parallele (Geschichte von Ardaschîr und Hajât en-Nufûs): Bd. 5, S. 7–87 (719.-738. Nacht); vgl. Frings/Braun [Anm. 3], S. 142–144.

[6] So Christa Ortmann und Hedda Ragotzky, »Brautwerbungsschema, Reichsherrschaft und staufische Politik. Zur politischen Bezeichnungsfähigkeit literarischer Strukturmuster am Beispiel des *König Rother*«, in: *Zeitschrift für deutsche Philologie* 112 (1993), S. 321–343, hier S. 328, und Rita Zimmermann, *Herrschaft und Ehe. Die Logik der Brautwerbung im ›König Rother‹*,

Frankfurt/M. u.a. 1993 (Europäische Hochschulschriften I, 1422), hier S. 59, 63.

7 Roland Barthes, »Les suites d'action«, in: ders., *L'aventure sémiologique*, Paris 1985 (Points Essais 219), S. 207–217, hier S. 210.

8 Wenn in verschiedenen Erzählungen die Verweigerung der Braut mit den inzestuösen Absichten des Vaters begründet wird (*Münchner Oswald*, hg. von Michael Curschmann, Tübingen 1974 [Altdeutsche Textbibliothek 76], v. 321 f.; *Ortnit* [*Ortnit und die Wolfdietriche*, nach Müllenhoffs Vorarbeiten hg. von Arthur Amelung und Oskar Jänicke, 1871, ^{2}Dublin, Zürich 1968], Str. 21,4; Geißler [Anm. 3], S. 103–106), dürfte dies als psychologische Motivation auf der Oberflächenstruktur der Konkretisierung und Plausibilisierung des strukturellen Prinzips dienen.

9 V. 326–338: *Daz ich die rede irlovbit han, | des moz ich lange trorich stan. | Were min siete so getan, | daz ich sie* [die Tochter] *gebe geheinen man, | so mochtich sie mit eren [!] | senden dime herren. | Daz weiz aver got riche, | du tates wisliche, | du uvr reditis umbe die bodeschap, | du ne bescohetis anderis nimmer mer den tac. | Wande miner tochter nebat nie niehein man, | er ne moste son houet uirlorin han. | So magiz v niht ir gan.*

10 Vgl. Gellinek [Anm. 2], S. 48 f., und die erhellenden Beobachtungen von Karl Stackmann, in: *Kudrun*, hg. von Karl Bartsch, überarbeitet und eingeleitet von K. S., Wiesbaden ^{5}1980, S. XV–XXXI.

11 Ein Beispiel: Die Goldschmiede, die Rother vor der Abreise auftreiben läßt (v. 794–796), sind zwar zunächst nicht fehl am Platz, ihre Funktion enthüllt sich aber erst dort, wo sie gebraucht werden, um die Schuhe für die Prinzessin herzustellen (v. 2024–2028). Im *Münchner Oswald* [Anm. 8] dagegen tauchen sie ganz ohne Vorbereitung im richtigen Moment auf (v. 2097–2113).

12 Auch im Artusroman bleiben »entscheidende ›Wendungen‹ der Erzählung« häufig »ohne kausal-psychologische Motivierung« (Kurt Ruh, *Höfische Epik des deutschen Mittelalters. I. Von den Anfängen bis zu Hartmann von Aue*, Berlin ^{2}1977 [Grundlagen der Germanistik 7], S. 114). Generell wird die Notwendigkeit einer solchen Motivierung erst in der normativen Poetik der Spätaufklärung festgeschrieben. Doch sind auch für vormodernes Erzählen verschiedene Formen von (In-)Kohärenz in verschiedenen narrativen Typen zu differenzieren; vgl. K. J. Campbell, »Some Types of Incoherence in Middle High German Epic«, in: *Beiträge zur Geschichte der deutschen Sprache und Literatur* 109 (1987), S. 350–374, die dem Artusroman eine ›economy of motives‹, der Heldenepik dagegen eine ›superfluity of motives‹ zuordnet (S. 367).

13 Vgl. Hugo Kuhn, *Tristan, Nibelungenlied, Artusstruktur* (1973), wieder in: ders., *Liebe und Gesellschaft*, hg. von Wolfgang Walliczek, Stuttgart 1980, S. 12–35, 179 f., hier S. 34 (›direktes Erzählen‹).

14 Clemens Lugowski, *Die Form der Individualität im Roman* (zuerst Berlin 1932). Mit einer Einleitung von Heinz Schlaffer, Frankfurt/M. 1976

(suhrkamp taschenbuch wissenschaft 151); Diskussion und Weiterführung des Ansatzes in: *Formaler Mythos. Beiträge zu einer Theorie ästhetischer Formen*, hg. von Matías Martínez, Paderborn u. a. 1996.

15 Matías Martínez, *Doppelte Welten. Struktur und Sinn zweideutigen Erzählens*, Göttingen 1996 (Palaestra 298), S. 29; s. auch ders., »Fortuna und Providentia. Typen der Handlungsmotivation in der Faustiniangeschichte der *Kaiserchronik*«, in: *Formaler Mythos*, S. 83–100. Ein anderes Modell präsentierte Tzvetan Todorov, »Poetik« (frz. 1968), in: *Einführung in den Strukturalismus*, hg. von François Wahl, Frankfurt/M. 1973 u.ö. (suhrkamp taschenbuch wissenschaft 10), S. 105–179, hier S. 131–135 mit der Unterscheidung zwischen ereignishafter, psychologischer und philosophischer Kausalität, die jeweils in unterschiedlicher Dominanz gedacht werden.

16 Martínez, *Doppelte Welten*, S. 28 f.

17 Zur Handschrift Frings/Kuhnt, Ausgabe [Anm. 1], S. 14*-48*; Günter Kramer, »Zum *König Rother*, das Verhältnis des Schreibers der Heidelberger Handschrift (H) zu seiner Vorlage«, in: *Beiträge zur Geschichte der deutschen Sprache und Literatur* (Halle) 82 (1960), S. 1–82; 84 (1962), S. 120–172; Karin Schneider, *Gotische Schriften in deutscher Sprache*, Tl. 1, Wiesbaden 1987, S. 113 f. Auch die bekannte Aussage des Spruchdichters Marner (im Rahmen des Liedes über die literarischen Wünsche des Publikums), daß manch einer gerne hören würde, *wâ künc Ruother saz* (XV,14; v. 264), belegt nicht notwendig die Existenz eines mündlichen *Rother*-Epos; sie mag auf den Erzählbeginn anspielen, den auch die erhaltene *Rother*-Fassung aufweist.

18 Zur mündlich-schriftlichen Dimension der Textgliederung durch Initialen Antje Mißfeldt, *Die Abschnittsgliederung und ihre Funktion in mittelhochdeutscher Epik*, Göppingen 1978 (Göppinger Arbeiten zur Germanistik 236), S. 24–93. Zur Stellung des Textes zwischen Mündlichkeit und Schriftlichkeit Walter Johannes Schröder, »König Rother. Gehalt und Struktur«, in: *Deutsche Vierteljahrsschrift für Literaturwissenschaft und Geistesgeschichte* 29 (1955), S. 301–322 (wieder in: *Spielmannsepik* [Anm. 3], S. 323–350); Hans Fromm, »Die Erzählkunst des *Rother*-Epikers«, in: *Euphorion* 54 (1960), S. 347–379 (wieder in: *Spielmannsepik* [Anm. 3], S. 351–396); vgl. auch Peter K. Stein, »*Do newistich weiz hette getan. Ich wolde sie aller ir slagen hanc.* Beobachtungen und Überlegungen zum *König Rother*«, in: *Festschrift Ingo Reiffenstein*, Göppingen 1988 (Göppinger Arbeiten zur Germanistik 478), S. 309–338, hier S. 311 u. ö.

19 Übersichten bei Gellinek [Anm. 2], S. 11–20, wo eine Handlungszeit von etwa dreieinhalb Jahren errechnet ist.

20 Beispielsweise wird der Spielmann, der am Ende der Schlacht entrinnt und Konstantin von der Niederlage berichtet, mit dem Spielmann identifiziert, der bei Rothers erstem Aufenthalt in Konstantinopel dem (aus dem Streit um die Tischordnung entstandenen) Aufruhr entkommt und Konstantin Mitteilung über die wütenden Riesen macht (v. 4300–4303:

Do ulo ein spileman, | die Widolden ouch hie uore intran, | vor Constantinen den richen | harde hasticliche; vgl. v. 1711–1732; Parallele v. 4315–4317 und v. 1728–1730).

21 Hans Fromm, »Doppelweg«, in: *Werk – Typ – Situation. Studien zu poetologischen Bedingungen in der älteren deutschen Literatur*, Stuttgart 1969, S. 64–79, hier S. 78.

22 *Thidriks saga af Bern*, hg. von Henrik Bertelsen, Bd. 2, Kopenhagen 1908–11, S. 71–83; *Die Geschichte Thidreks von Bern*, übertragen von Fine Erichsen, Jena 1924 (Thule 22), S. 99–106; präzise Sichtung der Parallelen zuletzt bei Thomas Klein, »Zur Thidreks saga«, in: *Arbeiten zur Skandinavistik*, hg. von Heinrich Beck, Frankfurt/M. u. a. 1985 (Texte und Untersuchungen zur Germanistik und Skandinavistik 11), S. 487–565 (S. 487–512, 544–556: Vilcina saga und *König Rother*); interpretatorisch zuspitzend Walter Haug, »Struktur, Gewalt und Begierde. Zum Verhältnis von Erzählmuster und Sinnkonstitution in mündlicher und schriftlicher Überlieferung«, in: *Idee – Gestalt – Geschichte. (Festschrift Klaus von See)*, Odense 1988, S. 143–157, hier S. 151 f.: Im »Vergleich der Varianten [kann] ein gleichbleibendes Muster heraustreten«, das Gegenstand der Diskussion wird: »in dem neuen Muster wird ein neues Gesetz präsentiert, durch das Macht und Eros in einem von Gott sanktionierten politischen Konzept aufgehoben werden«.

23 Seine Existenz anzunehmen kann sich im Grunde nur auf ein argumentum e silentio, nämlich auf das fast völlige Fehlen von Parallelen zwischen dem zweiten Teil des *König Rother* und der Osantrixgeschichte stützen, doch ist immerhin die in beiden Texten begegnende Aufforderung der Riesen, die Stadt des Brautvaters zu vernichten (KR 4388–4392; ThS II 80,8–10), auffällig. Eine ›gemeinsame Quelle‹ (Klein, S. 497 f.) ist schon deshalb nicht zu beweisen, weil nicht auszuschließen ist, daß der Kompilator der *Thidrekssaga* seine Geschichte allein aus dem *Rother*-Text gewinnen konnte: Der Auftritt »punktuell und isoliert« wirkender Figuren wie des Markgrafen Hermann (Klein, S. 498) ist angesichts des vorliegenden Erzähltypus kaum quellengeschichtlich verwertbar, zudem läßt er sich funktional plausibel machen (Hermann, der zunächst auf Lupold hinweist [v. 91–99] und dann diesem Platz macht [v. 104], dient dazu, Lupold als geeigneten Boten und Helfer Rothers zu profilieren).

24 Zur Rechtssymbolik Fromm [Anm. 20], S. 383 f.; Jan de Vries, »Die Schuhepisode im König Rother«, in: *Zeitschrift für deutsche Philologie* 80 (1961), S. 129–141 (wieder in: *Spielmannsepik* [Anm. 3], S. 397–412); Helmut Voigt, »Zur Rechtssymbolik der Schuhprobe in Thidriks saga (Viltina tháttr)«, in: *Beiträge zur Geschichte der deutschen Sprache und Literatur* 87 (1965), S. 93–149; Monika Schulz, »*Iz ne wart nie urowe baz geschot*. Bemerkungen zur Kemenatenszene im *König Rother*«, in: *Literarische Kommunikation und soziale Interaktion. Studien zur Institutionalität mittelalterlicher Literatur*, hg. von Beate Kellner, Ludger Lieb, Peter Strohschneider, Frankfurt/M. u. a. 2001 (Mikrokosmos 64), S. 73–88.

[25] Stein [Anm. 18], S. 327.

[26] Vgl. auch Dagmar Neuendorff, *Studien zur Entwicklung der Herrscherdarstellung in der deutschsprachigen Literatur des 9.–12. Jahrhunderts*, Stockholm 1982 (Stockholmer Germanistische Forschungen 29), S. 244; Stein [Anm. 20], S. 313 (›Doppelbödigkeit‹). Zur Kombinatorik jetzt Markus Stock, *Kombinationssinn. Narrative Strukturexperimente im ›Straßburger Alexander‹,im ›Herzog Ernst B‹ und im ›König Rother‹*, Tübingen 2002 (Münchener Texte und Untersuchungen zur deutschen Literatur des Mittelalters 123).

[27] Kuhn [Anm. 13], S. 34.

[28] Schriftlichkeit spielt im *König Rother* praktisch keine Rolle: Der *brief* (v. 630), mit dem die Riesen zum Hoftag gerufen werden, hat ebenso zeichenhaft-autoritativen Charakter wie der Namenszug auf dem Ring, den Rother heimlich der Prinzessin zusteckt (v. 3875–3880). In der *Thidrekssaga* werden demgegenüber die Werbungen jeweils von Briefen begleitet, die vorgelesen werden (Bertelsen [Anm. 22] 71,14; 75,8).

[29] Vgl. Hugo Kuhn, »Über nordische und deutsche Szenenregie in der Nibelungendichtung«, in: ders., *Dichtung und Welt im Mittelalter*, Stuttgart 1959, S. 196–219, 277–283; Joachim Bumke, »Die Quellen der Brünhildfabel im *Nibelungenlied*«, in: *Euphorion* 54 (1960), S. 1–38, bes. 34–38 (›symbolischer Szenenstil‹); Horst Wenzel, »Szene und Gebärde. Zur visuellen Imagination im *Nibelungenlied*«, in: *Zeitschrift für deutsche Philologie* 111 (1992), S. 321–343; Joachim Heinzle, *Das Nibelungenlied. Eine Einführung*, ²Frankfurt/M. 1994 (Fischer 11843), S. 81–83.

[30] Zum Lachen v. 2484 (das Lachen Luppolds und Erwins angesichts der Ahnung um die Anwesenheit ihres Vaters), v. 2939 (das Lachen der in Konstantinopel zurückgebliebenen Frauen als Bestätigung von Rothers ›rechtmäßiger Entführung‹ der Königstochter), v. 3883 (das Lachen der Prinzessin angesichts des Wissens um Rothers Anwesenheit) und v. 3897–3899 (Ymelots Reaktion: *Ich wene uns uwer lachin | herceleit icht mache | vnde wringinde die hende*). Zum Weinen: v. 356, 434, 444, 525 u. ö.

[31] Zum Typus Horst Wenzel, »Melancholie und Inspiration. Walther von der Vogelweide, L. 8,4 ff. Zur Entwicklung des europäischen Dichterbildes«, in: *Walther von der Vogelweide. Beiträge zu Leben und Werk*, hg. von Hans-Dieter Mück, Stuttgart 1989 (Kulturwissenschaftliche Bibliothek 1), S. 133–153.

[32] Vgl. Jacob Grimm, *Deutsche Rechtsaltertümer*, Göttingen 1828, ⁴1899, Nachdr. 1922, S. 304 f.

[33] V. 168 f.: *Einis zeines her ime gedachte, | daz er sint vollen brachte*; v. 178 f.: *Des urowete sich manic man, | der sint in groze not quam*; Reiffenstein [Anm. 2], S. 558.

[34] Vgl. Haiko Wandhoff, *Der epische Blick. Eine mediengeschichtliche Studie zur höfischen Literatur*, Berlin 1996 (Philologische Studien und Quellen 141), S. 226.

[35] V. 2469–2483: *Do sprach Erwin der mere: | ›Lupolt trvt herre, | siedu einin grawin man | mit deme schonin barte stan, | der mich schowete | wunderen note? | Her karte sich vmbe | vnde wranc sine hande; | her ne torste nicht weinen | vnde ne stunt ime doch nie so leide.* [= v. 2432–2435] | *Waz ob got der gote | durch sine otmote | ein groz zeichin wil began, | daz wir kumin hinnen.‹ | ›Daz is war, brodir min, | her mach wole vnse uatir sin‹.*

[36] Hermann Apfelböck, *Tradition und Gattungsbewußtsein im deutschen Leich. Ein Beitrag zur Gattungsgeschichte mittelalterlicher musikalischer discordia*, Tübingen 1991 (Hermaea 62), betont, daß »sich speziell der unstrophische Leich [...] ausgezeichnet [eigne], in fremder Gesellschaft Anonymität zu gewährleisten und doch gleichzeitig den Freunden ein eindeutiges, individuelles Zeichen zu übermitteln« (S. 65).

[37] Zu Rothers *list*-Handeln in größerem Rahmen Burkhard Hasebrink, *Prudentiales Wissen. Eine Studie zur ethischen Reflexion und narrativen Konstruktion politischer Klugheit im 12. Jahrhundert*, Tübingen 2003 (Bibliotheca Germanica), hier Kap. 6.

[38] Schon als die Griechen die prächtig gekleideten Fremden zuerst am Strand bemerken, rechnen sie damit, den vor sich zu haben, dessen Boten vor über einem Jahr ebenfalls prachtvoll auftraten, aber dann im Kerker landeten. Ein Ratgeber Konstantins stellt fest: ›*Herre, dir ist vvele geschein | an den boten walgetan, | die du hast gevangin lan | vnde sin diz ir herren - | sie moygit unsich alle serre.*‹ (v. 880–884).

[39] Immer noch mustergültige Analyse der folgenden Szenen und ihrer narrativen Gestaltung bei Fromm [Anm. 18], bes. S. 364–384.

[40] Zur Herrschaftsthematik ausführlich Neuendorff [Anm. 26], S. 151–204, 300–312; Maria Dobozy, *Full circle. Kingship in german epic. Alexanderlied, Rolandslied, ›Spielmannsepen‹*, Göppingen 1985 (Göppinger Arbeiten zur Germanistik 399), passim; Zimmermann [Anm. 6].

[41] Vgl. Hans Szklenar, *Studien zum Bild des Orients in vorhöfischen deutschen Epen*, Göttingen 1966 (Palaestra 243), S. 131–144; Uwe Meves, *Studien zu König Rother, Herzog Ernst und Grauer Rock (Orendel)*, Frankfurt/M., Bern 1976 (Europäische Hochschulschriften I,181), S. 51 f.; Neuendorff [Anm. 26], S. 191–198.

[42] In der Festhalle unter dem Tisch hervorkommend, wo er sich mit Berhter verborgen hat, sagt er nur: ›*Ich bin sicherliche hir. | Mich scowe wer so wille.*‹ (v. 3959 f.). Mit Verweis auf das in seinem Land geübte Recht beansprucht er sodann, den eigenen Hinrichtungsplatz zu bezeichnen und von Ymelot in Anwesenheit seiner Leute selbst gerichtet zu werden (v. 3975–3995).

[43] Vgl. Meves [Anm. 41], S. 26–30; Hartmut Kokott, *Literatur und Herrschaftsbewußtsein. Wertstrukturen der vor- und frühhöfischen Literatur. Vorstudien zur Interpretation mittelhochdeutscher Texte*, Frankfurt/M. u. a. 1978 (Europäische Hochschulschriften I,232), S. 110–113; zu den Szenen und ihrem feudalrechtlichen Charakter Jan-Dirk Müller, »Ratgeber und Wissende in

heroischer Epik«, in: *Frühmittelalterliche Studien* 27 (1993), S. 124–146, bes. S. 129–133, 136 f. Daß die Vorschläge der Ratgeber autoritativen Charakter (in der Rother-Welt) haben, unterstreicht ihr Hinweis (v. 606 f.): ›*Ne volges du des nichit, Rother,* | *so ne kumistu nimmer vber mer.*‹

44 Zur Vorstellung, ursprünglich (nach der Sintflut) seien »die Menschen so groß und stark wie Riesen« gewesen, vgl. den Prolog der *Thidrekssaga* [Anm. 22] 4,4–12; Hans Fromm, »Riesen und Recken«, in: *Deutsche Vierteljahrsschrift für Literaturwissenschaft und Geistesgeschichte* 60 (1986), S. 42–59 (wieder in: ders., *Arbeiten zur deutschen Literatur des Mittelalters*, Tübingen 1989, S. 305–324, hier S. 309 f.).

45 Müller [Anm. 43], S. 137.

46 Der Text führt vor, wie die Einsicht in die Wirkung der Riesen sukzessive zu deren Indienstnahme beiträgt: Berhter registriert die Freude der Königin über Asprians Löwentötung (v. 1226–1228), und Rother benutzt gleich darauf (mit Wendung an die Königin!) die mangelnde höfische Zucht der Riesen als Argument, von Konstantins Hof fernzubleiben und seinen eigenen Hof zu etablieren (v. 1262–1274). Konstantin wiederum nimmt das Argument auf und personalisiert es – mit einer Lüge: die Riesen würden seine Frau erschrecken (v. 1284).

47 Der singuläre Hinweis auf eine Heerfahrt gegen *Vngerin vnde Krechen* (v. 495) mag in Verbindung stehen mit der *Thidrekssaga*, wo der Brautvater Milias König in *hunaland* ist. Ebenfalls auf einen der Osantrixgeschichte ähnlichen Handlungsgang mag die Aufnahme Dietrichs/Rothers in Konstantinopel zielen. Es entspinnt sich ein kurzer Disput zwischen Konstantin und seinen Beratern, in dem der Ostherrscher die Bereitschaft andeutet, das Gesuch abzuschlagen. Der Rat jedoch verweist darauf, daß die Fremden gefährlich seien und die Situation ungewiß. So kann Dietrich bleiben. Das ist nicht selbstverständlich. In der *Thidrekssaga* verweigert Milias dem Osantrix, der unter dem Namen Thidrek auftritt, die Aufnahme als Gefolgsmann, woraufhin die Riesen den Kampf entfesseln. Auch wenn die Königstochter Dietrich, der in der Kemenatenszene seine enge Verbindung mit Rother anklingen läßt, zunächst für einen Boten hält (v. 2253), steht vielleicht eine Variante im Hintergrund: In der *Thidrekssaga* schickt Osantrix zweimal Boten zu Milias, das zweite Mal seine Neffen.

48 Ähnliche Beobachtungen für das *Nibelungenlied* bei Peter Strohschneider, »Einfache Regeln – komplexe Strukturen. Ein strukturanalytisches Experiment zum *Nibelungenlied*«, in: *Mediävistische Komparatistik. Festschrift für Franz Josef Worstbrock zum 60. Geburtstag*, hg. von Wolfgang Harms und Jan-Dirk Müller, Stuttgart 1997, S. 43–75.

49 In Firdausis *Schahname* benutzt Bezhan den heimlich zum Kerker gegrabenen Gang, um zu fliehen (Gellinek [Anm. 2], S. 66).

50 Den erhöhten Anspruch Rothers auf die Braut formuliert zunächst die Königin, wenn sie ihrem Mann erklärt: ›*Si* [die Tochter] *wil der listige*

man | *zo eineme wete han* | *biz ime wirt gelonit,* | *des he der hat gedienit.*‹ (v. 3004–3007), sodann der Pilger, der die Ereignisse des ersten Konstantinopelaufenthalts rekapituliert: Rother ›*irwarh mit sinir houisheit,* | *daz die magit lossam* | *ir uater inran,* | *her si wider quemin.* | *Do heter ime zo lone* | *vnde vorte westert ouer mere*‹ (v. 3784–3789).

[51] Frauen werden nur en passant erwähnt: von Luppold bei seiner Präsentation der Rother-Welt gegenüber Konstantin (›*ros vnde iuncvrowen [!]* | *vnde ander ritaris gezowe,* | *des vlizit sich min herre*‹; v. 300–302), von einem Bürger Baris beim Anblick der Kaufmannsware (›*des allir besten goldis,* | *des die urowen tragen woldin*‹; v. 3135 f.). Erst am Ende ist von Berhters Frau die Rede (*iz was der herzoge von Meran,* | *nach dem dar heime* | *sin wif dicke weinite;* v. 4969–4971), und erst am Ende hält jenes Staunen auch in Bari Einzug, das die Aufenthalte in Konstantinopel begleitete (*Dar wart uon den urowin* | *michil schowin;* v. 4979 f.).

[52] Ein anderer zeitgenössischer epischer Versuch, einen zwei- in einen dreiteiligen Raum zu transformieren (vgl. Peter Strohschneider und Herfried Vögel, »Flußübergänge. Zur Konzeption des *Straßburger Alexander*«, in: *Zeitschrift für deutsches Altertum und deutsche Literatur* 118, 1989, S. 85–108) mag dem *Rother*-Epiker bekannt gewesen sein: Er läßt auf Berhters Helm Alexanders Paradiesesstein erglänzen (*den brachte Alexander* | *von uremidime lande,* | *dar nie nichein cristin man* | *weder e noch sint ne quam;* v. 4958–4961).

[53] Konstantin der Große fungiert auch für den Kompilator der *Thidrekssaga* als Bezugspunkt; *Thidrekssaga* [Anm. 22] 3,19–21: *thesse saga hefer gier verit j thann tijma er Constantinus kongur hinn mikli var andadur er nagliga hefer kristnad allann heiminn.*

[54] In Witolds Gebet spielt die Vorstellung, der Erzengel Michael habe dem Teufel einen *michelen schlag* versetzt und ihn damit in die Hölle befördert, eine zentrale Rolle (v. 4445–4450). In seinem Auftritt am Hof, bei der Wiederbegegnung mit Konstantin, wird die Aggression auf das Instrument ihrer Artikulation umgelenkt: *He lach inde beiz in die stangin,* | *daz die uoris flamme* | *dar uz uoren dicke* (v. 4462–4464; Parallele zu v. 1048–1050: *zwene stene her in de hant nam,* | *[...]* | *daz dar vz vor du flamme).*

[55] Vgl. Ferdinand Urbanek, *Kaiser, Grafen und Mäzene im ›König Rother‹*, Berlin 1976 (Philologische Studien und Quellen 71), S. 22–65 u. ö.

[56] Ebd., S. 40; Joachim Bumke, *Mäzene im Mittelalter. Die Gönner und Auftraggeber der höfischen Literatur in Deutschland 1150–1300*, München 1979, S. 93 f.

[57] Vgl. de Vries, Ausg. [Anm. 1], S. LXXXIX–XCIII; Theodor Frings, »Rothari – Roger – Rothere«, in: *Beiträge zur Geschichte der deutschen Sprache und Literatur* 67 (1944), S. 368–370 (wieder in: *Spielmannsepik* [Anm. 3], S. 245–247).

[58] Urbanek [Anm. 55], S. 20 f., 109 f.; Bumke [Anm. 56], S. 92); *Herzöge und Heilige. Das Geschlecht der Andechs-Meranier im europäischen Hochmittel-*

alter, hg. von Josef Kirmeier und Evamaria Brockhoff, München 1993 (Veröffentlichungen zur Bayerischen Geschichte und Kultur 24), S. 66. Zu Berhters Position vgl. v. 3423–3426, 4485–4500; die Mythisierung der Figur wird deutlich an der Inszenierung der Auftritte v. 3497–3512, 4934–4971, 5082–5099 (jeweils mit Namensnennung erst am Ende).

59 Zusammenfassend Bumke [Anm. 56], S. 91–96, 335–338; Szklenar [Anm. 1], Sp. 88 f.

60 Zu staufischen bzw. welfischen Bezugspunkten Bumke [Anm. 56], S. 94. Seit etwa 1160 wird der von Friedrich betriebene ›Karlskult‹ (gipfelnd in der Heiligsprechung Karls 1165) auch an verschiedenen imperialen Kunstobjekten (Portraitbüste, Armreliquiar, Schrein) sichtbar; vgl. Heinrich Fillitz, »Kaisertum, Papsttum und Politik in der Kunst des 12. Jahrhunderts«, in: *Herkunft und Ursprung. Historische und mythische Formen der Legitimation*, hg. von Peter Wunderli, Sigmaringen 1994, S. 133–140.

61 Rückbezüge auf Adam: v. 374 (Erwin), 1208 (griech. Königin), 2708 (Erzähler), 4408 (Asprian); vgl. Arnold Angenendt, »Der eine Adam und die vielen Stammväter. Idee und Wirklichkeit der Origo gentis im Mittelalter«, in: *Herkunft und Ursprung*, S. 27–52.

62 Vgl. Karl-Ernst Geith, *Carolus Magnus. Studien zur Darstellung Karls des Großen in der deutschen Literatur des 11. und 12. Jahrhunderts*, Bern und München 1977 (Bibliotheca Germanica 19).

63 Rüdiger Schnell, »Zur Karls-Rezeption im *König Rother* und in Ottes *Eraclius*«, in: *Beiträge zur Geschichte der deutschen Sprache und Literatur* 104 (1982), S. 345–358, hier S. 345–350; *Flore und Blanscheflur*, hg. von W. Golther, Berlin und Leizig o. J. (Deutsche National-Literatur 4,2, S. 235–470), v. 7865–7867.

64 Neuendorff [Anm. 26], S. 188.

65 Vgl. *Die Kaiserchronik eines Regensburger Geistlichen*, hg. von Edward Schröder, Hannover 1892 (Monumenta Germaniae Historica. Deutsche Chroniken 1,1), v. 14412–14414: *Karl kêrte dô ze den Riflanden. | Romære vil wol rekanten, | daz er reht rihtære was.*

66 Jacques Derrida, »Die différance« (frz. 1967), in: ders., *Randgänge der Philosophie*, hg. von Peter Engelmann, Wien 1988, S. 29–52, hier S. 39.

6 Poetik des Dritten

1 Eine weitgespannte und gehaltvolle Textsammlung bietet der Band *Eos. An Enquiry into the Theme of Lovers' Meetings and Partings at Dawn in Poetry*, ed. by Arthur T. Hatto, London u. a. 1965.

2 Vgl. Jutta Goheen, »Zeit und Zeitlichkeit im mittelhochdeutschen Tagelied«, in: *Momentum dramaticum. Festschrift für Eckehard Catholy*, hg. von Linda Dietrick und David G. John, Waterloo 1990, S. 41–53.

[3] Eine systematische Bestimmung der im Tagelied erprobten Abwandlungen und Ergänzungen der Minnediskussion gibt Christoph Cormeau, »Zur Stellung des Tagelieds im Minnesang«, in: *Festschrift Walter Haug und Burghart Wachinger*, Tübingen 1992, S. 695–708. Gelegentliche Überschneidungen mit dem Tagelied weist das vor allem in Nordfrankreich verbreitete Genre des *malmariée*-Liedes auf, das allerdings in der Regel eine weibliche Sprecherperspektive besitzt und eine erotische Dreieckskonstellation entwickelt; Susanne Fritsch-Staar, *Unglückliche Ehefrauen. Zum deutschsprachigen* malmariée-*Lied*, Berlin 1995 (Philologische Studien und Quellen 134).

[4] Textsammlungen für deutsche Tagelieder: *Owê do tagte ez. Tagelieder und motivverwandte Texte des Mittelalters und der frühen Neuzeit*. Bd. 1, hg. von Renate Hausner, Göppingen 1983 (Göppinger Arbeiten zur Germanistik 204); *Deutsche Tagelieder. Von den Anfängen der Überlieferung bis zum 15. Jahrhundert*. Nach dem Plan Hugo Stopps hg. von Sabine Freund, Heidelberg 1983; *Tagelieder des Mittelalters. Mhd./Nhd.* Ausgewählt, übersetzt und kommentiert von Martina Backes. Einleitung von Alois Wolf, Stuttgart 1992 (Reclam UB 8831). Gattungsgeschichten: Walter de Gruyter, *Das deutsche Tagelied*, Diss. Leipzig 1889 (dazu die Rezension von Gustav Roethe, in: *Anzeiger für deutsches Altertum* 16, 1890, S. 75–97); Ulrich Knoop, *Das mittelhochdeutsche Tagelied. Inhaltsanalyse und literarhistorische Untersuchung*, Marburg 1976; Alois Wolf, *Variation und Integration. Beobachtungen zu hochmittelalterlichen Tageliedern*, Darmstadt 1979 (Impulse der Forschung 29); Gerdt Rohrbach, *Studien zur Erforschung des mittelhochdeutschen Tagelieds*, Göppingen 1986 (Göppinger Arbeiten zur Germanistik 462); Ioana Beloiu-Wehn, *›Der tageliet maneger gern sanc.‹ Das deutsche Tagelied des 13. Jahrhunderts. Versuch einer gattungsorientierten intertextuellen Analyse*, Frankfurt/M. u. a. 1989.

[5] Beste Ausgabe: Peter Wapnewski, *Die Lyrik Wolframs von Eschenbach. Edition, Kommentar, Interpretation*, München 1972; außerdem: Wolfram von Eschenbach, hg. von Karl Lachmann, Berlin 1833, [6]1926 (zitiert L. mit Seiten- und Zeilenzahl der Erstausgabe); *Des Minnesangs Frühling*. Unter Benutzung der Ausgaben von Karl Lachmann und Moriz Haupt, Friedrich Vogt und Carl von Kraus bearbeitet von Hugo Moser und Helmut Tervooren. 38., erneut revidierte Aufl. mit neuem Anhang. Bd. 1: Texte. Stuttgart 1988, Nr. XXIV; *Tagelieder*, hg. von Hausner [Anm. 4], S. 5–9; *Tagelieder*, hg. von Freund [Anm. 4], S. 245–251; *Tagelieder*, hg. von Backes [Anm. 4], S. 88–107, 242–250. Einen Überblick bietet L. Peter Johnson, *Die höfische Literatur der Blütezeit*, Tübingen 1999 (Geschichte der deutschen Literatur von den Anfängen bis zum Beginn der Neuzeit II/1), S. 173–188.

[6] Wolfgang Mohr, »Wolframs Tagelieder«, in: *Festschrift für Paul Kluckhohn und Hermann Schneider*, Tübingen 1948, S. 148–165, ging davon aus, daß es bereits vor Wolfram eine ausgebildete Tradition des Wächtertagelieds gegeben habe.

[7] Versuche sozialgeschichtlicher Festlegungen bieten Peter Wapnewski, »Wächterfigur und soziale Problematik in Wolframs Tageliedern«, in: *Der Berliner Germanistentag 1968*, hg. von Karl Heinz Borck u. a., Heidelberg 1970, S. 77–89; Leslie Peter Johnson, »*Sîne klâwen*. An interpretation«, in: Dennis Howard Green, L. P. J., *Approaches to Wolfram von Eschenbach. Five Essays*, Bern 1978 (Mikrokosmos 5), S. 295–334; die Lebensnähe der Lieder betont Marianne Wynn, »Wolfram's dawn songs«, in: *Studien zu Wolfram von Eschenbach. Festschrift für Werner Schröder zum 75. Geburtstag*, hg. von Kurt Gärtner und Joachim Heinzle, Tübingen 1989, S. 559–558.

[8] Anregungen in dieser Hinsicht verdanke ich der Planung des Internationalen Graduiertenkollegs *Die Figur des Dritten* (Konstanz, Zürich), insbesondere Albrecht Koschorke.

[9] Manfred Schneider, *Liebe und Betrug. Die Sprachen des Verlangens*, München 1992, S. 33–39.

[10] Horst Wenzel, »Boten und Briefe. Zum Verhältnis körperlicher und nichtkörperlicher Nachrichtenträger«, in: *Gespräche – Boten – Briefe. Körpergedächtnis und Schriftgedächtnis im Mittelalter*, hg. von dems., Berlin 1997 (Philologische Studien und Quellen 143), S. 86–105, hier S. 88; s. auch ders., *Hören und Sehen, Schrift und Bild. Kultur und Gedächtnis im Mittelalter*, München 1995, S. 252–269.

[11] Franz Viktor Spechtler, »Die Stilisierung der Distanz. Zur Rolle des Boten im Minnesang bis Walther und bei Ulrich von Liechtenstein«, in: *Peripherie und Zentrum. Studien zur österreichischen Literatur. Festschrift Adalbert Schmidt*, hg. von Gerlinde Weiss und Klaus Zelewitz, Salzburg 1971, S. 285–310; Peter Göhler, »Zum Boten in der Liebeslyrik um 1200«, in: *Gespräche – Boten – Briefe* [Anm. 10], S. 77–85, bes. S. 84.

[12] Wapnewski [Anm. 5], S. 89–112; zum Text Jürgen Kühnel, »Wolfram von Eschenbach: *Sîne klâwen*«, in: *Gedichte und Interpretationen. Mittelalter*, hg. von Helmut Tervooren, Stuttgart 1993 (Reclam UB 8864), S. 144–168.

[13] Wenig überzeugend ist der Versuch, die Begriffe in binäre Ordnungsmuster zu pressen; Barbara Wölfel, »*wahtaere* und *urloup*. Untersuchungen zu binären Motiven in den Tageliedern Wolframs von Eschenbach«, in: *Spuren. Festschrift Theo Schumacher*, hg. von Heidrun Colberg und Doris Petersen, Stuttgart 1986, S. 107–120.

[14] Peter Wapnewski, »Wolfram von Eschenbach: *Den morgenblic bî wahtaeres sange erkôs* (Lachmann, Nr. 1)«, in: *Interpretationen mittelhochdeutscher Lyrik*, hg. von Günther Jungbluth, Bad Homburg 1969, S. 227–246; Karl Heinz Borck, »Wolframs Tagelied *Den moregenblic bî wahtaers sange erkôs*. Zur Lyrik eines Epikers«, in: *Studien zur deutschen Literatur. Festschrift für Adolf Beck zum 70. Geburtstag*, hg. von Ulrich Fülleborn und Johannes Krogoll, Heidelberg 1979, S. 9–17.

[15] Hartmut Kokott, »Zu den Wächter-Tageliedern Wolframs von Eschenbach: *ein schimpf bî klage* (VII, 3,4)«, in: *Acta germanica* 16 (1983/84), S. 25–41.

[16] *Tagelieder*, hg. von Backes (Einleitung Wolf) [Anm. 4], S. 79.

[17] Mary F. Wack, »Wolfram's dawn song *Sîne klâwen*«, in: *Traditio* 40 (1984), S. 235–249, identifiziert das Tier mit einem Greifen, in dem die komplexen und ambivalenten Haltungen des Wächters gegenüber dem Tagesanbruch eingefangen seien.

[18] Vgl. Johnson [Anm. 5], S. 183.

[19] Annette Gerok-Reiter, »Umcodierung. Zum Verhältnis von *minne* und *ere* in Gottfrieds ›Tristan‹«, in: *Zeitschrift für deutsche Philologie* 121 (2002), S. 365–389.

[20] Hugo Kuhn, »Minnesang als Aufführungsform« (zuerst 1968)«, in: *Der deutsche Minnesang. Aufsätze zu seiner Erforschung*, hg. von Hans Fromm, Bd. 2, Darmstadt 1982 (Wege der Forschung 608), S. 226–237; Erich Kleinschmidt, »Minnesang als höfisches Zeremonialhandeln« (zuerst 1976), in: ebd., S. 134–159; Gerhard Hahn, *»dâ keiser spil.* Zur Aufführung höfischer Literatur am Beispiel des Minnesangs«, in: *Grundlagen des Verstehens mittelalterlicher Literatur. Literarische Texte und ihr historischer Erkenntniswert*, hg. von G. H. und Hedda Ragotzky, Stuttgart 1992 (Kröners Studienbibliothek 663), S. 86–107; Peter Strohschneider, »Aufführungssituation. Zur Kritik eines Zentralbegriffs kommunikationsanalytischer Minnesangforschung«, in: *Kultureller Wandel und die Germanistik in der Bundesrepublik. Vorträge des Augsburger Germanistentages 1991. Bd. 3: Methodenkonkurrenz in der germanistischen Praxis*, hg. von Johannes Janota, Tübingen 1993, S. 56–71; ders., »›nu sehent, wie der singet!‹ Vom Hervortreten des Sängers im Minnesang«, in: *›Aufführung‹ und ›Schrift‹ in Mittelalter und Früher Neuzeit*, hg. von Jan-Dirk Müller, Stuttgart, Weimar 1996 (DFG-Symposien. Berichtsbd. 17), S. 7–30; Jan-Dirk Müller, *Minnesang und Literaturtheorie*, Tübingen 2001; ausgehend von der Schriftlichkeit der Texte: Rüdiger Schnell, »Vom Sänger zum Autor. Konsequenzen der Schriftlichkeit des deutschen Minnesangs«, in: *Text und Kultur. Mittelalterliche Literatur 1150–1450*, hg. von Ursula Peters, Stuttgart, Weimar 2001 (Germanistische Symposien. Berichtsbd. 23), S. 96–149.

[21] Helmut Tervooren, »Die ›Aufführung‹ als Interpretament mittelhochdeutscher Lyrik«, in: *›Aufführung‹ und ›Schrift‹*, S. 48–66; Volker Mertens, »Tagelieder singen. Ein hermeneutisches Experiment«, in: *Wolfram-Studien* 17 (2002), S. 276–292.

[22] Peter Koch und Wulf Österreicher, »Sprache der Nähe – Sprache der Distanz. Mündlichkeit und Schriftlichkeit im Spannungsfeld von Sprachtheorie und Sprachgeschichte«, in: *Romanistisches Jahrbuch* 36 (1985), S. 15–43.

[23] Wapnewski [Anm. 5], S. 143–169; zum Text Volker Mertens, »Dienstminne, Tageliederotik und Eheliebe in den Liedern Wolframs von Eschenbach«, in: *Euphorion* 77 (1983), S. 233–246.

[24] Peter Wapnewski, »Wolframs Tagelied *Von der zinnen wil ich gen* (Lachmann, Nr. V)«, in: *Wolfram-Studien* [1] (1970), S. 9–27; Dieter Kart-

schoke, »*Ein sumer bringet.* (Zu Wolframs Tagelied *Von der zinnen wil ich gen*)«, in: *Euphorion* 66 (1972), S. 85–91; Cyril Edwards, »*Von der zinnen wil ich gen:* Wolframs peevish watchman«, in: *Modern Language Review* 84 (1989), S. 358–366.

[25] Ulrich von Liechtenstein, *Frauendienst*, hg. von Franz Viktor Spechtler, Göppingen 1987 (Göppinger Arbeiten zur Germanistik 485), Str. 1621–1632; Jürgen Kühnel, »Zu den Tageliedern Ulrichs von Liechtenstein«, in: *Jahrbuch der Oswald von Wolkenstein Gesellschaft* 1 (1980/81), S. 99–138, hier S. 125–132.

7 Körper und Zeichen

Überarbeitete Fassung des Aufsatzes »*Regimen corpusculi*, oder: Die Körper und Zeichen des Guibert de Nogent«, in: *Mittelalter. Neue Wege durch einen alten Kontinent*, hg. von Jan-Dirk Müller, Horst Wenzel, Stuttgart, Leipzig 1999, S. 63–80.

[1] Ältere und jüngere Literatur ist verzeichnet bei Barbara Duden, *Body History – Körpergeschichte. A Repertory*, New York 1990 (Tandem 1); weiterführend seitdem: Roy Porter, »History of the Body«, in: *New Perspectives on Historical Writing*, ed. by Peter Burke, Oxford 1991, S. 206–232; *Fremdkörper – fremde Körper – Körperfremde. Kultur- und literaturgeschichtliche Studien zum Körperthema*, hg. von Burkhardt Krause, Stuttgart 1992 (Helfant Studien S. 9); *Gepeinigt, begehrt, vergessen. Symbolik und Sozialbezug des Körpers im späten Mittelalter und in der frühen Neuzeit*, hg. von Klaus Schreiner und Norbert Schnitzler, München 1992; *Le Corps et ses énigmes au Moyen Age*, sous la direction de Bernard Ribémont, Caen 1993; *Framing medieval bodies*, ed. by Saray Kay and Miri Rubin, Manchester 1994; *Figures of Speech. The Body in Medieval Art, History, and Literature*, ed. by Allen J. Frantzen and David A. Robertson, o. O. 1995 (Essays in Medieval Studies 11); Jean-Claude Schmitt, *Le corps, les rites, les rêves, le temps. Essais d'anthropologie médiévale*, Paris 2001.

[2] Caroline Walker Bynum, »Warum das ganze Theater mit dem Körper? Die Sicht einer Mediävistin«, in: *Historische Anthropologie* 4 (1996), S. 1–33, hier S. 7; vgl. auch *Fragments for a history of the human body*, 3 parts, ed. by Michel Feher, Ramona Nadaff and Nadia Tazi, New York 1989; *Körper-Geschichten. Studien zur historischen Kulturforschung* V, hg. von Richard van Dülmen, Frankfurt/M. 1996 (Fischer 12685).

[3] Joachim Bumke, »Höfischer Körper – Höfische Kultur«, in: *Modernes Mittelalter*, hg. von Joachim Heinzle, Frankfurt/M. 1994, S. 67–102; eine Synthese von literarischer Körperdarstellung (in französischer Epik) gibt Danielle Régnier-Bohler, »Die Erfindung des Selbst. Auskünfte der Literatur«, in: *Geschichte des privaten Lebens. 2. Bd.: Vom Feudalzeitalter zur Renais-*

sance, hg. von Georges Duby (zuerst frz. 1985), Frankfurt/M. 1990, S. 301–370, hier S. 341–355.

[4] Caroline Walker Bynum, *The Resurrection of the Body in Western Civilisation, 200–1336*, New York 1995 (Lectures on the History of Religions 15).

[5] Caroline Walker Bynum, *Holy Feast and Holy Fast. The Religious Significance of Food to Medieval Women*, Berkeley, Los Angeles, London 1987; dies., *Fragmentierung und Erlösung. Geschlecht und Körper im Glauben des Mittelalters* (zuerst engl. 1991), Frankfurt/M. 1996 (edition suhrkamp 1731); Christine Ruhrberg, *Der literarische Körper der Heiligen. Leben und Viten der Christina von Stommeln (1242–1312)*, Tübingen und Basel 1995 (Bibliotheca Germanica 35).

[6] Marie-Christine Pouchelle, *Corps et chirurgie à l'apogée du moyen âge. Savoir et imaginaire du corps chez Henri de Mondeville, chirurgien de Philippe le Bel*, Paris 1983; s. auch *Die Geschichte des medizinischen Denkens. Antike und Mittelalter*, hg. von Mirko D. Grmek (zuerst ital. 1993), München 1996.

[7] Vgl. Mary Douglas, *Ritual, Tabu und Körpersymbolik. Sozialanthropologische Studien in Industriegesellschaft und Stammeskultur* (zuerst engl. 1970), Frankfurt/M. 1986 (Fischer 7365); *The Anthropology of the Body*, ed. by John Blacking, London, New York, San Francisco 1977.

[8] Zur frühchristlichen Ausbildung dieses Diskurses Aline Rousselle, *Der Ursprung der Keuschheit* (zuerst frz. 1983), Stuttgart 1989; Peter Brown, *Die Keuschheit der Engel. Sexuelle Entsagung, Askese und Körperlichkeit im frühen Christentum* (zuerst engl. 1988), München 1994 (dtv 4627); Alvyn Pettersen, *Athanasius and the human body*, Bristol 1990.

[9] Georges Duby, »Situationen der Einsamkeit. 11. bis 13. Jahrhundert«, in: *Geschichte des privaten Lebens* 2 [Anm. 3], S. 473–495, hier 484 f.; vgl. auch Michel Sot, »Mépris du monde et résistance des corps aux XIe et XIIe siècles«, in: *Médiévales* 8 (1985), S. 6–17.

[10] Zur mittelalterlichen Diskussion von Häßlichkeit Paul Michel, *›Formosa deformitas‹. Bewältigungsformen des Häßlichen in mittelalterlicher Literatur*, Bonn 1976 (Studien zur Germanistik, Anglistik und Komparatistik 57).

[11] Ausgabe (zitiert mit Angabe von Buch-, Kapitel- und Seitenzahl): Guibert de Nogent, *Autobiographie*. Introduction, édition et traduction par Edmond-René Labande, Paris 1981 (Les classiques de l'histoire de France au moyen âge 34); wichtig für die Erschließung des Textes bleibt auch die Übersetzung: *Self and Society in Medieval France. The Memoirs of Abbot Guibert of Nogent*, ed. by John F. Benton, ^{2}Toronto, Buffalo, London 1984 (Medieval Academy Reprints for Teaching 15); zu Person und Werk im ganzen jetzt Jay Rubenstein, *Guibert of Nogent. Portrait of a Medieval Mind*, London 2002.

[12] Georg Misch, *Geschichte der Autobiographie. 3. Bd.: Das Mittelalter. 2. Tl.: Das Hochmittelalter im Anfang. 1. Hälfte*, Frankfurt/M. 1959, S. 108–162, hier S. 109; s. auch Aaron J. Gurjewitsch, *Das Individuum im europäischen Mittelalter*, München 1994, S. 146–160. Der Text ist vollständig nur in

einer aus dem 17. Jahrhundert stammenden Abschrift einer Handschrift des (vermutlich) 15. Jahrhunderts überliefert, doch gibt es einige Fragmente und Auszüge (die in der Ausgabe von Labande nicht berücksichtigt sind); vgl. François Dolbeau, »Deux nouveaux manuscrits des ›Mémoires‹ de Guibert de Nogent«, in: *Sacris Erudiri* 26 (1983), S. 155–175; Constant J. Mews, »Guibert of Nogent's *Monodiae* (III,17) in an appendage to the ›De haeresibus‹ of Augustine«, in: *Revue des Etudes Augustiniennes* 33 (1987), S. 113–127.

[13] John F. Benton, »The Personality of Guibert of Nogent«, in: *Psychoanalytic Review* 57 (1970/71), S. 563–586; Jonathan Kantor, »A psycho-historic source: the Memoirs of Abbot Guibert of Nogent«, in: *Journal of Medieval History* 3 (1976), S. 281–304; Chris D. Ferguson, »Autobiography as Therapy. Guibert de Nogent, Peter Abelard, and the Making of Medieval Autobiography«, in: *Journal of Medieval and Renaissance Studies* 13 (1983), S. 187–212, bes. S. 194–199.

[14] Kritisch in diesem Sinne auch M. D. Coupe, »The Personality of Guibert of Nogent Reconsidered«, in: *Journal of Medieval History* 9 (1983), S. 317–329.

[15] Vgl. Frederic Amory, »The Confessional Superstructure of Guibert de Nogent's ›Vita‹«, in: *Classica et Mediaevalia* 25 (1964), S. 224–240.

[16] Seth Lerer, »*Transgressio studii*. Writing and Sexuality in Guibert of Nogent«, in: *Stanford French Review* 14 (1990), S. 243–266, hier S. 263.

[17] Lerer eröffnet wichtige Perspektiven auf die »association between literacy and sexuality« (S. 244), verengt diese aber zugleich – in einer (mittelbar) lacanistischen Lektüre weniger Textpassagen – auf »associations of the penis and the pen« (S. 264) und auf Formen von Autoreferentialität.

[18] Autobiographie [Anm. 11] I,1 (S. 2): *Confiteor pueritiae ac juventutis meae mala, adhuc etiam in matura hac aetate aestuantia, et inveterata pravitatum studia, necdum sub defatigati corporis torpore cessantia.*

[19] I,3 (S. 12/14): *Ad hoc etiam nostra electorum corpora corporis claritati Christi configuranda dicuntur, ut foeditas, quae casu seu naturali corruptione contrahitur, ad regulam transfigurati in monte Dei Filii corrigitur.*

[20] Guibert zitiert *De doctrina christiana* IV,28: *is qui pulchrum habet corpus et turpem animam magis* [Bentons Konjektur *minus* ist irrig] *lugendus est, quam si foedum haberet et corpus* (I,2, S. 14).

[21] I,3 (S. 18/20): *languidulum quiddam instar abortionis effunditur* [...]. *Erat illius homunculi recens editi adeo miseranda exilitas, ut cadaveruli extemporaliter nati species putaretur, in tantum, ut iduato ferme aprili junci, qui in ea oriuntur regione, pertenues digitulis apponerentur, ut corpulentiores viderentur. Ea ipsa die, dum salutifero fonti inferrer, mulier quaedam* [...] *de manu rotabat in manum me transferens.*

[22] Vgl. Shulamith Shahar, *Kindheit im Mittelalter* (zuerst hebr. und engl. 1990), Reinbek bei Hamburg 1993 (rororo 9343), S. 54 u. ö. (Reg.).

[23] Vgl. Hedwig Röckelein, »Zwischen Mutter und Maria. Die Rolle der

Frauen in Guibert de Nogents Autobiographie«, in: *Maria – Abbild oder Vorbild? Zur Sozialgeschichte mittelalterlicher Marienverehrung*, hg. von H. R., Claudia Opitz, Dieter R. Bauer, Tübingen 1990, S. 91–109, hier S. 101.

[24] Vgl. die Bemerkung I,10 (S. 72), *ut major in imbecillibus tenerisque corporibus inveniretur fidei vivacitas, quam in illis, in quibus grandaevitatis ac scientiae floreret auctoritas*; außerdem das Exempel Simons, des Grafen von Valois, der bei einer Umbettung im Angesicht des sich auflösenden Leichnams (*corpus tapidum*) des toten Vaters die Vergänglichkeit irdischer Macht erfahren und das eigene Elend wahrzunehmen begonnen habe (*ad contemplationem miseriae conditionis se contulit*; I,10, S. 60).

[25] *Tractatus de Incarnatione contra Iudaeos* (Migne, PL 156, Sp. 496 D): *At quia partes, de quibus agimus, contra jura totius rationis effreni quadam libertate feruntur, et quasi quædam diversa lex est, juxta Apostolum, in membris nostris repugnans legi mentis nostræ, et captivos nos ducens in lege peccati, quæ est in membris nostris* (s. auch Self and Society, ed. Benton [Anm. 11], S. 13 f.).

[26] I,17 (S. 140): *Qui cum in prioratu praelibati coenobii ageret, suae me cognitioni ascivit et omnino puerulum, et in summa et etatis et sensus teneritudine positum, qualiter interiorem meum hominem agerem, qualiter super regimine corpusculi rationis jura consulerem, multa me docere intentione proposuit*; zu Anselms vor allem eucharistisch-christologisch geprägtem Körperdenken James Gollnick, *›Flesh‹ as Transformational Symbol in the Theology of Anselm of Canterbury. Historical and Transpersonal Perspectives*, Lewiston, Queenston 1985 (Texts and Studies in Religion 22); eine, verglichen mit seinen unmittelbaren Vorläufern, weniger negative Einstellung zum Körper bei Anselm betont Sot [Anm. 9], S. 14 f.

[27] Zum erziehungshistorischen Kontext Hedwig Röckelein, »Hochmittelalterliche Autobiographien als Zeugnisse des Lebenslaufs und als Reflexion über Erziehung. Das Beispiels Otlohs von St. Emmeram und Guiberts von Nogent«, in: *Vormoderne Lebensläufe – erziehungshistorisch betrachtet*, hg. von Rudolf W. Keck und Erhard Wiersing, Köln, Wien, Weimar 1994 (Beiträge zur historischen Kulturforschung 12), S. 151–186, hier bes. S. 161–166.

[28] Die Stilisierung der Mutter zu einer »reinen, überhöhten (Jung-)Frau« betont Röckelein [Anm. 23], S. 104.

[29] Zum *maleficium ligationis*, der ›Verzauberungsimpotenz‹, Peter Browe, *Beiträge zur Sexualethik des Mittelalters*, Breslau 1932 (Breslauer Studien zur historischen Theologie 23), S. 121–136.

[30] I,14 (S. 104): *Et cum multa adhuc niteret specie, nullumque praetenderet vetustatis indicium, ad hoc ipsa contendere, ut* [...] *ad cernuos defluxisse putaretur annos. Defluentia ergo crinium, quae foemineis potissimum solent ornatibus inservire, crebro forcipe succiduntur, pulla vestis et amplitudine insolita displicans, innumeris resarcitionibus segmentata, prodebat* [...], *quoniam interius erat, cui sub tam inglorio apparatu placere gestibat.*

[31] Vgl. auch I,18 (S. 146): [mater] *cui cum Deus speciem tantopere praestitis-*

set, ita quidquid in se laudabatur posthabuit, acsi sese nullatenus pulchram scisset.

[32] I,16 (S. 122): *paulatim succrescente corpusculo, etiam animam in concupiscentiis pro suo modulo et cupiditatibus prurientem saecularis vita titillaret.*

[33] I,15 (S. 112): *O quotiens dormire putabar, et corpus sub pannulo fovere tenellulum, et spiritus meus aut dictaturiens artabatur, aut quippiam objecta lodice, dum judicia vereor aliena, legebam!*

[34] I,17 (S. 134): *Nimirum utrobique raptabar, dum non solum verborum dulcium, quae a poetis acceperam, sed et quae ego profunderam lasciviis irretirer, verum etiam per horum et his similium revolutiones immodica aliquotiens carnis meae titillatione tenerer.*

[35] Lerer [Anm. 16], S. 255, will in Guibert schon im Blick auf das Schreiben unter der Bettdecke »as much a masturbator as a writer« sehen.

[36] *Tractatus de Incarnatione* [Anm. 25], Sp. 490 B: *manus quæ scripsit non est illius personæ quæ scripsit.*

[37] I,17 (S. 144): *Opuscula enim mea haec et alia nullis impressa tabulis dictando et scribendo, scribenda etiam pariter commentando immutabiliter paginis inferebam.*

[38] Vgl. Lerer [Anm. 16], S. 250–254.

[39] Übersicht bei Jacques Paul, »Le démoniaque et l'imaginaire dans le ›De vita sua‹ de Guibert de Nogent«, in: *Sénéfiance* 6 (1979) [*Le diable au moyen âge*], S. 373–399.

[40] Vgl. Jean-Claude Schmitt, *Les revenants. Les vivants et les morts dans la société médiévale*, Paris 1994, S. 65–68.

[41] I,24 (S. 196): *Qua ex re factum est ut, quod viderat in spiritu, pateretur in corpore, et veritati visionis verax congrueret testimonium laesionis.* Zu den Träumen Jean-Claude Schmitt, »Les rêves de Guibert de Nogent«, in: ders., *Le corps, les rites, les rêves, le temps* [Anm. 1], S. 263–294.

[42] Hermann von Bury, *Liber miraculorum b. Eadmundi* (um 1100; *Memorials of St. Edmund's Abbey*, ed. Thomas Arnold I, London 1890, S. 53 f., 133 f.; das Mirakel dann auch in Guiberts *De sanctis et eorum pignoribus* [Anm. 48]); Guaiferius von Salerno, Gedicht *De miraculo illius qui sepisum occidit* (11. Jh.; Migne, PL 147, Sp. 1285–1288).

[43] Vgl. Lerer [Anm. 16], S. 256–260, der aus der eher undeutlichen Aussage: *eo* [cingulum] *pro ejus recordatione abutitur, et recta ejus oblatio non jam recte dividitur* (S. 444) herauszulesen versucht, daß der junge Mann »masturbates into the sash during the service of the bread and wine« (S. 257).

[44] Auf die vielfältigen Begriffe für den Penis verweisen Benton [Anm. 11], S. 218, Anm. 2, und Lerer [Anm. 16], S. 243, 261.

[45] Zum Kontext François-Olivier Touati, »Violence seigneuriale, quelle violence? Le point de vue d'un observateur révolté et partial au début du XIIe siècle. Guibert de Nogent«, in: *Violence et contestation au moyen âge*, Paris 1990 (Actes du 114e Congrès national des Sociétés savantes), S. 47–57.

[46] *Self and Society*, ed. Benton [Anm. 11], S. 26.

[47] Vgl. Bynum [Anm. 4].

[48] *Guibert de Nogent, Quo ordine sermo fieri debeat. de bucella iudae data et de veritate dominici corporis. de sanctis et eorum pigneribus*, éd. critique par R[obert] B. C. Huygens, Turnhout 1993 (Corpus Christianorum. Continuatio Mediaevalis 127); zum Text Klaus Guth, *Guibert von Nogent und die hochmittelalterliche Kritik an der Reliquienverehrung*, Ottobeuren 1970 (Studien und Mitteilungen zur Geschichte des Benediktiner-Ordens und seiner Zweige. Ergänzungsbd. 21), hier bes. S. 90–92; Marie-Danielle Mireux, »Guibert de Nogent et la critique du culte des reliques«, in: *La piété populaire au moyen âge*, Paris 1977 (Actes du 99e Congrès national des Sociétés savantes), S. 293–301.

[49] *Meditationes Gvigonis prioris cartusiae. Le recueil des pensées du B. Guigee*, éd. par André Wilmart, Paris 1936 (Etudes de philosophie médiévale 22), Nr. 10: *Carni tuae non delectatione et amore, id est peccato, sed uegetatione sola iungi debes.*

[50] Vgl. ebd., Nr. 301: *Vide quam incomparabiliter plus quam ualet diligatur hoc corpus a te.*

[51] Willibald Sauerländer, *Die Skulptur des Mittelalters*, Berlin 1963 u. ö. (Ullstein Kunstgeschichte 11), S. 62. Zur Körperlichkeit auch Michael Camille, *Image on the Edge. The Margins of Medieval Art*, Cambridge/Mass. 1992.

[52] Zum textuellen Zusammenhang von Körper und Individualität in dieser Zeit Sarah Spence, *Texts and the Self in the Twelfth Century*, Cambridge 1996 (Cambridge Studies in Medieval Literature 30), bes. S. 55–83 (Guibert und Abaelard).

[53] Vgl. Sot [Anm. 9], S. 17.

8 Körperteile und Autorinszenierungen

Überarbeitete Fassung des Aufsatzes »Der Autor als ›Leibeigener‹ der Dame – oder des Textes? Das Erzählsubjekt und sein Körper im ›Frauendienst‹ Ulrichs von Liechtenstein«, in: *Autor und Autorschaft im Mittelalter*, hg. von Elizabeth Andersen u. a., Tübingen 1998, S. 211–238.

[1] Man las die zitierten Verse zuletzt als Ausdruck »einer poetologischen und hermeneutischen Programmatik, die gegenüber den Normanforderungen episch-didaktischer Dichtung eine Position der Unangreifbarkeit behauptet« (Helmut Brall, »*Diz vliegende bîspel.* Zu Programmatik und kommunikativer Funktion des *Parzival*prologes«, in: *Euphorion* 77, 1983, S. 1–39, hier S. 23) oder stellte sie in den Kontext der explizit und implizit betriebenen Verhöhnung der *tumben* (Walter Haug, »Das literaturtheoretische Konzept Wolframs von Eschenbach. Eine neue Lektüre des ›Parzival‹-Prologs«, in: *Beiträge zur Geschichte der deutschen Sprache und Literatur* 123,

2001, S. 211–229, hier S. 223 f.). Zur Komplexität des Prologs Heinrich Hüning, *Würfelwörter und Rätselbilder im Parzivalprolog Wolframs von Eschenbach*, Frankfurt/M. 2000 (Europäische Hochschulschriften I,1767).

[2] Etwas anders Dietmar Peschel-Rentsch, »Wolframs Autor. Beobachtungen zur Entstehung der Autor-Figur an drei beispielhaften Szenen aus Wolframs *Parzival*«, in: *Deutsche Vierteljahrsschrift für Literaturwissenschaft und Geistesgeschichte* 64 (1990), S. 26–44, hier S. 31: »Über die ausdrückliche Aggression gegen den Andern im Text konstituiert sich der Autor«.

[3] *Parzival* 115,29–116,4: *disiu âventiure | vert âne der buoche stiure. | ê man si hete für ein buoch, | ich wære ê nacket âne tuoch, | sô ich in dem bade sæze, | ob ichs questen nicht vergæze.*

[4] Vgl. Christian Kiening, *Reflexion – Narration. Wege zum ›Willehalm‹ Wolframs von Eschenbach*, Tübingen 1991 (Hermaea 63).

[5] Michel Foucault, »Was ist ein Autor?« (zuerst frz. 1969), in: ders., *Schriften zur Literatur*, Frankfurt/M. 1988 (Fischer 7405), S. 7–31, hier S. 22.

[6] Rainer Warning, »Formen narrativer Identitätskonstitution im höfischen Roman«, in: *Identität*, hg. von Odo Marquard und Karlheinz Stierle, München 1979 (Poetik und Hermeneutik 8), S. 553–589, hier bes. S. 573–578. Daß für volkssprachliche Lieddichtung mit (dem Spiel mit) der Möglichkeit einer Referenz des textinternen Ich auf den textexternen Autor zu rechnen ist, zeigt Jan-Dirk Müller, »*Ir sult sprechen willekomen*. Sänger, Sprecherrolle und die Anfänge volkssprachlicher Lyrik«, in: *Internationales Archiv für Sozialgeschichte der deutschen Literatur* 19 (1994), S. 1–21.

[7] Grundlegend: Alistair J. Minnis, *Medieval Theories of Authorship. Scholastic literary attitudes in the later Middle Ages*, London 1984; s. auch Jan-Dirk Müller, »Auctor-actor-author. Einige Anmerkungen zum Verständnis vom Autor in lateinischen Schriften des frühen und hohen Mittelalters«, in: *Der Autor im Dialog. Beiträge zu Autorität und Autorschaft*, hg. von Felix Philipp Ingold [und] Werner Wunderlich, St. Gallen 1995, S. 17–31; Christel Meier-Staubach, »Ruperts von Deutz literarische Sendung. Der Durchbruch eines neuen Autorbewußtseins im 12. Jahrhundert«, in: *Wolfram-Studien* 16 (2000), S. 29–52; dies., »Ecce autor. Beiträge zur Ikonographie literarischer Urheberschaft im Mittelalter«, in: *Frühmittelalterliche Studien* 34 (2000), S. 338–392; Benedikt Konrad Vollmann, »Autorrollen in der lateinischen Literatur des 13. Jahrhunderts«, in: *Literarische Leben. Rollenentwürfe in der Literatur des Hoch- und Spätmittelalters*, hg. von Matthias Meyer und Hans-Jochen Schiewer, Tübingen 2002, S. 813–827; zur deutschen Literatur Angaben in Anm. 36 zur Einleitung.

[8] Anhand der Trobadorlyrik hat dies demonstriert Rainer Warning, »Lyrisches Ich und Öffentlichkeit bei den Trobadors«, in: *Deutsche Literatur im Mittelalter. Kontakte und Perspektiven*, hg. von Christoph Cormeau, Stuttgart 1979, S. 120–159, bes. S. 122–133.

[9] Beispiele bei Felix Philipp Ingold, *Der Autor im Text*, Bern 1989.

[10] Der Text wird zitiert mit Strophenzählung des Haupttextes, separater

Zählung von Liedern und anderen eingeschalteten Texten nach: Ulrich von Liechtenstein, *Frauendienst*, hg. von Franz Viktor Spechtler, Göppingen 1987 (Göppinger Arbeiten zur Germanistik 485).

[11] Überblick über die verschiedenen Positionen bei Ingeborg Glier, »Diener zweier Herrinnen. Zu Ulrichs von Lichtenstein *Frauendienst*«, in: *The Epic in Medieval Society. Aesthetic and Moral Values*, ed. by Harald Scholler, Tübingen 1977, S. 290–306.

[12] Zum Problem der (Il-)Literarizität Hubert Heinen, »Ulrich von Lichtenstein: *homo (il)literatus or poet/performer?*«, in: *Journal of English and Germanic Philology* 83 (1984), S. 159–172.

[13] Zu den Grundelementen autobiographischen Schreibens und den Problemen mittelalterlicher Autobiographik Paul Zumthor, *Langue, texte, énigme*, Paris 1975, S. 165–180; Michel Zink, *La subjectivité littéraire. Autour du siècle de saint Louis*, Paris 1985, S. 171–175 u. ö.

[14] 44,4–8 (Dame): ›*deswar, ich pin des harte vro, | daz her Ulrich ist ritter hie | warden; do man mir den lie | ze knehte, do was er vil klein, | ich meine den von Liehtenstein*‹; Brief b (nach 320), Z. 10 f. (Niftel): ›*iwer getriwer dienstman, | min neve, Ulrich von Liechtensteine*‹; 397,1–4 (Bote): ›*Vrowe, ich nenne iu sinen namen, | des er sich nimmer darf geschamen: | er ist genannt von Liehtenstein | her Ulrich*‹; 1035,2 (Turmvogt): ›*her Ulrich chlaget so chlaegelich*‹; 1245,4–6 (Nichte): ›*min neve Ulrich ist so gemuot, | daz er für war wil hinnen niht, | ob im niht liep von iu geschiht*‹; 112,6–8 spricht das Ich von seinem Heimweg nach *Liehtenstein*; 181,5 nennt es als seinen Bruder *Dietmar von Liehtenstein*, 1033,2 f. wird Ulrichs Schwager *Heinrich von Wazzerberc* erwähnt; 1668,3 f. heißt es in Zusammenhang mit der Schlacht an der Leita, bei der Friedrich von Österreich ums Leben kam: *den sic iedoch alda gewan | von Liehtenstein der biderbe man*.

[15] Nachweise von Lebensdaten und Ortsnamen zuerst in: *Ulrich von Lichtenstein*, mit Anmerkungen von Theodor von Karajan hg. von Karl Lachmann, Berlin 1841, Nachdr. Hildesheim, New York 1974, S. 665–679; ausführlich dann in der ungedruckten Habil.-Schrift von Franz Viktor Spechtler, *Untersuchungen zu Ulrich von Liechtenstein*, Salzburg 1974.

[16] Vgl. Ingo Reiffenstein, »Rollenspiel und Rollenentlarvung im Frauendienst Ulrichs von Liechtenstein«, in: *Festschrift für Adalbert Schmidt zum 70. Geburtstag*, hg. von Gerlinde Weiss, Stuttgart 1976 (Stuttgarter Arbeiten zur Germanistik 4), S. 107–120; Jan-Dirk Müller, »Lachen – Spiel – Fiktion. Zum Verhältnis von literarischem Diskurs und historischer Realität im *Frauendienst* Ulrichs von Lichtenstein«, in: *Deutsche Vierteljahrsschrift für Literaturwissenschaft und Geistesgeschichte* 58 (1984), S. 38–73.

[17] J.-D. Müller, S. 54.

[18] Vom ›Fiktionalitätskontrakt‹ (zwischen Autor und Leser) spricht Rainer Warning, »Der inszenierte Diskurs. Bemerkungen zur pragmatischen Relation der Fiktion«, in: *Funktionen des Fiktiven*, hg. von Dieter Henrich und Wolfgang Iser, München 1983 (Poetik und Hermeneutik 10), S. 183–206,

hier S. 194 f.; daran anschließend für den Minnesang: Peter Strohschneider, »*nu sehent, wie der singet!*« Vom Hervortreten des Sängers im Minnesang«, in: *›Aufführung‹ und ›Schrift‹ in Mittelalter und Früher Neuzeit*, hg. von Jan-Dirk Müller, Stuttgart 1996 (Germanistische Symposien. Berichtsbd. 17), S. 7–30.

[19] Philippe de Novare, *Mémoires (1218–1243)*, éd. par Charles Kohler, Paris 1913 (Classiques françaises du moyen âge 10); zum Text Zink [Anm. 13], S. 212–219; *Dictionnaire des lettres françaises. Le Moyen Age*, éd. sous la direction de Geneviève Hasenohr et Michel Zink, Paris 1992, S. 1148 f. Auch der zwei bis drei Jahrzehnte vor dem *Frauendienst* entstandene *Roman de la rose* (oder *Guillaume de Dole*) des Jean Renart (éd. par Félix Lecoy, Paris ^{2}1979 [Classiques françaises du moyen âge 91]) formuliert als eine seiner Intentionen die Bewahrung von im Umlauf befindlicher Lieddichtung (v. 2 f.: *il a fet noter biaus chans | por ramenbrance des chançons*) und verbindet diese Bewahrung mit einem szenischen Handlungsrahmen; vgl. Marc-René Jung, »L'empereur Conrad chanteur de poésie lyrique. Fiction et vérité dans le *Roman de la rose* de Jean Renart«, in: *Romania* 101 (1980), S. 35–50; Volker Mertens, »Kaiser und Spielmann. Vortragsrollen in der höfischen Lyrik«, in: *Höfische Literatur, Hofgesellschaft, höfische Lebensformen um 1200*, hg. von Gert Kaiser und Jan-Dirk Müller, Düsseldorf 1986 (Studia humaniora 6), S. 455–468, Diskussion S. 469; in größerem Rahmen der Verschriftlichung von Lieddichtung Sylvia Huot, *From Song to Book. The Poetics of Writing in Old French Lyrik and Lyrical Narrative Poetry*, Ithaca and London 1987.

[20] J.-D. Müller [Anm. 6] unterscheidet drei Fiktionalisierungsstufen: »die Turnierherrlichkeit, von der er [der *Frauendienst*] zu berichten vorgibt (und die ihrerseits z. T. wieder nach literarischen Mustern stilisiert ist), das *mære* von *Uolrichs* Leben als Frauendiener (das die Lebensverhältnisse des historischen Ulrich fast völlig ausblendet) und die Minnelieder, die sich ihrerseits wieder von ihren (fiktiven) Anlässen im *mære* emanzipieren« (S. 14, Anm. 39).

[21] Zu den (Tafelrunden-)Turnieren des 13. und 14. Jahrhunderts Ursula Peters, *Frauendienst. Untersuchungen zu Ulrich von Lichtenstein und zum Wirklichkeitsgehalt der Minnedichtung*, Göppingen 1971 (Göppinger Arbeiten zur Germanistik 46), S. 173–205.

[22] 8,1–8: *Do ich ein cleinez kindel was, | do hort ich ofte, daz man las | und hort ouch die wisen sagen, | daz niemen wol bi sinen tagen | erwerben mochte werdecheit, | wan der ze dienest waer bereit | guoten wiben sunder wanc: | die heten hohen habedanc.*

[23] J.-D. Müller [Anm. 6], S. 14. Genaue Aufschlüsselung verschiedener Integrationsformen bei Michael Pieper, *Die Funktionen der Kommentierung im ›Frauendienst‹ Ulrichs von Liechtenstein*, Göppingen 1982 (Göppinger Arbeiten zur Germanistik 351), S. 88–107; zu verschiedenen, ›öffentlichen‹ und ›privaten‹ Verwendungsweisen der Lieder Michael Schilling, »Minnesang als Gesellschaftskunst und Privatvergnügen. Gebrauchsformen und

Funktionen der Lieder im *Frauendienst* Ulrichs von Liechtenstein«, in: *Wechselspiele. Kommunikationsformen und Gattungsinterferenzen mittelhochdeutscher Lyrik*, hg. von M. Sch., Peter Strohschneider, Heidelberg 1996 (Germanisch-romanische Monatsschrift. Beiheft 13), S. 103–119, Diskussion S. 119–121.

[24] Ausführlichste Behandlung der Lieder immer noch bei Walther Brecht, »Ulrich von Lichtenstein als Lyriker«, in: *Zeitschrift für deutsches Altertum und deutsche Literatur* 49 (1908), S. 1–122. Zur Vielfalt mündlich-schriftlicher Situationen Dieter Kartschoke, »Ulrich von Liechtenstein und die Laienkultur des deutschen Südostens im Übergang zur Schriftlichkeit«, in: *Die mittelalterliche Literatur in Kärnten*, hg. von Peter Krämer, Wien 1981 (Wiener Arbeiten zur germanischen Altertumskunde und Philologie 16), S. 103–143; außerdem Joachim Bumke, *Höfische Kultur. Literatur und Gesellschaft im hohen Mittelalter*, Bd. 2, München 1986 (dtv 4442), S. 755–757 u. ö.

[25] Insofern ist der Unterschied zu den provenzalischen *vidas* und *razos*, die grundsätzlich dem Formexperiment des *Frauendienstes* nahe zu kommen scheinen (vgl. zuerst ausführlich Martha Schlereth, *Studien zu Ulrich von Lichtenstein*, Diss. Würzburg 1950, S. 137–180; zuletzt Kartschoke [Anm. 24] und Anthonius H. Touber, »Ulrichs von Lichtenstein *Frauendienst* und die Vidas und Razos der Troubadours«, in: *Zeitschrift für deutsche Philologie* 107 [1988], S. 431–444), doch größer als meist angenommen. Diese Texte, die teilweise legendenhaft vom Leben der Liedsänger und von den Entstehungssituationen einzelner Lieder erzählen, entbehren bekanntlich sowohl des ›autobiographischen‹ Charakters wie der didaktischen Tendenz und des Dienstmotivs; vgl. Kurt Ruh, »Dichterliebe im europäischen Minnesang«, in: *Deutsche Literatur im Mittelalter* [Anm. 7], S. 160–183, hier S. 171–176.

[26] Exemplarisch Alois Wolf, »Komik und Parodie als Möglichkeiten dichterischer Selbstdarstellung im Mittelalter. Zu Ulrichs von Lichtenstein *Frauendienst*«, in: *Amsterdamer Beiträge zur älteren Germanistik* 10 (1976), S. 73–101.

[27] Elisabeth Schmid, »Verstellung und Entstellung im *Frauendienst* Ulrichs von Liechtenstein«, in: *Die mittelalterliche Literatur in der Steiermark*, hg. von Alfred Ebenbauer, Fritz Peter Knapp und Anton Schwob, Bern u. a. 1988 (Jahrbuch für Internationale Germanistik A,23), S. 181–198, hier S. 195 f.

[28] Vgl. Jan-Dirk Müller, »Ritual, Sprecherfiktion und Erzählung. Literarisierungstendenzen im späteren Minnesang«, in: *Wechselspiele* [Anm. 23], S. 43–74, Diskussion S. 74–76.

[29] Judith Klinger, »Ich:Körper:Schrift. Potentiale und Grenzen der Kommunikation im *Frauendienst*«, in: *Gespräche – Boten – Briefe*, hg. von Horst Wenzel u. a., Berlin 1997 (Philologische Studien und Quellen 143), S. 106–126.

[30] Peter Czerwinski, *Der Glanz der Abstraktion. Frühe Formen von Reflexivität im Mittelalter*, Frankfurt/New York 1989, bes. S. 19–57 (*Willehalm*) und 192–253 (*Tristan*); vgl. auch Burkhard Krause, »*Lîp, mîn lîp* und *ich*. Zur *conditio corporea* mittelalterlicher Subjektivität«, in: ›*Uf der mâze pfat*‹. *Festschrift Werner Hoffmann*, hg. von Waltraud Fritsch-Rössler, Göppingen 1991 (Göppinger Arbeiten zur Germanistik 555), S. 373–396; Joachim Bumke, »Höfischer Körper – höfische Kultur«, in: *Modernes Mittelalter. Neue Bilder einer populären Epoche*, hg. von Joachim Heinzle, Frankfurt/M. und Leipzig 1994, S. 67–102.

[31] Wo im folgenden nur der Vorname verwendet wird, ist immer der Protagonist des *Frauendienstes* gemeint.

[32] 24,1–8: *Eines ofte mir geschach: | swenne ich iht schoener pluomen brach | des sumers, so daz solde sin, | die truog ich sa der vrowen min. | nam si die in ir wize hant, | so wart mir freuden vil bekant; | ich gedaht: da du si griffest an, | da han ich in alsam getan.*

[33] *Vita Annonis archiepiscopi Coloniensis*, hg. von Rudolf Koepke, Hannover 1854 (Monumenta Germaniae Historica. Scriptores 11), Buch II, cap. 3.

[34] 25,1–8: *Min vreude war vil ofte groz, | swenne ich kom, da man wazzer goz | der herzen lieben vrowen min | uf ir vil wizen hendelin. | daz wazer, da mit si sich twuoc, | verholn ich daz von danne truoc, | vor liebe ich ez gar uz tranc; | da von so wart min truren cranc.*

[35] Zuvor hat ein Streitgespräch vorgeführt, wie sich das Ich (sein *lip*) auf Geheiß des Herzens für die Dame entscheidet (17–20).

[36] So wie die erste Zustandsveränderung (vom *kneht* der Dame zum Knappen des Markgrafen von Istrien, Heinrich von Österreich) mit dem Vater verbunden ist, so auch die zweite (vom Knappen zum Frauendiener), die zugleich als Wiederanküpfung an den früheren Zustand verstanden werden kann: Ausgangspunkt ist nun der Tod des Vaters (*indes lac min vater tot – | do muost ich heim als maniger tuot, | dem sine vordern lazent guot*; 35,6–8).

[37] Begriffs- und philosophiegeschichtlicher Abriß (unter fast völliger Übergehung des Mittelalters) von T. Borsche und F. Kaulbach, Art. »Leib, Körper«, in: *Historisches Wörterbuch der Philosophie* 5 (1980), Sp. 173–185; s. auch Gernot Böhme, *Anthropologie in pragmatischer Hinsicht. Darmstädter Vorlesungen* (edition suhrkamp 1301), Frankfurt/M. 1985, S. 113–125. Eine semantische Differenzierung zwischen *lîp* (im Sinne des Lebens, der Gesamtheit der Existenz) und, vom lat. *corpus* übernommenem, *körper/körpel* (im Sinne des toten oder auf seine physischen Aspekte beschränkten Körpers) beginnt sich historisch wohl erst seit dem (ausgehenden) 13. Jahrhundert zu etablieren; vgl. *Deutsches Wörterbuch von Jacob Grimm und Wilhelm Grimm*. 5. Bd., bearbeitet von Rudolf Hildebrand, Leipzig 1873, Sp. 1833–1838 (›Körper‹); 6. Bd., bearbeitet von Moriz Heyne, Leipzig 1885, Sp. 580–590 (›Leib‹); bereits auf die Zeit zwischen 1100 und 1150 wird die Unterscheidung angesetzt bei Helene Adolf, *Wortgeschichtliche Studien zum*

Leib-Seele-Problem. Mittelhochdeutsch lîp *›Leib‹ und die Bezeichnung für* corpus, Wien 1937 (Zeitschrift für Religionspsychologie. Sonderheft 5).

[38] Zur ›Heterosomatik‹ als Grundprinzip responsiven menschlichen Verhaltens Bernhard Waldenfels, *Antwortregister*, Frankfurt/M. 1994, bes. S. 463–538: »Leibliches Responsorium«.

[39] J.-D. Müller [Anm. 16], S. 64, Anm. 51, liest die Szene als »drastische Umbesetzung heroischer Handlungsschemata«; s. auch Schmid [Anm. 27], S. 192.

[40] Das Verstummen wird durch die Überblendung mit einem weiteren Streitgespräch (s. o.) als ein konflikthaftes vorgeführt: das *herze setzt den lîp* gewaltig unter ›Artikulations-Druck‹, dem der *lîp* dann nur um so weniger gewachsen ist (121–130).

[41] Vgl. Heinrich Günter, *Psychologie der Legende. Studien zu einer wissenschaftlichen Heiligen-Geschichte*, Freiburg 1949, S. 137: »die Martern prallen ab, sind wirkungslos, werden als Wohltun empfunden; Wunden heilen über Nacht; den Schaden haben Richter und Schergen.«

[42] J.-D. Müller [Anm. 16], S. 55, weist darauf hin, daß auch »Ulrichs Feudalqualifikationen, Stärke und Ehre«, durch das Lachen, den *schimpf*, den der Protagonist erzeugt, nicht tangiert werden.

[43] 160,5–7: ›*ich han ein büechelin iu braht, | daz sült ir lesen gegen der naht, | da stet an ein vil guot gepet.*‹

[44] 169,1–5: *Min schriber bi mir niht enwas, | der mir min heinlich brieve las | und ouch mir heimlich ofte schreip; | da von daz büechelin beleip | ungelesen zehen tage.* Die Stelle ist zusammen mit anderen häufig als Beleg für Ulrichs Illiterarizität genommen worden; daß sie funktional bestimmt sein könnte (im Hinblick auf eine Steigerung der Sehnsucht nach der Dame), erwägt aber schon Urs Herzog, »Minneideal und Wirklichkeit. Zum *Frauendienst* des Ulrich von Liechtenstein«, in: *Deutsche Vierteljahrsschrift für Literaturwissenschaft und Geistesgeschichte* 49 (1975), S. 502–519, hier S. 505 f., Anm. 14; zum Kontext des Spannungsfeldes von Schrift und Performanz Kartschoke [Anm. 24], S. 111 f.; Heinen [Anm. 12], S. 160 f.

[45] Auf einen fehlgeschlagenen ersten Heilungserfolg reagiert Ulrich gegenüber dem Arzt mit einer rabiaten Rache- und Aggressionsphantasie: ›*ir sit ein man gar ane sin | daz ir deheinen biderben man | iuch geturret genemen an | mit erzenie und kunnet des niht. | min munt von warheit iu des giht, | liez ichz durch got niht, daz ist war, | so hiez ich iuch besniden gar.*‹ Das legt nahe, daß der Finger zumindest unterschwellig sexuell konnotiert ist; vgl. Ulrich Müller, »Männerphantasien eines mittelalterlichen Herren: Ulrich von Lichtenstein und sein Frauendienst«, in: *Variationen der Liebe. Historische Psychologie der Geschlechterbeziehung. Forschungsansätze, Standpunkte, Perspektiven*, hg. von Thomas Kornbichler und Wolfgang Maaz, Tübingen 1995 (Forum Psychohistorie 4), S. 27–50.

[46] Das Abhacken eines Fingers der Schwurhand galt als Strafe für Meineid; Ulrichs Amputation (als Folge der Lüge gegenüber der Dame) hat also

rechtssymbolische Züge; Renate Hausner, »Ulrichs von Liechtenstein Frauendienst. Eine steirisch-österreichische Adaptation des Artusromans. Überlegungen zur Struktur«, in: *Festschrift Adalbert Schmidt* [Anm. 16], 121–192, hier S. 161 f. In der *razo* zu Lied 208,1 von Guillem de Balaun ist es die Dame selbst, die verlangt, daß Guillem, wenn es zur Versöhnung kommen soll, sich den Nagel eines Fingers ausziehe und ihn (so in R) zusammen mit einem Lied überbringe (*qu'el lay degues portar, ab i. cantar reprenen se de la folia c'avia facha*; J. Boutière et A. H. Schutz, *Biographies de Troubadours. Textes provençaux des XIIIe et XIVe siècles*. Traductions françaises des textes provençaux par Irénée-Marcel Cluzel, Paris 1973 [Les classiques d'oc 1], Nr. XLVIII, hier S. 327); s. dazu Schlereth [Anm. 25], S. 176 f.; Touber [Anm. 25], S. 440 f.

47 Vgl. Geneviève Bresc-Bautier, »Embleme. Heraldik, Symbolik, synekdochisches Fragment«, in: *Das Fragment. Der Körper in Stücken*, Frankfurt/M. 1990, S. 43–50.

48 Giles Constable, *Attitudes Toward Self-Inflicted Suffering in the Middle Ages*, Brookline, MA 1982; anhand der Biographien von Mystikerinnen Caroline Walker Bynum, *Fragmentation and Redemption. Essays on Gender and the Human Body in Medieval Religion*, New York 1991, bes. S. 181–238, 365–393: »The Female Body and Religious Practice in the Later Middle Ages«; Christine Ruhrberg, *Der literarische Körper der Heiligen. Leben und Viten der Christina von Stommeln (1242–1312)*, Tübingen und Basel 1995 (Bibliotheca Germanica 35), bes. S. 393–446.

49 Es ist bezeichnend für die – auf Handlungsebene – geringe ›Reichweite‹ der einzelnen Körperepisoden, daß der Ausgang der Tjost zwischen den beiden Pseudo-Frauen schon keine Rolle mehr spielt: *Die tjost da schon ein ende nam* (698,1).

50 Die parallele Szene nach dem Turnier zu *Niwenburc*, wo Ulrich nochmals *gemach* findet bei seiner Frau, unterstreicht aber, daß auch die punktuelle Distanzierung von der ›Spielwelt‹ deren Gültigkeit nicht einfach aufheben soll: meine Gemahlin, sagt das Ich, *chünde mir lieber niht gesin, | swie ich doch het über minen lip | ze frowen do ein ander wip* (1088,6–8).

51 Zur Lepra als »maladie symbolique et idéologique par excellence« Jacques Le Goff, »Corps et idéologie dans l'Occident médiéval«, in: ders., *L'imaginaire médiéval*, Paris ²1991, S. 123–126, hier S. 124; Saul N. Brody, *The disease of the soul. Leprosy in medieval literature*, Ithaca, New York 1974; zur medizinischen Stimmigkeit der Lepra-Darstellung im *Frauendienst* Torsten Haferlach, *Die Darstellung von Verletzungen und Krankheiten und ihrer Therapie in mittelalterlicher deutscher Literatur unter gattungsspezifischen Gesichtspunkten*, Heidelberg 1991, S. 99–102.

52 Vgl. Jürgen Kühnel, »Zu den Tageliedern Ulrichs von Lichtenstein«, in: *Jahrbuch der Oswald von Wolkenstein – Gesellschaft* 1 (1980/81), S. 99–138; Hubert Heinen, »Poetic truth and the appearance of reality in Ulrich von Lichtenstein's dawn songs«, in: *From symbol to mimesis. The generation of*

Walther von der Vogelweide, hg. von Franz H. Bäuml, Göppingen 1984 (Göppinger Arbeiten zur Germanistik 368), S. 169–189.

53 Zum Hintergrund der Herzmetaphorik im romanischen und deutschen Minnesang Xenja von Ertzdorff, »Die Dame im Herzen und das Herz bei der Dame. Zur Verwendung des Begriffs ›Herz‹ in der höfischen Liebeslyrik des 11. und 12. Jahrhundert«, in: *Zeitschrift für deutsche Philologie* 84 (1965), S. 6–46; außerdem Friedrich Ohly, »Cor amantis non angustum. Vom Wohnen im Herzen«, in: ders, *Schriften zur mittelalterlichen Bedeutungsforschung*, Darmstadt 1977, S. 128–155; zur poetischen Aufschließung eines ›Herzinnenraums‹ im berühmten Liebesbriefschluß *Du bist min* jetzt Mireille Schnyder, »verlorn ist daz sluzzelin? Interpretation als Kultur«, in: *Mitteilungen des Deutschen Germanistenverbands* 49, H. 2 (2002) [Interpretation], S. 142–154.

54 Vgl. Christelrose Rischer, »*wie süln die vrowen danne leben?* Zum Realitätsstatus literarischer Fiktion am Beispiel des *Frauendienstes* von Ulrich von Lichtenstein«, in: *Grundlagen des Verstehens mittelalterlicher Literatur. Literarische Texte und ihr historischer Erkenntniswert*, hg. von Gerhard Hahn und Hedda Ragotzky, Stuttgart 1992, S. 133–157, hier S. 148–155.

55 So wie der Bericht vom Fürstentod eingeleitet wird mit der Wendung *Nach disen lieden chom ein tac* (1659,1), so der von der Gefangenschaft mit der Wendung *Nach disen lieden mir geschach* (1696,1); ähnlich 1689,1; 1773,1.

56 Vgl. Mechthild von Magdeburg, *Das fließende Licht der Gottheit*, hg. von Hans Neumann, Bd. I Text, besorgt von Gisela Vollmann-Profe, München und Zürich 1990 (Münchener Texte und Untersuchungen zur deutschen Literatur des Mittelalters 100), S. 48 (II,15): *Swelch mensche wirt ze einer stunt | von warer minne reht wunt, | der wirt niemer me wol gesunt, | er enküsse noch den selben munt, | von dem sin sel ist worden wunt.*

57 1848,1–8: *Min heil si vor der hoehsten hant | ze einer warheit des min pfant, | daz ich ditz buoch getihtet han, | daz michs min vrowe niht wolt erlan: | diu reine, suoze gebot ez mir, | hie mit han ich gedienet ir, | und getorst ich siz verzigen han, | so waer ez von mir ungetan.*

58 Zum Wechsel in der Terminologie der Vorlagenberufungen innerhalb des *Frauendienstes* Heinen [Anm. 12], S. 166: Erst im letzten Drittel des Textes beziehe sich der Erzähler auf ein *buoch*, Ausdruck vielleicht des anwachsenden Vortragsmanuskripts: »as it became substantial an appropriate designation was chosen«.

59 1847,4–8: *noch wil ich vrowen lop niht lan, | ich wil si gerne loben mer; | swer welle, daz ez hier an ste, | swenne ichz gesinge, der schribe ez dran: | der hat sin zuht dar an getan.*

60 1846,1 f.: *Zweier minner sehtzic doene ich han | gesungen, die stant gar hier an*; 1847,1–3: *Swaz ich in niuwen doenen ie | da vor gesanc, daz vindet man hie | allez an dem buoche stan.*

61 Die Differenz zwischen falscher und richtiger Minneauffassung betont Klaus Grubmüller, »Minne und Geschichtserfahrung. Zum *Frauen-*

dienst Ulrichs von Lichtenstein«, in: *Geschichtsbewußtsein in der deutschen Literatur des Mittelalters*, hg. von Christoph Gerhardt, Nigel F. Palmer und Burghart Wachinger, Tübingen 1985, S. 37–51.

[62] Hans Ulrich Gumbrecht, »Beginn von ›Literatur‹/Abschied vom Körper?«, in: *Der Ursprung von Literatur. Medien, Rollen, Kommunikationssituationen zwischen 1450 und 1650*, hg. von Gisela Smoelka-Koerdt, Peter M. Spangenberg, Dagmar Tillmann-Bartylla, München 1988, S. 15–50.

[63] Klinger [Anm. 29], S. 126: Schriftlichkeit sei, indem sie »die Abwesenheit eines Sprechers apostrophiert und gegenüber mündlicher Mittelbarkeit steigert [...] Bedingung des [...] Erscheinens des Körpers im Text«.

[64] Jan-Dirk Müller, »Der Körper des Buchs. Zum Medienwechsel zwischen Handschrift und Druck«, in: *Materialität der Kommunikation*, hg. von Hans Ulrich Gumbrecht und K. Ludwig Pfeiffer, Frankfurt/M. 1988 (suhrkamp taschenbuch wissenschaft 750), S. 203–217.

9 Ich – Körper – Karten

[1] Vor allem den Blick des Opicinus auf die Geschichte Pavias und der Lombardei behandelte Faustino Gianani, *Opicino de Canistris, l'Anonimo Ticinese (Cod. Vaticano Palatino latino 1993)*, Pavia *1927* (Neuausgabe Pavia *1976*); grundlegend für die Erforschung der beiden vatikanischen Handschriften ist Richard Salomon, *Opicinus de Canistris. Weltbild und Bekenntnisse eines avigonesischen Klerikers des 14. Jahrhunderts. Textbd. und Tafelbd.*, London 1936 (Studies of the Warburg Institute 1A/1B); ders., »A newly discovered manuscript of Opicinus de Canistris«, in: *Journal of the Warburg and Courtauld Institutes* 16 (1953), S. 45–57; ders., »The Grape Trick«, in: *Culture in history. Essays in honor of Paul Radin*, New York 1960, S. 531–540; ders., »Aftermath to Opicinus de Canistris«, in: *Journal of the Warburg and Courtauld Institutes* 25 (1962), S. 137–146. Neuere Überblicke bieten Mariateresa Fumagalli et Beonio Brocchieri, »La cosmologia di Opicino de Canistris«, in: *Leggere* 11 (1989), S. 52–63; André Vernet, »Les ›visions‹ cosmiques d'Opicinus de Canistris«, in: *Cahiers de Fanjeux* 27 (1992) [*Fin du monde et signes des temps. Visionnaires et prophètes en France méridionale*], S. 295–307.

[2] Richard Scholz, *Unbekannte kirchenpolitische Streitschriften aus der Zeit Ludwigs des Bayern*. 2 Bde., Rom 1911–14 (Bibliothek des Kgl. Preußischen Instituts in Rom 9/10); *Anonymi Ticinensis Liber de laudibus civitatis Ticinensis*, a cura di Rodolfo Maiocchi e Ferruccio Quintavalle, Città di Castello 1903 (Rerum Italicarum Scriptores XI/1).

[3] Salomon, *Newly discovered manuscript*, S. 50.

[4] Salomon, *Opicinus*, S. 97–110.

[5] Salomon, *Opicinus*, S. 11 f., 37 f. u. ö.; Aaron J. Gurjewitsch, *Das Individuum im europäischen Mittelalter*, München 1994, S. 261–278.

[6] Am weitesten gehend Ernst Kris, *Psychoanalytic Explanations in Arts*,

New York 1952, S. 118–127; ansatzweise auch Michael Camille, »The image and the self: unwriting late medieval bodies«, in: *Framing medieval bodies*, ed. by Sarah Kay and Miri Rubin, Manchester and New York 1994, S. 62–99, hier S. 87–95; kritisch demgegenüber Peter Czerwinski, *Gegenwärtigkeit. Simultane Räume und zyklische Zeiten, Formen von Regeneration und Genealogie im Mittelalter*, München 1993, S. 167–189.

7 Adelheid Heimann, »Die Zeichnungen des Opicinus de Canistris«, in: Salomon, *Opicinus*, S. 295–321.

8 Jörg-Geerd Arentzen, *Imago mundi cartographica. Studien zur Bildlichkeit mittelalterlicher Welt- und Ökumenekarten unter besonderer Berücksichtigung des Zusammenwirkens von Text und Bild*, München 1984 (Münstersche Mittelalter-Schriften 53), S. 296–318; zu den Portulankarten Monique de La Roncière und Michel Mollat du Jourdain, *Portulane vom 13. bis zum 17. Jahrhundert*, Fribourg, München 1984; Tony Campbell, »Portolan Charts from the Late Thirteenth Century to 1500«, in: *The History of Cartography. Vol. 1: Cartography in Prehistoric, Ancient, and Medieval Europe and the Mediterranean*, ed. by J. B. Harley and David Woodward, Chicago and London 1987, S. 371–463; Ivan Kupčík, *Münchner Portolankarten. »Kunstmann I-XIII« und zehn weitere Portolankarten*, München, Berlin 2000.

9 La Roncière/Mollat du Jourdain, S. 198–200 und Abb. 2–6.

10 Cod. Pal. Lat. 1993, T. 42: *Quicquid describo vel descripsi vel describam, intelligatur in solo speculo creature habentis visibile testimonium invisibilis rei, cuius rei non hic sed alibi veritas apparebit*; Salomon, *Opicinus*, S. 68.

11 Hans Blumenberg, *Die Lesbarkeit der Welt*, Frankfurt/M. 1981, als Tb. 1986 (suhrkamp taschenbuch wissenschaft 592), S. 52 f.; Friedrich Ohly, »Zum Buch der Natur«, in: ders., *Ausgewählte und neue Schriften zur Literaturgeschichte und zur Bedeutungsforschung*, hg. von Uwe Ruberg und Dietmar Peil, Stuttgart, Leipzig 1995, S. 727–843, hier S. 728–733.

12 Salomon, *Opicinus*, S. 79 f.; vgl. auch Friedrich Ohly, »Halbbiblische und außerbiblische Typologie«, in: ders., *Schriften zur mittelalterlichen Bedeutungsforschung*, Darmstadt 1977, S. 361–400.

13 Salomon, *Opicinus*, S. 202–204.

14 Arentzen, S. 306.

15 Salomon, *Opicinus*, S. 63 f.

16 Arentzen, S. 309.

17 *Die Karte als Kunstwerk. Dekorative Landkarten aus Mittelalter und Neuzeit* [Ausstellung und Katalog: Traudl Seifert], Unterschneidheim 1979 (Bayerische Staatsbibliothek. Ausstellungskataloge 19), S. 72, Nr. 79 und Abb. 52; Bärbel Hedinger, *Karten in Bildern. Zur Ikonographie der Wandkarte in holländischen Interieurgemälden des 17. Jahrhunderts*, Hildesheim, Zürich, New York 1986 (Studien zur Kunstgeschichte 34), S. 88 f., Abb. 89/90.

18 Cod. Pal. Lat. 1993, T. 34 (Randnotiz): *hominis, in cuius pectore cogitatio convertit in se cuncta terrena, quasi incorporans totum orbem in se*; Salomon, *Opicinus*, S. 69 f.

[19] Thomas Laqueur, *Auf den Leib geschrieben. Die Inszenierung der Geschlechter von der Antike bis Freud* (amer. 1990), Frankfurt/M. 1992, als Tb. 1996 (dtv 4696). Daß es durchaus ein Modell der Zweigeschlechtlichkeit in mittelalterlichen medizinischen Diskursen gab, zeigt Joan Cadden, *Meanings of Sex Difference in the Middle Ages. Medicine, Science, and Culture*, Cambridge 1993.

[20] Salomon, *Opicinus*, S. 37, 49, 82 u. ö.

[21] Cod. Pal. Lat. 1993, T. 39: *Quis sum ego? Responsio: Tu es egoceros, ab ego quod est capra et ceros quod est cornu, quasi capricornus, cuius effigiem monstrat barba caprina, que dicitur mare egeum sive mare caprinum*; Salomon, *Opicinus*, S. 48 f. Auch T. 22 nimmt die Deutung des Ego als eines Egoceron vor; Salomon, *Opicinus*, S. 231.

[22] Heinz-Georg Surmund, *›Factus eram ipse mihi magna questio‹ (Conf. IV,4). Untersuchungen zu Erfahrung und Deutung des Todes bei Augustinus unter besonderer Berücksichtigung des Problems der ›mors immatura‹*, Diss. Münster 1978.

[23] Salomon, *Opicinus*, S. 124 und Anm. 3 mit dem Zitat aus dem *Catholicon*.

[24] Ebd., S. 204–220 mit Wiedergabe aller Texte.

[25] Ebd., S. 81–86.

[26] Jacques Le Goff, *Pour un autre Moyen Age. Temps, travail et culture en Occident: 18 essais*, Paris 1977, S. 46–79.

[27] Cod. Pal. Lat. 1993, T. 20 (Salomon, *Opicinus*, S. 31 f., 214 f.): 1334, März 31: *Hac die venit infirmitas. Sumptis omnibus necessariis sacramentis per tertiam partem huius mensis fui premortuus. Respirans reperi me in membris inutilem.* [...] Juni 3: *Hac die post vesperas cum famulo teste vidi in nubibus quoddam vas. Existens ab illa infirmitate deinceps mutus in dextera multam partem memorie litteralis mirabiliter perdidi.* August 15: *Hac nocte vidi in sompnis virginem Mariam cum filio in gremio tristem sedentem in terra, que mihi deinceps more Iob ex perditione spiritualium opum, quas ab adolescentia dissipaveram prodigus, post tribulationem huiusmodi non amplius litteram sed duplicem spiritum restauravit meritis eius.* [...] 1335, Februar 1: *Deinceps paulatim declinavi ab officio nostro propter debilitatem dextere manus, que in spirituali opere prevaluit plus quam prius. Deinceps hec dextera has omnes ymagines absque humano auxilio fecit.* [...] 1336: *Perdita scientia litterali in duplo restituitur mihi scientia spiritualis; dextera mea ad temporalia debilis, ad spiritualis fortis.* Juni 3: *Hac die consumatum est opus huius vasis.*

[28] Francesco Petrarca, *Die Besteigung des Mont Ventoux. Lateinisch/Deutsch*, übersetzt und hg. von Kurt Steinmann, Stuttgart 1995 (Reclam UB 887); hier kommen auch einige der wichtigsten älteren Interpretationen zu Wort. Von den neueren die gedankenreichste stammt von Andreas Kablitz, »Petrarcas Augustinismus und die Ecriture der Ventoux-Epistel«, in: *Poetica* 26 (1994), S. 31–69.

[29] Kablitz, S. 59, 63 f.

[30] Vgl. Heimann, in: Salomon, *Opicinus*, S. 315: »Sein Stilprinzip ist die Koordination, die Reihung gleicher oder ähnlicher Glieder, nicht die Subordination, die Zusammenfügung verschiedener Teile zu einem neuen Ganzen.«

[31] Friedrich Ohly, *Zur Signaturenlehre der Frühen Neuzeit. Bemerkungen zur mittelalterlichen Vorgeschichte und zur Eigenart einer epochalen Denkform in Wissenschaft, Literatur und Kunst.* Aus dem Nachlaß hg. von Uwe Ruberg und Dietmar Peil, Stuttgart, Leipzig 1999, S. 5.

[32] Michel Foucault, *Die Ordnung der Dinge. Eine Archäologie der Humanwissenschaften* (frz. 1966), Frankfurt/M. 1971, als Tb. 1974 u.ö. (suhrkamp taschenbuch wissenschaft 96), S. 61; s. auch Umberto Eco, *Die Grenzen der Interpretation* (ital. 1990), München, Wien 1992, als Tb. 1995 (dtv wissenschaft 4644), S. 98.

[33] Guillelmus de Ockham, *Opera theologica. Bd. IX: Quodlibeta septem*, hg. von Joseph C. Wey, St. Bonaventure/N. Y. 1980, VI, q. 1; Hans Blumenberg, »›Nachahmung der Natur‹. Zur Vorgeschichte der Idee des schöpferischen Menschen«, in: ders., *Wirklichkeiten, in denen wir leben*, Stuttgart 1981 (Reclam UB 7715), S. 55–103, hier S. 86 und 101 f.

[34] Cod. Pal. Lat. 1993, T. 25 (Salomon, *Opicinus*, S. 238): *Nemo potest hanc scripturam intelligere nisi conscientia expurgata ab omni affectione terrena.*

10 Metapher und Erzählwelt

Überarbeitete Version des gemeinsam mit Susanne Köbele verfaßten Aufsatzes »Wilde Minne. Metapher und Erzählwelt in Wolframs ›Titurel‹«, in: *Beiträge zur Geschichte der deutschen Sprache und Literatur* 120 (1998), S. 234–265.

[1] Joachim Bumke, *Wolfram von Eschenbach*, Stuttgart ^{5}1991 (Sammlung Metzler 36), S. 287 (^{6}1997, S. 255: die Dichtung scheine »in ihrer Erzählstruktur neuen und eigenen Gesetzen zu folgen«).

[2] Max Wehrli, *Wolframs ›Titurel‹*, Opladen 1974 (Rheinisch-Westfälische Akademie der Wissenschaften. Vorträge G 194), S. 25.

[3] Walter Haug, »Erzählen vom Tod her. Sprachkrise, gebrochene Handlung und zerfallende Welt in Wolframs *Titurel*«, in: *Wolfram-Studien* 6 (1980), S. 8–24, hier S. 12.

[4] Volker Mertens, »Wolfram von Eschenbach. *Titurel*« in: *Interpretationen. Mittelhochdeutsche Romane und Heldenepen*, hg. von Horst Brunner, Stuttgart 1993 (Reclam UB 8914), S. 196–211, hier S. 209; s. auch ders., »Konstruktion und Dekonstruktion heldenepischen Erzählens. *Nibelungenlied – Klage – Titurel*«, in: *Beiträge zur Geschichte der deutschen Sprache und Literatur* 118 (1996), S. 358–378.

[5] Helmut Brackert, »Sinnspuren. Die Brackenseilinschrift in Wolframs

von Eschenbach *Titurel*«, in: *Erzählungen in Erzählungen. Phänomene der Narration in Mittelalter und Früher Neuzeit*, hg. von Harald Haferland und Michael Mecklenburg, München 1996 (Forschungen zur Geschichte der älteren deutschen Literatur 19), S. 155–175, hier S. 174; s. auch Karin Hauer, *Über den ›sin‹. Begehren und Gesetz in Wolframs ›Titurel‹*, Wien 1992.

6 *Parzival* (zitiert nach Wolfram von Eschenbach, hg. von Karl Lachmann, Berlin und Leipzig ^{6}1926) 141,15–19: *Nu hoer waz disiu mære sîn. | ein bracken seil gap im den pîn. | in unser zweier dienste den tôt | hât er bejagt, und jâmers nôt | mir nâch sîner minne.*

7 *Parzival* 585,29–586,11 (Anrede des Erzählers an Frau Minne): *Nu tuot ouch Gâwân den tôt, | als sîme neven Ilynôt, | den iwer kraft dar zuo betwanc | daz der junge süeze ranc | nâch werder âmîen, | von Kanadic Flôrîen. | sîns vater lant von kinde er vlôch: | diu selbe küneginne in zôch: | ze Bertâne er was ein gast. | Flôrîe in luot mit minnen last, | daz sin verjagte für daz lant. | in ir dienste man in vant | tôt, als ir wol hât vernomn.*

8 Vgl. z. B. für die erste Stelle Birgit Eichholz, *Kommentar zur Sigune- und Ither-Szene im 3. Buch von Wolframs ›Parzival‹ (138,9–161,8)*, Stuttgart 1987 (Helfant-Studien S3), S. 55 f.; für die zweite *Wolframs von Eschenbach ›Parzival‹ und ›Titurel‹*, hg. und erklärt von Ernst Martin, 2. Tl.: Kommentar, Halle/S. 1903, S. 422; Wolfgang Mohr, »Zu Wolframs *Titurel*« in: *Wolfram von Eschenbach, Titurel. Lieder*, hg. von W. M., Göppingen 1978 (Göppinger Arbeiten zur Germanistik 250), S. 101–161, hier S. 123 (aufgenommen bei Kurt Ruh, *Höfische Epik des deutschen Mittelalters*, 2. Tl., Berlin 1980 [Grundlagen der Germanistik 25], S. 143).

9 Eben dies dürfte im sog. Bogengleichnis des *Parzival* (241,8–30) – das sowohl durch die Bindung an die Titurel-Figur, deren Präsentation angedeutet und sogleich wieder verschoben ist, wie durch die Bildlichkeit des Jagens auch auf die *Titurel*-Stücke bezogen scheint – in der doppelten Spannung von Bild und Begriff sowie Produktion und Rezeption thematisiert sein: die Paradoxie einer selbst in geradlinigem Erzählen immer schon unterlaufenen Linearität, die gerade in der Abweichung eine konsequente Sinnlinie erzeugt (»Was den Eindruck der *krümbe* hervorruft, ist in Wirklichkeit die *biuge* als Voraussetzung der *slehte*«; Bernd Schirok, »diu senewe ist ein bîspel. Zu Wolframs Bogengleichnis«, in: *Zeitschrift für deutsches Altertum und deutsche Literatur* 115, 1986, S. 21–36, hier S. 36).

10 Bumke [Anm. 1], S. 283 (^{6}1997, S. 252); unter die ›objektiv-fragmentarischen‹ Werke wird der *Titurel* eingereiht bei Irene Hänsch, »Mittelalterliche Fragmente und Fragmenttheorie der Moderne (am Beispiel des *Titurel* und des *Tristan*)«, in: *Mittelalter-Rezeption* II, hg. von Jürgen Kühnel, Göppingen 1982 (Göppinger Arbeiten zur Germanistik 358), S. 45–61, bes. S. 54 f.

11 Paul Ricœur, *Zeit und Erzählung, Bd. 2: Zeit und literarische Erzählung* (frz. 1984), München 1989, S. 39.

12 Albrecht, *Jüngerer Titurel*, Bd. 1, hg. von Werner Wolf, Berlin 1955

(Deutsche Texte des Mittelalters 45) 1172A,4: *ein meister ist uf nemende, swenn iz mit tod ein ander hie gerumet*; vgl. jetzt Andrea Lorenz, *Der ›Jüngere Titurel‹ als Wolfram-Fortsetzung. Eine Reise zum Mittelpunkt des Werks*, Bern u. a. 2002 (Deutsche Literatur von den Anfängen bis 1700 36).

13 Vgl. z. B. Ruh [Anm. 8], S. 140.

14 Das gilt sowohl für die Erwähnung Schionatulanders als der *auenture herre* (39,4) wie für »das unvermittelte *sus* zu Beginn des zweiten Teils [...] und die Ankündigung einer Fortsetzung am Schluß« – jeweils ist hier nicht »klar auf Fehlendes hin[gewiesen]« (Joachim Heinzle, *Stellenkommentar zu Wolframs ›Titurel‹. Beiträge zum Verständnis des überlieferten Textes*, Tübingen 1972 [Hermaea N. F. 30], S. 180), eher vielleicht das auch ansonsten beobachtbare Spiel mit Vorwissen, Erwartung(sweckung) und Aussparung weitergetrieben.

15 Mohr [Anm. 8], S. 132, beobachtete einen an manchen Stellen »anscheinend noch sehr mit der Disposition und auch mit dem Wortlaut der Strophen« ringenden Dichter; ihm folgend Ruh [Anm. 8], S. 148; keine Bestätigung der These erbrachte die Untersuchung der Stropheneingangsgestaltung durch Elfriede Stutz, »Wolframs Titurelstrophe – Vers 1«, in: *Studien zu Wolfram von Eschenbach. Festschrift für Werner Schröder zum 75. Geburtstag*, hg. von Kurt Gärtner und Joachim Heinzle, Tübingen 1989, S. 455–483, hier S. 482.

16 Vgl. zu den beiden Kategorien Rainer Warning, *Lektüren romanischer Lyrik. Von den Trobadors zum Surrealismus*, Freiburg/Br. 1997 (Rombach Wissenschaften. Litterae 51), S. 22.

17 Von einem »unzertrennlichen Beziehungspaar« ist die Rede in *Fragment und Totalität*, hg. von Lutz Dällenbach und Christiaan L. Hart Nibbrig, Frankfurt/M. 1984 (edition suhrkamp 1107), S. 17 (Vorwort).

18 Wehrli [Anm. 2], S. 8; Haug [Anm. 3], S. 12.

19 Vgl. Ruth Harvey, »Zu Sigunes Liebesklage (Tit. 117–119)«, in: *Wolfram-Studien* 6 (1980), S. 54–62.

20 Von einem ›Zerfall‹ der Sprache oder einer ›Krise‹ des Erzählens sprechen Wehrli [Anm. 2], S. 22; Haug [Anm. 3], S. 18/20; Brackert [Anm. 5], S. 168 und 174 f.

21 Zitiert wird der Text nach der Wiedergabe der Handschriften bei Heinzle [Anm. 14] (ergänzt durch ders., »Nachlese zum *Titurel*-Kommentar«, in: *Studien* [Anm. 15], S. 485–500). Neuausgabe jetzt: Wolfram von Eschenbach, *Titurel*, hg., übersetzt und mit einem Kommentar und Materialien versehen von Helmut Brackert und Stephan Fuchs-Jolie, Berlin, New York 2002.

22 Zur teilweisen Anlehnung an die Liebessprache der spirituellen Theologie des 12. Jahrhunderts Kurt Ruh, »Bemerkungen zur Liebessprache in Wolframs *Titurel*«, in: *Studien* [Anm. 15], S. 501–512.

23 Vgl. u. a. Haug [Anm. 3], S. 18.

24 Theoretische Orientierung für die Analyse der textuellen Funktion

von Metaphorik bietet, ohne daß dies im weiteren jeweils ausgewiesen würde, der sprachanalytische, strukturalistische und hermeneutische Ansätze versammelnde Band *Theorie der Metapher*, hg. von Anselm Haverkamp, Darmstadt 1983 u. ö. (Wege der Forschung 389) sowie dessen Fortführung *Die paradoxe Metapher*, hg. von dems., Frankfurt/M. 1998 (edition suhrkamp 1940); s. auch Wilhelm Köller, »Dimensionen des Metaphernproblems«, in *Zeitschrift für Semiotik* 8 (1986), S. 379–410. Aufgeführt sind die meisten der im folgenden besprochenen Stellen schon in älteren Untersuchungen zu Wolframs ›Sprachstil‹: Paulus Traugott Förster, *Zur Sprache und Poesie Wolframs von Eschenbach*, Leipzig 1874; Gotthold Bötticher, »Ueber die Eigentümlichkeiten der Sprache Wolframs«, in: *Germania* 21 (1876), S. 257–331; Ludwig Bock, *Wolframs von Eschenbach Bilder und Wörter für Freude und Leid*, Straßburg 1879, bes. S. 25–30; Karl Ludwig, *Der bildliche Ausdruck bei Wolfram von Eschenbach*, Programm Mies 1888–1890.

25 Zusammenfassend Heinzle [Anm. 14], S. 104, und ders., Nachlese [Anm. 21], S. 491.

26 Heinzle [Anm. 14], S. 106.

27 Zur Divergenz der Überlieferung Heinzle [Anm. 14], S. 104 f. und ders., *Nachlese* [Anm. 21], S. 491 f. (hier auch zur Strophenfolge).

28 Zum Jagdterminus *locken* (einen Beizvogel mit einem Köder locken) zuletzt Franziska Wessel, *Probleme der Metaphorik und die Minnemetaphorik in Gottfrieds von Straßburg ›Tristan und Isolde‹*, München 1984 (Münstersche Mittelalter-Schriften 54), S. 378, Anm. 1109.

29 Im Jagdkontext kann der Begriff speziell »den Rückfall des gezähmten Vogels in seinen wilden Zustand« meinen; Heinzle [Anm. 14], S. 7.

30 Umgekehrt scheinen menschliche Beziehungen gefährdet, wenn Schmerzhaftes verheimlicht und nicht seiner ›Wildheit‹ beraubt wird (Gahmuret hält Schionatulander vor Augen, dessen *triwe* hätte sich ›*gevneret* | *ob du mir so grozze not entwildest*‹; 97,3).

31 54,1 f.: *Schoynatulander moht sin wise* | *von manger sůzzen botschaft*; 65,1 (Schion.): ›*Frouwe, ich han vernomen von wiben vn von mannen*‹; 66,1 (Schion.): ›*minne von maren*‹.

32 Die Überblendungen und Vertauschungen von Subjekten und Objekten betreffen auch die grammatischen Relationen. Selbst als Sigune und Schionatulander nicht mehr nur allgemein Minne, sondern ihre eigene Minne beim Namen nennen, tritt kein ›Ich‹ auf, macht Sigune vielmehr sich selbst zum Objekt der Minne (›*Schyonatulander, mich twingent gedanche* [...]‹; 67,1), rückt Schionatulander dreimal die Minne als Subjekt an die Stelle des ›Ich‹ (66,2–4).

33 95,1: ›*Ich spur an dir die minne, alzegroz ist ir slage*‹.

34 74,4: *sus iaget in diu minne an den re*. Daß Gahmuret (auch) im Minnedienst stirbt, ist im *Titurel* immerhin durch den Hinweis auf Herzeloydes seidenes Hemd angedeutet, das er in den Orient mitführt (81,1–4).

35 Die Minne Schionatulanders und Sigunes scheint nicht zuletzt durch

die Metaphorik zunächst deutlich von der Minne Gahmurets abgesetzt: Der Erzähler spricht der *kintlichen, luterlichen* Liebe alle *truopheit* ab (46,4), zeigt dagegen Gahmuret als einen, dessen *luter vel* so versengt ist, daß es *mit tröpheit chunde* (90,3). Unterschwellig jedoch werden die beiden Arten von Minne schon an dem Ort, an dem sie sich entwickeln (Kanvoleiz), verschiedentlich füreinander durchlässig und im Orient, wo Schionatulander *schiet dur not von luterlichem glanze* (89,3), fast ununterscheidbar [vgl. auch Anm. 46]. Die Vorstellung vom »Umschlagen des Minne-Kampf-*sælde*-Modells in das Minne-Kampf-Tod-Modell« (Ernst S. Dick, »Minne im Widerspruch. Modellrevision und Fiktionalisierung in Wolframs *Titurel*«, in: ›*Der Buchstab tödt – der Geist macht lebendig*‹. *Festschrift zum 60. Geburtstag von Hans-Gert Roloff*, hg. von James Hardin und Jörg Jungmayr, Bern u. a. 1992, S. 399–420, hier S. 414) wäre von daher wohl zu differenzieren.

36 Vgl. Heinzle [Anm. 14], S. 167. Die Jagdvogelmetapher steht in mittelhochdeutscher epischer Dichtung nicht vereinzelt. Mit der Beutegier eines Habichts vergleicht Hartmann die Minnesehnsucht Erecs und Enites (v. 1861 ff.; dazu Uwe Ruberg, »Bildkoordinationen im *Erec* Hartmanns von Aue«, in: *Gedenkschrift für William Foerste*, hg. von Dietrich Hofmann u. a., Köln, Wien 1970, S. 477–501, bes. S. 497). Was im *Erec* isolierter Vergleich bleibt, breitet sich in Gottfrieds *Tristan* zu einem weitgespannten Netz metaphorischer und literaler Jagdmotive aus, dort doppelt bezogen auf die Jagd nach Minne und die Jagd nach Wahrheit (Belege bei Wessel [Anm. 28], S. 304–316 und 378–398). Eine textübergreifende vergleichende Metaphernanalyse wäre lohnend.

37 116,2–4: *sit ich algernde nach frivnde iamer dulde, | vil quele hafter not. daz ist vnwendch | er quelt mine wilde gedanche an sin bant. al min sin ist im bendech.*

38 Auch hier kann Jagdterminologisches mitschwingen: Das Adjektiv *bendec*, wohl eine Wolframsche Prägung, »bezeichnet vornehmlich das Festbinden des Hundes an die Koppel« (Heinzle [Anm. 14], S. 168, der hier einen möglichen »Bildbruch (Falke/Hund)« wahrnimmt).

39 Von Schionatulander heißt es, daß *diu starche minne in chrenche* (85,3), nämlich seine Bereitschaft zum *strit* reduziere, und daß er sich wie die Kinder, die zuerst zu Stühlen hinkriechen müssen, bevor sie sich hochziehen können (86,4), aus von Sehnsucht bedrängter, niedergedrückter Stimmung wieder *vf richten* lernen müsse (87,1 f.).

40 Wieder korrespondiert die metaphorisch formulierte Gleichzeitigkeit syntaktisch einer Vertauschung von Subjekt und Objekt (*er – min sin*) und einer Komplexität pronominaler Bezüge (*er – min – sin – min – im*). Weitere Bindemetaphern begegnen sowohl in der Erzählerperspektive (*iugent wont in der minnen bant*; 48,4) wie in der Figurenperspektive (Schionatulander zu Gahmuret: 101,1 und 107,2). Zum *amor ligans* Ruh [Anm. 22], S. 509.

41 Vgl. Hadamar von Laber, *Jagd*, hg. von Karl Stejskal, Wien 1880, Str. 9,1. Auch Burkhard von Hohenfels überführt in einem Lied (KLD IX) die

den *Titurel* leitende, nun zitathaft aufgegriffene Bildvorstellung in eine geschlossene Allegorie, die von der *dienest*-Minne ihren Ausgangspunkt nimmt und in *triuwe* ihren Zielpunkt findet; vgl. Hugo Kuhn, *Minnesangs Wende*, Tübingen ²1967, S. 16–18.

[42] Vgl. auch 96,1 (Schionatulander als *berndez saf minnen blŏte*), 103,2 f. (Sigune als Baum und als *luhtch blŏme*), 110,1 (Sigune als *tŏwech rose*).

[43] 59,1 (Sigune): ›*nu sprich […], waz du meinest*‹; 65,1 (Schionatulander): ›*Frouwe, ich han vernomen von wiben vn von mannen*‹; 66,1 (Schionatulander): ›*minne von maren*‹; 77,1 (Sigune): ›*Ich bin dir holt,* […] *nu sprich, ist daz minne?*‹

[44] Vgl. auch Karlheinz Stierle, *Poetische Rationalität. Kunstwerk und Werkbegriff*, München 1997, S. 223.

[45] In diesem Sinne auch Walther von der Vogelweide (*Leich, Lieder, Sangsprüche*, hg. von Christoph Cormeau, Berlin, New York 1996) 54,XVI,1–6 (Lachmann 81,31–36): *Diu minne ist weder man noch wip, | si hât noch sêle noch den lîp, | sî gelîchet sich dekeinem bilde. | ir nam ist kunt, si selbe ist aber wilde, | und enkan doch nieman âne sie | der gotes hulden niht gewinnen.*

[46] Auf Schionatulander, der aus *lautterlicher mynne erporn* ist (53,2; s. auch 46,4 und 145,3, außerdem 89,3 [*von luterlichem glanze*] und 90,3 [*luter vel*]) übt die Minne einen lähmenden Bann aus, so daß seine lichte Haut und seine glänzenden Augen – und zwar durch eben diese *luterliche* Minne – ihren *luterlichen glanz* zu verlieren beginnen (89,3).

[47] Vgl. Ulrich Wyss, »Selbstkritik des Erzählers. Ein Versuch über Wolframs Titurelfragment«, in: *Zeitschrift für deutsches Altertum und deutsche Literatur* 103 (1974), S. 249–289, hier S. 278 f., und zuletzt Brackert [Anm. 5], S. 156 f.

[48] Vgl. Karl Bertau, *Über Literaturgeschichte. Höfische Epik um 1200*, München 1983, S. 78: »Epos der Requisiten«.

[49] Der Hinweis auf die Schnelligkeit ist nicht ohne Untertöne: verbunden mit der Anzitierung Trevrizents – der (vor dem Rückzug aus dem ritterlichen Leben) gelaufen und gesprungen sei *allen den vor, die des phlagen vf riters gebeine* (133,4; s. a. 9,3) –, bleibt in ihm der Aspekt der abnehmenden Vitalität des Gralsgeschlechts wirksam.

[50] Dem weithin hörbaren Jagen des Gardeviaz kontrastiert das stille Jagen von Tristans Jagdhund Hiudan (*der dannoch niene kunde | unlutes loufen sus noch so. | in hæte Tristan aber do | geleret harte schiere | nach dem hirze und nach dem tiere,* | […] *so daz er niemer lut wart*; Gottfried von Straßburg, *Tristan*, hg. von Friedrich Ranke, Berlin 1930, v. 17252–17256.17260). Einen Bezug des zweiten *Titurel*-Stückes auf den *Tristan* vermutete u. a. Werner Simon, »Zu Wolframs *Titurel*«, in: *Festgabe für Ulrich Pretzel*, Berlin 1963, S. 184–190, hier S. 189 f., bereits im ersten aber findet vielleicht die Rede von denen, *die durch herzeliebe ie senede not erfunden* (56,4), im *Tristan*-Prolog eine Parallele (Heinzle [Anm. 14], S. 95; Michael Dallapiazza, »Männlich-weiblich. Bilder des Scheiterns in Gottfrieds *Tristan* und Wolframs *Titurel*«, in:

Arthurian romance and gender, hg. von Friedrich Wolfzettel, Amsterdam u. a. 1995, S. 176–182, hier S. 176 f.).

[51] Von ›Zerrbildern‹ höfischer Jagd spricht Brackert [Anm. 5], S. 168; s. auch ders., »*deist rehtiu jegerîe*. Höfische Jagddarstellungen in der deutschen Epik des Mittelalters«, in: *Jagd und höfische Kultur im Mittelalter*, hg. von Werner Rösener, Göttingen 1997 (Veröffentlichungen des Max-Planck-Instituts für Geschichte 135), S. 365–406.

[52] Zur technischen Raffinesse der Leine Heinzle [Anm. 14], S. 189 f.; die Mischung aus realistischen und unwahrscheinlichen Elementen in der Darstellung der Leine betont Sidney M. Johnson, »Das Brackenseil des Gardeviaz zwischen Wirklichkeit und Phantasie«, in: *Studien* [Anm. 15], S. 513–519.

[53] Elisabeth Schmid, »*Dâ stuont âventiur an der strangen*. Zum Verhältnis von Erzählung und Allegorie in der Brackenseilepisode von Wolframs und Albrechts *Titurel*«, in: *Zeitschrift für deutsches Altertum und deutsche Literatur* 117 (1988), S. 79–97, hier S. 83.

[54] Die sprachliche Verknüpfung zwischen erstem und zweitem Stück wird an dieser Stelle nicht nur durch die Metaphern der *luterheit* hergestellt, sondern auch durch Aussagen zur Angemessenheit des Bezeichnens – 144,2 (in Zusammenhang mit dem Namen des Bracken): *daz wort ist den werden gebare* rekurriert auf 63,2 f.: *daz wort im gebære* | *wirt von mir nimer benennet minne*.

[55] Vgl. Walter Blank, *Die deutsche Minneallegorie. Gestaltung und Funktion einer spätmittelalterlichen Dichtungsform*, Stuttgart 1970 (Germanistische Abhandlungen 34), S. 187–194; Ingeborg Glier, *Artes amandi. Untersuchung zu Geschichte, Überlieferung und Typologie der deutschen Minnereden*, München 1971 (Münchener Texte und Untersuchungen zur deutschen Literatur des Mittelalters 34), S. 156–178, 243–256.

[56] Trotz der Einsicht in das Nebeneinander von Zeichenhaftigkeit und Konkretheit in der Gestalt des Bracken hat die Forschung letztlich doch immer wieder eine allegorische Lesart privilegiert; vgl. Wehrli [Anm. 2], S. 25; Wyss [Anm. 49], S. 284; Haug [Anm. 3], S. 21 f.; Mertens [Anm. 4], S. 376; Brackert [Anm. 5], S. 166, 173 f.

[57] Schmid [Anm. 53], S. 84.

[58] Vgl. ebd., S. 88; die Leine selbst wiederum, Produkt höchster Kunstfertigkeit, wird als *imitatio* von Naturhaftem präsentiert: Die am Halsteil befindliche Samtborte ist grün *als in meigeschem walde* (143,1).

[59] Schon bei der ersten Ankündigung der aus Edelsteinen gebildeten Schrift heißt es: *auenture horet, obe ir gebietet* (141,3).

[60] In diesem Sinne Brackert [Anm. 5], S. 172.

[61] Auch im *Parzival* wird der Vorzug der narrativen gegenüber der gelebten Erfahrung nicht objektiv »als Fehlverhalten hingestellt« (Walter Haug, »Lesen oder Lieben? Erzählen in der Erzählung, vom *Erec* bis zum *Titurel*«, in: *Beiträge zur Geschichte der deutschen Sprache und Literatur* 116,

1994, S. 302–323, hier S. 321), sondern nur in der Subjektivität der Figurenperspektive.

[62] Diese Zuspitzung fehlt den späteren Minne-Jagd-Allegorien, die teilweise formal oder begrifflich in der Tradition des *(Jüngeren) Titurel* stehen. Am ehesten scheint in Hadamars *Jagd* [Anm. 41] die in keine Verfügbarkeit mündende Suche nach Minne erfaßt: Hier verzichtet der Jäger darauf, den Hund Ende auf das schon gestellte Wild zu jagen (›*ê wolt ich sterben,* | *ê ich ez mit solhen phanden phendet*‹; 352,6 f.), und bekennt später ›*Ich wolt si betwungen,* | *ungevangen haben*‹ (414,1 f.).

11 Personifikation – Begegnungen mit dem Fremdvertrauten

Stark veränderte und gekürzte Fassung des Beitrags »Personifikation. Begegnungen mit dem Fremd-Vertrauten in mittelalterlicher Literatur«, in: *Personenbeziehungen in der mittelalterlichen Literatur*, hg. von Helmut Brall u. a., Düsseldorf: Droste 1994 (Studia humaniora 25), S. 347–387.

[1] Dante Alighieri, *Vita Nova – Das Neue Leben*, übersetzt und kommentiert von Anna Coseriu und Ulrike Kunkel, München 1988 (dtv 2199), S. 76: *Io mi senti' svegliar dentro a lo core* | *un spirito amoroso che dormia:* | *e poi vidi venir da lungi Amore* | *allegro sì, che appena il conoscia,* | *dicendo: »Or pensa pur di farmi onore«;* | *e'n ciascuna parola sua ridia.*

[2] Marc-René Jung, *Etudes sur le poème allégorique en France au moyen âge*, Bern 1971 (Romanica Helvetica 82), S. 122 ff.; Vuylsteke [Anm. 16]; Robert Taylor, »The figure of Amor in the Old Provençal narrative allegories«, in: *Court and Poet*, ed. by Glyn S. Burgess, Liverpool 1981 (Arca 5), S. 309–317. Zur Umwertung bei Dante Rainer Warning, »Imitatio und Intertextualität. Zur Geschichte lyrischer Dekonstruktion der Amortheologie. Dante, Petrarca, Baudelaire«, in: *Interpretation. Das Paradigma der europäischen Renaissance-Literatur. Festschrift für Alfred Noyer-Weidner*, hg. von Klaus Hempfer und Gerhard Regn, Wiesbaden 1983, S. 288–317; siehe auch Anm. 16.

[3] *Vita Nova* [Anm. 1], S. 74 (XXIV).

[4] *Vita Nova* [Anm. 1], S. 80/82 (XXV): *degno è lo dicitore per rima di fare lo somigliante, ma non sanza ragione alcuna, ma con ragione la quale poi sia possibile d'aprire per prosa. [...] dico che né li poete parlavano così sanza ragione, né quelli che rimano deono parlare così non avendo alcuno ragionamento in loro di quello che dicono; però che grande vergogna sarebbe a colui che rimasse cose sotto vesta di* figura *o di* colore rettorico, *e poscia, domandato, non sapesse denudare le sue parole da cotale vesta, in guisa che avessero verace intendimento.*

[5] C[arl] S[taples] Lewis, *The Allegory of Love. A Study in Medieval Tradition*, London 1936 u. ö., S. 47; für nachträgliche Einarbeitung der Passage votierte u. a. Ulrich Leo, »Zum *rifacimento* der Vita Nuova«, in: *Romanische Forschungen* 74 (1962), S. 281–317; für Integralität des Textes Winfried Weh-

le, *Dichtung über Dichtung. Dantes Vita Nuova: Die Aufhebung des Minnesangs im Epos*, München 1986, hier S. 27 f.

[6] Lewis, S. 48; ebenso Rainer Gruenter, »Bemerkungen zum Problem des Allegorischen in der deutschen ›Minneallegorie‹«, in: *Euphorion* 51 (1957), S. 2–22, hier S. 14; kritisch Stephen A. Barney, *Allegories of History, Allegories of Love*, Hamdens/C. 1979, bes. S. 13–55, und Strubel [Anm. 10], S. 72.

[7] Edmond Faral, *Les arts poétiques du XIIe et du XIIIe siècle. Recherches et documents sur la technique littéraire du moyen âge*, Paris 1924, ²Genf, Paris 1982, S. 72 f.; Heinrich Lausberg, *Handbuch der literarischen Rhetorik*, 2 Bde., München 1960, § 826–829; Paul Klopsch, *Einführung in die Dichtungslehren des lateinischen Mittelalters*, Darmstadt 1980, S. 107–109; Gert Ueding, Bernd Steinbrink, *Grundriß der Rhetorik. Geschichte – Technik – Methode*, Stuttgart ²1986, S. 295 f.

[8] Isidor von Sevilla, *Etymologiae*, hg. von Wallace M. Lindsay, Oxford 1911, II 13,1: *Prosopopeia est, cum inanimalium et persona et sermo fingitur;* vgl. auch etwa Cornificius: *Conformatio est cum aliqua quae non adest persona configitur quasi adsit aut cum res muta aut informis fit eloquens et formata et ei oratio attribuitur ad dignitatem accommodata aut actio quaedam;* Faral [Anm. 7], S. 73.

[9] *Vita Nova* [Anm. 1], Kommentar, S. 172 f.

[10] Paul Michel, *Alieniloquium. Elemente einer Grammatik der Bildrede*, Bern u. a. 1987 (Zürcher Germanistische Studien 3), S. 571–594 mit einem konzisen sprachwissenschaftlich orientierten Überblick. Hervorzuheben in literaturwissenschaftlicher Hinsicht ist Armand Strubel, *La rose, Renart et le graal. La littérature allégorique en France au XIIIe siècle*, Paris 1989 (Nouvelle Bibliothéque du Moyen Age 11); vor poststrukturalistischem Hintergrund: James J. Paxson, *The poetics of personification*, Cambridge 1994 (Literature, Culture, Theory 6). Zu *figura* immer noch Erich Auerbach, »Figura« (1939), in: ders., *Neue Dantestudien*, Istanbul 1944, S. 11–71. Zur Allegorie im Allgemeinen: Angus Fletcher, *Allegory. The Theory of a Symbolic Mode*, Ithaca/N. Y. 1964; Philipp Rollinson, *Classical theories of allegory and Christian culture. With an Appendix on primary Greek sources by* Patricia Matsen, Pittsburgh/Pa. and Brighton/Sus. 1981 (Duquesne studies in language and literature series 3); Jon Whitman, *Allegory. The dynamics of an ancient and medieval technique*, Oxford 1987 (Appendix II: On the history of the term personification). Abgrenzungen von Allegorie und Personifikation auch bei Robert Worth Frank (Jr.), »The Art of reading medieval personification-allegory«, in: *ELH. A Journal of English Literary History* 20/4 (1953), S. 237–250, und Aldo Vallone, »Personificazione simbolo e allegoria del medio evo dinanzi a Dante«, in: *Filologia e Letteratura* 10 (1964), S. 189–224. Wichtig, auch über die Minneallegorie hinaus, Walter Blank, *Die deutsche Minneallegorie. Gestaltung und Funktion einer spätmittelalterlichen Dichtungsform*, Stuttgart 1970 (Germanistische Anhandlungen 34), bes. S. 54–91.

[11] Gerhard Kurz, *Metapher, Allegorie, Symbol*, Göttingen 1982 (Kleine Vandenhoeck-Reihe 1486), S. 55 f.; Hazard Adams, *Philosophy of the Literary Symbolic*, Tallahassee 1983, S. 46–98. Zur Rehabilitierung der Allegorie schon Hans-Georg Gadamer, *Wahrheit und Methode. Grundzüge einer philosophischen Hermeneutik* (1960), Tübingen [5]1986, S. 76 ff. Außerdem: Bengt Algot Sorensen, »Symbol und Allegorie«, in: *Beiträge zu Symbol, Symbolbegriff und Symbolforschung*, hg. von Manfred Lurker, Baden-Baden 1982 (Bibliographie zur Symbolik, Ikonographie und Mythologie. Ergänzungsband 1), S. 171–180; *Formen und Funktionen der Allegorie*, hg. von Walter Haug, Stuttgart 1979 (Germanistische Symposien. Berichtsbd. 3). Zur neueren Begriffsgeschichte Th. Mahlmann, Art. »Personifikation, Personifizierung«, in: *Historisches Wörterbuch der Philosophie* 7 (1989), Sp. 341–345.

[12] Christel Meier, »Überlegungen zum gegenwärtigen Stand der Allegorie-Forschung. Mit besonderer Berücksichtigung der Mischformen«, in: *Frühmittelalterliche Studien* 10 (1976), S. 1–69, zur Personifikationsallegorie S. 58–64, hier S. 62.

[13] T[homas] B. L. Webster, »Personification as a Mode of Greek Thought«, in: *Journal of the Warburg and Courtauld Institutes* 17 (1954), S. 10–21; Johan Huizinga, *Homo Ludens. Vom Ursprung der Kultur im Spiel* (niederländ. 1938), Reinbek 1956 (rowohlts deutsche enzyklopädie 21), S. 133–138, hier S. 137 f.; Bertrand H. Bronson, »Personification reconsidered«, in: *ELH. A Journal of English Literary History* 14/3 (1947), S. 163–177, hier S. 166: »The personifying impulse, in whatever varying degrees of elaboration, is a radical tendency of the human psyche, embedded in the very roots of language, basic to every impulse toward dramatic representation.« Außerdem E[rnst] H. Gombrich, »Personification«, in: *Classical influences on european culture A. D. 500–1500*, ed. by R[obert] R. Bolgar, Cambridge 1971, S. 247–257, hier S. 249; Michel [Anm. 10], S. 588 (§ 624). Gegen Karl Reinharts Annahme, Archaische und Klassische Zeit würden das Allegorische noch nicht kennen (K. R., »Personifikation und Allegorie« [verfaßt 1937], in: ders., *Vermächtnis der Antike. Gesammelte Essays zur Philosophie und Geschichtsschreibung*, hg. von Carl Becker, Göttingen [2]1966, Nachdr. 1989, S. 7–40), schon Otto Seel, »Antike und frühchristliche Allegorik«, in: *Festschrift für Peter Metz*, hg. von Ursula Schlegel und Claus Zoege von Manteuffel, Berlin 1965, S. 11–45, z. B. S. 20 mit dem Hinweis auf »die vorgängige anthropologische Grundbefindlichkeit: daß der Mensch nämlich daraufhin angelegt ist, äußere und innere Wirklichkeit als vielschichtig, doppelbödig und je nach der Gegenrichtung hin deutbar zu erleben. Anders gesagt: Der Mensch ist von Natur ›Allegoriker‹«.

[14] Gombrich, S. 255; Dagobert Frey, »Kunst und Sinnbild« (abgefaßt 1942/45), in: ders., *Bausteine zu einer Philosophie der Kunst*, hg. von Gerhard Frey, Darmstadt 1976, S. 113–211, hier S. 193 ff.; zum *abstractum agens* Richard Glasser, »Abstractum agens und Allegorie im älteren Französisch«,

in: *Zeitschrift für romanische Philologie* 69 (1953), S. 43–122; Siegfried Heinimann, *Das Abstraktum in der französischen Literatursprache des Mittelalters*, Bern 1963 (Romanica Helvetica 73).

[15] *Fragmente der Vorsokratiker*, hg. von Hermann Diehls, Walter Kranz, Bd. 1, Zürich [6]1951, Nachdr. Hildesheim 1985, fr. 121 ff. (Empedokles); Mark Douglas Northrup, *The use of personification in Hesiod and the pre-Socratics*, Ann Arbor/Mich. 1977. Hervorragende Materialzusammenstellungen für die alte Literatur finden sich bei L[udwig] Deubner, Art. »Personifikationen abstrakter Begriffe«, in: *Ausführliches Lexikon der griechischen und römischen Mythologie*, hg. von W[ilhelm] H[einrich] Roscher, Leipzig 1902–1909, Bd. III,2, Sp. 2068–2169, ergänzt durch F. Stössl, »Personifikationen«, in: Pauly/Wissowa XIX,1 (1937), Sp. 1042–1058, und Leiva Petersen, *Zur Geschichte der Personifikation in griechischer Dichtung und bildender Kunst*, Würzburg-Aumühle 1939; ansonsten: Roger Hinks, *Myth and allegory in ancient art*, London 1939 (Studies of the Warburg Institute 6); Friedrich Wilhelm Hamdorf, *Griechische Kultpersonifikationen der vorhellenistischen Zeit*, Mainz 1964; Harvey Alan Shapiro, *Personification of abstract concepts in Greek art and literature to the end of the fifth century B. C.*, Diss. Princeton 1977, Ann Arbor 1977; *Mythe et personnification*, hg. von Jacqueline Duchemin, Paris 1980.

[16] Doris Ruhe, *Le dieu d'amours avec son paradis. Untersuchungen zur Mythenbildung um Amor in Spätantike und Mittelalter*, München 1974 (Beiträge zur romanischen Philologie des Mittelalters 6) [Rez. durch Marc Vuylsteke, »›Amor‹ dans la littérature provençale«, in: *Revue belge de philologie et d'histoire* 53 (1975), S. 805–814]. Umfassendes Material und Forschungsdiskussion bei Rüdiger Schnell, *Causa amoris. Liebeskonzeption und Liebesdarstellung in der mittelalterlichen Literatur*, Bern und München 1985, bes. Tl. III, S. 349 ff.

[17] Lewis [Anm. 5], S. 52.

[18] Die hellenistischen, spätantiken, dann mittelalterlichen Personifikationen sind nicht einfach Fortsetzungen der Götter mit anderen Mitteln, und umgekehrt beansprucht das, was im Mittelalter fortlebt und sich neu entfaltet – gerade im Bereich der Liebesgötter – neue Funktion.

[19] Paolo Valesio, »Esquisse pour une étude des personnifications«, in: *Lingua e Stile* 4 (1969), S. 1–21; siehe auch Morton W. Bloomfield, »A Grammatical Approach to Personification Allegory«, in: ders., *Essays and Exploration. Studies in Ideas, Language and Literature*, Cambridge/Mass. 1970, S. 242–260.

[20] Strubel [Anm. 10], S. 73: »l'unique classement pertinent est celui qui part de l'extension […] et de la compréhension […] du concept«.

[21] Adolf Katzenellenbogen, *Allegories of the virtues and vices in medieval art. From early christian times to the thirteenth century*, London 1939 (Studies of the Warburg Institute), Repr. Toronto-Buffalo-London 1989; Rosemond Tuve, *Allegorical Imagery. Some Medieval Books and Their Posterity*, Princeton,

New Jersey 1966 u. ö., S. 57–143; M. Evans, Art. »Tugenden«, »Tugenden und Laster«, in: *Lexikon der christlichen Ikonographie* 4 (1972), Sp. 364–390. Zu den personifizierten Tugenden bei Hildegard von Bingen Hans Liebeschütz, *Das allegorische Weltbild der heiligen Hildegard von Bingen*, Leipzig 1930 (Studien der Bibliothek Warburg 16).

22 Aus der immensen Literatur nenne ich außer Lewis [Anm. 5], S. 112–156, nur John V. Fleming, *The ›Roman de la Rose‹. A study in allegory and iconography*, Princeton/N. Y. 1969; Armand Strubel, *Le Roman de la Rose*, Paris 1984 (Etudes Littéraires 4), und Carolynn van Dyke, *The Fiction of Truth. Structures of Meaning in Narrative and Dramatic Allegory*, Ithaca and London 1985, S. 69–105. Zur Nachwirkung Pierre-Yves Badel, *Le roman de la rose au XIVe siècle. Etude de la réception de l'œuvre*, Genève 1980 (Publications romanes et françaises 153).

23 Zur Begegnung des Visionärs mit Personen der anderen Welt auch Peter Dinzelbacher, *Vision und Visionsliteratur im Mittelalter*, Stuttgart 1981 (Monographien zur Geschichte des Mittelalters 23), bes. S. 146–168; vgl. auch Paul Piehler, *The visionary landscape. A study in medieval allegory*, London 1971, und Michel [Anm. 10], S. 580 (§ 616) zum Doppelleben der Personifikationen.

24 Michel [Anm. 10], S. 571 (§ 610). Zwischen identifizierenden und klassifizierenden Attributen unterscheidet Göran Hermerén, *Representation and Meaning in the Visual Arts. A Study in the Methodology of Iconography and Iconology*, Lund 1969, S. 100. Sammlung von Belegstellen zur deutschen und nordischen Literatur schon bei Jacob Grimm, *Deutsche Mythologie*. Bd. II, nach der 4. Aufl. 1876, Berlin, Frankfurt/M., Wien 1981 (Ullstein-Buch 35108), S. 733–749; außerdem Richard Galle, *Die Personifikation in der mittelhochdeutschen Dichtung bis zum Beginn des Verfalls*, Diss. Leipzig 1888; Charles Muscatine, »The Emergence of Psychological Allegory in Old French Romance«, in: *Publications of the Modern Language Association* 68 (1953), S. 1160–1182 (bes. zum inneren Monolog mit einer ratenden und helfenden Stimme); Hans Robert Jauß, »Entstehung und Strukturwandel der allegorischen Dichtung«, in: *Grundriß der romanischen Literaturen des Mittelalters* VI,1, Heidelberg 1968, S. 146–244; wieder (mit Auslassung) in: ders., *Alterität und Modernität der mittelalterlichen Literatur*, München 1977, S. [154]–[218]; J. I. Wimsatt, *Allegory and Mirror. Tradition and Structure in Middle English Literature*, New York 1970. Kunstgeschichtlicher Überblick bei L. Lüdicke-Kaute, O. Holl, Art. »Personifikationen«, in: *Lexikon der christlichen Ikonographie* 3 (1971), Sp. 394–407.

25 Strubel [Anm. 10], S. 89; s. auch Michel Zink, *La subjectivité littéraire. Autour du siècle de saint Louis*, Paris 1985, S. 127 ff.

26 A[nthony] C. Spearing, *Medieval dream-poetry*, Cambridge u. a. 1976.

27 *Die Minneburg*, hg. von Hans Pyritz, Berlin 1950 (Deutsche Texte des Mittelalters 43). Zum Text Blank [Anm. 10], S. 216–223; Ingeborg Glier, *Artes amandi. Untersuchung zu Geschichte, Überlieferung und Typologie der deut-*

schen Minnereden, München 1971 (Münchener Texte und Untersuchungen zur deutschen Literatur des Mittelalters 34), S. 127–156.

[28] *Minneburg*, v. 2204–06: ›*So sol man dich auch heissen | Ein menlich er, in wirde erkant, | Der edel kunig Amor genant*‹; ab v. 3894 *Fraw Mynn*. Der Wechsel hängt mit der Wirkung des grammatischen Geschlechts zusammen. Er kündigt sich schon dort an, wo von *der* Minne die Rede ist, und wird erleichtert durch das zwischenzeitliche Auftreten von Venus und Amor als traditionellen Liebesgöttern (v. 3294 ff.).

[29] Mechthild von Magdeburg, *Das fließende Licht der Gottheit*, hg. von Hans Neumann. Bd. 1, München 1990 (Münchener Texte und Untersuchungen zur deutschen Literatur des Mittelalters 100), I.3, Z. 6.10; Dinzelbacher [Anm. 23], S. 174 (S. 171–176 zu Allegorien und Personifikationen).

[30] Kritischer Text: Boethius, *Philosophiae consolatio*, hg. von Ludovicus Biehler, Turnhout 1957, ²1984 (Corpus Christianorum. Seria Latina 94); lat.-dt. Text hg. und übersetzt von Ernst Gegenschatz und Olof Gigon, Zürich und München 1949 u. ö. Für das Folgende: Joachim Gruber, »Die Erscheinung der Philosophie in der *Consolatio Philosophiae* des Boethius«, in: *Rheinisches Museum für Philologie* 112 (1969), S. 166–186, und ders., *Kommentar zu Boethius ›De Consolatione Philosophiae‹*, Berlin, New York 1978 (Texte und Kommentare 9), bes. S. 32–34 und 57 ff. Außerdem: Pierre Courcelle, »Le personnage de Philosophie dans la littérature latine«, in: *Journal des Savants* 1970, S. 209–252, zu Boethius bes. S. 233 ff.

[31] Prudence, éd. M. Lavarenne, tom. III [lat.-frz.], Paris ²1963; lat.-dt. Ausgabe von Ursmar Engelmann, Basel, Freiburg, Wien 1959; Reinhart Herzog, *Die allegorische Dichtkunst des Prudentius*, München 1966 (Zetemata 42); Jung [Anm. 2], S. 25–34; Hans Robert Jauß, »Form und Auffassung der Allegorie in der Tradition der *Psychomachia*. Von Prudentius zum ersten *Romanz de la Rose*« (zuerst 1960), wieder (mit Nachtrag 1976) in: *Der altfranzösische höfische Roman*, hg. von Erich Köhler, Darmstadt 1978 (Wege der Forschung 425), S. 301–341; Nigel Harris, *The Latin and German ›Etymachia‹. Textual History, Edition, Commentary*, Tübingen 1994 (Münchener Texte und Untersuchungen zur deutschen Literatur des Mittelalters 102).

[32] *Martianvs Capella*, ed. by James Willis, Leipzig 1983 (mit reichhaltigen Literaturangaben bis 1980); zum Weiterleben in der französischen Literatur Jung [Anm. 2], S. 35–58; zur Ikonographie Marie-Thérèse d'Alverny, »La sagesse et ses sept filles. Recherches sur les allégories de la philosophie et des arts libéraux du IXe au XIIe siècle«, in: *Mélanges Félix Grat*. Bd. 1, Paris 1946, S. 245–278; Philippe Verdier, »L'iconographie des arts libéraux du moyen âge jusqu'à la fin du quinzième siècle«, in: *Arts liberaux et philosophie au moyen âge. Actes du quatrième congrès international de philosophie médiévale*, Montréal, Paris 1969, S. 305–355; Jutta Tezmen-Siegel, *Die Darstellungen der septem artes liberales in der Bildenden Kunst als Rezeption der Lehrplangeschichte*, München 1985; Michael Stolz, *Artes-liberales-Zyklen. For-*

mationen des Wissens in lateinischen und deutschen Text-Bild-Zeugnissen des Mittelalters, Habil.-Schrift Bern 1999 (im Druck).

[33] *Consolatio* 1,1,13 (Z. 39 f.): *ego, cuius acies lacrimis mersa caligaret nec dinoscere possem quaenam haec esset mulier tam imperiosae auctoritatis*; 1,m.2,2: *mens* [...] *propria luce relicta.*

[34] 1,1,1–5 (Z. 2–21): *astitisse mihi supra uerticem uisa est mulier reuerendi admodum uultus, oculis ardentibus et ultra communem hominum ualentiam perspicacibus, colore uiuido atque inexhausti uigoris, quamuis ita aeui plena foret ut nullo modo nostrae crederetur aetatis, statura discretionis ambiguae. Nam nunc quidem ad communem sese hominum mensuram cohibebat, nunc uero pulsare caelum summi uerticis cacumine uidebatur; quae cum altius caput extulisset ipsum etiam caelum penetrabat respicientiumque hominum frustrabatur intuitum. Vestes erant tenuissimis filis subtili artificio indissolubili materia perfectae, quas, uti post eadem prodente cognoui, suis manibus ipsa texuerat. [...] Eandem tamen uestem uiolentorum quorundam sciderant manus et particulas quas quisque potuit abstulerant.*

[35] Die Buchstaben Pi und Theta auf ihrem Gewand (1,1,4) verweisen auf Praxis und Theorie als Komponenten der Philosophie, die Zerrissenheit auf den epikureischen und stoischen Pöbel (1,3,21 ff.), die die Philosophie mit Händen festzuhalten meinten (1,3,7 [Z. 22 f.]).

[36] 2,2,1 (Z. 1 f.): *Vellem autem pauca tecum Fortunae ipsius uerbis agitare.* Generell: Howard R. Patch, *The Goddess Fortuna in Mediaeval Literature*, New York 1927, Repr. 1967; Jerold C. Frakes, *The Fate of fortune in the early Middle Ages. The Boethian Tradition*, Leiden u. a. 1988 (Studien und Texte zur Geistesgeschichte des Mittelalters 23).

[37] Vgl. Seth Lerer, *Boethius and Dialogue. Literary Method in the Consolation of Philosophy*, Princeton, New Jersey 1985.

[38] Überblick mit reichem Bildmaterial: Pierre Courcelle, ›*Consolation de Philosophie*‹ *dans la tradition littéraire. Antécédents et postérité de Boèce*, Paris 1967; Wirth [Anm. 65], S. 332–343; Fabio Troncarelli, *Boethiana aetas*, Alessandria 1987.

[39] Bonaventura erzählt in der *Legenda maior*, daß Franciscus, unterwegs nach Siena (Anfang 1226), auf dem Feld zwischen Campiglia und San Quirico drei Frauen begegnet sei, »die an Gestalt, Alter und Antlitz einander völlig unähnlich waren, und sie grüßten ihn mit dem ungewohnten Spruch: ›Willkommen Frau Armut!‹«; Franz von Assisi, *Legenden und Laude*, hg., eingeleitet und übersetzt von Otto Karrer, Zürich ³1986, S. 308. Ausgangspunkt der vielfältigen Ausgestaltungen des Themas – allerdings noch ohne das ›bräutliche Verhältnis‹ zwischen Franziskus und Armut, das erst im Gefolge der zweiten Vita des Thomas von Celano auftaucht – ist das vielleicht 1227 entstandene *Sacrum commercium S. Francisci cum Domina Paupertate*, ed. Eduardus Alinconiensis [d'Alençon], Rom 1900 (Ausgabe auf vermehrter handschriftlicher Grundlage durch das Collegium S. Bonaventurae, Quaracchi 1929); dt. Übersetzung: *Der Bund des heiligen*

Fransciscus mit der Herrin Armut, Einführung, Übersetzung, Anmerkungen von Kajetan Esser und Engelbert Grau, Werl/Westf. 1966 (Franziskanische Quellenschriften 9). Zum Text Engelbert Grau, »Das ›Sacrum commercium sancti Francisci cum domina paupertate‹. Seine Bedeutung für die franziskanische Mystik«, in: *Abendländische Mystik im Mittelalter*, hg. von Kurt Ruh, Stuttgart 1986 (Germanistische Symposien. Berichtsbd. 7), S. 269–285; Ruth Wolff, *Der heilige Franziskus in Schriften und Bildern des 13. Jahrhunderts*, Berlin 1996.

[40] Text nach der Jacopone-Ausgabe Venedig 1617: *Sacrum Commercium* (d'Alençon), S. 48–51: *Dialogo tra S. Francesco e la Povertà* (in der Handschrift der Bodleiana, Oxford, Canon. Miscell. cod. 163, im Anschluß an das *Sacrum commercium*); neuere Ausgaben haben ihn nicht mehr unter die Werke Jacopones aufgenommen. Inhaltsangabe bei Henry Thode, *Franz von Assisi und die Anfänge der Kunst der Renaissance in Italien*, [4]Wien 1934, S. 509 f.

[41] Franziskus betont: *Povertate in sua assisa* | *Non ha corpo sì formato* (17,3 f.) worauf sie ihm im Hinblick auf die Erscheinung Christi erwidert: *S'io avessi altra figura* | *Non saresti assicurato* (19,3 f.).

[42] *Divina Commedia*, Paradiso, c. 11. Die Paupertas ist neben Fortuna die einzige ausführlichere Personifikation in der göttlichen Komödie. Erich Auerbach (»Franz von Assisi in der Komödie«, in: ders., *Figura* [Anm. 10], S. 72–90) ist im Bestreben, die sinnliche Präsenz der Figur hervorzuheben, über das Ziel hinausgeschossen (S. 80: »Es erscheint mir durchaus erforderlich, das Eröffnen der Pforte der Lust im eigentlichen Sinne, als geschlechtlichen Vorgang zu verstehen, *porta* also als Tor des weiblichen Körpers«); zur Stelle Hermann Gmelin in seinem Kommentar: Dante Alighieri, *Die Göttliche Komödie*, ital. und dt., Bd. 6, Stuttgart 1957/1988, hier S. 222. Zu Giotto Thode [Anm. 40], S. 504 ff. und Wolff [Anm. 39].

[43] Alan of Lille, *De planctu naturae*, ed. by Nikolaus M. Haering, in: *Studi medievali* III 19 (1978), S. 797–879, hier S. 824 f. (VI, 4–10): *Quam postquam michi cognatam loci proximitate prospexi, in faciem decidens, mentem stupore uulneratus exiui totusque in extasis alienatione sepultus sensuumque incarceratis uirtutibus, nec uiuens nec mortuus inter utrumque neuter laborabam. Quem virgo amicabiliter erigens, pedes ebrios sustentantium manuum confortabat solatio meque suis innectendo complexibus meique ora pudicis osculis dulcorando mellifluoque sermonis medicamine a stuporis morbo curauit infirmum.* Piehler [Anm. 23], S. 49; Jung [Anm. 2], S. 65–72; George D. Economou, *The Goddess Natura in Medieval Literature*, Cambridge/Mass. 1972; zur Alanus-Rezeption Christoph Huber, *Die Aufnahme und Verarbeitung des Alanus ab Insulis in mittelhochdeutschen Dichtungen*, München 1988 (Münchener Texte und Untersuchungen zur deutschen Literatur des Mittelalters 89); Ulrich Krewitt, »Natura, artes, virtutes und Inkarnation. Zum ›Anticlaudianus‹ Alans von Lille in mittelhochdeutschen Texten«, in: *Dialog. Festschrift für Siegfried Grosse*, hg. von Gert Rickeit und Sigurd Wichter, Tübingen

1990, S. 25–42; Christoph Huber, »Die personifizierte Natur im Umkreis des Alanus ab Insulis und seiner Rezeption«, in: *Bildhafte Rede in Mittelalter und früher Neuzeit. Probleme ihrer Legitimation und ihrer Funktion*, hg. von Wolfgang Harms und Klaus Speckenbach, Tübingen 1992, S. 151–170, bes. S. 159–165. Zur Ikonographie Wolfgang Kemp, *Natura. Ikonographische Studien zur Geschichte und Verbreitung einer Allegorie*, Diss. Tübingen 1970.

Johannes de Hauvilla, *Architrenius*, mit einer Einleitung und Anmerkungen hg. von Paul Gerhard Schmidt, München 1974. Die Figur des Architrenius hält nur mühsam die verschiedenen Themen und Gesellschaftsbereiche zusammen, die im Laufe des Textes tangiert werden. Man weiß von Architrenius nur, daß er am Übergang zum Mannesalter steht (v. 216 ff.), ansonsten verkörpert er »mehr eine Idee als eine Individualität« (Schmidt, ebd., S. 34). Auf seiner Suche nach der Natur tritt er in manchen Büchern überhaupt nicht in Erscheinung, die Vermählung mit Moderantia am Ende entbehrt völlig der Konkretheit, die bei Franziskus und Paupertas zu spüren ist.

[44] Heinrich von Neustadt, *Apollonius von Tyrland, Gottes Zukunft und Visio Philiberti*, hg. von S[amuel] Singer, Berlin 1906 (Deutsche Texte des Mittelalters 7), Nachdr. Dublin, Zürich 1967; Huber [Anm. 43], S. 214–236.

[45] *Gottes Zukunft*, v. 194–196: ›*Du hast geschriben din jar* | *Von der natuore wuonderlich: Nu sich mich an, daz bin ich.*‹; v. 297–304: *Nature die waz nit zuo laz:* | *Nit lenger sie do bi in saz;* | *Sie stunt uf mit witzen* | *Und hiez die frauwen sitzen.* | *Nature waz daz schoenst wip* | *Die ie gesach keins mannes lip.* | *Sie waz zu jueng noch zu alt,* | *In ir besten gestalt* (man vergleiche demgegenüber Boethius, *Consolatio* 1,1,6 f.).

[46] v. 1255–60: *Alanus sach daz wuonder* | *Und merktes besuonder.* | *Sin geist wart gefuoret wider,* | *Do schreib er diz buoch sider.* | *Wollen wir den sin wol versten,* | *So sol die glose sus gen* | …

[47] Huon de Mery, *Li Tornoiemenz Antecrit*, neu hg. von Georg Wimmer, Marburg 1888 (Ausgaben und Abhandlungen 76); fehlerhaft ist die Ausgabe von Margaret O. Bender, Mississipi 1976 (Romance Monographs 17); eine einläßliche Interpretation, an der ich mich im Folgenden orientiere, bei Jung [Anm. 2], S. 268–289; erhellende Bemerkungen auch bei Jauß [Anm. 31], S. 322–324, 333 f.

[48] Eingangs ist die Historizität deutlich, v. 27–29: *[I]l* [le tournoiement Antecrit] *avint apres cele enprise* | *Que li François orent enprise* | *Contre le conte de Champaigne*. Jung [Anm. 2], S. 273, hat auf die Erzählung au passé hingewiesen, die die eschatologische Perspektive ausschließe.

[49] Zur Auswirkung der Vision auf den Lebensweg des Sehers Dinzelbacher [Anm. 23], S. 199–209.

[50] Ausgabe eines der sorgfältigsten frühen Manuskripte mit Lesarten, Brunetto Latini, *Il Tesoretto (The Little Treasure)*, ed. and translated by Julia Bolton Holloway, New York and London 1981 (Garland Library of Medie-

val Literature. Series A, Vol. 2);. dt. Übersetzung: Brunetto Latini, *Tesoretto: Die Geschichte einer Einweihung an der Schwelle der Neuzeit*, übersetzt und eingeleitet von Dora Baker, Stuttgart 1979; zur Interpretation Hans Robert Jauß, »Brunetto Latini als allegorischer Dichter (1964)«, in: ders., *Alterität* [Anm. 24], S. [239]–[284].

[51] Tesoretto, v. 216–220: *Ed'ella mi sembrava | Come fosse incarnata: | Talore isfigurata; | Talor toccava il cielo, | …*

[52] Jauß [Anm. 24], S. [275] u. ö.

[53] ebd., bes. S. [271]–[273].

[54] Johann von Würzburg, *Wilhelm von Österreich*, hg. von Ernst Regel, Berlin 1906 (Deutsche Texte des Mittelalters 3).

[55] Zu der Figur Albrecht Juergens, ›*Wilhelm von Österreich*‹. *Johanns von Würzburg ›Historia Poetica‹ von 1314 und Aufgaben einer narrativen Fürstenlehre*, Frankfurt/M. u. a. 1990 (Mikrokosmos 21), S. 396–403.

[56] Vgl. schon Jacob Grimm, *Frau Aventiure klopft an Beneckes Thür*, Berlin 1842; wieder in: ders., *Kleine Schriften I*, hg. von Karl Müllenhoff, Berlin 1864, S. 83–112; außerdem: Friedrich Ohly, »Cor amantis non angustum. Vom Wohnen im Herzen« (1970), in: ders., *Schriften zur mittelalterlichen Bedeutungsforschung*, Darmstadt 1977, S. 128–155, hier S. 148 ff. Zur Ausgestaltung in Albrechts *Jüngerem Titurel* Dagmar Hirschberg, »Zum Aventiure-Gespräch von der Bedeutung *warer minne* im *Jüngeren Titurel*«, in: *Wolfram-Studien* 8 (1984), S. 107–119. In der *Mörin* des Hermann von Sachsenheim (hg. von Horst Dieter Schlosser, Wiesbaden 1974 [Deutsche Klassiker des Mittelalters N. F. 3]) erscheint Frau Aubentür sogar als allegorische Erzieherin des seinerseits eine ganz und gar literarische Figur verkörpernden Eckhart (›*ich kenn sie wol: | Sie havt erzogen mich von kind. | Ich was ir haimlich hofgesind*‹; v. 2418–20).

[57] Paul Michel, »Eine bisher unbeachtete Vorlage für das Titelkupfer des *Simplizissimus*: der *abenteür hauptman*«, in: *Simpliciana* 8 (1986), S. 97–109.

[58] Konrad von Würzburg, *Kleinere Dichtungen* I, hg. von Edward Schröder, mit einem Nachwort von Ludwig Wolff, Dublin, Zürich [10]1970, S. 1–11. Zum Text Wolfgang Beutin, »*Diu werlt bin geheizzen ich*. Zur Deutung einer Dichtung Konrads von Würzburg (›Der Welt Lohn‹)«, in: *Jahrbuch der Oswald von Wolkenstein Gesellschaft* 5 (1988/89), S. 215–225; Hartmut Kokott, *Konrad von Würzburg. Ein Autor zwischen Auftrag und Autonomie*, Stuttgart 1989, S. 78–84; Reinhard Bleck, *Konrad von Würzburg: Der Welt Lohn. In Abbildung der gesamten Überlieferung, synoptische Edition, Untersuchungen*, Göppingen 1991 (Litterae 112).

[59] Wolfgang Stammler, *Frau Welt. Eine mittelalterliche Allegorie*, Freiburg/Schweiz 1959 (Freiburger Universitätsreden N. F. 23); Texte z. T. auch in: Konrad von Würzburg, *Heinrich von Kempten. Der Welt Lohn. Das Herzmaere*, übersetzt, mit Anmerkungen und einem Nachwort versehen von Heinz Rölleke, Stuttgart 1968 (Reclam UB 2855); s. auch Michael Schilling, *Imagines mundi. Metaphorische Darstellungen der Welt in der Emblematik,*

Frankfurt/M. u.a. 1979 (Mikrokosmos 4), bes. S. 102–128; August Closs, »Weltlohn. Das Thema: Frau Welt und Fürst der Welt«, in: *Zeitschrift für deutsche Philologie* 106 (1986), S. 77–82.

60 Vgl. Gay Clifford, *The Transformations of Allegory*, London and Boston 1974, S. 36–62 zum Leser als ›participant‹; über die Prozessualität der Figuren auch Strubel [Anm. 10], S. 87.

61 Christian Kiening, *Schwierige Modernität. Der ›Ackermann‹ des Johannes von Tepl und die Ambiguität historischen Wandels*, Tübingen 1998 (Münchener Texte und Untersuchungen zur deutschen Literatur des Mittelalters 113); ders., *Das andere Selbst. Figuren des Todes an der Schwelle zur Neuzeit*, München 2003.

62 *The complete works of Geoffrey Chaucer*, ed. from numerous manuscripts by Walter W. Skeat, London 1929; dt. Übersetzung: Geoffrey Chaucer, *The Canterbury Tales – Die Canterbury-Erzählungen*, hg. von Heinz Bergner, Stuttgart 1982 (Reclam UB 7744), S. 353 ff.

63 Lutz Röhrich, *Erzählungen des späten Mittelalters und ihr Weiterleben in Literatur und Volksdichtung bis zur Gegenwart*, Bd. 1, Bern und München 1962, S. 80–92 und 259–262 (mit Literatur).

64 Hans Sachs, *Sämtliche Fabeln und Schwänke*, 4. Bd., hg. von Edmund Goetze und Carl Drescher, Halle/S. 1903 (Neudrucke deutscher Litteraturwerke 193–199), Nr. 352, S. 180–182, und *Zwölf Fastnachtspiele aus den Jahren 1553 und 1554*, hg. von Edmund Goetze, Halle/S. 1886 (Neudrucke 60/61), Nr. 70, S. 95–106. Zentral ist hier jeweils die Mißachtung der Aussage des Waldbruders, daß sich im Baumstumpf der Tod befinde. Im Fastnachtspiel wird die Spannung zwischen Vorgabe und Erfüllung geschickt genutzt – von der Erkenntnis, daß der Alte den Guldenschatz als Tod bezeichnet habe (v. 173 f.), über das Risiko, dessen Aussage zu erfüllen (v. 191 f.), bis hin zur Einsicht des Mörders Barrabas, der sterbend feststellt: *der alt schalck in dem graben rock | Hat noch war gsagt, das in dem stock | Der grewlich dot verborgen sei* (v. 301–303).

65 Vgl. Karl-August Wirth, »Von mittelalterlichen Bildern und Lehrfiguren im Dienste der Schule und des Unterrichts«, in: *Studien zum städtischen Bildungswesen des späten Mittelalters und der frühen Neuzeit*, hg. von Bernd Moeller, Hans Patze und Karl Stackmann, Göttingen 1983 (Abhh. der Göttinger Akad. der Wiss., phil.-hist. Kl., 3. F. 137), S. 256–370.

66 Max Wehrli, *Geschichte der deutschen Literatur vom frühen Mittelalter bis zum Ende des 16. Jahrhunderts*, Stuttgart ²1984, S. 700.

67 Blank [Anm. 10]; Glier [Anm. 27]; dies., »Personifikationen im deutschen Fastnachtspiel des Spätmittelalters«, in: *Deutsche Vierteljahrsschrift für Literaturwissenschaft und Geistesgeschichte* 39 (1965), S. 542–587; Helene Henze, *Die Allegorie bei Hans Sachs, mit besonderer Berücksichtigung ihrer Beziehungen zur graphischen Kunst*, Halle 1912 (Hermaea 11); Gerda Anita Jonen, *Allegorie und späthöfische Dichtung in Frankreich*, München 1974 (Beiträge zur romanischen Philologie des Mittelalters 9); zusammenfassend

mein Art. »Streitgedicht«, in: *Reallexikon der deutschen Literaturwissenschaft* 3 (2003).

[68] Johan Huizinga, *Herbst des Mittelalters. Studien über Lebens- und Geistesformen des 14. und 15. Jahrhunderts in Frankreich und den Niederlanden* (niederländ. 1919), Stuttgart [10]1969 (Kröners Taschenausgabe 204), S. 285–303, hier S. 299; vgl. auch schon Grimm [Anm. 24], S. 744: »Im 14. 15. jh. nehmen diese vorstellungen überhand und arten in blosse allegorien aus, d. h. die fräulichen tugenden werden nicht mehr einzeln in andere dichtungen zur verstärkung des eindrucks an rechter stelle, aufgeführt, sondern zum gewebe der ganzen fabel, mindestens umständlicher einleitungen und anfänge verwandt.«

[69] Jauß, *Alterität* [Anm. 24], S. 21.

[70] Gruenter [Anm. 6], S. 20 f.

[71] Berühmtes Verdikt bei Martin Luther, *De captivitate babylonica ecclesiae praeludium*, in: ders., *Weimarer Ausgabe*, Bd. 6, 1888, S. 562: »Die allegorischen Studien sind das Werk müßiger Leute. Oder meint Ihr, daß es mir schwerfallen würde, über jedes geschaffene Ding mit Allegorien zu spielen? Wer ist so arm an Geist, daß er sich nicht in Allegorien versuchen könnte?«; vgl. Huizinga [Anm. 68], S. 302. Ein ironisches Spiel mit den Figuren findet sich z. B. in der *Mörin* des Hermann von Sachsenheim; Dietrich Huschenbett, *Hermann von Sachsenheim. Ein Beitrag zur Literaturgeschichte des 15. Jahrhunderts*, Berlin 1962 (Philologische Studien und Quellen 12), S. 30 ff.

[72] Ludger Lieb, »Eine Poetik der Wiederholung. Regeln und Funktionen der Minnerede«, in: *Text und Kultur. Mittelalterliche Literatur 1150–1450*, hg. von Ursula Peters, Stuttgart, Weimar 2001 (Germanistische Symposien. Berichtsbd. 23), S. 506–528.

[73] Man vergleiche etwa Freuds Einordnung des Phänomens in die unbewußt-infantile und neurotisch-resistente Dynamik der Psyche: *Totem und Tabu. Einige Übereinstimmungen im Seelenleben der Wilden und der Neurotiker* (1913), Frankfurt/M. 1956 u. ö. (Fischer Bücherei 147), bes. S. 113 ff. Zur Reserviertheit moderner Literaten D. H. Lawrence, *Apocalypse*, Hamburg, Paris, Bologna 1934 (The Albatross Modern Continental Library 31), S. 42: »A man is more than mere Faithfulness and Truth, and when people are merely personifications of qualities they cease to be people for me« (anläßlich *Pilgrim's Progress*).

[74] Paxson [Anm. 10], S. 175.

12 Inszenierte Tode, ritualisierte Texte

Überarbeitete und gekürzte Fassung des Beitrags »Inszenierte Tode, ritualisierte Texte. Die Totenklagen um Isabella von Bourbon († 1465) und Maria von Burgund († 1482), in: *›Aufführung‹ und ›Schrift‹ in Mittelalter* *und Früher Neuzeit*, hg. von Jan-Dirk Müller, Stuttgart, Weimar: Metzler 1996 (DFG-Symposien. Berichtsbd. 17), S. 455–493.

[1] Mustergültige Analyse bei Werner Paravicini, »Sterben und Tod Ludwigs XI.«, in: *Tod im Mittelalter*, hg. von Arno Borst u. a., Konstanz 1993 (Konstanzer Bibliothek 20), S. 77–168.

[2] Zur *ars moriendi* mit der gesamten älteren Literatur Nigel F. Palmer, »Ars moriendi und Totentanz: Zur Verbildlichung des Todes im Spätmittelalter«, in: *Tod im Mittelalter* [Anm. 1], S. 313–334; die höfischen Aspekte der Trauer sind eindrucksvoll zu verfolgen am *Anstandsbuch* (*Les honneurs de la cour*) der Alienor de Poitiers, Hofdame am burgundischen Hof (Text bei La Curne de Saint-Palaye, *Mémoire sur l'ancienne chevalerie* II, Paris 1759 u. ö., S. 171–267; dt.: *Das Ritterwesen des Mittelalters nach seiner politischen und militärischen Verfassung* [...] mit Anmerkungen, Zusätzen und Vorrede von Johann Ludwig Klüber. Bd. 3, Nürnberg 1791, S. 431–492); Johan Huizinga, *Herbst des Mittelalters. Studien über Lebens- und Geistesformen des 14. und 15. Jahrhunderts in Frankreich und in den Niederlanden*, hg. von Kurt Köster, Stuttgart [10]1969, S. 64–69 u. ö.; Bernhard Jussen, »*Dolor* und *Memoria*. Trauerriten, gemalte Trauer und soziale Ordnungen im späten Mittelalter«, in: *Memoria als Kultur*, hg. von Otto Gerhard Oexle, Göttingen 1995 (Veröffentlichungen des Max-Planck-Instituts für Geschichte 121), S. 207–252. Zu den Grabmonumenten Kathleen R. Cohen, *Metamorphosis of a Death Symbol. The Changing Meaning of the Transi Tomb in the Late Middle Ages and the Renaissance*, Berkeley and Los Angeles 1974; Kurt Bauch, *Das mittelalterliche Grabbild*, Berlin 1976.

[3] Zum Zeremoniell des (Fürsten-)Todes im Barock Michel Vovelle, *La mort des 1300 à nos jours*, Paris 1983, S. 237–364; Georg Braungart, *Hofberedsamkeit. Studien zur Praxis höfisch-politischer Rede im deutschen Territorialabsolutismus*, Tübingen 1988 (Studien zur deutschen Literatur 96), S. 203–222.

[4] George W. McClure, *Sorrow and Consolation in Renaissance Humanism*, Princeton 1991.

[5] Vgl. etwa den Bericht von Burkhard Zink zum Pestjahr 1462/63 (*Die Chroniken der schwäbischen Städte*. Augsburg. Bd. 2 [hg. von F. Frensdorff und M. Lexer], München 1866 [Chroniken der deutschen Städte 5], S. 293–295). Eine eindrucksvolle Studie zur Ritualisierung des Todes in Florenz bietet Sharon T. Strocchia, *Death and Ritual in Renaissance Florence*, Baltimore and London 1992 (Johns Hopkins Univ. Studies in Historical and Political Sciences. 110th ser. 1).

[6] Vgl. Hannes Stubbe, *Formen der Trauer. Eine kulturanthropologische Untersuchung*, Berlin 1985, S. 329 f.; Armin Nassehi [und] Georg Weber, *Tod, Modernität und Gesellschaft. Entwurf einer Theorie der Todesverdrängung*, Opladen 1989, S. 248 u. ö.

[7] Zu den hochmittelalterlichen lyrischen oder epischen Texten repräsentative Überblicke mit weiteren Angaben bei M[aria] Hereswitha

Hengstl, *Totenklage und Nachruf in mittellateinischer Literatur seit dem Ausgang der Antike*, Würzburg 1936; Velma B. Richmond, *Laments for the Dead in Medieval Narrative*, Pittsburgh/Pa. 1966 (Duquesne Studies. Philological Series 8); Urban Küsters, »Klagefiguren. Vom höfischen Umgang mit der Trauer«, in: *An den Grenzen höfischer Kultur. Anfechtungen der Lebensordnung in der deutschen Erzähldichtung des hohen Mittelalters*, hg. von Gert Kaiser, München 1991 (Forschungen zur Geschichte der älteren deutschen Literatur 12), S. 9–75; ders., »Maria Magdalena und die Legitimität der Trauer. Zu den mittelhochdeutschen Magdalenenklagen«, in: *Contemplata aliis tradere. Studien zum Verhältnis von Literatur und Spiritualität*, hg. von Claudia Brinker u. a., Bern 1995, S. 175–215; zum Typus mein Art. »Totenklage«, in: *Reallexikon der deutschen Literaturwissenschaft*, Bd. 3 (2003).

[8] Claude Thiry, *La Plainte funèbre*, Turnhout 1978 (Typologie des sources du moyen âge occidental 30) [basierend auf der Dissertation des Verfassers: *Recherches sur la déploration funèbre française à la Prérenaissance*, 2 vol., Univ. de Liège 1973]; ders., »De la mort marâtre à la mort vaincue. Attitudes devant la mort dans la déploration funèbre française«, in: *Death in the middle ages*, ed. by Herman Braet and Werner Verbeke, Leuven 1982, S. 239–257; Christine Martineau-Génieys, *Le thème de la mort dans la poésie française de 1450 à 1550*, Paris 1978 (Nouvelle bibliothèque du moyen âge 6), S. 295–437. Eine verwandte Bewegung existiert in der niederländischen Literatur, vgl. S. F. Witstein, *Funeraire poëzie in de nederlandse renaissance. Enkele funeraire gedichten van Heinsius, Hooft, Huygens en Vondel bezien tegen de achtergrond van de theorie betreffende het genre*, Assen 1969 (Neerlandica Traiectina 17).

[9] Paul Zumthor, *Le masque et la lumière. Le siècle des ›grands rhétoriqueurs‹*, Paris 1978; Cynthia J. Brown, *The Shaping of History and Poetry in Late Medieval France. Propaganda and Artistic Expression in the Works of the Rhétoriqueurs*, Birmingham 1985; dies., »The rise of literary consciousness in late medieval France. Jean Lemaire de Belges and the Rhétoriqueur tradition«, in: *Journal of Medieval and Renaissance Studies* 13 (1983), S. 51–74.

[10] Pierre de Hauteville, *La Complainte de l'amant trespassé de dueil. L'inventaire des biens demourez du decés de l'amant trespassé de dueil*, par Rose M. Bidler, Montréal 1986 (Le moyen français 18); zwei andere verbundene Texte gehören ebenfalls in die Tradition der *Belle dame sans merci* (zitiert im *Inventaire*, v. 439): *La confession et le testament de l'amant trespassé de dueil*, par Rose M. Bidler, Montréal 1982 (Inedita & Rara 2); vgl. H. Häyrynen, »La Complainte de l'amant trespassé de dueil«, in: *Approches du moyen français*, hg. von Ulla Jokinen und P. Sivonen-Hautecœur, Jyväskyla 1988 (Studia philologica Jyväskyläensia 22), S. 38–89.

[11] Georges Chastellain, *Œuvres*, publiées par [Joseph Bruno] Kervyn de Lettenhove, Tome VII, Brüssel 1865, S. 67–73; Martineau-Génieys [Anm. 8], S. 322–326.

[12] Zu Philipp († 1467) existieren mindestens elf Texte, zu Karl († 1477)

mindestens vier (außerdem eine Reihe von Stücken, die sich z. T. von der politischen Gegenseite her negativ auf seinen Tod beziehen). Genauere Angaben und Nachweise von Ausgaben bei Georges Doutrepont, *La Littérature Française à la Cour des Ducs de Bourgogne. Philippe le Hardi – Jean sans Peur – Philippe le Bon – Charles le Témeraire*, Paris 1909 (Bibliothèque du XVe siècle 8), S. 385–388, 397 f.; Martineau-Génieys [Anm. 8], S. 299–318.

13 Allgemeine Quellenübersicht zu den in den folgenden Abschnitten behandelten Ereignissen bei Auguste Molinier, *Les sources de l'histoire de France des origines aux guerres d'Italie (1494)*, Bd. V, Paris 1904, Repr. New York [1966], bes. S. 43–51, und v. a. bei Vaughan [Anm. 15 und 19].

14 Vgl. u. a. Olivier de la Marche, *Mémoires*, éd. par Henri Beaune et Jules d'Arbaumont. Bd. III, Paris 1886, S. 24; Theodoricus Paulus (Thierri Pauwels), *De rebus actibus sub ducibus burgundiae compendium*, in: *Chroniques relatives à l'histoire de la Belgique sous la domination des ducs de Bourgogne. Textes latins*, publiées par [Joseph Bruno] Kervyn de Lettenhove, Brüssel 1876 (Collection de Chroniques belges inédites 13,1), S. 276; von Chastellain, von dem eine ausführliche Darstellung zu erwarten wäre, ist der Teil seiner Chronik zwischen Nov. 1464 und Sept. 1466 verloren; auch ist keine Recette générale für 1465 erhalten, die ersichtlich machen würde, wem der Tod durch Briefe mitgeteilt wurde.

15 Bei Olivier de la Marche nimmt die Schilderung der Hochzeitsfeier von 1467 allein zwei Drittel des Raumes ein, den er in seinen *Mémoires* der Zeit Karls des Kühnen widmet; vgl. mit weiterer Literatur Richard Vaughan, *Charles the Bold. The last Valois duke of Burgundy*, London 1973, S. 48–53.

16 *Le livre des trahison de France*, in: *Chroniques relatives à l'histoire de la Belgique sous la domination des ducs de Bourgogne. Textes français*, publiées par [Joseph Bruno] Kervyn de Lettenhove, Brüssel 1873 (Collection de Chroniques belges inédites 13,2), S. 246.

17 Jacques du Clerq, *Mémoires*, […] publiés […] par F[réderic] de Reiffenberg. Bd. IV, Brüssel 1823, S. 212; Jean de Haynin, *Mémoires (1465–1477)*, nouvelle édition publiée par [P.-D.] Brouwers. Bd. 1, Liège 1905, S. 118.

18 *Cronijcke van den lande ende graefscepe van Vlaenderen, gemaect door Nicolaes Despars […] Van den jaeren 405 to 1492*, voor de eerste mael in het licht gegeven […] door J. de Jonghe. Tweede uytgaef. Derde deel, Brugge 1840, S. 570; die Ausgaben für das Begräbnis Isabellas sind in zwei Aufstellungen bewahrt: Brüssel, Archives du Royaume, Chambre des Comptes, 1869, f. 68^{r}–76^{v}; Lille, Archive Nord, série B, 2058, f. 196 ff. Ein Grabmonument ließ Maria von Burgund für ihre Mutter in der Abtei von St. Michael in Antwerpen 1476 errichten; John Bartier, *Karl der Kühne*, Genf 1976, S. 72 f. und 86 f. mit Abb.

19 Vgl. *Mémoires* [Anm. 17], S. 59: *le compte et elle avoient aimé l'ung l'autre parfaitement, et tellement qu'il n'estoit point sceu que puis que le comte l'euist espousée*; zu Du Clerqs Berichtstendenzen Gabriele Barner, *Jacques Du Clerq und seine ›Mémoires‹. Ein Sittengemälde des 15. Jahrhunderts*, Diss. Köln 1989.

Die Heirat fand großes Echo in den Chroniken, weil sie, als politische Ehe von Herzog Philipp dem Guten vermutlich im Gefolge des berühmten Fasanenbanketts (17.2. 1454) beschlossen, gegen den Willen des Sohnes durchgesetzt und im Heimlichen vollzogen, in unerwartete Liebe gemündet zu haben scheint; ausführlich zum äußeren Rahmen Chastellain, *Chronique*, livre IV, in: *Œuvres* [Anm. 11], Bd. III, S. 7–10, 19–29; La Marche [Anm. 14], Kap. 29–31. Poetische Schilderung der Umstände der Heirat bei Luc Hommel, *Marie de Bourgogne ou le Grand Héritage*, Brüssel 1945, S. 59–66, der einen Stimmungswechsel Karls mit dem Tod Isabellas in Verbindung bringen will (S. 66); nüchterner Richard Vaughan, *Philip the Good. The Apogee of Burgundy*, London 1970, S. 342 f.

20 Ausgabe in: *Chants historiques et populaires du temps de Charles VII et de Louis XI*, publiés [...] par [Adrien Jean Victor] Le Roux de Lincy, Paris 1857, S. 75–79 (N° 11), nach einer Handschrift, die eine Sammlung von Liedern zur flandrischen Geschichte enthält (heute: Paris, Bibliothèque Nationale de France, Ms. nouv. acq. fr. 1819; Vorbesitzer im ausgehenden 15. Jh., f. 2^r: Anthonio Fabry).

21 Die vermittelnde Wirkung Isabellas z. B. in dem gespannten Verhältnis Karls dem Kühnen zu seinem Vater Philipp wird von den Chronisten verschiedentlich hervorgehoben; vgl. Chastellain, *Œuvres* III [Anm. 11], S. 289; Hommel [Anm. 19], S. 64.

22 Thomas Walton, »Amé de Montgesoie, poète bourguignon du XVe siècle«, in: *Annales de Bourgogne* 2 (1930), S. 134–158; ders., »Les poèmes d'Amé de Montgesoie (fl. 1457–1478)«, in: *Medium Ævum* 2 (1933), S. 1–33 (Textausgabe der Klage S. 21–28); kurz zum Text auch Martineau-Génieys [Anm. 8], S. 328–331.

23 V. 257 f.: *D'un fin drap d'or bordé de velours noir* | *Estoit couvert son corps*; vgl. Brüssel, Archives du Royaume, Chambre des Comptes, 1869, f. 70^v: *A Jehan Dulon, pour avoir fait et refait par deux fois ung pale de drap d'or cramoisy tresriche, bordé de velours noir, et icelluy doublé de toille noire, pour servir sur la representation du corps [...] iiii l., xvi s. A luy pour xxxiii aulnes de toile noir pour doubler ledit pale, a ii s. l'aulne, font [...] lxvi s.* (Walton, »Amé«, S. 32).

24 Amé läßt als Figuren Mort, Accident, Antique und Maladie auftreten, die auch im *Danse aux aveugles* des Pierre Michault begegnen; vgl. Walton, »Amé«, S. 148–154, und ders., *Poèmes*, S. 3–21 (Text); Martineau-Génieys [Anm. 8], S. 251–258.

25 Bezeichnend für die primäre Funktion der Wendung gegen den Tod ist die Reaktion der Klagenden, die ihrerseits den Tod attackieren (v. 175). Auch im chronikalischen Zusammenhang begegnet die Figur häufiger, etwa in der Klage Jean Molinets auf den Tod Karls des Kühnen: *Mort oultrageuse, insaciable, piteuse, acerbe et lamentable, tu as effacié le très resplendissant ymage de nobilité, detrenchié la verde branche de chevalerie et dilapidé le ferme, seul et unicque piler qui soustenoit la glorieuse arche de Bourgoigne* (*Chro-*

niques de Jean Molinet, publiées par Georges Doutrepont et Omer Jodogne. Bd. 1, Brüssel 1935, S. 207).

[26] Amé, v. 194–197: *la Terre* [...] | *Ne nous donroit fors qu'amer a mangier,* | *Et sy feroit son vert en noir changier*; v. 201–205: *Les elemens, par las de temps joyeulx,* | *De son trespas seroient socieux,* | *Sans riens faire qui a plaisir sortisse,* | *Et des oyseaulx le champt melodieux* | *Se changeroit en coy frenesieux.*

[27] Ebd., v. 179 f.: *Combien qu'assez on s'en lamente et deult,* | *Ung corps transsy que ravoir on ne peult*; v. 231–240.

[28] Amé wurde in den Dienst von Isabellas Tochter Maria übernommen, wo er als *valet de chambre* und *huissier d'armes* zwischen 1467 und 1478 nachweisbar ist.

[29] Textausgabe bei Barbara Folkart, »Perspectives médiévales sur la mort«, in: *Le Moyen Français* 4 (1979), S. 29–74, sowie auch ohne Apparat, aber mit interpretierender Einleitung in: Pierre Michault, *Œuvres poétiques*, publiées par Barbara Folkart, Paris 1980 (Collection 10/18 Nr. 1386), S. 143–169; außerdem: Martineau-Génieys [Anm. 8], S. 331–338; weitere Literatur im *Dictionnaire des lettres françaises. Le Moyen Age*, [...] sous la direction de Geneviève Hasenohr et Michel Zink, Paris 1992, S. 1186–1188. Urkundlich bezeugt ist Michault erst im November 1466 als *secrétaire signant* bei Karl dem Kühnen; zum Kontext der herzoglichen Kanzlei, an der ansonsten kaum Literaten tätig waren, P[ierre] Cockshaw, *Le personnel de la chancellerie de Bourgogne-Flandre sous les ducs de Bourgogne de la maison de Valois (1384–1477)*, Kortrijk-Heule 1982 (Anciens pays et assemblées d'états 79), hier S. 227 f.

[30] Parallelen bei Walton, »Amé« [Anm. 22], S. 30 f. In der Sammelhandschrift 11020–11033 der Bibliothèque Royale, Brüssel, stehen beide Klagen hintereinander, wobei diejenige Amés ebenfalls Michault zugeschrieben ist.

[31] Vgl. Folkart in: Michault, *Œuvres politiques* [Anm. 29], S. 148 f.

[32] Michault, *Complainte* [Anm. 29], v. 289–296: *Je l'ay de vie ainsy destituee* | *et mise a fin afin que la memoire* | *en soit toujours en loz perpetuee* | *et qu'elle soit par droit habituee* | *ou redigee en cronique ou hystoire,* | *et l'ame soit coronné en la gloire* | *de Paradis, selon vostre desserte:* | *pour ce l'ay fait, car a ce suis experte.*

[33] Thiry, *De la mort marâtre* [Anm. 8], S. 250 f.; Françoise Joukovsky, *La gloire dans la poésie française et néolatine du XVIe siècle*, Genève 1969 (Travaux d'Humanisme et Renaissance 102); Zumthor [Anm. 9], S. 56–77.

[34] Roger Chartier, »Les arts de mourir, 1450–1600«, in: *Annales E.S.C.* 31 (1976), S. 51–70, hier S. 66: »Avoir conscience de sa fin prochaine, avoir du temps pour recevoir le saint viatique, avoir autour de soi assemblés clercs et laïcs, parents et amis, telles sont les conditions de la meilleure mort.«

[35] Anders im *Dance aux aveugles* (Text in Michault, *Œuvres poétiques* [Anm. 29], S. 83–139) II: *L'assiduité et frequentation de mon poignant penser me fit entrer un ung songe qui moult me sembla merveilleux*; zum Text Bruno Roy,

»Amour, Fortune et Mort. La danse des trois aveugles«, in: *Le sentiment de la mort au moyen âge*, hg. von Claude Sutto, Montréal 1979, S. 121–137.

[36] Vgl. Folkart in: Michault, *Œuvres politiques* [Anm. 29], S. 150.

[37] Michault, *Complainte* [Anm. 29], v. 217–224: *Boece dit, au premier de son livre | intitulé ›De Consolation‹, | que Mort seuffrant hommes et femmes vivre | en leurs doulz ans, sans ce que assault leur livre, | est bienheureuse en resolution; | mais ceulx qui sont en desolation | doit Mort happer: | or as tu par tes tours | en ce cas cy commis tout le rebours.*

[38] Ausführliche Dokumentation bei Paule van Ussel, *De Regeering van Maria van Bourgondië over de Nederlanden*, Louvain 1943 (Université de Louvain. Recueil de Travaux d'Histoire et de Philologie. 3me série, 15e fasc.), S. XXIX–XXXV; neuere Darstellung bei Yves Cazaux, *Marie de Bourgogne, témoin d'une grande entreprise à l'origine des nationalités européennes*, Paris 1967, und (mit spärlichem Quellenbezug) bei G[eorges]-H[enri] Dumont, *Marie de Bourgogne*, Paris 1982 [1983]. Zu Marias Beliebtheit u.a. Philippe de Commynes, *Mémoires*, éd. par Josephe Calmette avec la collaboration de G. Durville. Bd. II [1474–1483], Paris 1925 (Les classiques de l'histoire de France au Moyen Age 5), S. 287.

[39] Beste Zusammenfassung bei Hermann Wiesflecker, *Kaiser Maximilian I. Das Reich, Österreich und Europa an der Wende zur Neuzeit. Bd. I: Jugend, burgundisches Erbe und Römisches Königtum bis zur Alleinherrschaft. 1459–1493*, Wien 1971, S. 160–162, 464 f. Ausschmückende, aber im Ganzen treffende Schilderung bei Cazaux, S. 320–328; Dumont, S. 316–324.

[40] Commynes II [Anm. 38], S. 287; *Cronijcke van Vlaenderen* [Anm. 18], Tl. 4, S. 214; *Annales Flandriae post Jacobum Meyerum* (in: *Collection des chroniques* 13 [Anm. 14], S. 507; Franciscus Haraeus, *Annales ducum seu principium Brabantiae totiusque Belgii* I, S. 458 (nach [François-Xavier] Würth-Paquet, »Table chronologique des chartes et diplômes relatifs à l'Histoire de l'ancien pays de Luxembourg. Marie de Bourgogne et Maximilien d'Autriche«, in: *Publications de la section historique de l'Institut de Luxembourg* 35 (1881) [1882], S. 1–147, hier S. 147). Eine Untersuchung des Skelettes durch den Mediziner Paul Janssens (1979) erbrachte nicht nur die Bestätigung, daß auf der rechten Seite vier Rippen des Brustkastens gebrochen waren, sondern zeigte auch, daß Marias Hände wohl durch den Aufprall vollständig verdreht wurden; als Todesursache gibt Janssens eine Infektion der Lungen an; vgl. Dumont [Anm. 38], S. 317, 337.

[41] *Het boeck van al 't gene datter gheschiedt is binnen Brugghe, sichtent jaer 1477, 14 februarii*, tot 1491, uitgegeven door C. C[arton], Gent 1859 (Maetschappy der vlaemsche bibliophilen. 3e serie, Nr. 2), S. 37.

[42] Wiesflecker [Anm. 39], S. 161; *Chroniques de Jean Molinet* [Anm. 25], S. 369 f.; *Het boeck* [Anm. 41], S. 37 f.; Epitaph des Grabes bei Octave Delepierre, Marie de Bourgogne, Brüssel 1841, S. 62 f. (Schluß: *Regrettée, plainte et plorée fut de ses subjects et de tous aultres qui la cognoissoient, aultant que le fut oncques Princesse*).

[43] Nur ein Beispiel unter vielen: Haraeus [Anm. 40] spricht von dem *dolor incredibilis Maximiliani* und fährt fort: *In ipso enim juventae flore ac vigore constituti, invicem tenerrime adamabant; adeo ut Maximilianus per omnem vitam cum de ea mentionem inferret, aut fieri audiret, a lycrymis aut suspirio abstinere non potuerit.*

[44] Im *Weißkunig* heißt es, *der Jung kunig trueg groß laid, um seinen gemahl, Dann Sy heten an ain annder gar lieb gehabt, davon viel zuschreiben were* (*Kaiser Maximilians I. Weisskunig*, hg. von H[einrich] Th[eodor] Musper u. a., Bd. 2, Stuttgart 1956, S. 406, Nr. 83). Den Generalständen erklärte Maximilian in der ersten auf Marias Tod folgenden Sitzung am 28. April 1482, *qu'il n'avoit jamais eu de jour ne de nuyt une heure plaisir ne repos ès pays de par dechà, sinon quant il se povoit trouver d'emprès elle car c'estoit la chose qu'il désiroit le plus au monde que d'estre en sa compagnie, la veoir et complaire* (Protokoll von Jeannet de La Ruyelle; vgl. *Bulletin de la Commission Royale d'Histoire.* 3e série, 1 [1860], S. 315; Cazaux [Anm. 38], S. 306); auch in offiziellen Briefen erwähnt Maximilian Maria als *ma très-redoubtée damoiselle* […], *nostre très-redoubtée dame et princesse madame la duchesse Marie, à laquèle Dieu soit miséricors* (Brief vom 16. Jan. 1483 an den Dauphin, in: *Lettres inédites de Maximilien, duc d'Autriche […] sur les affaires des Pays-bas. Première partie 1478–1488*, publiées par [Louis Prosper] Gachard, Brüssel 1851, S. 31 f.).

[45] [Ignaz] Silbernagel, *Johannes Trithemius. Eine Monographie*, Landshut 1868, S. 129 f. mit Quellenangaben.

[46] Bartier [Anm. 18], S. 266 und Abb.; andere Ansicht bei van Ussel [Anm. 38], Afb. VIII.

[47] Zum Typus Philippe Ariès, *Geschichte des Todes* (frz. 1978), München 1982 (dtv wissenschaft 4407), S. 310. Im Bewußtsein der Zeit blieb Maximilian auch nach der Heirat mit Bianca Maria Sforza (1493) mit seiner ersten Gemahlin verbunden, zumal aus der zweiten Ehe keine Kinder hervorgingen; man vgl. das Ölgemälde Bernhard Strigels in der Gemäldegalerie, Wien (Maximilian und seine Familie; Abb. u. a. in: Ed[uard] Heyck, *Kaiser Maximilian I.*, Bielefeld und Leipzig 1898, nach S. 74).

[48] Berlin, SMPK, Kupferstichkabinett (Dahlem), MS 78 B 12, f. 220^{v} (u. a. van Ussel [Anm. 38], S. XI und Abb. V). Eine fast identische Darstellung der Szene findet sich in einem anderen flandrischen Stundenbuch (London, British Library, Add. ms. 35313, f. 158^{v}; s. *Catalogue of Additions to the Manuscripts in the British Museum in the Years 1894–1899*, London 1901, S. 254; Abb. bei John Harthan, *Stundenbücher und ihre Besitzer*, Freiburg, Basel, Wien ^{3}1989, S. 30). Zu den mit dem Meister der Maria von Burgund in Verbindung gebrachten Handschriften G[erard] I[saac] Liefting, *Boekverluchters uit de omgeving van Maria van Bourgondie, c. 1475 – c. 1485*, Brussel 1969 (Verhandelingen van de Koninklijke Vlaamse Academie voor Wetenschappen, Letteren en Schone Kunsten van België. Klasse der Letteren XXXI,66).

[49] Die Identität geht aus dem Vergleich mit anderen Darstellungen Ma-

rias als Reiterin deutlich hervor, z. B. im *Chevalier délibéré* von Olivier de la Marche oder in der *Chronijck van Vlaenderen* (Brüssel, Bibliothèque Royale, Ms. 13073–13074, f. 278v; Ussel [Anm. 38], Abb. IV; Dumont [Anm. 38], Abb. nach S. 192); ebenfalls reitend auf der Jagd ist Maria abgebildet auf einem Siegel (Brügge, Archives de la Ville, chartes politiques, n° 1154); Bartier [Anm. 18], S. 269 und Abb.

[50] Vgl. zu der Darstellung schon Campbell Dodgson, »Drei Studien: I. Zum Weißkunig – II. Eine Darstellung des Jagdunfalls der Maria von Burgund – III. Zu den Horoskopen des Stabius«, in: *Jahrbuch der kunsthistorischen Sammlungen* 29 (1910/11), S. 1–13. Die vieldiskutierte Annahme, daß es sich bei der Szene nicht um eine Veranschaulichung, sondern um eine Vorausahnung des Reitunfalls handeln könnte (Bartier [Anm. 18], S. 269; Harthan [Anm. 48], S. 30), gründet vor allem auf der Wahrscheinlichkeit, daß gemäß der Allianzwappen Maximilians und Marias (erst von f. 158r an) und der Darstellung der betenden Maria noch auf f. 355r das Stundenbuch vor März 1482 wesentlich abgeschlossen gewesen sein dürfte (zusammenfassend: Liefting [Anm. 48], S. 126–147, hier 142 f., und der Ausstellungskatalog: *Zimelien. Abendländische Handschriften des Mittelalters aus den Sammlungen der Stiftung Preußischer Kulturbesitz*, Wiesbaden [1975], S. 227 f. [Nr. 154 mit Abb.]). Doch stehen die Vollbilder jeweils auf Einzelblättern, die der jeweiligen Lage hinzugefügt wurden – die Datierung ist von dort her nicht zu entscheiden; vgl. Eberhard Freiherr Schenk zu Schweinberg, »Das Gebetbuch für Graf Engelbert II. von Nassau und seine Mutter«, in: *Nassauische Annalen* 86 (1975), S. 139–157, hier S. 151; Eberhard König u. a., *Das Berliner Stundenbuch der Maria von Burgund und Kaiser Maximilians. Handschrift 78 B 12 im Kupferstichkabinett der Staatlichen Museen zu Berlin Preußischer Kulturbesitz*, Berlin 1998, S. 31–37 (interpretiert als Vorbereitung der jungen Beterin auf den Tod).

[51] Die Chronik wurde um 1531 bei Willem Vorsterman in Antwerpen gedruckt; Ausgabe *Dit sijn die wonderlijcke oorloghen van den doorluchtighen hoochgheboren prince, keyser Maximiliaen. Hoe hih eerst int landt quam. Ende hoe hij vrou Marien troude*, uitgeven door W[ybe] Jappe Alberts, Groningen, Djakarta 1957; französische Übersetzung: *Chroniques des faits et gestes admirables de Maximilien Ier durant son mariage avec Marie de Bourgogne*, translatée du flamand en français [...] par Octave Delepierre, Brüssel 1839. Zur Parteinahme der Chronik und zur Datierung Beatrijs van Vlaenderen, »Verhalende bronnen en mentaliteitsgeschiedenis. Het vorbeeld van een anonieme, ongedateerde kroniek over de jaren 1477–1482: *Die wonderlijcke oorloghen van Keyser Maximiliaen*«, in: *Handelingen der maatschappij voor geschiedenis en oudheidkunde te Gent*. Nieuwe reeks 38 (1984), S. 35–68. Sicher ist demnach, daß die Chronik zu Lebzeiten Marias begonnen wurde und zunächst für die Jahre 1477–1482 gedacht war; Wendungen, die den Tod Maximilians voraussetzen könnten (*Oorloghen*, S. 1 zwei Bitten um Gottes Gnade für Maria und Maximilian), mögen bei der Redaktion für den

Druck von 1531 hinzugefügt sein (so wie als weiterer Zusatz für den Druck Antwerpen: Jan Van Gheelen 1577, ein kurzer Bericht vom Tode Maximilians eingeschoben ist). Abstand zum Geschehen manifestiert sich in vereinzelten Irrtümern sowie in Hinweisen auf das mittlerweile ausgeführte Grabmonument für Maria (S. 158: *die tombe, dye doen maer ghemets en was, maer si is nu anders*), was einen terminus post quem 1496–1502 ergibt.

52 *Oorloghen*, S. 151–153.

53 Ebd., S. 155: ›*O vermaledyde doot wat is u daet dat ghi my ghenomen so schonen ionghen vrouwe, die liefste die weertste die noyt mijn ooghen saghen. O Marie lief mijn hope mijn trouwe, waer is nu dye vrientschap bleven van ons beeden. O Philips sone, o Margriete dochtere sidy nu moederloos eylacen iae ghi. Och wie sal nu mijn troost sijn, comt doot ende wilt my ooc tleven nemen, so werde ic begraven by haren persoone, want noyt edel mans herte en hadde sulc verdriet als ick nu hebbe*‹.

54 Eine der zahlreichen Spiegelungen im Kontext einer ›Rhetorik der Trauer‹ findet sich z. B. in den *Epîtres de l'Amant Vert* des Jean Lemaire de Belges (éd. crit. publ. par Jean Frappier, Lille, Genève 1948 [Textes littéraires français 19]), II 159–162: *Et ce hobin malheureux et mauldit | Est le dolent, par lequel on perdit | Jadis, helas! trop tost ta noble mere, | Dame Marie, amyë non amere.*

55 *Antwerpener Liederbuch vom Jahre 1544*. Nach dem einzigen noch vorhandenen Exemplare hg. von [August Heinrich] Hoffmann von Fallersleben, Hannover 1855 (Horae belgicae 11), S. 191 f.

56 Cheltenham, Bibl. Phillippica, Cod. Phill. 6781, f. 26$^{r/v}$ (Handschrift nach 1525); Robert Priebsch, *Deutsche Handschriften in England*, Bd. 1, Erlangen 1896, S. 231 f.

57 Henri Stein, *Olivier de la Marche, historien, poète, et diplomate bourguignon*, Brüssel, Paris 1888; ders., *Nouveaux documents sur Olivier de la Marche et sa famille*, Brüssel 1922 (Mémoires de l'Académie Royale de Belgique. Classe des Lettres II, 9, 1). Unter den im Testament genannten Zeugen erscheint La Marche allerdings nicht.

58 *Le Chevalier délibéré by Olivier de la Marche*, the Illustrations of the edition of Schiedam reproduced, with a preface by F. Lippmann and a reprint of the text, London 1898 (Illustrated monographs V), S. 65: *En la marche de ma pensee | Et ou pays dauise toy | Est ceste queste commencee | Dieu doint quelle soit acheuee | Au prouffit de tous et de moy | Ce liure iay nomme de soy | Pour estre de tiltre par | Le cheualier delibere.*

59 *Complainte sur la mort de madame Marie de Bourgogne*, in: *Recueil de chansons, poèmes et pièces en vers français relatifs aux Pays-bas*, publié par les soins de la Société des Bibliophiles de Belgique. Bd. 3, Brüssel 1878 (Société des Bibliophiles de Belgique 12), S. 25–38, v. 12 f.: *J'ay veu devant mes yeulx morir | Du grant monde le parement*; v. 63 f.: *Sa fin a monstré, je le viz, | Que l'ame soit en paradis*; v. 261: *Morir devant moy*.

60 David Lindberg, *Auge und Licht im Mittelalter. Die Entwicklung der Optik von Alkindi bis Kepler*, Frankfurt/M. 1987, passim.

[61] Der Anklang an die Trinität wird explizit bei Jean Molinet, *L'arbre de Bourgogne sus la mort du duc Charles*, in: *Faictz et dictz* 1 [Anm. 67], S. 232–250, hier S. 249: *Le filz, le pere et le grand pere | Sont ainsy que la trinité* (7,33 f.).

[62] Olivier de la Marche, *Complainte* [Anm. 59], v. 9–11: *Vueillez à mon pappier courir, | Vous tous de sain entendement, | Venez mes complainctes oyr*; v. 390–392: *Se aucun a de la lire envye, | Si excuse ma defaillance: | Où est grant dueil, là fault science.*

[63] *Complainte sur la mort madame d'Ostrisse*, in: *Les faictz et dictz de Jean Molinet*, publiés par Noël Dupire, Bd. 1, Paris 1937 (Société des anciens textes français 80), S. 162–180, und Bd. 3, Paris 1939, S. 954–961 (Erläuterung); zum Text kurz Martineau-Génieys [Anm. 8], S. 357–361.

[64] Zur historischen Authentitizität der Angaben Noël Dupire, *Jean Molinet. La vie – les œuvres*, Paris 1933, S. 9–12.

[65] Das gleiche Wortspiel begegnet auch schon bei einer einige Jahren älteren *laudatio* auf die Herzogin von Burgund; *Le chappellet des dames*, in: *Faictz et dictz* 1 [Anm. 63], S. 100–126, hier 126; außerdem gibt es eine mit dem Namen Maria im Akrostichon spielende *Oroison a Maria*, in: *Faictz et dictz* 2 [Anm. 63], S. 455 f.

[66] *Complainte* [Anm. 63], v. 225–229: *La fiere mort qui les humains amasse, | Thomas et Masse et Massette et Massin | Et rend tous mas ceux qu'elle coutumasse | A mis en masse ung fruict dont mieux j'amasse | Que je tumasse, en musant d'ung cousin*; zur Stelle auch Martineau-Génieys [Anm. 8], S. 358 f.

[67] Zu verschiedenen Typen von Namens-, Wort- und Buchstabenspielen Jean R. Scheidegger, »La lettre du nom. L'anthroponymie de Jean Molinet«, in: *Le Moyen Français* 8/9 (1981), S. 198–235, hier S. 211 f.

[68] Jean Lemaire de Belges, *La plainte du désiré*, publiée par David Yabsley, Paris 1932, S. 88 f. (v. 418–421).

[69] *La Couronne margaritique*, in: *Œuvres de Jean Lemaire de Belges*, publiées par [August] J[ean] Stecher, Bd. 4, Louvain 1891, S. 10–167; zum Text Pierre Jodogne, *Jean Lemaire de Belges, écrivain franco-bourguignon*, Brüssel 1972, bes. S. 216–219; Ulrike Bergweiler, *Die Allegorie im Werk von Jean Lemaire de Belges*, Genf 1976 (Kölner romanistische Arbeiten N. F. 47), S. 166–185; Martineau-Génieys [Anm. 8], S. 396–413.

[70] Volker Klotz, »Erzählen als Enttöten. Vorläufige Notizen zu ›zyklischem‹, ›instrumentalem‹ und ›praktischem‹ Erzählen«, in: *Erzählforschung*, hg. von Eberhard Lämmert, Stuttgart 1982 (Germanistische Symposien. Berichtsbd. 4), S. 319–334; Winfried Wehle, »Der Tod, das Leben und die Kunst. Boccaccios Decameron oder der Triumph der Sprache«, in: *Tod im Mittelalter* [Anm. 2], S. 221–260.

[71] Stephen Greenblatt, *Verhandlungen mit Shakespeare. Innenansichten der englischen Renaissance*, Frankfurt/M. 1993 (Fischer Tb. 11001), stellt fest (S. 9), daß die Stimulationen der Literatur »in vollem Bewußtsein dessen unternommen [werden], daß das Leben, das sie darzustellen trachten, in ihnen nicht zugegen ist, sie also den Verlust des wirklichen Lebens, durch das sie

allererst Macht erhielten, kunstvoll antizipieren und kompensieren müssen«; s. auch Monika Schmitz-Emans, »Überleben im Text? Zu einem Grundmotiv literarischen Schreibens und einigen Formen seiner Reflexion im poetischen Medium«, in: *Colloquia Germanica* 26 (1993), S. 135–161.

Register (Autoren und anonyme Werke)

Thomas Frank, Albrecht Koschorke,
Susanne Lüdemann und Ethel Matala de Mazza –
unter Mitwirkung von Andreas Kraß

Des Kaisers neue Kleider

Über das Imaginäre politischer Herrschaft
Texte Bilder Lektüren

Band 15448

Ein Erzählstoff, seine Überlieferungen und seine Interpretationen als Ausgangspunkt für die Frage, wie politische Körperschaften hergestellt werden. Der Band versammelt die Varianten der Geschichte vom nackten Kaiser sowie prominente Deutungen von Freud und Derrida. Der zweite Teil bietet in Form einer bebilderten Miniatur-Enzyklopädie Artikel zu Stichwörtern, die den kulturellen Zusammenhang und die politische Tragweite der Texte sichtbar machen.

Fischer Taschenbuch Verlag

fi 15448 / 1